Schriftenreihe der
Neuen Juristischen Wochenschrift

Im Einvernehmen mit den Herausgebern der NJW
herausgegeben von
Rechtsanwalt Prof. Dr. Konrad Redeker
Rechtsanwalt Felix Busse

Heft 27/2

D1731134

Schul- und Prüfungsrecht

Band 2
Prüfungsrecht

Von

Dr. Norbert Niehues

Vorsitzender Richter am Bundesverwaltungsgericht
in Leibzig a. D.

Vierte, neubearbeitete Auflage

Verlag C. H. Beck München 2004

Zitierweise: Niehues, Prüfungsrecht, NJW-Schriften 27/2
(4. Aufl.)

Ausgeschieden von
Landtagsbibliothek
Magdeburg

am ....9, 4, 25.......

07.0067

ISBN 3 406 49173 1

© 2004 Verlag C. H. Beck oHG
Wilhelmstraße 9, 80801 München
Druck: Nomos Verlagsgesellschaft
In den Lissen 12, 76547 Sinzheim

Satz: Druckerei C. H. Beck Nördlingen
(Adresse wie Verlag)

Gedruckt auf säurefreiem, alterungsbeständigem Papier
(hergestellt aus chlorfrei gebleichtem Zellstoff)

Vorwort zur 4. Auflage

In der Vorauflage ging es wesentlich darum, die Beschlüsse des Bundesverfassungsgerichts vom 17. 4. 1991 (BVerfGE 84, 34 und 59) darzustellen und die sich daraus für das Prüfungswesen insgesamt ergebenden Konsequenzen zu entwickeln. Der „Blitzstrahl aus Karlsruhe" hatte keineswegs nur die bis dahin sehr verengte Kontrolle der Verwaltungsgerichte in Prüfungsangelegenheiten voll getroffen, sondern auch für das Verfahren in den Prüfungen besondere Anforderungen aufleuchten lassen (z.B. hinsichtlich der Pflicht der Prüfer, ihre Entscheidungen zu begründen und ihre Bewertungen auf Einwendungen des Prüflings hin zu überdenken). Die dazu insbesondere aus Art. 12 Abs. 1 und 19 Abs. 4 GG hergeleiteten verfassungsrechtlichen Grundsätze waren indes in mancherlei Hinsicht konkretisierungsbedürftig. Dies hat der 6. Senat des Bundesverwaltungsgerichts in den folgenden Jahren unternommen, so dass jedenfalls diese grundsätzlichen Fragen durchweg geklärt sind und inzwischen auch die Prüfungspraxis offenbar hiermit umzugehen weiß. In der von mir 1993 verfassten Vorauflage konnte dies erst nur angedeutet werden. In dieser Neuauflage wird der weitere Weg des Prüfungsrechts nach der Weichenstellung 1991 nun umfassend und in den Einzelheiten dargestellt. Von den hier mehr als 100 neu erfassten Entscheidungen des Bundesverwaltungsgerichts und auch des Bundesfinanzhofs (Steuerberaterprüfungen) sind die etwa bis 1998 ergangenen Judikate vielfach in diesem Sinne von grundsätzlicher Bedeutung.

Seither sind höchstrichterliche Entscheidungen prüfungsrechtlicher Art selten geworden. Ich bezweifle, dass es nunmehr kaum noch Fragen grundsätzlicher Art in diesem Bereich gibt. Vielmehr dürfte das rechtspolitische Anliegen, den Instanzenzug zu begrenzen (§ 124 VwGO: Zulassungsberufung) hier voll durchgeschlagen sein. Das wird sich wohl vorerst nicht ändern. Es bleibt also künftig nur der recht mühsame Weg, die prüfungsrechtlichen Entscheidungen der erst- und zweitinstanzlichen Verwaltungsgerichte in den Ländern zu ermitteln und zu analysieren, ob und wieweit sie übergreifend grundsätzliche Bedeutung haben. Dazu sind in dieser Auflage etwa 200 Judikate erfasst worden, die sich durchweg mit mehreren einzelnen Rechtsproblemen befassen. Zentrale Fragen und wirkliche Schwerpunkte sind hier kaum erkennbar; es ging in den letzten Jahren vor allem um – durchaus wichtige und gehaltvolle – Präzisierungen, Abgrenzungen und Weiterführungen bisher nur in den Ansätzen vorhandener gerichtlicher Aussagen zum Prüfungsrecht. Die Titel der 30 neuen Abhandlungen aus dem Schrifttum bestätigen dies.

Neue Impulse kommen in jüngster Zeit dafür umso heftiger von anderer Seite, nämlich durch das Gesetz zur Reform der Juristenausbildung vom 11. 7. 2002 (BGBl. I S. 2592) einschließlich der darauf bezogenen neuen Juristenausbildungsgesetze und -verordnungen der Bundesländer sowie der Prüfungssatzungen der Juristischen Fakultäten, der neuen Approbationsordnung für Ärzte vom 27. 6. 2002 (BGBl. I. S. 2405) und nicht zuletzt dadurch, dass Prüfungen in den sich sehr vermehrenden Bachelor- und Masterstudiengängen neue prüfungsrechtliche Probleme aufwerfen. Deshalb erschien es mir angebracht, diesen Prüfungen jeweils einen besonderen Abschnitt zu widmen, in dem die Neuerungen mit den für sie typischen Rechtsproblemen (etwa betr. die Prüfung sogen. Schlüsselqualifikationen in den juristischen Prüfungen) kurzgefasst dargestellt werden (vgl. Rdn. 349 ff., 368 ff., 380 ff.). Die hier und anderswo „gemeinsam" auftretenden Probleme werden in der überkommenen Weise jeweils zentral dargestellt, so dass bei der Erörterung der genannten Fachprüfungen hierauf verwiesen werden kann.

Inhaltlich zeichnen sich mit diesen Reformen spezielle prüfungsrechtliche Konflikte ab, die in der Rechtsprechung noch nicht oder nur ansatzweise behandelt worden sind und zu deren Lösung diese Neuauflage einen Beitrag leisten möchte. Zwar ist das Anliegen der Reformen, im Verlauf eines Studienganges möglichst früh die „Spreu vom Weizen zu trennen", grundsätzlich zu respektieren; andererseits dürfen aber die Gewährleistungen des Art. 12 Abs. 1 GG, die das Bundesverfassungsgericht gerade für berufsrelevante Prüfungen stets betont hat, nicht vernachlässigt werden. Daraus ergeben sich Abwägungs- und Abgrenzungsprobleme bei einzelnen prüfungsrechtlichen Regelungen, die in dieser Neuauflage besonderes Augenmerk gefunden haben. Es ist z. B. mehr denn je zu beobachten, dass Prüfungsordnungen schon aufgrund einzelner Fehlleistungen den Misserfolg der Prüfung festlegen und die Kompensation durch bessere Leistungen in anderen Fächern nicht oder nur unter sehr erschwerten Bedingungen zulassen (vgl. Rdn. 244, 547). Zu nennen sind ferner Rechtsfragen, die dadurch entstehen, dass allenthalben vermehrt studienbegleitende Prüfungen vorgesehen sind, bei denen der Leiter der Studienveranstaltung zugleich der – angeblich hinreichend qualifizierte – Prüfer ist und zumeist allein über den weiteren beruflichen Werdegang des Prüflings befinden kann (Abkehr vom Zweiprüferprinzip). Die allgemeinen und insbesondere bei den universitären Juristenprüfungen deutlich vermehrten Orientierungs- oder Zwischenprüfungen sowie Schwerpunktbereichsprüfungen stellen an die Hochschullehrer nur sehr schwer zu erfüllende Anforderungen und könnten Anlass geben, verantwortliche Entscheidungen offen oder verdeckt den Korrekturassistenten zu überlassen. Das zu verhindern, wird eine der vielen Aufgaben sein, die sich anlässlich der genannten Reformen den Verwaltungsgerichten künftig stellen könnten (vgl. dazu Rdn. 176).

Mein Dank für wertvolle Hilfe gilt Herrn Sascha Siebert, der trotz seiner Belastungen als Gerichtsreferendar und durch die Examensvorbereitung den prozessualen Teil dieser Schrift sorgfältig und sachkundig auf den neuesten Stand gebracht hat. Mögen ihm die dabei gewonnenen Erkenntnisse auch in der Prüfung hilfreich sein. Herrn Rolf Scheunemann danke ich dafür, dass er nach der 3. Auflage Schulrecht auch diesen 2. Band des Gesamtwerks in der Neuauflage sorgfältig durchgesehen und mich auf viele notwendige und nützliche Verbesserungen aufmerksam gemacht hat. Auch seinem Rat, darauf hinzuweisen, dass gewisse personale Bezeichnungen unabhängig von der männlichen oder weiblichen Ausdrucksform stets geschlechtsneutral gemeint sind, folge ich gern.

Kleinmachnow, im September 2004 *Norbert Niehues*

Inhaltsverzeichnis

Abkürzungsverzeichnis

DRiG	Deutsches Richtergesetz
DRiZ	Deutsche Richterzeitung
DVBl.	Deutsches Verwaltungsblatt
DVO	Durchführungsverordnung
EFG	Entscheidungen der Finanzgerichte
Entsch.	Entscheidung
Erl.	Erlass
ESVGH	Entscheidungssammlung des Hessischen Verwaltungsgerichtshofs und des Verwaltungsgerichtshofs Baden-Württemberg
EUGRZ	Europäische Grundrechte Zeitschrift
EV	Einigungsvertrag
EzB	Entscheidungssammlung zum Berufsbildungsrecht
FamRZ	Zeitschrift für das gesamte Familienrecht
f., ff.	folgende
FN	Fußnote
GBl.	Gesetzblatt
GemABl.	Gemeinsames Amtsblatt
GewArch.	Gewerbearchiv
GS	Gesetzessammlung
GVBl., GV	Gesetz- und Verordnungsblatt
Hamb., hamb.	Hamburg, hamburgisch
Hess., hess.	Hessen, hessisch
HessVRspr.	Rechtsprechung der Hessischen Verwaltungsgerichte (Beilage zum Staatsanzeiger für das Land Hessen)
HRG	Hochschulrahmengesetz
IMPP	Institut für Medizinische und Pharmazeutische Prüfungsfragen
JAG	Juristenausbildungsgesetz
JAO, JAPO	Juristenausbildungsordnung, Juristenausbildungs- und Prüfungsordnung
Juris	Rechtsprechungssammlung www.juris-online.de
JuS	Juristische Schulung
JZ	Juristenzeitung
KM	Kultusminister, Kultusministerium
KMK	Kultusministerkonferenz
KMK HSchR	Informationen zum Hochschulrecht der KMK
Lbg.	Lüneburg
LKV	Landes- und Kommunalverwaltung, Verwaltungsrechtszeitschrift für die Länder Berlin, Brandenburg, Mecklenburg-Vorpommern, Sachsen, Sachsen-Anhalt und Thüringen
LV	Landesverfassung
MDR	Monatsschrift für Deutsches Recht
Meckl.-Vorp.	Mecklenburg-Vorpommern
m.w.Hinw.	mit weiteren Hinweisen
Nds., nds.	Niedersachsen, niedersächsisch
NdsVBl.	Niedersächsische Verwaltungsblätter
n.F.	neue Fassung
NJW	Neue Juristische Wochenschrift
NordÖR	Zeitschrift für öffentliches Recht in Norddeutschland
Nr.	Nummer
n.v.	nicht veröffentlicht
NVwZ	Neue Zeitschrift für Verwaltungsrecht

NVwZ-RR	NVwZ-Rechtsprechungs-Report
NW, nw	Nordrhein-Westfalen, nordrhein-westfälisch
NWVBl.	Nordrhein-Westfälische Verwaltungsblätter
NZWehrR	Neue Zeitschrift für Wehrrecht
OVG	Oberverwaltungsgericht
OVGE	Amtliche Sammlung der Entscheidungen des OVG
RdErl.	Runderlass
RdJB	Recht der Jugend und des Bildungswesens
Rdn.	Randnummer
Rh.-Pf., rh.-pf.	Rheinland-Pfalz, rheinland-pfälzisch
RiA	Recht im Amt
Saarl., saarl.	Saarland, saarländisch
Sachs., sächs.	Sachsen, sächsisch
SächsVBl.	Sächsische Verwaltungsblätter
Sachs.-Anh.	Sachsen-Anhalt
Schl.-H., schl.-h.	Schleswig-Holstein, schleswig-holsteinisch
Schr. z. ÖR	Schriften zum Öffentlichen Recht
SchulGE	s. DJT-SchulGE
SchulOG	Schulordnungsgesetz
SPE	Sammlung schul- und prüfungsrechtlicher Entscheidungen (Loseblattwerk in der 3. Folge).
StB	Der Steuerberater (Zeitschrift)
StGH	Staatsgerichtshof
St. Rechtspr.	Ständige Rechtsprechung
Thür., thür.	Thüringen, thüringisch
ThürVBl.	Thüringer Verwaltungsblätter
U.	Urteil
VBlBW	Verwaltungsblätter für Baden-Württemberg
VerfGH	Verfassungsgerichtshof
VerwArch.	Verwaltungsarchiv
VerwRspr.	Verwaltungsrechtsprechung
VG	Verwaltungsgericht
VGH	Verwaltungsgerichtshof
VGHBW-Ls	VGH-Rechtsprechungsdienst als Beilage zu den Verwaltungsblättern für Baden-Württemberg
VO	Verordnung
VVDStRL	Veröffentlichungen der Vereinigung der Deutschen Staatsrechtslehrer
VwGO	Verwaltungsgerichtsordnung
VwVfG	Verwaltungsverfahrensgesetz (ohne weiteren Zusatz ist das Verwaltungsverfahrensgesetz des Bundes zitiert)
VwZG	Verwaltungszustellungsgesetz
WissR	Wissenschaftsrecht
ZAppO	Approbationsordnung für Zahnärzte
ZBR	Zeitschrift für Beamtenrecht

Schrifttumsverzeichnis (Auswahl)

Avenarius,
Herrmann .... Gegenseitige Anerkennung von Lehramtsprüfungen zwischen den Ländern in der Bundesrepublik Deutschland, DÖV 1997, 485

Becker, Peter .... Prüfungsrecht – eine konstruktive Kritik seiner Rituale, Baden-Baden (1988)

Bostedt, Achim .... Europarecht im deutschen Verwaltungsprozess (7): Schul-, Hochschul- und Prüfungsrecht, Ausbildungsförderung, Anerkennung ausländischer Abschlüsse, VBlBW 2001, 201 ff., 299 ff., 303, 307

Brehm, Robert .... Nachbesserung der Bewertungsbegründung durch den Prüfer und Pflichten des Anwalts, NVwZ 2001, 880

Dylla-Krebs,
Corinna .... Das neue Juristenausbildungsgesetz Nordrhein-Westfalen (JAG NRW), NWVBl. 2003, 369

Eyermann, Erich .... Verwaltungsgerichtsordnung, 11. Aufl. München (2000)

Fahrenhorst, Irene .... Die Kontrolle der Prüfungsunfähigkeit, Medizinrecht 2003, 207

Finkelnburg, Klaus/
Jank, Klaus-Peter ...... Vorläufiger Rechtsschutz im Verwaltungsstreitverfahren, 4. Aufl. München (1998)

Gilles, Peter/
Fischer, Nikolaj .... Juristenausbildung 2003 – Anmerkung zur neuesten Ausbildungsreform, NJW 2003, 707

Greßmann, Michael .. Die Reform der Juristenausbildung, Bundesanzeiger-Verlag (2002)

ders. .... Zur Anerkennung juristischer Prüfungen, BayVBl. 2001, 361

Guhl, Peter .... Prüfungen im Rechtsstaat, Bad Honnef (1978)

Heckmann, Dirk/
Vogler, Bernd .... Bewertungsgrundsätze für die „studienbegleitende Zwischenprüfung", JZ 1998, 637

Hofmeyer,
Wolfgang .... „Allgemein anerkannte Bewertungsgrundsätze" als schulrechtliche Bewertungskriterien, Schr. z. ÖR, Bd. 530 (1988)

Kingreen, Thorsten ...   Zur Zulässigkeit der reformatio in peius im Prüfungsrecht, DÖV 2003, 1

Kopp, Ferdinand/
Ramsauer, Ulrich ......   Verwaltungsverfahrensgesetz, 8. Aufl. München 2003

Kopp, Ferdinand/
Schenke,
Wolf-Rüdiger ....   Verwaltungsgerichtsordnung, 13. Aufl. München 2003

Lampe, Mareike ....   Gerechtere Prüfungsentscheidungen, Schr. z. ÖR, Bd. 801 (1999)

Löwer, Wolfgang ......   Kontrolldichte im Prüfungsrecht nach dem Maßstab des BVerfG, Festschrift für Konrad Redeker, München (1993), 515

Michaelis, Jens ....   Kontrolldichte im Prüfungsrecht, VBlBW 1997, 441

Müller-Franken,
Sebastian ....   Die Begründung von Prüfungsentscheidungen bei Berufszugangsprüfungen, VerwArch Bd. 92 (2001), 507

Niehues, Norbert ......   Stärkere gerichtliche Kontrolle von Prüfungsentscheidungen, NJW 1991, 3001

ders. ....   Der Anspruch auf Überdenken hoheitlicher Entscheidungen, in: Festschrift für Ernst Gottfried Mahrenholz, Baden-Baden (1994), 593

Oebbecke, Janbernd   Die Genehmigung von Prüfungsordnungen durch den Rektor, NWVBl. 1995, 243

Pastor, Thomas, ...   Das Mittelwertverfahren und die Bewertung von Prüfungsleistungen, LKV 2004, 66

Redeker, Konrad/
von Oertzen,
Hans-Joachim, ...   Verwaltungsgerichtsordnung, 13. Aufl., Stuttgart (2000)

Riechelmann, Frank   Rechtmäßigkeit des juristischen Prüfungsverfahrens?, NordÖR 1999, 95

Römermann, Volker/
Paulus, Christoph .....   Schlüsselqualifikationen für Jurastudium, Examen und Beruf, München (2003)

Sachs, Michael ....   Vorkorrektur schriftlicher Arbeiten in der Schwerpunktbereichsprüfung nach dem neuen JAG, NWVBl. 2004, 46.

Schlette, Volker ....   Prüfungsrechtliche Verbesserungsklage und reformatio in peius, DÖV 2002, 816

Schnellenbach,
Helmut ....   Die dienstliche Beurteilung der Beamten und Richter, 3. Aufl., Hamburg

Schnellenbach, Helmut	Beamtenrecht in der Praxis, 5. Aufl. München 2001
Schöbel, Heino	Reform der Juristenausbildung – Die neue Bayerische Ausbildungs- und Prüfungsordnung für Juristen (JAPO), BayVBl. 2003, 641
Steike, Jörn	Akteneinsicht bei der Prüfungsanfechtung, NVwZ 2001, 868
Stelkens, Paul/ Bonk, Heinz Joachim/ Sachs, Michael, ...	Verwaltungsverfahrensgesetz, 6. Aufl. München (2001)
Theuersbacher, ...	Gerichtliche Kontrolle der Prüfungsentscheidungen im Antwort-Wahl-Verfahren der medizinischen und pharmazeutischen Prüfungen, BayVBl. 1991, 649.
Waldeyer, Hans-Wolfgang	in: Hailbronner/Geis, Kommentar zum Hochschulrahmengesetz, Loseblattsammlung
ders.	Die dienstliche Aufgabe der Professoren zur Abnahme von Prüfungen, NVwZ 2001, 891
Wex, Peter	Bachelor und Master – Prüfungsrecht und Prüfungsverfahren, Sonderdruck aus Handbuch Hochschullehre, Raabe (2002)
Wimmer, Raimund ...	Prüfungsprotokollierung durch Videoaufnahmen, JuS 1997, 1146
ders.	Gibt es gerichtlich unkontrollierbare „prüfungsspezifische" Bewertungsspielräume? in: Festschrift für Konrad Redeker, München (1993), 531
Wißmann, Hinnerk ...	Pädagogische Freiheit als Rechtsbegriff, Baden-Baden (2002)
Wolff, Hans J./ Bachof, Otto/ Stober, Rolf	Verwaltungsrecht, Band 1, 11. Aufl. München (1999)
Zimmerling, Wolfgang/ Brehm, Robert	Prüfungsrecht, 2. Aufl., Köln (2001)
dies.	Vorläufiger Rechtsschutz im Prüfungsrecht, DVBl. 2001, 27

A. Einführung/Grundfragen des Prüfungswesens

I. Die rechtliche Ordnung des Prüfungsgeschehens

Die persönliche und berufliche Entwicklung junger Menschen hängt wesentlich vom Erfolg zahlreicher Prüfungen[1] ab, in denen sie über ihr Wissen und ihre Leistungsfähigkeit Auskunft geben sollen. Wer selbst prüft oder sonst wie Leistungen anderer zu bewerten hat, weiß, wie unvollkommen die Einschätzungsmöglichkeiten trotz allen Bemühens sind, wie unbefriedigend und nicht selten von Zweifeln getragen manche Entscheidungen ausfallen.[2]

Ein rigoroser Abbau der Leistungskontrollen würde nichts bessern: Da ein leistungsorientiertes Gemeinwesen nicht ohne Differenzierungen aufgrund von Leistungen und Eignungen auskommt, würden in diesem Fall andere – und zwar informelle und daher dubiose – „Überprüfungen" die Lücke ausfüllen. Bei den Bemühungen, die bestehenden Leistungskontrollen zu verbessern, insbesondere sie sicherer, durchsichtiger und auch menschlicher zu machen, kommt es in erster Linie auf die persönlichen Qualitäten der an der Leistungskontrolle Beteiligten – einschließlich der Kontrollierten – an. Der rechtliche Rahmen des Prüfungsgeschehens kann diese Dimension nur unvollkommen erfassen. Seine Bedeutung erschöpft sich weitgehend darin, eine gewisse äußere **Chancengleichheit** zu gewährleisten.

Prüfungen, die den Nachweis erworbener Fähigkeiten für die Aufnahme eines Berufs erbringen sollen, greifen in die **Freiheit der Berufswahl** ein und müssen daher den Anforderungen des **Art. 12 Abs. 1 GG** genügen. Das bedeutet im wesentlichen: Die maßgeblichen Leistungsanforderungen und Bewertungskriterien sind gesetzlich zu regeln (vgl. Rdn. 47 ff.). Inhaltlich dürfen die Beschränkungen des beruflichen Fortkommens durch Prüfungen nach Art und Umfang nicht ungeeignet, unnötig oder unzumutbar sein. Der

1
2
3

---

[1] Der Begriff „Prüfung" ist hier und nachfolgend in einem weiten Sinne gemeint. Er umfasst hoheitliche Leistungsbewertungen jeglicher Art, z. B. Staatsprüfungen, Hochschulprüfungen und auch schulische Prüfungen und Versetzungsentscheidungen (wegen der schulischen Eignungs- und Leistungsbewertungen s. auch Band 1 „Schulrecht", Rdn. 593 ff.) Nicht erörtert werden dienstliche Beurteilungen von Angehörigen des öffentlichen Dienstes (dazu insbesondere: Schnellenbach, Die dienstliche Beurteilung der Beamten und Richter).

[2] Dazu insbesondere: *Peter Becker,* Prüfungsrecht – eine konstruktive Kritik seiner Rituale; *Birkel,* Mündliche Prüfungen – zur Objektivität und Validität der Leistungsbeurteilung, sowie *Mareike Lampe,* Gerechtere Prüfungsentscheidungen, Möglichkeiten und Grenzen der Herbeiführung materieller Gerechtigkeit durch gerichtliche Kontrolle und Gestaltung des Verwaltungsverfahrens, Schr. z. ÖR, Bd. 801, 1999.

Bewerber hat ein „**Recht auf Prüfung**"; danach kann er die Zulassung zur Prüfung beanspruchen, wenn er die rechtsgültigen Zulassungsvoraussetzungen erfüllt, und die Fortsetzung des Prüfungsverfahrens mit dem dafür vorgesehenen Abschluss verlangen, wenn nicht besondere Gründe (z. B. die Feststellung eines Täuschungsversuchs) dem entgegenstehen.[3] Die Effizienz des Grundrechtsschutzes ist auch durch die Ausgestaltung des Prüfungsverfahrens zu gewährleisten.[4]

4   Näher geregelt ist der rechtliche Rahmen des Prüfungsgeschehens in erster Linie durch **Prüfungsordnungen** unterschiedlicher Art und Rechtsqualität, auf die nachfolgend Rdn. 33 ff. eingegangen wird. Im konkreten Streitfall ist zunächst zu fragen, ob einschlägige Vorschriften der maßgeblichen Prüfungsordnung (möglicherweise auch als ein Bestandteil von Studienordnungen oder Hochschulsatzungen) eine bestimmte Regelung vorsehen. Demgegenüber kommen allgemeine prüfungsrechtliche Grundsätze und verfassungsrechtliche Gewährleistungen, insbesondere der aus Art. 3 Abs. 1 GG herzuleitende **Grundsatz der Chancengleichheit** der Prüflinge und bei berufsbezogenen Prüfungen das **Grundrecht der Berufsfreiheit** (Art. 12 Abs. 1 GG),[5] erst in zweiter Linie zum Tragen, etwa wenn die Rechtsgültigkeit einer Prüfungsordnung (teilweise) in Frage steht oder wenn sie zwar rechtsgültig ist, den umstrittenen Fall jedoch nicht oder nur ungenau regelt.

5   Es ist hier kein Raum dafür, den Inhalt aller in Betracht kommenden Prüfungsordnungen darzustellen und zu erläutern. Dazu sei auf die amtlichen Begründungen der Gesetzesentwürfe und Kommentierungen der jeweils einschlägigen Prüfungsordnungen verwiesen.[6] Darüber hinaus lässt ein Blick auf die umfangreiche Rechtsprechung zum Prüfungsrecht erkennen, dass es trotz mancherlei Detailregelungen in den Prüfungsordnungen viele schwerpunktmäßig zu erfassende gemeinsame Rechtsprobleme gibt, deren Lösung durch die Rechtsprechung grundsätzliche Bedeutung hat.[7] Dies mag darauf beruhen, dass viele Prüfungsordnungen in Grundfragen des Prüfungsgeschehens und wegen der Bewertung der Leistungen inhaltlich übereinstimmende oder

---

[3] Dazu im Einzelnen Rdn. 211 ff., 240 ff.; wegen der prozessualen Form der Geltendmachung des Prüfungsanspruchs s. Rdn. 793 ff.

[4] Dazu grundlegend: BVerfG, Beschl. v. 17. 4. 1991 – 1 BvR 419/81, 213/83 – BVerfGE 84, 34 = NJW 1991, 2005, und – 1 BvR 1529/84, 138/87 – BVerfGE 84, 59 = NJW 1991, 2008.

[5] BVerfG, Beschl. v. 17. 4. 1991, a. a. O; BVerwG, U. v. 28. 4. 1978 – 7 C 50.75 – BVerwGE 55, 355, und v. 3. 12. 1981 – 7 C 30 u. 31 – NJW 1983, 407 = DVBl. 1982, 447, und v. 9. 7. 1982 – 7 C 51.79 – Buchholz 421.0 Prüfungswesen Nr. 161 = DVBl. 1983, 90.

[6] Einzelne Prüfungsarten kommentieren auch *Zimmerling/Brehm*, Prüfungsrecht, S. 435 ff. Vgl. ferner: *H.-W. Waldeyer*, in: Hailbronner/Geis, Kommentar zum Hochschulrahmengesetz §§ 15 ff. sowie zu schulischen Leistungsbewertungen: *Avenarius/ Heckel*, Schulrechtskunde, S. 472 ff.

[7] Vgl. dazu die nach alphabetisch geordneten Stichworten aufgebaute Sammlung schul- und prüfungsrechtlicher Entscheidungen, hrsg. *von Seipp/Knudsen* (SPE).

doch ähnliche Regelungen enthalten. Deshalb haben gerichtliche Entscheidungen, durch die Vorschriften einer bestimmten Prüfungsordnung – z.B. im Hinblick auf den Grundsatz der Chancengleichheit (Art. 3 Abs. 1 GG) – verfassungskonform interpretiert werden, in aller Regel mittelbar auch rechtliche Auswirkungen auf andere Prüfungsordnungen und Prüfungen. Dennoch muss davor gewarnt werden, etwa die Leitsätze, welche üblicherweise den Inhalt einer gerichtlichen Entscheidung zur Auslegung einer bestimmten Prüfungsordnung verallgemeinernd zum Ausdruck bringen, ohne weiteres auf die durch andere Prüfungsordnung geregelte Rechtslage zu übertragen. Vielmehr muss stets im Einzelfall geprüft werden, ob die maßgebliche Prüfungsordnung eine entsprechende Auslegung zulässt.

Einfacher ist die Übernahme gerichtlicher Rechtserkenntnisse, die aus **6** Anlass einzelner prüfungsrechtlicher Streitigkeiten zustande gekommen sind, jedenfalls dann, wenn es um Rechtsfragen geht, die hier wie dort **nicht** ausdrücklich in einer **Prüfungsordnung geregelt** sind. Dies kommt in der Praxis häufig vor. Insbesondere wenn darum gestritten wird, ob bestimmte Formen des – insoweit nicht ausdrücklich geregelten – Prüfungsverlaufs mit dem verfassungsrechtlichen **Grundsatz der Chancengleichheit** zu vereinbaren sind, ist dies regelmäßig der Fall (s. Rdn. 94 ff., 337 ff., 415 ff.). Ein weiterer Schwerpunkt ist durch die Frage nach den Grenzen der gerichtlichen Kontrolle von Prüfungsentscheidungen gekennzeichnet (s. Rdn. 846 ff.). Darüber hinaus sind von den Gerichten auch viele Einzelfragen, die zumeist nicht in Prüfungsordnungen geregelt sind, mit grundsätzlicher Bedeutung für andere Prüfungsfälle entschieden worden, z.B. unter welchen Umständen das Recht des Prüflings auf ein faires Verfahren verletzt ist (vgl. Rdn. 184 ff.), auf welche Weise eine rechtsfehlerhafte Prüfungsentscheidung zu wiederholen ist (s. Rdn. 502 ff., 734 ff.), welche rechtlichen Anforderungen an das Antwort-Wahl-Verfahren zu stellen sind (s. Rdn. 54 ff., 329, 330, 371 ff., 595 ff.) oder ob ein Anspruch auf Schadensersatz wegen einer rechtswidrigen Prüfungsentscheidung besteht (s. Rdn. 518 ff.).

II. Prüfungen als staatliche Angelegenheit/Grenzen der hoheitlichen Gestaltungsfreiheit

Von den mannigfachen Leistungsbewertungen, die gemeinhin als „Prü- **7** fungen" bezeichnet werden, sind hier nur solche Gegenstand der Erörterung, die vom **Staat** und anderen **Trägern hoheitlicher Gewalt**, z.B. von den Hochschulen, Handwerkskammern oder Steuerberaterkammern und auch den Schulen, abgehalten werden. Dabei geht es nicht nur um förmliche Abschlüsse, sondern auch um andere hoheitliche Maßnahmen, die von Leistungsbewertungen getragen werden, z.B. die Nichtversetzung von Schülern oder deren Zuweisung in eine andere Schulform (etwa in eine Sonderschule für Lernbehinderte) oder die leistungsbedingte Exmatrikulation oder Entlassung von einem Gymnasium. Die Prüfungen und Versetzungen **anerkannter Ersatzschulen** werden im Folgenden ebenfalls erfasst; denn da die staatliche Anerkennung der Prüfungs- und Versetzungsentscheidungen dieser Schulen „gleichwertige" Abschlüsse voraussetzt, betreffen die hier zu erörternden rechtlichen Bindungen auch diese **Schulen in freier Trägerschaft** jedenfalls insoweit, als von ihrer Einhaltung die „Gleichwertigkeit" abhängt (vgl. dazu Band 1 „Schulrecht", 3. Aufl. 2000, Rdn. 277 ff., 281).[8] Nicht Gegenstand der Erörterung sind Prüfungen, die in einem **privatrechtlich** ausgestalteten **Prüfungsrechtsverhältnis** stattfinden, z. B. denen tarifvertragliche Vereinbarungen zugrunde liegen.[9]

8   Soweit die Einführung und die Ausgestaltung hoheitlicher Prüfungen zum staatlichen Gestaltungsbereich gehören, müssen diese gleichermaßen in der (Letzt-)Verantwortung staatlicher Institutionen (z. B. staatlicher Prüfungsämter) durchgeführt werden. Wenn allerdings öffentliche Institutionen mit dem Recht zur **Selbstverwaltung** im Rahmen ihrer hoheitlichen Aufgaben Prüfungen abhalten, liegt die Verantwortung bei ihnen. Die staatliche Rechtsaufsicht wacht insofern (nur) darüber, dass Gesetz und Verfassung nicht verletzt werden.

9   Dass die **Leistungsbewertungen** von **Schulen** in hoheitlicher Trägerschaft zum **staatlichen Aufgabenbereich** gehören, folgt aus **Art. 7 Abs. 1 GG**.[10] Zuständig sind hinsichtlich des schulischen Bildungswesens generell die Bundesländer (Art. 30, 70 ff., 91 a GG), soweit nicht das Grundgesetz insbesondere durch die Art. 71 ff. dem Bund Gesetzgebungskompetenzen verliehen hat, beispielsweise für den Bereich der beruflichen Bildung (vgl. Art. 74 Nr. 11 GG). Der Bund regelt die **Laufbahnprüfungen der Bundesbeamten** (Art. 73 Nr. 8 GG). Wird – wie bei der Durchführung der Steuerberaterprüfung – **Bundesrecht** durch **Landesbehörden** ausgeführt (Art. 30, Art. 83, Art. 84 GG), so sind diese nicht unter dem Gesichtspunkt des Gleichbehandlungsgebots zu übereinstimmenden Maßnahmen (z. B. zur Ausgabe übereinstimmender Aufgabentexte) verpflichtet. Vielmehr ist den Landesbehörden lediglich eine **im Wesentlichen uneinheitliche Vollziehung** des Bundesrechts verwehrt, die im Hinblick auf die bezweckte Bundeseinheitlichkeit nicht mehr hinnehmbar ist (vgl. Rdn. 14 ff.).[11]

---

[8] Wegen dieser inhaltlichen Zusammenhänge vgl. insbesondere: BVerwG, U. v. 18. 11. 1983 – 7 C 114.81 – BVerwGE 68, 185 = NVwZ 1984, 104 = RdJB 1984, 471, mit Anm. von *Pieroth,* und BayVGH, Beschl. v. 28. 1. 1982 – 7 CE 81 A/2144 – NVwZ 1982, 562; VGH Bad.-Wttbg., U. v. 20. 1. 1983 – 9(11) S 12/82 – NVwZ 1984, 124; *Müller/Kromer,* Zur Verfassungsmäßigkeit staatlicher Prüfungsordnungen für anerkannte Ersatzschulen, NVwZ 1984, 77.

[9] Vgl. dazu: BVerwG, Beschl. v. 18. 1. 1993 – 6 B 5.92 – NVwZ-RR 1993, 251 = *Buchholz* 421.0 Prüfungswesen Nr. 311.

[10] Vgl. auch BVerwG, Beschl. v. 18. 2. 1981 – 7 B 10.81 und 7 B 13.81 – Buchholz a. a. O. Nr. 141.

[11] BVerfG, Beschl. v. 2. 11. 1994 – 1 BvR 1048/90 – unter Bezugnahme auf BVerfGE 11, 6 und 76, 1.

Der staatliche Einfluss auf die Regelung des Prüfungswesens öffentlicher 10
Institutionen, denen ein Recht auf Selbstverwaltung zusteht, ist durch die
Pflicht des Staates begrenzt, deren jeweils auf ihre spezifischen Aufgaben
bezogene – aber auch begrenzte – Autonomie zu achten. Anerkannt ist, dass
die Teilautonomie der **Hochschulen** auch das Recht und die Pflicht umfasst,
die Voraussetzungen der Hochschulabschlüsse (insbesondere der Diplom-,
Bachelor- und Masterabschlüsse sowie der Promotion und der Habilitation,
aber auch der universitären Schwerpunktbereichsprüfung als Teil der ersten
juristischen Prüfung, vgl. Rdn. 352, 354–356 ff.) durch Satzung zu regeln.
Soweit jedoch Abschlüsse nach Beendigung eines Hochschulstudiums
zugleich Berechtigungen für den Eingang in den öffentlichen (Vorberei-
tungs-)Dienst vermitteln, handelt es sich um Prüfungen, die vorrangig der
staatlichen Regelungsgewalt unterliegen.[12]

Der Staat handelt bei dem Erlass genereller Vorschriften über die hoheit- 11
lichen Leistungsbewertungen durch seine **gesetzgebenden Organe (Parlamente)**. Die Fragen, welche prüfungsrechtlichen Regelungen die Parlamente
selbst treffen müssen, welche sie wegen der weiteren Einzelheiten durch die
Ermächtigung zum Erlass einer Rechtsverordnung delegieren und welche
sie der Verwaltung zur eigenverantwortlichen Regelung durch Erlasse und
Richtlinien überlassen dürfen, ist nur schwierig zu beantworten. Darauf
wird gesondert unter Rdn. 33 ff. eingegangen.

Der Gesetz- oder Verordnungsgeber (bzw. die Institution mit eigener 12
Satzungsgewalt) hat hinsichtlich des Inhalts der von ihm zu erlassenden
Prüfungsordnung ein am Zweck der jeweiligen Leistungsbewertung zu
orientierendes weites **Ermessen**.[13] Beispielsweise liegt es in seinem Ermessen anzuordnen, welche unzureichende Leistungen in einzelnen Prüfungs-
gebieten durch bestimmte bessere Leistungen in anderen Gebieten ausgeglichen werden können und welches Gewicht etwa die mündlich erbrachten
Leistungen im Verhältnis zu den schriftlichen Leistungen haben.[14] Die
Grenzen der hoheitlichen Gestaltungsfreiheit sind außer durch den Zweck
der jeweiligen Leistungskontrolle auch durch allgemeine prüfungsrechtliche
– zumeist im Bundesverfassungsrecht (Art. 3 und 12 GG) wurzelnde –
Schranken vorgegeben, insbesondere durch das Verbot sachlich nicht gerechtfertigter übermäßiger Anforderungen (Verhältnismäßigkeitsprinzip)
sowie durch das Gebot, die Chancengleichheit und allgemein gültige Bewertungsgrundsätze zu beachten.

---

[12] Dazu insgesamt: *H.-W. Waldeyer*, in: Hailbronner/Geis, Kommentar zum Hochschulrahmengesetz § 15 Rdn. 7 ff. Wegen des staatlichen Einflusses auf die Promotionsordnung einer Theologischen Fakultät: VGH Bad.-Wttbg., U. v. 19. 7. 1984 – 9
S 2239/82 – NVwZ 1985, 126 = VBlBW 1985, 341.
[13] BVerwG, Beschl. v. 30. 5. 1979 – 7 B 47.79 – Buchholz a. a. O. Nr. 110 = DÖV
1979, 754.
[14] BVerwG, Beschl. v. 30. 5. 1979, a. a. O. Wegen der rechtlichen Anforderungen an
den Ausschluss einer solchen Kompensation s. Rdn. 547 ff.

III. Die Gleichwertigkeit und die Anerkennung von Abschlüssen und Berechtigungen

13   Es wird häufig beklagt, dass die Bildungsgänge, Leistungsanforderungen und Abschlüsse in den einzelnen Bundesländern zu wenig einheitlich seien. Wer etwa in Bremen oder im Land Hessen eine Prüfung abgelegt hat, vermag häufig nicht einzusehen, dass der damit erbrachte Leistungs- und Befähigungsnachweis nicht gleichsam automatisch auch in jedem anderen Bundesland anerkannt wird. Bei Abschlüssen in der ehemaligen DDR oder im Ausland ist die Anerkennung durchweg besonders schwierig. In der Tat entstehen durch die zum Teil erheblichen Divergenzen bei den Abschlüssen und Berechtigungen negative Folgen für das Beschäftigungssystem und nicht zuletzt für Familien mit schulpflichtigen Kindern. Hier ist nicht der Ort, den nachteiligen Folgen des **föderativen Bildungssystems** nachzugehen und diese mit den Vorteilen dieses Systems abzuwägen.[15] Im Mittelpunkt der Erörterungen stehen vielmehr die **individuellen Rechte** des einzelnen Betroffenen, der einen von dem allgemeinen Standard[16] abweichenden Abschluss – etwa auch im Ausland – erreicht hat und damit in einem anderen Bundesland – oder überhaupt im Bundesgebiet – die für seine weitere Berufsausbildung oder für die Berufsaufnahme nötige Anerkennung sucht.[17] Zum besseren Verständnis soll dennoch zunächst auf die **objektiv-rechtlichen Grundlagen** der damit aufgeworfenen Rechtsfragen eingegangen werden (wegen der persönlichen Ansprüche einzelner Betroffener s. Rdn. 17 ff.):

14   Zunächst ist grundsätzlich klarzustellen, dass der jeweilige Landesgesetzgeber in dem Rahmen seiner Gesetzgebungszuständigkeit, z. B. im Bereich des Schul- und Hochschulwesens, **verfassungsrechtlich befugt** ist, von der Gesetzgebung anderer Länder **abweichende Regelungen** über Prüfungen und Versetzungen zu treffen. Werden aufgrund dessen in einem Bundesland weniger schwere Anforderungen gestellt, sind die anderen Bundesländer nicht etwa wegen des Gleichheitssatzes (Art. 3 GG) verpflichtet, die weniger

---

[15] Die Probleme sind altbekannt: vgl. etwa den Bericht der Bundesregierung über die strukturellen Probleme des föderativen Bildungssystems, Bundesdrucksachen 8/1551 („Mängelbericht"); zur Kritik demgegenüber: Stellungnahme („Strukturbericht") der KMK vom 20./21. 4. 1978 (187. Plenarsitzung) sowie die Stellungnahme der Kultusminister der Länder Baden-Württemberg, Bayern, Niedersachsen, Rheinland-Pfalz, Saarland und Schleswig-Holstein 1978; ferner: *Klöpfer*, Die Verfassungsmäßigkeit des „Mängelberichts", Zeitschrift für Rechtspolitik 1978, 121.

[16] Bemühungen um eine Vereinheitlichung gibt es seit langem, insbesondere durch die Kultusministerkonferenz; so schon durch das Abkommen zwischen den Ländern der Bundesrepublik zur Vereinheitlichung auf dem Gebiet des Schulwesens („Hamburger Abkommen") vom 28. 10. 1964/14. 10. 1971, BeschlSlg KMK 101.

[17] Wegen der Anerkennung von Lehramtsprüfungen: BVerwG, Urteile v. 22. 10. 1981 – 2 C 42.80 – BVerwGE 64, 142 und – 2 C 70.81 – BVerwGE 64, 153.

qualifizierten Abschlüsse oder sonstigen Prüfungsentscheidungen anzuerkennen.[18] Denn die föderative Struktur der Bundesrepublik Deutschland
verschafft in den davon betroffenen Bereichen der **Vielfalt** allgemeinen Vorrang vor der **Gleichheit**.[19] Bei dem Vergleich von Prüfungsnoten von Bewerbern aus verschiedenen Bundesländern kommt es auf den sachlichen
Aussagewert der Noten an, der selbst bei gleichlautenden und gleichdefi-
nierten Noten infolge unterschiedlicher Prüfungsanforderungen verschieden
sein kann.[20] Freilich darf das einzelne Bundesland auch Prüfungen und
schulische Versetzungen sowie die sich daraus ergebenden Berechtigungen
nicht rücksichtslos und in jeder Weise beliebig ausgestalten, sondern es sind
ihm insbesondere durch die gleichermaßen mit Verfassungsrang versehenen
Pflichten zur **Bundestreue** (zu „bundesfreundlichem Verhalten") äußerste
Grenzen gesetzt. Die dadurch gegebenen Bindungen, welche grundsätzlich
auch das Verhalten der Länder untereinander betreffen, sind jedoch nur sehr
abstrakt definiert, etwa als eine Verpflichtung der Länder, ihre Schulsysteme
aufeinander abzustimmen.[21] Der Grundsatz bundesfreundlichen Verhaltens
verpflichtet jedes Land, bei der Inanspruchnahme seiner Rechte die gebotene Rücksicht auf die Interessen der anderen Länder und des Bundes zu
nehmen und nicht auf der Durchsetzung rechtlich eingeräumter Positionen
zu beharren, welche die elementaren Interessen anderer Länder schwerwiegend beeinträchtigen.[22] Demgemäß sind die Bundesländer bundesrahmen-
rechtlich verpflichtet, dafür Sorge zu tragen, dass die Hochschulzugangsberechtigungen hinsichtlich der jeweiligen Anforderungen und Bewertungen
vergleichbar sind (§ 32 Abs. 3 Nr. 1 Satz 4 HRG).

Wegen dieser Grundsätze herrscht im wesentlichen kein Streit. Proble- 15
matisch wird es jedoch, wenn anlässlich eines umstrittenen Einzelfalles
entschieden werden muss, ob diese oder jene landesrechtliche (Sonder-)-
Regelung noch auf der Grundlage des föderativen Systems von der Gestaltungsfreiheit des jeweiligen Bundeslandes gedeckt ist oder jedoch wegen der
gravierenden Auswirkungen für das allgemeine Bildungssystem und die
durch Schule und Hochschule vermittelten Berechtigungen als **unerträglich**
oder **rücksichtslos** im Sinne der angeführten Rechtsprechung des Bundesverfassungsgerichts zu bewerten ist. Für die Abwägung, welcher der vorbezeichneten Verfassungsgrundsätze im Einzelfall stärker zum Zuge kommt,
gibt es keine eindeutigen Maßstäbe, sondern nur Anhaltspunkte aufgrund
von Präjudizien, die zumindest teilweise weiterhelfen können:

---

[18] Dazu insbesondere: *Avenarius*, Gegenseitige Anerkennung von Lehramtsprüfungen zwischen den Ländern der Bundesrepublik Deutschland, DÖV 1997, 485.
[19] Ständige Rechtspr.: BVerfGE 10, 354 ff., 371, BVerfGE 33, 224 ff., 231; BVerwG,
Beschl. v. 3. 6. 1996 – 6 B 2.96 – Buchholz 421 Kultur- und Schulwesen Nr. 119, und
v. 31. 5. 1978 – 7 B 141.77 – Buchholz 421.0 Prüfungswesen Nr. 93.
[20] BayVGH, Beschl. v. 20. 1. 2000 – 7 ZE 99.2715 – BayVBl. 2001, 566.
[21] BVerfGE 34, 165 ff., 194.
[22] BVerfGE 34, 216 ff., 232; 42, 103; 43, 291 ff., 348, und 59, 360 ff., 377.

16   Nicht zulässig ist es, aus dem Grundsatz der **Bundestreue** und der Pflicht
zu bundesfreundlichem Verhalten durchgängige Bindungen der einzelnen
Landesgesetzgeber an die üblichen Vereinbarungen der **Kultusministerkonferenz** herzuleiten, ganz abgesehen davon, dass diese auf ministerieller
Ebene geschlossenen Abmachungen die Parlamente nicht binden. Demgemäß liegt auch nicht etwa schon allein darin ein Verstoß gegen den Grundsatz der Bundestreue, dass ein Bundesland in irgendeiner Weise von dem
Abkommen abgewichen ist.[23] Geht die Abweichung indes inhaltlich über
systemkonforme Modifizierungen des Bildungssystems deutlich hinaus und
wird etwa in den zentralen Fragen des Berechtigungswesens (z.B. betreffend
die Reifeprüfung und deren wesentliche Anforderungen) ein „eigener Weg"
gesucht, der die bundesweite Realisierbarkeit eines solchen Systems verhindert, so liegt die Annahme eines Verfassungsverstoßes nahe. Das dürfte
ebenso der Fall sein, wenn **Strukturvorgaben** der **KMK** für **modularisierte
Studiengänge** bei der Genehmigung von Studien- und Prüfungsordnungen
eines **Bachelor-** oder **Masterstudienganges** von der zuständigen Landesbehörde „unerträglich" oder „rücksichtslos" missachtet werden (vgl. Rdn.
387). Insbesondere wenn es nicht mehr nur um das „rücksichtsvolle" Verhalten der Bundesländer untereinander geht, sondern wenn darüber hinaus
die **Grundrechte** der davon betroffenen Schüler und Prüflinge zu berücksichtigen sind, gelangt die „föderative Gestaltungsfreiheit" an ihre Grenzen.
Beispielsweise zwingt im Bereich der Hochschulzulassung der Grundrechtsschutz (Art. 12 GG) die Länder zu einer Kooperation durch Staatsvertrag,
soweit diese bundesweite Aufgabe nicht anders zu bewältigen ist.[24] Dies gilt
jedoch – was die Vereinheitlichung anbelangt – wiederum nur als eine prinzipielle **Verpflichtung zur kooperativen Verwirklichung des Grundrechtsschutzes** und nicht als eine einklagbare Verpflichtung, im Einzelnen
näher bezeichnete Regelungen einzuführen. Auch Art. 12 GG enthält keine
geeigneten Maßgaben, nach denen eine bundesweite Koordinierung der in
Betracht kommenden unterschiedlichen Lösungen (z.B. hinsichtlich einzelner Anforderungen an die Reifeprüfung als Voraussetzung zur Hochschulzulassung) als verfassungsrechtlich geboten zu qualifizieren wäre.[25]

17   Für den einzelnen Absolventen einer Hochschule ist es wesentlich, ob
und aus welchem Recht er selbst einen **persönlichen** – notfalls einklagbaren
– **Anspruch** daraus herleiten kann, dass sein in dem einen Bundesland er-
reichter (Prüfungs-)Abschluss in dem anderen Bundesland **anerkannt** wird.
In erster Linie ist auch hier nach einschlägigen **spezialgesetzlichen Rege-**

---

[23] BVerfG, Beschl. v. 25. 8. 1978 – 1 BvR 338/75 – RdJB 1979, 325 ff., 327 und v.
22. 6. 1977 – 1 BvR 799/76 – BVerfGE 45, 400 ff., 421 = NJW 1977, 1723, betr. die
Abweichung des hess. Vorschaltgesetzes zur Oberstufenreform von der KMK-Ver-
einbarung vom 7. 7. 1972.

[24] BVerfGE 33, 303.

[25] BVerfGE 33, 303, und 43, 291 ff., 349; vgl. ferner: BVerwG, U. v. 1. 12. 1982 – 7 C
72.81 – Buchholz 421.0 Prüfungswesen Nr. 168 = NVwZ 1983, 470.

lungen zu suchen.[26] Fehlt eine spezialgesetzliche Regelung in dem Bundesland, in dem der Anspruch auf Anerkennung geltend gemacht wird, bleibt nur die Möglichkeit, ihn auf verfassungsrechtliche Gewährleistungen der Art. 3 und 12 GG zu stützen.[27] Anders als konkrete gesetzliche Regelungen hat eine solche – sehr abstrakte – verfassungsrechtliche Anspruchsgrundlage für den, der die Anerkennung seines Abschlusses anstrebt, den erheblichen Nachteil, dass das letztlich entscheidende Kriterium der „Gleichwertigkeit" hier besonders offen ist.

Mit diesen verfassungsrechtlichen Gewährleistungen **nicht** in Einklang 18 steht die Auffassung des BVerwG,[28] ein **Anspruch auf Anerkennung** anderer, in anderen Ländern abgelegter Prüfungen „als mit jener Prüfung gleichwertig" sei **von vornherein ausgeschlossen.** Auch aus Art. 12 Abs. 1 GG sei ein solcher Anspruch nicht herzuleiten; denn ein Bundesland könne kraft der ihm aufgrund des föderalistischen Prinzips zukommenden Eigenständigkeit nicht allein durch das Grundrecht der Berufsfreiheit gezwungen werden, in möglicherweise umfangreiche, erhebliche Verwaltungsaufwand erfordernde Ermittlungen darüber einzutreten, ob die in einem anderen Bundesland abgelegte Prüfung trotz möglicherweise unterschiedlicher Ausbildungsdauer, unterschiedlicher Ausbildungsinhalte und unterschiedlicher Prüfungspraxis dennoch gleichwertig sei mit einer Prüfung vor den eigenen Prüfungsbehörden. Diese Rechtsauffassung ist verfassungsrechtlich nicht haltbar. Im Grundrechtsbereich, hier neben Art. 12 Abs. 1 auch Art. 2 Abs. 1 und Art. 3 GG, kann ein **„möglicherweise" erheblicher Verwaltungsaufwand** nicht pauschal die Verkürzung der subjektiven Rechte von Grundrechtsträgern rechtfertigen, zumal ein solcher Aufwand wegen der **Pflicht zu bundesfreundlichem Verhalten** in den Grenzen des noch Erträglichen und Zumutbaren von den Ländern gegenseitig erbracht werden muss. Allein die Schwierigkeiten, die einer hinreichend präzisen Feststellung der Gleichwertigkeit nicht selten im Wege stehen, können den Anspruch auf Anerkennung des „gleichwertigen" Abschlusses nicht prinzipiell ausschließen. Die Interessen der Verwaltung sind zumeist schon dadurch hinreichend gewahrt, dass es in erster Linie Sache des Klägers ist, die Gleichwertigkeit des von ihm in einem anderen Bundesland erreichten Abschlusses näher darzulegen, und dass es zu seinen Lasten geht, wenn die behauptete Gleichwertigkeit mit einem der Sache angemessenen Verwaltungsaufwand nicht

---

[26] Hinzuweisen ist insbesondere auf § 122 Abs. 1 Beamtenrechtsrahmengesetz, der insbesondere bei der Zulassung zum staatlichen Vorbereitungsdienst für Lehrer und Juristen bedeutsam ist; vgl. dazu: BVerwG, U. v. 22. 10. 1981 – 2 C 42.80 – BVerwGE 64, 142, und – 2 C 70.81 – BVerwGE 64, 153 ff., 159. Spezialgesetzliche Regelungen gelten auch für die Hochschulzulassung nach dem Hochschulrahmengesetz und den Staatsverträgen der Länder.

[27] BVerfGE 33, 303 ff., 352 ff. am Beispiel der Hochschulzulassung (Verbot der „Landeskinderklausel").

[28] U. v. 1. 12. 1982 – 7 C 72.81 – NVwZ 1983, 470 = Buchholz a. a. O. Nr. 168.

hinreichend sicher festzustellen ist und daher letztlich offen bleibt (zur materiellen Beweislast im Verwaltungsprozess s. Rdn. 841 ff.). Zu beachten ist ferner, dass die hierzu von dem einzelnen Bundesland getroffenen Regelungen in vielen Fällen **Zulassungsvoraussetzungen** für das berufliche Fortkommen darstellen, welche die auf die Grundrechte gestützten Anerkennungsansprüche zum Schutze wichtiger Gemeinschaftsgüter in zulässiger Weise begrenzen können. Wie immer die Regelung auch entstanden sein mag, so stellt sich hinsichtlich der Rechte aus Art. 12 GG in jedem Fall die Frage, ob die damit im Rahmen des grundrechtlichen Gesetzesvorbehalts geschaffenen **subjektiven Zulassungsbedingungen** inhaltlich im Interesse des **Gemeinwohls** gerechtfertigt sind.[29]

19   Sind die landesrechtlich normierten Zulassungsvoraussetzungen in diesem Sinne verfassungskonform, so sind die Länder auch unter dem Gesichtspunkt des freien Zugangs zu den Ausbildungsstätten gemäß Art. 12 Abs. 1 GG berechtigt, die Erfüllung dieser Voraussetzungen von allen Bewerbern zu verlangen, auch von solchen aus anderen Bundesländern.[30] Es ist jedoch im Einzelfall letztlich eine Frage der Auslegung der jeweiligen Prüfungsanforderungen und ihrer vergleichenden Bewertung, deren Beantwortung Aufschluss darüber geben muss, ob die in dem einen Land festgelegten, eine bestimmte fachliche Qualifikation des Bewerbers verlangenden Zulassungsvoraussetzungen (auch) im Hinblick auf die von einem anderen Bundesland erteilten Zeugnisse und Berechtigungen inhaltlich erfüllt sind oder nicht. Allein auf die äußere Form des Leistungsnachweises darf es in den hier tangierten Schutzbereichen der Art. 12 und 3 GG nicht ankommen.

20   Die sachliche Prüfung, ob die miteinander zu vergleichenden Abschlüsse und Berechtigungen trotz einiger Divergenzen insgesamt dennoch **gleichwertig** sind, hat darauf abzustellen, ob die jeweiligen Anforderungen, die zu dem Abschluss führen, in den wesentlichen Punkten gleiches Gewicht haben und nicht etwa so erheblich voneinander abweichen, dass eine unterschiedslose Vergabe der erstrebten Berechtigung bzw. des erstrebten Berufszugangs willkürlich wäre. Dabei kommt es nicht entscheidend auf die Qualität der jeweiligen Ausbildungsgänge, sondern darauf an, ob sie von ihrem Ausbildungsinhalt und dem mit der Prüfung verfolgten Zweck gleichwertig sind.[31] Bei der dabei vorzunehmenden Bewertung und Gewichtung darf nicht kleinlich auf Nebensächlichkeiten oder Äußerlichkeiten abgestellt werden. Weder darf die volle Identität der Leistungsanforderungen vorausgesetzt noch entscheidend darauf abgestellt werden, ob etwa die Organisa-

---

[29] BVerfGE 33, 303 und 7, 377; vgl. ferner: BVerwG, Beschl. v. 2. 2. 1979 – 7 C 60.76 – DÖV 1979, 751.
[30] BVerwG, U. v. 1. 12. 1982 – 7 C 72.81 – Buchholz 421.0 Prüfungswesen Nr. 168 unter Hinweis auf BVerwGE 64, 142 und 153.
[31] BVerwG, Beschl. v. 20. 1. 1997 – 6 B 75.96 – Buchholz a. a. O. Nr. 377.

tion und der Aufbau der jeweiligen Bildungsgänge sich in den Einzelheiten entsprechen. Aus **Staatsverträgen** oder gar aus den **Verwaltungsvereinbarungen** der Länder oder den **Abkommen der Kultusministerkonferenz** können die Betroffenen zwar nicht unmittelbar persönliche Ansprüche herleiten.[32] Jene erzeugen nämlich rechtliche Bindungen allenfalls unter den an ihnen beteiligten Rechtssubjekten, insbesondere unter den jeweiligen Bundesländern.[33] Sie sind indes nicht ohne Bedeutung für die hier vorzunehmenden Ermittlungen und Bewertungen, die zu der konkreten Feststellung der „Gleichwertigkeit" hinführen. Aus solchen Abkommen können bedeutsame Anhaltspunkte dafür gewonnen werden, ob eine grundsätzliche Übereinstimmung in den wesentlichen Punkten besteht.[34] Insbesondere die einschlägigen Beschlüsse der Kultusministerkonferenz gelten als „antizipierte Sachverständigengutachten", deren tatsächliche Feststellungen und sachkundige Bewertungen primär als zutreffend anzuerkennen sind, soweit sie nicht durch bessere Erkenntnisse in Frage gestellt werden.[35] Soweit freilich Vereinbarungen der Bundesländer durch ein zustimmendes Landesgesetz in dem einzelnen Land Gesetzeskraft erlangt haben, hat der Landesgesetzgeber eine rechtliche Bindung auch gegenüber dem einzelnen Betroffenen geschaffen, so dass dieser daraus unmittelbar persönliche Ansprüche herleiten kann.[36] Für die danach im **Einzelfall** vorzunehmende (vergleichende) **Bewertung** und **Gewichtung** können hier nur einige exemplarische Hinweise gegeben werden:

Fehlt etwa eine der für die Erlangung der Hochschulreife vorausgesetzten 21 **Fremdsprachen**, wird die Anerkennung – solange allgemein mehr als eine Fremdsprache vorgesehen ist – so nicht zu erreichen sein. Ferner würde ein Anspruch auf Gleichsetzung von **musischen Fächern** des musischen Schultyps eines Gymnasiums mit der zweiten Pflichtfremdsprache eines „normalen" Gymnasiums in Art. 2 Abs. 1, Art. 3, 12 Abs. 1 GG keine Stüt-

---

[32] Anders jedoch Art. 37 Abs. 1 Satz 2 EV; s. dazu im Einzelnen Rdn. 26.

[33] Zu der daraus herzuleitenden „Selbstbindung" des Landes an eine positive Entscheidung zu Gunsten des Bewerbers s. BVerwG, Beschl. v. 9. 7. 1997 – 6 B 80.96 – LKV 1998, 37 = ThürVBl. 1998, 37, einschließlich der vorinstanzlichen Entscheidungen des VG Magdeburg v. 30. 5. 1995 – 4 A 202/93 – und des OVG Sachs. – Anh., v. 17. 1. 1996 – 2 L 147/95. Wegen der gegenseitigen Anerkennung von Lehramtsprüfungen aufgrund einer Verpflichtung der Kultusminister (Beschl. v. 5. 10. 1990): *Avenarius*, DÖV 1997, 485.

[34] BayVGH, Beschl. v. 7. 1. 1980 – Nr. 7 CE 80 A 1250 – NJW 1981,1973, betr. die Anerkennung von Reifezeugnissen hinsichtlich der Anforderungen an Fremdsprachen, und Beschl. v. 27. 9. 1973 – Nr. 182 III 73 – SPE II B III, S. 1, betr. die Anerkennung der Fachoberschulreife in Bayern aufgrund eines Abschlusszeugnisses der 10. Hauptschulklasse in NW.

[35] VGH Bad.-Wttbg., Beschl. v. 13. 10. 2000 – 9 S 2236/00 – VBlBW 2001, 108 = SPE 326 Nr. 6; OVG Sachs., U. v. 20. 7. 1995 – 2 S 268/94.

[36] So etwa in Baden-Württemberg durch Gesetz v. 24. 5. 1967 (GBl. S. 74) und v. 11. 4. 1972 (GBl. S. 126).

ze finden.[37] Dagegen darf die Anerkennung in aller Regel nicht schon deshalb versagt werden, weil anderswo in einer (Pflicht-)Fremdsprache nur drei der sonst üblichen vier Wochenstunden unterrichtet worden sind. Die **Zeitspanne** (z. B. die Semesterzahl), in der ein Fach gelehrt worden ist, darf nur dann ausschlaggebend sein, wenn die allzu kurze Dauer des Unterrichts oder der Lehrveranstaltung unter normalen Umständen eine Gleichwertigkeit des damit erreichten Leistungsstandes ausschließt. Unerheblich sollte ein **Unterrichtsausfall** sein, wenn er – wäre er z. b. krankheitsbedingt – in der Regel als nachholbar gilt. Schließlich ist – wenn der Sachverhalt dazu Anlass gibt – auch zu erwägen, ob das Fehlen einzelner Anforderungen durch die (bessere oder zusätzliche) Erfüllung anderer Anforderungen **kompensiert** wird. Entscheidend dafür ist, ob die erbrachten Leistungen **insgesamt** den Anforderungen in etwa entsprechen, die für den betreffenden Abschluss angesichts des von ihm bezeugten Leistungsnachweises und der von ihm vermittelten Berechtigungen prägend sind.

22   Spezielle Probleme mannigfacher Art sind zu lösen, wenn es um die Anerkennung von Abschlüssen in den neuen Graduierungssystemen mit **Bachelor- oder Masterstudiengängen** nach § 19 HRG geht (vgl. dazu im Einzelnen Rdn. 380 ff., 387). Soweit im innerstaatlichen Bereich um die Anerkennung solcher Abschlüsse gestritten wird, gelten die vorstehend dargelegten Rechtsgrundsätze entsprechend. Zu berücksichtigen ist insbesondere, dass durch einschlägige Vorgaben der Kultusministerkonferenz und vom Akkreditierungsrat festgelegte Mindeststandards Kriterien geschaffen worden sind, die – wenn sie im Einzelfall erfüllt worden sind – die Wertigkeit des betreffenden Abschlusses nachhaltig bekräftigen. Zwar erwächst daraus dem einzelnen Studenten, der einen Bachelorabschluss vorweisen kann, noch kein unmittelbarer Anspruch auf Zulassung zu einem Magisterstudiengang an einer beliebigen Hochschule. Jedoch dürfte es der Hochschule unter den genanten Umständen rechtlich kaum möglich sein, seinen Zulassungsantrag wegen eines angeblich nicht ausreichenden Abschlusses des Bachelor-Studienganges abzulehnen.

23   Geht es um die Zulassung **ausländischer Bachelor-Absolventen** zu einem Masterstudium in Deutschland oder andererseits um die Zulassung **deutscher Bachelor-Absolventen** zu einem Masterstudium **im Ausland,** so kommt es wesentlich darauf an, ob zwischenstaatlich bilaterale Äquivalenz-

---

[37] Das BVerwG (Beschl. v. 2. 2. 1979 – 7 C 60.76 – DÖV 1979, 751) kommt zu diesem Ergebnis fälschlich auch ohne eine Gewichtung („Erheblichkeit") der unterschiedlichen Anforderungen allein deshalb, weil das betr. Zeugnis von den einheitlichen Maßstäben des „Hamburger Abkommens" abweiche. Dagegen stellt der BayVGH (Beschl. v. 7. 11. 1980, a. a. O.) zutreffend darauf ab, ob es sich um von den Ländern übereinstimmend festgelegte Mindestanforderungen handelt und ob die dort in Rede stehende Fremdsprachenausbildung als „wesentliche" Voraussetzung der materiellen Gleichwertigkeit von Hochschulzugangsberechtigungen und damit der Anerkennung der Bundesländer untereinander ist.

abkommen über die akademische Anerkennung der jeweiligen Studiengänge bestehen. Bloße Äquivalenzempfehlungen haben keine unmittelbaren rechtlichen Wirkungen, wenngleich auch sie Kriterien schaffen, die nicht einfach übergangen werden dürfen. Das widerspräche nämlich den vereinbarten Zielen des „Bologna-Prozesses", Studiengänge und deren Abschlüsse in Europa möglichst anzugleichen.

Für Personen, die sich um ihre Einstellung in den **öffentlichen Dienst** 24 eines **anderen Bundeslandes** bewerben, insbesondere diejenigen, die nach einem abgeschlossenen Hochschulstudium in den sich daran anschließenden **staatlichen Vorbereitungsdienst** eintreten wollen (z. B. Lehrer, Juristen), ist die in § 122 BRRG bzw. die in § 6 DRiG enthaltene Sonderregelung zu beachten. Nach dieser unmittelbar und einheitlich auch für alle Bundesländer in engem Zusammenhang mit Art. 33 Abs. 2 GG geltenden Vorschrift darf ein Land etwa die Einstellung eines Bewerbers für den Höheren Dienst nicht schon deshalb ablehnen, weil er die zur Befähigung für diese Laufbahn führende **zweite juristische Staatsprüfung** in einem anderen Bundesland abgelegt hat.[38] Ferner darf die **Zulassung zum Vorbereitungsdienst** einer Laufbahn nicht deshalb abgelehnt werden, weil der Bewerber die für die Laufbahn vorgeschriebene Vor- oder Ausbildung im Bereich eines anderen Landes erworben hat.[39] Eine im Bereich eines anderen Dienstherrn erworbene Vorbildung ist freilich nur dann als „vorgeschriebene Vorbildung" im Sinne des § 122 Abs. 1 BRRG zu qualifizieren, wenn sie mit einer nach dem Recht des aufnehmenden Landes geregelten und geforderten Vorbildung in einem Maße übereinstimmt, dass sie wie diese geeignet ist, zusammen mit der laufbahnbezogenen Ausbildung im Vorbereitungsdienst die Befähigung für die beim aufnehmenden Land eingerichtete Laufbahn zu vermitteln und damit in diesem Sinne der im Bereich des aufnehmenden Landes geregelten Vorbildung **gleichwertig** ist. Das BVerwG[40] hat im Jahre 1981 den nur für das Lehramt an einer Grundschule befähigenden Abschluss (Hessen) als nicht gleichwertig mit einem für das Lehramt an Volksschulen (Grund- und Hauptschulen in Baden-Württemberg) befähigenden Abschluss erachtet. In einem anderen Fall hat es dagegen dem Kläger einen Anspruch auf Zulassung zum Vorbereitungsdienst in Nordrhein-Westfalen für das Lehramt an Grundschulen und Hauptschulen zugesprochen, weil das von dem Bewerber in Berlin abgeschlossene erziehungswissenschaftliche Grundstudium einschließlich eines Wahlfachs dem gleichwertig sei; das in Nordrhein-Westfalen weiter gefor-

---

[38] BVerwG, U. v. 20. 10. 1983 – 2 C 11.82 – BVerwGE 68, 109. Wegen der Anerkennung von Lehramtsprüfungen: BVerwG, U. v. 22. 10. 1981 – 2 C 42.80 – BVerwGE 64, 142, und – 2 C 70.81 – BVerwGE 64, 153.
[39] OVG NW, Beschl. v. 10. 6. 1983 – 6 B 1094/83 – NVwZ 1984, 126.
[40] U. v. 22. 10. 1981 – 2 C 70.81 – BVerwGE 64, 153. Ebenso: BAG, U. v. 28. 3. 1983 – 2 A ZR 132/82 – NVwZ 1984, 134.

derte fachbezogene Studium im Stufenschwerpunkt sei demgegenüber von untergeordneter Bedeutung.[41]

25   Die – zeitweise erprobte – einstufige Juristenausbildung endete mit einer der zweiten juristischen Staatsprüfung gleichwertigen Abschlussprüfung. Ein Anspruch auf Anerkennung der im Rahmen der **einstufigen Juristenausbildung** abgelegten Zwischenprüfung als erste juristische Staatsprüfung besteht nicht und kann auch nicht verfassungsrechtlich aus den Art. 3 Abs. 1 und 12 Abs. 1 GG hergeleitet werden.[42] Ebensowenig sind Hochschulen, die den Diplomgrad **„Diplomjurist"** neuerdings satzungsgemäß verleihen (vgl. § 18 Abs. 1 Satz 3 HRG), bundesrechtlich verpflichtet, auch den Studenten, die in der Vergangenheit die erste juristische Staatsprüfung bestanden haben (Altfälle), diesen Diplomgrad zu verleihen.[43]

26   Für **Abschlüsse in der ehemaligen DDR** ist Art. 37 Abs. 1 Satz 2 EV von besonderer Bedeutung. Danach stehen in dem in Art. 3 EV genannten Gebiet oder in anderen Bundesländern der Bundesrepublik Deutschland einschließlich Berlin (West) abgelegte Prüfungen oder erworbene Befähigungsnachweise einander gleich und verleihen die gleichen Berechtigungen, wenn sie **gleichwertig** sind. Als unbestimmter Rechtsbegriff bedarf die „Gleichwertigkeit" auch hier einer inhaltlichen Konkretisierung.[44] Bei der Auslegung ist zu beachten, dass es sich um eine staatsvertragliche Regelung handelt, in die beiderseitige Interessen der Vertragschließenden eingegangen sind, und dass diese Regelung die Zusammenführung der Bevölkerung der alten Bundesländer und des Beitrittsgebiets sowie die Angleichung der Lebensverhältnisse in der nunmehr gemeinsamen Bundesrepublik Deutschland zum Ziel hatte. Daher genügt für die Feststellung der Gleichwertigkeit im Sinne von Art. 37 Abs. 1 Satz 2 EV die Feststellung der **„Niveaugleichheit"** des fraglichen Abschlusses; diese setzt in erster Linie die formelle und funktionale Gleichheit der Ausbildung in dem betroffenen Berufsfeld und inhaltlich eine fachliche Annäherung voraus; eine besondere Ausrichtung der Ausbildung auf das Wirtschafts- und Gesellschaftssystem der ehemaligen DDR steht, wenn nicht spezielle Vorschriften etwas anderes vorsehen, der Feststellung der „Gleichwertigkeit" nicht prinzipiell entgegen.[45]

27   Aus der Feststellung der Gleichwertigkeit folgt die Anerkennung des Abschlusses in seiner heute geltenden Form etwa durch eine entsprechende **Nachdiplomierung**. Art. 37 Abs. 1 Satz 2 EV stellt in Verbindung mit Art. 3 Abs. 1 GG eine unmittelbare bundesrechtliche Anspruchsgrundlage

---

[41] BVerwG, U. v. 22. 10. 1981 – 2 C 42.80 – BVerwGE 64, 142.

[42] OVG NW, Beschl. v. 11. 7. 1994 – 22 B 1296/94 – NWVBl. 1995, 17.

[43] BVerwG, U. v. 22. 2. 2002 – 6 C 11.01 – NJW 2002, 2120.

[44] Die Bestimmung des Inhalts unterliegt auch hier der vollständigen gerichtlichen Nachprüfung: BVerwG, Beschl. v. 9. 7. 1997 – 6 B 80.96 – LKV 1998, 20 = ThürVBl. 1998, 37.

[45] BVerwG, U. v. 10. 12. 1997 – 6 C 10.97 – BVerwGE 106, 24 = Buchholz 111 Art. 37 EV Nr. 4.

für die Feststellung der Gleichwertigkeit dar, z. B. von Fachschulabschlüssen der ehemaligen DDR mit einem an einer Vorläufereinrichtung von Fachhochschulen in den alten Bundesländern erworbenen Abschluss.[46] Ein Absolvent einer Ingenieurschule der ehemaligen DDR, dem die Gleichwertigkeit seines Abschlusses mit einem Fachhochschulabschluss nach Art. 37 Abs. 1 Satz 2 EV bescheinigt worden ist, ist so zu stellen, als ob er über ein abgeschlossenes Studium verfügt (vgl. z. B. § 88 Abs. 1 NWHochschG) bzw. eine Fachhochschulabschlussprüfung bestanden hat. Die Behörden aller Bundesländer sind an die Gleichwertigkeitsfeststellung gebunden.[47]

Für **Ausländer** aus den EU-Mitgliedsstaaten gelten die vorgenannten 28 rechtlichen Grundsätze in gleicher Weise.[48] Andere Ausländer können im allgemeinen nur eine willkürliche Ungleichbehandlung beanstanden (Art. 3 Abs. 1 GG), da die verfassungsrechtlichen Gewährleistungen der Art. 12 Abs. 1 und 33 Abs. 1 GG ausdrücklich nur deutschen Staatsangehörigen vorbehalten sind.[49] In Einzelfällen sind indes Sonderregelungen zu beachten (vgl. z. B. für juristische Prüfungen die Regelungen in § 112 Abs. 2 DRiG).[50] Bei einem sogen. Kontingentflüchtling vermitteln die Vorschriften der Genfer Konvention nicht die Anerkennung einer im Ausland erworbenen juristischen Prüfung als erste juristische Prüfung i. S. d. § 5 Abs. 1 DRiG.[51]

Hat ein Bewerber eine **Prüfung im Ausland abgelegt**, die mit einer ent- 29 sprechenden Prüfung im Inland (z. B. mit der Ärztlichen Prüfung oder einem ihrer Abschnitte, vgl. §§ 1 Abs. 3, 22 ff., 27 ff. ÄAppO) **gleichwertig** ist, muss diese auch dann anerkannt werden, wenn der Bewerber die Prüfung vorher an einer deutschen Hochschule nach zweimaliger Wiederholung **endgültig nicht bestanden** hat; denn der Ausschluss einer dritten Wiederholung in Deutschland schließt die spätere Feststellung, dass die beruflichen Qualität inzwischen gegeben ist, nicht schlechthin aus.[52] Für die Feststellung der **Gleichwertigkeit ausländischer medizinischer Abschlüsse** kommt es auf die objektiven Umstände der jeweiligen Ausbildung an (vgl. § 3 Abs. 2 Satz 1 Nr. 1 BÄO), so dass insbesondere auf die Studien-

[46] BVerwG, U. v. 10. 12. 1997, a. a. O.

[47] OVG NW, U. v. 21. 1. 2003 – 8 A 2731/01 – NVwZ-RR 2003, 855.

[48] Das auch hier geltende Diskriminierungsverbot hindert nicht, dass ausreichende Sprachkenntnisse verlangt werden: *Bostedt*, Europarecht im deutschen Verwaltungsprozess, Schul-, Hochschul- und Prüfungsrecht, Ausbildungsförderung, Anerkennung ausländischer Abschlüsse, VBlBW 2001, 201 ff., 299 ff., 303, 307.

[49] Keine Gleichwertigkeit eines italienischen juristischen Studienabschlusses mit der ersten juristischen Staatsprüfung in Deutschland: BVerwG, Beschl. v. 10. 7. 1996 – 6 B 8.95 – NJW 1996, 2945 = DVBl. 1996, 1372, und BayVGH, U. v. 30. 4. 1997 – 7 B 96.2564 – NJW 1998, 1006. Vgl. ferner: BVerwG, U. v. 28. 8. 1986 – 2 C 38.83 – NJW 1987, 1779.

[50] Wegen der Anerkennung ausländischer juristischer Prüfungen: *Greßmann*, BayVBl. 2001, 361.

[51] OVG Nds., Beschl. v. 29. 1. 2003 – 2 P A 40/03 – NdsVBl. 2003, 161.

[52] BVerwG, U. v. 27. 8. 1997 – 6 C 9.96 – NJW 1998, 843 = DVBl. 1998, 399.

dauer, die Ausbildungsgegenstände und die Inhalte der Prüfungen abzustellen ist.[53]

30   Der von einer **ausländischen Hochschule verliehene Doktorgrad** ist nur dann einem deutschen Doktorgrad gleichwertig, wenn eine eigenständige wissenschaftliche Leistung vorliegt und die dortigen Prüfer hinreichend qualifiziert sind, eine solche Leistung zu bewerten.[54] Eine von einem **Vertriebenen** nach dem 8. 5. 1945 außerhalb des Geltungsbereichs des Bundesvertriebenengesetzes abgelegte juristische Prüfung (z. B. eine polnische Rechtsmagisterprüfung) kann der ersten juristischen Staatsprüfung im Sinne des § 92 Abs. 2, 3 Bundesvertriebenengesetz gleichwertig sein.[55]

31   Lässt sich die zwischen den Parteien umstrittene „**Gleichwertigkeit**" im Einzelfall **nicht hinreichend feststellen,** geht dies zu **Lasten** des **Bewerbers (Klägers),** weil somit eine Anspruchsvoraussetzung für die begehrte Anerkennung nicht gegeben ist.[56] Die hier im Rahmen des Grundrechtsschutzes gebotene „Großzügigkeit" der Betrachtungsweise, welche kleinliche Differenzierungen nach weniger bedeutsamen Merkmalen ausschließt, bewirkt nicht, dass bei verbleibenden, nicht unerheblichen Divergenzen im Zweifel stets zugunsten des um die Anerkennung streitenden Bewerbers entschieden werden muss. Damit verbleibt freilich in diesem aktuellen Problemfeld eine erhebliche Unsicherheit, solange über die Anerkennung – wie in den meisten bisher streitigen Fällen – allein nach dem groben Raster des Grundrechtsschutzes befunden werden kann. Auch die Gerichte haben auf dieser Grundlage wenig Anhaltspunkte für eine Entscheidungsfindung, so dass eine uneinheitliche Rechtsprechung zu befürchten ist.[57]

---

[53] BVerwG, U. v. 18. 2. 1993 – 3 C 64.90 – NJW 1993, 3005 = Buchholz 418.00 Nr. 85. Zu weiteren Einzelheiten s. *Zimmerling/Brehm*, Prüfungsrecht Rdn. 1181 ff.

[54] HessVGH, U. v. 4. 3. 1998 – 8 UE 1136/96.

[55] BVerwG, U. v. 30. 6. 1992 – 9 C 5.91 – Buchholz 412.3 § 92 BVFG Nr. 9 = NJW 1993, 276 = DÖV 1993, 76, (Fortführung und Klarstellung von BVerwGE 55, 104 und 72, 141).

[56] Vgl. Rdn. 841 ff. Ein besonderer förmlicher Gleichwertigkeitsnachweis mag zwar vorteilhaft sein, da er das Verfahren erleichtert und die Positionen frühzeitig verdeutlicht. Eine unumgängliche rechtliche Voraussetzung für die Anerkennung ist er jedoch nicht, und zwar auch dann nicht, wenn die Fakultät den Nachweis in der Prüfungsordnung vorgesehen hat; s. BVerwG, Beschl. v. 15. 5. 1985 – 7 B 54.84 – NVwZ 1985, 654. Durch Gesetz oder Rechtsverordnung kann freilich eine eigenständige Anerkennungsentscheidung vorgeschrieben werden: VGH Bad.-Wttbg., Beschl. v. 4. 3. 1994 – 9 S 484/94 – SPE 266 Nr. 4.

[57] Die „Gleichwertigkeit" ist als ein „unbestimmter Rechtsbegriff ohne Beurteilungsspielraum" der verwaltungsgerichtlichen Überprüfung voll zugänglich: BVerwG, Beschl. v. 9. 7. 1997 – 6 B 80.96 – LKV 1998, 20 = ThürVBl. 1998, 37; U. v. 1. 12. 1982 – 7 C 72.81 – Buchholz 421.0 Prüfungswesen Nr. 168 = NVwZ 1983, 470. VGH Bad.-Wttbg., Beschl. v. 4. 3. 1994, a. a. O.; BayVGH, Beschl. v. 7. 11. 1980 – Nr. 7 CE 80 A 1250 – NJW 1981, 1973. Freilich hat das Gericht von der durch das jeweilige Land getroffenen Festlegung einzelner Faktoren etwa hinsichtlich der gebotenen Zahl von Fremdsprachen auszugehen und darf diese nicht durch seine Vorstellungen ersetzen.

Einen Weg, diesem Mangel abzuhelfen, weist § 61 **DJT-SchulGE**. Darin **32** wird – anknüpfend an den Grundsatz des bundesfreundlichen Verhaltens auch der Länder untereinander (vgl. Rdn. 14) – die gesetzliche Regelung vorgeschlagen, dass von der Bewertung der Abschlüsse und Berechtigungen durch das „**abgebende**" **Land** auszugehen ist. Die Anerkennung darf von dem – sich durch diese Vorschrift selbst bindenden – „**aufnehmenden**" **Land** nur dann versagt werden, wenn die Anforderungen an den Erwerb der Abschlüsse und Berechtigungen **offensichtlich ungleichwertig** sind gegenüber den Abschlüssen und Berechtigungen, die in dem „aufnehmenden" Land durch oder aufgrund eines Gesetzes geregelt sind. Mit einer solchen landesgesetzlichen Regelung würde zugleich dem Gesetzesvorbehalt, der ebenfalls für die Regelung der Anerkennung von Abschlüssen und Berechtigungen gilt, Rechnung getragen.[58] Sind auch die Abschlüsse selbst, einschließlich der dafür vorauszusetzenden maßgeblichen Anforderungen, in dem nachfolgend erörterten Rahmen durch Gesetz oder aufgrund eines Gesetzes durch Rechtsverordnung näher festgelegt, dürfte es erheblich leichter fallen, die hier vorzunehmenden Abgrenzungen zu treffen und Streitfälle nach einheitlichen Maßstäben zu entscheiden. Denn wer gegenüber einem solchermaßen definierten Abschluss mit einem – anderswo erreichten – „offensichtlich ungleichwertigen" Abschluss keine Anerkennung findet, kann sich darüber nicht zu Recht beklagen. Andererseits würde sich das aufnehmende Land mit einer solchen gesetzlichen Regelung nicht übermäßig an die Praxis anderer Länder binden. Ferner wäre es auch den konkurrierenden Mitbewerbern des aufnehmenden Landes zumutbar, wenn dort auch solche Abschlüsse anerkannt werden, die nicht offensichtlich ungleichwertig sind, sondern bei denen nur Zweifel an der Gleichwertigkeit mit den landeseigenen Abschlüssen letztlich nicht auszuräumen sind.

---

[58] S. die Anm. zu § 61 DJT-SchulGE, Schule im Rechtsstaat, Bd. I, S. 281 ff., 283.

B. Rechtsgrundlagen der Prüfungen/Rechtsgültigkeit der Prüfungsordnungen

I. Der Vorbehalt des Gesetzes

1. Grundsätzliche Geltung

33 Es ist heute allgemein anerkannt, dass **Prüfungen** eine **gesetzesförmige Rechtsgrundlage** benötigen. Der Vorbehalt des Gesetzes[1] gilt auch für das Prüfungswesen. Diese schon 1976 in der ersten Auflage vertretene Rechtsauffassung[2] hat sich in der Rechtsprechung und auch im Schrifttum durchgesetzt.[3] Leitentscheidungen des Gesetzgebers sind in diesem Rechtsbereich insbesondere wegen der Grundrechtsrelevanz von Prüfungsentscheidungen erforderlich. Da (negative) Prüfungsentscheidungen in aller Regel die grundgesetzlichen **Freiheiten der Berufswahl** oder der **Wahl der Ausbildungsstätte** einschränken, ist der Schutzbereich des Art. 12 Abs. 1 GG durch sie berührt. Soweit dies nicht der Fall ist – wie z.B. bei der Jägerprüfung –, bleibt jedenfalls das allgemeine Persönlichkeitsrecht **(Art. 2 Abs. 1 GG)** zu beachten. Auch von daher können sich Anforderungen an die rechtssatzförmige Ausgestaltung prüfungsrechtlicher Rechtsverhältnisse ergeben (z.B. im Schulwesen, s. Rdn. 61 ff.). Die an die **Ausführlichkeit** und **Bestimmtheit parlamentarischer Leitentscheidungen** zu stellenden Anforderungen sind auch im Prüfungswesen verschärft, wenn wesentlich Neues eingeführt werden soll, etwa wenn das Prüfungsgeschehen unter Abwendung von der bisherigen Praxis oder gar unter Bruch mit traditionellen

---

[1] Dazu ausführlich: Band 1, Rdn. 91 ff.

[2] Vgl. Schul- und Prüfungsrecht, Rdn. 355 ff., mit zahlreichen weiteren Hinweisen; vgl. ferner Sitzungsbericht M des 51. Deutschen Juristentages 1976, S. 58 und 230.

[3] Grundlegend ist der Beschl. des BVerfG v. 20. 10. 1981 – 1 BvR 640/80 – BVerfGE 58, 257 = DVBl. 1982, 401 = NJW 1982, 921; fortgesetzt und präzisiert durch Beschlüsse v. 14. 3. 1989 – 1 BvR 1033/82, 174/84 – BVerfGE 80, 1 = NVwZ 1989, 850, und v. 17. 4. 1991 – 1 BvR 419/81, 213/83 – BVerfGE 84, 34 = NJW 1991, 2005, und – 1 BvR 1529/84, 138/87 – BVerfGE 84, 59 = NJW 1991, 2008. Aus der Rechtsprechung des BVerwG insbesondere die Urteile v. 14. 7. 1978 – 7 C 11.76 – BVerwGE 56, 155 = NJW 1979, 229,(m. Anm. v. Wimmer) und v. 1. 12. 1978 – 7 C 68.77 – BVerwGE 57, 130 = DVBl. 1979, 424 = DÖV 1979, 413. Aus dem Schrifttum: *Guhl,* Prüfungen im Rechtsstaat, S. 304 ff., 319; *Pietzcker,* Verfassungsrechtliche Anforderungen an die Ausgestaltung staatlicher Prüfungen, Schr. z. ÖR, Bd. 260, S. 149 ff.; *Stüer,* Prüfungsordnungen und Grundgesetz, JR 1974, 445 ff., 449; *Becker,* Parlamentsvorbehalt im Prüfungsrecht, NJW 1990, 274; *Zimmerling/Brehm,* Prüfungsrecht, Rdn. 4 ff.

Vorstellungen neu geordnet oder wenn für die Bewertung der Leistung neue Maßstäbe gesetzt werden.[4]

Es ist nicht zu übersehen, dass Bund und Länder inzwischen zahlreiche Ge-   **34** setze und Rechtsverordnungen über eine Vielzahl von Prüfungen und andere hoheitliche Bewertungen von Leistungen und Befähigungen erlassen haben. Rechtssatzcharakter haben ferner **Prüfungsordnungen,** die von autonomen **Körperschaften** oder **Anstalten des öffentlichen Rechts** im Rahmen der ihnen durch Gesetz oder Verfassung zugewiesenen Aufgaben und Befugnisse zur Selbstverwaltung erlassen worden sind (z. B. die Meisterprüfungsordnung einer Handwerkskammer).[5] Hier sind insbesondere die **Prüfungsordnungen** der **Hochschulen** zu nennen. Sie entstehen durch ein Zusammenwirken von Staat(Bundesland) und Hochschule, indem diese eine Satzung erlässt, welche der Genehmigung der zuständigen Landesbehörde bedarf (§ 16 Satz 1 HRG).[6] Eine solche Prüfungsordnung hat die inhaltlichen Prüfungsanforderungen und das Prüfungsverfahren, einschließlich der Voraussetzungen für die Zulassung zur Prüfung und deren Wiederholung, umfassend zu regeln, und zwar so, dass die Abschlussprüfung innerhalb der Regelstudienzeit vollständig abgelegt werden kann (vgl. § 16 Satz 2 HRG). Maßgaben dazu sind den landesrechtlichen Regelungen der (Landes-)Hochschulgesetze zu entnehmen.[7] Die hier und anderswo früher vielfach üblichen schlichten Verwaltungsanordnungen und administrativen Prüfungserlasse sind, sofern sie mehr als verwaltungsinterne Bedeutung haben (wegen der mittelbaren Außenwirkung s. Rdn. 97), nunmehr nahezu überall durch rechtsstaatliche Regelungen ersetzt oder sonstwie obsolet geworden. Auch bislang geltendes Gewohnheitsrecht kann sich nicht gegen zwingende Normen einer Prüfungsordnung durchsetzen (s. dazu aber auch Rdn. 81 ff. und 94 ff.).[8]

---

[4] Die Umgestaltung der zuvor mündlichen medizinischen Prüfungen in ein schriftliches Antwort-Wahl-Verfahren hat das BVerfG (BVerfGE 80, 1) freilich auch ohne eine ausdrückliche gesetzliche Regelung akzeptiert. Vgl. ferner: BVerwG, U. v. 1. 12. 1978 – 7 C 68.77 – BVerwGE 57, 130 ff., 139, betr. die Dritteanrechnung der Ausbildungsnote des juristischen Vorbereitungsdienstes für die zweite jur. Staatsprüfung. Zu der Frage, ob wegen des Vertrauensschutzes eine gesetzliche Übergangsregelung erforderlich ist, s. Rdn. 81 ff.
[5] BVerwG, Beschl. v. 22. 11. 1994 – 6 B 80.94 – NVwZ-RR 1995, 602 = Buchholz 421.0 Prüfungswesen Nr. 568 = DÖV 1995, 254.
[6] Dazu im Einzelnen: *H.-W. Waldeyer,* in: Hailbronner/Geis, Kommentar zum Hochschulrahmengesetz § 16 Rdn. 6 ff., 13 ff. Vgl. ferner: *Oebbecke,* Die Genehmigung von Prüfungsordnungen durch den Rektor, NWVBl. 1995, 243; *Leuze,* Bemerkungen zum Inhalt und zu den Grenzen der Hochschulautonomie, DÖD 1993, 1 ff., 6 ff., und *Strauch,* Staatliche und akademische Prüfungsordnungen, S. 87.
[7] Hinweise bei *Waldeyer,* a.a.O. Rdn. 8 ff. Das Grundrecht der Wissenschaftsfreiheit (Art. 5 Abs. 3 GG) begründet oder fordert keine Teilrechtsfähigkeit der Fakultäten zum Erlass von Prüfungsordnungen als Hochschulorgane im Verhältnis zu der sie tragenden Hochschule; es kommt dabei auf die landes(hochschul-)gesetzliche Ausgestaltung der Rechtspositionen an: BVerwG, Beschl. v. 13. 5. 1985 – 7 B 54.84 – NVwZ 1985, 654.
[8] OVG NW, U. v. 20. 8. 1993 – 22 A 2085/91 – NWVBl. 1994, 59.

35   Man könnte daher meinen, dass nach alledem die Anforderungen des **Ge-setzesvorbehalts** für das **Prüfungswesen** durch eine gefestigte Rechtspre-chung abschließend geklärt und durch den jeweils zuständigen Gesetzgeber erfüllt seien, so dass weitere Rechtsprobleme insofern nicht mehr zu erwar-ten seien. Eine solche Annahme wäre jedoch verfehlt.[9] Erhebliche Unsicher-heiten bestehen nach wie vor hinsichtlich der Frage, welche Regelungen die **Parlamente durch Gesetz** mit hinreichender Steuerungskraft selbst treffen müssen oder wieweit sie Fragen des Prüfungsgeschehens etwa durch die Verwendung mehr oder weniger **unbestimmter Rechtsbegriffe, General-klauseln** oder **Ermächtigungen** zum Erlass von **Rechtsverordnungen** (teilweise) offen lassen und damit der Verwaltung zur (weiteren) Regelung anheimgeben dürfen. Problematisch ist insbesondere die oft nur vage Be-schreibung eines Berufsbildes als Ziel der Prüfung und Maßstab des Prü-fungserfolges (z.B. die „Befähigung zum Richteramt").[10]

36   Bedenklich ist ferner die Tendenz, die rechtsstaatlichen Anforderungen an die **Bestimmtheit** der **gesetzlichen Steuerung** durch parlamentarische Entscheidung dann **zurückzunehmen,** wenn von dem Regelungsinstrument der Ermächtigung zum Erlass von **Rechtsverordnungen (vgl. Art. 80 Abs. 1 GG)** Gebrauch gemacht wird. Hat der Gesetzgeber gemäß den ver-fassungsrechtlichen Anforderungen eine hinreichend bestimmte Regelung getroffen, ist es nicht etwa aus rechtsstaatlichen Gründen geboten, zur Re-gelung der weiteren Einzelheiten die Verwaltung zum Erlass einer Rechts-verordnung zu ermächtigen oder sie gar dazu anzuhalten. Nur wenn der Gesetzgeber in seinen eigenen normativen Festlegungen oder wegen seiner allzu unbestimmten Aussagen hinter dem zurückgeblieben ist, was an nor-mativer Steuerung rechtsstaatlich geboten ist, stellt sich die Frage, ob ein solches Defizit durch gesetzliche Direktiven ausgefüllt wird, die gemäß **Art. 80 GG Abs. 1 Satz 2 GG** durch die Beschreibung von Inhalt, Zweck und Ausmaß der Verordnungsermächtigung den Gehalt der gesetzlichen Regelung ergänzen, so dass das Gesetz damit **insgesamt hinreichende Steu-erungsfunktionen** aufweist.[11] Ist auch die Verordnungsermächtigung des

---

[9] Dazu insbesondere: *Wortmann,* Entwicklungen und Tendenzen in der Rechtspre-chung zum Prüfungsrecht, NWVBl. 1992, 304; *Peter Becker,* Der Parlamentsvorbehalt im Prüfungsrecht, NJW 1990, 274; DJT-SchulGE, Bd. I, S. 31, 268, sowie die darauf gerichteten empfehlenden Hinweise des BVerfG im Beschl. v. 20.10.1981 – 1 BvR 640/80 – BVerfGE 58, 276. Auffällig ist, dass die Regelungen betr. die juristischen Prüfungen hinsichtlich der Abstufung „formellgesetzliche Steuerung in den wesentli-chen Fragen – Ermächtigung zum Erlaß von Rechtsverordnungen in den weiteren Einzelheiten" im Allgemeinen besser gelungen sind als die Regelungen anderer ho-heitlicher Prüfungen. Wegen der Verfassungsmäßigkeit der Regelungen des Prüfungs-verfahrens für juristische Staatsprüfungen durch Rechtsverordnung: BVerwG, U. v. 1.12.1978 – 7 C 68.77 – BVerwGE 57, 130 ff., 137/138, und Beschl. v. 24.3.1976 – 7 B 65.75 – Buchholz 421.0 Prüfungswesen Nr. 73.

[10] *Becker,* NJW 1990, 274.

[11] Dazu im Einzelnen: Band 1 Schulrecht, Rdn. 107, 108.

Gesetzgebers nicht weiter substantiiert, kann nicht mit ihrer Hilfe – und erst recht nicht durch die Rechtsverordnung selbst – ein verfassungsrechtlich zu beanstandendes Defizit der gesetzlichen Regelung ausgefüllt werden. Indem das Bundesverfassungsgericht (BVerfGE 58, 277 ff., 278) annimmt, der Gesetzgeber habe den Kultusminister unter Verwendung des Begriffs der (schulischen) **„Versetzungen"** zum Erlass einer Rechtsverordnung zwecks Regelung der näheren Voraussetzungen ermächtigt, kann dies **nicht zur Rechtfertigung** einer im Hinblick auf die Anforderungen des Gesetzesvorbehalts ansonsten **zu unbestimmten gesetzlichen Aussage** dienen.[12] Die vom BVerfG vertretene Rechtsauffassung kann im Ergebnis nur zutreffen, wenn den Anforderungen des Gesetzesvorbehalts in jenem Fall auch dann entsprochen worden wäre, wenn der Gesetzgeber keine Verordnungsermächtigung angefügt hätte; denn in dem vom Bundesverfassungsgericht entschiedenen Fall gibt die Verordnungsermächtigung[13] **inhaltlich nicht mehr** her als das, was der **Gesetzgeber** mit der Verwendung des **Begriffes „Versetzungen"** schon an anderer Stelle ausgesagt hat. Dass die weitere Konkretisierung des rechtsstaatlich hinreichend bestimmt zum Ausdruck gebrachten gesetzgeberischen Willens durch eine Rechtsverordnung – und nicht etwa durch eine Fülle unübersichtlicher und häufig geänderter Verwaltungsvorschriften – im Interesse aller davon Betroffenen sehr zu begrüßen ist, steht auch für das Prüfungswesen außer Frage.

Bei **berufsbezogenen Prüfungen** sind die rechtsstaatlichen Anforderun- 37 gen an die **Bestimmtheit** der formell-gesetzlichen Regelung verstärkt gegeben, weil hier der Schutzbereich des **Art. 12 Abs. 1 GG** seine Wirkungen entfaltet und andererseits Gesichtspunkte, die eine mehr unbestimmte Re-

---

[12] Vgl. hierzu auch die kritischen Anmerkungen von *Wilke*, JZ 1982, 758, der ebenfalls – freilich mit Bedauern – erkennt, dass Art. 80 Abs. 1 GG gegenüber den Bestimmtheitsanforderungen des Gesetzesvorbehalts zurücktritt. Umgekehrt sieht *Busch*, Das Verhältnis des Art. 80 Abs. 1 Satz 2 GG zum Gesetzes- und Parlamentsvorbehalt, Schr. z. ÖR, Bd. 610 (1992), in Art. 80 Abs. 1 Satz 2 GG eine Sonderregelung gegenüber dem Parlamentsvorbehalt, die eine Reduzierung der gesetzgeberischen Steuerungspflicht für Fälle der dort genannten Art vorsehe. Das vermag nicht zu überzeugen, wenngleich die Praxis gleichsam einen Bonus für Verordnungsermächtigungen zu geben bereit ist. Es ist nämlich ein sachlicher Grund nicht zu erkennen, der es rechtfertigen könnte, den Gesetzgeber für den Fall der Verwendung des gesetzgeberischen Instruments der Verordnungsermächtigung von rechtsstaatlichen Bindungen – hier dem Gebot einer eigenen Leitentscheidung entsprechend der „Wesentlichkeit" der Regelung – zu entbinden. Die inhaltlichen Anforderungen des Demokratie- und Rechtsstaatsgebotes an den Gesetzgeber, die den Parlaments- und Gesetzesvorbehalt tragen, sind nicht dadurch gelockert, dass die Exekutive die normativen Vorgaben formell auf andere Weise (nicht durch schlichte Verwaltungsvorschrift, sondern in Form einer Rechtsverordnung) weiter konkretisiert. Ist die notwendige Konkretisierung eine „wesentliche" Regelung, darf sie in keinem Fall der Verwaltung überlassen werden, wie auch immer das gesetzliche Regelungswerk ausgestaltet ist.

[13] Dort § 44 Abs. 3 i. V. m. Abs. 2 Nr. 4 hess. SchVG v. 30. 5. 1969 (GVBl. S. 88) und § 44 Abs. 4 Nr. 3 hess.SchVG v. 4. 4. 1978 (GVBl. S. 232).

gelung im Gesetz rechtfertigen können (z. B. die im pädagogischen Interesse gebotene Flexibilität bei schulischen Versetzungen), hier regelmäßig nicht in Betracht kommen. Diese verfassungsmäßigen Anforderungen sind weiter zu konkretisieren. Schwerpunktmäßig geht es dabei um die Anforderungen des **Gesetzesvorbehalts** erstens hinsichtlich der **Verfahrensfragen,** die sowohl den äußeren Ablauf des Prüfungsgeschehens als auch das (verfahrensmäßige) Zustandekommen der Leistungsbewertung sowie das Wiederholen der Prüfung betreffen, zweitens um den **inhaltlichen Gegenstand der Prüfung (Prüfungsstoff)** einschließlich der **Leistungsanforderungen** in der Prüfung und drittens um Regelungen, die inhaltlich auf die **Bewertung der Prüfungsleistungen** und Befähigungen durch den Prüfer Einfluss nehmen (Bewertungsmaßstäbe). Auf diese Schwerpunkte wird nachfolgend näher eingegangen.

2. Regelung des Verfahrens und der Zuständigkeit

38   Der verfahrensmäßigen Regelung des Prüfungsgeschehens kommt deshalb eine besondere Bedeutung zu, weil die jeweilige Leistungsbewertung – insbesondere die Vergabe einer Note für eine bestimmte Leistung – in ihrem Kern auf einer höchstpersönlichen Einschätzung und Wertung des Prüfers beruht, die durch Normierungen inhaltlicher Art nur wenig beeinflussbar sind (zum Bewertungsspielraum des Prüfers s. Rdn. 640ff., 846ff.). Um das daraus resultierende und nicht zu vermeidende Defizit an Grundrechtsschutz möglichst weitgehend auf andere Weise auszugleichen, wird unter den gegebenen Umständen zu Recht die **verfahrensrechtliche Absicherung der Grundrechte** betont[14] und verlangt, dass der **Gesetzgeber** besonders das **Verfahren** bei den **Prüfungen** in den wesentlichen Punkten selbst regeln muss. Das gilt insbesondere auch hinsichtlich der Kompensation von Defiziten der gerichtlichen Kontrolle von Prüfungsentscheidungen durch ein eigenständiges verwaltungsinternes Kontrollverfahren (dazu Rdn. 759ff.).[15]

39   Wenn einerseits der Prüfungserfolg maßgeblich von einer höchstpersönlichen und nur begrenzt kontrollierbaren Einschätzung und Bewertung der Leistungen durch einen Prüfer/Lehrer abhängig ist, muss andererseits verantwortlich und bindend festgelegt sein, wem solche bedeutsamen und fol-

---

[14] BVerfG, Beschlüsse v. 17. 4. 1991 – 1 BvR 419/81 – BVerfGE 84, 34 = NJW 1991, 2005, und – 1 BvR 1529/84 – BVerfGE 84, 59 = NJW 1991, 2008. Vgl. dazu ferner: BVerfG, Beschl. v. 13. 11. 1979 – 1 BvR 1022/78 – NJW 1980, 1153. Grundsätzlich gilt: Je weniger das materielle Recht den Grundrechtsschutz verwirklichen kann, umso mehr ist (ersatzweise) die verfahrensrechtliche Absicherung von einzelnen Grundrechten geboten: BVerfG, Beschl. v. 20. 12. 1979 – 1 BvR 385/77 – DVBl. 1980, 356; Bethge, Grundrechtsverwirklichung und Grundrechtssicherung durch Organisation und Verfahren, NJW 1982, 1.

[15] Grundlegend: BVerwG, U. v. 24. 2. 1993 – 6 C 35.92 – NVwZ 1993, 681 = Buchholz 421.0 Prüfungswesen Nr. 313.

genschweren Entscheidungen anvertraut werden. Der Gesetzgeber muss daher die **Grundentscheidung** über die **Zuständigkeit** für die jeweilige Prüfung selbst treffen, d. h. diejenige Institution benennen, die im Einzelfall für die Prüfungsentscheidung verantwortlich ist. Speziellere Kompetenzverteilungen (z. B. den **örtlichen Zuständigkeitsbereich der Prüfungsämter**) muss der parlamentarische Gesetzgeber nicht selbst festlegen, sondern kann sie durch eine entsprechende Verordnungsermächtigung der Regelung durch eine Rechtsverordnung überlassen.[16] Mindestens durch Rechtsverordnung oder Satzung einer Selbstverwaltungskörperschaft (z. B. Universität) ist ferner zu regeln, ob und mit welchen Maßgaben der **einzelne Prüfer** oder eine **bestimmte Zahl von Prüfern** (Prüfungskommission, Prüfungsausschuss) letztlich über das Prüfungsergebnis zu befinden hat (zum „Zweiprüferprinzip" s. Rdn. 554 ff.). Soll die Leistung von zwei oder mehr Prüfern beurteilt werden, muss die Prüfungsordnung eine eindeutige **Kollisionsregelung** enthalten für den Fall, dass die jeweiligen Bewertungen unterschiedlich ausfallen (dazu im Einzelnen Rdn. 576, 580.).[17] Der Gesetzesvorbehalt gilt jedoch nicht in gleicher Weise für das Verfahren zur **Bestimmung (Auswahl) einzelner Personen als Prüfer für eine bestimmte Prüfung.** Die für den Prüfling zumeist sehr bedeutsame Entscheidung darüber, wer ihn prüft, muss nur in groben Zügen nach vorgegebenen Regeln erfolgen und darf nicht im freien Belieben von Angehörigen des Prüfungsamts stehen (dazu im Einzelnen Rdn. 292).

Neben der Grundentscheidung über die Zuständigkeit muss auch die Frage der für die Person des Prüfers vorauszusetzenden **(Mindest-)Qualifikation** (z. B. bei Justizprüfungen die „Befähigung zum Richteramt") vom Gesetzgeber festgelegt sein, sofern sich das nicht – wie etwa bei den schulischen Prüfungen – aus der Sache selbst ergibt (wegen der inhaltlichen Anforderungen an die fachliche Qualifikation des Prüfers s. Rdn. 158 ff.). Denn wenn die Einräumung eines sogen. Bewertungsspielraums bei prüfungsspezifischen Wertungen dadurch zu rechtfertigen ist, dass Prüfungsnoten in einem Bezugssystem zu finden sind, das durch die persönlichen Erfahrungen und Vorstellungen der Prüfer beeinflusst wird,[18] muss zumindest geregelt sein, welche Qualifikation für die jeweilige Prüfung gerade auch der Prüfer selbst grundsätzlich besitzen muss.

40

---

[16] VGH Bad.-Wttbg., U. v. 12. 4. 1989 – 9 S 1978/88 – DVBl. 1989, 1189, sowie BayVGH, U. v. 19. 2. 1986 – 7 B 85 A2036 – SPE 528 Nr. 4. Die Hochschule der Bundeswehr in Hamburg leitet ihre hoheitliche Befugnis zur Abnahme von Hochschulprüfungen auf der Grundlage einer detaillierten Regelung des Hamburger Universitätsgesetzes und des Hochschulgesetzes rechtsgültig aus einem Übertragungsbescheid der zuständigen Hamburger Landesbehörde her: BVerwG, Beschl.v.14. 10. 1992 – 6 B 2.92 – DVBl. 1993, 52.

[17] *Wortmann*, NWVBl. 1992, 304 ff., 305.

[18] BVerfG, Beschl. v. 17. 4. 1991 – 1 BvR 419/81, 213/83 – BVerfGE 84, 34 = NJW 1991, 2005; vgl. Rdn. 642.

41   Dass wichtige Fragen der **Ausgestaltung des Prüfungsverlaufs** gesetzlich zu regeln sind, haben Rechtsprechung und Schrifttum mehrfach zum
Ausdruck gebracht.[19] Diese Anforderungen beziehen sich sowohl auf das
der Leistungsermittlung dienende Prüfungsverfahren einschließlich der Regelungen betreffend die Beweisbarkeit des Prüfungsgeschehens etwa durch
die Anordnung der Öffentlichkeit der mündlichen Prüfung[20] als auch auf die
verfahrensmäßige Ausgestaltung der Leistungsbewertung.

42   Von der Rechtsprechung als ausreichend akzeptiert worden sind die gesetzlichen Regelungen betreffend das **Antwort-Wahl-Verfahren** in den
medizinischen und pharmazeutischen Prüfungen (s. Rdn. 54 ff.). Umstritten ist, wie weit der Gesetzesvorbehalt bei der Einführung von **studienbegleitenden Leistungskontrollen** gilt. Soweit sie zu einer zwangsweisen
Beendigung einer beruflichen Laufbahn – insbesondere eines bestimmten Studiums – führen können, bedarf es hierzu gleichermaßen einer gesetzlichen Regelung der wesentlichen Einzelheiten des Verfahrens und der
Voraussetzungen einer „Aussonderung" mangels hinreichender Befähigung (s. Rdn. 52).[21]

43   Sonderregelungen einer Prüfungsbehörde oder Maßnahmen eines Prüfungsausschusses, einschließlich der Anordnungen ihres Vorsitzenden, die
den unter „normalen" Umständen vorgezeichneten Ablauf des Prüfungsgeschehens verlassen und etwa zu einem vorzeitigen Abbruch der Prüfung führen, sind grundsätzlich nur dann zulässig, wenn hierfür eine gesetzliche
Grundlage vorhanden ist, die dieses Vorgehen unter näher bezeichneten
Voraussetzungen erlaubt. Insbesondere sind prüfungsbeendende **Sanktionen** gegenüber dem die Prüfung **störenden Prüfling** nur zulässig, wenn die
Prüfungsordnung dies zulässt (vgl. Rdn. 111). Ebenso wird für den **Abbruch
der Prüfung** wegen (versuchter) **Täuschung** eine gesetzliche Grundlage
verlangt.[22] Das förmliche Gesetz muss freilich nur eine solche Möglichkeit
vorsehen; die Einzelheiten dürfen einer Regelung durch Rechtsverordnung

---

[19] Dazu insbesondere BVerfG, Beschl. v. 14. 3. 1989 – 1 BvR 1033/82, 174/84 –
BVerfGE 80, 1 = NVwZ 1989, 850 = DVBl. 1989, 814.
[20] Etwa durch die Pflicht zur Zulassung von Zuhörern (bei nicht umfassender Protokollierung des Prüfungsgeschehens): BVerwG, Beschl. v. 31. 3. 1994 – 6 B 65.93 –
Buchholz 421.0 Prüfungswesen Nr. 332 = DVBl. 1994, 641; dazu im Einzelnen:
Rdn. 490, 563.
[21] Vgl. dazu *Neumann*, DVBl. 1987, 339. Das BVerwG hat indessen keine Bedenken, die Zulassung zu einer Prüfung vom Erreichen eines bestimmten Ausbildungs-
erfolges abhängig zu machen, der im Wege einer als Prüfung durchgeführten studienbegleitenden Leistungskontrolle festgestellt wird: Beschl. v. 3. 11. 1986 – 7 B 108.86 –
NVwZ 1987, 978 = BayVBl. 1987, 185 = SPE 990 Nr. 14. Studienbegleitende Leistungskontrollen sind ferner als rechtmäßig anerkannt worden: OVG NW, U. v. 13. 3.
1991 – 22 A 871/90 – NJW 1991, 2586 = DVBl. 1991, 774 = NWVBl. 1991, 384, sowie
OVG Nds., U. v. 19. 5. 1992 – 10 L 5110/91.
[22] HessVGH, U. v. 27. 9. 1995 – 1 UE 3026/94 – DVBl. 1996, 1002, auch zur gerichtlichen Ausfüllung einer Gesetzeslücke in diesem Bereich.

oder Satzung vorbehalten bleiben.[23] Eine ausdrückliche gesetzliche Ermächtigung ist erforderlich, wenn an die **Überschreitung einer Prüfungsfrist** die Sanktion geknüpft werden soll, die Prüfung sei nicht bestanden. Die schlichte gesetzliche Ermächtigung, das Prüfungsverfahren und die Fristen zu regeln, ist zu unbestimmt und reicht daher insofern nicht aus.[24]

Zu den durch Gesetz oder aufgrund einer gesetzlichen Ermächtigung **44** durch Rechtsverordnung – im Bereich der Selbstverwaltung auch durch eine Satzung – zu regelnden Einzelheiten gehören auch die Folgen oder nötigen Konsequenzen eines irregulären Prüfungsverlaufs. Ähnlich wie bei ärztlichen Prüfungen der **Rücktritt** von der Prüfung aus „**wichtigem Grunde**"[25] etwa in der Approbationsordnung für Ärzte geregelt ist (vgl. § 18 ÄAppO), sind generell prüfungsrechtliche Regelungen erforderlich, die besagen, wie und innerhalb welcher Frist der Prüfling bei – z.B. lärmbedingten – **Störungen des Prüfungsablaufs** zu reagieren hat.[26] Dadurch muss insbesondere ausgeschlossen werden, dass dem Prüfling eine Wahlmöglichkeit verbleibt, etwaige Konsequenzen aus der (Lärm-)Störung von dem Ergebnis der Prüfung (z.B. von der Bewertung der Aufsichtsarbeit) abhängig zu machen (wegen der Einzelheiten s. Rdn. 464 ff., 473 ff.). Hierzu kommt auch die Festlegung einer gesetzlichen **Ausschlussfrist** in Betracht, die wegen ihrer materiell-rechtlichen Auswirkungen auf den Prüfungsanspruch stets einer normativen Grundlage bedarf (vgl. Rdn. 112, 141).[27]

Die auf das Verfahren bei der Prüfung bezogenen Anforderungen des Ge- **45** setzesvorbehalts gelten entsprechend hinsichtlich der Voraussetzungen für die **Zulassung zur Prüfung**[28] und deren **Wiederholbarkeit** im Falle des Nichtbestehens.[29] Letztere ist nur dann beschränkt, wenn dies gesetzlich so geregelt ist (dazu auch Rdn. 742 ff., 744). Auch die Aussonderung von Prüfungskandidaten durch Festlegung von Zulassungsvoraussetzungen ist wie die Nichtzulassung zum Studium[30] oder zum Besuch einer weiterführenden Schule[31] ohne

---

[23] BVerwG, Beschl. v. 12. 1. 1981 – 7 B 300, 301.80 – und Beschl. v. 7. 12. 1976 – 7 B 157.76 – Buchholz 421.0 Prüfungswesen Nr. 78.

[24] OVG Nds., U. v. 20. 12. 1994 – 10 L 1179/92 – NdsVBl. 1995, 135.

[25] In der Praxis zumeist wegen gesundheitlicher Beschwerden, aber auch wegen unzumutbarer äußerer Prüfungsbedingungen (Baulärm, Ausfall der Heizung).

[26] Zur Zulässigkeit einer Regelung, mit der verlangt wird, auch bei Lärmstörungen einen Antrag auf Genehmigung des „Rücktritts" unverzüglich zu stellen: BVerwG, U. v. 17. 2. 1984 – 7 C 67.82 – BVerwGE 69, 46 = NJW 1985, 447.

[27] *Stelkens/Kallerhoff*, in: Stelkens/Bonk/Sachs, Verwaltungsverfahrensgesetz, § 31 Rdn. 8, auch zur Frage der öffentlichen Bekanntmachung.

[28] OVG Bremen, Beschl. v. 28. 2. 1984 – I BA 123/80 – SPE III B V, S. 1; *Peter Becker*, Der Parlamentsvorbehalt im Prüfungsrecht, NJW 1990, 274.

[29] BVerwG, Beschl. v. 23. 5. 1985 – 7 B 113.85 – Buchholz 421.0 Prüfungswesen Nr. 211; nicht auch gesetzlich zu regeln sind die Einzelheiten des Wiederholungsverfahrens. Auch dazu *Becker*, a.a.O.

[30] BVerfGE 33, 303 = NJW 1972, 1561.

[31] Dazu im Einzelnen Band 1 Schulrecht, Rdn. 319 ff.; vgl. ferner: *Avenarius/Jeand 'Heur*, Elternwille und staatliches Bestimmungsrecht, Schr. z. ÖR, Bd. 616 (1992), S. 21.

gesetzliche Grundlage rechtswidrig. Es genügt nicht, dass durch Rechtsvorschriften pauschal eine „Zulassung" zur Prüfung vorgesehen wird, ohne die
wesentlichen Zulassungsvoraussetzungen oder die Nichtzulassungsgründe
zu bezeichnen.[32] Maßstab für die notwendige Bestimmtheit der Regelung ist
auch hier der Grad der Grundrechtsbetroffenheit. Unverzichtbar ist es daher, dass etwaige objektive Zulassungsvoraussetzungen (z. B. zahlenmäßige
Begrenzungen) im Gesetz möglichst konkret geregelt werden; aber auch die
subjektiven Zulassungsvoraussetzungen[33] müssen gesetzlich „gesteuert" und
für den Prüfling in zumutbarer Weise erkennbar sein.

46   Regelungen indes, die nur dazu dienen, die **äußeren Prüfungsbedingungen** und **Einzelheiten des Prüfungsverlaufs geschäftsmäßig zu ordnen**
(z. B. behördliche Anmeldefristen, Bestimmung der Prüfungstermine, Gestaltung der Räumlichkeiten, Festsetzung einer Sitzordnung bei den Aufsichtsarbeiten) haben im allgemeinen nicht das Gewicht und die Bedeutung,
die es erforderlich machten, sie einer Leitentscheidung des Gesetzgebers zu
unterstellen. Insofern sind Verwaltungsvorschriften, aber auch Einzelan-
ordnungen ausreichend, die freilich inhaltlich nicht weniger daran zu messen sind, ob sie das durch Art. 12 Abs. 1 GG gewährleistete „Recht auf
Prüfung" (s. Rdn. 211ff., 240ff.) und die durch Art. 3 Abs. 1 GG geforderte
Chancengleichheit der Prüflinge hinreichend wahren.

3. Regelungen der Leistungsanforderungen und der Leistungsbewertung

47   Zu den Gegenständen des Prüfungswesens, die dem Gesetzgeber zur eigenverantwortlichen Normierung aufgegeben sind, zählen ferner die **Auswahl des Prüfungsstoffs** und Maßgaben für die **Bewertung der Prüfungsleistungen** in den Grundzügen. Grundvoraussetzung für die Zulässigkeit
eines Eingriffs in die Freiheit der Berufswahl (Art. 12 Abs. 1 GG) ist, dass
der Gegenstand der Prüfung, die Leistungsanforderungen in der Prüfung
und die Maßstäbe, nach denen die erbrachten Leistungen zu bewerten sind,
eine gesetzliche Grundlage aufweisen.[34] Der Gesetzgeber muss jedoch auch
diese Angelegenheiten nicht in den Einzelheiten selbst abschließend regeln.
Er hat aber diejenigen Leitentscheidungen zu treffen, welche die Regelungs-
befugnisse der zur konkreteren Rechtsetzung (durch Rechtsverordnung),
aber auch zur Rechtsauslegung (einschließlich der „amtlichen" Auslegung
durch Erlasse und sonstige Verwaltungsvorschriften) und zur Rechtsan-

---

[32] OVG Lbg., U. v. 18. 3. 1980 – 8 A 5/80 – NVwZ 1982, 383. VGH Bad.-Wttbg.,
Beschl. v. 29. 3. 1983 – 9 S 129/82 – VBlBW 1983, 43.
[33] Wegen der objektiven und subjektiven Zulassungsvoraussetzungen s. unten
Rdn. 214ff.
[34] BVerfG, Beschl. v. 17. 4. 1991–1 BvR 419/81, 213/83 – BVerfGE 84, 34 = NJW
1991, 2005. BFH, U. v. 21. 5. 1999 – VII R 34/98 – BFHE 188, 502 = SPE 400 Nr. 48.
BVerwG, U. v. 1. 6. 1995 – 2 C 16.94 – BVerwGE 98, 324 = NVwZ 1997, 73 = Buchholz 232 § 18 BBG Nr. 3, betr. Laufbahnprüfungen von Beamtenanwärtern.

wendung berufenen Verwaltung (einschließlich der Prüfer und Prüfungsbehörden) nach Tendenz und Programm umgrenzen und für den betroffenen Prüfling berechenbar machen.[35] Das gilt prinzipiell auch für **Hochschulprüfungen.** Die Leistungsanforderungen müssen auch hier nicht umfassend durch ein förmliches Gesetz, sondern können von dem nach dem Landeshochschulrecht dafür zuständigen Gremium der Hochschule in der für den Studiengang maßgeblichen Studien- und Prüfungsordnung durch Satzung geregelt werden.[36]

Im Allgemeinen sind die an die Ausführlichkeit und Bestimmtheit parla- **48** mentarischer Leitentscheidungen zu stellenden Anforderungen auch hinsichtlich der Auswahl des Prüfungsstoffes und der inhaltlichen Ausgestaltung der Leistungsanforderungen dann geringer – so dass der Gesetzgeber mehr **unbestimmte Begriffe** verwenden darf –, wenn schon mit der Verwendung in höherem Maße abstrakter und generalklauselartiger Begriffe unter den gegebenen Umständen eine hinreichende Steuerungsfunktion gegeben ist. Dies mag insbesondere dann der Fall sein, wenn angesichts der üblichen und allseits geläufigen Prüfungspraxis oder einer gefestigten Rechtsprechung kein Zweifel bestehen kann, dass der Gesetzgeber hieran hat anknüpfen oder hierauf hat Bezug nehmen wollen. Es steht dem Gesetzgeber allgemein zu, von solchen „Vorgaben" oder „Vorentscheidungen" auszugehen und sie mangels regelungsbedürftiger Abweichungen pauschal zu übernehmen.[37] Hieran anknüpfend haben die Gerichte zahlreiche Einzelfälle entschieden, wobei insgesamt zu erkennen ist, dass die dem ersten Anschein nach strengen Anforderungen – sobald es um deren Umsetzung im Einzelfall geht – keineswegs besonders streng gehandhabt werden.[38]

So ist z.B. die Umschreibung des Zieles und des Inhalts der juristischen **49** Ausbildung (Befähigung zum Richteramt, §§ 5ff. DRiG)[39] und des damit – nach der alten Fassung des Gesetzes – verknüpften Zweckes der juristischen Staatsprüfungen als eine hinreichend bestimmte Regelung des Gesetzgebers dafür angesehen worden, was in einer solchen Prüfung als Prüfungsstoff verwendet werden darf und wie die Prüfungsbedingungen auszugestalten sind.[40] Die gesetzliche Grundlage für den Erlass der Verordnung über eine

---

[35] BVerfG, Beschl. v. 14. 3. 1989 – 1 BvR 1033/82 – BVerfGE 80, 1 = NVwZ 1989, 850, und v. 20. 10. 1981 – 1 BvR 640/80 – BVerfGE 58, 257. BVerwG, U. v. 1. 12. 1978 – 7 C 68.77 – BVerwGE 57, 130, und v. 7. 10. 1983 – 7 C 54.82 – BVerwGE 68, 69. Vgl. ferner: *Becker,* Der Parlamentsvorbehalt im Prüfungsrecht, NJW 1990, 274.
[36] BVerwG, Beschl. v. 24. 5. 1991 – 7 NB 5.90 – NVwZ 1991, 1082 = Buchholz 421.2 Hochschulrecht Nr. 134.
[37] BVerfGE 58, 257ff., 278; BVerfGE 80, 1 = NVwZ 1989, 850; BVerfGE 84, 34 = NJW 1991, 2005. Vgl. auch BVerwG, U. v. 1. 12. 1978 – 7 C 68.77 – BVerwGE 57, 130ff., 138 = NJW 1979, 2417.
[38] So auch *Wortmann,* NWVBl. 1992, 304.
[39] BVerwG, Beschl. v. 6. 2. 1986 – 7 B 11.86 – NJW 1986, 1629; kritisch dazu: *Becker,* a.a.O.
[40] BVerwG, U. v. 1. 12. 1978 – 7 C 68.77 –, a.a.O.

Noten- und Punkteskala für die Erste und Zweite Juristische Staatsprüfung (Bundesnotenverordnung) vom 3. 12. 1981, BGBl. I, S. 1243, findet sich in § 5 d Abs. 1 Satz 3 DRiG, wodurch der Bundesminister der Justiz ermächtigt wird, durch Rechtsverordnung eine **Noten- und Punkteskala** für die **Einzel- und Gesamtnoten** festzulegen. Der Gesetzgeber hat damit auch hinreichend zum Ausdruck gebracht, dass er eine Unterscheidung zwischen Einzel- und Gesamtnoten für zulässig hält.[41]

50   Gesetzliche Regelungen, wonach für begrenzte Ausnahmefälle aufgrund des **Gesamteindrucks** von der rechnerisch ermittelten Note abgewichen werden darf (§ 5 d Abs. 4 Satz 1 DRiG; dazu im Einzelnen Rdn. 589 ff.), genügen dem verfassungsrechtlichen Bestimmtheitsgebot.[42]

51   Das Gesetz zur Reform der Juristenausbildung vom 11. 7. 2002 (BGBl. I, S. 2592) verlangt, dass sowohl im rechtswissenschaftlichen Studium als auch in den juristischen Prüfungen neben der rechtsprechenden nunmehr auch die **verwaltende** und **rechtsberatende Praxis** einschließlich der hierfür erforderlichen **Schlüsselqualifikationen** berücksichtigt werden (§ 5 d Abs. 1 Satz 1 i. V. m. § 5 a Abs. 3 Satz 1 DRiG n. F.). Soweit die Bewertung solcher Befähigungen dazu geeignet ist, den Prüfungserfolg zu verhindern oder den Fortgang des Studiums zu blockieren, sind grundrechtliche Gewährleistungen berührt (Art. 3 Abs. 1 und Art. 12 Abs. 1 GG). Deshalb verlangt der rechtsstaatliche Gesetzesvorbehalt auch hier normative Regelungen über die **Art und Weise** des erforderlichen **Befähigungsnachweises** sowie inhaltliche Vorgaben (z. B. für Mindestanforderungen, Qualitätsstandards), die eine möglichst objektive Bewertung gewährleisten. Bekräftigt wird dies dadurch, dass es hierbei um die Einführung **neuer Prüfungsgegenstände und -praktiken** geht, die zudem für subjektive Wertungen besonders offen sind und deren Reglementierung nicht allein den Prüfungsorganen überlassen werden darf (vgl. z. B. Rdn. 350 ff.).

52   Auch bei **studienbegleitenden Prüfungen** sind die Leistungsanforderungen normativ zu regeln, wenn der Misserfolg schon dieser Prüfung den Zugang zu weiteren Zwischen- oder Abschlussprüfungen versperrt (vgl. Rdn. 242, 388, 390). Dabei sind besonders hohe Anforderungen zu stellen, wenn in Abweichung vom „Zweiprüfersystem" ausnahmsweise schon ein einzelner Prüfer darüber zu befinden hat, ob der berufliche Werdegang des Prüflings vorzeitig beendet ist (vgl. Rdn. 558 ff., 564). Das führt insbesondere bei den **modularisierten Studiengängen** im allgemeinen dazu, dass der Prüfungsstoff durch eine detaillierte Umschreibung der Studieninhalte vorgezeichnet ist (vgl. Rdn. 382 ff.). Es ist nicht zu übersehen, dass dadurch andererseits die **Lehrfreiheit des Hochschullehrers** (Art. 5 Abs. 3 Satz 1 GG)

---

[41] BVerwG, Beschl. v. 9. 6. 1993 – 6 B 35.92 – und v. 16. 8. 1985 – 7 B 51.58 u. 59.85 – NJW 1986, 951.
[42] BVerwG, Beschl. v. 2. 11. 1994 – 6 B 62.94 – Buchholz 421.0 Prüfungswesen Nr. 340 m. w. Hinw.

berührt wird. Sie umfasst zwar in diesem Zusammenhang nur die inhaltliche und methodische Gestaltung der Lehrveranstaltungen, nicht aber auch die Aufstellung von Studien- und Prüfungsordnungen, in denen u. a. die Voraussetzungen zu bestimmen sind, unter denen ein Leistungsnachweis erteilt wird (vgl. §§ 4 Abs. 3 Satz 2, 43 Abs. 1 Satz 2 HRG). Wenn der Hochschullehrer indes die im Modul vorgegebenen Lehrinhalte mit dem Ziel zu vermitteln hat, diese in der Form von studienbegleitenden Leistungsnachweisen einzufordern, ist sein inhaltlicher und methodischer Gestaltungsspielraum entsprechend eingeschränkt. Solange jedoch die Folgewirkungen einer solchen – von ihm grundsätzlich hinzunehmenden – Neustrukturierung des Prüfungssystems dem Hochschullehrer in seinen Lehrveranstaltungen immerhin noch Gestaltungsspielräume der genannten Art belassen, ist die durch Art. 5 Abs. 3 Satz 1 GG festgelegte verfassungsrechtliche Grenze nicht überschritten.

Es ist durch das BVerfG geklärt, dass der Gesetzgeber durch § 4 i. V. m. **53** §§ 1 Abs. 1, 2 Abs. 1 und 3 Abs. 1 Satz 1 Nr. 4 der **Bundesärzteordnung**[43] eine **hinreichende Leitentscheidung** darüber getroffen hat, wie einerseits der im Verfassungsrang stehende Gemeinschaftswert der Volksgesundheit geschützt und gefördert und andererseits das durch solche Schutz- und Förderungsmaßnahmen im Bereich der Ärzteausbildung betroffene Grundrecht der Berufsfreiheit auszugestalten und zu beschränken ist. An diesen das Ziel und den Inhalt der ärztlichen Berufsausbildung bestimmenden Regelungen der Bundesärzteordnung habe sich das im Medizinstudium vorgesehene Prüfungsverfahren zwingend zu orientieren, ohne dass dies im Gesetz noch einmal ausdrücklich angesprochen sein müsste. Es sei wegen der diesbezüglich im Wege der Auslegung zu ermittelnden gesetzgeberischen Grundentscheidungen verfassungsrechtlich nicht zu beanstanden, dass der Gesetzgeber keine ausdrückliche Regelung über den Prüfungsstoff und die Bestehensvoraussetzungen getroffen habe. Dies sei auch wegen der notwendigen Flexibilität für erforderliche Änderungen und Anpassungen an den fortschreitenden Wissenschaftsprozess gerechtfertigt. Es sei ein Gebot der Praktikabilität, die Aufstellung z. B. von **Prüfungsstoff-Katalogen** dem **Verordnungsgeber** zu überlassen, der sich dabei an dem gesetzlich vorgeschriebenen Zweck der Prüfung orientieren müsse.[44]

Gleichermaßen ist für ärztliche Prüfungen höchstrichterlich entschieden **54** worden, dass das standardisierte **Antwort-Wahl-Verfahren** (Multiplechoice-Verfahren) und die damit verbundenen (relativen und absoluten) Be-

---

[43] Auf der Grundlage der Fassung des Gesetzes vom 16. 4. 1987, BGBl. I, S. 1218, zuletzt geändert durch Gesetz v. 20. 6. 2002, BGBl. I, S. 1946, 1996.
[44] BVerfG, Beschl. v. 14. 3. 1989 – 1 BvR 1033/82 – BVerfGE 80, 1 = NVwZ 1989, 850. Dazu ferner: BVerwG, U. v. 18. 5. 1982 – 7 C 24.81 – BVerwGE 65, 323 = NJW 1983, 354. Entsprechendes gilt für das Zahnheilkundegesetz (VGH Bad.-Wttbg., U. v. 24. 4. 1995 – 9 S 2226/93) und die Approbationsordnung für Zahnärzte v. 26. 1. 1995, BGBl. I, S. 37, zuletzt geändert durch Gesetz v. 27. 4. 2002, BGBl. I, S. 1467 ff.

stehensgrenzen betreffend die Zahl der richtig beantworteten schriftlichen Prüfungsfragen nicht vom Gesetzgeber selbst festgelegt werden müssen, sondern durch die **Approbationsordnung für Ärzte**[45] auf der Grundlage einer auch dem Art. 80 Abs. 1 GG entsprechenden gesetzlichen Ermächtigung durch Rechtsverordnung näher bestimmt werden durften.[46] Für diese Rechtsauffassung spricht insbesondere, dass es grundsätzlich nicht dem Gesetzgeber vorbehalten ist, konkrete Maßstäbe für die Bewertung der Prüfungsleistungen festzulegen und die Bestehensgrenzen im Einzelnen zu bestimmen. Durch die Regelungen in § 14 ÄAppO wird letztlich eine Vereinheitlichung der sonst den Prüfern und nicht etwa dem Gesetzgeber anheimgegebenen Auswahl der einzelnen Prüfungsfragen und der Bewertung der daraufhin geleisteten Antworten bewirkt. Weder darüber, ob eine solche Vereinheitlichung stattfinden soll, noch darüber, wie sie im Einzelnen zu erreichen ist, bedarf es einer parlamentarischen Entscheidung. Zwar bedeutet das Antwort-Wahl-Verfahren eine erhebliche Umgestaltung des überkommenen und auch sonst üblichen Prüfungsverfahrens. Dass als Prüfungsleistung allein die Auswahl unter mehreren vorgegebenen Antworten zugelassen wird, bewirkt eine starre Fixierung des Prüfungsstoffs und zwingt zu einer schematischen Leistungsbewertung. Die rein rechnerische Auswertung der richtig oder falsch angekreuzten Antworten lässt eine individuelle Bewertung nicht zu. Diese Umgestaltung entspricht indes offenbar den Vorstellungen des Gesetzgebers, der ein Antwort-Wahl-Verfahren durchaus ins Auge gefasst hat (BT-Drucksachen V/3838 Begr. zu 1, S. 5 sowie zu Art. 1 Nr. 5, S. 7). Sie ist daher keine Kompetenzüberschreitung des Verordnungsgebers.[47]

55   Hinsichtlich der **pharmazeutischen Prüfungen** ist die Rechtslage ähnlich zu beurteilen. Das BVerwG[48] hat auf der Grundlage des § 5 Bundesapothekerordnung[49] eine gesetzliche Regelung, nach der (wie auch nach § 4 Bundesärzteordnung) der zuständige Bundesminister „das Nähere über die pharmazeutische Prüfung" bestimmt, für ausreichend erachtet. Danach besitzt auch das nach der Approbationsordnung für Apotheker[50] vorgesehene **Antwort-Wahl-Verfahren** eine den Anforderungen des rechtsstaatlichen Gesetzesvorbehalts und des Art. 80 Abs. 1 GG standhaltende gesetzliche Grundlage.

56   Für **andere berufsbezogene Prüfungen** gilt dies nicht ohne weiteres. Fehlt für solche Prüfungen eine hinreichend „steuerungsfähige" gesetzliche Vorgabe und Ermächtigung zur Konkretisierung durch Rechtsverordnung,

---

[45] Jetzt geltend in der Fassung v. 27. 6. 2002, BGBl. I, S. 2405.

[46] BVerfG, Beschl. v. 14. 3. 1989, a. a. O., und BVerwG, U. v. 18. 5. 1982, a. a. O.

[47] BVerfG, Beschl. v. 14. 3. 1989, a. a. O.

[48] U. v. 7. 10. 1983 – 7 C 54.82 – BVerwGE 68, 69 = DVBl. 1984, 269. Vgl. ferner: VGH Bad.-Wttbg., U. v. 12. 4. 1989 – 9 S 1978/88 – DVBl. 1989, 1199.

[49] Damals in der Fassung v. 5. 6. 1968 (BGBl. I, S. 601), zuletzt geändert durch Gesetz v. 20. 6. 2002, BGBl. I, S. 1946, 1996.

[50] Damals in der Fassung v. 23. 8. 1971 (BGBl. I, S. 1377), zuletzt geändert durch Gesetz v. 27. 4. 2002, BGBl. I, S. 1467 ff., 1472.

so dürfen nicht etwa **Prüfungsausschüsse** oder gar **einzelne Prüfer** die von ihnen zu ermittelnden und persönlich zu bewertenden Leistungen der Prüflinge gleichsam **autonom** dem **Antwort-Wahl-Verfahren** überantworten. Auch im Hochschulbereich kann angesichts der Gewährleistungen des Art. 12 Abs. 1 GG nicht darauf verzichtet werden, dass das **Satzungsrecht der Hochschule** zumindest abstrakt-generelle Regelungen enthält, die auf das Antwort-Wahl-Verfahren zugeschnitten sind, insbesondere Regelungen über die der Eigenart dieses Verfahrens entsprechende Aufgabenstellung und die Bewertung einschließlich der Bestehensvoraussetzungen.[51]

Aus der vom BVerfG betonten „wesentlichen" Bedeutung der eigenständigen **verwaltungsinternen Kontrolle von Prüfungsentscheidungen** für die Verwirklichung des Grundrechts aus Art. 12 Abs. 1 GG (dazu im Einzelnen Rdn. 759 ff.) folgt, dass es Aufgabe und Pflicht des Gesetzgebers ist, die erforderlichen Regelungen über die konkrete Ausgestaltung des Verfahrens des „Überdenkens" von Prüfungsentscheidungen als Teil des Prüfungsverfahrens zu schaffen.[52] Zu den wesentlichen Merkmalen, die insofern zu regeln sind, gehört vor allem, ob das sonst übliche **Widerspruchsverfahren** (vgl. §§ 68 ff. VwGO) auch in Prüfungsangelegenheiten gelten oder ob ein anderes – den bezeichneten Anforderungen entsprechendes – Kontrollverfahren gegeben sein soll (wegen der übergangsweise geltenden Regelungen s. Rdn. 69 ff.). **57**

Schließlich ist auch noch zu bemerken, dass die Rechtsprechung für das Erfordernis eines **qualifizierten Leistungsnachweises** (z. B. bei dem Übergang in die gymnasiale Oberstufe)[53] oder für die Annahme einer **Sperrwirkung** bestimmter nicht ausreichender Leistungen eine dies zulassende gesetzliche Grundlage verlangt (zur Frage, ob und wieweit eine Kompensation schlechter Leistungen geboten ist, s. Rdn. 547 ff.) Der Gesetzgeber muss freilich nicht auch die Einzelheiten dazu festlegen. Es genügt vielmehr, wenn er entscheidet, dass etwa bereits das Versagen im schriftlichen Teil der Prüfung zum Nichtbestehen führt. Die Festlegung der Punktgrenze, bis zu der der Prüfling zur mündlichen Prüfung zugelassen und ab der er von der weiteren Prüfung ausgeschlossen ist, darf dem Verordnungsgeber übertragen. Dazu genügt die Ermächtigung zum Erlass von Rechtsvorschriften über das Prüfungsverfahren einschließlich der Art, der Zahl und des Gegenstandes der Bewertung von Prüfungsleistungen.[54] Ebensowenig ist es **58**

---

[51] OVG Sachs., Beschl. v. 10. 10. 2002 – 4 BS 328/02 – NVwZ-RR 2003, 853 = DÖV 2003, 728 = SächsVBl. 2003, 62, betr. eine Diplomvorprüfung im Studiengang Wirtschaftsinformatik.

[52] BVerwG, U. v. 24. 2. 1993 – 6 C 35.92 – NVwZ 1993, 681 = Buchholz 421.0 Prüfungswesen Nr. 313; U. v. 16. 4. 1997 – 6 C 9.95 – NJW 1998, 323 = Buchholz a. a. O. Nr. 382 = DVBl. 1997, 1235.

[53] OVG Lbg., U. v. 16. 8. 1977 – V OVG C 2/77 – SPE II C VIII, S. 1.

[54] BVerwG, Beschl. v. 11. 12. 2003 – 6 B 64.03 –, das U. des OVG Rh.-Pf. v. 30. 7. 2003 – 2 A 10770/03 – NJW 2003, 3073, bestätigend.

erforderlich, durch formelles Gesetz festzulegen, ob schriftliche Prüfungsarbeiten **offen** oder **anonym** zu **bewerten** sind. Diese Fragen sind dem Bestimmungsrecht der Prüfungsbehörden zur eigenverantwortlichen Regelung
anheimgegeben (s. auch Rdn. 616, 617).[55] Freilich ist die Behörde gehalten,
auch insofern eine einheitliche Verfahrensweise sicherzustellen, was insbesondere durch entsprechende Anordnungen in Form von Verwaltungsvorschriften geschehen kann.

Ergänzend sei noch auf folgende **Einzelfälle** hingewiesen, mit denen sich
die Rechtsprechung zu befassen hatte:

59   Hat der Gesetzgeber eine Leitentscheidung darüber getroffen, dass
Nichtabiturienten die Hochschulzugangsberechtigung erwerben können,
wenn sie eine gleichwertige Vorbildung nachweisen, so kann die Ausgestaltung der Zulassungs- und Bestehensvoraussetzungen durch den Verordnungsgeber erfolgen.[56]

60   In einer Prüfungsordnung für **Fahrlehrer** genügt dem Gesetzesvorbehalt
eine Regelung, welche die „richtige Anleitung des Fahrschülers im Straßen-
verkehr" zur Voraussetzung des Bestehens einer Prüfung macht, ohne selbst
zu sagen, wann eine Anleitung „richtig" ist.[57]

4. Regelung schulischer Leistungsbewertungen

61   Bei schulischen Leistungsbewertungen ist zu unterscheiden: Der Schutzbereich des **Art. 12 Abs. 1 GG** ist auch hier berührt, wenn ein Schüler wegen schlechter Leistungen – etwa nach mehrfacher Nichtversetzung –
zwangsweise von der **Schule entlassen** wird.[58] Die **Nichtversetzung** eines
Schülers in die nächste Klasse oder Jahrgangsstufe ist dagegen nicht auch an
den Gewährleistungen des Art. 12 GG zu messen und von daher auch nicht
dem Gesetzesvorbehalt zu unterstellen. Die freie Wahl der Ausbildungsstätte wird durch sie nicht berührt. Dass die Lebens- und Berufschancen dadurch maßgeblich beeinträchtigt werden, wie das BVerwG[59] angenommen
hat, trifft in aller Regel nicht zu. Denn im allgemeinen liegt eine Nichtversetzung im wohlverstandenen Interesse des – aus welchen Gründen auch
immer – überforderten Schülers und sollte seine weitere Entwicklung letztlich positiv beeinflussen können. Immerhin berührt die Nichtversetzung die
freie – nämlich seinen eigenen Entschlüssen folgende – Entfaltung der Per-
sönlichkeit des Schülers in beachtlichem Maße und damit sein Grundrecht

---

[55] BVerwG, U. v. 25. 3. 1981 – 7 C 8.79 – DVBl. 1981, 1149 = DÖV 1981, 679.
[56] OVG Bremen, Beschl. v. 28. 2. 1984 – I BA 123/80 – SPE III B V, S. 1.
[57] BVerwG, Beschl. v. 22. 2. 1991 – 7 CB 37.90 – Buchholz 421.0 Prüfungswesen
Nr. 284.
[58] BVerfG, Beschl. v. 20. 10. 1981 – 1 BvR 640/80 – BVerfGE 58, 257 = NJW 1982,
921; vgl. ferner Beschl. v. 14. 3. 1989 – 1 BvR 1033/82 – BVerfGE 80, 1 = NVwZ 1989,
850.
[59] U. v. 14. 7. 1978 – 7 C 11.76 – BVerwGE 56, 155 ff., 158.

aus **Art. 2 Abs. 1 GG** (BVerfGE 58, 272). Da schulische Leistungsbewertungen vielfach auch Auswirkungen auf die Entscheidungen der Eltern über die Wahl des Bildungsweges für ihr Kind haben, ist insofern zumeist auch der Schutzbereich des **Art. 6 Abs. 2 GG** berührt.

Hinsichtlich der schulischen **(Nicht-)Versetzung** ist dem **Vorbehalt des** 62 **Gesetzes** schon dann hinreichend entsprochen, wenn der Gesetzgeber die Einrichtung der „Versetzung" ausdrücklich vorsieht, indem er diesen allgemeinen Begriff verwendet.[60] Das Institut der Versetzung hat aufgrund langjähriger Praxis eine Ausformung erfahren, die auf dem Leistungsprinzip beruht und von dem Erreichen des jeweiligen Ausbildungszieles abhängig ist. Davon darf auch der Gesetzgeber bei der Verwendung des Begriffes „Versetzung" ausgehen. Entsprechendes gilt für die **Zuständigkeit** der jeweiligen **Klassenkonferenz** und für die **Regelung des Verfahrens** in den Grundzügen. Auch in dieser Hinsicht hat der Gesetzgeber den verfassungsrechtlichen Bestimmtheitsanforderungen hinreichend entsprochen, wenn er durch die Verwendung des Begriffes „Versetzung" die durch langjährige schulische Praxis entstandenen und in den Grundzügen anerkanntermaßen festliegenden Ausformungen in den Inhalt der gesetzlichen Regelung einbezogen hat. Eine weitere gesetzliche Konkretisierung (z. B. durch die Umschreibung und Festlegung der für die Versetzung erforderlichen Mindestleistungen)[61] kann durchaus zweckmäßig und empfehlenswert sein, sie ist jedoch verfassungsrechtlich nicht geboten.[62] Das ergibt sich aus der geringeren Grundrechtsrelevanz der Maßnahme und der ebenfalls nur geringen „Steuerbarkeit" der zu regelnden Materie, soweit es um die Einzelheiten geht. Insbesondere da Entscheidungen über die Versetzung eines Schülers auch von pädagogischen Überlegungen bestimmt sein sollen und die Prognose einer erfolgreichen Mitarbeit in der nächsthöheren Klasse eine individuelle Einschätzung erfordert, darf die dazu notwendige Flexibilität nicht durch zu enge gesetzliche Bindungen vereitelt werden (BVerfGE 58, 257 ff., 278). Ist mithin durch die Verwendung des durch die ständige Praxis ausgeformten Begriffs „Versetzung" dem Gesetzesvorbehalt hinreichend Rechnung getragen, kann es verfassungsrechtlich nicht weiter geboten sein, die Schulbehör-

---

[60] BVerfG, Beschl. v. 20. 10. 1981 – 1 BvR 640/80 – BVerfGE 58, 257 ff., 278. Kritisch dazu: *Bryde*, DÖV 1982, 243 und 661 ff., 672. Das BVerwG (BVerwGE 56, 155 ff., 159/160) hatte dies allein nicht ausreichen lassen, sondern zusätzlich die Regelung verlangt, nach welchen Grundsätzen die Eignung des Schülers für eine erfolgreiche Mitarbeit in der nächsthöheren Klasse festzustellen sei, z. B. welche Leistungen regelmäßig zu fordern seien, und verfahrensrechtlich, wer für die Versetzungsentscheidung zuständig sei. Vgl. dazu auch: *Sendler*, DVBl. 1982, 381 ff., 387.

[61] Vgl. §§ 54 ff. SchulGE (DJT-SchulGE, Bd. I, S. 90 ff., 268 ff.).

[62] BVerfG, Beschl. v. 20. 10. 1981 – 1 BvR 640/80 – BVerfGE 58, 257 ff., 278 = NJW 1982, 921. OVG Hamb., Beschl. v. 19. 9. 1985 – OVG Bs VII 778/83 – SPE 400 Nr. 20, betr. die Eingliederung eines Schülers nach einem Auslandsaufenthalt. Hinsichtlich der sonderschulbedürftigen Kinder s. HessVGH, Beschl. v. 30. 9. 1988 – 6 R 3482/88 – SPE 400 Nr. 14.

de zur Regelung der weiteren Einzelheiten durch Rechtsverordnung (entsprechend Art. 80 Abs. 1 GG) zu ermächtigen (dazu Rdn. 36).

63　Will die Schule den (mehrfach) nicht versetzten Schüler wegen mangelnder Befähigung und schlechter Leistungen[63] zwangsweise von der Schule **entlassen,** benötigt sie dazu eine präzisere gesetzliche Grundlage als in den vorbezeichneten Fällen der Wiederholung einer Jahrgangsstufe. Denn die zwangsweise Entlassung von der Schule stellt eine für den weiteren Berufs- und Lebensweg des betroffenen Schülers sehr einschneidende Maßnahme dar. Sie hat in aller Regel zur Folge, dass der Zugang zu dem erstrebten Beruf abgeschnitten oder zumindest wesentlich erschwert und dadurch die Chance für eine freie Wahl des Berufs erheblich geschmälert wird. Der Vorbehalt des Gesetzes erfordert deshalb insofern, dass der Gesetzgeber die wesentlichen Bestimmungen über die zwangsweise Schulentlassung selbst erlässt. Dazu sind zu rechnen: die **Voraussetzungen für die zwangsweise Entlassung** von der Schule und den etwa vorgesehenen **Ausschluss** eines Schülers von **allen Schulen einer bestimmten Schulart** sowie die **Zuständigkeiten** für eine derartige Maßnahme und die Grundsätze des dabei einzuhaltenden Verfahrens.[64] Eine gesetzliche Vorschrift, die nur die zu regelnde Materie bezeichnet (z. B. nur die Begriffe „Entlassung/Beendigung des Schulverhältnisses" enthält), wird diesen Anforderungen nicht gerecht.[65]

64　Hinsichtlich der **Einweisung in eine Sonderschule** ist den verfassungsrechtlichen Anforderungen des Gesetzesvorbehalts nicht damit genügt, dass für (angeblich) sonderschulbedürftige Kinder die Pflicht „zum Besuch einer ihrer Eigenart entsprechenden Sonderschule" gesetzlich angeordnet wird.[66] Zumindest bedarf es der gesetzlichen Zuordnung bestimmter (Lern-)Behinderungen zu den für sie in Betracht kommenden Schularten. Sollen behinderte Kinder nicht in den (vorhandenen) Sonderschulen gefördert, sondern mit allen anderen Schülern in allgemeinbildenden Schulen unterrichtet werden, bedarf es auch insofern einer legislativen Leitentscheidung.

65　Wenn im schulischen Alltag Leistungen eines Schülers (z. B. **Hausarbeiten** oder einzelne **Klausuren**) bewertet werden, bedarf es dafür keiner formell-gesetzlichen Grundlage. Solche Bewertungen haben nicht eine so erhebliche Bedeutung, dass sie generell vom Grundrechtsschutz erfasst würden und deshalb durch eine Leitentscheidung des Gesetzgebers gesteuert werden müssten.

---

[63] Wegen der zwangsweisen Schulentlassung aufgrund eines ordnungswidrigen Verhaltens s. Band 1 Schulrecht, Rdn. 316 ff.

[64] BVerfG, Beschl. v. 20. 10. 1981 – 1 BvR 640/80 – BVerfGE 58, 257 ff., 275 = NJW 1982, 921, unter Hinweis auf den diesen Anforderungen gerecht werdenden § 45 SchulGE (vgl. DJT-SchulGE, Bd. I, S. 86 ff. und S. 247 ff.).

[65] BVerfGE 58, 279 ff.; *Lerche,* Bayerisches Schulrecht und Gesetzesvorbehalt, S. 94 ff.

[66] HessVGH, Beschl. v. 30. 9. 1988 – 6 R 3482/88 – SPE 800 Nr. 14.

Der Gesetzgeber ist nicht verpflichtet, die Ermittlung von **Zeugnisnoten** 66
aus den schriftlichen und mündlichen Leistungsnachweisen selbst zu regeln.[67] Auch die Vergabe von **Teilnoten** für einzelne Leistungsbereiche
muss und kann wegen des unterschiedlichen Gewichts von mündlichen,
schriftlichen und praktischen Leistungen in den einzelnen Unterrichtsfächern nicht normativ festgelegt werden.[68] Es geht hierbei vielmehr weitgehend um prüfungsspezifische Beurteilungen, die der Einschätzung des Prü-
fers/Lehrers vorbehalten sind (s. Rdn. 640 ff.).

Hinsichtlich schulischer **Zeugnisse** sind dann strengere Anforderungen 67
zu stellen, wenn mit ihnen zugleich über den schulischen Werdegang des
Schülers oder seinen Zugang zu anderen Bildungseinrichtungen (insbesondere über die Hochschulzulassung) unmittelbar oder mittelbar entschieden
wird. Dabei kommt es nicht auf die Form der Leistungsbewertung, sondern
auf ihre inhaltlichen Folgen an. Wird mit ihr etwa die Eignung des Schülers
für den Besuch einer **weiterführenden Schule** versagt und damit seinem
Anspruch auf Teilhabe an öffentlichen Bildungseinrichtungen Grenzen gesetzt, ist dies nicht eine freie Entscheidung der Schule, sondern es bedarf dazu einer normativen Grundlage.[69] Zwar müssen die Schulgesetze nicht etwa
die leistungsmäßigen Voraussetzungen des Übergangs in eine weiterführende Schule oder der Überweisung in eine Sonderschule selbst konkret regeln.
Jedoch darf die – insofern grundsätzlich zulässige, aber auch mindestens
notwendige – Ermächtigung des Gesetzgebers zum Erlass von Rechtsverordnungen (entsprechend Art. 80 Abs. 1 GG) nicht so inhaltsarm sein, dass
sie einer hinreichenden Steuerungskraft entbehrt.[70]

Allein der Wechsel in der **Form der Benotung** der Leistungen in den 68
Schulzeugnissen (z. B. dass textliche Berichte an die Stelle der üblichen
Fachnoten treten) stellt sich nicht als so „wesentlich neu" dar, dass eine sol-
che Regelung wegen ihrer Bedeutung für die Grundrechte der Schüler und
Eltern allenthalben einer Entscheidung durch den Gesetzgeber bedürfte.[71]
Der rechtliche Rahmen der **Informationspflicht** der Schule ergibt sich
nämlich hinreichend aus deren gesetzlich festgelegten Bildungs- und Erzie-
hungszielen und deren Pflicht, mit den Eltern an der Erziehung des Kindes

---

[67] BVerwG, Beschl. v. 6. 3. 1998 – 6 B 9.98 – NJW 1998, 859 = Buchholz 421.0
Prüfungswesen Nr. 387 = DVBl. 1998, 969 = SPE 284 Nr. 54, s. dazu auch die Anm. v.
Hufen, JuS 1999, 493.
[68] BVerwG, Beschl. v. 2. 5. 1995 – 6 B 26.95 – Buchholz 421 Kultur- und Schulwesen Nr. 117
[69] Vgl. dazu auch: Band 1 Schulrecht, Rdn. 319 ff.
[70] *Avenarius/Jeand'Heur*, Elternrecht und staatliches Bestimmungsrecht bei der
Wahl der Schullaufbahn, Schr. z. ÖR, Bd. 616 (1992), S. 22 mit Anm. 44.
[71] Zu dem Streit um die „verbalisierten Zeugnisse", bei dem freilich die Frage im
Mittelpunkt stand, ob die Schule überhaupt das Sozialverhalten des Schülers darzustellen hat: BVerwG, Beschl. v. 29. 5. 1981 – 7 B 169 und 170.80 – NJW 1982, 250 =
DÖV 1981, 680; OVG NW, U. v. 25. 4. 1980 – 5 A 2323/78. Vgl. ferner: DJT-
SchulGE, Bd. I, S. 271.

zusammenzuwirken.[72] Hinsichtlich der Einzelheiten, wie die Information der Eltern zweckmäßig zu verwirklichen ist, kommt es auf die konkreten Umstände und die pädagogisch motivierten Überlegungen des jeweiligen Lehrers an. Dies zu regeln, ist grundsätzlich nicht Aufgabe des parlamentarischen Gesetzgebers.[73] Freilich kann auch die Entscheidung darüber, in welcher Weise Schulzeugnisse abzufassen sind, in einem weiteren Zusammenhang größeres Gewicht erlangen, so dass auch insofern eine – in ihrer Bestimmtheit über die Angabe von Bildungs- und Erziehungszielen hinausreichende – Leitentscheidung des Gesetzgebers erforderlich wird. Dies mag insbesondere der Fall sein, soweit der Leistungsnachweis durch (Fach-)Noten als eine Voraussetzung für die Hochschulzulassung oder den Eingang in einen Beruf gilt. Dagegen sind die bessere Vergleichbarkeit der benoteten Leistungen unter den Schülern einer Schulklasse und die etwaige Anfechtbarkeit einzelner Noten im Verwaltungsprozess (vgl. Rdn. 795, 797) kein hinreichender Grund, um für die Einführung **verbalisierter Zeugnisse** eine Entscheidung des parlamentarischen Gesetzgebers zu verlangen.

5. Verzicht auf eine formell-gesetzliche Grundlage für eine Übergangszeit

69   Auch Prüfungen sind von der Tendenz erfasst worden, auf die an sich erforderliche formell-gesetzliche Grundlage für eine **Übergangszeit** vorläufig zu verzichten und die allein durch Verwaltungsvorschriften getroffenen Regelungen für einen zumeist nicht näher umgrenzten Zeitraum fortgelten zu lassen.[74] Die allgemein gegen solche „Übergangslösungen" zu erhebenden Bedenken[75] bestehen auch hier, wenngleich nicht verkannt werden soll, dass die Verwaltungsgerichte dem rechtsuchenden Prüfling/Schüler nicht mit dem Hinweis auf fehlende gesetzliche Bestimmungen „Steine statt Brot" geben können. Dies hat in der Vergangenheit häufig dazu geführt, dass die **bisherige Praxis** vorerst weitergeführt wurde und/oder die bislang das Prüfungsgeschehen ohne gesetzliche Grundlage regelnden **Verwaltungs-**

---

[72] Dazu im Einzelnen Band 1 Schulrecht, Rdn. 42 ff.

[73] BVerwG, Beschl. v. 3. 7. 1978 – 7 B 113.78 – DÖV 1978, 845 = Buchholz 421 Kultur- und Schulwesen Nr. 57, betr. die Erteilung eines Notenspiegels.

[74] Dazu allgemein Band 1 Schulrecht, Rdn. 121 ff. Im Zusammenhang mit der Schulentlassung wegen unzureichender Leistungen: BVerfG, Beschl. v. 20. 10. 1981 – 1 BvR 640/80 – BVerfGE 58, 257 ff., 280 = NJW 1982, 921. Aus der speziell zum Prüfungsrecht ergangenen Rechtsprechung: BVerwG, U. v. 16. 4. 1997 – 6 C 9.95 – NJW 1998, 323 = Buchholz 421.0 Prüfungswesen Nr. 382; Beschl. v. 8. 5. 1989 – 7 B 58.89 – Buchholz a.a.O. Nr. 262; Beschl. v. 23. 2. 1983 – 7 B 9.83 –, betr. die nochmalige Wiederholung der 11. Jahrgangsstufe des Gymnasiums; Beschl. v. 15. 11. 1979 – 7 B 225.78 – Buchholz 421 Kultur- und Schulwesen Nr. 68; Beschl. v. 26. 7. 1978 – 7 B 7.77 – NJW 1979, 330; U. v. 14. 7. 1978 – 7 C 11.76 – BVerwGE 56, 155 ff., 161; OVG NW, U. v. 23. 8. 1989 – 1 A 7/87 – DVBl. 1990, 543.

[75] Vgl. Band 1 Schulrecht, Rdn. 122, 123.

vorschriften (administrative Prüfungsordnungen, s. Rdn. 94 ff.) für einen nicht näher begrenzten Zeitraum weiterhin angewendet wurden.[76] Gegenwärtig scheint dieses Problem an Bedeutung verloren zu haben. Dennoch bleibt zu beachten: Sind im Einzelfall immerhin Ansätze oder Bruchstücke einer normativen Regelung vorhanden, so hat das **Gericht** bis zum Vorliegen einer parlamentarischen Leitentscheidung zur Gewährleistung effektiven Grundrechtsschutzes vom vorhandenen Normenmaterial ausgehend Maßstäbe zu entwickeln, die einerseits dem mutmaßlichen Willen des Gesetzgebers Rechnung tragen, andererseits an dem Grundrecht der Berufsfreiheit orientiert eine verfassungskonforme Entscheidung (z.B. bei Sanktionen von Täuschungsversuchen in der Prüfung) sicherstellen.[77]

Soll eine als **Verwaltungsvorschrift** erlassene **Prüfungsordnung** für eine **70** Übergangszeit formelles Recht ersetzen, ist dies nur zulässig, wenn die dafür maßgeblichen Voraussetzungen im Einzelfall wirklich vorliegen. Dazu gehören schwerwiegende Beeinträchtigungen des Ausbildungs-, Prüfungs- oder Berechtigungswesens insgesamt, aber auch unerträgliche Nachteile für einzelne Prüflinge.[78] Das Gebot der Chancengleichheit ist zu beachten.[79] Es ist nicht etwa unerheblich und darf deshalb nicht offen bleiben, ob eine Verwaltungsvorschrift angesichts der (noch) ausstehenden gesetzlichen Regelung übergangsweise rechtliche Geltung besitzt oder ob sie nur in einem nicht durch Gesetz regelungsbedürftigen Bereich wegen des verfassungsrechtlichen Gleichbehandlungsgebots (Art. 3 GG) Bindungswirkungen erzeugt. Denn in dem letzten Fall kommt es nicht allein auf den Wortlaut der Verwaltungsvorschrift, sondern entscheidend darauf an, ob die **Prüfungspraxis** dem entspricht (wegen dieser Unterscheidung s. Rdn. 94 ff., 100).[80] Ist eine **Prüfungsordnung** als **Rechtsverordnung** – etwa wegen unzureichender Veröffentlichung – **nicht gültig** erlassen worden, kann sie unter den genannten Voraussetzungen für eine Übergangszeit als Verwaltungsvorschrift angewendet werden.[81]

Die **Dauer** der zulässigen **Übergangszeit** ist nicht für alle Fälle gleicher- **71** maßen zu bemessen; sie hängt von der Zeit ab, die üblicherweise vorauszusetzen ist, um die erforderlichen Rechtsgrundlagen zu schaffen.[82] Ist nur die misslungene Veröffentlichung einer Satzung (z.B. einer Promotionsord-

---

[76] BVerwG, U. v. 1.6. 1995 – 2 C 16.94 – BVerwGE 98, 324 = NVwZ 1997, 73 = Buchholz 232 § 18 BBG Nr. 3, betr. die Regelung der Laufbahnprüfung von Beamtenanwärtern.

[77] HessVGH, U. v. 27. 9. 1995 – 1 UE 3026/94.

[78] Dazu 1. Band Schulrecht, Rdn. 124.

[79] BVerwG, Beschl. v. 15. 12. 1988 – 7 B 190.88 – Informationen zum Hochschulrecht der KMK 1989, 327.

[80] BVerwG, U. v. 25. 3. 1981 – 7 C 8.79 – DÖV 1981, 679 = DVBl. 1981, 1149.

[81] BVerwG, Beschl. v. 15. 12. 1988, a.a.O.; VG Leipzig, U. v. 15. 8. 1997 – 4 K 1819/96 – NVwZ-RR 1999, 755 = SPE 568 Nr. 22.

[82] BVerwG, Beschl. v. 11. 6. 1979 – 7 B 135.78 – Buchholz 421.0 Prüfungswesen Nr. 11, und v. 2. 8. 1988 – 7 B 90.88.

nung) nachzuholen, so hat dies innerhalb kurzer Zeit zu geschehen und darf nicht etwa ein oder mehrere Jahre hinausgezögert werden.[83]

72   Wenn gesetzlich nicht geregelt ist, wie das – gegenüber dem gerichtlichen Verfahren – eigenständige **verwaltungsinterne Kontrollverfahren** auszugestalten ist (zu den Anforderungen an ein solches Verfahren s. Rdn. 759 ff.), ist dieses Verfahren übergangsweise ohne gesetzliche Grundlage in einer Weise durchzuführen, die den Anforderungen des Art. 12 Abs. 1 GG, nämlich dem Prüfling einen rechtzeitigen und wirkungsvollen Schutz seines Grundrechts der Berufsfreiheit zu gewährleisten, der jeweiligen Situation entsprechend möglichst nahe kommt.[84] Ein bereits anhängiges oder vom Prüfling vorsorglich zur Fristwahrung anhängig gemachtes **verwaltungsgerichtliches Verfahren** ist auf Antrag des Klägers **auszusetzen;** sodann hat die Prüfungsbehörde bei substantiierten Einwendungen des Prüflings die Prüfer zu befragen, ob sie an ihren Bewertungen festhalten. Ist dies nicht in vollem Umfang der Fall, sondern werden einzelne Bewertungen (Noten) geändert, muss der Prüfungsausschuss ferner darüber beraten, wie das Gesamtergebnis der Prüfung nunmehr zu lauten hat. Bei der rein rechnerischen Ermittlung des Gesamtergebnisses aufgrund entsprechender Vorgaben der Prüfungsordnung ist dies nicht erforderlich.

II. Anforderungen an die Rechtsgültigkeit von Prüfungsordnungen/Folgen der Rechtsungültigkeit

73   Die Rechtmäßigkeit einer Prüfung einschließlich der Prüfungsentscheidung hängt nicht nur davon ab, ob die Maßgaben der Prüfungsordnung eingehalten worden sind, sondern primär davon, ob diese überhaupt gültig ist. Freilich ist dem klagenden Prüfling im allgemeinen nicht damit gedient, dass die **Prüfungsordnung** für **ungültig** erklärt wird; denn damit würde der Weg zu einem **positiven Prüfungsergebnis** sehr erschwert, wenn nicht gar bis zum Erlass einer neuen Prüfungsordnung versperrt werden. Deshalb haben Prüflinge, besonders wenn sie die Prüfung bestanden haben und um eine Verbesserung der Prüfungsnote streiten, in aller Regel kein besonderes Interesse, der von ihnen beanstandeten Prüfungsentscheidung durch Angriffe auf die Prüfungsordnung die Grundlage zu entziehen.[85] Sollen nur einzelne Regelungen der Prüfungsordnung angegriffen werden (z. B.

---

[83] VG Meinigen, U. v. 11. 9. 2001 – 1 K 625/97.
[84] BVerwG, U. v. 16. 4. 1997 – 6 C 9.95 –, a.a.O.; U. v. 24. 2. 1993 – 6 C 35.92 – Buchholz a. a. O. Nr. 313 = NVwZ 1993, 681.
[85] Ohne ein Rechtsmittel wird die rechtswidrige Prüfungsentscheidung nach Ablauf der Widerspruchs- bzw. Klagefrist bestandskräftig. Sie kann allerdings auch dann noch nach pflichtgemäßem Ermessen (§ 48 VwVfG) zurückgenommen werden (dazu Rdn. 505, 821).

betreffend das Prüfungsverfahren), ist von Bedeutung, ob die restlichen Vorschriften als Rechtsgrundlage einer ordentlichen Prüfung ausreichen (so z. B., wenn eine einzelne Bewertungsregelung zu beanstanden ist, die Bewertung sodann aufgrund der anderen Regelungen fehlerfrei vorgenommen werden kann).

Bei alledem darf jedoch nicht übersehen werden, dass die Rechtsgültigkeit   **74** der Prüfungsordnung von den Behörden und Gerichten grundsätzlich **von Amts wegen zu untersuchen** ist; dies sollte jedoch nicht ohne Anlass gleichsam ins Blaue hinein geschehen, sondern nur, wenn sich – insbesondere wegen des darauf gerichteten Parteivortrags – Zweifel aufdrängen (dazu auch Rdn. 826 ff., 829).

Im Einzelnen ist hierzu insgesamt zu bemerken:

Rechtsmängel der Prüfungsordnung können zunächst in **formeller Hin-**   **75** **sicht** gegeben sein, z. B. wenn die Diplomprüfungsordnung einer Hochschule nicht von dem dafür zuständigen Gremium in ordnungsgemäßer Besetzung **beschlossen** wurde, nicht die erforderliche **staatliche Genehmigung** erhalten hat[86] oder fehlerhaft **veröffentlicht** worden ist.[87] Auch ein solcher formeller Mangel, der bereits das Entstehen einer Prüfungsordnung als Rechtsvorschrift vereitelt, führt grundsätzlich dazu, dass die darauf gestützte Prüfungsentscheidung aufgehoben, die Prüfungsordnung fehlerfrei erlassen und die Prüfung sodann – als Erstprüfung – erneut abgehalten wird. Dieses unbefriedigende Ergebnis lässt sich jedenfalls bei bloßen Veröffentlichungsmängeln dadurch vermeiden, dass übergangsweise – ähnlich wie bei Prüfungsordnungen, die dem Gesetzesvorbehalt nicht hinreichend entsprechen (vgl. Rdn. 69 ff.), – die vom Normgeber offensichtlich gewollten und den Betroffenen inhaltlich nicht verborgen gebliebenen Regelungen zwischenzeitlich weiter anzuwenden sind.[88]

Auch bei **förmlichen Gesetzen** oder **Rechtsverordnungen** können for-   **76** melle **Mängel** ihrer Rechtgültigkeit entgegenstehen, z. B. wenn nicht der Bund, sondern einzelne Länder zuständig sind (s. Art. 70 ff. GG). Hierzu hat das BVerwG entschieden, dass die **Verordnung über eine Noten- und Punkteskala** für die Erste und Zweite juristische Staatsprüfung (vom 3. 12. 1981, BGBl. I, S. 1243) die Rahmenkompetenz des Bundes nicht über-

---

[86] Das bundesrechtliche Rechtsstaatsprinzip gebietet es nicht, dass bei der Ausfertigung einer als Satzung erlassenen universitären Prüfungsordnung die Erteilung der staatlichen Genehmigung dokumentiert wird: BVerwG, Beschl. v. 25. 7. 2000 – 6 B 38.00 – Buchholz 421.0 Prüfungswesen Nr. 399 = SPE 568 Nr. 27.

[87] Die Pflicht zur Veröffentlichung muss nicht ausdrücklich im Gesetz geregelt sein; sie folgt schon generell aus dem Rechtsstaatsgebot des Art. 20 Abs. 3 GG; vgl. auch VG Meiningen, U. v. 11. 9. 2001 – 1 K 625/97 –, betr. die Promotionsordnung einer Hochschule.

[88] BVerwG, Beschl. v. 15. 12. 1988 – 7 B 190.88 – Informationen zum Hochschulrecht, Veröffentlichungen der KMK 1989, 327; zutreffend auch: VG Leipzig, U. v. 15. 8. 1997 – 4 K 1819/96 – NVwZ-RR 1999, 755 = SPE 568 Nr. 22.

steigt.[89] Anzumerken ist in diesem Zusammenhang, dass ein Gericht Prüfungsordnungen, die als förmliche Gesetze ergangen sind, nicht selbst für ungültig erklären darf, sondern dazu die Entscheidung des Bundesverfassungsgerichts einzuholen hat (s. Art. 100 Abs. 1 GG).[90]

77 Ferner sind auch **inhaltliche Mängel der Prüfungsordnung** ein Grund dafür, sie als nicht rechtsgültig zu erachten. Solche Mängel können etwa darauf beruhen, dass einzelne Regelungen (z.B. über einzuhaltende Bearbeitungszeiträume oder zugelassene Hilfsmittel) die Chancengleichheit der Prüflinge nicht hinreichend gewährleisten oder Bewertungsvorschriften zu willkürlichen Prüfungsergebnissen führen können. Die weiter unten erörterten Mängel im Prüfungsverfahren (Rdn. 101 ff., 337 ff.) und auch die Bewertungsfehler (Rdn. 527 ff., 625 ff.) sind in jenem Darstellungszusammenhang auf das konkrete Geschehen in einer bestimmten Prüfung bezogen. Das ist aber nicht die einzige Perspektive, aus der sich prüfungsrechtlich relevante Mängel erkennen lassen. Dieselben Mängel können durchweg gleichsam eine Stufe höher in einer ein solches Vorgehen anordnenden, sodann freilich abstrakt-generellen Regelung der Prüfungsordnung angelegt sein und so auf die rechtlichen Grundlagen der Prüfung durchgreifen.

78 Solche **inhaltlichen Mängel** der **Prüfungsordnung** bewirken, dass diese **rechtsungültig** ist. Daraus folgt im allgemeinen, dass die beanstandete Prüfung einschließlich der Prüfungsentscheidung der erforderlichen rechtlichen Grundlage entbehrt und daher rechtswidrig ist. Dann müssen die Entscheidung aufgehoben (vgl. § 48 VwVfG), die Prüfungsordnung geändert und der Prüfling nach Maßgabe der nunmehr inhaltlich fehlerfreien Prüfungsordnung erneut (als Erstprüfung) geprüft werden.[91] Die vorläufige Anwendung der mit inhaltlichen Mängeln belasteten Prüfungsordnung für eine Übergangszeit (vgl. Rdn. 69) scheitert schon daran, dass eine inhaltlich gegen höherrangiges Recht (z.B. Art. 3 Abs. 1 GG) verstoßende Regelung auch nicht übergangsweise zu dulden ist.

79 Dieses ist aber nur dann unausweichlich, wenn der inhaltliche Mangel **unheilbar** ist und **wesentliche Teile** der Prüfungsordnung erfasst, so dass er nicht etwa nach den Grundsätzen, die gemäß dem hypothetischen Willen des Normgebers eine **Teilnichtigkeit** rechtfertigen, als für den Rest der Prüfungsordnung unschädlich zu isolieren ist. Eine solche „Reparatur" der

---

[89] BVerwG, Beschl. v. 16. 8. 1985 – 7 B 51, 58, 59.85 – NJW 1986, 951 = DÖV 1985, 1018, bekräftigt durch Beschl. v. 9. 6. 1993 – 6 B 35.92; ebenso: BayVGH, U. v. 10. 1. 1985 – Nr. 3 B 84 A 1381 – BayVBl. 1985, 241.

[90] Dazu im Einzelnen: BVerfGE 55, 274 ff., 327 und 70, 35 ff., 58.

[91] Es wird hierbei davon ausgegangen, dass die Prüfung nicht bestanden wurde und der Prüfling diese Entscheidung anficht. Eine negative Prüfungsentscheidung, die einer gültigen Rechtsgrundlage entbehrt, ist aber auch nach Eintritt der Bestandskraft nach pflichtgemäßem Ermessen von der Prüfungsbehörde zurückzunehmen (§ 48 VwVfG). Eine positive Prüfungsentscheidung kann in diesem Fall ebenfalls korrigiert werden, wenn sich dies nach pflichtgemäßem Ermessen rechtfertigen lässt.

mit Mängeln behafteten Prüfungsordnung scheidet von vornherein aus, wenn die Regelung insgesamt zu unbestimmt oder in sich widersprüchlich ist oder in zentralen Bereichen einen erheblichen Verstoß etwa gegen das im Prüfungswesen besonders zu beachtende Gebot der Chancengleichheit enthält. Sind dagegen nur einzelne etwa die Anforderungen an das Bestehen der Prüfung oder die Zuteilung einer guten Prüfungsnote verschärfende Regelungen ungültig, mag die Prüfungsordnung generell ohne diese besonderen Anforderungen gelten, wenn dies mit dem hypothetischen Willen des Normgebers in Einklang zu bringen ist und die Chancengleichheit dabei nicht verloren geht. Soweit nicht der Vorbehalt des förmlichen Gesetzes (vgl. Rdn. 33 ff.) eine normative Steuerung des Prüfungsgeschehens verlangt, kann auf „zusätzliche" Regelungen, die sich als rechtsfehlerhaft erweisen, notfalls für eine Übergangszeit, bis eine Reaktion des Normgebers erfolgt ist, verzichtet werden (vgl. Rdn. 69 ff.).

Entsprechendes gilt, wenn eine **Rechtsverordnung** in Einzelfragen **hin-** 80 **ter den Anordnungen zurückbleibt,** die das förmliche Gesetz, welches zugleich die Verordnungsermächtigung enthält, selbst aufgestellt hat. Beispielsweise ist eine als Rechtsverordnung oder Satzung ergangene Prüfungsordnung (insoweit) ungültig, soweit dort nur bei zwei Prüfern eine bestimmte Qualifikation gefordert wird, während das Gesetz dies für alle drei Prüfer vorsieht. Sodann gilt hinsichtlich der notwendigen Qualifikation der Prüfer **nur** die **gesetzliche Regelung.**[92]

III. Änderung der Prüfungsordnung/Vertrauensschutz

Die Prüfungsordnung kann wie Gesetze allgemein in dem dafür vorgese- 81 henen Verfahren geändert werden, und zwar grundsätzlich auch mit dem Ziel einer **Verschärfung** der **Voraussetzungen** für den **Prüfungserfolg;** dies gilt ebenso für prüfungsrechtliche Rechtsverordnungen,[93] sofern der Rahmen der gesetzlichen Ermächtigung nicht durchbrochen wird. Inhaltlich geht es dabei zumeist um die Zulassung zur Prüfung, den Prüfungsstoff und die Voraussetzungen für das Bestehen der Prüfung einschließlich spezieller Qualifikationen.

Besonderheiten ergeben sich hier freilich daraus, dass jede Prüfung übli- 82 cherweise einer zumeist **längeren Vorbereitung** bedarf und dass regelmäßig die Ausbildung, die mit der jeweiligen Prüfung abgeschlossen werden soll, mit deren Anforderungen abzustimmen ist. Wer einen Ausbildungsweg einschlägt oder sich sonst in angemessener Zeit auf eine Prüfung vorbereitet,

---

[92] OVG Rh.-Pf., U. v. 25. 8. 1992 – 6 A 12418/91.
[93] Wegen der Änderungen von Verwaltungsvorschriften in diesem Zusammenhang s. Rdn. 94 ff.; wegen der Änderung der Prüfungspraxis und des auch dabei zu beachtenden Vertrauensschutzes s. Rdn. 99.

darf grundsätzlich darauf **vertrauen,** dass die sein Verhalten bestimmenden Prüfungsbedingungen nicht oder jedenfalls nicht so sehr zu seinem Nachteil geändert werden, dass er sich hierauf nicht mehr in **zumutbarer Weise einrichten** kann. Daraus folgt: Will der Gesetzgeber für den Prüfungserfolg neue, sich im Einzelfall für den Prüfling erschwerend auswirkende Voraussetzungen festlegen, muss er durch eine gesetzliche **Übergangsregelung** übermäßige, unzumutbare Benachteiligungen vermeiden.[94]

83   Der Grundsatz der **Chancengleichheit** gilt bei berufsbezogenen Prüfungen allgemein auch hier in seiner strengen, über das Willkürverbot hinausreichenden Ausprägung. Freilich ist es gerade bei Rechtsänderungen nicht immer möglich, Einbußen an Chancengleichheit gänzlich zu vermeiden. So hat das BVerfG (BVerfGE 37, 342, 355 ff.) es als hinnehmbar erachtet, dass bei der Einführung eines **neuen Notengefüges** die Umstellung von Ausbildungsnoten auf das neue Notensystem angesichts der damit verbundenen Schwierigkeiten unterbleibt, selbst wenn dies zu einer Abwertung der in der Ausbildung erbrachten Leistungen führt. Der Grundsatz der Chancengleichheit verlangt vom Gesetz- und Verordnungsgeber aber besonders dann, wenn bei Übergangsregelungen eine Ungleichbehandlung unvermeidbar ist, jedenfalls übermäßige und unzumutbare Benachteiligungen zu vermeiden.[95]

84   In der Praxis führt dies meist dazu, dass erschwerende Prüfungsbedingungen nicht sofort, sondern erst nach einem gewissen **Zeitablauf** seit ihrer Bekanntgabe in Kraft treten können, wodurch den Betroffenen die Möglichkeit gegeben wird, sich auf die geänderten Umstände einzustellen.[96] Verlangt der in Einzelfragen zu beachtende **Vertrauensschutz** eine gezieltere Anpassung, hat dies durch entsprechend konkrete Übergangsbestimmungen zu geschehen. Das gilt nicht nur dann, wenn „Übergangsprüflinge" die in die Gesamtnote eingehenden Leistungen teilweise vor und teilweise nach

---

[94] BVerfG, Beschl. v. 6. 12. 1988 – 1 BvL 5 u.6/85 – NVwZ 1989, 645, und Beschl. v. 3. 11. 1981 – 1 BvR 632/80 u. a. – NVwZ 1982, 97, betr. die dabei zu beachtenden verfassungsrechtlichen Anforderungen, hier am Beispiel des bei der Hochschulzulassung für medizinische Studiengänge geänderten Auswahlverfahrens. Vgl. ferner: BVerwG, Beschl. v. 26. 8. 1988 – 7 C 76.87 – Buchholz 421.0 Prüfungswesen Nr. 257 = DVBl. 1989, 119, und v. 22. 1. 1987 – 7 B 16.87 – Buchholz a. a.O. Nr. 236 = NVwZ 1987, 592, und v. 21. 7. 1986 – 7 B 36.86 – NJW 1988, 781, und U. v. 28. 2. 1986 – 7 C 58.85 – NJW 1987, 723 = DVBl. 1986, 622, und Beschl. v. 15. 10. 1984 – 7 CB 70.84 – KMK HSchR 1985, 444 und v. 31. 5. 1978 – 7 B 141.77 – Buchholz a.a.O. Nr. 93; vgl. ferner: VGH Bad.-Wttbg., Beschl. v. 5. 10. 1984 – 9 S 1162/84 – VBlBW 1985, 344, betr. die Änderung schulrechtlicher Prüfungsbestimmungen, hier betreffend den Stellenwert des Faches Musik in der Oberstufe; und U. v. 11. 2. 1992 – 9 S 2459/91 – (kein Vertrauensschutz für Studierende eines anderen Studienganges).

[95] BVerwG, Beschl. v. 26. 8. 1988 – 7 C 76.87 – Buchholz a. a.O. Nr. 257 = DVBl. 1989, 119.

[96] OVG NW, Beschl. v. 19. 11. 1981 – 15 B 1726/81. Das Erfordernis der rechtzeitigen Bekanntgabe der (verschärften) Prüfungsbedingungen gilt auch für private Ersatzschulen: OVG NW, Beschl. v. 6. 1. 1982 – 15 B 1907/81.

Inkrafttreten des neuen Prüfungsrechts erbracht haben; eine dies entsprechend klarstellende Regelung ist vielmehr auch dann zu erlassen, wenn für Prüfungen nach dem Inkrafttreten des neuen Rechts wegen der Chancengleichheit die Beurteilung der Leistungen insgesamt nach den Maßstäben des alten Rechts erfolgen muss.[97]

Wieweit der Vertrauensschutz jeweils reicht, kann nur nach den Umstän- **85** den des Einzelfalles im Hinblick auf die individuelle Situation der davon Betroffenen, das Gewicht der vorgesehenen Änderungen und die Anpassungsmöglichkeiten in dem vorgegebenen zeitlichen Rahmen beantwortet werden. In Fällen grundlegender Änderungen, die eine völlig andere Orientierung und Vorbereitung auf die Prüfung bedingen (insbesondere bei wesentlichen Änderungen des Prüfungsstoffes), kann es erforderlich sein, diese Regelung **erst für neu eintretende Prüfungsbewerber** (z.B. Studienanfänger) in Kraft treten zu lassen. Dagegen können etwa nur leicht benachteiligende Änderungen, z.B. des **Ablaufs der Prüfung,** auf die der Prüfling sich in zumutbarer Weise einrichten kann, auch unmittelbar in Kraft gesetzt werden.

Die Rechtsprechung ist mit den Fragen der Reichweite des Vertrauens- **86** schutzes und der etwa erforderlichen Übergangsregelung mehrfach befasst worden. Hingenommen wurde eine Regelung, wonach bei einem **Abschnittsversagen** („**Blockversagen**") künftig keine Ausgleichsmöglichkeit mehr bestehen soll (dazu Rdn. 547ff.).[98] Ferner wurde es den Kandidaten zugemutet, sich auf eine **mathematisierende Gesamtbewertung** der Prüfungsleistungen in kurzer Zeit einzustellen.[99] Auch die Verschärfung der **Mindestnote für das Bestehen der Prüfung** von 4,3 auf 4,0 ist als mit dem notwendigen Vertrauensschutz vereinbar hingenommen worden.[100]

Wer nach altem Recht keine weiteren **Wiederholungsmöglichkeit** hatte, **87** erhält sie auch nicht durch neues Recht eingeräumt, das generell weitere Wiederholungsmöglichkeiten vorsieht. Beispielsweise räumte Art. 2 § 4 der 5. Änderungsverordnung zur ÄAppO (v. 15. 12. 1986, BGBl. I, S. 2457) den Prüflingen, die sich bis zum 20. 1. 1988 zum zweiten Abschnitt der Ärztlichen Prüfung gemeldet und beim ersten oder einem weiteren Prüfungsversuch bis zum 1. 5. 1989 die nach damaligem Recht lediglich schriftliche Prüfung nicht bestanden hatten, nicht die Möglichkeit ein, durch Ablegung der nach neuem Recht vorgesehenen zusätzlichen mündlichen Prüfung als Fortsetzung des bereits gescheiterten Prüfungsversuchs noch eine weitere Prüfungschance zu erhalten. Diese Regelung ist aus dem Gesichtspunkt des Vertrauensschutzes nicht zu beanstanden. Umgekehrt ist auch ein Prüfling,

---

[97] BVerwG, Beschl. v. 26. 8. 1988, a. a. O.
[98] BVerwG, U. v. 13. 12. 1979 – 7 C 43.78 – Buchholz 421.0 Prüfungswesen Nr. 124.
[99] OVG NW, U. v. 28. 7. 1976 – 5 A 640/75.
[100] VGH Bad.-Wttbg., U. v. 20. 11. 1978 – IX 586/78 – SPE III G II, S. 15.

der bis zu dem genannten Stichtag die Prüfung nach altem Recht, also lediglich aufgrund einer schriftlichen Prüfung bestanden hat, nicht etwa genötigt, sich nunmehr der nach neuem Recht erforderlichen mündlichen Prüfung zu unterziehen.[101]

88   Ist eine **Prüfungsentscheidung** etwa wegen **Verstoßes** gegen den Grundsatz der **Chancengleichheit aufgehoben** worden, so ist bei der neuen Entscheidung so zu verfahren, dass diesem Grundsatz nachträglich möglichst ungeschmälert Geltung verschafft wird.[102] Wie dies zu erreichen ist, lässt sich nicht allgemein gültig festlegen, sondern hängt von den gesamten Umständen des Einzelfalls ab. Eine zwischenzeitliche Veränderung der Vorschriften über das Prüfungsverfahren darf sich in diesem Zusammenhang[103] jedenfalls nicht zum Nachteil des Prüflings auswirken.[104]

89   Die Änderung der **Zulassungsvoraussetzungen** für eine (Hochschul-) Prüfung ist geeignet, auf ein in der Vergangenheit liegendes und im Hinblick auf die bisherigen Zulassungsvoraussetzungen durchgeführtes Studium zurückzuwirken. Darauf ist bei der Änderung der Zulassungsvoraussetzungen Rücksicht zu nehmen. Für Studenten, die sich hierauf nicht mehr rechtzeitig einstellen können, sind **Ausnahme- oder Übergangsregelungen** zu treffen, um übermäßige und unzumutbare Benachteiligungen zu vermeiden.[105] Die Bestimmungen einer **neuen Promotionsordnung,** wonach eine verschärfte Voraussetzung für die Zulassung zur Promotion (hier: das Vorliegen einer mindestens mit der Note „gut" bewerteten Magisterarbeit) nach Ablauf von drei Jahren in Kraft tritt, verstößt weder gegen den Grundsatz des Vertrauensschutzes noch gegen den der Chancengleichheit.[106] Es bestehen unter dem Gesichtspunkt des rechtsstaatlichen Vertrauensschutzes keine Bedenken gegen die Anwendung einer Prüfungsvorschrift, die den Verlust des Prüfungsanspruchs an die Nichterfüllung der Pflicht des Kandidaten knüpft, sich innerhalb einer bestimmten **Frist der Prüfung zu unterziehen,** auch wenn diese Pflicht im bisherigen Prüfungsrecht ohne eine solche Sanktion normiert war.[107]

90   Die in der Prüfungsordnung genannten Voraussetzungen für das Bestehen der Prüfung **(Bestehensgrenze)** dürfen aus wichtigen sachlichen Gründen (z.B. um den Anforderungen der beruflichen Tätigkeit, zu der die be-

---

[101] BVerwG, U. v. 14. 12. 1990 – 7 C 16.90 – DVBl. 1991, 776.

[102] BVerwG, U. v. 3. 12. 1981 – 7 C 30 und 31.80 – NJW 1983, 407 = DVBl. 1982, 785, und U. v. 9. 7. 1982 – 7 C 51.79 – Buchholz, a. a. O. Nr. 161 = DVBl. 1983, 90.

[103] Anders jedoch bei der Wiederholung der im ersten Versuch nicht bestandenen Prüfung (dazu Rdn. 92).

[104] Anderer Auffassung: BayVGH, U. v. 27. 4. 1981 – Nr. 7 B 80 A 1876 – NJW 1982, 2627.

[105] HessVGH, Beschl. v. 7. 4. 1982 – VI TG 189/82 –; vgl. in diesem Zusammenhang auch den Beschl. des BVerfG v. 3. 11. 1981 – 1 BvR 632 u. a. – NVwZ 1982, 97.

[106] BVerwG, Beschl. v. 2. 8. 1988 – 7 B 92.88 – Buchholz a.a.O. Nr. 255.

[107] VGH Bad.-Wttbg., Beschl. v. 22. 12. 1992 – 9 S 2623/92 – VBlBW 1993, 263, und v. 18. 3. 1982 – 9 S 84/82 – VBlBW 1982, 270.

standene Prüfung befähigen soll, gerecht zu werden) durch eine Änderung der Prüfungsordnung **verschärft** werden.[108] Im dem Fall einer zeitweisen **Änderung der Approbationsordnung für Ärzte** durch Rechtsverordnung vom 24. 2. 1978 (BGBl. I, S. 312) mit der Einführung einer absoluten Bestehensgrenze von 60% richtiger Antworten ist dies nicht in verfassungsrechtlich zulässiger Weise geschehen (dazu im Einzelnen und wegen der nunmehr geltenden Regelung s. Rdn. 595 ff.).[109]

Aus dem Grundsatz der Chancengleichheit in Verbindung mit Art. 12   **91** Abs. 1 GG lässt sich keine starre Regel ableiten, wonach gleichzeitig erbrachte Prüfungsleistungen stets nach gleichem Prüfungsrecht, insbesondere grundsätzlich nach denselben Maßstäben, bewertet werden müssten.[110] Für die Wahrung des Grundsatzes der Chancengleichheit ist nicht die **Gleichzeitigkeit** der **Prüfungsleistung,** sondern deren **inhaltliche Vergleichbarkeit** entscheidend. Daraus folgt, dass z. B. **Stichtagsregelungen** nur im Zusammenhang mit den übrigen Prüfungsvoraussetzungen und Bewertungsmaßstäben gewürdigt werden können.[111] Unterschiedliche Maßstäbe sind aus Gründen der Chancengleichheit geboten, wenn nur so den unterschiedlichen Ausbildungen Rechnung getragen werden kann. Besonders deutlich wird dies, wenn bereits während der Ausbildung oder in einer vorangegangenen Prüfung Leistungen erbracht worden sind, die auf die nunmehr abgelegte Prüfung **angerechnet** werden), und eine bloße Umrechnung der Bewertungen auf das neue System nicht durchführbar ist.[112] Ist das Bewertungssystem der neuen Prüfungsordnung für die Prüflinge günstiger, liegt es nahe, die Prüflinge mit anrechenbaren Leistungen nicht schlechter zu stellen als diejenigen, die nicht einmal anrechenbare Leistungen erbracht haben. Dies im Einzelnen zu regeln, ist indes dem Gesetz- oder Verordnungsgeber überlassen.[113]

---

[108] Letzteres ist nach Meinung des VGH Bad.-Wttbg. (U. v. 9. 7. 2002 – 9 S 1436/02 – SPE 990 Nr. 25) stets unzulässig. Entscheidend muss jedoch sein, ob die Prüflinge sich in der ihnen zur Verfügung stehenden Zeit auf die Veränderungen einstellen können.

[109] BVerfG, Beschl. v. 14. 3. 1989 – 1 BvR 1033/82 – BVerfGE 80, 1 = NVwZ 1989, 850, mit abw. Meinung von Henschel. Anders zuvor und insoweit nunmehr überholt: BVerwG, U. v. 18. 5. 1982 – 7 C 24.81 – BVerwGE 65, 323 = NJW 1983, 354. Zur Rechtsgültigkeit einer Übergangsregelung im Juristenausbildungsrecht, welche die Anordnung einer verschärften Bestehensregelung davon abhängig macht, ob der Kandidat sich bei ihrem Inkrafttreten noch nicht länger als neun Monate im Vorbereitungsdienst befindet: BVerwG, Beschl. v. 23. 2. 1990 – 7 B 24.90 – Buchholz a.a.O. Nr. 272.

[110] BVerfG, Beschl. v. 6. 12. 1988 – 1 BvL 5 u.6/85 – BVerfGE 79, 212 = NVwZ 1989, 645; anders noch: BVerwG, Beschl. v. 26. 8. 1988 – 7 C 76.87- Buchholz a.a.O. Nr. 257.

[111] BVerfG, Beschl. v. 6. 12. 1988, a.a.O.

[112] Vgl. auch insoweit: BVerfG, Beschl. v. 6. 12. 1988, a.a.O.

[113] BVerfG, Beschl. v. 6. 12. 1988, a.a.O.; anders noch BVerwG, Beschl. v. 26. 8. 1988, a.a.O.

92   Der Grundsatz des rechtsstaatlichen Vertrauensschutzes gebietet es nicht
zwingend, **Wiederholungsprüflinge**[114] von der Anwendung der neuen – für
sie nunmehr ungünstigeren – Maßstäbe der Leistungsbewertung auszunehmen.[115] Das Vertrauen des Wiederholers darauf, dass sich die Bestehensgrenze nicht verschärfen werde, ist nicht schutzwürdig, denn eine Änderung
der Bestehensgrenze greift in der Regel nicht wie eine kurzfristig verfügte
wesentliche Änderung des Prüfungsstoffes in einer die Dispositionen des
Prüfungsbewerbers entwertenden Weise in die Prüfungsbedingungen ein.
Die Anwendung der neuen Maßstäbe scheitert jedoch häufig daran, dass
Leistungen des Prüflings aus der Erstprüfung anzurechnen sind, deren Bewertung nicht in das neue Bewertungssystem passt. Das führt dazu, dass
mehrere Gruppen von Prüflingen (Erstprüflinge, Wiederholer mit und ohne
anrechenbare Leistungen) einer jeweils auf ihre Situation bezogenen sachgerechten Bewertung zu unterziehen sind. Dies etwa durch eine den unterschiedlichen Vorbedingungen angepasste **Stichtagsregelung** zu vollziehen,
obliegt dem Gesetzgeber in dem Rahmen seiner nur verfassungsrechtlich
begrenzten Gestaltungsfreiheit.[116]

93   Die nachträgliche **Milderung der Bestehensvoraussetzungen** (z. B. ehedem durch die Approbationsordnung für Ärzte i. d. F. vom 15. 7. 1981,
BGBl. I, S. 660) zwingt nicht dazu, die sich daraus ergebenden Vorteile auch
den Prüflingen nachträglich zugute kommen zu lassen, die zwischenzeitlich
an der verschärften Bestehensgrenze „gescheitert" sind.[117] Die nachträgliche
Änderung der Rechtslage hat auf abgeschlossene Prüfungsverfahren grundsätzlich keine Auswirkungen.[118]

IV. Verwaltungsvorschriften/ständige Prüfungspraxis

94   Verwaltungsvorschriften haben für das Prüfungswesen trotz des verfassungsrechtlichen Gesetzesvorbehalts (Rdn. 33 ff.) nach wie vor Bedeutung.
Zwar werden sie z. Zt. kaum noch für eine – im Wesentlichen wohl been-
dete – **Übergangszeit** formelles Recht ersetzen können (vgl. Rdn. 69 ff.).[119]

---

[114] Gemeint ist hier die von der Prüfungsordnung generell zugelassene Wiederholung der Prüfung in einem zweiten Versuch. Dementgegen ist die Wiederholung der
als rechtswidrig erkannten Prüfung (als erneute Erstprüfung) stets nach dem Recht
durchzuführen, das zur Zeit des Beginns der Prüfung gilt.

[115] BVerwG, Beschl. v. 15. 10. 1984 – 7 CB 70.84 – KMK HSchR 1985, 444.

[116] BVerfG, Beschl. v. 6. 12. 1988, a. a. O.; BVerwG, U. v. 8. 5. 1989 – 7 C 86.88 –
Buchholz a. a. O. Nr. 263 und Beschl. v. 22. 1. 1987 – 7 B 16.87 – Buchholz a. a. O.
Nr. 236 = NVwZ 1987, 592; OVG NW, Beschl. v. 10. 12. 1986 – 11 B 2628/86 – NJW
1987, 1505 = SPE 980 Nr. 31.

[117] BVerwG, U. v. 18. 5. 1982 – 7 C 24.81 – BVerwGE 65, 323 = NJW 1983, 354.

[118] BVerwG, Beschl. v. 13. 6. 1995 – 6 B 15.95 – Buchholz a. a. O. Nr. 142.

[119] Die Frage, ob Verwaltungsvorschriften in diesem Sinne (vorübergehend) quasi-
normativen Charakter haben oder gemäß Art. 3 GG auch nach außen hin Bindungs-

Soweit indes die normativen Regelungen des Prüfungsgeschehens wegen der nicht besonders „wesentlichen" Bedeutung der Sache **offen** oder in hohem Maße **unbestimmt** bleiben dürfen oder wegen der bei seiner Anwendung im Einzelfall zu berücksichtigenden individuellen Belange sogar bleiben müssen,[120] ist Raum für konkrete Rechtsgestaltungen der zuständigen Prüfungsbehörden, Ausschüsse und Konferenzen.[121] Der parlamentarische Gesetzgeber, der seine ihm zukommenden Leitentscheidungen mit der jeweils erforderlichen Bestimmtheit getroffen hat, kann die **weitere Konkretisierung des prüfungsrechtlichen Regelwerkes** der Verwaltung überlassen. Diese ist befugt, in dem vorgegebenen gesetzlichen Rahmen **Detailbereiche des Prüfungsgeschehens** näher zu regeln, insbesondere soweit es erforderlich ist, auch in den an sich variabel zu gestaltenden Fragen des Prüfungsablaufs eine **einheitliche** und **vorhersehbare Prüfungspraxis** (Verfahrens- und Beurteilungspraxis) durch generelle und abstrakte Anordnungen zu gewährleisten (Einzelheiten s. Rdn. 38 ff., 46, 48 ff.).

Aus verfassungsrechtlicher Sicht macht es auch hier keinen erheblichen **95** Unterschied, ob die jeweils erforderliche gesetzliche Steuerung durch sogenannte „unbestimmte" – jedoch in dem betreffenden Fall noch hinreichend bestimmte – **Rechtsbegriffe** oder durch eine entsprechend präzise **Ermächtigung** zum Erlass einer **Rechtsverordnung** erfolgt. Den Interessen der zu beurteilenden Prüflinge kommt indes die letztgenannte Alternative mehr entgegen. Denn Rechtsverordnungen sichern die Vorhersehbarkeit der Prüfungsanforderungen stärker und garantieren besser die von den Prüflingen erwartete Beständigkeit als die der Ausfüllung unbestimmter Rechtsbegriffe dienenden Verwaltungsvorschriften und die eventuell auch ohne sie üblichen Prüfungspraktiken.

Auch die als Verwaltungsvorschriften erlassenen **Ausführungsvorschrif- 96 ten zu den Prüfungsordnungen** (betr. etwa die geschäftsmäßig zu ordnenden Einzelheiten des äußeren Ablaufs der Prüfung) sind je nach ihrer Bedeutung für die davon Betroffenen so **bekannt zu machen,** dass diese ohne unzumutbaren Aufwand in die Lage versetzt werden, hiervon Kenntnis zu nehmen.[122] Für den Prüfling nicht unbedeutende Ausführungsvorschriften zu den Prüfungsordnungen, die – schlicht abgeheftet – spontanen „unauffälligen" Änderungen zugänglich sind, stehen deshalb nicht im Einklang mit rechtsstaatlichen Grundsätzen und gewährleisten nicht hinreichend eine gleichmäßige Verwaltungspraxis.

---

wirkung erzeugen, darf nicht offen bleiben, wenn sich aus ihrer Beantwortung rechtliche Konsequenzen für den Einzelfall ergeben: BVerwG, U. v. 25. 3. 1981 – 7 C 8.79 – DVBl. 1981, 1149 = Buchholz 421.0 Prüfungswesen Nr. 144.

[120] Vgl. dazu insgesamt: Band 1 Schulrecht, Rdn. 103 ff.
[121] BVerwG, U. v. 25. 3. 1981, a. a. O.; *Sendler,* DVBl. 1982, 381 ff., 386.
[122] BayVGH, U. v. 12. 3. 1984 – Nr. 7 B 83 A 563 – BayVBl. 1984, 629; *Pietzcker,* Verfassungsrechtliche Anforderungen an die Ausgestaltung staatlicher Prüfungen, Schr. z. ÖR, Bd. 260, S. 153.

97   Zwar wirken Verwaltungsvorschriften nach überkommener Rechtsauffassung unmittelbar **nur verwaltungsintern,** indem sie z.B. das dienstliche Verhalten der Prüfer regeln. Der Anspruch des Prüflings oder des Schülers auf Einhaltung der Prüfungsordnung, der unter Hinweis auf Art. 3 Abs. 1 GG als Recht auf Gleichbehandlung verstanden wird, vermittelt jedoch eine **intensive Außenwirkung.** Die verwaltungsinterne Ordnung des äußeren Prüfungsablaufs ist hiernach eine antizipierte Verwaltungspraxis, an die die prüfende Stelle aufgrund des Gleichheitssatzes gebunden ist, soweit nicht aus sachlichen Gründen eine den Vertrauensschutz der Prüflinge berücksichtigende Änderung geboten erscheint.[123]

98   Für die **Auslegung und Anwendung** einzelner Vorschriften dieser Art gelten die für förmliche Rechtssätze entwickelten Grundsätze entsprechend,[124] wobei jedoch wegen des spezifischen Charakters von Verwaltungsvorschriften als im Grunde internen Dienstanweisungen gelegentlich Rückschlüsse auf ihren Inhalt zu ziehen sind. So ist z.B. die Aufzählung bestimmter Verhaltensweisen in innerdienstlichen Anweisungen häufig nur als **Entscheidungshilfe** im Bereich eines weitergefassten Verhaltensspielraums, nicht aber als abschließender Katalog ausschließlich zugelassener Reaktionsmöglichkeiten gemeint. Prinzipiell gilt jedoch auch in diesem Bereich, dass sogen. **Soll-Vorschriften** in typischen Fällen wie „**Muss-Vorschriften"** gelten und nur in atypischen Situationen ein Abweichen von der Regel rechtfertigen.[125] Soweit Verwaltungsvorschriften den Anspruch auf äußere Chancengleichheit konkretisieren, wird der Prüfling durch Absprachen der Prüfer, bei der Ermittlung von Noten abweichend davon zu verfahren, in seinen Rechten beeinträchtigt.[126] Weicht jedoch die tatsächliche ständige **Prüfungspraxis**[127] von der als Verwaltungsvorschrift[128] erlassenen Prüfungsordnung ab, so ist im Außenverhältnis zum Prüfling nicht die Ver-

---

[123] BVerwG, U. v. 3. 12. 1981 – 7 C 30 und 31.80 – NJW 1983, 407 = Buchholz 421.0 Prüfungswesen Nr. 157, und v. 28. 9. 1971 – VI C 41.68 – JZ 1972, 53.

[124] BVerwG, U. v. 28. 9. 1971 – 6 C 41.68 – JZ 1972, 53. Wegen der allgemein anerkannten Auslegungsmethoden s. *Wolff/Bachof/Stober,* Verwaltungsrecht I, Rdn. 56 ff.

[125] VGH Bad.-Wttbg., U. v. 31. 5. 1978 – IX 477/78 – SPE III F II, S. 41; Hess. VGH, U. v. 4. 2. 1969 – I OE 69/68 – NJW 1969, 1189 (m. Anm. v. *van Gelder).*

[126] VGH Bad.-Wttbg., U. v. 21. 1. 1969 – IV 7 35/68 – SPE III F II, S. 13. Zur Frage, ob bei einer unter bewusster Abweichung von der Prüfungsordnung bestandenen Prüfung Vertrauensschutz besteht: VG Berlin, U. v. 30. 4. 1970 – XII A 126/70 – DVBl. 1970, 940 = SPE III F IV, S. 1; Stüer, RdJB 1975, 317.

[127] Dabei kommt es auf die allgemeine Prüfungspraxis im Geltungsbereich der Prüfungsordnung an, nicht jedoch auf das gerade in der konkreten Prüfung gegenüber den anderen Prüflingen praktizierte Verfahren: BVerwG, U. v. 3. 12. 1981 – 7 C 30 und 31.80 – NJW 1983, 407 = DVBl. 1982, 447 = Buchholz a.a.O. Nr. 157.

[128] Gegenüber Regelungen in förmlichen Gesetzen, Satzungen oder Rechtsverordnungen kann sich eine davon abweichende Prüfungspraxis niemals durchsetzen; sie wäre vielmehr stets rechtswidrig und daher unverzüglich zu ändern (s. auch Rdn. 100).

waltungsvorschrift, sondern die tatsächliche Übung maßgebend; denn das hier gemäß Art. 3 Abs. 1 GG geltende Gleichbehandlungsgebot bezieht sich inhaltlich nicht auf den Wortlaut der verwaltungsinternen Prüfungsordnung, sondern auf die Gleichmäßigkeit der Verwaltungsübung mit dem Ziel der Verwirklichung der äußeren Chancengleichheit.[129]

Eine durch förmliches Gesetz, Satzung oder Rechtsverordnung geregelte **99** Prüfung kann nur auf entsprechend **förmliche Weise** für zukünftige Prüfungsfälle **geändert** werden.[130] Ob und wieweit das Vertrauen der Kandidaten in den Fortbestand der bisherigen - durch Gesetz oder Rechtsverordnung – festgelegten Prüfungsbedingungen zu schützen ist, wurde bereits vorab (Rdn. 81 ff.) dargelegt. In gleicher Weise kann aus sachgerechten Gründen eine Regelung des Prüfungsablaufs durch **Verwaltungsvorschriften** jedenfalls mit **Wirkung für die Zukunft geändert** und insbesondere atypischen oder neuartigen Entwicklungen angepasst werden.[131] Dabei ist jedoch erstens in formeller Hinsicht zu beachten: Ist die ursprüngliche Fassung einer als Verwaltungsvorschrift erlassenen Prüfungsordnung in einer bestimmten Form (z.B. im Amtsblatt) **veröffentlicht** worden, so bedarf eine Änderung – soll sie das Vertrauen der Prüflinge in den Fortbestand der ursprünglichen Regelung wirksam ausschalten – der Publikation in demselben Amtsblatt. Zweitens gilt, dass auch die Möglichkeit, eine nur auf einer **Verwaltungsvorschrift** beruhende **Prüfungspraxis** zu ändern, durch den aus rechtsstaatlichen Gründen herzuleitenden Vertrauensschutz der Prüflinge beschränkt ist.[132] Dieser Schutz kann – je nachdem, wie intensiv er im Einzelfall ist – **Übergangsregelungen** verlangen, die die Chancengleichheit erhalten.[133] Festzuhalten ist daran, dass der Prüfungsstoff jedenfalls für Prüflinge/Schüler unverändert bleibt, die sich schon aus zeitlichen Gründen mit den neuen Prüfungsinhalten nicht vertraut machen können. Im Übrigen hängt die **Intensität des Vertrauensschutzes** u.a. davon ab, wie stark eine

---

[129] BVerwG, U. v. 3. 12. 1981 – 7 C 30 und 31.80 – a.a.O. und U. v. 25. 3. 1981 – 7 C 8.79 – DVBl. 1981, 1149 = DÖV 1981, 679; OVG Berlin, U. v. 1. 11. 1979 – OVG III B 23.78 – OVGE 15, 87; OVG NW, U. v. 23. 8. 1989 – 1 A 7/87 – DVBl. 1990, 543. Da es hier nicht um die Änderung geltenden Rechts, sondern um die Gleichmäßigkeit der Verwaltungsübung geht, gilt der Vorrang der Verwaltungsübung auch dann, wenn die Verwaltungsvorschriften von einer der ausführenden Stelle übergeordneten Behörde erlassen oder genehmigt worden sind.

[130] Zur Bildung von Gewohnheitsrecht im Prüfungswesen: BVerwG, Beschl. v. 25. 5. 1978 – 7 B 124.77 – Buchholz a.a.O. Nr. 91. Kein Gewohnheitsrecht gegen zwingende prüfungsrechtliche Gesetze oder Rechtsverordnungen: OVG NW, U. v. 20. 8. 1993 – 22 A 2085/91 – NWVBl. 1994, 59. Zur Zulässigkeit von Vereinbarungen, die mit der Prüfungsordnung nicht übereinstimmen: BayVGH, Beschl. v. 30. 10. 1979 – 7 Ce 1552/79.

[131] BVerwG, Beschl. v. 20. 3. 1973 – I WB 217.72 – BVerwGE 46, 89; VGH Bad.-Wttbg., U. v. 20. 11. 1978 – IX 586/78 – SPE III G II, S. 15.

[132] Hierzu im Einzelnen: *Pietzcker*, a.a.O., S. 157 ff. Vgl. ferner: BVerwG, Beschl. v. 20. 3. 1973 – I WB 217.72 – BVerwGE 46, 89.

[133] BVerfG, Beschl. v. 25. 6. 1974 – 1 BvL 11/73 – BVerfGE 37, 342.

bestimmte Prüfungspraxis fixiert ist. Dazu trägt die – nach rechtsstaatlichen Grundsätzen zu fordernde – Veröffentlichung jeder Prüfungsordnung bei. Die – dem Inhalt der Prüfungsordnung entsprechende – ständige Prüfungspraxis vermittelt jedoch auch dann einen – wenngleich geringeren – Vertrauensschutz, wenn die Prüfungsordnung nicht oder nur unzulänglich veröffentlicht worden ist.[134]

100   Das gilt entsprechend für jede sonstige **Prüfungspraxis,** auch wenn sie nicht durch Verwaltungsvorschriften geregelt ist. Voraussetzung ist hier besonders, dass es sich um eine – speziell am Gebot der Chancengleichheit gemessen – **rechtlich zulässige Prüfungspraxis** handelt.[135] Eine gegen zwingende Regelungen in Gesetzen, Satzungen oder Rechtsverordnungen **verstoßende** ständige **Prüfungspraxis** lässt kein Gewohnheitsrecht entstehen und muss geändert werden.[136] Der Prüfling kann nicht verlangen, dass sie fortgesetzt wird. Wenn der Prüfling sich auf eine nicht der Prüfungsordnung entsprechende Prüfungspraxis einlässt (z. B., wenn die vorgeschriebene „Prüfung am Patienten" unterbleibt,), ohne den absehbaren Rechtsmangel bei der Anmeldung zur Prüfung oder zu einem ihm zumutbaren späteren Zeitpunkt geltend zu machen, so verwirkt er seine Rechte und handelt treuwidrig, wenn er sich erst nach einem für ihn ungünstigen Prüfungsverlauf hierauf beruft.[137]

---

[134] Abweichend: BVerwG, U. v. 14. 6. 1963 – VII C 44.62 – BVerwGE 16, 150 = NJW 1963, 1640 = DVBl. 1964, 321, mit abl. Anm. v. *Bachof,* JZ 1966, 63.

[135] VGH Bad.-Wttbg., Beschl. v. 24. 1. 1994 – 4 S 2875/93 – DÖD 1994, 211, betr. die Vorlage der – zuvor gut bewerteten – Hausarbeit in der mündlichen Prüfung: keine zulässige und daher nicht bindende Praxis.

[136] OVG Berlin, U. v. 2. 7. 2002 – 4 B 11.00 –, betr. die medizinische Prüfung „am Patienten" (zu § 44 ZAppO), auch zur Rügepflicht des Prüflings; vgl. ferner: OVG NW, U. v. 20. 8. 1993 – 22 A 2085/91 – NWVBl. 1994, 59.

[137] BVerwG, U. v. 24. 2. 2003 – 6 C 22.02 – Buchholz 421.0 Prüfungswesen Nr. 403 = DÖV 2003, 726.

C. Das Prüfungsverfahren

I. Grundrechtsschutz durch Gestaltung des Prüfungsverfahrens

Die wesentlichen Fragen des **Prüfungsverfahrens** einschließlich der Zuständigkeiten sind **normativ zu regeln,** und zwar je nach ihrer Bedeutung für die Verwirklichung der Grundrechte des Prüflings entweder durch den Gesetzgeber selbst oder durch den Verordnungsgeber auf der Grundlage einer hinreichend bestimmten Ermächtigung (dazu im Einzelnen Rdn. 33 ff., 38 ff.). Allein der Schutz materieller Rechte reicht nämlich im allgemeinen nicht aus; vielmehr kommt es oft darauf an, auf welche Art und Weise von Seiten der Prüfer oder der Prüfungsbehörden das Prüfungsverfahren gestaltet wird. **101**

Das gilt insbesondere, soweit subjektive Eindrücke und die Zufälligkeit fachlicher Prägungen der Prüfer deren Bewertungen und die Vergabe von Prüfungsnoten beeinflussen (zu den sog. prüfungsspezifischen Wertungen s. Rd. 640 ff., 642). Solche unvermeidbaren **Defizite des Grundrechtsschutzes** (hier betreffend: Art. 2 Abs. 1, Art. 12 Abs. 1 und Art. 19 Abs. 4 GG) sind soweit wie möglich durch allgemein verbindliche **Regelungen des Prüfungsverfahrens,** einschließlich des Verfahrens bei der Bewertung der Prüfungsleistungen, zu **kompensieren** (z. B. durch ein besonderes verwaltungsinternes Kontrollverfahren, s. Rdn. 105 und 759 ff.), um zumindest auf diese Weise im Rahmen des Möglichen Objektivität und Neutralität zu gewährleisten (sogenannter „Grundrechtsschutz durch Verfahren“).[1] Durch die besondere Betonung der verfahrensrechtlichen Seite werden die hinsichtlich des eigentlichen Bewertungsvorgangs reduzierten materiellen Grundrechtseinflüsse zumindest von daher zur Geltung gebracht. Dies verschafft der Beachtung der Verfahrensvorschriften im Prüfungswesen einen besonderen Rang und lässt auf dem dargelegten verfassungsrechtlichen Hintergrund etwa festzustellende Verfahrensmängel als besonders gravierend erscheinen. **102**

Die **Einzelheiten des Prüfungsverfahrens** sind im Blick auf die Grundrechte aus Art. 2 Abs. 1 GG[2] und aus Art. 12 Abs. 1 GG **verfassungskonform zu gestalten** (zu den einzelnen Regelungen s. Rdn. 337 ff.). Das hat das BVerfG in seinen Beschlüssen vom 17. 4. 1991[3] besonders hervorgeho- **103**

---

[1] Ständige Rechtsprechung. Vgl. hierzu etwa: BVerfG, Beschl. v. 3. 5. 1999 – 1 BvR 1315/97 – NVwZ 1999, 1102, und v. 20. 12. 1979 – 1 BvR 385/77 – NJW 1980, 425.

[2] Auf dieses Grundrecht – und nicht auf Art. 12 GG – ist insbesondere bei schulischen Versetzungen abzustellen (vgl. Rdn. 61).

[3] 1 BvR 419/81 u. 213/83 – BVerfGE 84, 34 = NJW 1991, 2005, sowie – 1 BvR 1529/84 u. 138.87 – BVerfGE 84, 59 = NJW 1991, 2008.

ben. Auch das Gebot, allen Prüflingen äußere **Chancengleichheit** zu gewähren (Art. 3 Abs. 1 GG), verlangt eine Formalisierung des Ablaufs der Prüfung nach feststehenden Regeln, soweit die Ermittlung der Kenntnisse und Fähigkeiten einer Reglementierung zugänglich ist. Diese müssen sich am Sinn und Zweck der jeweiligen Prüfung daraufhin messen lassen, ob sie in einem sachlichen Zusammenhang mit dem Ziel der jeweiligen Leistungskontrolle stehen (dazu im Einzelnen Rdn. 343 ff.).

104 Gleichermaßen unterstehen die **Auslegung** und die **Anwendung** des **Prüfungsverfahrensrechts** den genannten grundrechtlichen Vorgaben. Denn grundsätzlich gelten die grundrechtlichen Gewährleistungen auch für das Verwaltungsverfahren und gebieten daher die grundrechtskonforme Auslegung aller normativen Regelungen des Prüfungsgeschehens.

105 Aus den Grundrechten sind aber auch **unmittelbar Rechte** des Prüflings auf Einhaltung eines bestimmten **grundrechtskonformen Verfahrens** herzuleiten, wenn einfachgesetzliche Verfahrensregelungen fehlen oder unvollständig sind. So wird aus Art. 12 Abs. 1 GG z.B. der Anspruch des Prüflings hergeleitet, dass die Prüfung in angemessener Zeit durchgeführt wird.[4] Das Grundrecht verbietet ferner einen Stichentscheid des Prüfungsamts über das Ergebnis einer mündlichen Prüfung, wenn der damit befasste Beamte dieser Prüfung nicht voll beigewohnt hat.[5] Als ein weiteres Beispiel ist das aus dem Grundrechtsschutz des Prüflings herzuleitende Informationsrecht zu erwähnen (vgl. Rdn. 248 ff., 393 ff.).[6] Die Gebote eines fairen Umgangs und der Sachlichkeit (vgl. Rdn. 184 ff.) haben ebenfalls unmittelbar verfassungsrechtliche Geltung. Schließlich ist auch der Anspruch des Prüflings, die Bewertungen der Prüfer einem verwaltungsinternen Kontrollverfahren zuzuführen (sog. Anspruch auf Überdenken, vgl. Rdn. 759 ff.) eine besondere, eigenständige Ausprägung der genannten verfassungsrechtlichen Gewährleistungen.[7]

II. Zur Person des Prüflings

1. Das Recht des Prüflings auf Chancengleichheit

106 Wohl kaum ein hinreichend selbstkritischer Prüfling ist sich des Erfolgs seiner Prüfung gewiss; er weiß, dass es einen rechtlich gesicherten Erfolgsanspruch nicht gibt. Aber er verlangt indes mit Recht, dass er eine faire

---

[4] BVerfG, Beschl. v. 3. 5. 1999, a. a. O.: Grundrechtsverstoß bei einer Wartezeit von 4 Jahren zwischen Zulassung und Durchführung der Prüfung.

[5] BVerfG, Beschl. v. 16. 1. 1995 – BvR 1505/94 – NJW 1995, 2626 = NVwZ 1995, 469 = DVBl. 1995, 1349.

[6] BVerwG, U. v. 6. 9. 1995 – 6 C 18.93 – BVerwGE 99, 185 = NJW 1996, 2670 = Buchholz 421.0 Prüfungswesen Nr. 356.

[7] BVerfG, Beschl. v. 17. 4. 1991 – 1 BvR 419/81 u. 213/83 –, a. a. O.

Chance erhält, seine wahren Leistungen und Befähigungen in der Prüfung zu beweisen. Demgemäß hat insbesondere der Grundsatz der (äußeren) **Chancengleichheit** wesentlichen Einfluss darauf, wie das **Prüfungsverfahren zu gestalten** und die Prüfung im Einzelnen durchzuführen ist. Grundsätzlich ist danach der Ablauf der Prüfung so einzurichten, dass jeder Prüfling seinen Leistungsnachweis unter gleichen Bedingungen erbringen kann und dass diese geeignet sind, seine Fähigkeiten möglichst zuverlässig zu ermitteln.

Obwohl die Chancengleicheit der Prüflinge gerade auch verfahrensmäßig **107** durch die Schaffung **gleicher äußerer Prüfungsbedingungen** prinzipiell zu gewährleisten ist, darf nicht verkannt werden, dass es hierbei – ebenso wenig wie in anderen Lebensbereichen – **die absolute Gerechtigkeit** nicht geben kann. Es ist insbesondere nicht zu vermeiden, dass die einzelnen Prüfer, ohne den Rahmen des Zulässigen zu verlassen, unterschiedlich strenge Anforderungen stellen und dass nicht jede Prüfungsaufgabe den gleichen Schwierigkeitsgrad aufweist. Auch die äußeren Vorbedingungen einer Prüfung sind keineswegs immer gleich. Bevorzugt ist z. B. ein Prüfling, der etwa in der Nähe des Prüfungsortes wohnt und daher nicht erst beschwerlich anreisen muss. Wer die Aufgabe für eine Hausarbeit oder die Unterlagen für den Aktenvortrag per Post schon um 9.00 Uhr zugestellt bekommt, hat nicht nur ein paar Stunden mehr an Bearbeitungszeit als der Prüfling mit der Nachmittagszustellung, sondern vielleicht auch den schnelleren Zugriff zu der einschlägigen Literatur in der Bibliothek. Ferner mag die Platzierung in der mündlichen Prüfung gelegentlich Auswirkungen darauf haben, ob am Anfang leichte Fragen zu beantworten sind oder am Ende vor allem die schweren Probleme übrig bleiben. Solche und ähnliche **Ungleichheiten** – wie etwa auch persönliche Indispositionen infolge einer ungünstigen Wetterlage (Föhn, Gewitter) – sind von dem Prüfling als **unvermeidbar hinzunehmen,** weil das Prüfungsgeschehen nicht ohne Pauschalierungen in den Details organisiert werden kann.[8] Zudem sind auch die Anforderungen, die der von ihm angestrebte Beruf stellt, keineswegs frei von solchen und ähnlichen Belastungen, die alltäglich auftreten.

Die dabei zu beachtende, oft nur schwer zu bestimmende Grenze, ab der **108** die Chancengleichheit verletzt ist, ist auch dann noch eingehalten, wenn ein Prüfling trotz sorgfältiger Vorkehrungen des Prüfungsamts das „Glück" hat, die **Prüfungsaufgabe** besonders gut **zu kennen** oder ein Thema zu erhalten, auf das er sich aus eigenem Antrieb besonders vorbereitet hat.[9] Sie ist

---

[8] Ebenso: *Reiner Klenke,* Rechtsfragen des Justizprüfungsrechts, NWVBl. 1988, 199 ff., 202. Vgl. auch BVerwG, Beschl. v. 23. 12. 1993 – 6 B 19.93 – Buchholz 421.0 Prüfungswesen Nr. 326, betr. die Zahl der Prüflinge in der mündlichen Prüfung, die Beteiligung ausschließlich von Wiederholern und den verspäteten Beginn der Prüfung.

[9] BVerwG, Beschl. v. 23. 3. 1994 – 6 B 72.93 – Buchholz a.a.O. Nr. 330 = NVwZ-RR 1994, 585, auch für den Fall, dass die Prüfungsbehörde bei der Auswahl von Prüfungsaufgaben auf bereits veröffentliche Fälle zurückgreift. OVG Rh.-Pf., U. v. 4. 12.

jedoch eindeutig überschritten, wenn durch das Verhalten der Prüfer oder Prüfungsbehörden **nur einem Teil der Prüflinge Informationen** über den Gegenstand der Prüfung zugeflossen sind. Auf das Verschulden dieser Stellen kommt es dabei nicht an; entscheidend ist allein, ob die Chancen der Prüflinge dadurch unterschiedlich ausgestaltet worden sind. Erst recht nicht zu billigen ist es, wenn ein Prüfling oder ein Schüler dadurch bevorzugt wird, dass der Prüfer/Lehrer in der Prüfung Aufgaben stellt, auf deren Lösung er einzelne Prüflinge durch Lehrveranstaltungen oder privaten Nachhilfeunterricht besonders vorbereitet hat (dazu auch Rdn. 260, 310).[10]

109　　Der Prüfling kann nicht verlangen, dass **Fehler** bei der Durchführung des Prüfungsverfahrens **anderer Prüflinge** in seiner Person **fortzusetzen** oder zu **wiederholen** sind; denn grundsätzlich gibt es auch im Prüfungsverfahren nicht den Anspruch auf „**Gleichheit im Unrecht**".[11] Er kann sich aber gegen die ungerechtfertigte Bevorteilung anderer Prüflingen wehren, wenn daraus Einflüsse auf sein Prüfungsergebnis erwachsen (dazu Rdn. 539 ff.).

110　　Spezielle Prüfungsvergünstigungen zum **Ausgleich persönlicher Behinderungen** oder sonstiger Nachteile, die insbesondere bei körperlich behinderten Prüflingen sogar geboten sein können (dazu Rdn. 122),[12] bevorzugen diese Prüflinge nicht vor anderen.[13] Anders ist es, wenn die erfolgreiche Prüfung für einen Beruf qualifiziert, der gewisse körperliche oder geistige Befähigungen verlangt, und nicht gewährleistet ist, dass die persönlichen Defizite auch dort hinreichend ausgeglichen werden können (z.B. bei erheblichen Hör- oder Sehschwächen oder auch Unkenntnissen der deutschen Sprache).[14] Für all diese Fälle ist von wesentlicher Bedeutung, dass persönliche, den Prüfling außergewöhnlich behindernde Umstände, die bei der Gestaltung der Prüfung zu beachten und möglicherweise auszugleichen

---

1998 – 2 A 11233/98 – SPE 546 Nr. 21, betr. einen bekannten Aufgabentext in der Abiturprüfung.

[10] BVerwG, Beschl. v. 16. 1. 1984 – 7 B 169.83 – NVwZ 1984, 307 = DÖV 1984, 809 = SPE 588 Nr. 7. Einseitige oder unvollständige Informationen sind unschädlich, wenn mit ihnen nur selbstverständliche Regeln der Bearbeitung ausgedrückt werden: BVerwG, Beschl. v. 21. 12. 1993 – 6 B 65.92 – Buchholz a.a.O. Nr. 325, betr. die Fertigung eines Hilfsgutachtens im Falle der Unzulässigkeit einer Klage. Vgl. ferner: Beschl. v. 11. 11. 1975 – 7 B 72.74 – JZ 1976, 179, und U. v. 17. 1. 1969 – 7 C 77.67 – BVerwGE 31, 150; OVG NW, U. v. 11. 3. 1982 – 15 A 10/81 –, betr. die Gewährung der üblichen Vorbereitungszeit. VG Berlin, U. v. 17. 12. 1997 – 12 A 1365.95, betr. die Ausgabe einer Prüfungsarbeit, deren wesentliche Fragen zuvor mit einem Teil der Prüflinge von Mitgliedern des Prüfungsamtes besprochen worden sind.

[11] BFH, U. v. 20. 7. 1999 – VII R 111/98 – SPE 290 Nr. 23.

[12] §§ 2 Abs. 4 und 16 Satz 4 HRG; Gesetz vom 27. 4. 2002, BGBl. I, S. 1467 ff., 1475.

[13] Zum Spannungsverhältnis der Gewährung von Prüfungsvergünstigungen für bestimmte Personen zum Wettbewerbsprinzip bei Prüfungen für öffentliche Ämter: BayVerfGH, U. v. 19. 3. 1986 – Vf 12-VII-84- SPE 600 Nr. 15.

[14] BVerwG, Beschl. v. 8. 9. 1983 – 7 B 120.83 – Buchholz 421.0 Prüfungswesen Nr. 184, bekräftigt durch Beschl. v. 10. 12. 1993 – 6 B 40.92 – Buchholz a.a.O. Nr. 321. Vgl. ferner: BayVerfGH, Entsch. v. 12. 7. 1983 – Vf 1-VII-82 – BayVBl. 1983, 589.

sind, von dem Prüfling rechtzeitig vor Beginn der Prüfung der Prüfungsbehörde oder den Prüfern mitgeteilt werden.[15]

2. Mitwirkungspflichten des Prüflings/Unterlassen von Störungen

Das Prüfungsrechtsverhältnis umfasst auch zahlreiche **Pflichten des Prüf-** 111
lings. Soweit es an ihm liegt, hat er an der Erfüllung des Prüfungsanspruchs mitzuwirken. Er hat insbesondere die prüfungsverfahrensrechtlichen Bestimmungen (z. B. **Anmeldungen, Anwesenheiten, Fristen**) einzuhalten und jegliche **Störungen,** insbesondere auch der Mitprüflinge, zu **unterlassen.** Ein Verhalten eines Prüflings, das die Ermittlung der wahren Fähigkeiten und Kenntnisse der Prüflinge behindert (z. B. laute Unterhaltung, das Rauchen oder die Benutzung eines Handys während der Aufsichtsarbeit, ständiges Dazwischenreden in der mündlichen Prüfung), verletzt seine Pflichten aus dem Prüfungsrechtsverhältnis. Die **Ordnungsgewalt** des Aufsichtsführenden oder des Vorsitzenden der mündlichen Prüfung ermächtigt freilich nur zu Ermahnungen, einfachen organisatorischen Maßnahmen im laufenden Prüfungsgeschehen oder vorläufigen unaufschiebbaren Anordnungen (vgl. Rdn. 46), nicht aber zu weiteren **Sanktionen** wie etwa dem Ausschluss des nachhaltig störenden Prüflings von dem betroffenen Teil der Prüfung. Dazu bedarf es einer normativen Grundlage in der Prüfungsordnung, die einzelne Sanktionen nach dem Grundsatz der Verhältnismäßigkeit festlegt (vgl. Rdn. 38ff., 43). Insbesondere ist dabei zu regeln, ob und unter welchen Voraussetzungen Abmahnungen notwendig oder verzichtbar sind, ob der gestörte Teil der Prüfung als „ungenügend" bewertet werden darf, ob der Prüfling von der (weiteren) Prüfung auszuschließen oder ihm nur die Wiederholung des gestörten Teils der Prüfung aufzuerlegen ist.

Die **Mitwirkungspflicht des Prüflings** richtet sich insbesondere auf die 112
Kundgabe von nicht ohne weiteres erkennbaren persönlichen Betroffenheiten durch gesundheitliche Mängel oder Störungen des Prüfungsablaufs etwa durch Lärm oder Unruhe im Prüfungsraum. Es bestehen gerade insofern spezielle **Rügepflichten** (dazu Rdn. 125ff., 473ff., vgl. auch Rdn. 513ff.). Die unverzüglich zu erhebende Rüge ist jedenfalls dann nicht mehr rechtzeitig, wenn eine in der Prüfungsordnung festgelegte **Ausschlussfrist** überschritten ist (Rdn. 141). Die Festlegung einer solchen angemessenen Frist ist zulässig.[16] Ihre sachliche Rechtfertigung ist daraus herzuleiten, dass sie dazu dient, eine zeitnahe Aufklärung des gerügten Mangels mit dem Ziel einer

---

[15] BVerwG, Beschl. v. 12. 11. 1992 – 6 B 36.92 – Buchholz a.a.O. Nr. 305, betr. den Einwand unzureichender Ausbildung. BayVGH, U. v. 29. 1. 1992 – 3 B 91.1791, betr. eine Sehbehinderung.
[16] BVerwG, U. v. 22. 6. 1994 – 6 C 37.92 – BVerwGE 96, 126 = NVwZ 1995, 492 = DVBl. 1994, 1373 = Buchholz a.a.O. Nr. 333 = BayVBl. 1994, 725, (Ausschlussfrist von einem Monat).

schnellstmöglichen Korrektur oder Kompensation zu erreichen. Der Ausschluss der Rüge von Mängeln im Prüfungsverfahren erstreckt sich nicht auch auf die Rüge von Fehlern bei der **inhaltlichen Bewertung** der von dem Prüfling erbrachten Prüfungsleistungen[17] (wegen der Pflicht der Prüfungsbehörde, auf die Ausschlussfrist hinzuweisen, s. Rdn. 141).

113 Gesetzliche Ausschlussfristen lassen auch bei unverschuldeter Unkenntnis oder Versäumnis eine **Wiedereinsetzung** nach § 32 VwVfG nicht zu.[18] Zu erwägen ist allerdings, ob ausnahmsweise Nachsicht zu gewähren ist, wenn die Frist infolge höherer Gewalt nicht eingehalten werden konnte und die Handlung sofort nach Beendigung des Hinderungsgrundes nachgeholt worden ist.[19]

114 Auch für den Prüfling und sein Verhalten in der Prüfung gilt der **Grundsatz von Treu und Glauben**, der in § 242 BGB zum Ausdruck kommt, aber auch im öffentlichen Recht zu beachten ist. Danach darf der Prüfling sich insbesondere nicht in Widerspruch zu seinem eigenen Verhalten setzen, z. B. einer bestimmten Ausgestaltung des Prüfungsverfahrens zustimmen und diese später beanstanden.[20] Ebenso handelt treuwidrig, wer **gesundheitliche Mängel** in der Prüfung verschweigt, damit den Anschein der Prüfungsfähigkeit erweckt und auf diese Weise versucht, sich für den Fall des Misserfolgs eine weitere Prüfungschance zu verschaffen (dazu Rdn. 117 ff.). Das Gleiche gilt, wenn der Prüfling den Anschein erweckt, dass ihn gewisse **äußere Beeinträchtigungen der Prüfung** (z. B. Baulärm) nicht erheblich stören, etwa weil er lieber die vorliegende – anscheinend leichte – Aufgabe vollenden möchte, als das Risiko auf sich zu nehmen, im Falle des Abbruchs und der Wiederholung der Klausur eine wesentlich schwierigere Aufgabe zu erhalten. Wenn sich später herausstellt, dass die nur scheinbar leichte Aufgabe misslungen ist, wäre es treuwidrig, wenn der Prüfling nunmehr seine Behinderung z. B. durch Baulärm geltend macht (vgl. dazu Rdn. 480). Der Vorwurf eines solchen Verstoßes gegen Treu und Glauben wegen widersprüchlichen Verhaltens setzt nicht unbedingt auch schuldhaftes oder gar verwerfliches Verhalten des Prüflings voraus.[21]

3. Gesundheitliche Beeinträchtigungen

a) Merkmale der Prüfungsunfähigkeit

115 Gesundheitliche Beeinträchtigungen des Prüflings, die seine Leistungsfähigkeit während der Prüfung erheblich vermindern, verringern zugleich sei-

---

[17] BVerwG, U. v. 22. 6. 1994 – 6 C 37.92 –, a. a. O.

[18] BVerwG, U. v. 6. 2. 1986 – 3 C 42.85 – BVerwGE 72, 368 ff., 371.

[19] Dazu im Einzelnen: *Stelkens/Kallerhoff*, in: Stelkens/Bonk/Sachs, Verwaltungsverfahrensgesetz, § 31 Rdn. 8 und § 32 Rdn. 6 m. w. Hinw.

[20] BVerwG, Beschl. v. 12. 10. 1994 – 6 B 75.94 – Buchholz a. a. O. Nr. 339, betr. die Zustimmung zur Erteilung eines bestimmten Zeugnisses.

[21] BVerwG, Beschl. v. 12. 10. 1994 – 6 B 75.94 –, a. a. O.

ne Chancen auf einen Prüfungserfolg, der seinen wahren Kenntnissen und Fähigkeiten entspricht. Dadurch ist er gegenüber anderen Prüflingen benachteiligt, die ohne solche Beeinträchtigungen mit dieser Prüfung den Nachweis einer beruflichen oder sonstigen Qualifikation anstreben. Deshalb besteht im Falle der **„Prüfungsunfähigkeit"**[22] für den erkrankten Prüfling die rechtlich abgesicherte – zumeist in der Prüfungsordnung vorgesehene (vgl. Rdn. 149) – Möglichkeit, von der Prüfung zurückzutreten und diese ohne Anrechnung auf die Wiederholungsmöglichkeit neu zu beginnen. Enthält die Prüfungsordnung eine solche Regelung nicht, kann der zur Prüfung zugelassene Prüfling aus dem damit begründeten Prüfungsrechtsverhältnis den Rechtsanspruch herleiten, dass seine „wahren", nicht durch Krankheit geminderten Fähigkeiten durch die Prüfung ermittelt und sodann bewertet werden. Dabei kann er sich auch auf den Grundsatz der Chancengleichheit (Art. 3 Abs. 1 GG) berufen.

Aus gesundheitlichen Gründen **nicht erbrachte Leistungen** dürfen auch **116** dann nicht als erbracht angesehen werden, wenn der Prüfling den Ausfall nicht zu vertreten hat. Eine nach allgemeinen Maßstäben „mangelhafte" Leistung darf nicht deshalb als „ausreichend" bewertet werden, weil der Prüfling in Anbetracht seiner gesundheitlichen Beeinträchtigung relativ viel geleistet hat. In Frage kommt lediglich die **Wiederholung** der Prüfung oder von Teilen der Prüfung.[23]

Die Möglichkeit des Neubeginns der Prüfung nach dem Abbruch wegen **117** der Erkrankung des Prüflings ist allein dazu gegeben, die **Chancengleichheit wiederherzustellen.** Sie darf nicht dazu missbraucht werden, sich etwa durch Vortäuschen einer Krankheit Vorteile gegenüber anderen Prüflingen zu verschaffen und eine **zusätzliche Prüfungsmöglichkeit zu erschleichen.** Der Anreiz dazu ist nicht zu verkennen, zumal die in der Prüfungssituation gegebenen Belastungen häufig als „Störungen des körperlichen oder geistigen Wohlbefindens" empfunden werden, wobei der Krankheitswert dieses Zustands oft schwer bestimmbar und ein Gefälligkeitsattest schon aufgrund der subjektiven Darstellungen des Prüflings leider keine Seltenheit ist. Um

---

[22] Dieser Begriff wird in Fällen der gesundheitlichen Beeinträchtigung des Prüflings gemeinhin verwendet, wenngleich er das Missverständnis erzeugen kann, es gehe um den totalen Verlust der Prüfungsfähigkeit. Gemeint sind in Wahrheit auch schon erhebliche Beeinträchtigungen der Prüfungsfähigkeit durch krankhafte Störungen. Dazu und zu den nachfolgenden Rechtsfragen generell: *Klaus Haas,* Probleme des Rücktritts von der Prüfung aus gerichtlicher Sicht, VBlBW 1985, 162 ff., 165. Zu den Rechtsproblemen ferner: *Bernd Wortmann,* Entwicklungen und Tendenzen in der Rechtsprechung zum Prüfungsrecht, NWVBl. 1992, 304 ff., 307; *Fritjof Wagner,* Das Prüfungsrecht in der aktuellen Rechtsprechung, DVBl. 1990, 183 ff., 184, und *Reiner Klenke,* Rechtsfragen des Justizprüfungsrechts, NWVBl. 1988, 199 ff., 200.
[23] Vgl. ferner: BVerwG, Beschl. v. 8. 5. 1991 – 7 B 43.91 – DVBl. 1991, 759 = SPE 980 Nr. 40. Solange der Rücktritt noch nicht genehmigt worden ist, kann dem Prüfling zugemutet werden, weitere Aufsichtsarbeiten mitzuschreiben: BVerwG, Beschl. v. 16. 2. 1984 – 7 CB 27.83 – Buchholz a. a. O. Nr. 194.

dem vorzubeugen, werden in der Praxis strenge Anforderungen an die Voraussetzungen und den Nachweis der Prüfungsunfähigkeit gestellt, die von der Rechtsprechung durchweg gebilligt worden sind.[24] Welche Anforderungen an den Prüfling zu stellen sind, wenn es um die Frage geht, ob er unklare Krankheitssymptome zum Anlass nehmen muss, seine Prüfungsunfähigkeit mit Hilfe eines Arztes zu klären, lässt sich nicht allgemein gültig festlegen, sondern bedarf der Würdigung im Einzelfall (vgl. auch Rdn. 139).[25]

118 Liegen die Ursachen, welche die Prüfungsbedingungen für den Prüfling ungleich erschweren, in seiner Person,[26] so ist abzugrenzen, ob es sich um eine erhebliche Minderung der allgemeinen Startchancen oder nur um ein Defizit der persönlichen Leistungsbereitschaft handelt, die für den Prüfungserfolg gerade vorausgesetzt wird. Insbesondere die **Fähigkeit,** auch dann eine „normale" Leistung zu erbringen, wenn die aktuelle „Tagesform" schlecht ist, gehört zu den Erfolgsvoraussetzungen einer jeden Prüfung. Unter Hinweis auf die Chancengleichheit der Prüflinge können keine idealen Vorbedingungen für den Leistungsnachweis derart gefordert werden, dass alle Prüflinge am Tage der Prüfung absolut gleich disponiert sind.[27] Erst recht muss die Prüfungsbehörde nicht auf **Indispositionen des Prüflings** Rücksicht nehmen, für die er selbst verantwortlich ist. So trägt der Prüfling z.B. das Risiko dafür, dass die von ihm etwa in zu hoher Dosis eingenommenen Beruhigungstabletten eine zu starke Wirkung entfalten.[28] Ein nikotinabhängiger Prüfling, dessen Denk- und Konzentrationsvermögen wesentlich vom Rauchen abhängt, ist nicht etwa als „prüfungsunfähig" anzuerkennen, wenn er darunter leidet, dass er während der Klausuren nicht rauchen darf.[29] Auch **Prüfungsstress** und **Examensängste,** die zumeist nicht hinreichend messbar sind, gehören im allgemeinen zum Risikobereich des Prüflings, es sei denn, dass sie den Grad einer psychischen Erkrankung erreichen (z.B. im Falle einer depressiv-hysterischen Neurose mit Arbeitsstörungen auf dem Boden einer Identitätskrise).[30] Dass die mit der Prüfungssituation typischerweise verbundenen Anspannungen und Belastungen

---

[24] Dazu insbesondere: BVerwG, Beschl. v. 17. 1. 1984 – 7 B 29.83 – DÖV 1984, 810 = BayVBl. 1984, 247 = SPE 596 Nr. 36.

[25] BVerwG, Beschl. v. 17. 9. 2002 – 6 B 57.02 – Buchholz a.a.O. Nr. 401.

[26] Wegen der Chancengleichheit im Bereich der äußeren Prüfungsbedingungen s. nachstehend Rdn. 464 ff.

[27] BVerwG, Beschl. v. 14. 6. 1983 – 7 B 107.82 – Buchholz a.a.O. Nr. 176, und U. v. 30. 8. 1977 – 7 C 50.76 – Buchholz a.a.O. Nr. 85.

[28] Vgl. BayVGH, Beschl. v. 23. 10. 1989 – 3 B 88.01445 – ZBR 1991, 379.

[29] So auch *Klenke,* NWVBl. 1988, 201, der ferner klarstellt, dass ebensowenig ein Anspruch auf einen besonderen Rauchersaal besteht.

[30] So z.B.: HessVGH, Beschl. v. 31. 10. 1988 – 6 TG 2490/88. Vgl. ferner: *Peter Becker,* Prüfungsrecht, S. 162, der jedoch zu Unrecht rügt, dass von mir in der 2. Auflage der Prüfungsstress „ohne weiteres" dem Risikobereich des Prüflings zugewiesen worden sei; genannt sind dort Zustände, die nicht den Grad einer Erkrankung erreichen.

zu Konzentrationsstörungen führen können, ist grundsätzlich hinzunehmen und nicht als eine krankhafte Verminderung der Leistungsfähigkeit zu bewerten.[31] Dagegen können außergewöhnliche psychische Belastungen, wie etwa der Tod eines nahen Angehörigen, das seelische Gleichgewicht des Prüflings so stark erschüttern, dass seine Leistungsfähigkeit vorübergehend erheblich gemindert und durch die anstehende Prüfung derzeit nicht zutreffend zu ermitteln ist.[32]

Falls die Konzentration des Prüflings durch **äußere Einwirkungen** (z.B.   **119** durch **Baulärm**) erheblich gestört wird, ist er deshalb nicht etwa „prüfungsunfähig" mit den sich daraus ergebenden Rechtsfolgen; vielmehr geht es in einem solchen Fall darum, die Chancengleichheit generell durch die Schaffung und Erhaltung angemessener Prüfungsbedingungen zu gewährleisten (vgl. dazu Rdn. 464ff., 470, 472).

Nur wenn wegen der **gesundheitlichen Beeinträchtigungen** der Aussa-   **120** gewert einer Prüfungsleistung für die Feststellung der „wahren" **Kenntnisse und Fähigkeiten** des **Prüflings erheblich eingeschränkt** ist und die derzeitige Prüfung damit ihren Zweck verliert, Aufschluss über seine Befähigung für einen bestimmten Beruf oder für eine bestimmte Ausbildung zu geben, ist es gerechtfertigt, die Prüfung abzubrechen oder das Prüfungsergebnis unberücksichtigt zu lassen und den Prüfling noch einmal zu prüfen.[33] Dies gilt für alle Erkrankungen, die den Prüfling daran hindern, seine wirkliche Befähigung nachzuweisen.[34]

Eine solche **aktuelle Behinderung** ist indessen eine unverzichtbare Vo-   **121** raussetzung des Rücktrittsrechts. Dagegen ist eine zum Rücktritt von der

---

[31] Beschl. v. 3. 7. 1995 – 6 B 34.95 – Buchholz a.a.O. Nr. 352 und U. v. 28. 11. 1980 – 7 C 54.78 – BVerwGE 61, 211 = DVBl. 1981, 581 = DÖV 1981, 578 = Buchholz a.a.O. Nr. 136 und Beschl. v. 26. 11. 1980 – 7 B 190.80, betr. psychische Belastung durch die Verzögerung des Prüfungsbeginns, und Beschl. v. 10. 7. 1979 – 7 B 152.79 –, betr. Belastungen durch lange Wartezeiten für den Toilettenbesuch während der Aufsichtsarbeit, und U. v. 6. 7. 1979 – 7 C 26.76 – Buchholz a.a.O. Nr. 116 = DVBl. 1980, 482 = DÖV 1980, 140. Wegen der psychischen Belastung der Prüflinge durch einen weinenden Mitprüfling: BVerwG, Beschl. v. 14. 9. 1981 – 7 B 33.81; wegen der Befürchtung unmittelbar bevorstehender Obdachlosigkeit des Prüflings: VGH Bad.-Wttbg., U. v. 18. 6. 1980 – 9 S 588/80 – SPE III E II, S. 101. Wegen der persönlichen Hemmnisse durch Sprachschwierigkeiten: OVG NW, U. v. 22. 4. 1983 – 15 A 1651/82, betr. Ausländer in der juristischen Staatsprüfung; OVG Lbg., U. v. 26. 8. 1981 – 13 OVG A 71/81, betr. die Bewertung der Leistungen eines ausländischen Schülers im Deutschunterricht; wegen der Verwirrung des Prüflings durch unfaires Verhalten der Prüfer: BVerwG, U. v. 28. 4. 1978 – 7 C 50.75 – BVerwGE 55, 355.

[32] VGH Bad.-Wttbg., U. v. 25. 2. 1975 – IX 1196/7 – SPE 596 Nr. 46.

[33] Und zwar als ersten Prüfungsversuch mit Anrechnung auf die Wiederholungsmöglichkeiten, die nach der Prüfungsordnung generell gegeben sind.

[34] Ausgenommen sind Erkrankungen, die keine erheblichen Leistungsausfälle verursachen oder die mit Medikamenten zu kompensieren sind (z.B. Stoffwechselstörungen oder niedriger/erhöhter Blutdruck). Weitere Beispiele: *Haas,* VBlBW 1985, 162ff., 165, und *Bachmann,* Gesundheitliche Beeinträchtigung als Grund von Prüfungsunfähigkeit, Das öffentliche Gesundheitswesen 1984, 507.

Prüfung berechtigende Prüfungsunfähigkeit dann nicht anzunehmen, wenn die Umstände, die als Gründe für den Misserfolg der Prüfung in Betracht kommen, eine in der Person des Prüflings begründete **generelle Einschränkung seiner Leistungsfähigkeit** darstellen; denn wenn sich solche Einschränkungen im Prüfungsergebnis negativ ausdrücken, wird dessen Aussagewert nicht verfälscht, sondern in besonderer Weise bekräftigt. Deshalb gebietet und rechtfertigt der prüfungsrechtliche Grundsatz der Chancengleichheit die **Rücksichtnahme auf** persönliche **Belastungen** des Prüflings **nicht,** wenn der Prüfling (auch) erweisen soll, dass er mit solchen Schwierigkeiten fertig wird und mithin die Grundvoraussetzungen der durch die Prüfung zu ermittelnden Eignung für einen bestimmten Beruf oder eine bestimmte Ausbildung besitzt. Das gilt insbesondere auch für konstitutionelle oder sonst auf unabsehbare Zeit andauernde Leiden (z. B. **chronische Erkrankungen**) sowie hinsichtlich der in der **Person des Prüflings wurzelnden Anlagen.** Denn persönliche konstitutionelle Leistungsschwächen dieser Art sind für die Befähigung des Prüflings generell von Bedeutung und daher letztlich auch Gegenstand der Bewertung. Ein nicht in absehbarer Zeit heilbares Dauerleiden, z. B. psychischer Art, prägt im Gegensatz zu den akuten krankheitsbedingten Leistungsminderungen das „normale" Leistungsbild des Prüflings. Demgemäß ist es mit dem Sinn und Zweck der Leistungskontrolle und Eignungsprüfung nicht zu vereinbaren, dass die darauf beruhende Minderung der Leistungsfähigkeit zu einem Abbruch und zu einer Wiederholung der Prüfung berechtigt. Dabei kommt es nicht darauf an, ob der Prüfling dies selbst erkennt.[35]

122   Handelt es sich dagegen um Behinderungen, die nur den **Nachweis** einer uneingeschränkt **vorhandenen Befähigung erschweren** und die in dem mit der Prüfung angestrebten Beruf oder der (weiteren) Berufsausbildung durch **Hilfsmittel ausgeglichen** werden können (z. B. Behinderungen beim Schreiben), ist dies in der Prüfung angemessen zu berücksichtigen.[36] Bei dieser Sachlage stellt z. B. die Beeinträchtigung der rein mechanischen Darstellungsfähigkeit – auch wenn sie auf einem dauerhaften Defekt beruht oder sonstwie konstitutionell ist – eine rechtserhebliche Ungleichheit der Chan-

---

[35] Dazu insgesamt: BVerwG, Beschl. v. 18. 6. 1996 – 6 B 31.96 –, und Beschl. v. 13. 12. 1985 – 7 B 210.85 – NVwZ 1986, 377 = DÖV 1986, 477 = BayVBl. 1986, 760; BayVGH, U. v. 18. 9. 1985 – Nr. 7 B 84 A 3179 – SPE 596 Nr. 23 = BayVBl. 1986, 118; OVG Rh.-Pf., U. v. 16. 1. 1980 – 2 A 49/79 – DVBl. 1981, 591, betr. Nervosität und Konzentrationsschwäche, die auf einer Schilddrüsenerkrankung beruhen; a. A: *Guhl,* Prüfungen im Rechtsstaat, S. 214 ff. Zur prüfungsrechtlichen Relevanz eines Dauerleidens ferner: BVerwG, U. v. 6. 7. 1979 – 7 C 26.76 – Buchholz 421.0 Prüfungswesen Nr. 116 = DVBl. 1980, 482 = DÖV 1980, 140; OVG NW, Beschl. v. 30. 9. 1982 – 15 B 739/82 –, betr. Behinderung durch ein Rückenleiden in der sportpraktischen Prüfung.

[36] Für Hochschulprüfungen wird dies durch § 16 Satz 4 HRG ausdrücklich gefordert: Prüfungsordnungen müssen die besonderen Belange behinderter Studierender zur Wahrung ihrer Chancengleichheit berücksichtigen.

cen dar und ist durch die Einräumung besonderer Prüfungsbedingungen auszugleichen.[37] Geschieht dies, so ist der Prüfling gehalten, die ihm gewährten Erleichterungen (z.B. eine zum Einlegen von Schreibpausen verlängerte Bearbeitungszeit) zweckgerecht voll zu nutzen, bevor er rügt, sie sei unzureichend bemessen worden.[38]

Wenn **mehrere Ursachen** vorhanden sind, welche die Leistungsfähigkeit **123** des Prüflings mindern, ist zu prüfen, ob die Ursache, die zum Rücktritt wegen Prüfungsunfähigkeit berechtigen kann, für die gesundheitliche Verfassung des Prüflings wesentlich ist. Die Rechtsprechung des BVerwG stellt in diesem Zusammenhang darauf ab, welche Ursache dominant ist. Maßgeblich ist, ob die Ursache bei natürlicher Betrachtung an der Störung des normalen Prüfungsverlaufs wesentlich mitgewirkt und den in Frage stehenden Vorgang damit entscheidend geprägt hat.[39] So ist z.B. die **krankheitsbedingte Medikamenteneinnahme** mit der Folge einer speziell auf **ihr beruhenden Prüfungsunfähigkeit** nicht als ein selbständiger Rücktrittsgrund angesehen worden; tritt der Prüfling nicht wegen der ihm bekannten Erkrankung zurück, kann er später nicht damit durchdringen, er habe auf den Erfolg der Medikamente gehofft und deren Nebenwirkungen unterschätzt.[40] Bewirkt etwa eine gesundheitliche Beeinträchtigung des Prüflings, die zu einer psychogenen Reaktion hinzutritt, dass die Minderung der Leistungsfähigkeit die Schwelle der Unerheblichkeit überschreitet, so wird man ihr die wesentliche Ursächlichkeit für die Prüfungsunfähigkeit nicht absprechen können. Ist hingegen die Leistungsfähigkeit nicht über die Beeinträchtigung durch eine nach Lage der Dinge irrelevante psychogene Reaktion hinaus negativ beeinflusst worden, so wird die – in solchen Fällen zumeist chronische – Krankheit als prüfungsrechtlich „wesentliche" Ursache für die Leistungsminderung ausscheiden müssen (vgl. Rdn. 121).

---

[37] BVerwG, U. v. 30. 8. 1977 – 7 C 50.76 – Buchholz a.a.O. Nr. 85; VGH Bad.-Wttbg., Beschl. v. 26. 8. 1993 – 9 S 2023/93 – DVBl. 1993, 1315 = VBlBW 1994, 31: voller Ausgleich, kein Ermessens- oder Beurteilungsspielraum der Prüfungsbehörde. BayVGH, Beschl. v. 3. 12. 1997 – 7 B 95.2853 –, betr. Schreibzeitverlängerung nur wegen der körperlichen, nicht auch der psychisch bedingten Behinderung, und U. v. 29. 1. 1992 – 3 B 91 1791 –, betr. 20%-ige Verlängerung der Arbeitszeit wegen erheblicher Sehbehinderung; OVG Rh.-Pf., U. v. 16. 1. 1980, a.a.O.; BayVGH, Beschl. v. 2. 4. 1976 – Nr. 96 III 76 – BayVBl. 1976, 656 = SPE III C III, S. 1, betr. Arbeitszeitverlängerung wegen eines Augenleidens. Wegen der Ausgleichsmaßnahmen für Behinderte: *Tiemann,* Die Rechtsstellung Behinderter im Prüfungsverfahren, BayVBl. 1976, 650; wegen Ausgleichsmaßnahmen für schwangere Frauen: BVerwG, U. v.15. 3. 1968 – 7 C 46.67 – RdJB 1968, 309, mit Anm. *von Lübke;* VGH Bad.-Wttbg., U. v. 26. 9. 1966 – III 814/65 – RdJ 1967, 328; für Schülerinnen mit Menstruationsbeschwerden: OVG Berlin, U. v. 5. 10. 1960 – I a B 49 – SPE III C IV, S. 1.
[38] VGH Bad.-Wttbg., U. v. 26. 11. 1996 – 9 S 1240/96 – DVBl. 1997, 626, (nur Leits.) = SPE 600 Nr. 17.
[39] BVerwG, U. v. 2. 11. 1984 – 7 C 27.84 – Buchholz a.a.O. Nr. 207.
[40] OVG Nds., U. v. 21. 7. 1992 – 10 L 193/89 – SPE 596 Nr. 41. Vgl. dazu auch BVerwG, Beschl. v. 19. 5. 1993 – 6 B 73.92.

124 Nicht entscheidend ist das **auslösende Merkmal.** So wird bei einem schweren Magenleiden, das infolge der – im allgemeinen zu bewältigenden – **Stresssituation** der Prüfung starke Magenkrämpfe auslöst, nicht die psychogene Reaktion, sondern das **organische Leiden als wesentliche Ursache** der Beschwerden anzusehen sein.[41] Im Übrigen ist bei der Abschichtung relevanter Beeinträchtigungen von denen irrelevanter Art ein hohes Maß an Zurückhaltung geboten.[42] Sind einzelne Ursachen nicht eindeutig als dominant zu erkennen, so dass nicht schon allein wegen ihrer Irrelevanz ein Rücktritt wegen Prüfungsunfähigkeit ausscheiden muss, so bleiben die Ursachen insgesamt wesentlich für die irreguläre – den Rücktritt rechtfertigende – Leistungsminderung.[43]

b) Rücktritt und Nachweis der Prüfungsunfähigkeit

125 Grundsätzlich wird von jedem Prüfling, der erkennbar unter Gesundheitsstörungen leidet und daher den Prüfungsversuch annulliert wissen möchte, verlangt, dass er die entsprechenden Konsequenzen zieht und von der **Prüfung zurücktritt,** und zwar **unverzüglich,** sobald es ihm nach Lage der Dinge zumutbar ist (vgl. Rdn. 140 ff.)[44] Dies ist im Grundsatz anerkannt und in vielen Prüfungsordnungen so oder ähnlich geregelt. Da diese Grundregel zum Standard von Prüfungen jeglicher Art gehört und im Kreis der Prüflinge gemeinhin offenkundig ist, ist die Prüfungsbehörde nicht verpflichtet, den Prüfling hierauf ausdrücklich hinzuweisen. Aus ihrer Fürsorgepflicht mag insofern nur dann eine solche **Informationspflicht** folgen, wenn im Einzelnen besondere – nicht allgemein zu erwartende – Anforde-

---

[41] BVerwG, U. v. 2. 11. 1984, a. a. O.

[42] Die von *Haas* (VBlBW 1985, 167/168) vorgeschlagenen erheblichen Differenzierungen dürften zu weit gehen und der Lebenswirklichkeit wenig nahe kommen.

[43] Grundsätzlich hat freilich der Prüfling die materielle Beweislast dafür zu tragen, dass die Umstände, aus denen sich seine Prüfungsunfähigkeit ergeben soll, tatsächlich gegeben sind (vgl. Rdn. 841 ff.). Dazu: BVerwG, U. v. 22. 10. 1982 – 7 C 119.81 – BVerwGE 66, 213 ff., 215; BayVGH, U. v. 18. 9. 1985 – Nr. 7 B 84 A.3179 – SPE 596 Nr. 23 = BayVBl. 1986, 118; OVG NW, U. v. 28. 9. 1984 – 15 A 259/82 – SPE 596 Nr. 22, nach dessen Auffassung dem Prüfling die materielle Beweislast dafür zukommt, ob extreme psychische Reaktionen die alleinige Folge leistungsfremder Einflüsse sind.

[44] BVerwG, Beschl. v. 27. 1. 1994 – 6 B 12.93 – Buchholz 421.0 Prüfungswesen Nr. 328 = DVBl. 1994, 640, und U. v. 22. 10. 1982 – 7 C 119.81 – BVerwGE 66, 213 = NJW 1983, 2101 (auch wegen der Mitteilung der Rücktrittsgründe); Beschl. v. 3. 1. 1994 – 6 B 57.93 – Buchholz a. a. O. Nr. 327 (Rücktritt nach der Bekanntgabe der Prüfungsentscheidung); OVG Berlin, U. v. 2. 7. 2002 – 4 B 11.00 –; bestätigt durch BVerwG, U. v. 24. 2. 2003 – 6 C 22.02 – Buchholz a. a. O. Nr. 403 = DÖV 2003, 726, betr. psychische Störungen des Prüflings während der mündlichen Prüfung (auch zur Fürsorgepflicht der Prüfer und zur Frage, ob sie von sich aus einschreiten müssen). OVG NW, U. v. 18. 9. 1981 – 15 A 44/80 – NJW 1982, 1344; BayVGH, Beschl. v. 19. 1. 1982 – Nr. 3 B 81 A 741 – BayVBl. 1982, 368 (auch zur Frage der Wiedereinsetzung); OVG Rh.-Pf., Beschl. v. 18. 9. 1979 – 2 A 84/79 – SPE III C X, S. 3.

rungen gestellt werden, z. B. der Nachweis der Prüfungsunfähigkeit nur durch ein **amtsärztliches Attest** statthaft ist. Dabei darf allerdings vorausgesetzt werden, dass die generellen Regelungen der **ordnungsgemäß veröffentlichten Prüfungsordnung** den Prüflingen bekannt sind. Dazu gehören insbesondere materielle **Ausschlussfristen**, die in der Prüfungsordnung festzulegen sind. Hinsichtlich der wichtigen formalen Anforderungen an den Rücktritt von der Prüfung ist es zweckmäßig, die Prüflinge etwa in einem Merkblatt mit der Ladung zur Prüfung hinzuweisen (vgl. Rdn. 141; wegen der Besonderheiten bei unerkannter Prüfungsunfähigkeit s. Rdn. 145).[45] Freilich gebietet die **Fürsorgepflicht** ein Einschreiten der Prüfer bzw. der Prüfungsaufsicht, wenn auch ohne (rechtzeitige) Erklärungen des Prüflings eine schwere gesundheitliche Störung **offensichtlich** ist (dazu Rdn. 130).

Es ist aus höherrangigem (Bundes-)Recht nicht zu beanstanden, dass **lan- 126 desrechtliche Regelungen** (z. B. in den Justizausbildungs- und Prüfungsordnungen) an die Geltendmachung krankheitsbedingter Prüfungsunfähigkeit sowohl hinsichtlich des zeitlichen Rahmens (**„Unverzüglichkeit"**) als auch hinsichtlich der **Form** des **Nachweises** strenge Anforderungen stellen.[46] Dennoch ist es immer wieder strittig, wie der Prüfling sich im Einzelnen zu verhalten hat, was ihm speziell in seiner konkreten Situation zugemutet werden kann und ob er **rechtzeitig** einen ausreichender **Nachweis der mangelnden Prüfungsfähigkeit** erbracht hat.[47] Es geht hierbei – kurz gefasst – um folgende Verfahrensschritte:

1. Der erkrankte Prüfling muss unverzüglich und **eindeutig erklären**, dass er von der **Prüfung zurücktritt** (dazu Rdn. 140 ff.).
2. Er muss **unverzüglich** die **Gründe** für seinen Rücktritt darlegen und die dafür gebotenen **Nachweise** erbringen (dazu Rdn. 131, 140 ff., 148).
3. Er muss rechtzeitig die **förmliche Genehmigung** des Rücktritts beantragen, wenn die Prüfungsordnung ein solches Verfahren vorsieht (Rdn. 149 ff.).

---

[45] Der VGH Bad.-Wttbg. (Beschl. v. 9. 8. 2002 – 9 S 1573/02 – NVwZ-RR 2003, 37 = DVBl. 2003, 341 = VBlBW 2002, 533) geht anscheinend davon aus, dass es die Fürsorgepflicht der Prüfungsbehörde grundsätzlich gebiete, den Prüfling vor dem Beginn der Prüfung darauf hinzuweisen, dass er sich in Kenntnis seiner gesundheitlichen Beschwerden vor der Prüfung entscheiden müsse, ob er zurücktritt. Diese Anforderung erscheint jedoch überzogen, da jedem Prüfling grundsätzlich klar sein muss, dass der krankheitsbedingte Misserfolg der Prüfung von ihm hinzunehmen ist, wenn er dieses Risiko bewusst in Kauf nimmt.

[46] BVerwG, Beschl. v. 21. 12. 1993 – 6 B 61.92 – Buchholz 421.0 Prüfungswesen Nr. 324, und v. 10. 4. 1990 – 7 B 48.90 – DVBl. 1990, 939 = BayVBl. 1990, 411.

[47] Die reichhaltige Rechtsprechung dazu, auf die im Folgenden eingegangen wird, ist durch eine schwer überschaubare Kasuistik gekennzeichnet. Aus dem Schrifttum sind zu diesem Thema insbesondere die Beiträge von *Wortmann* (NWVBl. 1992, 304 ff., 308), *Wagner* (DVBl. 1990, 183 ff., 184), *Klenke* (NWVBl. 1988, 199 ff., 201) und *Haas* (VBlBW 1985, 161) hervorzuheben.

Dazu ist im Einzelnen zu bemerken:

127   Nicht der Arzt, sondern der **Prüfling selbst** hat in eigener Verantwortung darüber zu befinden, ob er den Rücktritt erklären will oder nicht, wenn er krankheitsbedingte Einschränkungen seiner Leistungsfähigkeit erkennt.[48] Die **Erklärungspflicht** gilt grundsätzlich unabhängig von der Art und Weise, wie der Prüfling die Prüfung abbricht, z. B. den Prüfungstermin versäumt, die Hausarbeit zurückgibt, während der Aufsichtsarbeit „aussteigt" oder die nächste Aufsichtsarbeit nicht mehr mitschreibt. Der Wille, die Prüfung oder einen bestimmten Prüfungsteil nicht fortzusetzen, muss gegenüber der zuständigen Stelle (Prüfungsbehörde, Prüfer) ausdrücklich bekundet oder jedenfalls mit einer Deutlichkeit erkennbar sein, die keinen Zweifel an der Entscheidung des Prüflings lässt.[49] Wer sich nicht unverzüglich und klar entscheidet, sondern abwartet, ob seine bisherigen Leistungen nicht vielleicht doch ausreichen, erklärt nicht den Rücktritt (zu den Anforderungen an die „Unverzüglichkeit" s. Rdn. 140 ff.). Insbesondere wenn der Prüfling die Möglichkeit der Fortsetzung des Prüfungsverfahrens generell oder unter bestimmten – für ihn günstigen – Umständen offen lässt oder den Abbruch der Prüfung sonstwie unter eine Bedingung stellt, liegt **kein wirksamer,** genehmigungsfähiger **Rücktritt** vor. So reicht z. B. die schlichte Übersendung einer ärztlichen Bescheinigung im allgemeinen nicht aus,[50] kann aber im Falle ihrer fernmündlichen Ankündigung und Angabe des damit verbundenen Zwecks ausnahmsweise als Rücktrittserklärung gewertet werden. Der vorbehaltslose Antrag, den Rücktritt aus bestimmten Gründen zu genehmigen (vgl. z. B. § 18 Abs. 1 Satz 1 und § 19 Abs. 2 Satz 2 ÄAppO), enthält sinngemäß auch die notwendige Rücktrittserklärung.

128   Weitere Erklärungen des Prüflings sind nach ausdrücklicher **Aufforderung der Prüfungsbehörde** abzugeben, soweit sie ebenfalls von der generellen Mitwirkungspflicht des Prüflings erfasst werden (z. B. die Angabe der Gründe für die angebliche Nichterkennbarkeit der Prüfungsunfähigkeit während der Prüfung).[51]

129   Besteht die Prüfung aus **mehreren Abschnitten** oder **Teilen,** so muss in der Rücktrittserklärung zum Ausdruck kommen, wieweit der Prüfling zurücktritt (wegen der Wiederholbarkeit einzelner Teile s. Rdn. 732). Das Prüfungsamt sollte sich im Zweifelsfall um eine Klarstellung bemühen; es ist dazu aber rechtlich nicht verpflichtet. Bringt ein Prüfling nicht zum Aus-

---

[48] BVerwG, Beschl. v. 6. 8. 1996 – 6 B 17.96 – NVwZ-RR 1997, 103 = DVBl. 1996, 1379 = Buchholz a.a.O. Nr. 371; VG Minden, Beschl. v. 25. 1. 2000 – 2 K 3874/99 – NWVBl. 2000, 232 = SPE 654 Nr. 1.

[49] OVG NW, U. v. 6. 12. 1994 – 22 A 518/94.

[50] BVerwG, Beschl. v. 6. 8. 1996 – 6 B 17.96, a.a.O.; HessVGH, U. v. 10. 1. 1991 – 6 UE 1426/90 – HessVGRspr. 1991, 81 = SPE 596 Nr. 39.

[51] BVerwG, U. v. 22. 10. 1982 – 7 C 119.81 – BVerwGE 66, 213 = Buchholz a.a.O. Nr. 167, auch wegen der Folgen des Ausbleibens einer solchen (angeforderten) Erklärung.

druck, dass er auch schon während der bereits abgelegten Prüfungsteile aus gesundheitlichen Gründen erheblich beeinträchtigt gewesen sei und schon ihretwegen die Prüfungsunfähigkeit geltend mache, besteht weder für das Prüfungsamt noch für den untersuchenden Arzt die Verpflichtung, etwaigen früheren Beeinträchtigungen nachzugehen.[52]

Wenn allerdings während der Prüfung die gesundheitliche Beeinträchti- **130** gung des Prüflings **offensichtlich** und selbst für medizinische Laien **zweifelsfrei** zu Tage tritt (z. B. bei schweren Kreislaufstörungen, Erbrechen oder auch bei starken anhaltenden Hustenanfällen), so gebietet es die prüfungsrechtliche **Fürsorgepflicht,** dass der Prüfungsvorsitzende oder der Aufsichtsführende **auch ohne ausdrückliche Erklärung des Prüflings** von Amts wegen angemessen reagiert.[53] Je nach Lage der Dinge kann es geboten sein, eine kurze Pause einzulegen, den Prüfling zu seinen Beschwerden anzuhören, ihm zu helfen und in schweren Fällen auch ärztliche Hilfe herbeizurufen und notfalls seine Prüfung abzubrechen. Es mag dabei oft schwierig sein, zwischen den bloßen Auswirkungen einer ausgeprägten Examensangst und einer wirklichen Erkrankung zu unterscheiden (vgl. Rdn. 118). Allein die Tatsache, dass der Vorfall sich erst im Laufe der – für den Prüfling ungünstig verlaufenen – mündlichen Prüfung unvermittelt ereignet hat, lässt insofern keine hinreichend zuverlässigen Rückschlüsse zu. Auffälligkeiten, die für jedermann erkennbar Anzeichen einer erheblichen körperlichen Beeinträchtigung sind, wie etwa das „Zittern am ganzen Körper" oder deutliche Anzeichen von Schwindel oder Herzbeschwerden, sind nicht als eine situationsbedingte Examenspsychose irrelevant. Wird dies von den Prüfern missachtet, leidet das Verfahren an der mangelnden Prüfungsfähigkeit des Prüflings, auch wenn dieser dies nicht unverzüglich rügt.

Mit seiner Rücktrittserklärung muss der Prüfling ferner unverzüglich **131** die dafür maßgeblichen **Gründe angeben,** d. h. seine körperlichen oder geistigen Beschwerden nennen, so wie er sie zu erkennen vermag (z. B. Kopfschmerzen, Erbrechen, Fieber). Die Prüfungsordnung verlangt im allgemeinen einen fachkundigen **Nachweis,** dass die gesundheitlichen Beeinträchtigungen eine **krankheitsbedingte Leistungsminderung** bewirkt haben, und zwar regelmäßig durch ein ärztliches oder auch amtsärztliches Attest (dazu im Einzelnen Rdn. 136 ff.).

---

[52] BVerwG, Beschl. v. 6. 8. 1996 – 6 B 17.96 –, a. a. O.
[53] BVerwG, U. v. 24. 2. 2003 – 6 C 22.02 – Buchholz a. a. O. Nr. 403 = DÖV 2003, 726. Der VGH Bad.-Wttbg. (Beschl. v. 9. 8. 2002 – 9 S 1573/02 – NVwZ-RR 2003, 37 = DVBl. 2003, 341 = VBlBW 2002, 533) verlangt auch bei offensichtlicher Erkrankung des Prüflings nur, dass der Vorsitzende ihn (nochmals) auf die Folgen eines versäumten Rücktritts aufmerksam macht. Das reicht indes nicht aus, da im Fall einer offensichtlichen Erkrankung (offensichtlicher Prüfungsunfähigkeit) von Amts wegen Maßnahmen zu ergreifen sind. Anders bei Examensangst und psychischen Beeinträchtigungen des Prüflings aufgrund des für ihn ungünstigen Prüfungsverlaufs: OVG Berlin, U. v. 2. 7. 2002 – 4 B 11.00 –, bestätigt durch: BVerwG, U. v. 24. 2. 2003, a. a. O.; vgl. ferner: BVerwG, U. v. 12. 11. 1997 – 6 C 11.96 – NVwZ 1998, 636.

132 Um einen solchen Nachweis muss der Prüfling sich auch ohne besondere Aufforderung kümmern und Unklarheiten hinsichtlich der damit zusammenhängenden Rechts- und Verfahrensfragen etwa durch Rückfragen beim Prüfungsamt klären.[54] Missachtet oder verletzt er diese **Mitwirkungspflichten,** so führt dies in aller Regel dazu, dass er sich auf die gesundheitliche Beeinträchtigung während der Prüfung später nicht mehr berufen kann.[55] Das gilt insbesondere dann, wenn er eine zeitnahe Überprüfung eines privatärztlichen Attestes durch eine vorgeschriebene amtsärztliche Untersuchung schuldhaft unterlässt.[56]

133 Der **Nachweis** einer erheblichen Verminderung der Leistungsfähigkeit des Prüflings aufgrund einer gesundheitlichen Beeinträchtigung ist im allgemeinen nur mit ärztlicher Hilfe möglich.[57] Inhalt dieses Nachweises (Attests) muss die **Beschreibung der gesundheitlichen Beeinträchtigung** sein (etwa der Hinweis auf bestimmte Schmerzen) und ferner **die Angabe** der sich daraus ergebenden **Behinderung in der Prüfung** (z. B. Störung der Konzentrationsfähigkeit). Die genaue Bezeichnung der Krankheit ist zweckmäßig, aber nicht entscheidend. Allerdings kann nach Lage der Dinge schon durch sie offensichtlich gemacht werden, dass die Leistungsfähigkeit des Prüflings erheblich beeinträchtigt ist (z. B. bei fiebriger Grippe). Der schlichte, nicht weiter begründete **Hinweis,** dass der Prüfling „prüfungsunfähig" sei, entspricht diesen Anforderungen nicht. Gelingt der Nachweis der Prüfungsunfähigkeit nicht, geht dies zu Lasten des Prüflings, der insofern die Beweislast trägt (vgl. Rdn. 841 ff.)

134 Demgegenüber kann der Arzt sich nicht erfolgreich auf seine **Schweigepflicht** berufen; denn im Verlangen des Patienten, ein zur Feststellung seiner Prüfungsunfähigkeit durch das Prüfungsamt geeignetes Attest auszustellen, liegt die konkludent erklärte Entbindung des Arztes von der Schweigepflicht.[58]

---

[54] BVerwG, Beschl. v. 15. 10. 1984 – 7 B 198.84 – Buchholz a. a. O. Nr. 206.

[55] Ständige Rechtsprechung, vgl. z. B. BVerwG, Beschl. v. 14. 3. 1989 – 7 B 39.89 – Buchholz a. a. O. Nr. 260 = SPE 596 Nr. 37, und U. v. 22. 10. 1982 – 7 C 119.81 – BVerwGE 66, 213. Vgl. ferner HessVGH, U. v. 10. 1. 1991 – 6 UE 1426/90 – SPE 596 Nr. 39 = HessVGRspr. 1991, 81; VG Minden, Beschl. v. 25. 1. 2000 – 2 K 3874/99 – NWVBl. 2000, 232 = SPE 654 Nr. 6.

[56] VGH Bad.-Wttbg., U. v. 26. 6. 1984 – 4 S 2642/83 – SPE 596 Nr. 21.

[57] Zur diesbezgl. Mitwirkungspflicht des Prüflings: BVerwG, Beschl. v. 27. 8. 1980 – 7 B 191.80 – Buchholz a. a. O. Nr. 131, Beschl. v. 27. 5. 1980 – 2 B 65. 79 – Buchholz a. a. O. Nr. 129, Beschl. v. 15. 6. 1979 – 7 B 232.78 – Buchholz a. a. O. Nr. 113, und U. v. 9. 8. 1978 – 7 C 36.77- Buchholz a. a. O. Nr. 95 = DÖV 1979, 412; VGH Bad.-Wttbg., U. v. 25. 2. 1992 – 9 S 937/91 –, und Beschl. v. 29. 3. 1982 – 9 S 129/82 – VBlBW 1983, 43, betr. Mitwirkungspflicht des Prüflings, der Bedenken gegen die fachgerechte Beurteilung seiner Krankheit hat. Vgl. ferner: BayVGH, U. v. 8. 4. 1981 – Nr. 3 B 81 A 277 – BayVBl. 1981, 689.

[58] Ebenso: *Fahrenhorst,* Die Kontrolle der Prüfungsunfähigkeit, Medizinrecht 2003, 207 ff., 213.

Die **Beantwortung der Rechtsfrage,** ob die nachgewiesene gesundheitli- **135**
che Beeinträchtigung den Abbruch der Prüfung rechtfertigen kann, ist
grundsätzlich **nicht Aufgabe des Arztes.** Die ärztliche Beteiligung beschränkt sich im wesentlichen darauf, krankhafte Beeinträchtigungen zu beschreiben und darzulegen, welche Auswirkungen sie auf das Leistungsvermögen des Prüflings in der konkret abzulegenden Prüfung haben. Die
Entscheidung, ob die dargelegten Gründe die Annahme rechtfertigen, dass
der Prüfling wegen Prüfungsunfähigkeit verhindert ist, trifft die **Prüfungsbehörde** in eigener Verantwortung.[59] Bescheinigt der Arzt indes eine bestimmte Erkrankung, mit der üblicherweise **körperliche** oder **geistige Beeinträchtigungen** einhergehen, und zwar mit der Folge der „**Prüfungsunfähigkeit**" am Prüfungstage,[60] so muss die Prüfungsbehörde freilich von
einer – nicht nur unerheblichen – Leistungsminderung ausgehen und darf
nur dann anders entscheiden, wenn die Auswirkungen der „bescheinigten
Erkrankung" auf die Leistungsfähigkeit des Prüflings unklar sind. Solche
anderslautenden Erkenntnisse wird die Prüfungsbehörde in der Regel nur
mit Hilfe anderweitiger sachverständiger Hilfe erlangen können.[61]

Die Prüfungsordnung kann vorsehen, dass die Prüfungsunfähigkeit gene- **136**
rell durch ein **amtsärztliches Attest** nachzuweisen ist.[62] Regelt die Prüfungsordnung die Form des Nachweises der Prüfungsunfähigkeit nicht ausdrücklich, so kann die Prüfungsbehörde im Einzelfall dennoch aus
sachlichem Grund – etwa wenn der ärztliche Befund unklar ist oder wenn
vor Prüfungsterminen ständig ein privatärztliches Attest desselben Arztes
vorgelegt wird oder wenn einem Missbrauch begegnet werden soll – ein
amtsärztliches Attest, nicht aber ausschließlich das Zeugnis einer (Universi-

---

[59] BVerwG, Beschl. v. 6. 8. 1996 – 6 B 17.96 – NVWZ 1997, 103 = DVBl. 1996, 1379
= Buchholz a. a. O. Nr. 371.
[60] Häufig wird die Prüfungsunfähigkeit vom Arzt nur „befürwortet". Diese schein-
bare Unsicherheit soll nicht die ärztliche Diagnose und die darauf fußende Beurteilung der Leistungsstörungen in Frage stellen, sondern ist als ein Zeichen dafür zu
sehen, dass der Arzt die Letztentscheidungsbefugnis der Prüfungsbehörde nicht verkennt.
[61] BVerwG, Beschl. v. 22. 6. 1993 – 6 B 9.93 – Buchholz a. a. O. Nr. 316; z. B. kann
daraus, dass der Prüfling in dem betr. Teil der Prüfung Leistungen erbracht hat, die
seinem allgemeinen Leistungsstand entsprechen oder teilweise sogar darüber liegen,
mit Recht gefolgert werden, dass die gesundheitlichen Beeinträchtigungen keine
„Prüfungsunfähigkeit" bewirkt haben: OVG Nds., U. v. 21. 7. 1992 – 10 L 193/89 –
SPE 596 Nr. 41, bestätigt durch BVerwG, Beschl. v. 19. 5. 1993 – 6 B 73.92. Dazu im
Einzelnen: *Fahrenhorst,* Medizinrecht 2003, 207.
[62] BVerwG, Beschl. v. 10. 4. 1990 – 7 B 48.90 – NVwZ-RR 1990, 481 = DVBl. 1990,
939 = BayVBl. 1990, 411. Einem vertrauensärztlichen Attest kommt ebenfalls Vorrang
gegenüber einem anderslautenden privatärztlichen Attest zu: BVerwG, Beschl. v. 27.
8. 1992 – 6 B 33.92 – DVBl. 1993, 51 = BayVBl. 1992, 762. Zu den Grenzen der Pflicht
zur Vorlage eines amtsärztlichen Attests: BVerwG, Beschl. v. 29. 10. 1996 – 6 B 45.96
– Buchholz a. a. O. Nr. 375. Für den Schulbereich gelten diese Anforderungen entsprechend: OVG NW, Beschl. v. 17. 2. 2000 – 19 A 3459/99 – NVwZ-RR 2000, 432 =
NWVBl. 2000, 309 = SPE 162 Nr. 29.

täts-)Klinik,[63] verlangen.[64] Ein solches Verlangen kann auch schon generell bei der Zulassung zur Prüfung rechtsverbindlich ausgesprochen werden, sofern die Prüfungsordnung nicht eine besondere Aufforderung im Einzelfall vorsieht.[65] Wird ein amtsärztliches Attest im Einzelfall verlangt, muss dies unmittelbar im Anschluss an den Abbruch der Prüfung geschehen; andernfalls dürfen Nachteile, die dadurch entstehen, dass der Prüfling sich zunächst an seinen Hausarzt wendet und der Amtsarzt später keine genaueren Feststellungen mehr treffen kann, nicht zu seinen Lasten gehen.[66]

137   In der Rechtsprechung wird teilweise angenommen, dass **andere Beweismittel** ausgeschlossen sind, wenn der Prüfling gehalten ist, ein amtsärztliches Attest vorzulegen.[67] Es sollte indes statthaft sein, unklare, lückenhafte oder für weitere Feststellungen offene amtsärztliche Zeugnisse durch andere Beweismittel zu ergänzen. Hat zum Beispiel der (private) Notarzt unmittelbare Eindrücke während oder kurz nach der Prüfung festgehalten, so kann die spätere Untersuchung durch den Amtsarzt, bei der die Krankheitserscheinungen möglicherweise bereits abgeklungen sind, weniger beweiskräftig sein als die ursprünglichen **Bekundungen des Notarztes**, die der Amtsarzt sodann nur noch auf ihre Plausibilität begutachten kann. Dies darf aber nicht zu Lasten des Prüflings gehen, der sich in der für ihn zumutbaren Weise um den Nachweis seiner Prüfungsunfähigkeit bemüht hat. Im Übrigen reicht es grundsätzlich aus, wenn der Amtsarzt feststellt, dass die ihm vorliegenden Angaben über die (abgeklungenen) Beschwerden nach dem gegenwärtigen Befund glaubhaft sind.[68] Kann der Amtsarzt die privatärztliche Diagnose zwar nicht durch einen immer noch gegenwärtigen („Rest"-)Befund hinreichend stützen, aber deren Richtigkeit auch nicht in Frage stellen, müssen die privatärztlichen Erkenntnisse ergänzend herangezogen werden, wenn die Verzögerung der Begutachtung durch den Amtsarzt dem Prüfling nicht angelastet werden kann.[69]

138   Um die Chancengleichheit zu wahren und zu vermeiden, dass einzelne Prüflinge sich den unberechtigten Vorteil zusätzlicher Prüfungsversuche verschaffen, werden gesundheitlich bedingte Verminderungen der Leistungsfähigkeit, auch wenn sie den Prüfling objektiv benachteiligen mögen, dann nicht als ein Rücktrittsgrund anerkannt, wenn er sich diesen Nachteil durch sein Verhalten zurechnen lassen muss. Dies ist ohne weiteres der Fall,

---

[63] OVG NW, Beschl. v. 3. 7. 1998 – 22 A 2973/98 – NWVBl. 1999, 23 = SPE 596 Nr. 44. BayVGH, U. v. 1. 4. 1992 – 7 B 91.3037 – BayVBl. 1993, 149.

[64] Bei dieser Aufforderung handelt es sich um eine unselbständige Verfahrenshandlung i. S. v. § 44a VwGO und nicht um einen selbständig anfechtbaren Verwaltungsakt: BVerwG, Beschl. v. 27. 8. 1992, a. a. O.

[65] VGH Bad.-Wttbg., U. v. 25. 2. 1992 – 9 S 937/91.

[66] OVG Nds., Beschl. v. 28. 1. 2002 – 10 LA 3072/01– NVwZ-RR 2002, 502.

[67] BayVGH, Beschl. v. 8. 11. 1984 – Nr. 3 B 84 A 2024 – BayVBl. 1986, 118, und v. 2. 10. 1991 – 3 B 90.1655.

[68] BayVGH, U. v. 1. 4. 1992, a. a. O.

[69] Vgl. auch OVG Nds., Beschl. v. 28. 1. 2002, a. a. O.

wenn der Prüfling seine **gesundheitliche Beeinträchtigung kennt** und das **Risiko eines Misserfolgs auf sich nimmt.** Wer etwa mit **Schmerzmitteln** versucht, seine Beschwerden zu betäuben, kann sich nachher nicht auf seine Krankheit berufen. Es widerspräche nämlich dem Grundsatz der Chancengleichheit, einen Prüfling, der sich der Prüfung in der Hoffnung stellt, trotz seiner für ihn erkennbar fehlenden oder erheblich eingeschränkten Prüfungsfähigkeit das Examen zu bestehen, im Falle des Misslingens ein weiteres Mal zusätzlich zu prüfen.[70] So trifft z.B. auch ein Prüfling, der sich trotz eines fiebrigen grippalen Infektes oder nach ärztlicher Behandlung etwa einer psychischen Erkrankung (z.B. einer Zwangsneurose) gegen den ausdrücklichen ärztlichen Rat gleichwohl der Prüfung unterzieht, eine **ihm zurechenbare Risikoentscheidung.** Er kann demgegenüber nicht mit Erfolg geltend machen, dass er aufgrund einer später eingetretenen Verschlimmerung der Krankheit keine freie Entscheidung über die weitere Teilnahme an der Prüfung habe treffen können.[71]

Der positiven Kenntnis ist die **grobfahrlässige Unkenntnis** gleichzusetzen, und zwar nicht nur, wenn die Prüfungsordnung dies ausdrücklich so regelt, sondern auch ohne besondere Regelung auf der Grundlage eines allgemeinen prüfungsrechtlichen Rechtsgrundsatzes.[72] Denn wenn der Prüfling in grober Weise seine Pflicht zur Mitwirkung an der eindeutigen Feststellung seines gesundheitlichen Zustandes trotz bestehender Anhaltspunkte einer Erkrankung verletzt, ist ihm der daraus erwachsene Nachteil ebenfalls selbst zuzurechnen.[73] Grobe Fahrlässigkeit ist freilich nicht schon mit jeglicher Risikobereitschaft gleichzusetzen. Zwar geht der als untauglich erkennbare Versuch des erkrankten Prüflings, ohne ärztliche Beratung mit Hilfe „selbstverordneter" Schmerz- oder **Beruhigungstabletten,** deren Wirkung er selbst nicht hinreichend abschätzen kann, auf sein Risiko.[74] Anders ist es jedoch, wenn der Prüfling nach dem Abklingen der Krankheitserscheinungen (z.B. von Fieber, Husten und Schnupfen bei einem grippalen Infekt) **annehmen darf, prüfungsfähig zu sein,** jedoch durch die Belastungen der Prüfung erfahren muss, dass er wegen der noch nicht überwundenen

139

---

[70] BVerwG, Beschl. v. 28. 2. 1980 – 7 B 232.79 – Buchholz a.a.O. Nr. 125, und U. v. 22. 3. 1963 – 7 C 141.61 – Buchholz a.a.O. Nr. 17 = DVBl. 1964, 318 = DÖV 1963, 475, und v. 3. 5. 1963 – 7 C 46.62 – Buchholz a.a.O. Nr. 19, S. 51 ff. Vgl. ferner: OVG Nds., U. v. 21. 7. 1992 – 10 L 193/89 – SPE 596 Nr. 41.

[71] VGH Bad.-Wttbg., Beschl. v. 9. 8. 2002 – 9 S 1573/02 – VBlBW 2002, 533, und v. 15. 9. 1987 – 9 S 2825/86 – SPE 596 Nr. 30.

[72] *Haas* VBlBW 1985, 161 ff., 168/169. Wenn die Prüfungsordnung ausdrücklich nur auf die positive Kenntnis abstellt, ist allein danach zu entscheiden.

[73] Welche Anforderungen an den Prüfling zu stellen sind, wenn es um die Frage geht, ob er gewisse Symptome zum Anlass nehmen muss, seine Prüfungsfähigkeit mit Hilfe eines Arztes zu klären, lässt sich nicht in allgemein gültiger Weise festlegen, sondern bedarf der Würdigung der Umstände des Einzelfalls: BVerwG, Beschl. v. 17. 9. 2002 – 6 B. 57.02 – Buchholz a.a.O. Nr. 401.

[74] BayVGH, Beschl. v. 23. 10. 1989 – 3 B 88.01 445 – ZBR 1991, 379.

Schwächung infolge der Krankheit nach wie vor erheblich behindert ist. Gerade das muss er dann aber noch während der Prüfung anzeigen und darf nicht abwarten, ob ihm dennoch ein Prüfungserfolg gelingt.

140 Das Gebot, den **Rücktritt** in jedem Fall **unverzüglich zu erklären** und die Rücktrittsgründe ebenso unverzüglich mitzuteilen, rechtfertigt sich aus dem berechtigten Anliegen, einer missbräuchlichen Vorteilsnahme vorzubeugen. Ein weiterer Grund liegt darin, der Prüfungsbehörde zu ermöglichen, den wahren Sachverhalt zeitnah möglichst genau aufzuklären und – sofern dies in Betracht kommt – rechtzeitig Abhilfe zu schaffen. Ein Prüfling, der durch sein zögerliches Verhalten versucht, sich die Chance eines zusätzlichen Prüfungsversuchs zu verschaffen, oder der dadurch gar die Feststellung seiner Prüfungsunfähigkeit behindert, muss sich den Nachteil seiner möglichen gesundheitlichen Behinderung zurechnen lassen.[75] Erfolgt die Rücktrittserklärung nicht unverzüglich, so hat dies unmittelbar materiell-rechtliche Wirkung, nämlich das Nichtbestehen der Prüfung oder des betr. Prüfungsteils. Dagegen ist weder gemäß § 31 Abs. 7 VwVfG eine Nachsicht noch gemäß § 32 VwVfG die Wiedereinsetzung in den vorigen Stand zu gewähren.[76]

141 Die äußerste zeitliche Grenze des Rücktritts ist eindeutig überschritten, wenn eine in der Prüfungsordnung enthaltene, grundsätzlich zulässige **Ausschlussfrist** versäumt worden ist, sofern diese zeitlich angemessen ist (z. B. von einem Monat ab Kenntnis des Mangels).[77] Soweit der Prüfling durch Mängel im Prüfungsverfahren gehindert wird, seine tatsächliche Leistungsfähigkeit, deren Ermittlung und Beurteilung die Prüfung dient, in entsprechende Prüfungsleistungen umzusetzen, handelt es sich bei der hierauf zurückzuführenden unzutreffenden Bewertung seiner Leistungsfähigkeit nicht um einen materiellen Bewertungsfehler – der grundsätzlich nicht von der Ausschlussfrist erfasst würde –, sondern um eine mittelbare Folge eines Mangels im Prüfungsverfahren. Dieser muss stets ordnungsgemäß gerügt werden, was nach Ablauf der Ausschlussfrist nicht mehr möglich ist.[78] Dazu

---

[75] BVerwG, U. v. 22. 10. 1982 – 7 C 119.81 – BVerwGE 66, 213 = Buchholz 421.0 Prüfungswesen Nr. 167. Zur Unverzüglichkeit von Rügen, wenn der Mangel nicht zweifelsfrei erkennbar ist, s. Rdn. 145 ff.; dazu allgemein auch: BVerwG, Beschl. v. 10. 8. 1994 – 6 B 60.93 – DVBl. 1994, 1364. Vgl. ferner: *Wortmann*, a. a. O., S. 308; *Wagner*, a. a. O., S. 184; *Klenke*, a. a. O., S. 201, und *Haas*, a. a. O., S. 168.

[76] VG Hannover, U. v. 14. 12. 2000 – 6 A 3015/99 – NdsVBl. 2002, 77.

[77] BVerwG, U. v. 22. 6. 1994 – 6 C 37.92 – BVerwGE 96, 126 = NJW 1995, 265 = NVwZ 1995, 492 = Buchholz a. a. O. Nr. 333 (zur Zulässigkeit einer Ausschlussfrist); vgl. ferner: Beschl. v. 21. 12. 1993 – 6 B 61.92 – Buchholz a. a. O. Nr. 324, und U. v. 17. 1. 1984 – 7 B 29.83 – Buchholz a. a. O. Nr. 190 = DÖV 1984, 810 = BayVBl. 1984, 247.

[78] BVerwG, U. v. 22. 6. 1994 – 6 C 37.92 –, a. a. O. Zu beachten ist ferner, dass nach Ablauf der Ausschlussfrist die materielle Rechtslage geändert ist, so dass gegen ihre Versäumung eine Wiedereinsetzung nach § 32 VwVfG nicht stattfindet: BVerwG, U. v. 6. 2. 1986 – 3 C 42.85 – BVerwGE 72, 368.

ist Voraussetzung, dass durch eine hinreichend veröffentlichte Prüfungsordnung eine solche Regelung allen Prüflingen bekannt gemacht worden ist;
jedenfalls sollte mit der Ladung des einzelnen Prüflings zur Prüfung ein
Hinweis auf diese schwerwiegenden Folgen stattfinden.[79]

Auch ohne gesetzliche Ausschlussfrist ist ein Prüfungsrücktritt dann **142**
nicht mehr „unverzüglich", wenn der Prüfling die Rücktrittserklärung nicht
zu dem **frühestmöglichen Zeitpunkt** abgegeben hat, zu dem sie von ihm in
zumutbarer Weise hätte erwartet werden können.[80] Unter welchen Voraussetzungen danach ein schuldhaftes Zögern anzunehmen ist und welche Anforderungen an die Zumutbarkeit einer sofortigen Rücktrittserklärung zu
stellen sind, ist nicht generell zu beantworten, sondern hängt weitgehend
von den Umständen des Einzelfalls ab. Wenn die verzögerte Mitteilung bei
eindeutigem Sachverhalt – wie etwa bei einem unfallbedingten Kranken-
hausaufenthalt – offensichtlich keine nachteiligen Folgen hat und auch nicht
zu einer Beeinträchtigung der Chancengleichheit zu Lasten Dritter führen
kann, sind an die Beurteilung der „Unverzüglichkeit" der Mitteilung angesichts des Grundrechts der freien Berufswahl (Art. 12 Abs. 1 GG) insbesondere dann keine zu hohen Anforderungen zu stellen, wenn hiervon der endgültige Verlust der Prüfungschance abhängt.[81] Die vielen zur Beurteilung
der „Unverzüglichkeit" des Rücktritts vorliegenden Gerichtsentscheidungen, mit denen diese nach der jeweiligen Sachlage bejaht oder verneint worden ist, mögen eine Richtschnur dafür sein, wie streng die hier zu stellenden
Anforderungen gelten.[82]

---

[79] BVerwG, U. v. 22. 6. 1994 – 6 C 37.92 –, a. a. O.

[80] BVerwG, Beschl. v. 18. 5. 1989 – 7 B 71.89 – Buchholz 421.0 a. a. O. Nr. 264, und
U. v. 7. 10. 1988 – 7 C 8.88 – BVerwGE 80, 282 = Buchholz a. a. O. Nr. 259 = NJW
1989, 2340. Die gleichen Maßstäbe gelten auch bei Prüfungen der Hochschule der
Bundeswehr: BVerwG, Beschl. v. 14. 10. 1992 – 6 B 2.92 – DVBl. 1993, 52.

[81] BVerwG, U. v. 13. 5. 1998 – 6 C 12.98 – BVerwGE 106, 369 = NVwZ 1999, 188 =
Buchholz a. a. O. Nr. 388: Nach der Entlassung aus dem Krankenhaus können mehre-
re Tage für die Beschaffung eines ärztlichen Attestes und dessen Versendung an das
Prüfungsamt unschädlich sein.

[82] Vgl. z. B.: BVerwG, U. v. 7. 10. 1988, a. a. O., betr. gesundheitliche Beschwerden,
die nach Beginn der schriftlichen Prüfung aufgetreten sind, und der Prüfling noch am
selben Tag sofort nach der Prüfung einen Arzt konsultiert und alsbald danach, noch
vor der Bekanntgabe des Prüfungsergebnisses, die Rücktrittserklärung abgibt. Dieser
fast idealtypische Fall eines unverzüglichen Rücktritts setzt aber keine absoluten
rechtsverbindlichen Maßstäbe für anders geartete Fälle. Kommt es z. B. zu Verzögerungen, weil die Schwere der Erkrankung ein so schnelles Reagieren verhindert, mag
der Rücktritt auch noch später „unverzüglich" sein (vgl. OVG Schl.-H., U. v. 17. 12.
1992 – 3 L 139/92). Auch dürfen Verzögerungen, die der Prüfling nicht zu vertreten
hat, ihm nicht angelastet werden (z. B. bei der Beförderung durch die Post: HessVGH,
Beschl. v. 31. 10. 1988 – 6 TG 2490/88 – oder im Falle einer verzögerten Übersendung
des Attestes durch das Gesundheitsamt: OVG NW, Beschl. v. 9. 7. 2002 – 14 A
1630/02). Dagegen muss der Prüfling sich Verzögerungen anrechnen lassen, die dadurch entstehen, dass er unsachgemäßen ärztlichen Ratschlägen zum Verhalten gegenüber dem Prüfungsamt vertraut oder sich nicht hinreichend darum bemüht hat,

143   Bei alledem ist ferner zu berücksichtigen, dass die **Zumutbarkeit der Rücktrittserklärung** zu einem bestimmten (frühen) Zeitpunkt nicht selten auch von den Besonderheiten der **Prüfungssituation** abhängig ist. Bemerkt der Prüfling etwa während der Aufsichtsarbeit Zahn- oder Kopfschmerzen, erhebliche Abgeschlagenheit oder ähnliche Erscheinungen, so darf er durchaus abwarten, ob diese sich als anhaltende Gesundheitsstörungen entwickeln oder nach gewisser Zeit etwa mit dem Nachlassen der Prüfungsanspannung vorübergehen. Wer in der Belastung der konkreten Prüfungssituation versucht, mit seinen dort auftretenden Beschwerden fertig zu werden, darf nicht allein deswegen benachteiligt werden, weil ihm dies wider Erwarten nicht gelingt. In dem letzteren Fall muss der Prüfling sodann jedoch entweder bei der Abgabe der betreffenden Aufsichtsarbeit den Rücktritt erklären und dabei seine gesundheitlichen Beschwerden angeben oder mindestens sogleich nach der Beendigung der Aufsichtsarbeit einen Arzt aufsuchen, um mit dessen Hilfe den wahren Charakter der Beschwerden zu ermitteln, und im Falle einer festgestellten Erkrankung unmittelbar anschließend den Rücktritt erklären.

144   In der **mündlichen Prüfung** sind die Anforderungen an die Zumutbarkeit des Rücktritts in der Regel weiter abgemildert, weil der Prüfling sich hier unter Zeitdruck auf das Prüfungsgeschehen zu konzentrieren hat und es ihm daher zumeist an hinreichender Gelegenheit fehlt, die einschneidenden Konsequenzen eines Rücktritts zu überdenken. Auch sonst kann es nach Lage der Dinge geboten sein, dem Prüfling selbst im Falle der Kenntnis seiner plötzlichen Erkrankung eine **angemessene Überlegungsfrist** einzuräumen, etwa wenn die konkrete Prüfungssituation (z. B. wenn bereits mehrere Aufsichtsarbeiten erstellt worden sind, die im Falle des Rücktritts nicht angerechnet würden,) es objektiv sinnvoll erscheinen lässt, eine (weitere) ärztliche Aufklärung darüber zu erlangen, welche Bedeutung die Beschwerden in Wahrheit haben, wie lange sie voraussichtlich andauern werden und ob sie zumindest für die restliche Zeit der Prüfung mit Medikamenten hinreichend auszuschalten sind. Wenn erst in Kenntnis solcher erheblichen Umstände eine **sorgfältige Abwägung aller Belange** stattfinden kann, die für oder gegen den Rücktritt sprechen, muss die dafür notwendige Zeit dem Prüfling gewährt werden.[83] Welcher Zeitraum dafür anzusetzen ist, kann nicht generell, sondern nur nach den Umständen des Einzelfalls beantwortet werden. Wesentlich ist in aller Regel, wie schnell der Prüfling angesichts der von ihm selbst nicht hinreichend sicher zu würdigenden gesundheitlichen Beschwerden einen Arzt seines Vertrauens zu konsultieren vermag. Das kann etwa an einem Wochenende ausnahmsweise erst nach (wenigen) Tagen der Fall sein. Zu be-

---

von einem Arzt rechtzeitig ein Attest zu erhalten (VGH Bad.-Wttbg., U. v. 17. 2. 1992 – 9 S 1524/90 – SPE 436 Nr. 12).

[83] Vgl. dazu insgesamt: BVerwG, U. v. 7. 10. 1988 – 7 C 8.88 – BVerwGE 80, 282 = Buchholz 421.0 Prüfungswesen Nr. 259 = NJW 1989, 2340; ferner *Wortmann* NWVBl. 1992, 304 ff., 308.

rücksichtigen ist dabei auch der objektive Aufklärungsbedarf; ist die Situation bei verständiger Würdigung nahezu eindeutig, kann die Überlegungsfrist nur kurz sein und etwa nur wenige Stunden umfassen.[84] Keineswegs darf die **Bekanntgabe des Prüfungsergebnisses** abgewartet werden, um sich im Falle des Misslingens der Prüfung unter Verstoß gegen die Chancengleichheit eine zusätzliche Prüfungsmöglichkeit zu verschaffen.[85]

Da die Unverzüglichkeit des Rücktritts daran zu messen ist, ab welchem **145** Zeitpunkt der Prüfling die (krankhafte) Verminderung seiner körperlichen oder geistigen Leistungsfähigkeit erkannt hat oder bei der generell zu erwartenden Sorgfalt zumindest hätte erkennen müssen, macht es regelmäßig Schwierigkeiten, die „unerkannte" Prüfungsunfähigkeit den genannten Anforderungen entsprechend angemessen zu berücksichtigen. Zunächst ist klarzustellen, dass von einer „Unkenntnis" in diesem Sinne nicht schon dann die Rede sein kann, wenn der Prüfling nicht in der Lage ist, seinen Zustand medizinisch als eine bestimmte Krankheit zu diagnostizieren oder rechtlich als „Prüfungsunfähigkeit" zu würdigen. Kenntnis von seiner Prüfungsunfähigkeit hat der Prüfling vielmehr schon dann, wenn ihm sein gesundheitlicher Zustand (speziell seine gesundheitlichen Beschwerden) in den wesentlichen Merkmalen bewusst ist und er die Auswirkungen der Erkrankung auf seine Leistungsfähigkeit im Sinne einer „Parallelwertung in der Laiensphäre" erfasst.[86] Dazu wird von dem erkrankten Prüfling erwartet, dass er den ihn behandelnden Arzt ausdrücklich danach fragt, ob dieser die Prüfung bzw. deren Fortsetzung aus ärztlicher Sicht für vertretbar hält. Bejaht der Arzt die Prüfungsfähigkeit trotz der von ihm erkannten – aber falsch eingeschätzten – gesundheitlichen Beeinträchtigungen, so darf der Prüfling darauf vertrauen und ist nicht etwa gehalten, angesichts der in der Prüfung auftretenden Beschwerden sogleich den Rücktritt zu erklären. Stellt sich anschließend aufgrund der sodann gebotenen weiteren Untersuchungen heraus, dass eine bislang nicht erkannte krankheitsbedingte Leistungsminderung vorlag, so muss der Prüfling nunmehr sogleich den Rücktritt erklären.[87] Bei **nervlichen oder psychischen Beeinträchtigungen** ist für das die „Unkenntnis" ausschließende „Kennenmüssen" (s. Rdn. 139) maßgebend, ob der Prüfling – nötigenfalls nach ärztlicher Information – weiß, ob diese Beschwerden über schlichte Examenspsychosen hinaus einen echten Krankheitswert haben und wieweit es ihm möglich war, seine Krankheit und das damit vorhandene Examensrisiko einzuschätzen.[88]

---

[84] So auch *Wortmann*, a. a. O.

[85] BVerwG, U. v. 6. 9. 1995 – 6 C 16.93 – BVerwGE 99, 172 = NJW 1996, 2439 = Buchholz a. a. O. Nr. 355.

[86] BVerwG, Beschl. v. 22. 9. 1993 – 6 B 36.93 – Buchholz 421.0 Prüfungswesen Nr. 318, und v. 2. 8. 1984 – 7 B 129.84 – Buchholz a. a. O. Nr. 200, und v. 17. 1. 1984 – 7 B 29.83 – Buchholz a. a. O. Nr. 190 = DÖV 1984, 810.

[87] BVerwG, U. v. 15. 12. 1993 – 6 C 28.92 – Buchholz a. a. O. Nr. 323.

[88] BVerwG, U. v. 15. 12. 1993, a. a. O.

146   Zwischen dem Erkennen seiner krankheitsbedingten Einschränkung der Leistungsfähigkeit, welches die Erklärungs- und Nachweispflicht des Prüflings auslöst, und dem Bestehen einer wirklichen „Prüfungsunfähigkeit" sind innere Zusammenhänge gegeben: Wer während der Prüfung **keine erhebliche Verminderung** seiner **Leistungsfähigkeit bemerkt** – sondern etwa erst nach Bekanntgabe des (negativen) Prüfungsergebnisses –, ist in der Regel **nicht prüfungsunfähig.**[89] Jedenfalls ist sodann zu vermuten, dass die zunächst unerkannte, aber später festgestellte Krankheit – sofern sie überhaupt erheblichen Einfluss auf die Leistungsfähigkeit in der Prüfung haben kann – sich in dem konkreten Fall nicht leistungsmindernd bemerkbar gemacht hat. Freilich ist zu beachten, dass dies alles nur als eine Regel, nicht dagegen als ein absoluter Maßstab gelten darf. Es ist keineswegs ausgeschlossen, dass der Prüfling in der Anspannung der Prüfungssituation gewisse Beeinträchtigungen (z. B. Kopfschmerzen oder Konzentrationsmängel) verkannt oder als Begleiterscheinungen seiner Prüfungsangst gewertet hat. Wenn später eine die Leistungsfähigkeit typischerweise mindernde Erkrankung festgestellt wird, ist unter diesen Umständen anzunehmen, dass die Leistungsfähigkeit auch schon während der Prüfung – wenngleich unerkannt – aus gesundheitlichen Gründen vermindert war.[90]

147   Die Prüfungsunfähigkeit ist im Übrigen dann ausnahmsweise **nachträglich** zu berücksichtigen, wenn der Prüfling sich trotz seiner Krankheit **ohne eigenes Verschulden** – insbesondere in Unkenntnis oder in krankheitsbedingter Fehleinschätzung seiner wahren gesundheitlichen Verfassung – der Prüfungssituation ausgesetzt hat und er diesen Nachteil nicht etwa durch Rücktritt oder Verschiebung der Prüfung abwenden konnte.[91] Das gilt auch dann, wenn eine bekannte – die Prüfungsfähigkeit jedoch bislang nicht ausschließende – Krankheit sich während der Prüfung **wesentlich verschlimmert** hat, ohne dass dies für den Prüfling vorhersehbar oder in seiner Tragweite überschaubar war.[92]

148   Auch in diesen Fällen ist jedoch die Prüfungsunfähigkeit, sobald sie erkannt worden ist, **unverzüglich anzuzeigen** und der **Rücktritt** mit dem

---

[89] BVerwG, Beschl. v. 17. 1. 1984 – 7 B 29.83 – a. a. O., mit zust. Anm. von *Weber* BayVBl. 1984, 373. Vgl. ferner: Beschl. v. 22. 9. 1993 – 6 B 36.93 – Buchholz a. a. O. Nr. 318, und v. 14. 6. 1 983 – 7 B 107.82 – Buchholz a. a. O. Nr. 176.

[90] BVerwG, U. v. 15. 12. 1993 – 6 C 28.92 –, a. a. O; ebenso: *Wortmann,* a. a. O., S. 307, und *Klenke,* a. a. O., S. 201.

[91] BVerwG, Beschl. v. 3. 1. 1994 – 6 B 57.93 – Buchholz a. a. O. Nr. 327, und v. 25. 11. 1992 – 6 B 27.92 – Buchholz a. a. O. Nr. 306, und v. 19. 5. 1987 – 7 B 107.87 – Buchholz a. a. O. Nr. 241, und v. 28. 2. 1980 – 7 B 232.79 – Buchholz a. a. O. Nr. 125. BayVGH, U. v. 6. 7. 1987 – M3 K 85.6648 – SPE 596 Nr. 27. Zum Ausschluss der Rüge der Prüfungsunfähigkeit nach dem Misserfolg der Prüfung, wenn die Zulassung zur Prüfung durch eine unrichtige Bescheinigung über die Prüfungsfähigkeit erreicht worden ist: VGH Bad.-Wttbg., U. v. 8. 6. 1978 – IX 1024/78 – SPE III E II, S. 13.

[92] Vgl. VGH Bad.-Wttbg., Beschl. v. 9. 8. 2002 – 9 S 1573/02 – VBlBW 2002, 533: Keine beachtliche Verschlimmerung, wenn der schon vorher erkrankte Prüfling zu Beginn der Prüfung die Dauer seiner Konzentrationsfähigkeit überschätzt.

gebotenen Nachweis der Erkrankung zu **erklären**. Ist eine (amts-)ärztliche Untersuchung aus Gründen, die der Prüfling nicht zu vertreten hat, erst gewisse Zeit nach dem Prüfungstermin möglich und sind die **Krankheitserscheinungen** dann schon **abgeklungen,** so genügt auch insofern die ärztliche Feststellung, dass die Angaben des Prüflings über die Erkrankung nach dem gegenwärtigen Befund glaubhaft sind (vgl. Rdn. 137).[93] Die Prüfung darf in solchen Fällen nur dann für „nicht bestanden" erklärt werden, wenn die Gesundung von der betreffenden Krankheit in der kurzen Zeit mit an Sicherheit grenzender Wahrscheinlichkeit ausgeschlossen ist, so dass die Krankheit offensichtlich nicht vorgelegen hat.

c) Genehmigung des Rücktritts

Manche Prüfungsordnungen erlauben den Rücktritt von der Prüfung 149 oder das Versäumen eines Prüfungstermins – mit der Folge einer erneuten Prüfung – ausdrücklich nur, wenn ein **„wichtiger Grund"** vorliegt (so z. B. § 18 Abs. 1 Satz 3 und § 19 Abs. 1 Satz 2 ÄAppO). Mit dieser Sonderregelung sind speziell auch Fälle der hier erörterten Art gemeint, nämlich dass der Prüfling eine gesundheitliche Beeinträchtigung geltend macht, die seine Leistungsfähigkeit während der Prüfung erheblich vermindert. Die Feststellung dieses Sachverhalts und als Rechtsfolge die – gesamte oder teilweise – Annullierung des Prüfungsversuchs ist nach den entsprechenden Vorgaben der Prüfungsordnung hier in einem **förmlichen Genehmigungsverfahren** zu treffen. Dieses Verfahren mit dem Ziel der Anerkennung der Prüfungsunfähigkeit und der Zulassung zu einer erneuten Prüfung oder zu selbständigen Teilen der Prüfung ist in den Prüfungsordnungen häufig dahin geregelt, dass der Prüfling gehalten ist, die **Genehmigung des Rücktritts/des Versäumnisses**[94] bei der Prüfungsbehörde **förmlich zu beantragen,** und zwar regelmäßig mit einer **zeitlichen Begrenzung** (z. B. vor der Bekanntgabe des Prüfungsergebnisses[95] oder „unverzüglich" oder innerhalb

---

[93] Nach Auffassung des OVG NW kann eine nachträglich ausgestellte ärztliche Bescheinigung berücksichtigt werden, wenn sie tragfähige Aussagen über die Art der Erkrankung am Tage der Prüfung und deren Auswirkungen auf die Leistungsfähigkeit des Prüflings enthält: OVG NW, Beschl. v. 27. 3. 1992 – 22 A 2304/91.

[94] Eine Verwechselung dieser Begriffe z. B. in dem Genehmigungsbescheid hindert nicht den Eintritt der bezeichneten Rechtswirkungen: BVerwG, U. v. 6. 9. 1995 – 6 C 2.94 – BVerwGE 99, 208 = NVwZ 1997, 181 = SPE 980 Nr. 181.

[95] Diese zeitliche Schranke rechtfertigt sich insbesondere daraus, dass die Chancengleichheit verletzt wäre, wenn es dem Prüfling gestattet würde, sich in Kenntnis des Prüfungsergebnisses dafür zu entscheiden, ob er es gelten lassen will oder nicht. Da nach der Bekanntgabe des Prüfungsergebnisses das Prüfungsverfahren beendet ist, ist später für den Rücktritt und das Genehmigungsverfahren ohnehin kein Raum mehr. Wer eine zunächst unerkannte, zeitweise Prüfungsunfähigkeit nach der Bekanntgabe des Prüfungsergebnisses geltend machen will, kann daher nur noch einen objektiven Mangel in dem Verfahren zur Ermittlung seiner wahren Fähigkeiten und Kenntnisse innerhalb der Rechtsmittelfrist rügen.

einer Ausschlussfrist)[96] und dabei zugleich mit gewissen **förmlichen Anforderungen an den Nachweis** der gesundheitlichen Beeinträchtigung etwa durch ein amtsärztliches Zeugnis (vgl. § 18 Abs. 1 Satz 4 ÄAppO). Eine solche Verselbständigung eines Teils des Prüfungsverfahrens ist generell zulässig.[97]

150 Ist in der Prüfungsordnung ein **förmliches Genehmigungsverfahren nicht vorgesehen,** hat die Prüfungsbehörde dem Prüfling auf seine Rücktrittserklärung gleichermaßen alsbald mitzuteilen, ob sie die Prüfungsunfähigkeit anerkennt und deshalb den Prüfungsversuch ganz oder teilweise annulliert.

151 Praktische Bedeutung können die vorbezeichneten Unterschiede des Verfahrens dafür haben, wie der Prüfling sich in dem Fall zu verhalten hat, dass die Behörde ihm nicht zustimmt. Bei der **Ablehnung** eines **Genehmigungsantrags** bedarf es des **förmlichen Widerspruchs** gegen diesen Bescheid (vgl. §§ 68 ff. VwGO), da er sonst bestandskräftig würde und die Prüfungsunfähigkeit bei der späteren Anfechtung des (negativen) Prüfungsbescheids nicht mehr geltend gemacht werden könnte.[98] Daneben muss die (negative) Prüfungsentscheidung vorsorglich angefochten werden, da sie sonst bestandskräftig würde.[99] Ist dagegen ein förmliches Genehmigungsverfahren allgemein nicht vorgesehen und ergeht auch nicht im Einzelfall ein den Rücktritt ablehnender Bescheid des Prüfungsamts,[100] so kann die **Prüfungsunfähigkeit** nur als ein **Mangel des Prüfungsverfahrens** mit der **Anfechtung der Prüfungsentscheidung** geltend gemacht und weiter verfolgt werden. Falls das Vorbringen begründet ist, führt der Weg hier über die Aufhebung der Prüfungsentscheidung zu einer erneuten Prüfung (zu den

---

[96] Auch diese ist aus höherrangigem Recht nicht zu beanstanden: BVerwG, U. v. 22. 6. 1994 – 6 C 37.92 – Buchholz 421.0 Prüfungswesen Nr. 333 = BayVBl. 1994, 725, und Beschl. v. 17. 4. 1984 – 7 B 29.83 – Buchholz a.a.O. Nr. 190 = DÖV 1984, 810 = BayVBl. 1984, 247.

[97] BVerwG, Beschl. v. 14. 3. 1989 – 7 B 39.89 – DVBl. 1989, 1211 = Buchholz a.a.O. Nr. 260 = SPE 596 Nr. 37, und v. 10. 4. 1990 – 7 B 48.90 – DVBl. 1990, 939 = BayVBl. 1990, 411.

[98] Die Lösung des OVG NW (Beschl. v. 27. 3. 1992 – 22 A 2304/91 – und v. 4. 3. 1992 – 22 A 445/91 –, verteidigt von *Wortmann*, a.a.O., S. 308), wonach auch in diesen Fällen die Prüfungsunfähigkeit als ein Mangel des Prüfungsverfahrens stets auf die Rechtmäßigkeit des Prüfungsbescheids durchschlage, dessen Anfechtung auch hier genüge, mag zwar eine „sehr einfache Linie" sein (so *Wortmann*, a.a.O.), sie erscheint aber prozessrechtlich kaum haltbar. Für ein gesondertes Vorverfahren gegen die Ablehnung der Genehmigung des Rücktritts nunmehr: OVG NW, U. v. 6. 12. 1994 – 22 A 518/94.

[99] Genehmigt die Prüfungsbehörde aus wichtigem Grund das Versäumen eines Teils der Prüfung und teilt sie gleichzeitig mit, dass der mit mangelhaft bewertete andere Teil der Prüfung bestehen bleibe, so ist diese Mitteilung kein Verwaltungsakt, der bestandskräftig werden könnte: BVerwG, U. v. 6. 9. 1995 – 6 C 2.94 –, a.a.O.

[100] Es handelt sich sodann um die bloße Mitteilung, mit welcher Bewertung die versäumte Leistung in die abschließende Prüfungsentscheidung eingehen werde.

damit angesprochenen prozessualen Fragen vgl. ferner Rdn. 801, 813, 815 ff., 819 ff.).[101]

Die Prüfungsordnungen bestimmen regelmäßig für den Fall, dass der **152** Rücktritt **nicht genehmigt** wird – etwa weil die geltend gemachte Erkrankung nicht erheblich sei –, dass die Prüfung oder der Prüfungsteil als „nicht bestanden" gilt (vgl. § 18 Abs. 2 ÄAppO). Ein solches Ergebnis wäre indes unverhältnismäßig, wenn sich erweist, dass die vorsorglich fertiggestellte und abgegebene Prüfungsarbeit durchaus brauchbar und möglicherweise sogar überdurchschnittlich gut zu bewerten ist. Dem Prüfling muss daher die Möglichkeit erhalten bleiben, den erfolglosen Antrag auf Genehmigung des Rücktritts zurückzunehmen und eine reguläre Bewertung seiner Prüfungsarbeit zu verlangen.

Ist der **Rücktritt** oder das **Versäumen eines Prüfungstermins** aus wichti- **153** gem Grunde **gerechtfertigt** und förmlich **genehmigt** worden, so ist im allgemeinen **nur** der davon betroffene (abtrennbare) **Teil der Prüfung**[102] ein weiteres Mal zu durchlaufen, also die Hausarbeit, der Klausurensatz oder die mündliche Prüfung **zu wiederholen.** Sachlich begründete weitere Abtrennungen sind statthaft, wenn dadurch die Chancengleichheit nicht verletzt wird. Soweit die Prüfung ein **einheitlicher Vorgang** ist, in dem die Leistungen mehrerer Prüflinge nach einheitlichen Maßstäben zu bewerten sind, ist eine **separate Wiederholung** nicht zulässig. Dadurch ist in diesem Fall ausgeschlossen, dass der inzwischen gesunde Prüfling lediglich einzeln eine einzige Klausur nachschreibt oder sich der mündlichen Prüfung ohne Mitprüflinge in einen einzelnen Fach unterzieht. Hiervon mag dann eine Ausnahme zulässig sein, wenn nach Art der Prüfung eine solche Trennung für die Chancengleichheit keine Bedeutung hat oder wenn eine Nachholung anders nicht möglich ist. Schließlich kann auch von Bedeutung sein, dass die Prüfung wegen der Erkrankung des Prüflings **längere Zeit unterbrochen** oder der Fortgang sonstwie **unverschuldet erheblich verzögert** worden ist. Wenn dadurch der Zweck der zunächst begonnenen Prüfung unerreichbar geworden ist, weil der etwa erforderliche Zusammenhang zwischen den einzelnen für das Bestehen der Prüfung geforderten Leistungen nicht mehr gewahrt ist, kann der Prüfling die Genehmigung des Rücktritts von der gesamten Prüfung verlangen.[103]

Die Genehmigung des Rücktritts von einem (abtrennbaren) Teil der – nur **154** insoweit zu wiederholenden – Prüfung bewirkt auch ohne besondere ge-

---

[101] OVG NW, U. v. 6. 12. 1994 – 22 A 518/94. Der Umweg über den Anspruch auf Wiederaufgreifen des Verfahrens (§ 51 VwVfG) im Falle der späteren Genehmigung des Rücktritts ist gangbar, jedoch weniger empfehlenswert.

[102] Die in § 18 ÄAppO für den Fall des Rücktritts von einer Prüfung oder einem Prüfungsabschnitt getroffene Regelung muss aus Gründen der Gleichbehandlung mit den Fällen des Versäumnisses der Prüfung (§ 19 ÄAppO) auch auf den Rücktritt von nur einem Teil der Prüfung angewandt werden: BVerwG, U. v. 6. 9. 1995 – 6 C 13.93 – BVerwGE 99, 172 = NJW 1996, 2439 = Buchholz a. a. O. Nr. 335.

[103] OVG NW, U. v. 23. 10. 1986 – 22 A 2737/85 – NVwZ 1988, 461.

setzliche Regelung nach einem allgemeinen prüfungsrechtlichen Grundsatz, dass die **nicht betroffenen anderen Teile Bestand haben,** einschließlich der dort erteilten Bewertungen, und zwar ohne Rücksicht darauf, ob dies für den Prüfling günstig ist oder nicht. Zum Beispiel bleibt bei einer mehrtägigen, nur als Einheit zu bewertenden Prüfung das eine Sanktionsnote rechtfertigende Verhalten des Prüflings am ersten Prüfungstag (etwa die verspätete Abgabe der Klausur) rechtlich unberührt von einem nur den zweiten Prüfungstag betreffenden krankheitsbedingten Rücktritt.[104]

155   Gelegentlich enthalten Prüfungsordnungen eine **zeitliche Begrenzung** der Möglichkeit, die in den anderen Prüfungsteilen erbrachten **positiven Bewertungen „stehen zu lassen",** um mit ihrer Hilfe und dem nachzuholenden Prüfungsteil zu einem positiven Gesamtergebnis zu gelangen. Dafür ist freilich eine entsprechende Regelung in der Prüfungsordnung unverzichtbar, die eine gleichmäßige Handhabung solcher Vergünstigungen sichert. Bei den **ärztlichen Prüfungen** regeln die §§ 18 Abs. 1 Satz 2 und 19 Abs. 1 Satz 2 ÄAppO[105] nunmehr einheitlich, dass im Falle der Genehmigung des Rücktritts „aus wichtigem Grund" der Prüfungsabschnitt oder der Prüfungsteil als nicht unternommen gilt. Andernfalls gilt der Prüfungsabschnitt oder der Prüfungsteil als nicht bestanden. Die früher bestehenden Zeitschranken, die eine Anrechnung früherer Leistungen ermöglicht haben, sind daher seither ohne Bedeutung.

156   Bei **Wiederholungsprüfungen,** die allein auf eine **Verbesserung der Note der bestandenen Prüfung** abzielen, erlaubt auch der genehmigte krankheitsbedingte Rücktritt von einer solchen Prüfung nicht, den in der Prüfungsordnung abschließend für alle Prüfungsversuche festgelegten **Zeitrahmen** (z.B. bis zum übernächsten Prüfungstermin) zu überschreiten. Denn eine solche Frist muss nach ihrem Sinn und Zweck, Prüfungsverfahren zur Notenverbesserung in zeitlichen Grenzen zu halten, als eine **Ausschlussfrist** verstanden werden, so dass es nicht auf die Gründe ankommt, aus denen sie versäumt worden ist.

III. Zur Person des Prüfers

157   Außer der fachlichen Qualifikation (dazu Rdn. 158 ff.) muss selbstverständlich auch die **allgemeine persönliche** (z.B. gesundheitliche) **Qualifikation** des Prüfers als eine Grundvoraussetzung für die Erfüllung der ihm gestellten Aufgaben vorhanden sein. Nicht nur der Prüfling, sondern auch der Prüfer muss zum Zeitpunkt der Prüfung **„prüfungsfähig"** sein (vgl. Rdn. 115 ff.). Dies ist nicht der Fall, wenn der Prüfer etwa nach einem Verkehrsunfall auf dem Wege zur Prüfung unter schockartigen Behinderungen

---

[104] VGH Bad.-Wttbg., U. v. 12. 5. 1992 – 9 S 1210/90 – SPE 538 Nr. 14.
[105] In der Fassung v. 27. 6. 2002, BGBl. I, S. 2405.

leidet oder wenn er wegen einer fiebrigen Erkrankung erheblich geschwächt ist.[106] Die Prüfungsfähigkeit des Prüfers ist nicht immer schon dann gegeben, wenn er sich nach seiner eigenen Einschätzung für prüfungsfähig hält.[107] Begründeten Zweifeln muss nachgegangen werden. Die Prüfung darf nur dann unter der Beteiligung dieses Prüfers stattfinden oder fortgeführt werden, wenn – notfalls auch mit ärztlicher Hilfe – geklärt ist, dass etwa gewisse äußere Erscheinungen, die zu **Zweifeln an der Prüfungsfähigkeit des Prüfers** berechtigten Anlass geben, in Wahrheit keine wesentliche Verminderung seiner Konzentrationsfähigkeit bewirken. Andernfalls leidet das Prüfungsverfahren an einem wesentlichen Mangel. Akustische oder sonstige Verständigungsschwierigkeiten, die etwa durch eine Sprachbehinderung bzw. Schwerhörigkeit des Prüfers entstehen können, sind nur dann hinzunehmen, wenn der Prüfling sich hierauf ohne besondere Belastung in zumutbarer Weise einstellen kann.

1. Fachliche Qualifikation[108]

Es folgt schon aus dem Wesen einer Prüfung und ist auch wegen der Einhaltung der Chancengleichheit geboten, dass die Beurteilung von Prüfungsleistungen nur Personen übertragen werden darf, die nach ihrer **fachlichen Qualifikation** in der Lage sind, den Wert der erbrachten Leistung eigenverantwortlich zu beurteilen und zu ermitteln, ob der Prüfling die geforderten Kenntnisse und Fähigkeiten besitzt, deren Feststellung die Prüfung dient.[109] Die Entscheidung über den Wert einer Prüfungsleistung, die den Zugang zu einer bestimmten beruflichen Tätigkeit oder eine bestimmte wissenschaftliche Qualifikation vermittelt, darf grundsätzlich nur denjenigen anvertraut werden, die eine hinreichend sachkundige Bewertung der Prüfungsleistungen gewährleisten. Dem ferner aus dem Grundsatz der Chancengleichheit (Art. 3 Abs. 1 GG) herzuleitenden verfassungsrechtlichen **Gebot der sachkundigen Bewertung** entspricht ein Recht des Prüflings, dass über seine Leistung letztlich von hinreichend sachkundigen Personen entschieden wird.[110]

158

---

[106] Ebenso: *Klenke*, Rechtsfragen des Justizprüfungsrechts, NWVBl. 1988, 199 ff., 204/205.

[107] Anderer Ansicht *Klenke*, a. a. O., S. 205, der dem Prüfer insofern eine Beurteilungsermächtigung zubilligt.

[108] Wegen der Zuständigkeit und der Verfahrensregeln betreffend die Bestellung von Personen zu Prüfern sowie die Besetzung der Prüfungskommission vgl. Rdn. 283 ff.

[109] BVerwG, Beschl. v. 18. 6. 1981 – 7 CB 22.81 – Buchholz 421.0 Prüfungswesen Nr. 149, und v. 2. 4. 1979 – 7 B 61.79 – Buchholz a. a. O. Nr. 107 = DÖV 1979, 753, und U. v. 22. 2. 1974 – 7 C 9/71 – BVerwGE 45, 39 = JR 1974, 437.

[110] BVerwG, U. v. 16. 3. 1994 – 6 C 1.93 – BVerwGE 95, 237 ff., 244 = NVwZ 1994, 1209 = Buchholz 421.2 Hochschulrecht Nr. 140 = JZ 1995, 40, m. Anm. v. *Krüger*, und Beschl. v. 27. 3. 1992 – 6 B 6. 92 – NVwZ 1992, 1199 = DÖV 1992, 884. Vgl. fer-

159 Dies ist im Grundsatz nicht umstritten und wird für den Hochschulbereich durch § 15 Abs. 4 HRG bekräftigt, wonach Prüfungsleistungen nur von Personen bewertet werden dürfen, die mindestens die **durch die Prüfung festzustellende** oder eine **gleichwertige Qualifikation** besitzen. Das Landesrecht, einschließlich der Hochschulsatzungen, darf nicht dahinter zurückbleiben, kann jedoch strengere Anforderungen stellen (vgl. Rdn. 163).

160 Zu unterscheiden ist zwischen den allgemeinen fachlichen und den besonderen fachspezifischen Qualifikationserfordernissen:[111]

Mindestvoraussetzung ist die „**allgemeine fachliche Qualifikation**" für die sachkundige Beurteilung von Leistungen in dem Bereich des Prüfungsgegenstandes. Maßstab dafür ist die durch die Prüfung festzustellende Qualifikation, die in aller Regel dadurch belegt wird, dass der Prüfer selbst diese Prüfung erfolgreich abgelegt hat. Es gibt aber keinen ungeschriebenen (bundesrechtlichen) Prüfungsgrundsatz, dass jeder, der eine Prüfung ablegen muss, nur von Prüfern geprüft werden darf, die die gleiche Prüfung selbst erfolgreich abgelegt haben.[112] Deshalb kann die allgemeine Qualifikation grundsätzlich auch anderweitig „**gleichwertig**" belegt werden (vgl. § 15 Abs. 4 HRG). An die Feststellung der „**Gleichwertigkeit**" sind mit Rücksicht auf die genannten verfassungsrechtlichen Vorgaben grundsätzlich strenge Anforderungen zu stellen. Diese sind indes nicht einheitlich, sondern nach dem Charakter und der Bedeutung der Prüfung unterschiedlich zu bemessen. Art und Ausmaß des erforderlichen Sachverstands des Prüfers sind abhängig von dem jeweiligen Prüfungszweck und müssen daher speziell im Blick auf die festzustellende berufliche oder wissenschaftliche Qualifikation bestimmt werden.

161 Ein brauchbares Kriterium dafür ist insbesondere eine langjährige erfolgreiche Praxis in dem betreffenden Beruf. Jedenfalls ist es bundesrechtlich[113] nicht ausgeschlossen, dass ein promovierter **Lehrbeauftragter** auch Magister- und Diplomprüfungen abhält oder ein Prüfer, der die Diplomprüfung abgelegt hat, an einer Magisterprüfung mitwirkt.[114] Entsprechendes gilt für die Bachelor- und Masterprüfungen (vgl. Rdn. 380ff., 389). Als Mitglieder der Prüfungskommission für den Zweiten Abschnitt der Ärztlichen Prüfung (mündlich-praktische Prüfung) können auch dem Lehrkörper einer Universität nicht angehörende Ärzte, wie Fachärzte für Allgemeinmedizin oder andere Fachgebiete, bestellt werden (§ 15 Abs. 1 Satz 6 ÄAppO). Der Be-

---

ner: BVerfG, Beschl. 16. 1. 1995 – 1 BvR 1505/94 – NJW 1995, 2626 = NVwZ 1995, 469, betr. den Stichentscheid durch das Prüfungsamt beim Ausbleiben einer Einigung des Prüfungsausschusses.

[111] Vgl. BVerwG, U. v. 16. 3. 1994, a. a. O.; dazu insgesamt: *H.-W. Waldeyer*, in: Hailbronner/Geis, Hochschulrahmengesetz, § 15 Rdn. 40ff., 48.

[112] BVerwG, Beschl. v. 27. 3. 1992 – 6 B 6.92 –, a. a. O.

[113] Wegen einiger landesrechtlicher Sonderregelungen im Hochschulbereich s. *Waldeyer*, a. a. O., Rdn. 49.

[114] *Waldeyer*, a. a. O., Rdn. 41.

griff des „**Universitätslehrers**" in § 4 Abs. 3 ZAppO stellt auf die Zu-
gehörigkeit zum Lehrpersonal und nicht etwa auf den Status oder die Habilitation des Lehrenden ab.[115]

Hat ein **Lehrbeauftragter,**[116] der spezielle Lehrveranstaltungen, auch **162**
Übungen oder Seminare, selbständig leitet, die dort erbrachten Leistungen
(etwa studienbegleitend) eigenverantwortlich zu bewerten, so gelten seine
Bewertungen grundsätzlich mit allen daraus folgenden prüfungsrechtlichen
Konsequenzen, insbesondere für die Zulassung zur Zwischen- oder Abschlussprüfung oder für die Bemessung von Leistungspunkten und Leistungsnachweisen in einem Bachelor- und Masterstudiengang. In solchen
und ähnlichen Fällen liegt in der – mit entsprechender Sorgfalt vorgenom-
menen – Berufung einer sachkundigen Person durch ein hierfür kompetentes Gremium die Anerkennung ihrer auf den speziellen Lehrauftrag bezogenen und insoweit „gleichwertigen" Befähigung.

Zu beachten bleibt, dass diese Mindestanforderungen an die allgemein- **163**
fachliche Qualifikation nur grundsätzlich gelten und dass **strengere Anforderungen,** die sich aus der Eigenart der Prüfung und deren Zweck rechtfertigen lassen, in den **Prüfungsordnungen** festgelegt werden dürfen. Deshalb
verstößt es weder gegen Art. 5 Abs. 3 GG noch gegen das Hochschulrahmengesetz, wenn eine Promotionsordnung einen an einem integrierten Studiengang einer Gesamthochschule tätigen Professor, der nicht das Anforderungsprofil der wissenschaftlichen Qualifikation durch die Habilitation oder
gleichwertige Leistungen erfüllt, von der Mitwirkung als Prüfer im Rahmen
einer Promotion ausschließt.[117]

Ohne eine spezielle engere gesetzliche Regelung ist es nicht zwingend ge- **164**
boten, dass der Prüfer gerade in dem **Fach, dem die Prüfungsaufgabe ent-
stammt,** beruflich tätig oder auf sonstige Weise spezialisiert sein muss.[118]
Vielmehr ist allgemein anzunehmen, dass diejenigen, die in einem Fachgebiet lehren oder beruflich tätig sind, ebenso die Prüfung in einem dazu ge-
hörenden Fach abnehmen dürfen.[119] Auch § 15 Abs. 4 HRG knüpft die
Prüfungsbefähigung nicht gegenständlich an ein bestimmtes Niveau von

---

[115] BVerwG, Beschl. v. 24. 2. 2003 – 6 C 22.02 – Buchholz 421.0 Prüfungswesen
Nr. 403 = DÖV 2003, 726; OVG Berlin, U. v. 2. 7. 2002 – OVG 4 B 11.00.

[116] Insbesondere ein promovierter akademischer Mitarbeiter oder eine in der beruflichen Praxis und Ausbildung erfahrene Person.

[117] BVerwG, Beschl. v. 8. 4. 1988 – 7 B 78.86 – Buchholz 421.2 Hochschulrecht
Nr. 118 = NVwZ 1988, 827.

[118] BVerwG, Beschl. v. 20. 8. 1997 – 6 B 25.97 – Buchholz 421.0 Prüfungswesen
Nr. 383, betr. Prüfungsaufgaben auf dem Gebiete der Rechtsgeschichte, und Beschl. v.
20. 11. 1995 – 6 B 66.95 – Buchholz a.a.O. Nr. 360, und v. 18. 1. 1983 – 7 CB 55.78 –
DVBl. 1983, 591. Zum Einsatz weniger erfahrener Prüfer neben einem erfahrenen
Prüfer: HessVGH, U. v. 24. 2. 1994 – 6 UE 2123/91.

[119] BVerwG, U. v. 24. 2. 2003 – 6 C 22.03 – a.a.O.; OVG Berlin, U. v. 2. 7. 2002 –
OVG 4 B 11.00 –, jeweils auf der Grundlage des § 4 Abs. 3 ZAppO und unter Hinweis auf ähnliche Regelungen in § 15 Abs. 1 Satz 6 ÄAppO.

Fachkenntnissen, sondern geht davon aus, dass der in einem Fachgebiet zur Lehre Berufene dafür qualifiziert ist, den Erfolg seiner Bemühungen zu überprüfen.[120]

165   Eine besondere **fachspezifische Qualifikation** des Prüfers ist indes erforderlich, wenn und soweit besondere fachliche Leistungen nicht ohne entsprechend spezielle Fachkenntnisse des Prüfers verantwortlich zu bewerten sind (z.B. bei den meisten naturwissenschaftlichen oder auch sprachlichen Prüfungen).[121] Sind diese Bedingungen gegeben – was sich nur nach dem Sinn und Zweck der jeweiligen Prüfung entscheiden lässt –, so sind die besonderen Anforderungen an den Prüfer dadurch zu erfüllen, dass er die fachliche Qualifikation speziell in der Fachrichtung besitzt, die den Prüfungsgegenstand bestimmt.

166   Dabei ist zwar in erster Linie auf formelle Qualifikationsnachweise (fachlich einschlägige Promotionen, Habilitationen oder sonstige fachspezifische Abschlüsse) abzustellen. Doch sind auch hier **informelle,** aber inhaltlich gleichwertige **Qualifikationen** nicht ausgeschlossen. Entscheidend ist letztlich, ob der betreffende Prüfer auch ohne die spezielle fachliche Ausrichtung – etwa wegen der einheitlichen Grundanforderungen oder wegen der Nähe der Materien – in der Lage ist, die fachspezifischen Leistungen des Prüflings angemessen zu bewerten.[122] Ausreichen kann es ausnahmsweise auch, dass der Prüfer seine speziellen Fachkenntnisse durch qualifizierte Veröffentlichungen kundgetan hat. Dagegen ist der Fachprüfungsausschuss in der Abiturprüfung fehlerhaft besetzt, wenn der Fachprüfungsleiter weder die Lehrbefähigung noch die notwendigen Fachkenntnisse in dem betreffenden Prüfungsfach besitzt.[123]

167   Bei den – übergangsweise noch praktizierten – **Juristischen Staatsprüfungen alter Art** (erste und zweite juristische Staatsprüfung) ist die allgemeine fachliche Qualifikation ohne weiteres anzunehmen, wenn der Prüfer die „Befähigung zum Richteramt" besitzt; ferner reicht es insofern aus, wenn ein hieran beteiligter Universitätsprofessor die Lehrbefugnis in dem Bereich besitzt, zu dem das Prüfungsfach gehört.[124]

168   Gemäß § 5 Abs. 1 (2. Halbs.) DRiG in der Fassung des **Gesetzes zur Reform der Juristenausbildung** vom 11. 7. 2002 (BGBl. I, S. 2592), das am

---

[120] *Waldeyer,* a. a. O., Rdn. 41.

[121] BVerwG, U. v. 16. 3. 1994 – 6 C 1.93 –, a. a. O. (BVerwGE 95, 244).

[122] VGH Bad.-Wttbg., Beschl. v. 13. 2. 2001 – 9 S 197/01 – SPE 530 Nr. 19, betr. Lehrer an einem Wirtschaftsgymnasium mit der Lehrbefähigung für Geschichte als Prüfer auch für das Fach Wirtschaftsgeographie. Weitere Einzelheiten: *Waldeyer,* a. a. O., Rdn. 48.

[123] OVG Nds., U. v. 20. 7. 1994 – 13 L 1680/93 – SPE 552 Nr. 19.

[124] Die Anforderungen sind auch dann erfüllt, wenn in einer juristischen Staatsprüfung ein ausländischer Hochschullehrer beteiligt wird, der einem deutschen Universitätsprofessor hochschul- und beamtenrechtlich gleichgestellt ist: BVerwG, Beschl. v. 27. 3. 1992 – 6 B 6.92 – NVwZ 1992, 1199 = DÖV 1992, 884.

1. Juli 2003 in Kraft getreten ist,[125] besteht die erste juristische Prüfung aus einer universitären Schwerpunktbereichsprüfung und einer staatlichen Pflichtfachprüfung (dazu im Einzelnen Rdn. 349 ff.). Für die universitäre Prüfung gilt unmittelbar § 15 Abs. 4 HRG, wonach Prüfungsleistungen nur von Personen bewertet werden dürfen, die selbst mindestens die durch die Prüfung festzustellende oder eine gleichwertige Qualifikation besitzen (vgl. Rdn. 159 ff.). Dazu zählen nach altem Recht die erste juristische Staatsprüfung und nach neuem Recht die **„erste Prüfung"** insgesamt, nicht etwa schon die universitäre Schwerpunktbereichsprüfung. Zwar gelten beide Teile grundsätzlich als selbständig; hinsichtlich der notwendigen fachlichen Qualifikation des Prüfers ist indes auf die durch die Prüfung insgesamt festzustellenden Leistungen abzustellen, denn auch die Leistungen in den Schwerpunktbereichen sind in ihrer Bedeutung für das Prüfungsziel nur von demjenigen Prüfer hinreichend zu würdigen, der auch in den Kernbereichen des Bürgerlichen Rechts, Strafrechts und des Öffentlichen Rechts in der durch § 15 Abs. 4 HRG gebotenen Weise qualifiziert ist.

Die Neugestaltung der ersten juristischen Prüfung wirft in diesem Zu- 169 sammenhang noch ein weiteres Problem auf: Nach § 5 d Abs. 1 Satz 1 DRiG n. F. haben die staatlichen und universitären Prüfungen die **rechtsprechende, verwaltende** und **rechtsberatende Praxis** einschließlich der hierfür erforderlichen **Schlüsselqualifikationen zu berücksichtigen;** auch die **Fremdsprachenkompetenz** kann Gegenstande der Bewertung sein. Zu den Schlüsselqualifikationen zählen: Verhandlungsmanagement, Gesprächsführung, Rhetorik, Streitschlichtung, Mediation, Vernehmungslehre und Kommunikationsfähigkeit (§ 5a Abs. 3 DRiG). Damit stellt sich in besonderem Maße die Frage, welche Anforderungen an die Prüfer zu stellen sind, damit sie als hinreichend qualifiziert gelten können, die entsprechenden Kenntnisse und Fähigkeiten des Prüflings zu ermitteln und zu bewerten.

Der in dieser Neuregelung hervorgehobene und ausdrücklich erweiterte 170 Praxisbezug zielt darauf ab, die juristische Ausbildung von der bisher einseitigen Konzentrierung auf die „Befähigung zum Richteramt" zu lösen und auch den Anforderungen der **rechtsberatenden** und **verwaltenden Tätigkeit** gerecht zu werden. Daraus folgt grundsätzlich, dass die Prüfer in der Lage sein müssen, diese Anforderungen zu erfüllen (zu den verfassungsrechtlichen Grundlagen dieser Anforderungen s. Rdn. 158). Dem lässt sich am besten durch eine angemessene Beteiligung von Richtern, Verwaltungsbeamten und Rechtsanwälten Rechnung tragen. Auch der Hochschullehrer mit Praxiserfahrung (z. B. als Richter im Nebenamt) ist nunmehr besonders gefragt.

---

[125] Art. 4 dieses Gesetzes; wegen der Übergangszeit s. Art. 3: Für Studierende, die vor dem Inkrafttreten des Gesetzes das Studium aufgenommen haben und sich bis zum 1. Juli 2006 zur ersten Staatsprüfung gemeldet haben, gelten für diese Prüfung die bisherigen Regelungen. Das Landesrecht kann den Studierenden freistellen, sich nach neuem Recht prüfen zu lassen. Für Referendare gilt eine Sonderregelung nach Art. 3 Abs. 2 des Reformgesetzes vom 11. 7. 2002 (BGBl. I, S. 2592).

171   Für die einzelne Prüfung kann sich die Frage stellen, ob in ihr das
„Berücksichtigungsgebot" des § 5 d Abs. 1 DRiG n. F. etwa deshalb verletzt
worden ist, weil kein mitwirkender Prüfer hinreichend qualifiziert ist, um
die **Befähigung des Prüfling in praktischer Hinsicht** einschließlich der genannten **Schlüsselqualifikationen** (z. b. Mediation und Vernehmungslehre)
hinreichend beurteilen zu können. Dazu ist eine differenzierte Betrachtung
erforderlich: Obwohl § 5 d Abs. 1 Satz 1 DRiG n. F. seinem Wortlaut nach
die genannten Anforderungen ohne Unterschied sowohl für staatliche als
auch für universitäre juristische Prüfungen gelten lässt, ergeben sich aus dem
Charakter und dem Ziel der jeweiligen Prüfung notwendige Differenzierungen. Die universitäre Schwerpunktbereichsprüfung ist primär wissenschaftlich orientiert. Bestimmte Fächer wie z. b. Rechtsgeschichte oder Rechts-
philosophie haben von vornherein keinen oder nur sehr wenig Praxisbezug;
andere Fächer, insbesondere das Prozessrecht, bieten sich insofern stärker
an. Schon deshalb sind die **praxisbezogenen Qualifikationsanforderungen**
an die Prüfer entsprechend **abzustufen.** Hinzu kommt, dass praktische Erfahrungen und Befähigungen für die universitäre wissenschaftliche Ausbildung naturgemäß einen geringeren Stellenwert haben als für den sich
anschließenden Vorbereitungsdienst und für die zweite juristische Staatsprüfung. Daraus folgt für die universitäre Prüfung, dass in den dort geprüften praxisrelevanten Fächern im allgemeinen davon ausgegangen werden
kann, dass der erfahrene Hochschullehrer jedenfalls die von einem Studenten abzuverlangenden praxisbezogenen Leistungen zu beurteilen in der Lage
ist. In den anderen (staatlichen) Prüfungen kann und muss dem „Berücksichtigungsgebot" durch die Beteiligung von Prüfern aus der Praxis hinreichend Rechnung getragen werden.

172   Ferner muss nicht in jedem Teil der Prüfung – also nicht in jeder Hausarbeit, Klausur oder mündlichen Fachprüfung – der Praxisbezug gleichermaßen betont werden. Das gesetzliche Berücksichtigungsgebot ist erfüllt, wenn
die **Belange der Praxis** in der Prüfung **insgesamt einen angemessenen
Stellenwert** haben. Daraus folgt, dass nicht jeder in der Prüfungskommission beteiligte Prüfer gleichermaßen praktische Erfahrungen einbringen
muss, um eine Verletzung des § 5 d DRiG n. F. zu vermeiden. Wann die damit angesprochene Toleranzgrenze überschritten ist, lässt sich nicht allgemein sagen, sondern muss nach Kenntnis aller Umstände des Einzelfalls
unter Beachtung der hier dargelegten Maßstäbe entschieden werden.

173   Die dazu weiter vorgeschriebene Berücksichtigung der für die rechtsprechende, verwaltende und rechtsberatende Praxis erforderlichen **Schlüsselqualifikationen** bedeutet nicht, dass alle im Gesetz beispielhaft genannten
Bereiche in sämtliche Prüfungen gleichermaßen eingehen müssen.[126] Dieses
„Berücksichtigungsgebot" kann vielmehr sinnvoll nur so verstanden werden, dass zumindest diejenigen Qualifikationen, die jeweils nach ihrer fach-

---

[126] Vgl. Bundestags-Drucksache 14/7176 S. 12.

spezifischen Bedeutung schon Gegenstand der einzelnen fachbezogenen Lehrveranstaltung sind, in gleicher Weise bei dem jeweiligen Prüfungsgegenstand in die Ermittlung der Kenntnisse und Fähigkeiten des Prüflings einzubeziehen sind (wegen des gebotenen Minimums an Praxisorientierung des Prüfungsstoffs s. Rdn. 359, 360).

Deshalb folgt im allgemeinen aus der Qualifikation des Hochschullehrers für ein bestimmtes rechtswissenschaftliches Fachgebiet, dass er die dafür relevanten Schlüsselqualifikationen nicht nur vermitteln soll, sondern auch prüfen darf und bei der Auswahl seines Prüfungsstoffes angemessen berücksichtigen muss. Wenn freilich an einer Universität einzelne Schlüsselqualifikationen (z. B. Mediation oder Vernehmungslehre) in speziellen Seminaren oder Praktika gesondert vermittelt werden, liegt es nahe, den Erfolg dieser Bemühungen bei den Studierenden – etwa durch studienbegleitende Prüfungen – gesondert abzufragen und dabei die Personen als Prüfer einzusetzen, die eine solche Ausbildung vorgenommen haben (zu der Eingliederung solcher Leistungsnachweise in das Prüfungssystem s. Rdn. 360, 361). Das können auch **Lehrbeauftragte** sein, deren zumindest „gleichwertige" Qualifikation durch ein dafür kompetentes Gremium festgestellt worden ist (vgl. Rdn. 162). Freilich muss auch insofern der Bezug der Schlüsselqualifikationen zu den Anforderungen der **juristischen Praxis** gewahrt sein, d. h. der verantwortliche Leiter der Lehrveranstaltung und Prüfer der studienbegleitenden Prüfung muss dies nach seiner Ausbildung und praktischen Befähigung gewährleisten. Der Inhaber allein eines Diploms der Psychologie oder der Rhetorik kann insofern allenfalls unterstützend mitwirken (wegen der notwendigen Standardisierung der Mindestanforderungen bei der Beurteilung von Schlüsselqualifikationen und Fremdsprachenkompetenzen s. Rdn. 366, 367).

Eine Besonderheit gilt für die Bewertung einer **Habilitationsschrift:** Da die **174** Zahl der stimmberechtigt mitwirkenden Mitglieder eines – nicht nur besonders kleinen – Fachbereichs regelmäßig zu groß ist, um eine umfassende individuelle Kenntnisnahme der Leistungen durch alle – teilweise nur begrenzt – fachkundigen Beteiligten zu gewährleisten, muss die Entscheidung hier durch ein **fachwissenschaftliches Gutachten vorbereitet** werden. Das zuständige Gremium (z. B. die Habilitationskommission) hat durch die Auswahl der Gutachter sicherzustellen, dass diese in der Lage sind, die fachliche Thematik umfassend nachzuprüfen und zu beurteilen. Dem fachwissenschaftlichen Gutachten ist die Vermutung fachlicher Richtigkeit beizumessen, so dass seine Ergebnisse nur dann nicht verbindlich sind, wenn und soweit diese Vermutung in substantiierter, fachwissenschaftlich fundierter Weise erschüttert worden ist. Werden diese Voraussetzungen beachtet, bedarf es nicht der eigenen vollständigen Kenntnisnahme der Habilitationsschrift durch jedes stimmberechtigte Mitglied des zuständigen akademischen Gremiums.[127]

---

[127] BVerwG, U. v. 16. 3. 1994 – 6 C 1.93 – BVerwGE 95, 237 = NVwZ 1994, 1209 = Buchholz 421.0 Hochschulrecht Nr. 140 = JZ 1995, 40, m. Anm. v. *Krüger.* Das Be-

2. Eigenverantwortlichkeit und Unabhängigkeit

175   Die erforderliche eigenverantwortliche Entscheidung des Prüfers ist nur dann möglich, wenn er die Leistungen des Prüflings **selbst, unmittelbar und vollständig** zur Kenntnis nimmt und aus eigener Sicht **selbständig** beurteilt. Dazu ist er grundsätzlich verpflichtet, und zwar bei berufsrelevanten Prüfungen schon aufgrund verfassungsrechtlicher Vorgaben (Art. 12 Abs. 1 GG), so dass dem widersprechende Regelungen in der Prüfungsordnung[128] ungültig sind oder – wenn dies möglich ist – verfassungskonform eingrenzend ausgelegt werden müssen.[129] Seinen Bewertungsspielraum (vgl. Rdn. 640 ff. 642, 846 ff.) kann der Prüfer nämlich nur dann rechtmäßig wahrnehmen, wenn er zuvor die von dem Prüfling erbrachten Leistungen tatsächlich erfasst hat. Speziell bei der Begutachtung schriftlicher Prüfungsarbeiten ist es erforderlich, dass der Prüfer die Darlegungen des Verfassers auf sich einwirken lässt, sie nachzuvollziehen sucht und ihre Richtigkeit oder Vertretbarkeit nötigenfalls anhand der angegebenen Quellen und Hinweise überprüft.[130]

176   Diese Voraussetzungen sind grundsätzlich nur dann hinreichend erfüllt, wenn **der Prüfer selbst** die Leistungen des Prüflings **eigenverantwortlich** erfasst und bewertet. Er darf die Bewertung daher nicht – auch nicht teilweise – anderen Personen überlassen[131] oder Wertungen Dritter als verbindlich hinnehmen.[132] Sofern die Prüfungsordnung dies nicht ausdrücklich untersagt, indem sie etwa eine **„höchstpersönliche" Bewertung** vorschreibt, ist es

scheidungsurteil des OVG NW v. 14. 10. 1992 – 22 A 205/91 – NWVBl. 1993, 256, ist dadurch inhaltlich geändert worden. Wegen der weiteren Einzelheiten nun auch: OVG NW, U. v. 16. 1. 1995 – 22 A 969/94. Vgl. ferner: VGH Bad-Wttbg., U. v. 15. 11. 2000 – 9 S 2553/99 – NVwZ 2001, 937; *Löwer*, Forschung und Lehre 1994, S. 481.

[128] Freilich darf die Prüfungsordnung strengere Anforderungen stellen und sämtliche oder bestimmte Korrekturhilfen durch andere Personen ausschließen.

[129] Zu den verfassungsrechtlichen Vorgaben: BVerfG, Beschl. v. 16. 1. 1995 – 1 BvR 1505/94 – NJW 1995, 2626 = NVwZ 1995, 469 = DVBl. 1995, 469 = VBlBW 1995, 134; dazu und ferner zur verfassungskonformen Auslegung einer Prüfungsordnung: BVerwG, U. v. 16. 3. 1994, a. a. O., betr. die Bewertung einer Habilitationsschrift (dazu Rdn. 174).

Für die Prüfung „am Patienten" nach § 30 Abs. 3 ÄAppO reicht es aus, wenn einer der Prüfer den Patienten kennt und so die anderen Mitglieder der Prüfungskommission über den Patienten informieren kann: VGH Bad.-Wttbg., Beschl. v. 26. 9. 1988 – 9 S 2218/88 – SPE 432 Nr. 23.

[130] OVG NW, U. v. 18. 10. 1974 – XV A 47/74 – OVGE 30, 123, auch zur Frage des dabei erforderlichen Aufwandes.

[131] OVG NW, U. v. 6. 7. 1998 – 22 A 194/98 – NJW 1999, 305 = SPE 526 Nr. 19.

[132] OVG Sachs., Beschl. v. 14. 10. 2003 – 4 BS 221/03 – NVwZ-RR 2004, 188 = SächsVBl. 2004, 18 = SPE 526 Nr. 30, auch wegen der Vermutung fremder Einflussnahme, wenn etwa nach der mündlichen Prüfung eines Einzelprüfers andere Personen vom Prüfungsende bis zur Verkündung des Prüfungsergebnisses mit dem Prüfer im Prüfungsraum anwesend waren.

jedoch nicht ausgeschlossen, dass der Prüfer sich der **Hilfe anderer Personen** (z.b. Korrekturassistenten) bedient.[133] Dazu bedarf es nicht einer ausdrücklichen normativen Ermächtigung.[134] Die Korrekturhilfe kann unterschiedlich stark ausgeprägt sein: Soweit die Bewertungskriterien durch den Prüfer weitgehend vorgegeben sind, so dass deren Anwendung ein fremdes Werturteil nicht oder nur in unerheblichem Umfang zulässt, und somit die Vorkorrektur im wesentlichen ein Vollzug der Vorgaben des Prüfers bedeutet, ist das Postulat der eigenverantwortlichen Prüfung trotz der Beteiligung anderer in aller Regel hinreichend erfüllt.[135] Ist dies nicht der Fall, können Randnotizen und Voten von sachkundigen **Korrekturassistenten** oder **anderen Prüfern**, die bereits vorher mit der Arbeit befasst waren, zwar eine zulässige Hilfe sein,[136] sie entheben den Prüfer aber nicht der Pflicht, sich unabhängig von anderen ein eigenes Urteil über den Inhalt der Arbeit zu machen.[137] In keinem Fall darf der Prüfer im Vertrauen auf die Sachkunde und Zuverlässigkeit Dritter sich schlicht auf deren Beurteilung verlassen oder sich nur von der Schlüssigkeit der Darlegungen eines Beraters überzeugen.[138] Unzureichende personelle Ausstattungen etwa der juristischen Fa-

---

[133] Ständige Rechtsprechung: BVerwG, U. v. 10. 10. 2002 – 6 C 7.02 – NJW 2003, 1063 = Buchholz 421.0 Prüfungswesen Nr. 402 = DÖV 2003, 724; dazu die Anm. v. *Brehm* NJW 2003, 2808, und *Sachs* NWVBl. 2004, 46. Ist nach der Prüfungsordnung die Vorkorrektur von Prüfungsarbeiten nur durch wissenschaftliche Mitarbeiter zulässig, so ist der Einsatz von studentischen Hilfskräften unzulässig und führt, wenn nicht im Einzelfall der fehlende Einfluss dieser Vorkorrektur auf die von dem Prüfer vorgenommene Bewertung belegt wird, zur Fehlerhaftigkeit der Bewertung: OVG NW, U. v. 6. 7. 1998, a. a. O.

[134] Das BVerwG (U. v. 10. 10. 2002, a. a. O.) erwähnt lediglich, dass die Vorkorrektur im „Prüfungsverfahren vorgesehen" sein müsse. Damit wird nicht etwa nach dem Grundsatz des Gesetzesvorbehalts eine normative Rechtsgrundlage für Vorkorrekturen verlangt, wofür auch sachlich kein Grund bestünde. Ebenso: *Sachs* NWVBl. 2004, 46, gegen *Brehm* NJW 2003, 1063, 1064.

[135] Dazu insgesamt: *Heckmann/Vogler*, Bewertungsgrundsätze für die „studienbegleitende Zwischenprüfung", JZ 1998, 637 ff., 641, mit Hinweisen auf Prüfungen im mathematischen Bereich und beim Antwort-Wahl-Verfahren. Freilich handelt es sich hierbei und bei den dort ferner erörterten Prüfungshilfen nicht um – m. E. unzulässige – „Korrekturdelegationen", sondern um unselbständige Hilfsdienste anderer Personen, deren Zulässigkeit nach ihrer Art und Bedeutung im Rahmen der anstehenden Leistungskontrolle zu bewerten ist.

[136] BVerwG, Beschl. v. 31. 7. 1989 – 7 B 104.89 – Buchholz 421.0 Prüfungswesen Nr. 265 = NVwZ 1990, 65 = DVBl. 1989, 1195. Vgl. ferner: *H.-W. Waldeyer*, in: Hailbronner/Geis, Kommentar zum Hochschulrahmengesetz § 15 Rdn. 55 m. w. Hinw. Wegen der Zulässigkeit der Kenntnis des Prüfers von den Bewertungen anderer Prüfer s. Rdn. 180.

[137] OVG NW, Beschl. v. 31. 1. 2000 – 19 A 3171/99 – SPE 528 Nr. 15, und U. v. 6. 7. 1998 – 22 A 194/98 –, a. a. O.

[138] BVerwG, Beschl. v. 31. 7. 1989 – 7 B 104.89 –, a. a. O. (auch zur Beweislast des Prüflings), und v. 27. 4. 1977 – 7 B 48.77 – Buchholz a. a. O. Nr. 82; BayVGH, U. v. 10. 8. 1981 – Nr. 7 B 80 A 1521 – BayVBl. 1981, 721; VGH Bad.-Wttbg., Beschl. v. 19. 5. 1980 – 9 S 12/80 – DÖV 1980, 612, und U. v. 22. 10. 1974 – IV 794/73 – DÖV 1975,

kultäten, denen mit zahlreichen stundenbegleitenden Prüfungen und der universitären Schwerpunktbereichsprüfung deutlich mehr Leistungskontrollen auferlegt worden sind (s. Rdn. 349 ff.), können daran grundsätzlich nichts ändern. Sollten sich die vielen Prüfungen als tatsächlich undurchführbar erweisen,[139] kann die Konsequenz nur deren Reduzierung, nicht aber die Vernachlässigung der Chancengleichheit der Berufsbewerber sein.

177   Diese hier aus Art. 3 Abs. 1 und 12 Abs. 1 GG hergeleiteten verfassungsrechtlichen Anforderungen gelten freilich nur für Prüfungen, die für die Berufswahl erheblich sind.[140] Für **studentische Arbeiten** (Hausarbeiten und Klausuren) gelten sie dann nicht, wenn diese nur Übungscharakter haben. Werden indes für die erfolgreiche Teilnahme an einer Übung oder sonstigen Lehrveranstaltung studienbegleitend Leistungsnachweise (z.B. „Scheine" oder Leistungspunkte) erteilt, die für die Fortsetzung des Studiums oder für die Zulassung zu einer Zwischen- oder Abschlussprüfung vorausgesetzt werden, muss **mindestens die negative Bewertung** einer Arbeit als „ungeeignet" (unzulänglich oder mangelhaft) von dem **Hochschullehrer selbst** voll verantwortet werden. Das bedeutet, dass er in solchen Fällen die Vorkorrektur des wissenschaftlichen Mitarbeiters umfassend kontrollieren und persönlich entscheiden muss, ob er sich dessen Bewertung und dem von ihm vorgeschlagenem Ergebnis anschließt.

178   Grundsätzlich ist auch die **(Gesamt-)Note,** mit denen eine Leistung zu bewerten ist, von denjenigen Prüfern abschließend festzulegen, denen die Einschätzung dieser Leistung obliegt. Bei den Bewertungen durch eine Prüfungskommission muss jeder Prüfer sowohl bei den Beratungen als auch bei Festsetzung der Note seine verantwortungsvoll gebildete **persönliche Überzeugung voll einbringen;** er darf keinesfalls ohne feste oder gar entgegen seiner festen Überzeugung nur um des „lieben Friedens" willen einlenken.[141] Das schließt es freilich nicht aus, dass Noten für selbständige Teile der Prüfung (etwa für die Aufsichtsarbeiten) oder Vorzensuren für Ausbildungsabschnitte, die von anderen Prüfern festgelegt worden sind, laut Prü-

---

361; OVG Hamb., U. v. 19. 1. 1968 – Bf 43/66 – SPE III F VI, S. 1, betr. die Vorprüfung der schriftlichen Prüfungsarbeit durch einen Sachverständigen.

[139] Dies befürchtet nicht ohne Grund: *Sachs* NWVBl. 2004, 46. Freilich war von vorherein abzusehen, dass die stärkere Beteiligung der Universitäten an der ersten juristischen Prüfung einschließlich der dazu notwendigen Ausbildung (Schwerpunktbereiche, Schlüsselqualifikationen, s. Rdn. 349 ff.) einen deutlich größeren Arbeitsaufwand auch hinsichtlich der dazu notwendigen Leistungskontrollen erzeugen wird. Es entspricht nicht dem Sinn dieser Reform, die Verantwortung für ihr Gelingen auf ein Schar von Korrekturassistenten abzuwälzen.

[140] Wozu auch die schulische Reifeprüfung gehört, nicht aber die Prüfung zwecks Erlangung eines Jagdscheins für Hobbyjäger.

[141] BVerfG, Beschl. v. 16. 1. 1995 – 1 BvR 1505/94 – NJW 1995, 2626 = NVwZ 1995, 469 = DVBl. 1995, 1369 = VBlBW 1995, 134; vgl. ferner BVerwG, Beschl. v. 17. 3. 1972 – 7 B 59.70 – SPE III A II, S. 11, betr. die Prüfung von schulfremden Schülern in der Reifeprüfung durch für sie fremde Fachlehrer.

fungsordnung von der über das Gesamtergebnis der Prüfung (rechnerisch) entscheidenden Prüfungskommission gleichsam als „feststehende Größen" zu übernehmen sind. Unzulässig ist jedoch der **Stichentscheid** des nicht an der (mündlichen) Prüfung beteiligten Vorsitzenden des Prüfungsamts oder seiner Mitarbeiter (dazu und zu den Einzelheiten des Bewertungsverfahrens insgesamt: Rdn. 527 ff., 576, 583).[142]

Der Prüfer muss bei der eigenverantwortlichen Bewertung der schriftli- **179** chen Leistungen nicht auch (schon) den Prüfling persönlich kennen. Umgekehrt gilt der **Grundsatz der Anonymität,** der entsprechende Kenntnisse ausschließt, wenn die Prüfungsordnung dies vorsieht oder eine ständige Übung dieser Art besteht.[143] Ohne solche Bindungen liegt dies im gestalterischen Ermessen des Prüfungsamts, so dass jede sachlich vertretbare Lösung statthaft ist (s. auch Rdn. 412 ff.).

Das gilt entsprechend auch für die Frage, ob etwa der Zweit- oder Dritt- **180** prüfer einer schriftlichen Arbeit die **Randbemerkungen** und **abschließenden Bewertungen anderer Prüfer kennen** darf. Es gibt keinen allgemeinen prüfungsrechtlichen Grundsatz des Bundesrechts, der dies generell verbietet; insbesondere untersagen verfassungsrechtliche Maßstäbe, etwa die Chancengleichheit der Prüflinge (Art. 3 Abs. 1 GG), eine Kenntnis der negativen Bewertungen von Prüfungsleistungen durch andere Prüfer nicht.[144] Vielmehr ist grundsätzlich davon auszugehen, dass ein hinreichend qualifizierter Prüfer fähig ist, die Bemerkungen anderer Prüfer kritisch zu würdigen. Maßgeblich sind die Regelungen der jeweiligen Prüfungsordnung; wenn sie eine solche Kenntnisnahme nicht untersagt, ist diese zulässig. Mit einer Regelung, dass Hausarbeiten und Aufsichtsarbeiten von den Prüfern „selbständig" zu beurteilen sind, will der Gesetzgeber nicht anordnen, dass den Zweitprüfern die in Form von Gutachten und Randbemerkungen bereits vorliegenden Bewertungen nicht zugänglich gemacht werden dürfen.[145] Schreibt eine Prüfungsordnung indes die **„persönliche, voneinander unabhängige Bewertung"** schriftlicher Prüfungsarbeiten durch mehrere Prüfer ausdrücklich vor, so sind wertende Randbemerkungen oder ähnliche Hinweise des Erstprüfers dem Zweitprüfer nicht zur Kenntnis zu geben. Ein Verstoß gegen eine solche Regelung in der Prüfungsordnung ergibt einen

---

[142] BVerfG, Beschl. v. 16. 1. 1995, a. a. O.

[143] Zum Grundsatz der Prüfungsanonymität und seiner Anwendung: BVerwG, U. v. 25. 3. 1981 – 7 C 8.79 – DVBl. 1981, 1149 = DÖV 1981, 679, und v. 26. 11. 1976 – 7 C 6.76 – BVerwGE 51, 331; OVG NW, U. v. 31. 3. 1978 – 6 A 1805/76 – SPE III F IX, S. 101.

[144] BVerwG, U. v. 10. 10. 2002 – 6 C 7.02 – NJW 2003, 1063 = Buchholz 421.0 Prüfungswesen Nr. 402, betr. die Neukorrektur durch neue Prüfer, und Beschl. v. 25. 4. 1996 – BVerwG 6 B 49.95 – Buchholz a. a. O. Nr. 364, und U. v. 30. 1. 1995 – 6 C 1.92 – NVwZ 1995, 788 = Buchholz a. a. O. Nr. 343 = SPE 460 Nr. 12. OVG Bremen, U. v. 3. 6. 1986 – OVG 1 BA 6/85 – SPE 530 Nr. 2.

[145] OVG NW, U. v. 23. 1. 1995 – 22 A 1834/90 – NWVBl. 1995, 225, unter besonderer Berücksichtigung der Entstehungsgeschichte dieser gesetzlichen Regelung.

Fehler im Prüfungsverfahren, der nur dann nicht zur Aufhebung der Prüfungsentscheidung und Neuprüfung führt, wenn ein Einfluss dieses Mangels auf das Ergebnis der Prüfung auszuschließen ist (zur Erheblichkeit von Verfahrensmängeln s. Rdn. 492 ff.).

181   Der Prüfer bewertet die Leistungen des Prüflings und entscheidet über das Prüfungsergebnis **zwar eigenverantwortlich, aber nicht unkontrolliert.** Fraglich ist, ob und wieweit bestimmte Bewertungen als eigenständige und letztverantwortliche fachliche Einschätzungen[146] des Prüfers hinzunehmen oder einer **Kontrolle** durch Dritte – insbesondere durch die **Aufsichtsbehörden** – zugänglich sind.[147] Begrenzt sein kann eine solche Kontrolle aus rechtlichen Gründen, etwa weil Verfassung, Gesetz oder Rechtsverordnung/Satzung ausdrücklich oder sinngemäß nur eingeschränkte Einwirkungsmöglichkeiten der Aufsichtsbehörden zulassen, oder aus tatsächlichen Gründen, soweit es zum Beispiel nicht möglich ist, die Prüfungssituation in einer mündlichen Prüfung nachträglich zu rekonstruieren und zu würdigen.[148]

182   Bei der seit längerem anhaltenden Auseinandersetzung um die „**Freiheit und Unabhängigkeit der Prüfer**"[149] ist nunmehr zu berücksichtigen, dass nach der Rechtsprechung des BVerfG[150] eine **verwaltungsinterne Kontrolle** berufsrelevanter Prüfungsentscheidungen durch Art. 12 Abs. 1 GG verfassungsrechtlich geboten ist. Auf die Einzelheiten dazu wird später eingegangen (s. Rdn. 759 ff.). Schon hier ist jedoch darauf hinzuweisen, dass das verwaltungsinterne Kontrollverfahren vor allem dazu dient, unvermeidbare Defizite der gerichtlichen Kontrolle zu kompensieren. Die Überprüfung muss daher – wie das BVerfG (a.a.O.) gefordert hat – rechtzeitig und wirkungsvoll sein.

183   Die Ausgestaltung des **verwaltungsinternen Kontrollverfahrens** hat der **Gesetzgeber** näher zu regeln. Er hat dabei die genannten Vorgaben zu be-

---

[146] Nur um diese geht es hier. Reine Rechtsfragen der Gestaltung des Prüfungsverfahrens einschließlich des Verfahrens bei der Bewertung der Prüfungsleistungen sind uneingeschränkt Gegenstand der aufsichtbehördlichen Kontrolle; vgl. auch: BVerwG, Beschl. v. 18. 8. 1997 – 6 B 15.97 – Buchholz a.a.O. Nr. 381.

[147] Zur Abgrenzung der Zuständigkeitsbereiche der Prüfungskommission und der Fachprüfer in der Abiturprüfung: OVG Rh.-Pf., U. v. 4. 12. 1998 – 2 A 11233/98 – SPE 546 Nr. 21.

[148] Für eine Ausnahmeregelung gem. § 68 Abs. 1 Satz 2 (1. Altern.) VwGO durch die Regelungen der Prüfungsordnung: OVG Schl.-H., U. v. 8. 10. 1993 – 3 L 47/93 – DÖV 1994, 394.

[149] Vgl. dazu die Hinweise in der 2. Aufl. Rdn. 395 und ferner die Zusammenstellung der Rechtsmeinungen im Jahre 1990 durch *Waldeyer,* in: Hailbronner/Geis, Kommentar zum Hochschulrahmengesetz § 15 Rdn. 52 bis 54.

[150] Beschl. v. 17. 4. 1991 – 1 BvR 419/81 u. 213/83 – BVerfGE 84, 34 = NJW 1991, 2005, und – 1 B 1529/84,138/87 – BVerfGE 84, 59 = NJW 1991, 2008. Im Anschluss daran: BVerwG, U. v. 24. 2. 1993 – 6 C 35.92 – BVerwGE 92, 132 = Buchholz a.a.O. Nr. 313 = NVwZ 1993, 681.

achten.[151] Die Eröffnung einer zweiten Verwaltungsinstanz mit einer vollständigen Neubewertung der umstrittenen Prüfungsleistung ist verfassungsrechtlich nicht geboten (BVerfG, a. a. O.). In der Praxis wird, soweit nicht gesetzliche Sonderregelungen bestehen, zumeist § 68 VwGO die erforderliche gesetzliche Regelung enthalten und daher auch hier zu beachten sein. Danach sind als Voraussetzung für die Zulässigkeit der Klage, zugleich aber auch zur verwaltungsinternen Kontrolle sowohl die **Rechtmäßigkeit** als auch die „**Zweckmäßigkeit**" des **Verwaltungsaktes** (hier: die sach- und fachgerechte Bewertung bei der abschließenden Prüfungsentscheidung) in einem **Vorverfahren** nachzuprüfen. Soweit es dabei um das „Überdenken" der prüfungsspezifischen Wertungen geht, ist eine erneute **Einschaltung der Prüfer,** deren Bewertungen substantiiert angegriffen worden sind, in aller Regel unumgänglich.[152] Die Aufsichtsbehörde kann und darf dies nicht aus eigener Sicht ersetzen, soweit nicht Rechtsfehler des Bewertungsverfahrens (Rdn. 527 ff.) oder offensichtlich willkürliche Bewertungen oder sonstige rechtserhebliche Verstöße gegen allgemein gültige Bewertungsgrundsätze (vgl. Rdn. 625 ff., 646, 654) zu korrigieren sind. Die sachlichen Gründe, die im prozessualen Bereich für eine gewisse Einschränkung der gerichtlichen Kontrolldichte und damit für einen entsprechenden Bewertungsspielraum des einzelnen Prüfers sprechen (Rdn. 642, 846 ff.), gelten auch in seinem Verhältnis gegenüber höheren Verwaltungsinstanzen.[153] Im Übrigen stößt die Kontrolle der Aufsichtsbehörde in Prüfungsangelegenheiten nicht selten an unüberwindliche faktische Grenzen, soweit die zu bewertende Leistung nur den unmittelbar prüfungsbeteiligten Personen und nicht auch den Aufsichtsbeamten zugänglich ist. Ein typisches Beispiel dafür ist die nicht rekonstruierbare Prüfungssituation in der mündlichen Prüfung oder etwa in dem praktischen Teil einer Meisterprüfung.

3. Die Gebote der Fairness und der Sachlichkeit

Zu den Grundpflichten eines jeden Prüfers gehören Fairness und Sach   **184** lichkeit. Angesprochen sind damit nicht nur Fragen des „gepflegten" persönlichen Umgangs, sondern letztlich auch Rechtsfragen des Prüfungsverfahrens einschließlich der Bewertungen. Die Gebote der **Fairness** und der **Sachlichkeit** werden insbesondere bei den berufsbezogenen Prüfungen als verfassungsrechtliche Anforderungen an das Prüfungsverfahren aus dem

---

[151] BVerwG, U. v. 24. 2. 1993 – 6 C 35.92 –, a. a. O.
[152] Dazu und zu Einzelheiten des Verfahrens: BVerwG, U. v. 16. 4. 1997 – 6 C 9.95 – NJW 1998, 323 = Buchholz 421.0 Prüfungswesen Nr. 382. Die Freiheit und Unabhängigkeit der Professoren bei der Bewertung wissenschaftlicher Leistungen sind zudem verfassungsrechtlich durch Art. 5 Abs. 3 GG gewährleistet. Ebenso: *Waldeyer* NVwZ 2001, 891 ff., 893, m. w. Hinw.
[153] Dazu im Einzelnen: *Wißmann,* Pädagogische Freiheit als Rechtsbegriff, S. 192 ff., 197.

Grundrechtsschutz der **Berufsfreiheit** (Art. 12 Abs. GG)[154] und darüber hinaus auch aus dem Grundsatz der **Chancengleichheit** (Art. 3 Abs. 1 GG) und dem **Rechtsstaatsprinzip** hergeleitet.[155]

185   Während das **Fairnessgebot** auf einen einwandfreien, den Prüfling nicht unnötig belastenden Prüfungsverlauf abzielt und dabei insbesondere den **Stil** und die **Umgangsformen** der Prüfer bei der **Ermittlung** der Leistungen in der mündlichen Prüfung angeht (im Einzelnen Rdn. 186 ff.), betrifft das **Sachlichkeitsgebot** die **Bewertung** der **Leistungen** des Prüflings durch den einzelnen Prüfer oder die Prüfungskommission (im Einzelnen Rdn. 189 ff.). Letzteres steht in einem inhaltlichen Zusammenhang mit dem materiell-rechtlichen Verbot sachfremder Erwägungen, dessen Nichtbeachtung einen inhaltlichen Bewertungsfehler erzeugt (Rdn. 646 ff.). Eine Ausprägung des Fairnessgebotes ist die in § 25 VwVfG normierte **„Betreuungspflicht"** (Pflicht zu sachdienlichen Anregungen) der Prüfungsbehörden und Prüfer, die eine **Aufklärungs-, Hinweis- und Belehrungspflicht** insbesondere für den Fall umfasst, dass der Prüfling offensichtlich nur versehentlich falsche Wege geht oder sonstwie Missverständnisse auszuräumen sind (dazu insgesamt Rdn. 249 ff.).[156] Häufig sind in den einzelnen Prüfungsordnungen spezielle Leit- und Fürsorgepflichten des Vorsitzenden der Prüfungskommission besonders aufgeführt.[157] Ohne eine solche spezielle Regelung ist es z.B. nicht geboten, die Prüfer davon in Kenntnis zu setzen, dass der Prüfling die Prüfung wiederholt.[158]

186   Weil der Prüfer die mündliche Prüfung gestaltet, indem er den Prüfungsstoff auswählt und die einzelnen Fragen stellt, hat er gegenüber dem gewöhnlich durch Stress und Prüfungsangst belasteten Prüfling eine überlegene Position, die er nicht missbrauchen darf. Es ist unzulässig, den Prüfling durch ihn persönlich herabwürdigende Bemerkungen (weiter) zu verunsi-

---

[154] Grundlegend: BVerfG, Beschlüsse v. 17. 4. 1991 – 1 BvR 419/81 u. 213/83 – BVerfGE 84, 34 ff. = NJW 1991, 2005 (Jura), und – 1 BvR 1529/84 u. 138.87 – BVerfGE 84, 59 ff. = NJW 1991, 2008 (Ärztliche Prüfung).

[155] BVerwG, U. v. 20. 9. 1984 – 7 C 57.83 – BVerwGE 70, 143 = NVwZ 1985, 187, und v. 28. 4. 1978 – 7 C 50.75 – BVerwGE 55, 355 = NJW 1978, 2408. Wegen weiterer Einzelheiten vgl. Beschl. v. 9. 10. 1984 – 7 B 100.84 – Buchholz a. a. O. Nr. 204 und v. 11. 5. 1983 – 7 B 85.82 – Buchholz a. a. O. Nr. 174 = DÖV 1983, 817, und v. 29. 2. 1980 – 7 B 12.80 – Buchholz a. a. O. Nr. 126, und v. 20. 6. 1978 – 7 C 38.78 – Buchholz a. a. O. Nr. 94.

[156] BVerfG, Beschl. v. 13. 11. 1979 – 1 BvR 1022/8 – BVerfGE 52, 380 = NJW 1980, 1153: Hinweispflicht der Prüfer, wenn das Schweigen des Prüflings als „Nichterscheinen/Nichtbestanden" bewertet werden soll. Zur Hinweispflicht der Prüfungsbehörde s. auch: BVerwG, U. v. 6. 9. 1995 – 6 C 18.93 – BVerwGE 99, 185 = NJW 1996, 2670 = Buchholz a. a. O. Nr. 356; am Beispiel einer juristischen Prüfung: BayVGH, U. v. 20. 1. 1999 – 7 B 98.2357; vgl. ferner: *Waldeyer*, in: Hailbronner/Geis, Hochschulrahmengesetz § 15 Rdn. 58; *Berkemann* JR 1989, 224.

[157] Dazu insbesondere: OVG NW, U. v. 5. 12. 1986 – 22 A 780/85 – NVwZ 1988, 458.

[158] BVerwG, Beschl. v. 6. 3. 1995 – 6 B 96.94 – Buchholz a. a. O. Nr. 346.

chern und damit seine Chancen gegenüber anderen – fair behandelten – Prüflingen zu vermindern. Ein Prüfer, der die Antworten des Prüflings **sarkastisch, spöttisch, höhnisch, verärgert** oder in ähnlich herabsetzender oder den Prüfling erheblich verunsichernder Weise kommentiert, verletzt das **Gebot** der **Fairness.** Kein Prüfling braucht ein Prüferverhalten zu dulden, das ihn der Lächerlichkeit preisgibt, mögen seine Leistungen noch so unzulänglich sein. Selbst „bodenloser Unsinn" einer Antwort und die Verärgerung des Prüfers darüber geben ihm nicht das Recht, dem Prüfling mit Spott und Hohn zu begegnen.[159]

Dagegen ist das Gebot des fairen Prüfungsverfahrens nicht dann schon **187** verletzt, wenn der Prüfer dem Prüfling schlechte Leistungen in sachlicher Weise vorhält oder ihn in ruhigem Ton auffordert, sich nicht zu wiederholen und weniger langatmige Ausführungen zu machen.[160] Auch gegen eine kurze Unterbrechung des Prüfungsvortrags (z.B. des Aktenvortrags in der juristischen Prüfung) durch eine Zwischenfrage (z.B. nach einer konkreten Gerichtsentscheidung) ist im allgemeinen nichts einzuwenden.[161] Selbst eine **harte Kritik** der **Leistungen** und **Arbeitsmethoden** des Prüflings ist hinzunehmen, wenn sie in sachlicher Form und ohne erhebliche Entgleisungen im Stil vorgenommen wird.[162] Bloße Ungeschicklichkeiten oder beiläufige Äußerungen des Prüfers, die nicht gerade von hohem Einfühlungsvermögen in die besondere psychische Situation des Prüflings zeugen, müssen nicht immer auch schon in rechtserheblicher Weise das Gebot der Fairness verletzen.[163] Die Abgrenzung mag im Einzelfall schwierig sein; maßgeblich ist letztlich, ob die Prüfungsatmosphäre erheblich beeinträchtigt und der Prüf-

---

[159] BVerwG, U. v. 28. 4. 1978, a. a. O. Beispiele einer Verletzung des Fairnessgebots: „Reden Sie nicht wie Ihr Landsmann Jürgen von Manger, reden Sie anständig mit mir!" oder „Blödsinn – Sie können nicht einmal das Einmaleins, wie wollen Sie Physiologie verstehen?" (U. v. 28. 4. 1978, a. a. O.). Dazu gehören ferner die Bemerkung des Vorsitzenden vor Abschluss des Vorgesprächs, der Kandidat werde „hier auf dem Zahnfleisch wieder herausgehen" (OVG NW, U. v. 5. 12. 1986 – 22 A 780/85 – NVwZ 1988, 458), sowie die erregte und gereizte Bemerkung des Prüfers zu einem gebräuchlichen Lehrbuch: „Das ist kein Buch" (HessVGH, Verw.-Rechtspr. Bd. 31, 279). Vgl. ferner: von *Golitschek* BayVBl. 1994, 300, und *Wagner,* DVBl. 1990, 183 ff., 185.

[160] BayVGH, U. v. 20. 1. 1999 – 7 B 98.2357; HessVGH, U. v. 7. 1. 1988 – 3 UE 2283/84.

[161] BVerwG, Beschl. v. 9. 10. 1984 – 7 B 100.84 – Buchholz a. a. O. Nr. 204.

[162] *Wagner,* a. a. O., S. 185.

[163] BVerwG, U. v. 20. 9. 1984 – 7 C 57.83 –, a. a. O. (BVerwGE 70, 152) unter Hinweis auf BVerwGE 55, 355 ff., 359, wonach auch bei der mündlichen Prüfung gelegentliche „Ausrutscher" und „Entgleisungen" des Prüfers hinzunehmen sind. Dies können freilich nur Vorgänge sein, die bei verständiger Würdigung als geringfügig und daher als rechtlich unerheblich zu bewerten sind. Geschehen solche Vorgänge indes nicht nur vereinzelt, sondern kennzeichnen sie die ganze Prüfung und offenbaren sie damit ein generell abwertendes Verhalten des Prüfers, ergibt sich daraus ein Verstoß gegen das Fairnessgebot: OVG NW, U. v. 27. 2. 1997 – 22 A 7462/95 – SPE 432 Nr. 34.

ling dadurch verwirrt oder verunsichert worden ist, so dass eine Verfälschung des Leistungsbildes und damit eine Verletzung der Chancengleichheit angenommen werden muss.[164]

188 Das Gebaren eines die Gebote der Fairness missachtenden Prüfers führt dennoch **nicht** zu einer **Verletzung der Rechte** des Prüflings und zur Aufhebung der Prüfungsentscheidung, wenn **auszuschließen** ist, dass sich ein solches Fehlverhalten als „leistungsverfälschende psychische Belastung"[165] auf den Prüfling und seine Leistungen **negativ ausgewirkt** hat.[166] Diesen Nachweis wird die Prüfungsbehörde jedoch selbst bei außerordentlich schlechten Leistungen des betroffenen Prüflings in der mündlichen Prüfung schwerlich führen können, da selten ausgeschlossen werden kann, dass diese auf der dortigen unfairen Behandlung beruhen. Das mag ausnahmsweise anders sein, wenn die nicht hinzunehmende Entgleisung des Prüfers erst am Ende der mündlichen Prüfung zu einem Zeitpunkt stattgefunden hat, als der Misserfolg der Prüfung offensichtlich feststand. Die **Beweislast** trifft insofern die Prüfungsbehörde.[167] Dagegen kann der Prüfling durch unfaire oder unsachliche Randbemerkungen an einer **schriftlichen Prüfungsarbeit,** die er allenfalls nach der Prüfung zur Kenntnis erhält, nicht in leistungsverfälschender Weise psychisch belastet worden sein.[168] Diese Bemerkungen lassen aber im allgemeinen Rückschlüsse auf die Befangenheit des Prüfers zu (vgl. 196, 197) oder sie verletzen möglicherweise das – anschließend behandelte – Gebot der Sachlichkeit.

189 Die Beurteilung der Prüfungsleistungen ist nicht nur inhaltlich an allgemein anerkannte Bewertungsregeln und das Verbot sachfremder Erwägungen gebunden (vgl. dazu Rdn. 646 ff., 654 ff.), sondern es gilt zudem für das zu einem Beurteilungsergebnis hinführende Verfahren das **Gebot der Sachlichkeit.**[169] Es geht hier im Kern darum, ob der Prüfer die vorliegenden Prüfungsleistungen mit hinreichender innerer Distanz und frei von Emotionen bewertet hat. Die selbständige und auch praktische Bedeutung des speziell für den Bewertungsvorgang geltenden Sachlichkeitsgebots liegt darin, dass hier schon die **äußere Form der Darstellung** einen Verstoß gegen dieses Gebot kennzeichnen kann, etwa wenn bei der Bewertung schriftlicher Arbeiten **Randbemerkungen** schon nach ihrem Wortlaut **unsachlich, aggressiv** oder gar **beleidigend** sind. Auf Interpretationen, was der Prüfer

---

[164] BVerwG, U. v. 17. 7. 1987 – 7 C 118.86 – BVerwGE 78, 55 ff., 59 = Buchholz a. a. O. Nr. 242 = NVwZ 1987, 977, sowie U. v. 20. 9. 1984, a. a. O., und v. 28. 4. 1978, a. a. O.

[165] BVerwG, U. v. 28. 4. 1978 – 7 C 50.75 – a. a. O. (BVerwGE 55, 355 ff., 362).

[166] BVerwG, Beschl. v. 29. 2. 1980 – 7 B 12.80 – Buchholz a. a. O. Nr. 126 m. w. Hinw.

[167] BVerwG, U. v. 20. 9. 1984, a. a. O., (BVerwGE 70, 143 ff., 147/148) m. w. Hinw.

[168] BVerwG, Beschl. v. 29. 2. 1980, a. a. O.

[169] Wegen dieser Zusammenhänge s. insbesondere *Waldeyer,* a. a. O. § 15 HRG Rdn. 59.

inhaltlich gemeint haben mag, ob er vielleicht nur verbal überzogen oder mit seinen Bewertungen in der Tat sachfremde Erwägungen verbunden hat, kommt es sodann nicht mehr an.

Der Prüfer muss die Leistungen des Prüflings ohne Vorbehalte zur **190** Kenntnis nehmen, sich nach Kräften um ihr richtiges Verständnis bemühen, auf die Gedankengänge des Prüflings eingehen und gegenüber „immerhin vertretbaren" abweichenden Auffassungen, auch wenn er sie nicht billigen mag, zumindest Toleranz aufbringen.[170] Ob er diese Anforderungen eingehalten hat, ergibt sich – wie bereits erwähnt wurde – bei den schriftlichen Prüfungsarbeiten im wesentlichen aus der **äußeren Form** und dem **Stil** seiner **Randbemerkungen** und **Bewertungsvermerke**. Da hier anders als in der mündlichen Prüfung keine Rücksichtnahme auf psychische Belastungen des Prüflings während der Prüfung geboten ist, sind auch harte Ausdrücke selbst dann nicht verboten, wenn sie ansonsten den Prüfling verunsichern oder gar entmutigen würden.[171] Aus diesem Gesichtswinkel können selbst „Grobheiten", die bei einer mündlichen Prüfung unzulässig wären, als schriftliche Korrekturbemerkung unschädlich sein.[172] Sie können aber als Indikatoren mangelnder Sachlichkeit dennoch relevant sein: Unsachlich wird die Bewertung z. B. dann, wenn der Prüfer mit Randbemerkungen seiner Verärgerung über die schlechten Prüfungsleistungen erkennbar freien Lauf gibt. Er zeigt damit schon durch die äußere Form seines Vorgehens – etwa durch offensichtlich überzogene aggressive Formulierungen – an, dass er die Gelassenheit und emotionale Distanz verloren hat, ohne die eine gerechte Beurteilung nicht gelingen kann.[173] Ist offen, ob die verbalen Entgleisungen sich auf das Prüfungsergebnis ausgewirkt haben, so trifft die **materielle Beweislast** für die Unerheblichkeit der zu beanstandenen Äußerung die Prüfungsbehörde.[174]

Auf einen Verstoß gegen das Fairnessgebot oder das Gebot der Sachlich- **191** keit kann der Prüfling sich nur berufen, wenn er ihn – mit einer konkreten Darlegung des ihn belastenden Vorgangs – **rechtzeitig gerügt** hat. Denn der

---

[170] BVerwG, U. v. 20. 9. 1984, a. a. O., (BVerwGE 70, 152).

[171] BVerwG, U. v. 24. 2. 1993 – 6 C 35.92 – Buchholz 421.0 Prüfungswesen Nr. 313 = NVwZ 1993, 681, betr. die Bemerkung, der Prüfling beherrsche die deutsche Sprache nur „außerordentlich dürftig". Vgl. dazu ferner *Klenke*, Rechtsfragen des Justizprüfungsrechts, NWVBl. 1988, 199 ff., 205.

[172] So sind z. B. die Randvermerke „fad" und „eintönig" im Allgemeinen nicht als unsachlich zu beanstanden: BVerwG, Beschl. v. 6. 3. 1995 – 6 B 3.95 – Buchholz a. a. O. Nr. 347. Nach der Rechtsprechung des BVerwG ist es ferner nicht ausgeschlossen, abwegige Ausführungen mit dem Begriff „Unsinn" oder inhaltsleere Äußerungen als „Phrasen" zu kennzeichnen (BVerwG 70, 143). Dies dürfte freilich nur dann hinzunehmen sein, wenn es sich dabei – wie das BVerwG im Folgenden bemerkt – um (singuläre) Ausrutscher handelt, ebenso: OVG NW, U. v. 27. 2. 1997 – 22 A 7462/95 – SPE 432 Nr. 34. Vgl. ferner: BayVGH, U. v. 29. 1. 1992 – 3 B 91.1791.

[173] BVerwG, U. v. 20. 9. 1984, a. a. O.

[174] BVerwG, U. v. 20. 9. 1984, a. a. O. (BVerwGE 70, 147/148, 154).

allgemeine prüfungsrechtliche Grundsatz, dass Mängel im Prüfungsverfahren unverzüglich geltend zu machen sind (vgl. dazu insbesondere
Rdn. 112 ff., 513 ff.), gilt auch hier, und zwar ohne Rücksicht darauf, ob die
Prüfungsordnung dies ausdrücklich regelt oder nicht.[175]

192   Für die Frage, ob der Verstoß **„unverzüglich"** und damit rechtzeitig gerügt worden ist, kommt es auf die Umstände des Einzelfalles an. Diese umfassend berücksichtigend ist zu klären ist, ob es dem Prüfling in der konkreten Situation **zumutbar** war, den Prüfer auf sein verletzendes Verhalten
aufmerksam zu machen und dies zu beanstanden. Das wird in der angespannten Situation einer mündlichen Prüfung in der Regel nicht der Fall sein
(vgl. auch dazu Rdn. 112 ff., 513 ff. sowie die nachstehenden Ausführungen
zur Rügepflicht des Prüflings bei Befangenheit des Prüfers zu Rdn. 202 ff.).
Wird jedoch die angebliche Verunsicherung durch Bemerkungen des Prüfers
erst geraume Zeit später – z. B. bei Klageerhebung – geltend gemacht, ist dies
nicht nur wenig glaubhaft, sondern auch die Rügefrist in aller Regel verstrichen.[176] Der Prüfling darf sich die Geltendmachung eines – ihm der Sache
nach bekannten – Verstoßes gegen das Gebot der Fairness oder der Sachlichkeit nicht mit dem Ziel der Chance eines weiteren Prüfungsversuches aufsparen, bis er das Prüfungsergebnis erfahren hat. Es kommt dabei freilich stets
auf den Zeitpunkt der Kenntnis der wesentlichen Sachumstände durch den
Prüfling und die Zumutbarkeit seines Vorgehens im Einzelfall an, es sei
denn, dass die **Prüfungsordnung** insofern eine bestimmte angemessene **Rügefrist** – auch als eine Ausschlussfrist – festlegt (vgl. Rdn. 112, 141).[177] Ferner kann es im Einzelfall erheblich sein, ob die Prüfungsbehörde oder der
Vorsitzende der Prüfungskommission aufgrund der Prüfungsordnung generell oder nach den Umständen des Einzelfalles aufgrund ihrer allgemeinen
Fürsorgepflicht gehalten war, den Prüfling über die Voraussetzungen einer
rechtzeitigen Rüge von Verfahrensfehlern zu informieren (vgl. Rdn. 254,
393 ff.). Ist dies nach Lage der Dinge nicht oder nur unzureichend oder missverständlich geschehen, ist dies für die Frage der „Unverzüglichkeit" der –
allerdings baldmöglichst nachzuholenden – Verfahrensrüge erheblich.[178]

---

[175] Zur grundsätzlichen Geltung: BVerwG, U. v. 22. 6. 1994 – 6 C 37.92 –
BVerwGE 96, 126 = NJW 1995, 265 = NVwZ 1995, 492, auch zur generellen Zulässigkeit der Festsetzung einer Ausschlussfrist durch die Prüfungsordnung. Speziell zur
Rüge des Verstoßes gegen die Gebote der Fairness und der Sachlichkeit: BayVGH, U.
v. 20. 1. 1999 – 7 B 98.2357.

[176] So auch in dem vom BayVGH mit U. v. 20. 1. 1999 – 7 B 98.2357 – rechtskräftig
entschiedenen Fall.

[177] Vgl. BVerwG, U. v. 22. 6. 1994, a. a. O. Nach der dagegen auf eine generelle feste
Grenze abstellenden Meinung des OVG NW (U. v. 4. 12. 1991 – 22 A 962/91 –
NWVBl. 1992, 99 ff., 101, und v. 9. 3. 1989 – 22 A 688/88 – DVBl. 1989, 1203 ff., 1205
= NWVBl. 1989, 376) ist die Rüge des Verstoßes gegen das Fairnessgebot nur dann
rechtzeitig, wenn sie spätestens innerhalb der Klagefrist erhoben worden ist.

[178] Dazu allgemein: BVerwG, U. v. 6. 9. 1995 – 6 C 16.93 – BVerwGE 99, 172 =
NJW 1996, 2439.

Hat der Prüfling die Verletzung des Gebotes der Fairness oder der Sach- **193**
lichkeit rechtzeitig und hinreichend substantiiert gerügt, so ist die Prüfungsbehörde verpflichtet, den gerügten **Sachverhalt unverzüglich aufzuklären,** indem sie etwa den betroffenen Prüfer sowie in Betracht kommende
Zeugen (z. b. die anderen Prüfer) dazu anhört und um eine schriftliche Stellungnahme ersucht. Unterlässt sie dies und kann daher die Berechtigung der
vom Prüfling substantiiert erhobenen Vorwürfe aufgrund des Zeitablaufs
nicht mehr festgestellt werden, so geht dies zu ihren Lasten; denn sie trägt
wegen ihres zögerlichen Verhaltens insofern die materielle Beweislast.[179]

4. Ausschluss von der Prüfung/Befangenheit

Auch wenn ein Prüfer **ausgeschlossen** oder **befangen** ist, ist das mit sei- **194**
ner Beteiligung durchgeführte Prüfungsverfahren rechtsfehlerhaft, weil die
Chancengleichheit (Art. 3 Abs. 1 GG) und das Rechtsstaatsprinzip (Art. 20
Abs. 3 GG) verletzt sind.[180] Im Blickfeld steht dabei nicht nur der Schutz
des einzelnen Prüflings vor einer ungerechtfertigten **Benachteiligung,** sondern es gilt vielmehr auch, seine **Bevorteilung** gegenüber **anderen Prüflingen** zu vermeiden, die dasselbe Berufziel haben und deren Anspruch auf
Chancengleichheit durch die Beteiligung von Prüfern verletzt wäre, die einen Prüfling etwa wegen besonderer persönlicher Beziehungen bevorzugen.
Bei der rechtlichen Würdigung im Einzelfall ist auf die **gesetzlichen Vorschriften** abzustellen, die das Gebot der Unbefangenheit und Unvoreingenommenheit konkretisieren und die verfahrensrechtlichen Konsequenzen
regeln. Das sind mangels einer speziellen Regelung in der einschlägigen
Prüfungsordnung insbesondere die §§ 20 und 21 VwVfG, die gemäß § 2
Abs. 3 Nr. 2 VwVfG auch für Prüfungen gelten.[181]

Gemäß § 20 VwVfG sind Prüfer, die zu dem dort in Abs. 5 genannten **195**
Personenkreis gehören (z. B. **Angehörige**),[182] kraft Gesetzes von einer Prü-
fung **ausgeschlossen,** in der es um die Bewertungen von Leistungen einer
Person geht, die in der dort genannten Weise in einem persönlichen oder

---

[179] OVG NW, U. v. 27. 2. 1997 – 22 A 7462/95 – SPE 432 Nr. 34.
[180] BVerwG, U. v. 20. 9. 1984 – 7 C 57.83 – BVerwGE 70, 143 = NVwZ 1985, 187;
Beschl. v. 28. 11. 1978 – 7 B 114.76 – Buchholz 421.0 Prüfungswesen Nr. 100, und U.
v. 26. 1. 1968 – 7 C 6.66 – BVerwGE 29, 70 = Buchholz a. a. O. Nr. 32; *Waldeyer,* in:
Hailbronner/Geis, Kommentar zum Hochschulrahmengesetz § 15 Rdn. 56 ff.; *Guhl,*
Prüfungen im Rechtsstaat, S. 200; *Besche,* Die Besorgnis der Befangenheit im Verwaltungsverfahren, insbesondere im Prüfungswesen, DÖV 1972, 636.
[181] BVerwG, U. v. 20. 9. 1984, a. a. O., S. 144. Soweit für Prüfungen Landesrecht anzuwenden ist, gelten die gleichlautenden Vorschriften der jeweiligen Landesverwal-
tungsverfahrensgesetzes.
[182] Der Lebensgefährte oder Partner einer gefestigten Lebensgemeinschaft ist in der
abschließenden Aufzählung der „Angehörigen" nicht aufgeführt. Diese dürften indes
wegen der hier regelmäßig anzunehmenden „Besorgnis der Befangenheit" (s. Rdn.
196 ff.) an einer Beteiligung als Prüfer des Lebensgefährten gehindert sein.

sonstwie besonders nahen Verhältnis zu dem Prüfer steht.[183] Die Befangenheit des danach ausgeschlossenen Prüfers wird kraft Gesetzes unwiderleg-
lich vermutet; hingegen ist die **Kausalität** zwischen einer unzulässigen
Betätigung in einem Verwaltungsverfahren und der nachfolgenden Verwaltungsentscheidung zwar generell widerlegbar;[184] dennoch dürfte dies im
Falle von Prüfungen und sonstigen Leistungsbewertungen nur sehr schwer
möglich sein. In Betracht zu ziehen ist die Unerheblichkeit einer nur formalen Beteiligung, wenn der ausgeschlossene Prüfer sich an der Beratung
und Bewertung nachweislich nicht beteiligt und auch nicht auf andere Weise
auf das Prüfungsergebnis Einfluss genommen hat. Die Beweislast trifft insofern die Prüfungsbehörde. Unerheblich ist die unzulässige Beteiligung
auch, wenn sie nur einen Teil der Prüfung betrifft und das Prüfungsergebnis
aufgrund der Leistungen des Prüflings in den anderen Teilen ohnehin feststeht.

196   Gemäß § 21 VwVfG ist – auch bei den nicht schon kraft Gesetzes ausgeschlossenen Personen – die **Besorgnis der Befangenheit** berechtigt, wenn
nach den Umständen des Einzelfalls ein Grund vorliegt, der geeignet ist,
Misstrauen gegen eine unparteiliche Amtsausübung zu rechtfertigen. Dies
ist objektiv, wenngleich aus dem **Gesichtswinkel eines Prüflings zu beurteilen,**[185] d.h. wie ein „verständiger Prüfling" in der gegebenen Situation das
Verhalten oder die Bemerkung des Prüfers verstehen darf. Damit ist jedenfalls nicht die bloß subjektive Besorgnis der Befangenheit gemeint, die den
Prüfling aufgrund seiner persönlichen Vorstellungen, Ängste oder Mutma-
ßungen ohne vernünftigen und objektiv fassbaren Grund überkommen
hat.[186] Es müssen vielmehr Tatsachen vorliegen, die ohne Rücksicht auf individuelle Empfindlichkeiten den Schluss rechtfertigen, dass dieser Prüfer

---

[183] Die Ausschlussregelung des § 20 VwVfG kann durch prüfungsrechtliche Sonderregelungen erweitert oder konkretisiert werden, worauf *Waldeyer* (a.a.O. Rdn. 56)
näher eingeht.
   Ein Richter ist wegen „Mitwirkung an einem Verwaltungsverfahren" gem. § 54
Abs. 2 VwGO von der Beteiligung an einem Verwaltungsstreitverfahren ausgeschlos-
sen, in dem eine Prüfungsentscheidung angefochten wird, bei der er als Prüfer mitge-
wirkt hat; das gilt nicht schon dann, wenn er den Kläger im Vorbereitungsdienst als
Leiter einer Arbeitsgemeinschaft ausgebildet hat: BVerwG, Beschl. v. 18. 1. 1983 – 7
CB 55.78 – Buchholz a.a. O Nr. 170 = DVBl. 1983, 591. Auch eine sonstwie an der
Ausbildung beteiligte Lehrperson ist nicht von vornherein als Prüfer ausgeschlossen:
BVerwG, Beschl. v. 17. 9. 1987 – 7 B 160.87 – Buchholz a.a.O. Nr. 244 = SPE 162
Nr. 19. Das gilt insbesondere für studienbegleitende Prüfungen, bei denen der Leh-
rende typischerweise auch Prüfer ist.
[184] BVerwG, U. v. 30. 5. 1984 – 4 C 58.81 – BVerwGE 69, 256 ff., 269.
[185] BVerwG, Beschl. v. 2. 3. 1976 – 7 B 22.76 – Buchholz a.a.O. Nr. 72, und U. v.
26. 1. 1968 – 7 C 6.66 – BVerwGE 29, 70, und v. 14. 6. 1963 – 7 C 44.62 – Buchholz
a.a.O. Nr. 22, S. 57 ff.; VGH Bad.-Wttbg., U. v. 10. 3. 1988 – 9 S 1141/86 –
DVBl. 1988, 1122 = SPE 162 Nr. 20.
[186] BVerwG, Beschl. v. 2. 3. 1976, a.a.O.; *Waldeyer* a.a.O.; *Wagner*, Das Prüfungsrecht in der aktuellen Rechtsprechung, DVBl. 1990, 183 ff., 185.

speziell gegenüber diesem Prüfling nicht die notwendige Distanz und sachliche Neutralität aufbringen wird bzw. in der Prüfung aufgebracht hat. Ein Verhalten des Prüfers, das eine solche Annahme rechtfertigt, mag der Sache nach häufig zugleich die Gebote der Fairness und der Sachlichkeit verletzen (vgl. dazu Rdn. 184 ff.), so dass das Prüfungsverfahren auch insofern an einem Verfahrensfehler leidet. Das **Spezifikum der „Befangenheit"** liegt demgegenüber darin, dass der **Prüfer nicht mehr offen** ist für eine (nur) an der wirklichen Leistung des Prüflings orientierte Bewertung, sondern dass er von vornherein – etwa aufgrund persönlicher Vorurteile – und ohne hinreichende Ermittlung der Fähigkeiten des Prüflings auf eine bestimmte (negative) Bewertung festgelegt ist. Das Gleiche gilt, wenn wegen der engen persönlichen Beziehungen zwischen Prüfer und Prüfling zu besorgen ist, dass durch eine Bevorzugung des „befreundeten" Prüflings die Chancengleichheit unter den Prüflingen, die zugleich Bewerber um einen bestimmten Beruf sind, verletzt wird. In solchen Fällen der Befangenheit geht es nicht nur um einzelne – möglicherweise für das Prüfungsergebnis nicht kausale – Mängel des Verfahrens, sondern das Prüfungsverfahren ist – soweit eine Mitwirkung des befangenen Prüfers stattgefunden hat – rechtsfehlerhaft. Von der anschließenden Wiederholung der gesamten Prüfung[187] oder der davon (allein) betroffenen Prüfungsteile ist der befangene Prüfer ausgeschlossen.

Befangenheitsgründe können z.B. aus den **persönlichen und wirtschaft-** **197** **lichen Beziehungen** zwischen Prüfling und Prüfenden, wenn sie nicht schon Ausschlussgründe nach § 20 VwVfG sind, hergeleitet werden,[188] z.B. wenn nachhaltige Freundschaften/Feindschaften, gefestigte (Lebens-)Partnerschaften mit oder ohne sexuellen Hintergrund bestehen oder wenn ein Hochschullehrer z.B. in einer juristischen Prüfung als Prüfer seiner wissenschaftlichen Mitarbeiterin mitwirkt (anders im Falle der Bewertung einer Dissertation).[189] Häufig sind Befangenheitsgründe aus dem Verhalten des Prüfers, insbesondere seinen **Äußerungen gegenüber dem Prüfling** oder auch **anderen Personen,** herzuleiten. Beispiele dafür sind etwa die Bemerkung des Vorsitzenden, er – der Prüfling – gehöre hier nicht hin, oder wenn der Prüfungsvorsitzende während der noch andauernden Prüfung direkt oder auch nur sinngemäß zu erkennen gibt, die Prüfung könne eigentlich sofort beendet werden, weil sich am Ergebnis bei ihrer Fortsetzung ohnehin

---

[187] Eine mündliche Prüfung muss in dem betr. Fach wiederholt und die Leistung neu bewertet werden; schriftliche Arbeiten sind lediglich durch einen unbefangenen Prüfer neu zu bewerten.

[188] BVerwG, Beschl. v. 28. 11. 1978 – 7 B 114.76 – Buchholz a.a.O. Nr. 100; U. v. 14. 6. 1963 – 7 C 44.62 – BVerwGE 16, 150 = NJW 1963, 1640.

[189] Der Leiter einer Referendararbeitsgemeinschaft ist indes nicht gehindert, Prüflinge zu prüfen, die ehedem seiner Arbeitsgemeinschaft angehört haben und deren Leistungen er zuvor (negativ) bewertet hat: HessVGH, U. v. 19. 12. 1997 – 8 UE 3603/97.

nichts ändern werde.[190] Ebenso wenig hinzunehmen ist die Äußerung eines Prüfers auch gegenüber Dritten, dieser Prüfling sei so ungeeignet, dass er die Prüfung bei ihm nie bestehen werde. Ferner ist eine Befangenheit des Prüfers auch dann anzunehmen, wenn seine **Bewertungsvermerke**, einschließlich der Randbemerkungen, erkennen lassen, dass er nicht gewillt ist, die Leistungen des Prüflings hinreichend zur Kenntnis zu nehmen, und stattdessen mit höhnischen Formulierungen negative Feststellungen zur Person des Prüflings trifft, die mit der Prüfung nichts zu tun haben.[191] Eine Befangenheit des Prüfers kann sich schließlich auch aus der Art und Weise seines **Umgangs mit den eigenen Fehlern** etwa im verwaltungsinternen Kontrollverfahren (Rdn. 759 ff.) ergeben; sie liegt nicht nur vor, wenn der Prüfer sich von vornherein darauf festgelegt hat, seine Benotung nicht zu ändern, sondern auch dann, wenn es ihm offensichtlich an der Fähigkeit gebricht, eigene Fehler mit dem ihnen objektiv zukommenden Gewicht zu erkennen und zu bereinigen.[192] Erhebliche Verstöße gegen die Gebote der **Fairness** und der **Sachlichkeit** (vgl. Rdn. 184 ff.) können in dem Zusammenhang des Prüfungsgeschehens zugleich ein Kennzeichen dafür sein, dass der Prüfer für eine nur an den wirklichen Leistungen des Prüflings orientierte Bewertung nicht mehr hinreichend offen ist, insbesondere wenn mehrfach erregte Äußerungen des Prüfers vermuten lassen, dass er nicht in der Lage ist, seine Emotionen hinreichend zu beherrschen.[193]

198   Die Annahme, dass der Prüfer von vornherein auf eine bestimmte Lösung festgelegt und daher für eine hinreichend objektive Bewertung nicht mehr offen sei, ist nicht allein dadurch gerechtfertigt, dass er etwa bei **wissenschaftlichen Auseinandersetzungen** eine – von der des Prüflings abweichende – Meinung nachdrücklich vertreten hat und weiterhin vertritt. Ebensowenig kann ein wissenschaftlicher Meinungsstreit zwischen Erst- und Zweitgutachter für sich allein die Besorgnis der Befangenheit rechtfertigen.[194] Dies ist erst dann der Fall, wenn weitere Gesichtspunkte hinzukommen, die erkennen lassen, dass der Prüfer etwa mit persönlicher Empfindlichkeit reagiert oder sein Prestige ins Spiel bringt.[195] Solche Kennzeichen einer nicht vorhandenen inneren Distanz zu den eigenen Interessen ergeben sich freilich nicht schon aus der Härte der Kritik, insbesondere den kriti-

---

[190] VGH Bad.-Wttbg., Beschl. v. 19. 6. 2001 – 9 S 1164/01 – NVwZ 2002, 235 = SPE 162 Nr. 31.

[191] OVG NW, U. v. 14. 12. 1999 – 14 A 2252/99 – NWVBl. 2000, 316 = SPE 528 Nr. 14.

[192] BVerwG, U. v. 4. 5. 1999 – 6 C 13.98 – NVwZ 2000, 915 = Buchholz 421.0 Prüfungswesen Nr. 395 = SPE 162 Nr. 28.

[193] Gelegentliche erregte oder emotional gefärbte Reaktionen lassen diese Rückschlüsse nicht zu: OVG Schl.-H., U. v. 23. 9. 1994 – 3 L 18/94 – SPE 569 Nr. 49.

[194] VGH Bad.-Wttbg., U. v. 10. 3. 1988 – 9 S 1141/86 – DVBl. 1988, 1122 = SPE 162 Nr. 20. Vgl. ferner: *Waldeyer*, a. a. O., Rdn. 57 m. w. Hinw.

[195] Insoweit zutreffend: *Kopp*, Die Neubewertung fehlerhaft bewerteter Prüfungsaufgaben, BayVBl. 1990, 684.

schen Randbemerkungen, solange damit die Sachlichkeit der abwertenden Bemerkungen gewahrt bleibt.[196] Ebenso wenig begründet der Umstand, dass bei einem bestimmten Prüfungsvorsitzenden die Misserfolgsquote deutlich höher liegt als bei anderen Prüfern, für sich allein ein Indiz für einen rechtserheblichen Mangel des Prüfungsverfahrens.[197]

Die im Einzelfall häufig nicht leichte Abgrenzung zwischen hinzunehmenden subjektiven Wertungen des Prüfers und dessen möglicher Voreingenommenheit ist besonders schwierig, wenn es darum geht, eine von dem Gericht oder der Aufsichtsbehörde als **fehlerhaft beanstandete Bewertung**[198] **erneut vorzunehmen.** Es ist jedenfalls nicht abwegig zu befürchten, dass mancher Prüfer in diesem Fall versucht ist, seine frühere Benotung durch andere Gründe zu bestätigen. Trotzdem kann nicht ohne weiteres davon ausgegangen werden, dass solche Versuchungen die Korrekturfähigkeit der Prüfer generell in erheblicher Weise einschränken. Ein allgemeiner Erfahrungssatz, dass ein Prüfer, dem ein Verfahrens- oder Bewertungsfehler angelastet wird, schon deshalb grundsätzlich seine innere Distanz zu dem Prüfungsvorgang verliert, besteht nicht. Im Einzelfall können freilich die Art und Weise des Bewertungsfehlers einen solchen Mangel zum Ausdruck bringen, oder es können die weiteren Zusammenhänge (etwa eine damit verbundene schwerwiegende Verletzung des Gebots der Sachlichkeit, s. Rdn. 184 ff.) die Annahme der Befangenheit rechtfertigen. Besondere Bedeutung kann insofern auch haben, dass die vom Gericht oder von der Aufsichtsbehörde beanstandete Bewertung **von dem Prüfer** mit seinen nicht haltbaren Gründen bereits **mehrfach zuvor bekräftigt** worden ist. Ist daraus herzuleiten, dass er auf seine ursprüngliche Bewertung **in jedem Fall festgelegt** ist, muss er als befangen gelten und darf mit der erneuten Bewertung nicht ein weiteres Mal betraut werden. Der Vorwurf der Befangenheit ist aber nicht schon **allein** deshalb gerechtfertigt, weil der Prüfer bei der erneuten Durchsicht und Bewertung der Prüfungsarbeit zu dem **gleichen** (negativen) **Ergebnis** gekommen ist wie bei der früheren Bewertung.[199]

199

---

[196] VGH Bad.-Wttbg., Beschl. v. 31. 1. 1986 – 9 S 1112/83 – SPE 162 Nr. 18. Abfällige Äußerungen von Personen, die nicht unmittelbar an der Bewertung der Leistungen des Prüflings beteiligt sind (z.B. Aufsichtspersonen, nicht beteiligte Lehrer einer Abiturprüfung), geben keinen Anlass zur Annahme eines Verfahrensfehlers aus Gründen der Befangenheit: BayVGH, U. v. 19. 2. 1986 – 7 B 85 A.2036 – SPE 528 Nr. 4.

[197] BVerwG, Beschl. v. 6. 11. 1987 – 7 B 198.87 – NVwZ 1988, 439 = Buchholz 421.0 Prüfungswesen Nr. 245 = SPE 528 Nr. 3.

[198] Bezieht sich die Beanstandung auf eine Befangenheit bei der Erstbewertung, ist dieser Prüfer ohne weiteres von der erforderlichen Nachholung der Bewertung ausgeschlossen. An dieser Stelle geht es vielmehr darum, ob die Korrektur eines sonstigen Bewertungsfehlers durch den Erstprüfer nunmehr wegen dessen nachträglich eingetretener Befangenheit ausgeschlossen ist.

[199] BVerwG, U. v. 30. 1. 1995 – 6 C 1.92 – NVwZ 1995, 788 = Buchholz a.a.O. Nr. 343 = SPE 460 Nr. 12 = DÖV 1996, 300; bekräftigt durch U. v. 10. 10. 2002 – 6 C 7.02 – NJW 2003, 1063 = Buchholz a.a.O. Nr. 402.

200   Zu berücksichtigen ist in diesem Zusammenhang ferner, dass auch bei der **Neubewertung** einer Prüfungsleistung die **Chancengleichheit** im Verhältnis zu den anderen Prüflingen gewahrt bleiben muss. Es ist daher prinzipiell zu gewährleisten, dass **mit denselben Prüfern** die **gleichen Bewertungsmaßstäbe erhalten** bleiben, mit denen in Vergleich zu anderen Prüfungsleistungen entschieden wird, ob die Leistungen etwa den „durchschnittlichen" Anforderungen gerecht werden oder nicht. Dies gebietet es, an die Annahme der Befangenheit mit dem daraus folgenden Prüferwechsel nicht nur geringe Anforderungen zu stellen.[200]

201   Ein Prüfer, der den (die Prüfung wiederholenden) Prüfling bereits bei dessen erstem Prüfungsversuch geprüft hat, ist nicht ohne weiteres – es sei denn, dass die Prüfungsordnung dies vorsieht, – als **Prüfer in der Wiederholungsprüfung** wegen Befangenheit ausgeschlossen. Denn es besteht kein allgemeiner Erfahrungssatz, dass ein solcher Prüfer bei einer späteren Prüfung regelmäßig befangen ist.[201] Liegen indes im Einzelfall etwa wegen persönlicher Kontroversen besondere Umstände vor, welche objektiv die Besorgnis rechtfertigen, dass dieser Prüfer die Leistungen des Prüflings in der Wiederholungsprüfung nicht mit der gebotenen Distanz und Unvoreingenommenheit bewerten wird, darf er an der Wiederholungsprüfung nicht mitwirken.

202   Aus dem das Prüfungsrecht beherrschenden Grundsatz der Chancengleichheit und aus den Mitwirkungspflichten des Prüflings folgt, dass er Mängel im Prüfungsverfahren **unverzüglich rügen** muss, so dass nach Möglichkeit noch eine rechtzeitige Abhilfe, z.B. durch die Auswechselung des befangenen Prüfers, geschaffen werden kann (dazu insgesamt Rdn. 112 ff., 513 ff.). In aller Regel darf der Prüfling nicht erst das Prüfungsergebnis abwarten, um sich so im Falle eines Misserfolgs eine weitere Prüfungschance zu verschaffen. Das gilt grundsätzlich auch für den Fall, dass der Prüfling die Besorgnis der Befangenheit eines Prüfers geltend macht (vgl.

---

[200] Dazu insgesamt: BVerwG, U. v. 4. 5. 1999 – 6 C 13.98 – NVwZ 2000, 915 = Buchholz a.a.O. Nr. 395 = SPE 162 Nr. 28; Beschl. v. 11. 7. 1996 – 6 B 22.96 – NVwZ-RR 1997, 102 = DVBl. 1996, 1373 = DÖV 1997, 649; U. v. 30. 1. 1995 – 6 C 1.95 –, a.a.O.; U. v. 24. 2. 1993 – 6 C 38.92 – Buchholz a.a.O. Nr. 314 = NVwZ 1993, 686; U. v. 9. 12. 1992 – 6 C 3.92 – Buchholz a.a.O. Nr. 307 = NVwZ 1993, 677; Beschl. v. 29. 1. 1985 – 7 B 4.85 – NVwZ 1985, 576 = SPE 162 Nr. 16 (auch zur Selbstablehnung des Prüfers); Beschl. v. 3. 3. 1983 – 7 B 33.82 – Buchholz a.a.O. Nr. 172; U. v. 9. 7. 1982 – 7 C 51.79 – Buchholz a.a.O. Nr. 161 = DVBl. 1983, 90; OVG NW, U. v. 16. 7. 1992 – 22 A 2549/91 – NVwZ 1993, 95 = DVBl. 1993, 63 = NWVBl. 1992, 429. VGH Bad.-Wttbg., Beschl. v. 3. 3. 1982 – 9 S 2509/81 – NJW 1983, 134. Aus dem Schrifttum: *Kopp* BayVBl. 1990,684, der im Gegensatz zu der bisherigen Rechtsprechung – allerdings wenig praktikabel – eine Befangenheit immer schon dann annimmt, wenn der Fehler nicht ein „entschuldbares Versehen" oder ein „menschlicher Irrtum" gewesen ist. Dagegen verlangt *Waldeyer* (a.a.O., Rdn. 57) mit der vorherrschenden Rechtsprechung das Vorliegen „außergewöhnlicher Umstände".

[201] OVG NW, U. v. 4. 12. 1980 – 17 A 2507/79 – DÖV 1981, 587.

ähnlich Rdn. 191, 192, betr. Verletzungen der Gebote der Fairness und der Sachlichkeit).[202]

Die **Befangenheitsrüge** muss inhaltlich darauf gerichtet sein, dass die **203** Prüfung oder ein Teil davon nicht mit diesem Prüfer, sondern mit einem anderen – unbefangenen – Prüfer fortgesetzt bzw. wiederholt wird. Die Rüge ist zu **begründen,** so dass erkennbar wird, welchen Prüfer und welchen Vorgang im Rahmen des Prüfungsgeschehens der Prüfling meint. Die Prüfungsbehörde muss dadurch in die Lage versetzt werden, den Vorgang zeitnah zu überprüfen, angemessen zu reagieren und – soweit erforderlich und noch möglich – alsbald Abhilfe zu schaffen. Dazu ist sie im Falle einer rechtzeitigen, hinreichend substantiiert vorgebrachten Rüge auch verpflichtet. Durch die Begründung wird der Kreis der relevanten Befangenheitsgründe geschlossen; die Darlegungen dazu können zwar später weiter konkretisiert werden, es können aber nicht durch eine zusätzliche Begründung neue – selbständige – Befangenheitsgründe geltend gemacht werden, es sei denn, der Prüfling hat von diesen erst später Kenntnis erlangt (zur nachträglichen Rüge vgl. Rdn. 145 ff.).[203]

„Unverzüglich" ist die Rüge dann nicht, wenn dem Prüfling ein **schuldhaf- 204 tes Zögern** (vgl. auch § 121 Abs. 1 BGB) anzulasten ist. Es kommt dabei darauf an, ob dem Prüfling eine Rüge schon vorher zuzumuten war. In der Regel wird es für ihn etwa in einer kritischen Situation, in der er sich auf das **Prüfungsgespräch konzentrieren** muss, unzumutbar sein, die Befangenheit des Prüfers zu rügen. Dazu bedarf es angemessener Zeit und Ruhe, um auch die Konsequenzen eines solches Vorgehens zu bedenken. Der Prüfling muss sich auch nicht der Gefahr aussetzen, mit einer Befangenheitsrüge das Verhältnis zu den ihn prüfenden Personen zu belasten, was die nervliche Anspannung insbesondere in der mündlichen Prüfung unangemessen erhöhen würde, ohne dass er den Erfolg seines Vorgehens hinreichend abschätzen kann.[204] Dagegen muss von einem Prüfling, der schon **vor der Prüfung** Anlass hat, die Befangenheit des Prüfers zu vermuten, erwartet werden, dass er dies geltend macht, bevor er sich der Prüfung stellt. Dadurch wird von ihm nichts Unzumutbares verlangt, denn es ist ihm unbenommen, sich der Prüfung unter dem Vorbehalt zu stellen, dass seinem Befangenheitsantrag nicht entsprochen wird. Unterzieht er sich der Prüfung ohne einen solchen Vorbehalt, so verbietet es die Pflicht zur Gleichbehandlung aller Prüflinge, ihm auf die erst nachträglich erhobene Befangenheitsrüge eine zusätzliche Prüfungschance einzuräumen.[205]

---

[202] Dazu grundsätzlich: BVerwG, U. v. 22. 6. 1994 – 6 C 37.92 – BVerwGE 96, 126 ff., 129/130 = NJW 1995, 265 = NVwZ 1995, 492 = Buchholz 421.0 Prüfungswesen Nr. 333. HessVGH, Beschl. v. 8. 2. 2000 – 8 UZ 4400/99 – SPE 162 Nr. 32.

[203] HessVGH, U. v. 8. 2. 2000, a. a. O.; BayVGH, U. v. 20. 1. 1999 – 7 B 98.2357.

[204] OVG NW, U. v. 5. 12. 1986 – 22 A 780/85 – NVwZ 1988, 458; vgl. ferner: VGH Bad.-Wttbg., U. v. 10. 3. 1988 – 9 S 1141/86 – DVBl. 1988, 1122 = SPE 162 Nr. 20; OVG Rh.-Pf., U. v. 18. 9. 1985 – 2 A 40/84 – NVwZ 1986, 398 = SPE 162 Nr. 17.

[205] OVG NW, U. v. 23. 2. 1993 – 15 A 1163/91 – NWVBl. 1993, 293.

205 Erfährt der Prüfling erst **nach der Prüfung** etwa durch die Angaben eines Dritten von Äußerungen des Prüfers, aus denen sich dessen Voreingenommenheit ergibt,[206] kann das auch später noch ein Grund für die – ab diesem Zeitpunkt unverzüglich vorzunehmende – Anfechtung der Prüfung sein.[207] Die etwa in der Prüfungsordnung vorgesehene Möglichkeit der **Abwahl** eines bestimmten Prüfers schließt es jedoch aus, ihn nachträglich aus Gründen abzulehnen, die dem Prüfling eine Abwahl dieses Prüfers hätten nahelegen müssen.[208]

206 In jedem Fall sind etwaige materielle **Ausschlussfristen** zu beachten, die in den Prüfungsordnungen festgelegt sind und besagen, dass Verfahrensrügen ausgeschlossen sind, wenn zwischen dem Abschluss des Teils der Prüfung, der mit dem angeblichen Mangel behaftet war, z.B. ein Monat verstrichen ist. Solche Ausschlussfristen sind, soweit sie bezwecken, eine zeitnahe Überprüfung zu sichern, grundsätzlich zulässig. Auf sie muss nicht durch eine besondere Rechtsbehelfsbelehrung hingewiesen werden; jedenfalls genügt es, dass die eine Ausschlussfrist festsetzende Vorschrift durch eine rechtsstaatlichen Anforderungen entsprechende Veröffentlichung allgemein bekannt gemacht worden ist; jedenfalls sollte mit der Ladung zur Prüfung ein solcher Hinweis erfolgen (Rdn. 112, 141).[209] Die Wiedereinsetzung in den vorigen Stand (vgl. § 51 VwVfG) ist nach Ablauf der Ausschlussfrist nicht mehr statthaft, weil sodann etwaige Ansprüche auf eine erneute Prüfung materiell-rechtlich ausgeschlossen sind. Zu beachten ist ferner, dass für den Widerspruch und die Klage gegen die Prüfungsentscheidung **prozessuale Fristen** gelten (dazu im Einzelnen Rdn. 819 ff.).

207 Der **Prüfer** hat das **Prüfungsamt** zu **unterrichten**, wenn ein Grund vorliegt, der geeignet ist, Misstrauen gegen seine unparteiische Ermittlung und Bewertung der Leistungen des Prüflings zu rechtfertigen, oder wenn das Vorliegen eines solchen Grundes ihm gegenüber behauptet wird. Die nach der Prüfungsordnung zuständige Behörde – zumeist der Leiter des Prüfungsamtes – entscheidet sodann, ob sich der Prüfer einer weiteren Mitwirkung an der Prüfung zu enthalten hat und – im Falle der Begründetheit der Rüge – wie weiter zu verfahren ist (§ 21 VwVfG). Erhält die Aufsichtbehörde **anderweitig** von der **Befangenheit** eines Prüfers **Kenntnis**, so ist sie gleichermaßen gehalten, entsprechend zu reagieren, d.h. den befangenen Prüfer in dem laufenden Prüfungsverfahren durch einen anderen zu **ersetzen** oder, wenn die Prüfung oder Teile des Verfahrens bereits beendet sind, den Prüf-

---

[206] Weiteres Beispiel: Der Prüfling vermag erst später durch Einsicht in die Prüfungsakten zu erfahren, wer seine schriftlichen Arbeiten korrigiert und durch seine Bewertungsvermerke zu erkennen gegeben hat, dass er nicht unvoreingenommen ist.

[207] OVG Rh.-Pf., U. v. 15. 1. 1999 – 2 A 10946/98 – DVBl. 1999, 1597, m. Anm. v. *Abramenko.*

[208] OVG NW, Beschl. v. 13. 4. 1983 – 15 A 2169/81.

[209] BVerwG, U. v. 22. 6. 1994 – 6 C 37.92 –, a. a. O.; BayVGH, U. v. 20. 1. 1999 – 7 B 98.2357.

ling durch einen **anderen Prüfer nochmals zu prüfen** oder – soweit es sich um schriftliche Arbeiten handelt – dessen bereits erbrachte Leistungen ebenfalls durch einen anderen Prüfer **neu bewerten** zu lassen.[210] Ferner ist die Prüfungsbehörde nach Art. 12 Abs. 1 i.V.m. Art. 3 Abs. 1, 20 Abs. 1 GG gehalten, durch Verfahrensvorkehrungen sicherzustellen, dass ein **befangener Prüfer** im gesamten Prüfungsverlauf **nicht in Erscheinung** tritt, z.B. auch nicht etwa zeitweise bei nachfolgenden Aufsichtsarbeiten im Prüfungsraum anwesend ist.[211]

Das allgemeine Verwaltungsverfahrensrecht enthält im allgemeinen kein **208** förmliches **(Zwischen-)Verfahren**, in dem über die Berechtigung der Ablehnung wegen Befangenheit zu befinden wäre. Die Ausnahme des § 71 Abs. 3 VwVfG, der ein Ablehnungsrecht gegenüber Ausschussmitgliedern für den Fall besonderer förmlicher Verwaltungsverfahren vor Ausschüssen vorsieht, gilt nicht für Prüfungen (vgl. § 2 Abs. 3 Nr. 2 VwVfG). § 21 Abs. 1 VwVfG verpflichtet nur den – möglicherweise befangenen – Prüfer zur Unterrichtung der Prüfungsbehörde. Ein **förmliches Ablehnungsverfahren** – etwa auf Antrag des Betroffenen – ist dort bewusst nicht eingeführt worden, weil dessen missbräuchliche Ausnutzung eine dem schnellen Abschluss des Verwaltungsverfahrens abträgliche Verschleppung befürchten lasse.[212] Deshalb ist die unverzüglich, aber **erfolglos gerügte Befangenheit** des Prüfers erst mit dem **Rechtsbehelf gegen die Prüfungsentscheidung** selbst (Widerspruch, Anfechtungsklage, s. Rdn. 793 ff., 811, 815 ff.) als ein rechtlicher Mangel des Prüfungsverfahrens geltend zu machen.

Die vorbezeichneten Rechtsgrundsätze über Ausschluss und Befangenheit **209** gelten für das **Schulverhältnis** nur teilweise. Der Schulunterricht selbst ist kein Verwaltungsverfahren im Sinne des § 9 VwVfG, so dass die Ausschluss- und Befangenheitsregelungen in den §§ 20 und 21 VwVfG insoweit nicht anzuwenden sind. Einschlägige schulrechtliche Sonderregelungen fehlen zumeist. Das schließt es freilich nicht aus, dass Schüler oder Eltern materiellrechtlich **Unterlassungsansprüche** gegen den „befangenen" Lehrer geltend machen. Soweit indes die Leistungskontrolle einschließlich der Leistungsbewertung und damit die Versetzungsentscheidung, Zwischenprüfungen oder das Abitur in Frage stehen, gelten – mangels spezialgesetzlicher Sonderregelung – die genannten Vorschriften des Verwaltungsverfahrensgesetzes sinngemäß. Da diese kein förmliches Ablehnungsrecht gewähren, steht es danach dem **Schulleiter** zu, geeignete Maßnahmen zu treffen. Dieser muss auch die Interessen der anderen Schüler berücksichti-

---

[210] OVG NW, U. v. 14. 12. 1999 – 14 A 2252/99 – NWVBl. 2000, 316 = SPE 528 Nr. 14.

[211] BVerwG, U. v. 11. 11. 1998 – 6 C 8.97 – BVerwGE 107, 363 = NVwZ 1999, 993 = NVwZ-RR 1999, 438 = DVBl. 1999, 790.

[212] *Bonk/Schmitz,* in: Stelkens/Bonk/Sachs, Verwaltungsverfahrensgesetz, § 21 Rdn. 4. Demgegenüber sind die Ablehnungsvorschriften des Prozessrechts hier auch nicht entsprechend anwendbar: BVerwGE 29, 70.

gen. Daher kann die Abwägung im Einzelfall dazu führen, dass der Schulleiter dem die Befangenheit des Lehrers nicht zu Unrecht rügenden Schüler den **Besuch einer Parallelklasse** anheim gibt. Desweiteren kann der Schüler die Prüfungs- oder Versetzungsentscheidung mit der Begründung vor Gericht anfechten, der Lehrer sei befangen oder habe die Gebote der Fairness und der Sachlichkeit (vgl. Rdn. 184 ff., 194 ff.) missachtet.

210   Zur **Befangenheit** eines **Lehrers** hat die **Rechtsprechung** bislang entschieden, dass auch dessen sehr kritische Äußerungen zu Schülerleistungen im Unterricht und eine mehrere Monate vor der mündlichen Abschlussprüfung abgegebene negative Erfolgsprognose nicht ohne weiteres die Annahme einer Voreingenommenheit bei dieser Prüfung rechtfertigen.[213] Die **Änderung eines Notenvorschlags** durch den Fachlehrer aufgrund eines pädagogischen Meinungsaustausches in der Fachkonferenz gibt keinen Anlass zu der Annahme, der Lehrer sei voreingenommen oder bewerte die Leistungen unsachlich.[214] In formeller Hinsicht ist geboten, dass der Prüfungsplan über die mündliche Abiturprüfung auch den **Namen des jeweiligen Fachausschussvorsitzenden** enthält, damit etwaigen Fragen der Befangenheit nachgegangen werden kann.[215]

IV. Der Anspruch auf Zulassung zur Prüfung und Durchführung des Prüfungsverfahrens

211   Das verfassungsrechtlich verbürgte „Recht auf Prüfung" (Rdn. 3) stellt sich konkret als ein – an bestimmte Voraussetzungen gebundener – Anspruch auf **Zulassung** zur **Prüfung** und **Durchführung** des **Prüfungsverfahrens** einschließlich eines entsprechenden **Abschlusses** dar. Diese Stadien des Prüfungsgeschehens unterliegen unterschiedlichen rechtlichen Anforderungen, die sich im Einzelnen aus den jeweiligen Ausbildungs- und Prüfungsordnungen, aber auch unmittelbar aus den Grundrechten (Art. 2 Abs. 1, 3 Abs. 1 und 12 Abs. 1 GG) ergeben. Ein Prüfling, der insofern Rechtsmängel geltend macht, muss im Blick auf diese Unterschiede eindeutig erklären, was das Ziel seines Begehrens ist: die Zulassung zur Prüfung, die Fortsetzung des nicht zu einem rechtmäßigen Abschluss gelangten Prüfungsverfahrens (etwa nach Beseitigung eines Verfahrensmangels), die Neubewertung seiner ordnungsgemäß erbrachten Leistungen oder gar ein bestimmtes Prüfungsergebnis. Danach richtet sich auch die Art seines Rechtsschutzbegehrens (s. Rdn. 800 ff.).

---

[213] VGH Bad.-Wttbg., Beschl. v. 20. 9. 1994 – 9 S 2484/93.
[214] OVG Berlin, U. v. 10. 10. 1985 – 3 B 54.84 – SPE 400 Nr. 30
[215] HessVGH, U. v. 13. 12. 1991 – 7 UE 3113/88 – SPE 550 Nr. 7.

1. Die Zulassung zur Prüfung

Vor der Prüfung steht in der Regel ein eigenes Aussonderungs- oder Zu- 212
lassungsverfahren. Da mit der **Zulassung** oder **Nichtzulassung** zumeist
schon eine Vorentscheidung für die Berufswahl oder die Wahl der Ausbildungsstätte fällt, sind damit grundrechtliche Gewährleistungen des **Art. 12
Abs. 1 GG** berührt. In gleicher Weise ist das Grundrecht der persönlichen
Handlungsfreiheit (**Art. 2 Abs. 1 GG**) zu beachten, wenn etwa im schulischen Bereich – ohne dass dabei schon berufliche Belange im Blickfeld stehen – durch die Nichtzulassung zu einem (weiteren) Abschnitt des gewählten Bildungsganges oder zu einem anderen Bildungsgang dem Fortkommen
des Schülers Grenzen gesetzt werden. Sofern dies nicht schon durch einfa-
ches Gesetz so näher geregelt ist,[216] vermitteln diese Grundrechte i. V. m.
Art. 3 GG unmittelbar einen **rechtswirksamen Anspruch auf Zulassung**
zur Prüfung, wenn durch Gesetz und Rechtsverordnung rechtsgültig festgelegte oder sich unmittelbar aus dem Prüfungszweck selbst ergebende
Hinderungsgründe nicht bestehen. Darüber hinaus hat die Prüfungsbehörde
nicht noch ein Ermessen, das ihr gestatten könnte, die Zulassung zur Prüfung von sonstigen Erwägungen abhängig zu machen.[217]

Die Prüfungsbehörde muss **unverzüglich** über den Zulassungsantrag ent- 213
scheiden. Das gilt insbesondere bei Berufszugangsprüfungen. Der Grundrechtsschutz des Art. 12 Abs. 1 GG wirkt sich hier auch insoweit aus, so
dass eine Verzögerung um mehr als drei Monate regelmäßig nicht hinzunehmen ist.[218] Drohen Nachteile durch unzumutbare Verzögerungen, ist gerichtlicher Rechtsschutz im Wege einer einstweiligen Anordnung angezeigt
(s. Rdn. 873 ff.), der sich auf eine vorläufige Prüfungszulassung richtet
(wegen der Zulässigkeit, für die Zulassung und Durchführung der Prüfung
Gebühren zu erheben s. Rdn. 235).[219]

Daraus, dass die Entscheidung über die Zulassung oder Nichtzulassung 214
die vorbezeichneten Grundrechte berührt, folgt ferner, dass die einzelnen
Zulassungsvoraussetzungen auch **inhaltlich** mit den sich daraus ergebenden verfassungsrechtlichen Anforderungen in Einklang stehen müssen. Dies
ist nur dann der Fall, wenn sie nach dem Sinn und Zweck der jeweiligen
Leistungskontrolle erforderlich und in ihren Auswirkungen für den betrof-

---

[216] Zur Bedeutung des Gesetzesvorbehalts für die Zulassungsentscheidung s. Rdn.
45.
[217] VGH Bad.-Wttbg., Beschl. v. 12. 4. 1983 – 9 S 379/83 – DVBl. 1983, 597; *Guhl,*
Prüfungen im Rechtsstaat, S. 63.
[218] BVerfG, Beschl. v. 12. 3. 1999 – 1 BvR 355/99 – NVwZ 1999, 866, für den Fall
der Verzögerung um ein Jahr.
[219] BVerfG, Beschl. v. 12. 3. 1999, a. a. O., und v. 25. 7. 1996 – 1 BvR 638/96 – NJW
1997, 1694 = NVwZ 1996, 982; VG Schwerin, Beschl. v. 17. 11. 2000 – 7 B 859/00 –
SPE 214 Nr. 8.

fenen Prüfling oder Schüler verhältnismäßig sind.[220] Das BVerfG hat für den Gewährleistungsbereich des Art. 12 GG Anforderungen aufgestellt, die sinngemäß auch hier gelten.[221] Demgemäß ist zu unterscheiden zwischen **objektiven Zulassungsvoraussetzungen** – das sind solche, die der Prüfling nicht beeinflussen kann, – und **subjektiven Zulassungsvoraussetzungen** – das sind solche, die in der Person des Prüflings begründet sind oder die er durch sein persönliches Verhalten beeinflussen kann.[222] Je nach dieser unterschiedlichen Intensität der Zulassungsbeschränkungen sind deren Gültigkeitsvoraussetzungen unter Beachtung des Grundsatzes der Verhältnismäßigkeit abgestuft wie folgt zu bestimmen:

215   **Objektive Zulassungsvoraussetzungen** sind im Hinblick auf die Gewährleistungen des Art. 12 Abs. 1 GG nur dann hinzunehmen, wenn sie zur Abwehr drohender schwerer Gefahren für ein überragend wichtiges Gemeinschaftsgut geboten sind. So ist beispielsweise die Begrenzung der Zahl der Prüflinge aus Gründen **mangelnder Prüfungskapazität** nur dann zulässig, wenn qualifizierte Prüfer auch bei Ausschöpfung aller Einsatzmöglichkeiten nicht ausreichend vorhanden sind oder wenn die notwendigen – für die Durchführung einer chancengleichen Leistungskontrolle unverzichtbaren – äußeren Prüfungsbedingungen (z.B. die Räumlichkeiten und Aufsichtsmöglichkeiten bei einer Klausur) dies erfordern.[223] Zu beachten ist hierbei freilich, dass die vorgenannten Gründe nicht die Ablehnung der Zulassung schlechthin, sondern allenfalls eine **Verzögerung der Prüfung** selbst rechtfertigen können. Grundrechtsrelevant ist eine solche Verzögerung nur dann, wenn sie für einen beachtlichen Zeitraum anhält und sich hieraus nicht nur unerhebliche Nachteile für den Prüfling ergeben, z.B. hinsichtlich seiner Chancen für den Eingang in einen Beruf oder für das von ihm gewählte Studium (vgl. Rdn. 105).

216   Soweit insbesondere bei **modularisierten Studiengängen** (s. Rdn. 380 ff.) die Anmeldung zu einer Lehrveranstaltung zugleich die **Anmeldung** zu der entsprechenden **studienbegleitenden Prüfung** ist, ist die Zahl der aufzunehmenden Studenten/Prüflinge aus Gründen mangelnder **Kapazität objektiv beschränkbar.** Dies gilt prinzipiell auch, wenn der hierbei zu erlangende Leistungsnachweis für den Fortgang des Studiums unverzichtbar ist. Voraussetzung ist jedoch, dass auf der Grundlage der vorhandenen personellen und sachlichen Ressourcen ein **bedarfsgerechtes Lehrangebot** gemacht wird, bei dem die vorhandene Kapazität unter Berücksichtigung von Inhalt und Ziel der Lehrveranstaltung **voll ausgeschöpft** wird. Dies zu entscheiden und die – aus Kapazitätsgründen beschränkte – Zahl der teilnehmenden

---

[220] Hinsichtlich der Einzelheiten besteht jedoch ein großer Gestaltungsspielraum des Gesetzgebers: BVerwG, Beschl. v. 11.5. 1983 – 7 B 85.82 – DÖV 1983, 817 = Buchholz 421.0 Prüfungswesen Nr. 174.

[221] BVerfGE 7, 377, betr. die Niederlassungsfreiheit für Apotheker.

[222] Dazu insbesondere: *Guhl,* a.a. O, S. 59, 60.

[223] Ähnlich auch: *Guhl,* a.a. O, S. 66.

Studenten festzulegen, darf nicht schlicht in die Hand des **einzelnen** die Lehrveranstaltung/studienbegleitende Prüfung durchführenden **Hochschullehrers** gelegt werden; hierzu bedarf es vielmehr zumindest hinsichtlich der maßgeblichen Kriterien einer **normativen Grundlage** (vgl. Rdn. 33 ff., 45). Keineswegs darf ein in dem Studienfach offiziell nicht bestehender Numerus clausus hochschulintern ohne normative Grundlage praktiziert und in das Ermessen einzelner Hochschullehrer gestellt werden.

Umstände, die der – die Zulassung begehrende – Prüfling nicht beeinflussen kann, sind nicht selten auch **förmliche Anforderungen**[224] und **zeitliche Vorgaben** mancherlei Art (dazu im Einzelnen Rdn. 397 ff.). Auch sie müssen sich, sofern mit ihnen nicht nur einfache Dinge oder schlichte Formalitäten der Prüfung nach Gesichtspunkten der Zweckmäßigkeit und der notwendigen Koordinierung geschäftsmäßig zu erledigen sind, daran messen lassen, ob sie erforderlich und verhältnismäßig sind. Die Festsetzung von **Fristen** für den Zulassungsantrag[225] oder die rechtzeitige Ablegung von Vor- oder Zwischenprüfungen als Voraussetzung für die Zulassung zur abschließenden mündlichen Prüfung steht zwar mit Art. 12 Abs. 1 GG grundsätzlich in Einklang.[226] Jedoch darf die Antragsfrist nicht so kurz bemessen sein, dass der Prüfling außerstande ist, hinreichend abzuwägen, ob er die Zulassung beantragen und sich der Prüfung stellen soll oder besser noch nicht.[227] Diese Anforderungen gelten insbesondere dann, wenn die Meldefrist als eine materielle **Ausschlussfrist** – dies notwendig durch ein Gesetz – ausgestaltet ist, so dass die Wiedereinsetzung in den vorigen Stand nicht zugelassen ist.[228] Handelt es sich nur um eine behördliche Frist (vgl. § 31

217

---

[224] Zur Frage der zulässigen Anmeldung über das Internet bei vorgeschriebener „schriftlicher" Anmeldung: VG Saarlouis, Beschl. v. 23. 7. 1998 – 1 F 73/98 – NJW 1998, 3221 = SPE 592 Nr. 6. Wegen der rechtzeitigen Beibringung von Unterlagen: BVerwG, U. v. 18. 9. 1996 – 6 C 10.95 – Buchholz 421.0 Prüfungswesen Nr. 373 = SPE 990 Nr. 21.

[225] Erlaubt die Prüfungsbehörde den Prüflingen die Online-Anmeldung, hat es ihnen dieselben Sicherungsmechanismen (Quittungssysteme) wie bei der sonst üblichen schriftlichen Anmeldung zur Verfügung zu stellen; andernfalls gehen Übertragungsfehler zu ihren Lasten: VG Saarlouis, Beschl. v. 23. 7. 1998 – 1 F 73/98 –, a. a. O.

[226] Wegen der Wiedereinsetzung in den vorigen Stand bei unverschuldeter Fristversäumung vgl. insbesondere § 32 VwVfG; dazu auch: BayVGH, U. v. 26. 11. 1976 – Nr. 280 III 76 – BayVBl. 1977, 213; wegen des Vertrauens in die ordnungsgemäße Durchführung des Prüfungsverfahrens und der Folgen unzutreffender Auskünfte über das Bestehen eines Zulassungsanspruchs vgl.: BVerwG, U. v. 27. = 1 – 7 C 66.78 – Buchholz a. a. O. Nr. 156.

[227] Eine Meldefrist von nur drei Stunden ist offensichtlich unangemessen und daher rechtswidrig: OVG NW, Beschl. v. 10. 7. 1998 – 22 B 1452/98 – NWVBl. 1999, 193 = SPE 576 Nr. 6.

[228] OVG Sachs., Beschl. v. 6. 3. 1997 – 4 S 135/97 – DÖV 1997, 649 = SPE 990 Nr. 23. Vgl. ferner: OVG Rh.-Pf., Beschl. v. 20. 10. 1988 – 2 B 26/88, auch zu der Frage, ob der Grundsatz von Treu und Glauben es der Hochschule nach den besonderen Umständen des Einzelfalles verbietet, sich auf die Ausschlussfrist zu berufen. Für den Nachweis der Zulassungsvoraussetzungen darf ein angemessener Stichtag festgesetzt

Abs. 7 VwVfG), sind die genannten Grundrechte bei der Entscheidung des Einzelfalls in die Erwägung einzubeziehen, ob die Meldefrist – notfalls auch rückwirkend – zu verlängern ist.[229]

218 Die Zulassung zur Prüfung darf grundsätzlich nicht davon abhängig gemacht werden, ob ein **Bedarf** für die durch die Prüfung vermittelte Berechtigung zur Berufsausübung (etwa für Geschichtslehrer oder Sozialpädagogen) besteht.[230] Denn selbst soweit eine Bedarfslenkung durch hoheitliche Maßnahmen zum Schutze überragender Gemeinschaftsgüter ausnahmsweise statthaft ist, ist es sachlich nicht gerechtfertigt, schon den (Berufs-)Befähigungsnachweis durch die Nichtzulassung zur Leistungs- oder Eignungskontrolle von vornherein auszuschließen.

219 **Subjektive Zulassungsvoraussetzungen** halten den verfassungsrechtlichen Anforderungen des Art. 12 Abs. 1 GG stand, wenn durch sie Gemeinschaftsgüter geschützt werden, die das Grundrecht der Berufsfreiheit des Einzelnen überragen.[231] Sie müssen mit dem Ziel der jeweiligen Leistungskontrolle in sachlichem Zusammenhang stehen und dürfen den Kandidaten nicht übermäßig belasten. Werden diese Voraussetzungen beachtet, ist es grundsätzlich nicht zu beanstanden, wenn die Zulassung zur Prüfung von einer entsprechenden **Vorbildung** – insbesondere von dem Nachweis einer für die Prüfung allgemein **qualifizierenden Ausbildung** – abhängig gemacht wird.[232] Im Zusammenhang mit dem Ziel der Leistungskontrolle stehend, ist das Erfordernis einer bestimmten Vor- oder Ausbildung keine unzulässige zusätzliche Prüfung, sondern letztlich ein Teil derselben, und zwar auch zum Zwecke des Nachweises, dass die Leistungen nicht nur punktuell, sondern mit einer hinreichenden Beständigkeit erbracht werden. Dass der Prüfling die Grundvoraussetzungen erfüllt, die eine (genauere) Leistungskontrolle in der Prüfung erst sinnvoll machen, ist schließlich auch in seinem eigenen wohlverstandenen Interesse. Die unter den genannten Voraussetzungen sachlich gerechtfertigte Aussonderung noch vor dem Prüfungstermin darf bei nachhaltigem Versagen und der sich daraus ergebenden offen-

---

werden: OVG NW, U. v. 30. 9. 1993 – 22 A 2849/92 – Der Steuerberater 1994, 193, betr. das Ende einer Übergangsregelung.

[229] Dazu insgesamt: OVG NW, Beschl. v. 10. 7. 1998 – 22 B 1452/98 – a.a.O.; VG Gießen, Beschl. v. 6. 5. 1997 – 3 G 672/97 – SPE 990 Nr. 22. Der Zwang, eine Erwerbstätigkeit auszuüben, rechtfertigt nach Meinung des VGH Bad.-Wttbg. (Beschl. v. 13. 11. 1995 – 9 S 219/94) die Fristüberschreitung nicht.

[230] *Guhl*, a.a.O., S. 67.

[231] BVerfG, a.a.O. Vgl. dazu auch: *Guhl*, a.a.O, S. 60, und *Niebler*, Die Rechtsprechung des Bundesverfassungsgerichts zum Prüfungsrecht für Juristen, BayVBl. 1987, 162.

[232] BVerwG, Beschl. v. 3. 11. 1986 – 7 B 108.86 – NVwZ 1987, 978 = BayVBl. 1987, 185 = SPE 990 Nr. 14. Wegen der Zulassung ausländischer Bewerber zur Rechtsanwaltseignungsprüfung: BVerwG, Beschl. v. 20. 7. 1999 – 6 B 51.99 – NJW 1999, 3572 = Buchholz a.a.O. Nr. 397, und v. 26. 10. 1999 – 6 B 69.99 – NJW 2000, 753 = Buchholz 11 Art. 12 GG Nr. 255.

sichtlich negativen Prognose auch zu der endgültigen Feststellung führen, dass der Bewerber für den von ihm angestrebten Beruf nicht die erforderliche Befähigung erbringt.[233]

Die an eine **Vorbildung** gestellten Anforderungen dürfen auch pauschal 220 danach bemessen werden, was üblicherweise für einen Prüfungserfolg vorauszusetzen ist. Dafür sind sowohl zeitliche als auch inhaltliche Maßstäbe geeignet. So sind z. B. **Mindeststudienzeiten** rechtlich unbedenklich, wenn sie den Zeitraum umfassen, der für ein ordnungsgemäßes Studium generell als unverzichtbar erachtet werden muss.[234] Bei der Berechnung der Mindeststudienzeit ist ein Semester dann nicht zu berücksichtigen, wenn der Bewerber während dieser Zeit offensichtlich seinen Studien nicht nachgegangen ist oder aus anderen Gründen seine Kenntnisse nicht erheblich vertieft haben kann, z. B. wenn er erst nach dem Ende der Vorlesungszeit immatrikuliert war und keine scheinpflichtigen Lehrveranstaltungen besucht hat.[235] Über die Anrechnung von (anderweitigen) Studienzeiten entscheidet das Prüfungsamt nicht nach freiem Ermessen; es hat vielmehr unter Berücksichtigung aller nach Lage der Dinge für oder gegen die Anerkennung sprechenden Gesichtspunkte eine rechtlich gebundene und gerichtlich überprüfbare Bewertung vorzunehmen.[236]

Die **inhaltlichen Maßstäbe**, mit denen die Rechtsgültigkeit der Voraus- 221 setzungen für die Zulassung zur Prüfung zu messen ist, sind daran auszurichten, ob sie **den Prüfungserfolg wahrscheinlich** erscheinen lassen. Die Zulassungsschranken dürfen nicht übermäßig sein, indem sie etwa den erst durch die Prüfung selbst zu erbringenden Leistungsnachweis praktisch vorwegnehmen. Auch darf die Zulassung zur Prüfung im allgemeinen nicht von Umständen abhängig gemacht werden, die erst der **späteren** – eventuell nach bestandener Prüfung zu beginnenden – **Berufsausübung** im Wege stehen können.[237] Dies kann ausnahmsweise anders sein, wenn an den Prü-

---

[233] BVerwG, Beschl. v. 3. 11. 1986, a. a. O.
[234] BVerwG, U. v. 11. 7. 1985 – 7 C 88.84 – DVBl. 1986, 48 = Buchholz 421.0 Prüfungswesen Nr. 213. Ebenso: OVG Rh.-Pf., U. v. 15. 2. 1984 – 2 A 133/83. Zur Zulassungsvoraussetzung, dass der Bewerber mindestens ein Jahr an einer Hochschule des Landes studiert hat: HessVGH, Beschl. v. 20. 7. 1999 – 8 TZ 2188/99.
[235] VGH Bad.-Wttbg., Beschl. v. 20. 8. 1987 – 9 S 2097/87.
[236] Für die Annahme eines Beurteilungsspielraumes (so noch BVerwG, U. v. 11. 7. 1985, a. a. O,) ist nach der neueren Rechtsprechung des BVerfG (BVerfGE 84, 34 ff. und 59 ff.) kein Raum mehr. Gegen eine ständige Verwaltungsübung des Landesprüfungsamts, für je zwei in einem anderen Studium erbrachte medizinische Leistungsnachweise ein Semester anzurechnen, hat das BVerwG (U. v. 11. 7. 1985, a. a. O.) keine Bedenken. Wegen der Anrechnung von Zeiten, in denen der in einem fachfremden Studiengang eingeschriebene Student tatsächlich und nachweisbar an medizinischen Studienveranstaltungen teilgenommen hat, vgl. ferner BVerwG, U. v. 21. 11. 1980 – 7 C 4.80 – Buchholz a. a. O. Nr. 134. Wegen der Anrechnung ausländischer Studien: BVerwG, U. v. 21. 11. 1980 – 7 C 119.79 – Buchholz a. a. O. Nr. 135.
[237] Nach Meinung des OVG Saarl. (U. v. 17. 12. 1991 – 8 R 32/91 – NVwZ 1992, 2979) ist § 11 Nr. 4 ÄAppO wegen Verstoßes gegen Art. 12 Abs. 1 GG nichtig. Das

fungserfolg unmittelbar eine Berechtigung geknüpft ist, die eine besondere
persönliche Qualifikation voraussetzt, welche im eigentlichen Sinne nicht
Gegenstand der Leistungsbewertung in der Prüfung ist, die aber dennoch
zugleich mit dem äußeren Nachweis des Prüfungserfolges zum Beispiel
durch ein Diplom oder die Berechtigung zum Führen eines akademischen
Grades dokumentiert wird. Je nach dem Charakter der einzelnen Prüfung
und im Hinblick auf das, was durch den Nachweis des Prüfungserfolges unmittelbar in der Öffentlichkeit dargestellt wird, können etwa ein Mindestmaß
an **persönlicher Lebenserfahrung** (Mindestalter), hinreichende **Gesundheit**[238] und **persönliche Unbescholtenheit** (keine erheblichen Vorstrafen) als
Voraussetzungen für die Zulassung zur Prüfung gelten.[239] Freilich darf die
Zulassung zur Prüfung in Fällen der vorbezeichneten Art nur dann versagt
werden, wenn es für die Allgemeinheit unerträglich wäre, die durch den
Prüfungserfolg nachgewiesene fachliche Qualifikation anzuerkennen, obwohl die sie notwendigerweise ergänzende **persönliche Qualifikation** nicht
gegeben ist.[240] Beispielsweise ist es gerechtfertigt, einen Gerichtsreferendar
mit erheblichen kriminellen Neigungen nicht zum zweiten juristischen
Staatsexamen zuzulassen, weil die mit dem bestandenen Examen dokumentierte „Befähigung zum Richteramt" in Wahrheit nicht gegeben ist.[241]

222   Andererseits muss zugelassen werden, dass ein Prüfungsbewerber sich
unter Inkaufnahme einer – zur Zeit nicht behebbaren – Beeinträchtigung
seiner Prüfungschancen (z. B. im Falle eines körperlichen Leidens, dessen
erhebliche Linderung zwar möglich, aber nicht hinreichend sicher zu
bestimmen ist) der Prüfung unterzieht.[242]

223   Für den Fall, dass die Prüfung in dem wissenschaftlichen Studiengang einer **anderen Hochschule nicht bestanden** ist, darf die Prüfungsordnung

---

BVerwG (U. v. 15. 12. 1993 – 6 C 20.92 – BVerwGE 94, 352 = NJW 1994, 1601 =
Buchholz a. a. O. Nr. 322) ist dem nicht gefolgt, sondern vertritt eine verfassungskonforme Auslegung dieser Vorschrift. Maßgeblich ist, ob der Einsatz des Studenten
als Famulus dem Patienten zumutbar ist. Es kommt darauf an, ob der Student sich
durch sein Verhalten speziell für diese Tätigkeit als unwürdig oder unzuverlässig er-
wiesen hat.
[238] Z. B. kann eine psychische Erkrankung die Zulassung zu einer ärztlichen Prüfung hindern: BVerwG, Beschl. v. 3. 9. 1981 – 7 B 43.81 – Buchholz a. a. O. Nr. 151.
[239] OVG NW, U. v. 30. 9. 1994 – 22 A 2849/92 – Der Steuerberater 1994, 193 (auch
zur Bedeutung des Zeitablaufs nach Bestrafung); VGH Bad.-Wttbg., U. v. 18. 3. 1981
– IX 1496/79 – JZ 1981, 661. Vgl. dazu auch: BVerwG, Beschl. v. 25. 8. 1992 – 6 B
31.91 – NVwZ 1992, 1201, betr. die Entziehung eines akademischen Grades aufgrund
schwerwiegenden persönlichen Fehlverhaltens.
[240] Vgl. dazu im Einzelnen: *Guhl*, a. a. O, S. 71 ff.
[241] Hinsichtlich der Nichtzulassung eines Schülers zur Reifeprüfung wegen mangelnder sittlicher Reife: BVerwG, Beschl. v. 11. 12. 1964 – 7 ER 435.63 – DÖV 1965,
638 = Buchholz a. a. O Nr. 29.
[242] BVerwG, Beschl. v. 27. 5. 1980 – 2 B 65.79 – a. a. O. Nr. 129; vgl. demgegenüber
auch: Beschl. v. 3. 9. 1981 – 7 B 43.81 – Buchholz a. a. O. Nr. 151, betr. die Nichtzulassung zur ärztlichen Prüfung wegen körperlicher Gebrechen oder psychischer Leiden,
die eine Berufsfähigkeit ausschließen.

einer Hochschule die Zulassung zu einer entsprechenden Hochschulprüfung bei ihr versagen. Das gilt nicht nur, wenn die Prüfung an der anderen Hochschule endgültig nicht bestanden ist, sondern auch dann, wenn der Bewerber jene Entscheidung durch Widerspruch oder Klage angefochten hat. Allerdings setzt auch dies eine ausdrückliche Regelung dieses Versagungsgrundes in der Prüfungsordnung voraus.[243]

Der Nachweis, dass die Grundvoraussetzungen einer erfolgversprechen- **224** den Leistungs- und Eignungskontrolle vorliegen, kann auch aufgrund von **Vor- oder Zwischenprüfungen** zu erbringen sein (vgl. § 15 Abs. 1 Satz 2 HRG: Obligate Zwischenprüfung in Studiengängen mit einer Regelstudienzeit von mindestens vier Jahren). Rechtlich unzulässig wäre dies im Einzelfall nur dann, wenn der sachliche Zusammenhang mit dem Sinn und Zweck der Leistungskontrolle insgesamt nicht mehr gewahrt bliebe (vgl. dazu auch: Rdn. 343 ff., 349 ff., 355). Meint der Prüfling, ein solcher Leistungsnachweis sei ihm zu Unrecht versagt worden, muss er zunächst dieses Hindernis für die Zulassung zur Abschlussprüfung beseitigen (bei Eilbedürftigkeit möglicherweise durch vorläufigen Rechtsschutz, s. Rdn. 873 ff.). Er kann indes nicht verlangen, dass die Rechtmäßigkeit der Verweigerung des erforderlichen Leistungsnachweises im Zulassungsverfahren überprüft oder gar die Zulassung ohne diesen Nachweis (vorläufig) ausgesprochen wird.[244]

Sind solche oder andere Zulassungsvoraussetzungen durch **studienbeglei-** **225** **tende Leistungen** zu erbringen, gelten diese Grundsätze entsprechend. § 15 Abs. 1 Satz 3 HRG ist mit Art. 12 Abs. 1 GG vereinbar (wegen der Nichtzulassung im Falle mangelnder Kapazität der Lehrveranstaltung s. Rdn. 216).[245] Ein Student, der sich besonders früh zur studienbegleitenden Leistungskontrolle meldet, muss es in Kauf nehmen, dass er sich bei einem Misserfolg schon nach zwei weiteren Semestern entsprechend früh – und dadurch weniger intensiv vorbereitet – der Wiederholung der Kontrolle zu stellen hat.[246]

Es ist nicht zu beanstanden, wenn die Zulassung zu einer weiteren **Wie-** **226** **derholungsprüfung** verweigert wird, weil der Prüfling durch sein bisheriges mehrfaches Versagen hinreichend kundgetan hat, dass seine Leistungsfähigkeit und/oder Eignung den Mindestanforderungen nicht entsprechen. Die Beschränkung der Wiederholungsmöglichkeiten erweist sich als eine subjektive Zulassungsbeschränkung, die den Prüfling nicht unverhältnismäßig trifft (im Einzelnen Rdn. 742 ff., 745).[247]

---

[243] OVG NW, U. v. 18. 2. 1994 – 22 A 1400/93.

[244] VGH Bad.-Wttbg., Beschl. v. 9. 7. 2002 – 9 S 1436/02 – SPE 990 Nr. 25.

[245] BVerwG, Beschl. v. 3. 11. 1986 – 7 B 108.86 – NVwZ 1987, 593 = SPE 990 Nr. 14.

[246] BVerwG, Beschl. v. 29. 12. 1992 – 6 B 56.92 – Buchholz 421.0 Prüfungswesen Nr. 308.

[247] BVerwG, U. v. 27. 11. 1981 – 7 C 66.78 – NJW 1982, 1339 = Buchholz a.a.O. Nr. 156 m. w. Hinw.; Beschl. v. 27. 10. 1978 – 7 B 198.78 – Buchholz a.a.O. Nr. 98,

227   Wer die Prüfung endgültig nicht bestanden hat und versucht, diesem Ergebnis durch eine nachträgliche **Befreiung** von (misslungenen) Teilen der
Prüfung – unter Hinweis auf anderweitig erbrachte Leistungen – die
Grundlage zu entziehen, kann nicht beanstanden, dass die Prüfungsbehörde
die schlechten Leistungen bei der Ablehnung des Befreiungsantrags mit berücksichtigt.[248]

228   Lässt die Prüfungsordnung einen **Freiversuch** („Freischuss") zu, so
kommt es regelmäßig darauf an, ob die Zulassung zur Prüfung innerhalb einer bestimmten Frist nach der Aufnahme des Studiums beantragt wird. Dabei können außergewöhnliche Umstände, die zu einer Unterbrechung des
Studiums geführt haben, die Meldefrist verlängern. Auch wenn dies in der
Prüfungsordnung nicht ausdrücklich so geregelt ist, kann der Prüfling vom
Prüfungsamt verlangen, dass es im Rahmen der Zulassung zur Prüfung
(auch) darüber entscheidet, ob seinem Begehren auf Ausnutzung der „Frei-
schussregelung" trotz der Fristüberschreitung stattgegeben wird. Ihm muss
die Gewissheit zuteil werden, unter welchen Bedingungen er die Prüfung
ablegt.[249]

229   Schwerwiegende Gründe, die eine Unterbrechung des Studiums erforderlich machen und daher die **Verlängerung der Meldefrist** für den **Freiversuch** erlauben, sind insbesondere schwere Erkrankungen. Ob auch ein zeit-
weises Studium im Ausland oder die Mitgliedschaft in einem auf Gesetz
beruhenden Hochschulgremium hierzu zählt, hängt von entsprechenden
Sonderregelungen der Prüfungsordnung ab. In der Rechtsprechung sind insofern zu Recht strenge Anforderungen gestellt worden, da ansonsten der
Freiversuch seinen Ausnahmecharakter verlieren würde. So hat z.B. der
VGH Bad.-Wttbg.[250] entschieden, dass als zwingende Gründe für die Unterbrechung des Studiums nach baden-württembergischem Landesjustizprüfungsrecht nur solche in Betracht kommen, die außerhalb der Beeinflus-
sungsmöglichkeit des Kandidaten liegen oder die das ununterbrochene
Weiterstudium als schlechthin unzumutbar erscheinen lassen. Die Übernahme eines Gemeinderatsmandats ist danach kein zwingender Grund für
die Unterbrechung des Studiums; die darin liegende Benachteiligung gegenüber Tätigkeiten als Mitglied eines Hochschulgremiums verletzt weder den
Gleichheitssatz noch das kommunale Benachteiligungsverbot.[251]

230   Dass eine **Promotionsordnung** dem Promotionsausschuss bei der Entscheidung über die Zulassung eines Bewerbers zur Promotion hinsichtlich

---

S. 121, betr. die „günstige Prognose" als Voraussetzung für die Zulassung zu einer
nochmaligen Wiederholung. Nicht zugelassen werden muss ein Schüler, der trotz
Versetzung die Klassenstufe wiederholen möchte, um bessere Noten zu erlangen:
OVG Berlin, Beschl. v. 20. 8. 1976 – V S 161.76 – RdJB 1977, 385.

[248] BVerfG, Beschl. v. 7. 11. 1994 – 1 BvR 560/90.

[249] VGH Bad.-Wttbg., Beschl. v. 27. 2. 1992 – 9 S 505/92 – DVBl. 1992, 1044.

[250] Beschl. v. 27. 2. 1992, a.a.O.

[251] VGH Bad.-Wttbg., Beschl. v. 27. 2. 1992, a.a.O.

bestimmter Anforderungen, etwa der Frage nach der Eignung und Befähigung, einen pädagogisch-wissenschaftlichen **Beurteilungsspielraum** einräumt, galt nach der früheren Rechtsprechung des BVerwG[252] nicht als Verstoß gegen Bundesrecht. Diese Rechtsauffassung dürfte indes angesichts der neueren Rechtsprechung des BVerfG[253] jedenfalls in dieser Allgemeinheit nicht mehr zutreffen. Zwar ist die Promotion in der Regel keine Voraussetzung für den Zugang zu einem Beruf, so dass die Gewährleistungen des Art. 12 GG insofern zurückstehen (anders z. B. wenn der Beruf des Hochschullehrers angestrebt und nicht ohne Promotion erreicht werden kann). Es darf indes nicht unberücksichtigt bleiben, dass in manchen Bereichen der Wirtschaft die erfolgreiche Promotion immer noch einen hohen Rang hat und das berufliche Fortkommen wesentlich fördern kann. Deshalb mag die Zulassung zur Promotion zwar an bestimmte Nachweise einer wissenschaftlichen Vorbildung (z. B. Studienzeiten, Teilnahme an Seminaren) geknüpft werden, die wissenschaftliche Befähigung des Bewerbers untersteht indes nicht einem Beurteilungsspielraum der Zulassungsbehörde. Dass bei der (späteren) Bewertung der wissenschaftlichen Leistungen des Doktoranden auch ein „prüfungsspezifischer Bewertungsspielraum" im Sinne der Rechtsprechung des BVerfG (a. a. O.) Platz greift, steht dem nicht entgegen.

Die Regelung einer Promotionsordnung, dass die Promotionskommission **231** über die **Annahme einer Dissertation** „auf der Grundlage der **Vorschläge der Gutachter**" entscheidet, räumt diesen Gutachtern eine Bewertungsvorgabe ein. Ihr Vorschlag ist zwar nicht bindend; verlangt wird jedoch im Falle einer von den Gutachten abweichenden Bewertung, die zur Nichtannahme der Dissertation führt, dass sich sämtliche Kommissionsmitglieder mit den Wertungen der Gutachter auseinandersetzen. Bei der von den Gutachten abweichenden Bewertung muss auf die Gutachten eingegangen und konkret dargelegt werden, warum der Bewertung der Gutachten nicht gefolgt wird.[254]

Sieht die Promotionsordnung vor, dass „in begründeten Einzelfällen" ein **232** zusätzlicher (fünfter) **Gutachter** als weiteres Mitglied der Kommission bestellt werden kann, so hat dies insbesondere dann zu geschehen, wenn andernfalls bei der Entscheidung über die Annahme der Dissertation ein Patt zwischen den ursprünglichen Kommissionsmitgliedern entstehen würde; die Möglichkeit eines Stichentscheides durch den Vorsitzenden ist demgegenüber nachrangig.[255]

Formelle Voraussetzungen für die Zulassung zur Prüfung (z. B. ein **233** **schriftlicher Antrag** oder die Vorlage von **Zeugnissen**) sind statthaft, wenn

---

[252] Beschl. v. 23. 1. 1984 – 7 B 43.83 – Buchholz a. a. O. Nr. 191.
[253] BVerfGE 84, 34 und 59 = NJW 1991, 2005 und 2008.
[254] OVG NW, U. v. 30. 4. 2002 – 14 A 1946/98 – NJW 2002, 3346
[255] OVG NW, U. v. 30. 4. 2002, a. a. O., auch zu der Notwendigkeit, bei Spannungen und Auseinandersetzungen zwischen den ursprünglichen Kommissionsmitgliedern als zusätzlichen Gutachter einen auswärtigen Hochschullehrer zu bestellen.

sie der ordnungsgemäßen Durchführung des Prüfungsverfahrens dienen und nicht willkürlich sind. Zulässig ist es insbesondere, dass formelle Nachweise der Vor- oder Ausbildung verlangt werden (z. B. Bescheinigungen über die Studiendauer, Zeugnisse über frühere Prüfungen u. a.). Die Kontrolle der Zulassungsvoraussetzungen beschränkt sich dann in der Regel darauf, dass diese Nachweise gültig sind.[256] Verlangen die maßgeblichen Rechtsvorschriften als Voraussetzung für die Zulassung zur Prüfung nicht nur einen formellen Nachweis (Bescheinigung) der Teilnahme an einer Lehrveranstaltung etc., sondern die erfolgreiche Teilnahme, so ist die betreffende Bescheinigung nur ein (widerlegbares) Indiz für das Vorliegen dieser Zulassungsvoraussetzung.[257]

234 Für das Zulassungsverfahren gelten ergänzend zu den prüfungsrechtlichen Vorschriften die Vorschriften des **Verwaltungsverfahrensgesetzes.**[258] Die Entscheidung über die Zulassung zur Prüfung darf nicht offen bleiben, indem die Behörde diese unter einen allgemeinen Vorbehalt stellt; allenfalls sind konkrete **Auflagen oder Bedingungen** statthaft (wegen der Rücknahme der Zulassung s. Rdn. 246).[259]

235 Es ist grundsätzlich zulässig, mit der Zulassung zur Prüfung eine **Prüfungsgebühr**[260] zu erheben, die freilich den Aufwendungen der Prüfungsbehörde für die jeweiligen Prüfungen entsprechen muss. Dies gilt nicht für Prüfungen, die in einem öffentlich-rechtlichen Dienstverhältnis abgelegt werden, in dem eine unentgeltliche Ausbildung stattfindet. Eine solche Unentgeltlichkeit schließt die Kostenfreiheit der die Ausbildung abschließenden Prüfung ein. Praktische Bedeutung hat dies insbesondere für die Zweite juristische Staatsprüfung, mit der Referendare als Beamte auf Widerruf ihren Vorbereitungsdienst abschließen. Welchen beruflichen Weg der Prüfling nach bestandener Prüfung einschlägt, ist in diesem Zusammenhang nicht von Bedeutung.[261]

---

[256] VGH Bad.-Wttbg., Beschl. v. 5. 3. 1979 – IX 290/79 – SPE III B II, S. 111. Wegen des Nachweises, dass der in einem fachfremden Studiengang eingeschriebene Student tatsächlich an medizinischen Studienveranstaltungen teilgenommen hat: BVerwG, U. v. 21. 11. 1980 – 7 C 4.80 – Buchholz a. a. O. Nr. 134. Im Falle ausländischer Studien: BVerwG, U. v. 21. 11. 1980 – 7 C 119.79 – Buchholz a. a. O. Nr. 135.

[257] OVG NW, Beschl. v. 26. 4. 1982 – 15 D 949/82 – und – 15 B 796/82.

[258] Als Bundesrecht durch Gesetz vom 25. 5. 1976 (BGBl. I, S. 1253); vgl. ferner die Verwaltungsverfahrensgesetze der Länder mit zumeist gleichlautenden Regelungen. Nach § 2 Abs. 3 Nr. 2 VwVfG gelten freilich nur die dort bezeichneten Vorschriften für das Prüfungsverfahren.

[259] VGH Bad.-Wttbg., Beschl. v. 29. 3. 1982 – 9 S 129/82 – VBlBW 1983, 43.

[260] Davon zu unterscheiden sind die nach § 27 Abs. 4 HRG grundsätzlich untersagte „Studiengebühr" und die zu Beginn eines jeden Semesters erhobene „Rückmeldegebühr" (zu der letzteren: BVerfG, U. v. 19. 3. 2003 – 2 BvL 9/98 – NVwZ 2003, 715 = DVBl. 2003, 993; BVerwG, U. v. 3. 12. 2003 – 6 C 13.03).

[261] BVerwG, U. v. 25. 9. 2003 – 2 C 20.02 – NVwZ 2004, 347, das U. des OVG Berlin v. 16. 4. 2002 – 4 B 14.99 – bestätigend; VGH Bad Wttbg., Beschl. v. 18. 3. 1999 – 2 S 327/99 – NVwZ-RR 1999, 746 = VBlBW 1999, 271 = SPE 578 Nr. 3.

Die Zulassung zu einem **schulischen Bildungsgang** wird von den Ge- 236
währleistungen des Art. 12 Abs. 1 GG nicht erfasst.[262] Regelungen schulor-
ganisatorischer Art oder Anordnungen der Gestaltung des Bildungsgangs
(z. B. das Verbot, eine Eingangsklasse zu überspringen)[263] können sich zwar
auch wie objektive Zulassungsvoraussetzungen der genannten Art dem Einfluss des davon betroffenen Schülers entziehen. Dies stößt aber erst dann an
verfassungsrechtliche Grenzen (Art. 2 Abs. 1 und Art. 3 Abs. 1 GG), wenn
dadurch Teilhaberechte des Schülers beeinträchtigt werden (s. dazu Band 1
„Schulrecht", 3. Aufl. Rdn. 364 ff.). Beispielsweise darf die Zulassung zu einer weiteren Stufe des schulischen Bildungsganges (etwa der Übergang in
die Oberstufe des Gymnasiums) nur aus Gründen beschränkt werden, die
mit dem darauf bezogenen Bildungsauftrag der Schule in unmittelbarem
sachlichem Zusammenhang stehen und die in ihren Anforderungen nicht
übermäßig sind.[264] Soll der Schüler nach dem Willen der Eltern gegen die
Empfehlungen der Schule das Gymnasium besuchen, steht bundesverfas-
sungsrechtlich nichts im Wege, dass darüber durch eine **Aufnahmeprüfung**
oder durch einen **Probeunterricht** entschieden wird.[265]

Auch die **Zulassung zum Abitur** kann z.B. von der Belegung einzubrin- 237
gender Kurse abhängig gemacht werden. Die Verantwortung für die rechte
Kursauswahl trifft den Schüler selbst; unzureichende Informationen der
Schule können allenfalls Schadensersatzansprüche – nicht aber die Zulassung selbst – auslösen.[266]

Wer nur durch vorläufigen Rechtsschutz unter dem **Vorbehalt der Ent-** 238
scheidung im Hauptverfahren zur Prüfung (vorläufig) zugelassen worden
ist, kann nicht schon aus dem Ergebnis der später bestandenen Prüfung die
Rechtswidrigkeit der Nichtzulassung herleiten.[267] In diesem Fall muss vielmehr die Rechtswidrigkeit der Nichtzulassung im Hauptverfahren geklärt
werden. Anders ist die Rechtslage, wenn die Nichtzulassung zur Prüfung
allein aus Gründen mangelnder Prüfungskapazität ausgesprochen worden
war, der Prüfling jedoch seine Teilnahme an der Prüfung im Wege der
einstweiligen Anordnung durchsetzt und sie besteht; es liegt dann kein hinreichender Grund mehr vor, ihn von den Berechtigungen (z.B. hinsichtlich
einer weiteren Ausbildung) auszuschließen, die die bestandene Prüfung
vermittelt (zur Rücknahme der Zulassung s. Rdn. 246, 247).[268]

---

[262] Die Reifeprüfung muss dagegen wegen ihrer Bedeutung für die Berufswahl dem
Gewährleistungsbereich des Art. 12 GG unterstellt werden.
[263] HessVGH, U. v. 23. 2. 1990 – 7 UE 311/87 – SPE 864 Nr. 1.
[264] BayVerfGH, Entsch. v. 21. 7. 1981 – Vf 10 VII-79 – BayVBl. 1981, 653.
[265] VGH Bad.Wttbg., Beschl. v. 8. 12. 1989 – 9 S 2707/89 – SPE 860 Nr. 29.
[266] Vgl. dazu: VG Braunschweig, Beschl. v. 3. 5. 1999 – 6 B 101/99 – SPE 990
Nr. 24.
[267] BVerwG, U. v. 15. 12. 1993 – 6 C 20.92 – BVerwGE 94, 352 ff., 356, und Beschl.
v. 22. 1. 1981 – 7 B 156.80 – Buchholz 421.0 Prüfungswesen Nr. 139.
[268] BVerwG, U. v. 12. 4. 2001 – 2 C 16.00 – BVerwGE 114, 149 = NVwZ 2001, 1286
= DVBl. 2001, 1680.

239   Ist die Prüfung nicht bestanden worden, kann der Prüfling nicht etwa wegen einer rechtsfehlerhaften Zulassung eine **erneute Prüfung** verlangen. Die Rüge von Fehlern des Zulassungsverfahrens ist vielmehr ausgeschlossen, wenn sich der Bewerber vorbehaltlos der Prüfung unterzogen hat.[269]

2. Die Durchführung/Beendigung des Prüfungsverfahrens

240   Mit der Zulassung zur Prüfung wird ein **Prüfungsrechtsverhältnis** begründet, das durch gegenseitige Rechte und Pflichten[270] gekennzeichnet ist, auf die in den weiteren Teilen dieser Schrift näher eingegangen wird (wegen der Einzelheiten zum Ablauf der Prüfung s. Rdn. 337 ff., zur Informationspflicht der Prüfer s. Rdn. 248 ff., zur Rügepflicht des Prüflings bei Mängeln des Prüfungsverfahrens s. Rdn. 112, 125 ff., 473 ff., 513 ff.).

241   Das Prüfungsrechtsverhältnis ist rechtlich selbständig und in seinem Bestand unabhängig von anderen Rechtsbeziehungen. So hat etwa eine **spätere Exmatrikulation** auf die Fortdauer des mit der Zulassung zur Prüfung einsetzenden Prüfungsrechtsverhältnisses keinen Einfluss. Auch dem Prüfling selbst erwachsen aus diesem Rechtsverhältnis besondere Bindungen, die ihn verpflichten, das nach der Prüfungsordnung vorgesehene Verfahren einzuhalten und durch sachdienliche Hinweise auf erkennbare Mängel des Verfahrens an deren möglichst baldiger Beseitigung mitzuwirken. Er kann nicht mehr beliebig und **ohne Rechtsnachteile „aussteigen"**, sondern muss weitere Prüfungsabschnitte – unbeschadet seiner Verfahrensrügen und Rechtmittel gegen die Prüfungsentscheidung – grundsätzlich auch dann fortsetzen, wenn er meint, den bisherigen Verlauf der Prüfung mit Recht beanstanden zu können.[271] Er kann allenfalls „aus wichtigem Grund" – insbesondere bei Erkrankung (Rdn. 125 ff., 149 ff.) – zurücktreten und um Genehmigung seines Rücktritts nachsuchen (vgl. § 18 ÄAppO).

242   Das gilt grundsätzlich auch dann, wenn der Student sich für eine Lehrveranstaltung anmeldet, bei der eine **studienbegleitende Leistungskontrolle** stattfindet (vgl. Rdn. 388). Diese Anmeldung ist zugleich eine Anmeldung zu der Prüfung, die von dem für die Lehrveranstaltung verantwortlichen

---

[269] BayVGH, U. v. 25. 9. 1985 – 7 B 82 A.2336 – DÖV 1986, 478: Eine Ausnahme sei dann statthaft, wenn sich der Studierende die erforderliche Ausbildung nicht verschaffen und die Zulassungsvoraussetzungen nicht erfüllen konnte, jedoch eine Verschiebung der Prüfung nicht mehr möglich war. Zum Ausschluss der Rüge von Fehlern des Zulassungsverfahrens vgl. auch VGH Bad.-Wttbg., Beschl. v. 29. 3. 1982 – 9 S 129/82 – VBlBW 1983, 43.

[270] Zum Inhalt der Fürsorgepflicht der Prüfungsbehörde und zu deren Hinweispflichten: BVerwG, U. v. 6. 9. 1995 – 6 C 18.93 – BVerwGE 99, 185 = NJW 1996, 2670 = Buchholz 421.0 Prüfungswesen Nr. 356.

[271] Dazu insgesamt: OVG NW, U. v. 27. 1. 1993 – 22 A 992/91 – NWVBl. 1993, 260; OVG Rh.-Pf., Beschl. v. 20. 11. 1992 – 2 A =/92.

Hochschullehrer zumeist in der Form einer Aufsichtsarbeit abgenommen wird und deren Ergebnis möglicherweise – etwa als Bestandteil einer Zwischenprüfung – über den Fortgang des Studiums entscheidet. Darin kann eine besondere Härte liegen, etwa wenn ein unerfahrener Student in den ersten Semestern eine verfehlte Auswahl des Studienfaches getroffen hat. Deshalb gewähren einzelne Prüfungsordnungen zu Recht die Möglichkeit, solche Anmeldungen bis zu einem festgelegten Zeitpunkt zurückzunehmen.[272] Jedenfalls besteht auch hier die für jeden Prüfling gegebene Möglichkeit des Rücktritts „aus wichtigem Grunde" (vgl. Rdn. 149). Dieser Grund ist indes von dem Prüfling konkret darzulegen und nachzuweisen. Der berechtigte Rücktritt eröffnet dem Prüfling die Möglichkeit, das Prüfungsverfahren durch eine Wiederholung der Prüfung oder eines selbständigen Teiles fortzusetzen, ohne dass dies auf die regulären Wiederholungsmöglichkeiten angerechnet wird (dazu Rdn. 731 ff.). Ansonsten bleibt ihm auch bei dem Misserfolg einer studienbegleitenden Prüfung nur die – noch nicht ausgeschöpfte – Möglichkeit, die Prüfung regulär zu wiederholen (Rdn. 742 ff.)

Wenn keine rechtserheblichen Hinderungsgründe vorliegen, hat die **243** Prüfungsbehörde das Prüfungsverfahren ohne vermeidbare Verzögerungen **durchzuführen** und in **angemessener Zeit zum Abschluss zu bringen.**[273] Soweit es dabei auf die Mitwirkung des Prüflings ankommt, trifft ihn diese Verpflichtung in gleicher Weise. Kommt es – aus welchen Gründen auch immer – zu einer längeren zeitlichen Unterbrechung des Prüfungsverfahrens, so ist zu befürchten, dass es unmöglich wird, das angefangene Verfahren ohne weiteres fortzusetzen. Insbesondere kann eine Neubewertung der mündlichen Leistungen objektiv unmöglich werden, wenn eine hinreichend sichere Erinnerung an das Prüfungsgeschehen inzwischen verloren gegangen ist. Dann bleibt nichts anderes übrig, als die Prüfung zumindest teilweise zu wiederholen. Der Prüfling, der dies vermeiden will, sollte von der Möglichkeit des vorläufigen Rechtsschutzes Gebrauch machen (s. Rdn. 873 ff.).[274]

Die Fortsetzung des Prüfungsverfahrens und sein erfolgreicher Abschluss **244** hängen regelmäßig davon ab, ob bestimmte **Teilleistungen** erbracht worden sind. Es geht darum, ob das Verfahren sinnvoll **fortzusetzen** oder schon jetzt – ohne die Möglichkeit einer **Kompensation einzelner Fehlleistungen** durch bessere Noten in anderen Fächern – als offensichtlich keinen Erfolg

---

[272] Dies sieht z.B. § 13 Abs. 4 Satz 3 der Satzung für Allgemeine Prüfungsangelegenheiten der Freien Universität Berlin v. 4. 7. 2001 und 17. 4. 2002 (Amtsblatt v. 2. 7. 2002, 15/2002) vor.

[273] BVerfG, Beschl. v. 3. 5. 1999 – 1 BvR 1315/97 – NVwZ 1999, 1102: Grundrechtsverstoß durch zu lange Wartezeiten.

[274] OVG Schl.-H., U. v. 3. 9. 1992 – 3 L 380/91 – SPE 460 Nr. 10. Vgl. ferner: OVG NW, Beschl. v. 19. 11. 1993 – 22 B 1651/93 – NWVBl. 1994, 137, betr. die Fortsetzung eines bereits 12 Jahre dauernden Habilitationsverfahrens.

versprechend **abzubrechen** ist (etwa bei einem sog. **Blockversagen**),[275] indem der Studierende exmatrikuliert oder zu einer (weiteren) Prüfung nicht zugelassen wird (dazu Rdn. 547 ff.). Grundsätzlich kann auch schon das schlechte Ergebnis bestimmter Einzelleistungen erkennen lassen, dass der Bewerber das vorauszusetzende Mindestwissen nicht besitzt oder dass seine fachlichen Fähigkeiten unzulänglich sind. Das mag freilich bei den Prüfungen anders sein, bei denen es weniger auf die (schriftliche) Darlegung von Fachwissen als vielmehr auf den Nachweis praktischer (z.B. handwerklicher oder künstlerischer) Fähigkeiten ankommt. Es ist jedenfalls bundesrechtlich – insbesondere im Hinblick auf Art. 12 Abs. 1 GG oder den Grundsatz der Chancengleichheit – nicht zu beanstanden, wenn eine Prüfungsordnung etwa das Bestehen der Zwischenprüfung (§ 15 Abs. 1 Satz 2 HRG) und den Fortgang des Studiums nicht von dem arithmetischen Durchschnitt aller schriftlichen Leistungen abhängig macht, sondern von dem **Mindestmaß an Leistungen** in **einem Prüfungsfach**.[276] Voraussetzung dafür ist jedoch in jedem Fall, dass schon die aufgrund der Teilleistung in einem wichtigen Prüfungsfach festzustellenden Mängel so gravierend sind, dass sie die Annahme rechtfertigen, der Prüfling werde das Ziel der Prüfung nicht erreichen. Das ist etwa dann der Fall, wenn ohne ausreichende Leistungen in einem bestimmten Prüfungsfach die angestrebte Qualifikation zu einem bestimmten Beruf offensichtlich nicht vorhanden ist (Rdn. 548).[277]

245   Sieht die Prüfungsordnung neben dem (vorzeitigen) Abbruch des Verfahrens wegen unzulänglicher Teilleistungen alternativ auch die Möglichkeit einer **Nachbesserung** der (schriftlichen) Prüfungsleistungen vor, so muss der Prüfungsausschuss ausdrücklich darüber befinden, ob er sich für oder

---

[275] BVerwG, U. v. 13. 12. 1979 – 7 C 43.78 – Buchholz a.a.O. Nr. 124 = DVBl. 1980, 597.

[276] BVerwG, Beschl. v. 6. 3. 1995 – 6 B 3.95 – und v. 10. 10. 1994 – 6 B 73.94 – Buchholz a.a.O. Nr. 338 = BayVBl. 1995, 86, betr. Mindestnoten für die Zulassung zur mündlichen Prüfung (nicht mehr als die Hälfte der Prüfungsarbeiten weniger als 4.00 Punkte), und v. 11. 2. 1987 – 7 B 10.87 – NVwZ 1987, 593 = Buchholz a.a.O. Nr. 238 = SPE 990 Nr. 15; wegen der Zulassung zur mündlichen Prüfung in der juristischen Prüfung ferner: Beschl. v. 6. 5. 1988 – 7 B 71.88 – NJW 1988, 2813 = Buchholz a.a.O. Nr. 251 = DVBl. 1988, 1120. Weitere Rechtsprechung zur Frage, wieweit die Zulassung zur Prüfung von inhaltlichen Anforderungen abhängig gemacht werden darf: BVerwG, Beschl. v. 11. 5. 1983 – 7 B 85.82 – und v. 11. 8. 1980 – 7 CB 81.79 – Buchholz a.a.O. Nr. 130 (mindestens ausreichende Leistungen in einem schriftlichen Prüfungsfach); Beschl. v. 30. 5. 1979 – 7 B 47.79 – DÖV 1979, 754 (Mindestmaß an ausreichenden schriftlichen Leistungen als Voraussetzung der Zulassung zur mündlichen Prüfung); Beschl. v. 24. 3. 1976 – 7 B 65.75 – Buchholz a.a.O. Nr. 73, betr. die Ablehnung der Zulassung zur mündlichen Prüfung aufgrund der unzulänglichen schriftlichen Leistungen.

[277] VGH Bad.-Wttbg., U. v. 16. 5. 2000 – 9 S 2537/99 – NVwZ 2001, 940 = DVBl. 2000, 1791, betr. das Versagen bei zwei Aufsichtsarbeiten im Öffentlichen Recht: Hinreichend große Bandbreite an Themen zu mehren Fächern aus dem Stoffkatalog für schriftliche Prüfungen im Öffentlichen Recht, im Verwaltungsprozessrecht und im Europarecht.

gegen diese Alternative entscheidet.[278] Dabei haben alle Ausschussmitglieder gleichberechtigt eine fachlich-wissenschaftliche Prognose darüber abzugeben, ob die Mängel der Arbeit reparabel sind und die Fortsetzung des Prüfungsverfahrens einen positiven Abschluss als möglich erscheinen lässt. Entscheidet sich die Mehrheit für eine günstige Prognose, muss das Verfahren in der bezeichneten Weise fortgesetzt werden. Eine Prüfungsordnung, die eine solche Entscheidung für die Nachbesserung und den Fortgang des Verfahrens davon abhängig macht, dass zwei Drittel der stimmberechtigten Mitglieder des Habilitationsausschusses zustimmen, ist insofern mit Art. 12 GG nicht vereinbar und daher ungültig.[279]

Trotz der Zulassung zur Prüfung kann das Verfahren vorzeitig beendet **246** werden, wenn die **Zulassung** sich **nachträglich** etwa wegen Fehlens wichtiger Qualifikationsnachweise des Prüflings als **rechtswidrig** erweist. Soweit kein erheblicher Vertrauensschutz besteht, kann die rechtwidrige Zulassung bis zum Abschluss des Prüfungsverfahrens **zurückgenommen** und damit das Prüfungsrechtsverhältnis beendet werden. Dies ist gemäß § 48 VwVfG als eine Entscheidung nach pflichtgemäßem Ermessen innerhalb eines Jahres nach Kenntnis der maßgeblichen Umstände grundsätzlich zulässig (Abs. 1 und 4). Die Zahlung eines Ausgleichs für etwaige Vermögensnachteile ist nur dann geboten, wenn das Vertrauen des Prüflings schutzwürdig ist (Abs. 3).

Hierbei ist indes zu beachten, dass ein Fehler, der dem Zulassungsverfah- **247** ren zur Prüfung anhaftet, sich **nicht ohne weiteres** auf das **Prüfungsverfahren** im engeren Sinne und die Prüfungsentscheidung selbst erstrecken muss. Es ist vielmehr in jedem Einzelfall ein **ursächlicher Zusammenhang** nachzuweisen.[280] Ist die Zulassung nicht schon wegen eines schweren und offensichtlichen Fehlers nichtig und erbringt der – ohne Vorbehalt zugelassene – Prüfling einzelne Prüfungsleistungen, so darf die Prüfung nicht etwa deshalb abgebrochen oder als nicht bestanden erklärt werden, weil eine hierfür unerhebliche Zulassungsvoraussetzung (z. B. die Vorlage eines Studiennachweises) nicht erfüllt war.[281] Insofern greift der **Vertrauensschutz** des Prüflings durch.

V. Der Anspruch auf Information, Anhörung, Akteneinsicht

Im allgemeinen sind die Informationspflichten der Prüfungsbehörden und **248** die Auskunftsansprüche der Prüflinge in den **Prüfungsordnungen** näher geregelt. Ergänzend gelten auch hier die Verwaltungsverfahrensgesetze (vgl.

---

[278] OVG NW, U. v. 16. 1. 1995 – 22 A 969/94, betr. Habilitationsverfahren.
[279] OVG NW, U. v. 16. 1. 1995 – 22 A 969/94.
[280] BVerwG, U. v. 3. 5. 1963 – 7 C 46.62 – RWS 1963, 248 = SPE III B I, S. 11.
[281] VGH Bad.-Wttbg., U. v. 8. 4. 1988 – 9 S 708/87 – NVwZ 1989, 382 = SPE 990 Nr. 16. VG Leipzig, U. v. 26. 11. 1996 – 4 K 411/96 – SPE 568 Nr. 21, betr. den Nachweis des Abiturs bei der Zulassung zur Abschlussprüfung einer Hochschule.

§ 2 Abs. 3 Nr. 2 VwVfG). Danach ist die Prüfungsbehörde gehalten, soweit erforderlich, Auskünfte über die dem Prüfling im Prüfungsverfahren zustehenden Rechte und Pflichten zu erteilen (§ 25 Satz 2 VwVfG). Sie soll insbesondere die Abgabe oder Berichtigung von **Erklärungen** oder von **Anträgen** anregen, wenn diese offensichtlich **nur versehentlich unterblieben** oder unrichtig abgegeben oder gestellt worden sind (§ 25 Satz 1 VwVfG).[282] Ferner kann sich aus einer ständigen **Informationspraxis** – möglicherweise in Verbindung mit den dies regelnden Verwaltungsvorschriften – wegen der zu gewährleistenden Chancengleichheit (Art. 3 Abs. 1 GG) für den einzelnen Prüfling ein entsprechender Auskunftsanspruch ergeben. Soweit hinsichtlich der Informationspflichten der Prüfungsbehörden ausdrückliche Regelungen oder ständige Verwaltungspraktiken fehlen, ist auf die nachfolgend dargelegten **allgemeinen prüfungsrechtlichen Grundsätze** zurückzugreifen, die größtenteils im Verfassungsrecht (Art. 2 Abs. 1, Art. 3 Abs. 1, Art. 12 Abs. 1 und Art. 19 Abs. 4 GG) verankert sind und daher auch einen übergeordneten Maßstab für die Gültigkeit des „einfachen" Rechts liefern.

1. Bei Prüfungen allgemein

249   Jeder Prüfling kann verlangen, in angemessener Weise über die ihn betreffenden Vorgänge der Prüfung oder der sonstwie stattfindenden Leistungskontrolle informiert zu werden, soweit dies mit deren Sinn und Zweck vereinbar ist. Das folgt grundsätzlich aus dem verfassungsrechtlichen Persönlichkeitsschutz (Art. 2 Abs. 1 GG) und bei berufsbezogenen Prüfungen ferner aus Art. 12 Abs. 1 GG sowie im Hinblick auf die verfassungsrechtliche Rechtsschutzgewährleistung aus Art. 19 Abs. 4 GG. Es gehört zum Kern **grundrechtlicher Verfahrensgarantien,** dass der betroffene Bürger seinen Standpunkt wirksam vertreten kann. Voraussetzung dafür ist, dass der Prüfling über den Verfahrensstand und wesentliche Umstände der Prüfung **rechtzeitig informiert** wird und die Möglichkeit hat, Einwände wirksam vorzubringen.[283] Das hat das BVerfG in seinen Beschlüssen vom 17. 4. 1991[284] speziell für das Prüfungswesen besonders hervorgehoben. Wegen der Einzelheiten kommt es auf die Ausgestaltung der Prüfung durch die an diesen verfassungsrechtlichen Anforderungen zu messende Prüfungsordnung an.

250   Soweit die **ordnungsgemäß veröffentlichte Prüfungsordnung** die angehenden Prüflinge über den Gegenstand und den Ablauf der Prüfung infor-

---

[282] Wegen der Rechtsfolgen falscher Auskünfte oder unterbliebener Hinweise s. Rdn. 261 und insbesondere: *Stelkens/Kallerhoff,* in: Stelkens/Bonk/Sachs, Verwaltungsverfahrensgesetz, § 25 Rdn. 16, 17, 38 und 45.

[283] BVerwG, U. v. 6. 9. 1995 – 6 C 18.93 – BVerwGE 99, 185 = NJW 1996, 2670 = Buchholz a. a. O. Nr. 356.

[284] BVerfGE 84, 34 = NJW 1991, 2005, und BVerfGE 84, 59 = NJW 1991, 2008.

miert, darf davon ausgegangen werden, dass die Regelungen allgemein bekannt sind. Dennoch ist es sachdienlich, wenn die Prüfungsbehörde etwa
mit der Ladung des einzelnen Prüflings auf wichtige – erfahrungsgemäß
nicht immer beachtete – Umstände (z. B. Fristen, Formerfordernisse) für-
sorglich hinweist. Falls dies nicht in der Prüfungsordnung ausdrücklich anders geregelt ist, muss der Prüfer oder die Prüfungskommission nicht die
beabsichtigte **Prüfungsentscheidung** dem Prüfling **vorher mitteilen** und
ihn dazu **anhören;** die §§ 28, 66 VwVfG gelten nicht für das Verfahren
bei Prüfungen und sonstigen Leistungsbewertungen (§ 2 Abs. 3 Nr. 2
VwVfG).[285]

Solange die Leistungsbewertung noch nicht vollendet ist, sind Einwen- **251**
dungen des Prüflings verfrüht und (vorläufige) Informationen der Prüfer
jedenfalls nicht rechtlich geboten. Das mag häufig (z. B. bei juristischen
Prüfungen) dazu führen, dass der Prüfling erst nach der Bekanntgabe des
Prüfungsergebnisses in ausreichendem Umfange erfährt, welche Erwägungen der Prüfer maßgeblich gewesen sind. In der Regel wird dann die Prüfung insgesamt abgeschlossen sein. Werden indes – nach besonderer Regelung in der Prüfungsordnung oder gemäß ständiger Praxis – schon die
vorher feststehenden Bewertungen einzelner Teile der Prüfung (z. B. der
schriftlichen Arbeiten) bekanntgegeben, besteht kein sachlicher Grund, einzelnen Prüflingen die notwendigen Informationen über das Zustandekommen dieser Bewertung (vorerst) zu verweigern. Ob der Prüfer in der mündlichen Prüfung auf einzelne Antworten wertend reagiert, liegt in seinem
Ermessen. Es ist nicht zu beanstanden, wenn er sich vor dem Ende der
Prüfung dazu nicht äußert, um etwa das Selbstvertrauen des Prüflings nicht
zu sehr zu beeinträchtigen.

Das BVerfG (Beschlüsse vom 19. 4. 1991, a. a. O.) lässt es zu, dass bei der **252**
Verwirklichung der grundrechtlichen Verfahrensgarantien auf diese Besonderheiten des Ablaufs der Prüfung Rücksicht genommen wird. Soweit es
danach ausgeschlossen ist, dass der Prüfling während der Prüfung seinen
Standpunkt wirksam vertritt, muss umso mehr eine **nachträgliche Fehlerkontrolle** eröffnet sein. Der daraus herzuleitende **Anspruch des Prüflings
auf „Überdenken der Prüfungsentscheidung"** und die diesem Anspruch
im Einzelfall gemäßen Informationsrechte stehen in engem Zusammenhang
mit den Einwendungen und Rechtsbehelfen (Widerspruch) des Prüflings
gegen das Prüfungsergebnis. Diesen Fragen soll daher erst im Anschluss an
die Erörterungen des Verfahrens bei der Ermittlung und Bewertung der
Leistungen nachgegangen werden (s. Rdn. 759 ff.).

Die zuvor erwähnte Ausnahme der Prüfungen von dem allgemeinen ver- **253**
waltungsverfahrensrechtlichen **Anhörungsgebot** gilt nicht, soweit die Prüfung nicht auf der Grundlage der angestrebten Leistungsbewertung, sondern

---

[285] Wegen des Anspruchs auf „Überdenken" der getroffenen Prüfungsentscheidung
s. Rdn. 759 ff.

aus anderen Gründen erfolglos beendet werden soll. Die Entscheidung, dass der Prüfling die Prüfung nicht bestanden hat, weil sein **Rücktritt nicht genehmigt** werden kann oder weil er sich ordnungswidrig verhalten hat (z. B. bei einem **Täuschungsversuch**) oder weil er **Prüfungsarbeiten nicht abgeliefert** oder **Prüfungstermine versäumt** hat, ist nicht zulässig, ohne dass dem Betroffenen zuvor Gelegenheit gegeben worden ist, sich dazu zu äußern.[286] Soweit § 2 Abs. 3 Nr. 2 VwVfG das Anhörungsgebot für die Bewertungen von Leistungen und Eignungen ausnimmt, ist damit **nur der engere Wertungsbereich** gemeint, in dem eine Auseinandersetzung mit dem Prüfling in diesem Stadium nicht sachdienlich erscheint. Solche besonderen Gründe sind nicht gegeben, soweit es um die tatsächliche und rechtliche Würdigung des sonstigen Verhaltens des Prüflings in dem **äußeren Ablauf des Prüfungsverfahrens** geht. Daher gilt das Anhörungsgebot des § 28 Abs. 1 VwVfG hier unbeschränkt. Die Voraussetzungen, die es gemäß § 28 Abs. 2 und 3 VwVfG erlauben, von der grundsätzlich gebotenen Anhörung abzusehen, kommen in Prüfungsangelegenheiten regelmäßig nicht in Betracht.

254   Unterhalb der Schwelle förmlicher Anhörungen vor dem Erlass einzelner Maßnahmen gelten zahlreiche **Informationsrechte und -pflichten,** die im allgemeinen den Gang des Prüfungsverfahrens betreffen. Die Behörde hat den Prüfling auf die wesentlichen Modalitäten des Verfahrens so hinzuweisen, dass er davon in zumutbarer Weise Kenntnis nehmen kann. Das betrifft insbesondere **Anmeldefristen** und die Bekanntgabe von **Prüfungsterminen** (wegen der Information über gesetzliche Fristen, insbesondere materiellrechtliche **Ausschlussfristen** s. Rdn. 141). Die Festlegung von Terminen und Fristen durch die Prüfungsbehörde ist zwar (noch) kein förmlicher Verwaltungsakt, der strengen Bekanntgaberegeln unterliegt (§ 41 VwVfG); es ist jedoch darauf zu achten, dass alle Prüflinge, die es angeht, in der Lage sind, üblicherweise hiervon Kenntnis zu nehmen. Ob der Anschlag am „Schwarzen Brett" des Prüfungsamts dazu ausreicht, ist zweifelhaft, kann jedoch nicht generell beantwortet werden.[287] Ist diese Art der Information die allseits geläufige Praxis, die jeder daran interessierte Prüfling kennt oder jedenfalls in einer solchen Situation kennen muss, so genügt sie grundsätzlich dem Gebot einer angemessenen Information.

255   Den Prüfling trifft eine **Mitwirkungspflicht,** durch die er gehalten ist, sich in für ihn zumutbarer Weise darum zu kümmern, welche **Fristen** und **Termine** für ihn gelten. Insbesondere wenn er im Verlauf des Prüfungsgeschehens mit für ihn wichtigen Bekanntmachungen der Prüfungsbehörde rechnen muss, hat er sich darum zu bemühen zu erfahren, ob an dem üblichen Ort in der üblichen Weise derzeit fällige Informationen stattfinden.[288]

---

[286] OVG NW, U. v. 25. 11. 1992 – 22 A 2595/92.
[287] Wenige Bedenken hat insofern der BayVGH, U. v. 12. 3. 1984 – Nr. 7 B 83 A.563 – BayVBl. 1984, 629.
[288] OVG Sachs., Beschl. v. 6. 3. 1997 – 4 S 135/97 – DÖV 1997, 649 = SPE 990 Nr. 23.

Die Ladung zur mündlichen Prüfung ist nur dann an eine bestimmte **La-** 256
dungsfrist gebunden, wenn dies in der Prüfungsordnung ausdrücklich vorgesehen ist; Rückschlüsse aus der Pflicht zur Bekanntgabe des Ergebnisses
der schriftlichen Prüfungsleistungen mindestens zwei Wochen vor der
mündlichen Prüfung auf eine entsprechende Ladungsfrist sind nicht statthaft.[289] Fehlt eine gesetzliche Regelung, wird ein Verfahrensfehler wegen zu
kurzer Ladungsfrist allenfalls dann anzunehmen sein, wenn die Einhaltung
der Frist objektiv unmöglich ist oder dem Prüfling nach Lage der Dinge verständlicherweise nicht zugemutet werden kann. Eine sachlich nicht gerechtfertigte, nicht von dem Prüfling selbst verursachte Ungleichbehandlung
bei der Gewährung von Ladungsfristen mit entsprechenden Folgen für die
Dauer der Vorbereitungszeit (z. B. bei der Vorbereitung des Aktenvortrags
in der zweiten juristischen Staatsprüfung) ist ein Fehler des Prüfungsverfahrens. Freilich muss der Prüfling auch diesen Mangel **rechtzeitig rügen** und
darf sich nicht in Kenntnis der zu kurzen Ladungsfrist ohne Beanstandung
der Prüfung stellen (dazu insgesamt: Rdn. 112 ff., 406, 407, 513 ff.).[290]

Informationen über die Leistungen des Prüflings und deren Bewertung 257
sind grundsätzlich nur ihm – oder bei minderjährigen Schülern auch seinen
Eltern – gegenüber abzugeben. Deshalb ist es nicht statthaft, eine namentli-
che Liste der **Klausurnoten** durch **Anschlag am „Schwarzen Brett"** be-
kanntzugeben und damit zugleich kundzutun, welche Kandidaten infolge
der misslungenen Klausur nicht zur mündlichen Prüfung zugelassen sind.
Ein solches Vorgehen, das auch aus datenschutzrechtlichen Gründen untersagt ist, ist nur in anonymer Ausgestaltung zulässig. Verstöße hiergegen berühren freilich nicht das Prüfungsergebnis; ihnen ist durch Dienstaufsichts-
beschwerde entgegenzutreten.[291]

Außer den Pflichten der Behörde zur ordnungsgemäßen Bekanntgabe von 258
Fristen und Terminen sind **Beratungs- und Hinweispflichten** zu nennen,
die sich in erster Linie aus den einschlägigen Ausbildungs- oder Prüfungsvorschriften, ergänzend dazu aus den Verwaltungsverfahrensgesetzen ergeben oder auch aus dem angeführten Grundrechtsschutz des Prüflings herzuleiten sind. Insbesondere ist es geboten, den Prüfling auf einen für ihn
nicht erkennbaren atypischen Verlauf der Prüfung hinzuweisen, um ihm
damit die Gelegenheit zu geben, sich darauf nach Möglichkeit einzustellen.
Das gilt z. B. für ein nicht ohne weiteres zu erwartendes Verhalten der Prüfer, etwa wenn diese beabsichtigen, das permanente **Schweigen** des Prüflings in der mündlichen Prüfung als seine „**Abwesenheit**" zu werten, die

---

[289] OVG NW, U. v. 4. 12. 1991 – 22 A 962/91 – NVwZ 1992, 696 = DVBl. 1992,
1051 = NWVBl. 1992, 99.
[290] OVG NW, Beschl. v. 26. 9. 1995 – 22 B 2176/95 – NWVBl. 1996, 132 = SPE 558
Nr. 3 (auch zur Unzumutbarkeit der Rüge), und U. v. 4. 12. 1991, a. a. O.
[291] Hierzu insgesamt: BayVGH, U. v. 12. 3. 1984 – Nr. 7 B 83 A.563 – BayVBl.
1984, 629.

nach der Prüfungsordnung mit der Folge „Nichtbestanden" sanktioniert wird.[292]

259 Es besteht keine generelle Pflicht der Prüfer, vor oder nach mündlichen Prüfungen darauf hinzuweisen, dass eine **Begründung des Prüfungsergebnisses** nicht ohne weiteres stattfindet, sondern davon abhängt, ob der Prüfling dies verlangt und wieweit er sein Verlangen spezifiziert (Rdn. 719 ff.). Im Einzelfall ist eine solche Hinweispflicht indes anzunehmen, wenn etwa die Absicht des Prüflings, um Rechtsschutz nachzusuchen, erkennbar wird, und ferner, wenn er darlegt, dass er einen Anlass zur Annahme eines Prüfungsfehlers sieht.[293]

260 Bei **Informationen** über den zu erwartenden **Prüfungsgegenstand** (einzelne Prüfungsaufgaben) ist besonders darauf zu achten, dass die Chancengleichheit gewahrt bleibt. Ein Verstoß gegen diesen Grundsatz liegt etwa dann vor, wenn einzelne Prüflinge aufgrund ihrer Kontakte zu dem Prüfer zu wesentlich früherer Zeit von dem Schwerpunktgebiet erfahren, dem die Prüfungsaufgaben entnommen werden. Nicht anders ist es, wenn infolge eines organisatorischen Versehens die Aufgabenhefte des zweiten Prüfungstages in einzelnen Prüfungsräumen schon am ersten Prüfungstag ausliegen.[294] Es ist Aufgabe der Prüfungsbehörde, das Prüfungsverfahren so zu organisieren, dass alle Prüflinge im Wesentlichen den **gleichen Informationsstand** hinsichtlich des Schwerpunktgebietes und der zu erwartenden Prüfungsaufgaben besitzen. Auf diese Weise sind annähernd gleiche Vorbereitungszeiten zu gewährleisten.[295] Misslingt dies, liegt ein erheblicher Verfahrensfehler – der zur Wiederholung der Prüfung zwingt – dann vor, wenn Auswirkungen auf das Prüfungsergebnis nicht auszuschließen sind, ohne dass es dabei auf ein Verschulden der Behörde ankommt. Bei relativen Bewertungs- oder Bestehensgrenzen (vgl. z.B. § 14 Abs. 6 ÄAppO), die den Erfolg der Prüfung von den Leistungen anderer Prüflinge abhängig machen, ist ein solcher ursächlicher Zusammenhang stets vorhanden; aber auch sonst sind **relative Bewertungselemente** bei den konkreten Bewertungen der Prüfer kaum auszuschließen (s. Rdn. 539 ff.).[296] Zudem kann die Chancengleichheit dadurch verletzt sein, dass der nicht informierte Teil der Prüflinge angesichts des wesentlich besseren Informationsstandes eines anderen Teils **erheblich verunsichert** worden ist. Eine solche Verletzung liegt freilich nicht ohne weiteres schon dann vor, wenn einem Teil der Prüflinge vor dem Ablegen der mündlichen Prüfung das Ergebnis der schriftlichen Prüfung

---

[292] BVerfG, Beschl. v. 13. 11. 1979 – 1 BvR 1022/78 – BVerfGE 52, 380 = NJW 1980, 1153.

[293] BVerwG, U. v. 16. 4. 1997 – 6 C 9.95 – NJW 1998, 323 = DVBl. 1997, 1235 = Buchholz a. a. O. Nr. 382.

[294] VGH Bad.-Wttbg., Beschl. v. 12. 8. 1988 – 9 S 2501/88 – NVwZ 1989, 891 = DVBl. 1989, 104 = SPE 290 Nr. 15.

[295] OVG Bremen, Beschl. v. 12. 9. 1989 – OVG 1 B 70/89.

[296] VGH Bad.-Wttbg., Beschl. v. 12. 8. 1988, a. a. O.

bekanntgegeben worden ist, die übrigen Prüflinge sich jedoch ohne Kenntnis der Bewertung ihrer bisherigen Leistungen der mündlichen Prüfung unterziehen müssen.[297]

Eine **falsche Auskunft**, eine **mangelhafte Bekanntmachung** oder ein pflichtwidrig **unterbliebener Hinweis** können unterschiedliche Rechtsfolgen auslösen.[298] Grundsätzlich geht es darum, die für den Prüfling daraus entstandenen Nachteile nach Lage der Dinge weitestgehend zu beheben oder zu kompensieren. In Betracht kommen danach Fristverlängerungen nach § 31 Abs. 7 VwVfG oder die Wiedereinsetzung nach § 32 VwVfG auf der Grundlage eines Folgenbeseitigungsanspruchs. Da dieser Anspruch vor der Beendigung des Prüfungsverfahrens nicht gerichtlich durchsetzbar ist (§ 44a VwGO), ist es von Bedeutung, ob die mangelhafte Auskunft das Prüfungsverfahren fehlerhaft macht und damit zur **Aufhebung der Prüfungsentscheidung** und zur **Wiederholung** dieser Prüfung führt. Dafür ist Voraussetzung, dass nicht ausgeschlossen werden kann, dass das Ergebnis der Prüfung auf diesem Mangel beruht (dazu Rdn. 492 ff.). Dagegen kann der Prüfling nicht verlangen, dass ihm wegen eines solchen Mangels Leistungen zuerkannt werden, die er in Wahrheit nicht erbracht hat, selbst wenn er diese bei zutreffender Information vermutlich erbracht hätte.[299] Ein etwa entstandener **(Verzögerungs-)Schaden** kann im Falle schuldhafter Amtspflichtsverletzung (Art. 34 GG, § 839 BGB) allerdings zu Geldersatzansprüchen führen (vgl. Rdn. 518 ff.).[300]

Unterrichtet die Prüfungsbehörde den Prüfling unvollständig oder missverständlich über die **Möglichkeit** bzw. **Pflicht zum Rücktritt**, so kann der Rücktritt auch dann noch „unverzüglich" sein, wenn er zwar erst nach der Bekanntgabe des Prüfungsergebnisses, aber noch innerhalb der Widerspruchsfrist (§ 70 VwGO) erklärt wird.[301]

Das Recht auf **Akteneinsicht**,[302] das für den sich etwa anschließenden Verwaltungsprozess in den §§ 99, 100 VwGO geregelt ist (Rdn. 839), ist un-

261

262

263

---

[297] BVerwG, U. v. 14. 12. 1990 – 7 C 17.90 – BVerwGE 87, 258 = NVwZ 1991, 1084 = Buchholz 421.0 Prüfungswesen Nr. 281. Der Grundsatz der Chancengleichheit ist ferner nicht schon dann verletzt, wenn selbstverständliche Regeln der (juristischen) Fallbearbeitung, wie etwa die Fertigung eines Hilfsgutachtens im Falle der Unzulässigkeit der Klage, nicht gegenüber allen Prüflingen ausdrücklich bekräftigt werden: BVerwG, Beschl. v. 21. 12. 1993 – 6 B 65.92 – Buchholz a. a. O. Nr. 325.

[298] Dazu insgesamt: *Stelkens/Kallerhoff* in: Stelkens/Bonk/Sachs, Verwaltungsverfahrensgesetz, § 25 Rdn. 16, 17, 38 und 45.

[299] BVerwG, Beschl. v. 3. 1. 1992 – 6 B 20.91 – Buchholz 310 § 113 VwGO Nr. 240 = BayVBl. 1992, 442.

[300] BVerwG, U. v. 27. 11. 1981 – 7 C 66.78 – Buchholz 421.0 Prüfungswesen Nr. 156.

[301] BVerwG, U. v. 6. 9. 1995 – 6 C 16.93 – BVerwGE 99, 172 = NJW 1996, 2439.

[302] Zur Akteneinsicht im Prüfungsverfahren insbesondere: *Steike*, Akteneinsicht bei der Prüfungsanfechtung, NVwZ 2001, 868; *Zimmerling/Brehm*, Prüfungsrecht, Rdn. 281 ff.; *Guhl*, Prüfungen im Rechtsstaat, S. 282; *Rieger*, Eigentumsrechte und Einsichtnahme bei Schülerarbeiten, Gutachten und Prüfungsunterlagen, RdJB 1976, 153.

abhängig davon auch für das Verwaltungsverfahren gegeben, und zwar im allgemeinen durch § 29 VwVfG oder entsprechende Vorschriften der Verwaltungsverfahrensgesetze der Länder. § 29 VwVfG gilt für das Prüfungsverfahren und sonstige hoheitliche Leistungskontrollen (§ 2 Abs. 3 Nr. 2 VwVfG).[303] Zunächst und wegen der Einzelheiten ist jedoch auch insofern auf etwaige Sondervorschriften in der maßgeblichen Prüfungsordnung abzustellen.

264   Allgemeine rechtliche Voraussetzung des Einsichtsrechts ist, dass es zur Geltendmachung oder Verteidigung rechtlicher Interessen[304] des Antragstellers beansprucht wird und dass ferner die Kenntnis der das Verwaltungsverfahren betreffenden Akten dazu erforderlich ist. Ist dies der Fall, stehen hinter dem einfach-gesetzlichen Einsichtsrecht schon im Verwaltungsverfahren Grundrechtspositionen des Prüflings; denn ohne hinreichende Informationen über das Verfahren zur Ermittlung seiner Leistungen und die ihn betreffenden Bewertungen ist er kaum in der Lage zu erkennen, ob seine Rechte auf Chancengleichheit (Art. 3 Abs. 1 GG) und auf freie Wahl des Berufs (Art. 12 Abs. 1 GG) rechtsfehlerfrei gewahrt worden sind. Seinen verfassungsrechtlich verankerten Anspruch auf „Überdenken der Prüfungsentscheidung" (s. Rdn. 759 ff.) kann er nicht in der erforderlichen Weise konkretisieren, wenn ihm vor der Klageerhebung verwehrt wird, von den ihn betreffenden wesentlichen Prüfungsumständen Kenntnis zu nehmen. Das führt dazu, dass die das Akteneinsichtsrecht einschränkenden Tatbestandsmerkmale (§ 29 Abs. 2 VwVfG) eng auszulegen sind und dass die Art der Durchführung des Einsichtsverfahrens (§ 29 Abs. 3 VwVfG) dem gerecht werden muss.[305]

265   Manche Prüfungsordnungen enthalten die Regelung, dass die Einsichtnahme in die Prüfungsunterlagen erst nach dem Abschluss des Prüfungsverfahrens – aber damit immer noch vor Klageerhebung – stattfindet.[306] Eine solche Regelung, wie auch die **Verweigerung der Akteneinsicht** im Einzelfall, ist zulässig, wenn und soweit damit verhindert werden soll, dass die Prüfungsbehörde in der **ordnungsgemäßen Erfüllung ihrer Aufgaben beeinträchtigt** wird oder soweit die Vorgänge ihrem **Wesen nach geheim gehalten**[307] werden müssen (§ 29 Abs. 2 VwVfG). Eine nicht nur unwesent-

---

[303] Vgl. insbesondere: VG Berlin, U. v. 17. 11. 1981 – 12 A 1405/80 – NVwZ 1982, 576 (auch zum zeitlichen Geltungsbereich des Akteneinsichtsrechts).

[304] Dazu reicht das Interesse aus, zu erkunden, ob und in welcher Weise er beanspruchen kann, dass einzelne Prüfer ihre Bewertungen überdenken (vgl. Rdn. 759 ff.).

[305] *Bonk/Kallerhoff*, in: Stelkens/Bonk/Sachs, Verwaltungsverfahrensgesetz, § 29 Rdn. 4; *Steike*, a. a. O., S. 868.

[306] Vgl. dazu auch: HessVGH, Beschl. v. 28. 9. 1988 – 6 TG 4081/87 – NVwZ 1989, 890.

[307] Vgl. BayVGH, Beschl. v. 11. 6. 1996 – 3 C 95.4126 – DVBl. 1997, 378. Dass Prüfungsakten „ihrem Wesen nach geheimgehalten" werden müssen, kann heute grundsätzlich nicht mehr angenommen werden: *Bonk/Kallerhoff*, a. a. O., § 29 Rdn. 70 m. w. Hinw.; *Steike*, a. a. O., S. 870.

liche Beeinträchtigung der Aufgaben der Prüfungsbehörde ist in aller Regel anzunehmen, wenn und soweit es um die nicht abgeschlossene Ermittlung der Leistungen des Prüflings in einem andauernden Prüfungsverfahren geht. In diesem Stadium müssen die noch unvollständigen Akten vorrangig der Prüfungsbehörde und den Prüfern zur Verfügung stehen. Ein berechtigtes Interesse des Prüflings, Prüfungsakten schon während ihrer Entstehung einzusehen, mag im Einzelfall begründet sein, wenn etwa speziell einzelne Gestaltungen des Verfahrens im Streite und daher näher aufzuklären sind (z. B. hinsichtlich der Zulassung zu einer Prüfung, der rechtzeitigen Ladung/Meldung, der Auswahl eines befangenen Prüfers oder im Zusammenhang mit dem Rücktritt von der Prüfung sowie der Feststellung eines Täuschungsversuchs).

Nach dem Abschluss der Prüfung rechtfertigen etwaige Beeinträchtigun- **266** gen der genannten Art die **Verweigerung der Akteneinsicht** angesichts des dargestellten grundrechtlichen Hintergrundes nur, wenn sie erheblich sind, weil ein konkreter Schaden droht. Organisatorische Probleme etwa bei einer Vielzahl von Anträgen reichen hierzu nicht aus; sie können allenfalls zu Verzögerungen führen.

Die Aufgabe der Prüfungsbehörde, geeignete Prüfungsaufgaben zu stel- **267** len, mag es bedingen, dass die richtige Lösung solcher Aufgaben – die nicht in unbeschränkter Zahl vorhanden sind – unbekannt bleiben muss. Dies kann durch die **Einsicht** in die **Prüfervermerke** erschwert werden. Dennoch wird in aller Regel das Interesse des Prüflings, der um sein individuelles Grundrecht auf Zugang zu einem bestimmten Beruf kämpft, höher zu bewerten sein.[308] Umstände, die hiervon eine Ausnahme gestatten können, sind etwa solche, die geeignet sind, dem Prüfling ein berechtigtes Interesse an der Einsicht gerade dieser Prüfungsarbeit abzusprechen, etwa wenn es insofern auf das Prüfungsergebnis nicht ankommt.

Gegenstand der Akteneinsicht sind die gesamten den Antragsteller **268** betreffenden Prüfungsakten mit den bewerteten Prüfungsaufgaben (Prüfergutachten),[309] einschließlich prüfungsrelevanter Pläne und Zeichnungen, auch wenn sie nur in Anlagen oder Beiakten enthalten sind.[310] Ausnahmsweise können auch allgemeine Sachakten einzusehen sein, wenn sich aus ihnen Regelungen ergeben, die den einzelnen Prüfling betreffen, etwa zur Frage, nach welchen rechtlichen Vorgaben seine Prüfer auszuwählen waren und ob diese Vorgaben hinreichend beachtet worden sind.[311] Die Prüfungsbehörde ist verpflichtet, die Akten vollständig und wahrheitsgetreu zu führen.

---

[308] So auch *Steike*, a. a. O., S. 870.

[309] BVerwG, U. v. 16. 3. 1994 – 6 C 1.93 – BVerwGE 95, 237 = NVwZ 1994, 1209.

[310] Gemeint sind nicht nur papierförmig dokumentierte schriftliche Vorgänge, sondern grundsätzlich auch EDV-gestützte Dateien oder sonstige technische Sicherungsformen, soweit nicht insofern Sonderregelungen bestehen: *Bonk/Kallerhoff*, a. a. O. § 29 Rdn. 9; einschränkend: *Steike*, a. a. O., S. 869 Rdn. 16.

[311] Dazu im Einzelnen: *Steike*, a. a. O., S. 869.

Sie darf insbesondere nicht prüfungsrelevante Vorgänge aus den Akten entfernen.[312] Vorgänge, deren Kenntnis zur Geltendmachung rechtlicher Interessen des Prüflings erforderlich ist (§ 29 Abs. 1 Satz 1 VwVfG), sind unter den hier genannten Voraussetzungen auch dann vom Prüfling einzusehen, wenn sie (noch) nicht förmlich mit der ihn betreffenden Prüfungsakte verbunden sind. Es gilt nämlich der materielle Aktenbegriff, für den solche formalen Vorgänge nicht wesentlich sind.[313]

269   **Musterlösungen** oder allgemeine Lösungsskizzen gehören grundsätzlich nicht dazu, weil sie nicht das Verfahren des einzelnen Prüflings betreffen, sondern den Prüfern lediglich eine allgemeine und nicht verbindliche Hilfestellung geben.[314] Das ist anders, wenn der Prüfer sich bei seiner Bewertung ausdrücklich auf bestimmte Aussagen in einer Musterlösung stützt oder sonst wie auf sie Bezug nimmt.[315]

270   **Entwürfe** zu Entscheidungen und Arbeiten zu ihrer unmittelbaren Vorbereitung sind nach § 29 Abs. 1 Satz 2 VwVfG von dem Einsichtsrecht nach Satz 1 nur solange ausgenommen, wie das Verwaltungsverfahren noch nicht abgeschlossen ist. Diese Regelung betrifft indes nur Entwürfe usw., die in einem unmittelbaren Zusammenhang mit der Entscheidung der Behörde stehen, etwa indem sie als ein vorläufiges Ergebnis des Verwaltungsverfahrens Bestandteil der Verwaltungsakten geworden sind.[316] **Persönliche Notizen, Skizzen oder Aufzeichnungen von Vorüberlegungen** bei der sich erst noch entwickelnden Meinungsbildung sind noch keine „Entscheidungsentwürfe" und auch keine Arbeiten zur „unmittelbaren" Vorbereitung der Entscheidung. Ein Einsichtsrecht ist demnach insoweit nicht gegeben.[317]

271   Nach § 29 Abs. 3 Satz 1 VwVfG erfolgt die Akteneinsicht bei der Behörde, die die Akten führt. Es steht im pflichtgemäßen Ermessen dieser Behörde, die **Akten im Original** oder als **Fotokopie** einem Rechtsanwalt in seine Geschäftsräume zuzusenden (vgl. § 29 Abs. 3 Satz 2, 2. Halbsatz VwVfG). Die Befürchtung, dass Prüfungsakten abhanden kommen oder verfälscht werden könnten, ist nach bisheriger Erfahrung nicht generell gerechtfertigt.[318] Will

---

[312] *Bonk/Kallerhoff*, a.a.O. § 29 Rdn. 4, 25; *Steike*, a.a.O. S. 869.

[313] *Bonk/Kallerhoff*, a.a.O. § 29 Rdn. 8, 25; *Steike*, a.a.O. S. 869.

[314] BVerwG, Beschl. v. 11. 6. 1996 – 6 B 88.95 – Buchholz 421.0 Prüfungswesen Nr. 368.

[315] BVerwG, Beschl. v. 3. 4. 1997 – 6 B 4.97 – Buchholz a.a.O. Nr. 379; VGH Bad.-Wttbg., U. v. 13. 6. 1995 – 9 S 2091/94 – DVBl. 1995, 1358.

[316] *Bonk/Kallerhoff*, a.a.O. § 29 Rdn. 36 ff.

[317] BayVGH, U. v. 18. 6. 1986 – Nr. 3 B 85 A.2750 – BayVBl. 1987, 184, der freilich eine anders lautende Regelung in der Prüfungsordnung für zulässig hält. Kritisch hierzu: *Steike*, a.a.O., S. 869, der jedoch verkennt, dass solche vorbereitenden Aufzeichnungen nicht die maßgebliche Bewertung darstellen, weil sie unvollständig sind und regelmäßig nicht geändert werden, wenn die abschließende Bewertung sich nicht oder nur teilweise auf sie stützt.

[318] Ähnlich auch: *Steike*, a.a.O., S. 871. Vgl. ferner: *Bonk/Kallerhoff*, a.a.O. § 29 Rdn. 76 ff., 78.

die Behörde dennoch den sicheren Weg gehen, mag sie Fotokopien der Prüfungsakten (auf Kosten des Prüflings) herstellen; der Aufwand dafür dürfte nicht größer sein, als wenn sie die Einsichtnahme in der Dienststelle – aus den genannten Gründen – nur unter der Aufsicht eines Bediensteten gestattet.

Das Akteneinsichtsrecht umfasst das Recht, sich uneingeschränkt **Noti-** 272 **zen** zu machen. Ob und in welcher Weise die Prüfungsbehörde es dem Prüfling gestattet, auf dem behördeneigenen Kopiergerät – unter Ausgleich der Kosten – **Fotokopien** anzufertigen, steht in ihrem pflichtgemäßen Ermessen. Sie darf also ein solches Begehren nur ablehnen oder einschränken, wenn sie dafür hinreichend sachliche Gründe geltend machen kann.[319]

Lehnt die Prüfungsbehörde die Akteneinsicht ab, muss der Prüfling nicht 273 immer erst Klage gegen die Prüfungsentscheidung erheben, um sodann im Gerichtsverfahren von seinem Einsichtsrecht (§§ 99, 100 VwGO) Gebrauch zu machen. Der damit verbundene Zeitverlust kann zu einem Rechtsverlust etwa dann führen, wenn es auf die Erinnerung der Prüfer ankommt, wie bestimmte Bewertungen zustande gekommen sind. Das wäre jedoch mit der Rechtsschutzgarantie des Art. 19 Abs. 4 GG nicht vereinbar.[320] Prozessual führt der Weg zur rechtzeitigen Durchsetzung des Einsichtsrechts über den **vorläufigen Rechtsschutz** nach § 123 VwGO (vgl. Rdn. 873 ff.). Dem Erlass einer einstweiligen Anordnung steht § 44 a VwGO nicht entgegen, weil die Verweigerung des Einsichtsrechts nicht eine schlichte Verfahrenshandlung auf dem Wege zur Sachentscheidung (Prüfungsentscheidung) ist.[321] Der Prüfling muss indes auch hier die Eilbedürftigkeit seines Begehrens glaubhaft darlegen, indem er Nachteile benennt, die gerade in seinem Verfahren durch eine Verzögerung der Akteneinsicht entstehen könnten.

2. Besonderheiten im schulischen Bereich

Der aus Art. 6 Abs. 2 GG folgende **Auskunftsanspruch der Eltern,** auf 274 dessen allgemeine verfassungsrechtliche Grundlagen und Gewährleistungen im Rahmen der Ausführungen zum Elternrecht eingegangen wurde,[322] bezieht sich insbesondere auf Informationen über die Leistungen und das leistungsbezogene Verhalten ihres Kindes in der Schule.[323] Gleichermaßen

---

[319] Dazu im Einzelnen: *Steike,* a.a.O., S. 870 m. w. Hinw.
[320] BVerfG, Beschl. v. 24. 10. 1990 – 1 BvR 1028/90 – NJW 1991, 415.
[321] Im Ergebnis so auch: BVerfG, a.a.O.; *Steike,* a.a.O., S. 871.
[322] Vgl. Bd. 1 Schulrecht, Rdn. 43 und 175.
[323] BVerfG, Beschl. v. 9. 2. 1982 – 1 BvR 845/79 – BVerfGE 59, 360 = NJW 1982, 1375 = JZ 1982, 325, mit Anm. v. *Starck;* ferner: *Ossenbühl,* Das elterliche Erziehungsrecht im Sinne des Grundgesetzes, S. 150; *ders.,* Rechtliche Grundfragen der Erteilung von Schulzeugnissen, S. 21 ff.; *Fehnemann,* Die Bedeutung des grundgesetzlichen Elternrechts für die elterliche Mitwirkung in der Schule, AöR Bd. 105 (1980), 529 ff., 543. Eine Regelung, wonach die für den Realschulabschluss erstellten Prü-

hat auch der betroffene **Schüler** – mangels spezialgesetzlicher Regelung gemäß Art. 2 Abs. 1 GG – ein Recht zu erfahren, wie seine Leistungen bewertet worden sind und wie der Lehrer seine Eignung für ein weiteres Fortkommen einschätzt.[324] Der Lehrer muss den Schüler jedoch nicht schon über die **beabsichtigte Leistungsbewertung** informieren und ihn dazu vorher anhören (vgl. § 2 Abs. 3 Nr. 2 VwVfG i.V.m. § 28 VwVfG). Das alles ist im Grunde nicht umstritten und bedarf insofern keiner besonderen Rechtfertigung.

275   In welcher Weise die Schule ihrer Informationspflicht im Einzelnen nachzukommen hat, unterliegt der **Gestaltungsfreiheit des Gesetz- und Verordnungsgebers.** Gegebenenfalls ist auf die im Gesetz oder in einer Rechtsverordnung bezeichneten Voraussetzungen und Formen der Information durch die Schule abzustellen (vgl. z.B. § 53 SchulGE). Eine gesetzliche Regelung darüber, wie die Eltern über die schulischen Leistungen ihres Kindes zu informieren sind, ist nicht aus rechtsstaatlichen Gründen geboten.[325] Fehlen besondere gesetzliche Regelungen oder bleiben sie hinter den vorbezeichneten verfassungsrechtlichen Gewährleistungen zurück, ist die Reichweite des Informationsanspruchs nach dem schutzwürdigen Auskunftsinteresse der Eltern oder Schüler einerseits und den ihnen etwa entgegenstehenden Geheimhaltungsinteressen der Schule oder der Mitschüler andererseits unter Berücksichtigung der konkreten Umstände des jeweiligen Einzelfalles zu bestimmen.[326] Schwerpunktmäßig ist dabei danach zu unterscheiden, ob es um die **individuelle Information** etwa durch das **Einzelgespräch** zwischen Eltern/Schüler und Fachlehrer oder um eine standardisierte **Regelbeurteilung** aller Schüler am Ende des Schuljahres oder des Schulhalbjahres geht:

276   In dem ersten Fall ist das persönliche Interesse einzelner Eltern oder des einzelnen Schülers an der konkreten Information, so wie sie gewünscht wird, die maßgebliche Richtschnur für die Form und den Inhalt der zu erteilenden Auskunft. Das bedeutet, dass die Information hier grundsätzlich so ausgestaltet sein muss, dass sie dieses persönliche Interesse zu befriedigen

---

fungsarbeiten erst nach 5 Jahren herausgegeben werden, ist zulässig: BVerwG, Beschl. v. 2. 6. 1995 – 6 B 5.95 – Buchholz 421 Kultur- und Schulwesen Nr. 118.

[324] Vgl. *Ossenbühl*, Rechtliche Grundfragen der Erteilung von Schulzeugnissen, S. 23.

[325] BVerwG, Beschl. v. 3. 7. 1978 – 7 B 113.78 – DÖV 1978, 845 = Buchholz 421 Kultur- u. Schulwesen Nr. 57; zu der allgemeinen Gestaltungsbefugnis des Gesetzgebers in diesem Bereich: BVerfG, Beschl. v. 9. 2. 1982 – 1 BvR 845/79 – a.a.O.

[326] Ähnlich auch: *Ossenbühl*, a.a.O. Soweit hier mit dem BVerwG (Beschl. v. 3. 7. 1978, a.a.O.) das pädagogische Ermessen des einzelnen Lehrers hervorgehoben wird, müssen andererseits auch die sich aus der dargestellten Rechtsposition der Eltern und Schüler ergebenden Ermessensbindungen beachtet werden. Vgl. hierzu ferner: VGH Bad.-Wttbg., Beschl. v. 14. 2. 1979 – XI 3912/78 – SPE II C II, S. 51, und VG Braunschweig, Beschl. v. 3. 5. 1999 – 6 B 101/99 – SPE 990 Nr. 24, betr. die Informationspflicht der Schule über die bei der Zulassung zum Abitur einzubringenden Kurse.

vermag. Allgemeine **Elternsprechtage** nach jedem Zeugnis, die für die meisten Eltern nur zeitlich sehr begrenzte Gesprächsmöglichkeiten mit dem Fachlehrer geben, reichen dazu häufig nicht aus. Der Lehrer muss auch für eine gründlichere und zeitaufwendige Aussprache in angemessener Weise erreichbar sein, z. B. eine Sprechstunde oder eine telefonische Kontaktmöglichkeit anbieten. Ein Anspruch auf **individuelle Information** über den Leistungsstand des Schülers und seine schulische Eignung ist nur dann nicht gegeben, wenn das Begehren übermäßig oder rechtsmissbräuchlich ist, den Persönlichkeitsschutz Dritter verletzen würde oder in der gewünschten Form oder in der aktuellen Situation für den Lehrer so nicht zumutbar ist.[327]

Diese Begrenzung des Informationsanspruchs rechtfertigt es freilich **277** nicht, den Eltern eine individuelle Auskunft darüber zu versagen, wie sich der Leistungsstand ihres Kindes allgemein im **Verhältnis zu den Leistungen der Mitschüler** darstellt. Deshalb können Eltern auch beanspruchen, dass ihnen hinsichtlich der Bewertung der schriftlichen Klassenarbeiten gelegentlich ein – stets jedoch anonymer – **Notenspiegel** zugänglich gemacht wird. Art. 6 Abs. 2 GG gebietet es jedoch nicht, den Eltern generell nach jeder Klassenarbeit eine Übersicht über die in der gesamten Klasse erreichten Noten zu verschaffen.[328] Umgekehrt brauchen die Eltern sich nicht eine bestimmte Form der individuellen Information über die Leistungen ihres Kindes aufdrängen zu lassen, die sie nicht wünschen oder etwa wegen der Möglichkeit von Fehldeutungen gar für schädlich halten.

Hinsichtlich der davon – in dem zweiten Fall – zu unterscheidenden **stan- 278 dardisierten Regelbewertungen** in der Schule besteht eine weitgehende Gestaltungsfreiheit in dem Rahmen des allgemeinen schulischen Bildungs- und Erziehungsauftrags. Insofern verlangt schon die Vielzahl der vorzunehmenden Bewertungen ein verallgemeinerndes Vorgehen, bei dem auf individuelle Wünsche einzelner Eltern und Schüler zumeist nicht oder nur begrenzt eingegangen werden kann. Das Erfordernis der Vergleichbarkeit sogenannter Berechtigungszeugnisse[329] wirkt sich hier in zweierlei Richtung aus: Ist der Schüler darauf angewiesen, einen bestimmten Leistungsnachweis differenziert zu führen (z. B. wegen der Zulassung zum Hochschulstudium), muss das **Zeugnis** die betreffenden Leistungen entsprechend konkret (z. B. durch Punktzahlen oder Noten) ausweisen. Ist diese Folgewirkung nicht oder nur in unerheblichem Maße gegeben, weil es z. B. hinsichtlich der Versetzung darauf nicht entscheidend ankommt, erfordert das jedenfalls zu erreichende Minimum an Vergleichbarkeit der Bewertungen eine Vereinheitlichung nach einem Bewertungsschema, das den einen Eltern zusagen mag, den anderen dagegen nicht. Insofern rechtfertigt das **Prinzip einheitlicher Bewertungen,** Sonderinteressen von Schülern und Eltern zurückzudrängen.

---

[327] Vgl. ferner: *Ossenbühl*, a. a. O., S. 28.
[328] BVerwG, Beschl. v. 3. 7. 1978, a. a. O.
[329] Dazu *Ossenbühl*, a. a. O., S. 29.

279 Die äußersten Grenzen des Zulässigen sind bei standardisierten Regelbewertungen erst dann überschritten, wenn die Form oder die inhaltliche Ausgestaltung der Bewertung mit dem **Bildungs- und Erziehungsauftrag** der Schule nicht in Einklang zu bringen ist, wenn sie als eine Information über die Leistungen des Schülers schlechthin ungeeignet ist oder wenn sie sich in ihren negativen Aussagen unverhältnismäßig hart oder gar verletzend auswirkt.[330] Ist der gegebene **Gestaltungsspielraum** nicht überschritten, müssen Einschränkungen nicht etwa deshalb vorgenommen werden, weil der Rechtsschutz einfacher durchzuführen wäre, wenn andere Formen der Bewertung gewählt würden. In der Rechtsprechung ist es daher zutreffend als rechtmäßig anerkannt worden, dass in den Zeugnissen der Grundschulklassen eins und zwei auch das Sozialverhalten des Schülers, und zwar in **textlicher Darstellung** ohne eine diesbezügliche Leistungsnote, bewertet wird.[331]

280 Die Frage, ob, wann und wie versetzungsgefährdende Leistungen den Eltern mitzuteilen sind (sogen. **Vorwarnung**) und welche Folgen eintreten, wenn eine ordnungsgemäße Vorwarnung unterblieben ist, hat nach zahlreichen Streitfällen zumeist in den inzwischen erlassenen Versetzungsordnungen eine spezifische, in den Ländern unterschiedliche Regelung gefunden, die auch als Verwaltungsvorschrift ohne gesetzliche Grundlage jedenfalls aufgrund der Transformationswirkung des Art. 3 Abs. 1 GG nach außen hin allgemeinverbindlich ist. Darüber hinaus besteht nach Auffassung des BVerwG[332] kein allgemeiner Rechtsanspruch der Eltern auf besondere Mitteilung schlechter, versetzungsgefährdender Leistungen oder besondere Hinweise auf einen Leistungsabfall. Dieser Auffassung ist zuzustimmen, soweit den Eltern im Einzelfall entgegengehalten werden kann, sie hätten sich ohne Mühe selbst über den Leistungsabfall und die Gefährdung der Versetzung ihres Kindes informieren können. Soweit die Eltern jedoch ihr Recht auf Mitwirkung an der schulischen Ausbildung ihres Kindes – etwa durch **rechtzeitige Nachhilfe** oder **ärztliche Betreuung** – nur nach entsprechender Aufklärung durch die Schule verwirklichen können, besteht eine **Informationspflicht der Schule** als Partner bei der Erfüllung einer gemeinsamen, verfassungsrechtlich durch die Art. 6 Abs. 2 und Art. 7 Abs. 1 GG festgelegten Aufgabe. Im Falle eines so **nicht zu erwartenden erheblichen Leistungsabfalls,** der in der persönlichen Situation des Schülers seine Ursache haben kann, muss die Schule von sich aus aktiv werden und die El-

---

[330] Vgl. VGH Bad.-Wttbg., U. v. 23. 1. 1980 – XI 1881/79 – SPE II C II, S. 31.

[331] BVerwG, Beschl. v. 29. 5. 1981 – 7 B 170.80 – NJW 1982, 250, womit das grundsätzliche Urteil des OVG NW (v. 25. 4. 1980 – 5 A 2323/78 –) bestätigt worden ist. Anderer Auffassung insbesondere *Ossenbühl,* a. a. O., S. 29 ff. und Das elterliche Erziehungsrecht im Sinne des Grundgesetzes, S. 152; vgl. auch § 55 Abs. 2 SchulGE (DJT-SchulGE S. 91, 272).

[332] Beschl. v. 31. 10. 1969 – 7 CB 41.69 – RdJB 1972, 53, und v. 12. 5. 1966 – 7 B 37.66 – RdJB 1967, 275; vgl. demgegenüber OVG NW, U. v. 15. 3. 1965 – V A 1206/64 – RdJB 1967, 275 = SPE II C IX, S. 11.

tern unverzüglich informieren.[333] Eine Versetzungsbestimmung, welche die Abmahnung schlechter Leistungen vorschreibt, ist im letzten Schuljahr vor Erteilung des Abschlusszeugnisses nicht (mehr) anwendbar. Die Minderleistung ist hier in jedem Fall trotz fehlender Abmahnung in die Entscheidung über das Erreichen des Schulabschlusses einzubeziehen.[334]

Sieht die Schulordnung vor, dass die Erziehungsberechtigten über **281** schlechte Leistungen des Schülers **schriftlich** zu benachrichtigen sind, so ist die Benachrichtigung ebenfalls in dieser Form an den inzwischen **volljährigen Schüler** selbst zu richten; es reicht in diesem Fall nicht aus, dass der Schüler mündlich benachrichtigt worden ist. Mündliche Bemerkungen haben nämlich regelmäßig nicht das Gewicht förmlicher schriftlicher Abmahnungen.[335] Neben dem volljährigen Schüler sind die Eltern nur dann ebenfalls zu informieren, wenn dies gesetzlich so geregelt ist.

Hat die Schule ihre Informationspflicht verletzt (z.B. eine notwendige **282** Vorwarnung unterlassen oder die Eltern zu spät informiert, so dass deshalb eine Abhilfe nicht mehr möglich war), so ist die wegen der mangelhaften Leistungen in dem betreffenden Fach ausgesprochene **Nichtversetzung rechtswidrig.** Daraus folgt aber nicht ohne weiteres, dass der Schüler gleichsam automatisch – wenn auch ohne sein Verdienst – in die nächsthöhere Klasse aufsteigen muss. Für die Versetzung ist nämlich auch hier stets vorauszusetzen, dass der Schüler in der Lage ist, in der nächsthöheren Klasse erfolgversprechend mitzuarbeiten.[336] Darüber hat die Klassenkonferenz unter Berücksichtigung der Tatsache zu entscheiden, dass z.B. ein Nachhilfeunterricht, der bei rechtzeitiger Vorwarnung schon früher hätte einsetzen können, den Schüler möglicherweise in die Lage versetzen wird, den vorhandenen Rückstand aufzuholen. Hierbei muss im allgemeinen auch eine entsprechende **Mitwirkung der Schule** erfolgen, mit der sie die von ihr durch die unterbliebene Vorwarnung rechtswidrig verursachten Auswirkungen zu beseitigen hat. Kann auch das dem Schüler nicht helfen, sondern muss davon ausgegangen werden, dass er nicht in der Lage ist, im nächsten Schuljahr den Anschluss an die Klasse zu finden, rechtfertigt die ausgebliebene Vorwarnung nicht die Versetzung. Auch der Gesichtspunkt der „Überraschungsentscheidung" rechtfertigt nur die Annahme der Rechtswidrigkeit der Nichtversetzung und nicht auch Ansprüche auf eine Versetzung im positiven Sinne. Die Folgen der Rechtswidrigkeit lassen sich nicht durch die Schaffung eines Zustands beseitigen, der von der Rechtsordnung ebenfalls nicht gebilligt wird, weil die (gesetzlichen) Voraussetzungen für eine Versetzung nicht gegeben

---

[333] Dazu *Ossenbühl*, Das elterliche Erziehungsrecht im Sinne des Grundgesetzes, S. 151.

[334] OVG NW, U. v. 17. 2. 1984 – 5 A 2556/81 – SPE II C IX, S. 15.

[335] OVG NW, U. v. 23. 2. 1984 – 16 A 476/83 – SPE II C IX, S. 41.

[336] Vgl. dazu insgesamt: HessVGH, Beschl. v. 8. 3. 1993 – 7 TG 2540/92 – SPE 330 Nr. 15; OVG Berl., Beschl. v. 18. 8. 1981 – OVG 3 S 153.81; OVG NW, Beschl. v. 27. 5. 1975 – XV A 415/74 –, und v. 19. 12. 1975 – XV B 1136/75.

sind. Unter diesen Umständen kommen für den betroffenen Schüler allenfalls **Schadensersatzansprüche** in Betracht, wobei freilich hinreichende Anhaltspunkte dafür gegeben sein müssten, dass der Schüler im Falle einer rechtzeitigen Vorwarnung etwa durch eine außerschulische Nachhilfe noch eine reale Chance gehabt hätte, das Klassenziel zu erreichen. Zudem dürfte es dem Schüler in aller Regel schwer fallen, seinen angeblichen Schaden hinreichend zu spezifizieren (dazu insgesamt Rdn. 518 ff., 520, 521).

VI. Zuständigkeitsfragen/Besetzung der Prüfungskommission

283   Bei den hier zu erörternden Zuständigkeitsfragen geht es um die formelle Seite der Bestellung des Prüfers, insbesondere um das Verfahren, mit dem auf der Grundlage genereller normativer Vorgaben entschieden wird, **wer** in der einzelnen Prüfung **berechtigt** und **verpflichtet** ist, über die Leistungen und Befähigungen des Prüflings zu entscheiden. Andere Fragen, welche die Person des Prüfers, insbesondere seine Qualifikation, sein persönliches Verhalten (z.B. die Beachtung des Fairnessgebots) oder seine Befangenheit betreffen, sind Gegenstand der Ausführungen zu den Rdn. 157 ff.; ferner wird auf Einzelheiten dazu, wie sich der einzelne Prüfer in der Prüfungskommission oder dem Prüfungsausschuss an der Bewertung der Prüfungsleistungen und bei der Bestimmung des Prüfungsergebnisses zu beteiligen hat, unter den Rdn. 554 ff. und 573 ff. näher eingegangen.

284   Prüfungsrechtliche Zuständigkeitsregelungen sind durchweg in den einschlägigen gesetzlichen Vorschriften und den dazu erlassenen Rechtsverordnungen bzw. den Satzungen der Hochschulen (Prüfungsordnungen) enthalten. Dies gebieten die aus dem verfassungsrechtlichen **Gesetzesvorbehalt** herzuleitenden Anforderungen (vgl. Rdn. 38 ff.). Die danach erforderlichen normativen Regelungen betreffen jedoch grundsätzlich nur generelle Fragen insbesondere der **Zusammensetzung** der **Prüfungskommission/des Prüfungsausschusses,** der **Mindestzahl von Prüfern** und des **Zusammenwirkens** von **Erst-** und **Zweitprüfern.** Sie regeln zumeist nicht auch die Bestellung bestimmter Personen als Prüfer für eine bestimmte Prüfung (dazu Rdn. 291 ff.). Das ist verfassungsrechtlich nicht zu beanstanden.

285   Die Vorschriften in den Prüfungsordnungen, welche die Zuständigkeiten und Beteiligungen der Prüfer regeln, müssen **inhaltlich** den Anforderungen höherrangigen Rechts, insbesondere dem Grundsatz der Chancengleichheit (Art. 3 Abs. 1 GG), entsprechen. Der bundesrechtlich etwa im Hochschulrahmengesetz umgrenzte Kreis von berechtigten Prüfern darf durch das Landesrecht nicht erweitert werden. Der **Kreis der Berechtigten** darf jedoch aus sachgerechten Erwägungen (weiter) begrenzt werden. Dies ist in unterschiedlicher Weise in den Landeshochschulgesetzen geschehen.[337] Da-

---

[337] Die Einzelheiten sind zusammengefasst von *H.-W. Waldeyer,* in: Hailbronner/ Geis, Hochschulrahmengesetz § 15 Rdn. 41 ff., 49.

bei sind insbesondere Anforderungen an gewisse Mindestqualifikationen der Prüfer zu beachten (Rdn. 158 ff.).

Die Frage, ob und wieweit Prüfungen nur als **Kollegialprüfungen** („Zwei- 286 prüferprinzip") oder auch durch einen einzelnen Prüfer durchzuführen sind, ist **landesrechtlich** – also durch die einschlägigen landesgesetzlichen Vorgaben und die Prüfungsordnungen insbesondere der Hochschulen – zu beantworten. § 15 Abs. 5 HRG ist ausdrücklich mit dem Ziel aufgehoben worden, den Ländern insoweit einen Gestaltungsspielraum zu geben. Bundesrechtliche Einflüsse können sich indes aus den Art. 5 Abs. 3, 12 Abs. 1 und 19 Abs. 4 GG ergeben. Das Zweiprüfersystem einzuhalten, ist besonders problematisch, wenn es um Prüfungsleistungen geht, die **studienbegleitend** in Verbindung mit **einzelnen Lehrveranstaltungen** erbracht werden.[338] Dazu wird im Einzelnen in den Rdn. 554 ff. Stellung genommen.

Bei Zuständigkeitsfragen im Prüfungswesen ist grundsätzlich zu unter- 287 scheiden zwischen den für die **Prüfungsorganisation zuständigen Stellen** (Zulassungsbehörden, Prüfungsämtern, Hochschuldekanen) als Organen mit selbständigen, nach außen gerichteten Wahrnehmungskompetenzen und den – die Leistungen des Prüflings bewertenden – **Prüfungskommissionen**,[339] die ihnen intern zugeordnet sind und daher nicht in selbständiger Rechtsbeziehung zu Dritten – insbesondere den Prüflingen – stehen.[340] Die Prüfungskommissionen wiederum bestehen aus einem Vorsitzenden und zumeist mehreren Mitgliedern, die nach gewissen Auswahlregeln zu bestimmen sind.[341]

Entsprechend der damit verbundenen Kompetenzverteilung haben die 288 jeweiligen Stellen ihre **Aufgaben unabhängig voneinander selbständig**

---

[338] Dazu insbesondere: BVerwG, Beschl. v. 24. 8. 1988 – 7 B 113.88 – Buchholz 421.0 Prüfungswesen Nr. 256 = DVBl. 1989, 98 = SPE 996 Nr. 10; OVG NW, U. v. 13. 3. 1991 – 22 A 871/90 – NJW 1991, 2586.

[339] Im Hochschulbereich werden Gremien, die sich im Rahmen der Selbstverwaltung mit Prüfungsangelegenheiten befassen, regelmäßig als „Prüfungsausschüsse" bezeichnet. Für die Prüfungen selbst sind als Gremien „Prüfungskommissionen" zuständig.

[340] Wegen der prozessrechtlichen Konsequenzen s. Rdn. 788 ff.; wegen der Rechtsstellung der Justizprüfungsämter vgl. *Müller*, Deutsche Richterzeitung 1978, S. 193. Die Meisterprüfungsausschüsse sind nicht Organe der Handwerkskammern, sondern unmittelbare Landesbehörden: VGH Bad.-Wttbg., U. v. 12. 7. 1994 – 14 S 1032/94 – GewArch 1994, 429. Prüfungsausschüsse nach der Approbationsordnung für Ärzte/Zahnärzte sind nicht als den Universitäten zugehörig zu betrachten, sondern sie sind Teil der unmittelbaren Staatsverwaltung: VG Schwerin, U. v. 31. 3. 1999 – 7 A 2067/96 – NordÖR 2000, 161. Das IMPP ist an dem Prüfungsrechtsverhältnis nicht mit eigenen Rechten beteiligt: BVerwG, U. v. 17. 5. 1995 – 6 C 8.94 – BVerwGE 98, 210 = NVwZ-RR 1996, 31 = DVBl. 1995, 1350; OVG NW, Beschl. v. 1. 8. 1994 – 22 B 976/94 – DVBl. 1994, 1371. Die Verletzung seiner Amtspflichten kann indes Schadensersatzansprüche des Prüflings auslösen (dazu im Einzelnen Rdn. 518 ff.).

[341] Wegen des Zusammenwirkens der Prüfer und zum sogen. Zweiprüferprinzip s. Rdn. 554 ff.

wahrzunehmen. Im Grundsatz gilt dabei Folgendes: Soweit es um Aufgaben der Organisation der Prüfung und des allgemeinen Verfahrens geht, sind die Prüfungsbehörden – und in Selbstverwaltungsangelegenheiten auch Prüfungsausschüsse – zuständig; soweit es um die Feststellung der Leistungen des einzelnen Prüflings geht, sind die Prüfer und Prüfungskommissionen zuständig. Einzelheiten bestimmen die einschlägigen Prüfungsordnungen. Ist der Vorsitzende des Prüfungsamts (z. B. der Rektor einer Hochschule) etwa zugleich Mitglied einer Prüfungskommission, kommt es darauf an, in welcher Funktion er tätig wird.

289   Hiervon zu unterscheiden ist das Verhältnis zwischen dem einzelnen Fachprüfer und den übrigen Mitgliedern der Prüfungskommission einschließlich ihres Vorsitzenden.[342] Insoweit sind gelegentlich Fragen der **Eigenverantwortlichkeit** und **Unabhängigkeit** des einzelnen Fachprüfers im Streit, etwa wenn die Kommission seine Note ändert (dazu Rdn. 175 ff.).

290   Das Gebot der eigenverantwortlichen Wahrnehmung von Prüfungsaufgaben gilt nicht nur für die Bewertung der Prüfungsleistungen, sondern auch für wesentliche Fragen der **Ausgestaltung** des **Prüfungsverfahrens.** Zum Beispiel darf der Präsident des Justizprüfungsamtes, dem die Auswahl der Prüfungsaufgaben auferlegt ist, diese Entscheidung im Falle seiner Verhinderung nur auf seinen Vertreter im Amt, nicht aber auf andere Bedienstete des Justizprüfungsamtes übertragen.[343] Zwar schließt die gesetzliche Kompetenzzuweisung an eine Behörde im allgemeinen die Befugnis des Behördenleiters ein, durch organisatorische Maßnahmen im Einzelfall oder allgemein Behördenbedienstete zu beauftragen, nach außen hin wirksame Regelungen zu treffen. Die Entscheidung darüber, ob eine **Aufgabe für die Prüfung geeignet** oder etwa zu schwierig ist, darf jedoch nur von den dazu berufenen Personen getroffen werden, die die Verantwortung dafür zu tragen haben. Dagegen ist es gerechtfertigt, die konkrete **Zuteilung als geeignet anerkannter Aufgaben** für einzelne Prüfungstermine den dazu befähigten Bediensteten des Prüfungsamts zu überlassen. Das gilt auch für die Zuweisung eines Prüflings zu einem bestimmten Klausurtermin und damit zu einem – zuvor vom Präsidenten des Prüfungsamts persönlich gebilligten

---

[342] BVerwG, Beschl. v. 6. 2. 1998 – 6 B 17.98 – Buchholz 421.0 Prüfungswesen Nr. 386, betr. eigenverantwortliche Benotung durch die Fachprüfer ohne den Vorsitzenden des Prüfungsausschusses; OVG Rh.-Pf., U. v. 4. 12. 1998 – 2 A =/98 – SPE Nr. 21, betr. die Abgrenzung der Zuständigkeitsbereiche der Prüfungskommission und der Fachprüfer in der Abiturprüfung; OVG NW, Beschl. v. 19. 4. 1993 – 22 B 398/93 – NVwZ 1994, 806 = NWVBl. 1993, 391, betr. die Kompetenzverteilung zwischen Prüfungsausschuss und Prüfern (Professoren) bei der Ausgabe eines Themas für eine Diplomarbeit. Zum Umfang der Mitwirkungspflicht eines nur „hinzugezogenen" Beisitzers in der mündlichen Prüfung: VGH Bad.-Wttbg., Beschl. v. 21. 4. 1995 – 9 S 2535/93 – SPE 996 Nr. 11, bestätigt durch BVerwG, Beschl. v. 13. 5. 1996 – 6 B 48.95.
[343] HessVGH, U. v. 5. 7. 1990 – 6 UE 2275/89. Entsprechendes gilt bei Entscheidungen über die Verkürzung der Vorbereitungszeit: BGH, U. v. 11. 7. 1985 – III ZR 62/84 – BGHZ 95, 238.

– Klausurensatz von mehreren Aufgaben.[344] Geschieht dies allerdings ohne die notwendigen allgemeinen Anweisungen des Behördenleiters und ohne dessen Aufsicht darüber, ob sachfremde – etwa einseitig begünstigende – Praktiken vorliegen, so ist das Verfahren fehlerhaft. Ein schwerer Verfahrensmangel liegt vor, wenn anstelle des zuständigen Prüfungsamtsvorsitzenden etwa dessen Sekretärin ein Gesuch um Verlegung eines Prüfungstermins ablehnt.[345]

Wenngleich die konkrete **Bestellung** des einzelnen **Prüfers** im allgemeinen durch die Prüfungsordnung nicht näher geregelt ist (zur Geltung des Gesetzesvorbehalts s. Rdn. 39), ist dieser Vorgang indes keineswegs frei von rechtlichen Bindungen. Soweit es dabei speziell um die (Mindest-)Anforderungen an die persönliche und fachliche Qualifikation des zu beteiligenden Prüfers geht (vgl. § 15 Abs. 4 HRG), wird dazu in anderem Zusammenhang Stellung genommen (s. Rdn. 158ff.). **291**

Die **Bestellung** einer **bestimmten Person** zum Prüfer in einer bestimmten Prüfung[346] ist für das Prüfungsergebnis schon deshalb von erheblicher Bedeutung, weil die prüfungsspezifischen Wertungen des Prüfers (dazu Rdn. 640ff., 642, 846ff.) von seiner Einschätzung der Leistungen des Prüflings und ferner von seinen Erfahrungen hinsichtlich des für ein positives Prüfungsergebnis grundsätzlich vorauszusetzenden Leistungsniveaus abhängen. Das hat nicht nur Auswirkungen auf die von dem **Prüfer** zu verlangende **Qualifikation**, sondern auch auf die Anforderungen, die an seine Bestellung im konkreten Einzelfall zu stellen sind, um ein gerechtes Prüfungsergebnis zu erzielen und die berufliche Chancengleichheit der Prüflinge zu wahren (Art. 3 Abs. 1 und Art. 12 Abs. 1 GG).[347] Zwar muss die Reihenfolge, in der Personen als Prüfer etwa nach einer dafür angelegten Liste bestellt werden, nicht vorher verbindlich festgelegt sein; insbesondere hat der Prüfling verfassungsrechtlich keinen Anspruch auf einen geschäftsplanmäßig im voraus bestimmten „gesetzlichen Prüfer".[348] Die Bestellung muss aber in jedem Einzelfall **ermessensgerecht** sein, d.h. sie muss darauf ausgerichtet sein, den Prüflingen gleiche Chancen zu geben. Dies ist dadurch zu gewährleisten, dass die Auswahl unter mehreren gleichermaßen in Betracht kommenden Prüfern ohne Ansehen der Person schematisch vorgenommen wird, und zwar durch die **gleichmäßige Handhabung formaler Kriterien** **292**

---

[344] OVG NW, U. v. 14. 3. 1994 – 22 A 201/93 – NVwZ-RR 1994, 585 = SPE 528 Nr. 11, auf der Grundlage des damals geltenden nw Landesjustizprüfungsrechts.

[345] VGH Bad.-Wttbg., U. v. 26. 8. 1968 – IV 813/67 – SPE III B II, S. 201.

[346] Der Bestellungsakt ist für die Zuständigkeit eine Grundvoraussetzung: OVG NW, U. v. 6. 7. 1998 – 22 A 194/98 – NJW 1999, 305 = SPE 526 Nr. 19.

[347] Wegen der darauf bezogenen Anforderungen des Gesetzesvorbehalts s. Rdn. 39.

[348] *Waldeyer*, a.a.O. § 15 Rdn. 50, mit zutreffenden Hinweisen auf den Unterschied zu den Anforderungen, die gemäß Art. 101 Abs. 1 Satz 2 GG an den „gesetzlichen Richter" zu stellen sind. So auch: OVG NW, U. v. 14. 3. 1994 – 22 A 201/93 – NVwZ-RR 1994, 585 = SPE 528 Nr. 11.

nach dem „**Zufallsprinzip**".[349] Die zumeist auf subjektiven Einschätzungen der Prüfungsbehörde beruhenden Bemühungen, möglichst „ausgewogene" (etwa gleichermaßen strenge oder weniger strenge) Prüfungskommissionen zusammenzustellen, sind demgegenüber deutlich weniger geeignet, das erforderliche Maß an Chancengleichheit nachhaltig zu sichern. Auf keinen Fall darf die Auswahlentscheidung der Prüfungsbehörde inhaltlich durch Überlegungen gesteuert werden, die eine Beeinflussung der Leistungsanforderungen einschließen.

293   Wichtige sachliche Gründe rechtfertigen es, im Einzelfall besondere Regelungen zu treffen: Im Falle der **Verhinderung** (Erkrankung) des bei gleichmäßiger Handhabung zu bestellenden Prüfers muss sorgfältig abgewogen werden, ob ein anderer Prüfer nachrückt oder der Prüfungstermin verlegt wird. Für die Verlegung wird in aller Regel dann zu entscheiden sein, wenn es auf die Person des Prüfers ankommt, etwa weil er als Ausbilder oder Fachseminarleiter seine Kenntnisse über die Fähigkeiten des Prüflings in die Bewertung einbringt. In diesem Fall dürfte ein anderer Fachseminarleiter allenfalls dann nachrücken, wenn die Verzögerung (etwa wegen der zu erwartenden Dauer der Erkrankung) nicht mehr angemessen ist.[350] Eine Ausnahme von der Regel einer gleichmäßigen Handhabung ist ferner dann zulässig, wenn dem Prüfling durch die Prüfungsordnung ein besonderes **Vorschlagsrecht** eingeräumt worden ist (dazu Rdn. 295).

294   Sieht eine Prüfungsordnung vor, dass „in begründeten Einzelfällen" ein **zusätzlicher Prüfer** als weiteres Mitglied der Prüfungskommission zu bestellen ist, so hat dies z. B. dann zu geschehen, wenn ansonsten wegen Stimmengleichheit keine Entscheidung zustande kommt und eine Einigung angesichts der vorliegenden höchst unterschiedlichen Bewertungen nicht möglich ist. Die Auswahl des zusätzlichen Prüfers steht, wenn dazu eine Regelung in der Prüfungsordnung fehlt, im Ermessen der zuständigen Stelle, die ihre Entscheidung an sachdienlichen Gründen auszurichten hat. Kann etwa bei einer Promotion gemäß der Promotionsordnung auch ein auswärtiger Hochschullehrer bestellt werden, so ist von dieser Möglichkeit Gebrauch zu machen, wenn zwischen den bisherigen Kommissionsmitgliedern offenbar Spannungen bestehen, die mit grundlegenden Meinungsverschiedenheiten oder persönlichen Animositäten unter den örtlichen Prüfern zusammenhängen. Nur wenn dieser Weg im Einzelfall – etwa weil weitere sachkundige Prüfer nicht vorhanden sind – versperrt ist, darf von der Möglichkeit des Stichentscheids durch den Vorsitzenden der

---

[349] Dagegen verstößt es, wenn die Prüfungsbehörde dem Ansinnen eines Prüfers nachgibt, er werde nur dann den Auftrag zur Durchsicht bestimmter Aufsichtsarbeiten annehmen, wenn ihm als Zweitprüfer eine bestimmte Person zugeordnet werde, von der bekannt ist, dass sie die Leistungen der Prüflinge wie er selbst gleichermaßen streng oder nachsichtig beurteilt.

[350] Dazu im Einzelnen: *Waldeyer*, a. a. O, Rdn. 50.

Prüfungskommission Gebrauch gemacht werden, um die Pattsituation aufzulösen.[351] Soweit die Prüfungsordnung im Lichte höherrangiger Anforderungen **295** des Gebotes der Chancengleichheit in zulässiger Weise für ergänzende Regelungen offen ist, kann auch eine **ständige Übung** bei der Auswahl der Prüfer rechtlich relevante Bindungen erzeugen (Rdn. 94 ff.). Dies bewirkt der Gleichheitssatz (Art. 3 Abs. 1 GG). Besteht etwa eine ständige Übung, dass **Prüflinge bestimmte Prüfer vorschlagen** dürfen, und wird den Vorschlägen unter Beachtung der Chancengleichheit in der Regel entsprochen, so darf von dieser Übung nicht ohne besonderen Grund abgewichen und der Vorschlag nicht ohne Gründe abgelehnt werden, welche die Abweichung objektiv rechtfertigen.[352] Als Gründe hierfür kommen in Betracht: fehlende Qualifikation, Krankheit, längere Abwesenheit oder berechtigte Zweifel an der Neutralität und Unvoreingenommenheit des Prüfers. Auch ist die Prüfungsbehörde an eine solche oder ähnliche Praxis nicht für alle Zeiten gebunden, sondern kann diese aus **sachlich vertretbaren Gründen künftig ändern,** wobei der Vertrauensschutz der Prüflinge möglicherweise eine Übergangsregelung gebietet (dazu Rdn. 99, 100). Lässt die Prüfungsordnung für ein solches Vorschlagsrecht der Prüflinge keinen Raum, indem sie eine andere Art der Prüferauswahl vorschreibt, ist davon auszugehen, dass die Auswahl der einzelnen Prüfer für die schriftliche und die mündliche Prüfung ohne solche – sodann unzulässigen – Beeinflussungen stattzufinden hat.[353] Zulässig ist die **Aufteilung der Studierenden nach dem Anfangsbuchstaben ihres Nachnamens** auf von verschiedenen Hochschullehrern durchgeführte parallele Lehrveranstaltungen auch dann, wenn damit zugleich die Bestimmung des am Ende zuständigen Prüfers verbunden ist (für den Fall studienbegleitender Leistungskontrollen s. Rdn. 242, 388).[354]

Streitigkeiten wegen der **Teilnahme** oder **Nichtteilnahme von bestimm- 296 ten Personen** an der Prüfung sind häufig Gegenstand gerichtlicher Auseinandersetzungen, die – nicht selten ungenau – unter dem Aspekt der „richtigen Besetzung der Prüfungskommission" geführt werden. Soweit dabei Fragen der persönlichen oder fachlichen Qualifikation des Prüfers oder etwa seiner Befangenheit im Mittelpunkt stehen, wird auf die Ausführungen zu den Rdn. 158 ff. bzw. 194 ff. verwiesen. Des Weiteren können in diesem Zusammenhang einzelne Ausführungen zum „Verlauf der Prüfung" betr. die Anwesenheits- und Beteiligungspflicht des Prüfers einschlägig sein (Rdn. 436, 437); schließlich wird gelegentlich auch die – möglicherweise zu

---

[351] Hierzu insgesamt: OVG NW, U. v. 30. 4. 2002 – 14 A 1946/98 – NJW 2002, 3346, betr. die Annahme einer Dissertation durch eine Promotionskommission.
[352] HessVGH, Beschl. v. 27. 7. 1989 – 6 TG 663/89.
[353] *Waldeyer*, a. a. O. § 15 Rdn. 50 m. w. Hinw.
[354] BVerwG, Beschl. v. 7. 1. 1999 – 6 B 32.98 – NJW 1999, 1928 = Buchholz 421.0 Prüfungswesen Nr. 394.

einflussreiche – Beteiligung eines Korrekturassistenten ungenau als ein „Zuständigkeitsmangel" gerügt (dazu Rdn. 176).

In Ergänzung hierzu wird hier noch auf einzelne weitere Rechtsfragen hingewiesen, die in der Rechtsprechung der Verwaltungsgerichte bereits beantwortet worden sind:

297   Es ist nicht zulässig, dass der **Vorsitzende** einer Prüfungskommission **gleichzeitig mehrere Prüfungen** leitet.[355] Dagegen ist ein **Wechsel des Vorsitzes** selbst nach Beginn der Prüfung nicht in jedem Fall ausgeschlossen; ein solcher Wechsel kann statthaft sein, wenn die Prüfungsabschnitte (z.B. die Prüfung einzelner Fächer) trennbar sind und sichergestellt wird, dass die Beteiligung der jeweiligen Vorsitzenden an der Bewertung der Prüfungsleistungen ihrem Anteil an der Mitwirkung bei der Prüfung entspricht.[356]

298   Es ist auch vom Grundsatz der Chancengleichheit her nicht nur nicht geboten, sondern generell unzulässig, einen an sich zuständigen Prüfer zu bemühen, dem die für prüfungsspezifische Bewertungen notwendigen Vergleichsmaßstäbe offensichtlich abhanden gekommen sind, etwa weil er keine berufliche Praxis mehr ausübt und jahrelang **nicht mehr als Prüfer tätig gewesen** ist.[357] Nicht anders kann es sein, wenn die Kontinuität der Prüfungskommission nicht an einer Verhinderung auf Prüferseite, sondern aufgrund eines in der Sphäre des Prüflings liegenden Umstandes (z.B. an einer **krankheitsbedingten Verzögerung**) scheitert, so dass die bisherige Prüfungskommission nicht mehr zusammenzustellen ist.[358] Ist nach dem einschlägigen Landesjustizprüfungsrecht die **mündliche Prüfung** in dem juristischen Examen vor der **Prüfungskommission** abzulegen, die die **Hausarbeit begutachtet und bewertet** hat, so sind Ausnahmen statthaft in Fällen, in denen nach der Bewertung der Hausarbeit ein Prüfer etwa wegen Tod, Krankheit oder ähnlicher Verhinderung – auch wegen Beendigung der Mitgliedschaft im Justizprüfungsamt – gehindert ist, an der mündlichen Prüfung teilzunehmen.

299   Von rechtlicher Bedeutung ist ferner die Beteiligung oder Nichtbeteiligung bestimmter Personen in der Prüfungskommission: Es ist ein wesentlicher Verfahrensmangel, wenn eine der Prüfungskommission **nicht angehörende Person** – selbst wenn sie ebenfalls die Qualifikation zum Prüfer besitzt – zur Bewertung einer Prüfungsleistung herangezogen wird.[359] Ebenso wenig kann es hingenommen werden, dass ein nur zur Überwa-

---

[355] OVG NW, U. v. 21. 12. 1967 – V A 123/67 – OVGE 24, 1 = NJW 1968, 2312.

[356] Hess. VGH, U. v. 10. 12. 1969 – II OE 121/68 – SPE III F VII, S. 15; VGH Bad.-Wttbg., U. v. 25. 11. 1969 – IV 801/69 – SPE II A II, S. 51.

[357] BVerwG, U. v. 4. 5. 1999 – 6 C 13.98 – NVwZ 2000, 915 = Buchholz 421.0 Prüfungswesen Nr. 395.

[358] Vgl. OVG NW, U. v. 4. 12. 1991 – 22 A 962/91 – NVwZ 1992, 696 = DVBl. 1992, 1051 = NWVBl. 1992, 99.

[359] VGH Bad.-Wttbg., U. v. 16. 1. 1990 =– 9 S 3071/88 – SPE 470 Nr. 56.

chung der schriftlichen Klausuren oder der praktischen Arbeitsproben bestellter „Prüfer" an den Prüfling Fragen stellt.[360] Lässt die Prüfungsordnung es dagegen zu, dass der Vorsitzende des Justizprüfungsamts zum Zwecke der Erprobung oder wegen vermehrten Geschäftsanfalls qualifizierte Personen auch ohne förmliche Bestellung als Prüfer heranziehen kann, ist damit nur die Heranziehung von „beisitzenden", nicht auch von „vorsitzenden" Prüfern erlaubt.[361]

Durch die Bestellung eines **ausländischen Hochschullehrers**, der einem **300** deutschen Universitätsprofessor hochschul- und beamtenrechtlich gleichgestellt ist, zum Mitglied der Prüfungskommission oder zu deren Vorsitzenden werden die Prüfungschancen eines Prüflings im Vergleich zu anderen Prüflingen, bei denen nur deutsche Universitätslehrer mit der Befähigung zum Richteramt prüfen, nicht erheblich geschmälert.[362] Soweit nach der Prüfungsordnung **Hochschullehrer** an der (ersten juristischen) Prüfung **beteiligt werden „sollen"**, darf hiervon nur aus schwerwiegenden Gründen abgewichen werden, etwa wenn prüfungsbereite Hochschullehrer trotz intensiver Bemühungen prüfungsnah nicht zur Verfügung stehen.[363]

Für die **„Prüfung am Patienten"** nach § 30 Abs. 3 ÄAppO reicht es aus, **301** wenn einer der Prüfer den Patienten „kennt" und so die anderen Prüfer über ihn informieren kann.[364]

Bei der praktischen Lehrprobe im Rahmen der **Fahrlehrerprüfung** darf **302** die Rolle des Fahrschülers auch von einem Fahrlehrer übernommen werden, der Mitglied der Prüfungskommission ist.[365]

Es bestehen keine rechtlichen Bedenken dagegen, dass der **Präsident des 303 Verwaltungsgerichts**, das später möglicherweise über die Rechtmäßigkeit der Prüfungsentscheidung befinden wird, der Kommission einer juristischen Prüfung vorsitzt.[366]

Die unrichtige, gegen die Prüfungsordnung oder gegen den verfassungs- **304** rechtlichen Grundsatz der Chancengleichheit verstoßende Besetzung der Prüfungskommission ist ein **erheblicher Verfahrensfehler**, der die Prüfungsentscheidung rechtswidrig macht (Rdn. 492ff.).[367] Denn es lässt sich im

---

[360] VGH Bad.-Wttbg., U. v. 31. 1. 1995 – 14 S 2867/93.

[361] OVG NW, U. v. 9. 3. 1989 – 22 A 688/88 – NWVBl. 1989, 376 = DVBl. 1989, 1203.

[362] BVerwG, Beschl. v. 27. 3. 1992 – 6 B 6.92 –, NVwZ 1992, 1199.

[363] BVerwG, U. v. 8. 5. 1989 – 7 C 86.88 – Buchholz a.a.O. Nr. 263. OVG Nds., U. v. 5. 6. 1997 – 10 L 4646/95. Dazu und insbesondere der dienstlichen Pflicht der Hochschullehrer, Prüfungen abzunehmen: *Waldeyer,* NVwZ 2001, 891.

[364] VGH Bad.-Wttbg., Beschl. v. 26. 9. 1988 – 9 S 2218/88 – SPE 432 Nr. 23.

[365] BVerwG, Beschl. v. 22. 2. 1991 – 7 CB 37.90 – Buchholz a.a.O. Nr. 284.

[366] BVerwG, Beschl. v. 18. 1. 1983 – 7 CB 55.78 – DVBl. 1983, 591; selbstverständlich darf der VG-Präsident nicht als Richter in dem Verfahren gegen eine von ihm mitentschiedene Prüfungsentscheidung mitwirken.

[367] Hess. VGH, U. v. 4. 11. 1970 – II OE 55/68 – SPE III F VII, S. 21; vgl. hierzu ferner: *Guhl,* Prüfungen im Rechtsstaat, S. 184ff.; wegen der Beteiligung an einem

allgemeinen nicht ausschließen, dass bei der Beteiligung des zuständigen Prüfers ein besseres Prüfungsergebnis erreicht worden wäre, etwa weil dieser eine andere Prüfungsaufgabe zugeteilt oder den Schwierigkeitsgrad der Prüfungsaufgabe anders beurteilt hätte.[368] Wenn es jedoch auf die Teilnote, die unter der Beteiligung eines unzuständigen Prüfers in einem Prüfungsfach zustande gekommen ist, letztlich nicht ankommt – etwa weil das rechnerisch zu ermittelnde Gesamtergebnis ohnehin feststeht –, mag dies anders sein. Ist indes für das weitere berufliche Fortkommen nicht nur die Gesamtnote, sondern auch die Punktzahl wichtig, bleibt der Fehler stets erheblich.

VII. Der Prüfungsstoff/rechtliche Anforderungen an die Prüfungsaufgaben[369]

1. Grundanforderungen an die Auswahl des Prüfungsstoffs

305   Den generell zulässigen Prüfungsstoff zu bestimmen, ist primär nicht Sache des einzelnen Prüfers, sondern – jedenfalls bei berufsbezogenen Prüfungen – eine verfassungsrechtlich gebotene **Aufgabe des Gesetzgebers** (Art. 12 Abs. 1 und 20 Abs. 3 GG). Dieser hat im Rahmen der verfassungsrechtlichen Grenzen, insbesondere der Chancengleichheit und des Willkürverbots (Art. 3 Abs. 1 GG), eine weitgehende **Gestaltungsfreiheit** (wegen des gebotenen Vertrauensschutzes im Falle der Änderung des Prüfungsstoffes und Verschärfung der Anforderungen Rdn. 81 ff.).[370] Der Gesetzgeber muss nicht in den Einzelheiten regeln, welche Themen und Inhalte in bestimmten Prüfungen zugelassen sind, sondern kann das **Ziel und den Zweck der Leistungskontrolle** angeben und deren Ausfüllung einer als Rechtsverordnung oder Hochschulsatzung auszugestaltenden Prüfungsordnung überlassen. Insgesamt muss die normative Steuerung der Prüfungsinhalte jedenfalls bei berufbezogenen Prüfungen so **hinreichend bestimmt** sein, dass der Prüfungserfolg, nämlich die Eignung des Prüflings für den von ihm angestrebten Beruf festzustellen, daran gemessen werden kann (dazu im Einzelnen Rdn. 33 ff.). Diese Bestimmtheitsanforderungen wachsen mit der Bedeutung der Prüfungsentscheidung für den weiteren beruflichen Werdegang des Prüflings. Wenn etwa schon der Misserfolg in einer **studienbegleitenden Einzelfachprüfung** die Zulassung zu weiteren notwendigen Fachprüfungen

---

Verfahren auf Überweisung in eine Sonderschule: VGH Bad.-Wttbg., U. v. 25. 11. 1969 – IV 801/69 – SPE II A II, S. 51.

[368] HessVGH, U. v. 4. 2. 1993 – 6 UE 1450/92 – SPE 588 Nr. 17.

[369] Es geht hier um die Frage, welcher Prüfungsstoff (Prüfungsaufgabe, Prüfungsfrage) in der jeweiligen Prüfung zugelassen oder aber – generell oder in dieser Form – unzulässig ist. Inhaltliche Bewertungsfehler der Prüfer, welche die Grundlagen oder den Gegenstand der im Anschluss an die Leistungsermittlung vorzunehmenden Bewertung verkennen, werden unter Rdn. 625 ff. erörtert.

[370] VGH Bad.-Wttbg., Beschl. v. 16. 7. 2003 – 9 S 616/03 – SPE 300 Nr. 17.

oder Abschlussprüfungen versperrt, müssen die normativen Vorgaben bereits für die Einzelfachprüfungen entsprechend intensive Steuerungskraft besitzen (vgl. Rdn. 47 ff., 52), und zwar schon in der Studienordnung selbst, weil – wie es bei studienbegleitenden Prüfungen üblich ist – der Prüfungsstoff dem Lehrstoff in enger Verbindung folgt. Das gilt insbesondere für modularisierte Studiengänge, wobei freilich auch die inhaltliche und methodische **Lehrfreiheit des Hochschullehrers** nicht unberücksichtigt bleiben darf (vgl. Rdn. 52, 385).[371] Ein anderer Weg führt über die **Standardisierung der Mindestanforderungen** für eine erfolgreiche Prüfung, und zwar insbesondere dann, wenn es weniger um das Abfragen von Standardwissen geht, sondern die Beurteilung der Leistungen in hohem Maße von der subjektiv geprägten Einschätzung des Prüfers abhängt (Rdn. 47 ff.).

In dem damit vorgegebenen Rahmen steht es im **Ermessen** der jeweils zu- **306** ständigen **Prüfungsbehörde,** der **Prüfungskommission** und des einzelnen **Prüfers,** die konkreten Prüfungsthemen zu bestimmen, Prüfungsaufgaben zu stellen und das Prüfungsgespräch in eine bestimmte Richtung zu lenken.[372] Insofern macht es keinen prinzipiellen Unterschied, ob die Ermittlung der Leistungen in konventioneller Form durch schriftliche Prüfungsarbeiten und mündliche Befragungen oder – wie es nunmehr insbesondere bei den ärztlichen und pharmazeutischen Prüfungen normativ geregelt ist – in einem sogenannten „Antwort-Wahl-Verfahren" stattfindet, in welchem den Prüflingen mit einer Reihe von Fragen zugleich richtige und falsche Antworten vorgelegt werden, wobei sie die Antwort anzukreuzen haben, die sie für richtig halten (zu den rechtlichen Anforderungen an diese Prüfungsfragen s. Rdn. 329, 330, 371 ff., 595 ff.).[373]

Das Auswahlermessen der Prüfungsbehörden und Prüfer ist nicht frei von **307** rechtlichen Bindungen. Ein **Rechtsverstoß,** der in aller Regel für das Prüfungsergebnis erheblich ist und daher zur Aufhebung der Prüfungsentschei-

---

[371] Zu beachten ist hier Art. 5 Abs. 3 GG i.V.m. § 4 Abs. 3 HRG, so dass abzuwägen ist zwischen der verfassungsrechtlich durch Art. 12 GG geschützten Position des Prüflings und der inhaltlichen und methodischen Gestaltungsfreiheit des Hochschullehrers, die im Rahmen der prüfungsrechtlichen Vorgaben nicht verloren gehen darf (dazu insbesondere Rdn. 52).

[372] VGH Bad.-Wttbg., Beschl. v. 22. 2. 1999 – 9 S 176/99 – SPE 446 Nr. 32; vgl. ferner: BVerwG, Beschl. v. 13. 3. 1990 – 7 B 172 u. 176.89 – DVBl. 1990, 938 = SPE 568 Nr. 18 (Einschränkung des Ermessens durch die Verpflichtung des Prüfungsausschusses, ausgewählte Prüfungsaufgaben zu übernehmen), und v. 30. 8. 1978 – 7 B 27.77 – Buchholz 421.0 Prüfungswesen Nr. 96, betr. die Ausgabe von Prüfungsakten in der juristischen Staatsprüfung; U. v. 26. 11. 1976 – 7 C 6.76 – BVerwGE 51, 331, und v. 26. 10. 1973 – 7 C 73.70 – Buchholz a.a.O. Nr. 57, und v. 1. 10. 1971 – 7 C 5.71 – Buchholz a.a.O. Nr. 44. Zur Kompetenzverteilung zwischen Prüfungsausschuss und Prüfern bei der Ausgabe eines Themas für eine Diplomarbeit: OVG NW, Beschl. v. 19. 4. 1993 – 22 B 398/93 – NVwZ 1994, 806 = NWVBl. 1993, 391.

[373] Wegen der Zulässigkeit des Antwort-Wahl-Verfahrens insbesondere: BVerfG, Beschl. v. 14. 3. 1989 – 1 BvR 1033/82 – BVerfGE 80, 1 = NVwZ 1989, 850 = DVBl. 1989, 814.

dung führt (vgl. Rdn. 492 ff.),[374] ist erstens dann anzunehmen, wenn der durch Gesetz oder Rechtsverordnung/Satzung vorgegebene **Rahmen des zugelassenen Prüfungsstoffs** verlassen worden ist, und zweitens auch dann, wenn die Auswahl einzelner Themen oder Prüfungsinhalte den **Zweck der Prüfung** verfehlt, die **Chancengleichheit** verletzt oder die Prüfungsaufgabe aus anderen rechtlichen Gründen nicht oder jedenfalls so nicht zulässig ist. Dies kann auf mannigfache Weise geschehen:

308   Dass die **konkreten Maßgaben der Prüfungsordnung** zum Gegenstand der Prüfung (z.B. der Fächerkanon, die Beschränkung des Prüfungsstoffs auf das Grundwissen oder bestimmte Schwerpunktbereiche oder die Berücksichtigung bestimmter Schlüsselqualifikationen, s. § 5 d Abs. 1 Satz 1 DRiG) – wenn sie die verfassungsrechtlichen und gesetzlichen Vorgaben beachten – nicht nur Empfehlungen, sondern **rechtsverbindlich** sind, steht außer Frage. Sie können der **Auswahl** der **konkreten Prüfungsaufgaben** und **Prüfungsfragen** rechtserhebliche Grenzen setzen, deren Überschreitung die Prüfung fehlerhaft macht (zum Umfang der gerichtlichen Kontrolle Rdn. 846 ff.).[375] Darüberhinaus sind aber auch solche Prüfungsaufgaben rechtswidrig, die inhaltlich oder nach den konkreten Umständen ihrer (beabsichtigten) Erfüllung gegen höherrangiges Recht, insbesondere **gegen Grundrechte des Prüflings** oder gegen das **Verhältnismäßigkeitsprinzip** verstoßen. Von einem Prüfling darf nicht verlangt werden, dass er sich mit unmöglich zu erfüllenden Anforderungen oder rechtlich unzulässigen Inhalten auseinandersetzt.[376] Auch wenn er sich – etwa ohne dies sofort zu er-

---

[374] Die fehlerhafte Zuteilung von Prüfungsaufgaben lässt sich jedenfalls dann, wenn bereits relevante Prüfungsleistungen erbracht worden sind, nicht dadurch heilen, dass der zuständige Prüfer die Zuteilung nachträglich genehmigt: HessVGH, U. v. 4. 2. 1993 – 6 UE 1450/92 – SPE 588 Nr. 17. Zur Amtshaftung bei fehlerhafter Fragestellung: OLG Koblenz, U. v. 25. 4. 2001 – 1 U 843/99 – NVwZ 2002, 764; vgl. Rdn. 518 ff.

[375] BVerwG, U. v. 16. 4. 1997 – 6 C 9.95 – NJW 1998, 323 = Buchholz 421.0 Prüfungswesen Nr. 382 = DVBl. 1997, 1235, auch zum Umfang der gerichtlichen Kontrolle, ob der vorgegebene Rahmen eingehalten worden ist. Soll sich nach der Prüfungsordnung die mündliche Prüfung vorwiegend auf die in den Ausbildungsstätten vermittelten praktischen Inhalte beziehen, so wird der zulässige Prüfungsstoff überschritten, wenn in ihr zu einem erheblichen Teil Definitionen von theoretischen betriebswissenschaftlichen Begriffen abgefragt werden: VGH Bad.-Wttbg., U. v. 8. 7. 1997 – 9 S 1169/96 – SPE 470 Nr. 65. Bei interdisziplinären Studienfächern kann, wenn die Prüfungsordnung dies nicht ausschließt, das Thema der Diplomarbeit aus allen von dem Studienfach umfassten Fachgebieten gewählt werden: OVG NW, U. v. 27. 9. 1999 – 2 A 3745/98.

[376] BVerwG, U. v. 9. 8. 1996 – 6 C 3.95 – Buchholz a.a.O. Nr. 372 = DVBl. 1996, 1381 = SPE 545 Nr. 3; BayVGH, Beschl. v. 18. 10. 1988 – Nr. 7 CE 88.2150 – DVBl. 1989, 110 = BayVBl. 1989, 114, betr. die inhaltliche und methodische Ausgestaltung eines Praktikums mit Präparierübungen an Körpern zuvor getöteter Tiere. Keine verfassungsrechtlichen Bedenken gegen die Pflicht zur Teilnahme an einem zoologischen Praktikum mit Tierversuchen: BVerfG, Beschl. v. 30. 3. 2000 – 1 BvR 1834/97 – SPE 539 Nr. 2, im Anschluss an BVerwG, U. v. 18. 6. 1997 – 6 C 5.96 – BVerwGE 105, 73.

kennen – auf solche Prüfungsaufgaben eingelassen hat, liegt darin im allgemeinen kein Verzicht auf eine entsprechende Rüge. Eine Prüfung, die diese fundamentalen Anforderungen missachtet, ist schon deshalb offensichtlich rechtswidrig und muss wiederholt werden.

2. Inhaltliche Einzelanforderungen an den Gegenstand der Prüfung

Das Ziel einer jeden Prüfung, bestimmte fachbezogene Kenntnisse und   309
Fähigkeiten des Prüflings zuverlässig zu ermitteln, wird nur dann erreicht,
wenn der **Prüfungsstoff geeignet** ist, solche Feststellungen zu treffen. Deshalb ist der Gegenstand der Leistungsbewertung inhaltlich auf dieses Ziel
auszurichten und demgemäß auch zu begrenzen. Die einzelnen Prüfungsaufgaben müssen nach Form und Inhalt geeignet sein, Prüflinge, die das
Ausbildungsziel erreicht haben, von denen zu unterscheiden, die es nicht
erreicht haben.[377]

Daraus ist indes kein Rechtsverstoß herzuleiten, wenn ein Prüfling zufäl-   310
lig das „Glück" hat, einem Prüfungsstoff zu begegnen, auf den er sich vor
der Prüfung besonders gut vorbereitet hat, und zwar auch dann nicht, wenn
die Prüfungsbehörde bei der Auswahl der Aufsichtsarbeiten auf bereits veröffentliche Fälle zurückgegriffen hat. Solche Aufgaben zu stellen, verletzt
nicht den Grundsatz der **Chancengleichheit** aller Prüflinge.[378] Anders ist
die Rechtslage, wenn einzelne Prüflinge **im Voraus erfahren** haben, welche
Prüfungsaufgaben zu erwarten sind, etwa wenn die Aufgaben zuvor von
Mitgliedern des Prüfungsamtes mit einem Teil der Prüflinge – etwa in dem
Repetitorium einer juristischen Fakultät – besprochen worden sind. Ein solches Vorgehen verletzt nicht nur die Chancengleichheit, sondern macht die
betreffende Aufgabe auch **ungeeignet**, Gegenstand einer Prüfung zu sein.[379]
Von vornherein ungeeignet, die prüfungsrelevanten Kenntnisse und Fähigkeiten des Prüflings zu ermitteln, sind ferner bestimmte Aufgaben, die den
Prüflingen auf sonstige Weise vorher bekannt geworden sind, so dass sie die
Lösung auswendig lernen konnten und ihnen somit in Wahrheit **nur eine
Gedächtnisleistung** abverlangt worden ist.[380] Das gilt auch, wenn Hilfsmittel zugelassen worden sind, die die Lösung der Aufgabe im Einzelnen
darlegen, so dass anstelle der fachlichen Bearbeitung im wesentlichen **nur**

---

[377] BVerwG, U. v. 9. 8. 1996 – 6 C 3.95 – Buchholz a. a. O. Nr. 372 = DVBl. 1996,
1381 = SPE 545 Nr. 3, auch zum Umfang der gerichtlichen Kontrolle der Geeignetheit
von Prüfungsfragen; zu Letzterem auch: VGH Bad.-Wttbg., Beschl. v. 22. 2. 1999 – 9
S 176/99 – SPE 446 Nr. 32, und U. v. 9. 5. 1995 – 9 S 2341/93 – DVBl. 1995, 1356 =
SPE 558 Nr. 14.

[378] BVerwG, Beschl. v. 23. 3. 1994 – 6 B 72.93 – NVwZ-RR 1994, 585 = Buchholz
a. a. O. Nr. 330 = SPE 290 Nr. 18; OVG Berl., Beschl. v. 15. 5. 2003 – 4 S 23/03 – NJW
2003, 2256: Zulässigkeit von Aufsichtsarbeiten, obwohl stichwortartige Lösungshinweise ins Internet gestellt worden sind.

[379] VG Berlin, U. v. 17. 12. 1997 – 12 A 1365.95.

[380] BFH, U. v. 20. 7. 1999 – VII R 111/98 – SPE 290 Nr. 23.

eine „Abschreibleistung" festzustellen ist, die nicht Gegenstand der Bewertung sein kann. Solche gescheiterten Prüfungen müssen in diesem Teil wiederholt werden, und zwar – wenn nicht nur einzelne Prüflinge betroffen sind – von allen beteiligten Prüflingen. Denn das Gebot gleicher Startchancen unter den Berufsbewerbern (Art. 3 Abs. 1 GG) verlangt, dass ungeeignete Prüfungsaufgaben eliminiert werden, damit die Möglichkeit unberechtigter Vorteile bei der beruflichen Bewerbung von vornherein ausgeschlossen wird (vgl. Rdn. 504 ff. 510, 511).

311 Steht es dem **Prüfling** zu, für die mündliche Prüfung in einem Fach ein **Schwerpunktgebiet auszuwählen,** haben die Prüfer dies bei der Gestaltung der Prüfung angemessen zu berücksichtigen. Auch dabei haben sie prinzipiell einen Gestaltungsspielraum, der jedoch nicht mehr eingehalten ist, wenn das Schwerpunktgebiet nur kurze Zeit eher am Rande behandelt worden ist.[381]

312 Die Prüfungsaufgaben und die Fragen der Prüfer bestimmen zugleich den **Schwierigkeitsgrad** der Leistungskontrolle. Dies im Einzelnen zu gestalten, liegt grundsätzlich im **pflichtgemäßen Ermessen des Prüfers.** Dass Prüfer unterschiedlich schwere oder leichtere Aufgaben stellen, ist rechtlich nicht zu beanstanden, solange die inhaltlichen Vorgaben der Prüfungsordnung gewahrt sind. Bei Prüfungen, von deren Bestehen die Zulassung zu einem Beruf abhängt und bei denen die Leistungsanforderungen sich nach denen des betreffenden Berufs richten, fließen mit den individuellen Vorstellungen des Prüfers von dem jeweiligen Berufsbild regelmäßig unterschiedlich strenge Anforderungen in die Leistungskontrolle ein. Das ist normativ nicht zu steuern, sondern allenfalls durch die Einrichtung obligatorischer Kollegialprüfungen zu beeinflussen (dazu Rdn. 554 ff.). Ein Grund zur rechtlichen Beanstandung besteht nicht, solange das Berufsbild nicht einseitig verzerrt oder eindeutig verkannt wird.[382] Verlangt werden muss jedoch, dass der Prüfer oder die Prüfungskommission erkennt, ob eine Aufgabe eher leicht, mittelmäßig oder besonders schwierig ist. Der Grundsatz der Chancengleichheit verlangt, dass die Bewertung bei **wesentlichen Abweichungen** vom „normalen" Schwierigkeitsgrad hiervon beeinflusst wird. Andernfalls wäre anzunehmen, dass die Prüfungsentscheidung – auch unter Berücksichtigung des Bewertungsspielraums der Prüfer – rechtsfehlerhaft ist, weil sie sodann offenbar auf einem Bewertungsdefizit beruht (dazu Rdn. 625, 642).[383]

---

[381] OVG NW, U. v. 4. 12. 1991 – 22 A 1090/90 – NVwZ 1992, 694 = DVBl. 1992, 1050 = NWVBl. 1992, 101: Der Prüfling habe die „deutliche Schieflage des Prüfungsgesprächs" darzulegen (hier bejaht bei 4 Minuten im Verhältnis zu 30 Minuten).

[382] Vgl. dazu auch: BVerwG, Beschl. v. 16. 10. 1985 – 7 B 189.85 – Buchholz a. a. O. Nr. 219; U. v. 7. 10. 1983 – 7 C 54.82 – BVerwGE 68, 69 ff., 74, und v. 18. 5. 1982 – 7 C 24.81 – BVerwGE 65, 323 ff., 326. Zur Bindung der Mitglieder des Prüfungsausschusses an die dem Präsidenten des Justizprüfungsamts (persönlich) obliegende Auswahl der Prüfungsaufgaben: HessVGH, U. v. 5. 7. 1990 – 6 UE 2275/89.

[383] Eine Verletzung des Grundsatzes der Chancengleichheit ist nicht schon dann anzunehmen, wenn bei der Zuteilung der Hausarbeiten in der Weise verfahren wird, dass den nach ihrer Ausbildungsnote als besonders befähigt einzustufenden Prüflin-

Durch Art. 12 Abs. 1 GG sind **auch strenge fachliche Anforderungen** 313
an den Qualifikationsnachweis gedeckt, wenn damit ein besonders wichtiges
Gemeinschaftsgut geschützt werden soll. Insbesondere rechtfertigt der
Schutz der Gesundheit der Bevölkerung bei Ärzten **strenge fachliche
Maßstäbe** und sogar einen gewissen „Überschuss" an Ausbildungs- und
Prüfungsanforderungen.[384] Diese Anforderungen dürfen aber zu diesem
Zweck nicht außer Verhältnis stehen und müssen somit dafür geeignet, er-
forderlich und für die Betroffenen zumutbar sein.[385] Ungeeignet können
Anforderungen sein, die sich einseitig etwa nur auf **theoretisches Wissen**
erstrecken und die für den angestrebten Beruf unverzichtbaren **praktischen
Fähigkeiten** nicht erfassen, so dass der mehr praktisch befähigte Prüfling
von vornherein und ohne sachlichen Grund erheblich benachteiligt ist. Um
dies zu beurteilen, muss indes das gesamte Spektrum der betreffenden Leistungskontrolle einschließlich der sonst noch dazu vorausgesetzten Leistungsnachweise ins Auge gefasst werden. Bei der **ärztlichen Ausbildung**
und den dazu insgesamt abzulegenden Prüfungen besteht nach der Meinung
des BVerfG[386] keine Veranlassung zur Beanstandung aus verfassungsrechtlichen Gründen.

Soweit die Prüfung auf eine bestimmte Ausbildung bezogen ist und deren 314
Erfolg ermitteln soll, muss der **Prüfungsstoff** grundsätzlich dem **Lehrstoff
folgen.** Es darf in diesem Fall von einem Prüfling nichts verlangt werden,
was er in der Ausbildung oder im Unterricht nicht gelernt haben kann.
Denn die Prüfung soll nicht zufällige Lichtblicke, sondern den wahren Erfolg der Ausbildung aufzeigen. Das gilt insbesondere auch für **schulische
Leistungsbewertungen:** Die Note im Fach Musik bezweckt, den Lerner-
folg in der Schule und nicht die Tüchtigkeit des privaten Klavierlehrers zu
dokumentieren.

Diese Regelungen gelten freilich nicht allgemein. Soweit insbesondere 315
wissenschaftliche Studien in nicht geringem Umfang auf die **eigene Initia-
tive** setzen, sind grundsätzlich weder das konkrete Lehrangebot noch gar
die Qualität der einzelnen Lehrveranstaltung eine Voraussetzung für die
Zulässigkeit eines bestimmten Prüfungsstoffs. Auf die Erörterung einzelner
Sach- oder Rechtsfragen in den Vorlesungen oder Seminaren kommt es insofern nicht an. Wieweit dennoch wenigstens die Grundlagen für ein erfolg-

---

gen eine im oberen Bereich durchschnittlicher Schwierigkeit liegende Arbeit, den
schwächeren Prüflingen eine im mittleren oder unteren Bereich liegende Arbeit zugewiesen wird: BVerwG, Beschl. v. 18. 9. 1984 – 7 B 110.84 – Buchholz a.a.O., Nr. 201.
Hat der Prüfer einen Prüfling gegenüber den anderen bevorzugt, etwa indem er ihn
auf die Lösung der Prüfungsaufgabe durch privaten Nachhilfeunterricht individuell
vorbereitet hat, ist die Chancengleichheit in grober Weise verletzt: BVerwG, Beschl.
v. 16. 1. 1984 – 7 B 169.83 – NVwZ 1984, 307 = DÖV 1984, 809.

[384] BVerfG, Beschl. v. 14. 3. 1989 – 1 BvR 1033/82 – BVerfGE 80, 1 = NVwZ 1989,
850 = DVBl. 1989, 814.

[385] BVerfG, Beschl. v. 14. 3. 1989, a.a.O., m. w. Hinw.

[386] Beschl. v. 14. 3. 1989, a.a.O.

versprechendes **Selbststudium** geschaffen sein müssen, um ein bestimmtes Sachgebiet als zulässigen Gegenstand der Prüfung anzuerkennen, lässt sich nicht generell beantworten. Es kommt dafür entscheidend darauf an, wie stark Ausbildung und Prüfung gemäß den Regelungen der jeweiligen Prüfungsordnung miteinander verzahnt sind.[387]

316 Indessen ist auch im Hochschulbereich eine enge Verbindung von Lehrstoff und Prüfungsstoff dann geboten, wenn – wie etwa für die **Bachelor- und Masterstudiengänge** üblich – bestimmte Stoffgebiete zu abprüfbaren Einheiten inhaltlich zusammengefasst (modularisiert) sind und die Leistungen studienbegleitend bewertet werden. Gegenstand der jeweiligen **Modulprüfung** sind die in dem Modul behandelten Stoffgebiete, die zumeist auch in der jeweiligen Studien- und Prüfungsordnung detailliert vorgegeben sind (vgl. Rdn. 380 ff.).[388] Bei **studienbegleitenden Prüfungen** ist der Prüfer die für die Lehrveranstaltung verantwortliche Lehrperson.[389]

317 In diesen Fällen sind **Fachkenntnisse** („Wissensfragen") grundsätzlich nur dann zu prüfen, wenn solche Kenntnisse in der vorangegangen Lehrveranstaltung den Studierenden **tatsächlich vermittelt** worden sind. Dem Prüfer bleibt dann im Wesentlichen nur die Auswahl der Prüfungsaufgaben, die den Nachweis zu erbringen geeignet sind, ob der Prüfling diese Kenntnisse erworben hat.[390] Zwar mögen die Studierenden – der Wissenschaftlichkeit des Studiums angemessen – gehalten sein, die vermittelten Fachkenntnisse eigenverantwortlich zu ergänzen, was durch Studien- und Literaturhinweise der Lehrkräfte zu befördern ist;[391] dadurch wird aber der zulässige Prüfungsstoff nur in Richtung einzelner Ergänzungsfragen erweitert, deren Beantwortung für die Gesamtbewertung eine nur untergeordnete Bedeutung haben darf.

318 Ein deutlich größerer Gestaltungsspielraum der Prüfer besteht auch bei dieser Art von Prüfungen dann, wenn nicht einzelnes Fachwissen abzufragen ist, sondern wenn es um **Verständnisfragen, Sachzusammenhänge** oder auch **persönliche Eigenschaften** („Kompetenzen") des Prüflings

---

[387] Dazu aus der Rechtsprechung: BVerwG, Beschl. v. 14. 11. 1986 – 2 CB 37.86 – Buchholz 232.1 § 20 BLV Nr. 1, und v. 18. 5. 1982 – 1 WB 148.78 – BVerwGE 73, 376; OVG Sachs.-Anh., Entsch. v. 28. 11. 1996 – 4 L 32/85 – SPE 290 Nr. 20, betr. die Einübung des Antwort-Wahl-Verfahrens; VGH Bad.-Wttbg., U. v. 27. 3. 1990 – 9 S 2059/89 – DVBl. 1990, 943 = SPE 580 Nr. 14; BayVGH, U. v. 19. 2. 1986 – 7 B 85 A.2036 – SPE 528 Nr. 4.

[388] Wegen der verfassungsrechtlichen Anforderungen an die Bestimmtheit dieser Vorgaben s. Rdn. 52.

[389] Wegen der auch hier zumindest teilweise notwendigen Einhaltung des „Zweiprüferprinzips" s. Rdn. 560.

[390] Dies berührt freilich die Grenzen der Wissenschaftsfreiheit des Hochschullehrers (Art. 5 Abs. 3 GG), die auch durch Prüfungsordnungen nicht wesentlich beeinträchtigt werden darf (§ 4 Abs. 3 Satz 2 HRG), vgl. dazu Rdn. 52.

[391] So z. B. § 4 der Studienordnung für den LL. B.-Studiengang an der Rechts- und Staatswissenschaftlichen Fakultät der Ernst-Moritz-Arndt-Universität Greifswald vom 4. 7. 2000.

geht, z.B. um gewisse **Schlüsselqualifikationen** (Kommunikationsfähigkeit, Rhetorik, Verhandlungsmanagement oder soziale Orientierung; dazu im Einzelnen Rdn. 358 ff.). Solche Befähigungen lassen sich in einer Prüfung nicht wie konkrete Lehrinhalte schlicht abfragen, so dass die Prüfung insoweit offen sein muss für sämtliche geeignete Formen einer erfolgversprechenden Ermittlung und Bewertung der für den angestrebten Beruf notwendigen persönlichen Qualifikationen. Freilich ist auch insofern die Gestaltungsfreiheit des Prüfers nicht absolut; vielmehr bleiben stets die – hier gleichsam nur „verdünnten" – normativen Bindungen an den Prüfungsgegenstand.

Von den Besonderheiten modularisierter Studiengänge und den sich daran **319** anschließenden studienbegleitenden Prüfungen abgesehen, muss nicht jeder Lehr- und Unterrichtsstoff zwingend ein **gleichrangiger Prüfungsstoff** sein, es sei denn, dass auch anderweitig die Prüfungsordnung einen Katalog notwendig zu prüfender Sachgebiete enthält. Eine Prüfung kann in aller Regel schon aus Zeit- und Kapazitätsgründen nicht alle einschlägigen Fachfragen abdecken. Die Prüfungsordnungen dürfen daher generell und die **Prüfer im Einzelfall Schwerpunkte bilden,** was in rechtlich zulässiger Weise dazu führen kann, dass z.B. ein Rechtskandidat seine besonderen Befähigungen etwa im Erbrecht oder im Polizeirecht nicht als prüfungsrelevant einzubringen in der Lage ist. Freilich muss der ausgewählte Prüfungsstoff eine hinreichende Grundlage dafür bieten, die Fähigkeiten und Leistungen des Prüflings auf dem zur Prüfung anstehenden Fachgebiet zuverlässig bewerten zu können; insbesondere darf eine negative (Abschluss-)Bewertung nicht allein auf das Versagen bei einzelnen Spezialthemen gestützt werden (zur Kompensation guter und schlechter Leistungen s. Rdn. 547).[392]

Die Beschränkung des zulässigen Prüfungsstoffes auf die „**Grundzüge**" **320** **eines Sachgebiets** bedeutet, dass einerseits die allgemeinen Grundlagen dieses Sachgebiets, andererseits aber auch einzelne Fragenkreise im Überblick geprüft werden können, die nach dem Inhalt und der Häufigkeit, mit der sie sich stellen, von erheblicher – insbesondere auch aktueller – Bedeutung sind. Ferner wird hiermit der **Schwierigkeitsgrad** der sich auf einzelne Teilgebiete erstreckenden Aufgaben begrenzt.[393] Zugelassen sind damit jedoch nicht etwa nur einfach zu beantwortende Fragen, vielmehr wird hiermit untersagt, Aufgaben zu stellen, die allein mit einem Grundwissen in dem bezeichneten Sachgebiet offensichtlich nicht zu lösen sind.

---

[392] VGH Bad.-Wttbg., U. v. 16. 5. 2000 – 9 S 2537/99 – NVwZ 2001, 940 = DVBl. 2000, 1791, betr. das Nichtbestehen der juristischen Staatsprüfung bei nur zwei unzulänglichen Aufsichtsarbeiten im Öffentlichen Recht; OVG NW, Beschl. v. 2. 2. 2000 – 14 B 1905/99 – NWVBl. 2000, 317 = SPE 980 Nr. 55, betr. Aufgaben in der mündlichen Prüfung, Darlegungslast des Prüflings hinsichtlich der Verkürzung des Prüfungsstoffes.
[393] Dazu insgesamt: BVerwG, U. v. 16. 4. 1997 – 6 C 9.95 – NJW 1998, 323 = Buchholz 421.0 Prüfungswesen Nr. 382 = DVBl. 1997, 1235; OVG Sachs., Beschl. v. 11. 9. 2001 – 4 BS 156/01 – SächsVBl. 2002, 59 = LKV 2002, 523 ff., 526 = SPE 470 Nr. 75.

321   **Hintergrundwissen oder Allgemeinwissen** des Prüflings zu erkunden, ist nicht schlechterdings unzulässig. Es kommt vielmehr darauf an, ob dies von dem eigentlichen Zweck der Prüfung noch gerechtfertigt werden kann. Die Grenze des rechtlich Zulässigen ist insofern aber schon dann überschritten, wenn die darauf gerichteten Fragen zu sehr in die Einzelheiten gehen, so dass ihre Beantwortung für die Erfüllung des Prüfungszwecks, die fachliche Befähigung des Prüflings zu ermitteln, offensichtlich ungeeignet ist.[394] Der anteilig übermäßige Zeitraum, in dem ein angebliches „Hintergrundwissen" abgefragt worden ist, und die damit zusammenhängenden, objektiv festzustellenden Verunsicherungen des Prüflings sind weitere Kriterien, aus denen sich ergeben kann, dass hierbei ein nicht zulässiger Prüfungsstoff herangezogen wurde. Lässt sich nicht ausschließen, dass dadurch das Prüfungsergebnis nachteilig beeinflusst worden ist, muss die mündliche Prüfung wiederholt werden.[395]

322   Bei vielen, insbesondere akademischen Berufen wird das Berufsbild mehr denn je dadurch beeinflusst, dass **nicht nur Fachwissen** im engeren Sinne vorhanden ist, sondern dass weitere Zusammenhänge erfasst werden, die mit der beruflichen Tätigkeit – z.B. im Sozialverhalten oder für die Erhaltung der Umwelt – typischerweise verbunden sind. Um das Verständnis hierfür oder die Gewandtheit des Prüflings außerhalb des engeren Fachgebiets zu ermitteln, dürfen – selbst wenn die Prüfungsordnung dies nicht ausdrücklich vorsieht (dazu auch Rdn. 325) – teilweise auch Aufgaben gestellt werden, die **außerhalb des Pflichtstoffbereichs** liegen.[396] Voraussetzung dafür ist jedoch, dass alle dazu nötigen Hilfsmittel und Materialien von dem Prüfer selbst angegeben oder zur Verfügung gestellt werden. Auf diese Weise ist zu vermeiden, dass der Prüfling dadurch benachteiligt wird, dass er sich auf dieses Sachgebiet nicht vorbereitet hat.

323   Da der Rechtskandidat nach den einschlägigen Vorschriften des **Justizausbildungsrechts** zeigen soll, dass er das Recht mit Verständnis erfassen und anwenden kann und über die hierzu erforderlichen Rechtskenntnisse in den Prüfungsfächern mit ihren geschichtlichen, gesellschaftlichen, wirtschaftlichen, politischen und rechtsphilosophischen Bezügen verfügt, sind solche Zusammenhänge in den juristischen Prüfungen prinzipiell ein zulässiger Prüfungsstoff. Dies wird nunmehr für die juristischen Prüfungen durch § 5d Abs. 1 Satz 1 DRiG n.F. ausdrücklich auf bestimmte **Schlüsselqualifikationen** erweitert; danach ist bei diesen Prüfungen auch die Qualifikation des Prüflings zum Verhandlungsmanagement, zur Gesprächsführung, Rhetorik, Streitschlichtung, Mediation, Vernehmungslehre und

---

[394] BVerwG, U. v. 17. 7. 1987 – 7 C 118.86 – BVerwGE 78, 55 = NVwZ 1987, 977 = Buchholz a.a.O. Nr. 242 = DVBl. 1987, 1223, betr. Fragen zum Staat Mali und dessen Hauptstadt in einer juristischen Prüfung.

[395] BVerwG, U. v. 17. 7. 1987, a.a.O.

[396] VGH Bad.-Wttbg., U. v. 8. 3. 1989 – 9 S 3264/88 –, in Fortbildung seines Urteils vom 11. 12. 1985, ESVGH 36, 144.

Kommunikationsfähigkeit zu berücksichtigen, sofern diese Qualifikationen für die rechtsprechende, verwaltende und rechtsberatende Praxis erforderlich sind (vgl. § 5a Abs. 3 DRiG n. F.). Zugelassen ist dort ferner die Berücksichtigung von Fremdsprachenkompetenzen. Wie dies im Einzelnen zu geschehen hat, ist einer sachgerechten Regelung des landesrechtlichen Justizausbildungsrechts und – für die universitäre Schwerpunktsbereichsprüfung – der einschlägigen Hochschulsatzung überlassen. Das **bundesrechtliche „Berücksichtigungsgebot"** ist offen für unterschiedliche, jeweils angemessene Lösungen, die von der Verselbständigung entsprechender Prüfungsteile (z. B. Prüfungspraktika) über die Einbeziehung in einzelne Aufsichtsarbeiten bis hin zur Ausgestaltung der mündlichen Prüfungen reichen. Die Berücksichtigung der Schlüsselqualifikationen muss nicht in jeder einzelnen Prüfung gleichmäßig sein und auch nicht immer sämtliche von ihnen erfassen. Sie muss aber als prüfungsrelevant erkennbar in Erscheinung treten, ohne die unverzichtbare Prüfung fachlicher Inhalte zu vernachlässigen (zu den Einzelheiten der Juristischen Prüfungen neuen Rechts s. Rdn. 349 ff.; wegen der Standardisierung von Mindestanforderungen s. Rdn. 305).

Der Prüfungsstoff ist in vielen Prüfungsordnungen nicht nur inhaltlich **324** vorgegeben, sondern häufig auch **quantitativ begrenzt.** So ist z. B. nach § 5d Abs. 2 Satz 1 DRiG n. F. der Stoff der universitären Schwerpunktbereichsprüfung und der staatlichen Pflichtfachprüfung so zu bemessen, dass das Studium nach viereinhalb Jahren abgeschlossen werden kann. Diese Zeitvorgabe schließt die erste juristische Prüfung ein; daher ist die in § 5a Abs. 1 Satz 1, 1. Halbs. DRiG n. F. genannte Studienzeit (vier Jahre), die auch unterschritten werden kann (2. Halbsatz), der eigentliche Maßstab für die Bemessung des Umfangs des Prüfungsstoffs. Diese bundesrahmenrechtliche Vorgabe richtet sich speziell an die Bundesländer und hält sie an, den Katalog des Prüfungsstoffes entsprechend zu begrenzen. Dabei hat der einzelne Landesgesetzgeber ein Einschätzungsermessen, das nur bei offensichtlichem Missbrauch verletzt ist.

Auch wenn das Ziel der Leistungskontrolle wesentlich auf den Nachweis **325** **fachlicher Befähigungen** und damit zusammenhängender Qualifikationen ausgerichtet ist, dürfen damit zugleich auch **allgemeine Grundkenntnisse** und **Fähigkeiten** (zum Beispiel das Beherrschen der **deutschen Sprache**) abverlangt werden, die als eine Grundvoraussetzung der Berechtigung gelten, welche mit der erfolgreich bestandenen Prüfung erlangt wird. Der Prüfling muss in der Lage sein, seine Gedanken und Lösungsvorschläge wenn auch nicht unbedingt elegant und stilvollendet, so doch hinreichend klar und verständlich auszudrücken. Zum Beherrschen der deutschen Sprache gehören dabei auch Kenntnisse der **Rechtschreibung** und der **Zeichensetzung** als Voraussetzungen einer allgemeinen Befähigung zur Darlegung schriftlicher Äußerungen.[397]

---

[397] OVG NW, U. v. 23. 1. 1995 – 22 A 1834/90 – NWVBl. 1995, 225, betr. einen schlechten Sprachstil bei schriftlichen Prüfungsleistungen in der juristischen Staats-

Einzelne Schreibversehen müssen freilich für das Ergebnis der Prüfungsleistung unberücksichtigt bleiben, wenn sie offensichtlich auf einem Versehen beruhen oder sonstwie für das Ziel der Leistungskontrolle nicht wesentlich sind.[398] Wegen erheblicher Rechtschreibmängel darf eine fachlich (noch) ausreichende Leistung nur dann ausnahmsweise als unzulänglich oder mangelhaft bewertet werden, wenn die Rechtschreibfehler so zahlreich und gravierend sind, dass es dem Zweck der Prüfung widerspräche, eine solche Arbeit als erfolgreich anzuerkennen. Allerdings kann eine gute oder sehr gute Note schon durch zahlreiche Rechtschreibfehler ausgeschlossen werden.

326   Die **äußere Form der Arbeit** ist zwar im allgemeinen nicht Gegenstand der Leistungskontrolle, kann aber die Bewertung der ihrem Niveau entsprechenden Prüfungsleistungen bekräftigen. Auf die Äußerlichkeiten darf es aber letztlich nicht entscheidend ankommen. Ist eine schriftliche Prüfungsarbeit bei zumutbarer Anstrengung gerade noch lesbar, darf sich die schlechte Schrift nicht nachteilig auf das Prüfungsergebnis, insbesondere nicht auf das Bestehen einer Prüfung auswirken, nach deren Ziel es auf das Schriftbild nicht ankommt.[399]

3. Klarheit und Eindeutigkeit der Prüfungsaufgaben

327   Der Zweck der Leistungskontrolle verlangt es ferner, dass der Prüfungsstoff so aufbereitet ist, dass ein hinreichend vorbereiteter Prüfling unschwer zu erkennen vermag, welche Leistung von ihm verlangt wird. **Mehrdeutige Fragen** sind unzulässig, es sei denn, dass es erkennbar darum geht, alternative Lösungswege aufzuzeigen.[400] Allerdings darf dem Prüfling, der die (unbeabsichtigte) Mehrdeutigkeit einer Frage/Prüfungsaufgabe erkannt und brauchbare alternative Lösungsvorschläge gemacht hat, hierdurch kein Nachteil entstehen (wegen der Besonderheiten im Antwort-Wahl-Verfahren

---

prüfung. Wegen der Besonderheiten für Ausländer vgl. BVerwG, Beschl. v. 10. 12. 1993 – 6 B 40.92 – Buchholz 421.0 Prüfungswesen Nr. 321; OVG NW, U. v. 13. 3. 1991 – 22 A 871/90 – NJW 1991, 2586 = DVBl. 1991, 774 = NWVBl. 1991, 384, sowie v. 22. 4. 1983 – 15 A 1651/82.

[398] BVerwG, U. v. 28. 11. 1980 – 7 C 54.78 – BVerwGE 61, 211 = Buchholz 421.0 a. a. O. Nr. 136 = DVBl. 1981, 581 = DÖV 1981, 578, betr. ein Schreibversehen bei der Übertragung von Antworten durch Überspringen eines Lösungsfeldes im Antwortbogen des Antwort-Wahl-Verfahrens.

[399] BVerwG, Beschl. v. 19. 8. 1975 – 7 B 24.75 – Buchholz a. a. O. Nr. 65, betr. eine Hausarbeit im juristischen Staatsexamen; vgl. ferner: OVG NW, U. v. 28. 4. 1982 – 15 A 969/81 – DÖV 1983, 299, betr. die äußere Form einer Diplomarbeit.

[400] BFH, U. v. 21. 5. 1999 – VII R 34/98 – BFHE 188, 502 = SPE 400 Nr. 48 (auch zur Frage der Unerheblichkeit gewisser Unklarheiten); BVerwG, U. v. 26. 11. 1976 – 7 C 6.76 – BVerwGE 51, 331. Vgl. ferner: BVerwG, Beschl. v. 21. 12. 1993 – 6 B 65.92 – Buchholz a. a. O. Nr. 325, betr. Hinweise zur Anfertigung einer Hausarbeit.

s. Rdn. 329).[401] Maßgeblich ist insofern, ob der Prüfling damit – wenngleich auf andere Weise als geplant – seine fachlichen Fähigkeiten nachgewiesen hat oder ob dies auf diesem Wege nicht möglich war, so dass die Aufgabe als schlechterdings ungeeignet zurückgezogen und die Prüfung insoweit wiederholt werden muss.

Der Prüfungsstoff muss für den Prüfling in seiner **prüfungsrelevanten** **328** **Bedeutung erkennbar** sein (vgl. Rdn. 322).[402] Ist dies objektiv nicht der Fall, muss dieser Teil der Prüfung unberücksichtigt bleiben und – wenn die Chancengleichheit dies verlangt – wiederholt werden. Zu berücksichtigen ist jedoch, dass manche Äußerungen und Fragen des Prüfers schon nach den äußeren Umständen oder dem inhaltlichen Zusammenhang offensichtlich nicht dazu bestimmt sind, die Kenntnisse und Fähigkeiten des Prüflings zu ermitteln. So ist etwa der Inhalt eines einleitenden Gesprächs zur Vorbereitung der Prüfung, bei dem nicht etwa Zusagen eines bestimmten Prüfungsstoffes stattfinden dürfen,[403] weder Bestandteil der eigentlichen Prüfung noch Gegenstand der Bewertung der Prüfungsleistungen. Auch ist nicht jede im Verlauf der mündlichen Prüfung gestellte Frage eine Prüfungsfrage. Beiläufige Fragen können zur Einstimmung in ein neues Prüfungsgebiet oder der Auflockerung der Prüfungsatmosphäre dienen. Die Grenze des rechtlich Zulässigen ist insofern erst dann überschritten, wenn solche Fragen und Bemerkungen objektiv geeignet sind, den Prüfling nachhaltig zu verunsichern und damit seine Leistungsfähigkeit zu mindern.

Die hinreichende Klarheit und Eindeutigkeit von Prüfungsfragen ist spe- **329** ziell bei dem **Antwort-Wahl-Verfahren,** das in den ärztlichen, zahnärztlichen und auch pharmazeutischen Prüfungen üblich ist, häufig Gegenstand gerichtlicher Auseinandersetzungen (vgl. Rdn. 371 ff.). Da es hier darum geht, von mehreren vorbezeichneten Antworten auf eine Frage die richtige anzugeben, ist notwendige Voraussetzung, dass sich Richtiges von Falschem hinreichend klar trennen lässt. Daraus ergeben sich besondere Anforderungen an die **Auswahl** und den **Wortlaut** der **Fragen** bei allen Prüfungen im Antwort-Wahl-Verfahren. Demgemäß bestimmt § 14 Abs. 2 ÄAppO[404] für ärztliche Prüfungen, dass die Prüfungsfragen zuverlässige Prüfungsergebnisse ermöglichen müssen. § 14 Abs. 4 ÄAppO verlangt insofern ein besonderes behördliches Kontrollverfahren (dazu Rdn. 599, 600). Für den einzelnen

---

[401] OVG Sachs., U. v. 20. 5. 1998 – 2 S 134/37 – SPE 102 Nr. 27: „Antwortspielraum" des Prüflings bei missverständlich formulierten Fragen.

[402] Das gilt auch für die Bedeutung der Leistungen in einem Schulhalbjahr für den Übergang in eine weiterführende Schule: KreisG Gera-Stadt, Beschl. v. 16. 7. 1991 – 1 D 153/91.

[403] VGH Bad.-Wttbg., Beschl. v. 3. 4. 1986 – 9 S 151/86 – NVwZ 1987, 1013 = VBlBW 1987, 71 (auch zur Frage, ob dadurch Rechte des begünstigten Prüflings verletzt worden sind).

[404] In d. F. v. 27. 6. 2002 (BGBl. I, S. 2405).

Prüfling, dem nur geringe Zeit für die Beantwortung der jeweiligen Frage gegeben ist, muss bei verständiger Würdigung und aufgrund einfacher Auslegung der Prüfungsfragen erkennbar sein, welche Leistung von ihm verlangt wird.[405] Aufgaben, die auf **mehrfache Weise lösbar** sind, und **mehrdeutige Fragen** oder Fragen, deren Sinn sich erst nach einer **schwierigen Auslegung** erschließen lässt, sind im Antwort-Wahl-Verfahren unstatthaft und rechtsfehlerhaft (dazu im Einzelnen und wegen der Rechtsfolgen für das Bewertungsverfahren s. Rdn. 595 ff.).[406]

330   Das gilt auch für Fragen, die von dem Prüfling die Auswahl der am **ehesten zutreffenden Antwort** verlangen (sogen. **Bestlösung**). Denn der Prüfling muss vom Normal- und Regelfall des dargestellten Sachverhalts ausgehen und hat bei der Vielzahl der Fragen, für die er jeweils alternativ vorgegebene Antworten anzukreuzen hat, nicht die Möglichkeit, eine begründete Abwägung unter mehreren vertretbaren Lösungen darzulegen.[407] Von dem Verbot der „Lösungsvorgaben zwecks Auswahl einer Bestlösung" sind in den medizinischen und pharmazeutischen Prüfungen nicht Fragen erfasst, die gezielt für einen konkret dargestellten Einzelfall das hier besonders geeignete Heilmittel abfragen; eine solche Frage – etwa nach einem bestimmten Schmerzmittel bei näher bezeichneten Schmerzen – ist nicht deshalb mehrdeutig, weil auch andere anerkannte Schmerzmittel im allgemeinen nicht völlig wirkungslos sind.

331   Ein Fehler des Prüfungsverfahrens infolge unklarer, mehrdeutiger Prüfungsfragen führt aber nur dann zur Aufhebung der Prüfungsentscheidung, wenn sein **Einfluss auf das Prüfungsergebnis** nicht auszuschließen ist (dazu Rdn. 492 ff.).[408] Kann die richtige Beantwortung einer solchen Frage unterstellt werden, ohne dass damit die für den Prüfungserfolg notwendige Zahl richtiger Antworten erreicht wird, so ändert sich nichts an dem negativen Prüfungsergebnis.

4. Schulischer Bereich/Versetzungserheblichkeit einzelner Fachnoten

332   Auch im schulischen Bereich haben die Länder bei der Festlegung der Erziehungsziele und Unterrichtsgegenstände eine weitgehend eigenständige **Gestaltungsfreiheit**, die nur eingeschränkt ist, soweit das Verfassungsrecht

---

[405] BVerwG, Beschl. v. 8. 8. 2000 – 6 B 33.00 – und v. 2. 5. 1996 – 6 B 75.95 – Buchholz a. a. O. Nr. 421. Bei der Formulierung der Fragen muss freilich nicht auf eine etwaige mangelhafte Beherrschung der deutschen Sprache Rücksicht genommen werden.

[406] BVerwG, U. v. 26. 3. 1997 – 6 C 7.96 – BVerwGE 104, 203 = NJW 1997, 3104, und v. 20. 11. 1987 – 7 C 3.87 – BVerwGE 78, 280 = NVwZ 1988, 433 = Buchholz a. a. O. Nr. 246; OVG NW, U. v. 21. 2. 1986 – 15 A 2211/84 – SPE 436 Nr. 8.

[407] OVG Berlin, U. v. 22. 4. 1998 – 7 B 107.96 –; OVG NW, Beschl. v. 18. 3. 1998 – 22 B 368/98.

[408] BVerwG, U. v. 20. 11. 1987 – 7 C 3.87 –, a. a. O. Vgl. ferner: *Theuersbacher*, BayVBl. 1984, 129 und 166.

Grenzen setzt.[409] Die Beschlüsse der Kultusministerkonferenz haben nicht diese Qualität, können aber Richtschnur dafür sein, ob und wieweit der Grundsatz der Bundestreue in dem föderal verfassten Staat eine gewisse Anpassung an gemeinsame Regelungen verlangt (vgl. Rdn. 14 ff.).

Im Übrigen gelten die vorgenannten Anforderungen für **Abschlussprü-** 333 **fungen,** die für eine Berufswahl erheblich sind (Art. 12 Abs. 1 GG), im Wesentlichen entsprechend. Dazu zählt insbesondere die **Reifeprüfung.** Auch **Aufnahmeprüfungen** für Realschulen und Gymnasien der Normalform sind nicht frei von solchen inhaltlichen Bindungen, die sich – mangels spezieller normativer Regelung – aus dem Sinn und Zweck dieser Auslese von Schülern ergeben. Daraus folgt insbesondere, dass die Aufgaben den Stoffplan der letzten Grundschulklasse nicht überschreiten dürfen und dass sie nach ihrem Umfang in der festgelegten Bearbeitungszeit zu bewältigen sein müssen.[410]

Für die **Versetzung** von einer Klasse in die nächsthöhere kommt es auf 334 die inhaltlichen Vorgaben des einfachen Rechts (Landesschulgesetze, Versetzungsordnungen) an. Strittig ist gelegentlich, welche Schulfächer mit den dort erlangten Noten versetzungserheblich sind. Auch insofern ist das Landesschulrecht frei, eine sachlich gerechtfertigte Entscheidung zu treffen. Es muss nicht jede Fremdsprache, die in der Schule angeboten wird (z. B. auch Italienisch oder Polnisch), als versetzungserheblich oder als Prüfungsfach in der Reifeprüfung vorsehen.[411] Ein Schüler im Kurssystem der 11. oder 12. Klasse eines Gymnasiums hat keinen Anspruch darauf, eine vom Kursfachlehrer nicht vorgesehene Leistung einzubringen. Er hat insbesondere kein Wahlrecht, sich am Unterricht zu beteiligen oder im Unterricht passiv zu sein und dies durch eine „Zusatzleistung" anderer Art zu kompensieren.[412]

Auch das Fach **Religionslehre** ist als ein ordentliches Lehrfach[413] verset- 335 zungserheblich,[414] aber nur soweit der Unterricht auf Wissensvermittlung ausgerichtet und nicht, soweit er – in Ergänzung dazu – auf der Grundlage religiöser Offenbarung bekenntnisgebunden ist.[415] Denn der Glaube an eine

---

[409] VGH Bad.-Wttbg., U. v. 16. 7. 2003 – 9 S 616/03 – SPE 300 Nr. 17, betr. die Stärkung des mathematisch-naturwissenschaftlichen Aufgabenfeldes und die Erhöhung des Stellenwertes der Kernfächer (Deutsch, Mathematik und Fremdsprache) durch die „Abiturverordnung Gymnasien der Normalform" v. 24. 6. 2001 (auch wegen des Vertrauensschutzes und der Notwendigkeit einer Übergangszeit).
[410] VGH Bad.-Wttbg., Beschl. v. 8. 11. 2002 – 9 S 2361/02 – NVwZ-RR 2003, 214 = SPE 133 a Nr. 1, auch zu den Rückschlüssen aus einer hohen Durchfallquote auf die Zulässigkeit der Anforderungen.
[411] BVerwG, Beschl. v. 18. 2. 1981 – 7 B 10 und 13.81 – Buchholz 421.0 Prüfungswesen Nr. 141.
[412] OVG Sachs., Beschl. v. 21. 3. 2003 – 2 B 844/02 – SPE 300 Nr. 18.
[413] Dies ist in den Ländern Berlin, Brandenburg und Bremen nicht der Fall.
[414] BVerwG, U. v. 6. 7. 1973 – 7 C 36.71 – NJW 1973, 1815, mit abl. Anm. von *Obermayer,* dagegen: *Scheuner,* NJW 1973, 2315.
[415] Dazu: Bd. 1 Schulrecht, Rdn. 544.

religiöse Offenbarung und sein Bekenntnis entziehen sich einer wirklichen Leistungskontrolle. Das BVerwG[416] räumt den Ländern die Möglichkeit ein, die Versetzungserheblichkeit des Religionsunterrichts insbesondere dann auszuschließen, wenn in dem Fach ausschließlich kirchliche Verkündigung betrieben wird, was freilich unzulässig wäre.[417] Daraus ergibt sich, dass der wissenschaftliche Bereich des Religionsunterrichts den eigentlichen Gegenstand der Leistungsbewertung ausmacht, die ihrerseits die Versetzungserheblichkeit der dafür erteilten Einzelnote rechtfertigt.[418]

336   Höchstrichterlich geklärt ist inzwischen auch, dass die Schule das **Sozialverhalten des Schülers**, welches Gegenstand des staatlichen Erziehungsauftrags ist, bewerten darf.[419] Für die Benotung einer im Tennissport erfolgreichen Schülerin im **Unterrichtsfach Sport** sind nur die in der Schule gezeigten (mangelhaft ausgeführten oder verweigerten) Leistungen und nicht die außerschulischen Aktivitäten maßgeblich.[420]

VIII. Form und Verlauf der Prüfung

1. Das Verfahren zur Ermittlung der Kenntnisse und Fähigkeiten des Prüflings

a) Allgemeine Grundsätze

337   Da die „prüfungsspezifische" Bewertung der Leistungen des Prüflings (Rdn. 640 ff., 642) sich einer Reglementierung weitgehend entzieht, ist es um so wichtiger, dass zumindest das Verfahren zur Ermittlung seiner Kenntnisse und Fähigkeiten rechtlich fehlerfrei geordnet ist. Verfassungsrechtliche Vorgaben enthalten die Art. 2 Abs. 1, 3 Abs. 1, 19 Abs. 4 und bei berufsbezogenen Prüfungen auch Art. 12 Abs. 1 GG. Im Kern folgt daraus die Pflicht, das **Prüfungsverfahren** in den wesentlichen Punkten durch **Gesetz** und **Rechtsverordnung** zu regeln, **inhaltlich verfassungskonform** zu gestalten und bei der **Anwendung** und **Auslegung** dieses Rechts die genannten Grundrechte zu beachten (Rdn. 101 ff.).

338   Ein besonderes Gewicht hat gerade im Bereich des Prüfungsverfahrens das **Gebot der Chancengleichheit** (Art. 3 Abs. 1 GG) im Sinne einer zu-

---

[416] U. v. 6. 7. 1973, a. a. O.

[417] Vgl. Bd. 1 Schulrecht, a. a. O., Rdn. 536, 544.

[418] Dazu ferner: OVG NW, Beschl. v. 19. 12. 1975 – 15 B 1136/75.

[419] BVerwG, Beschl. v. 29. 5. 1981 – 7 B 170.80 – NJW 1982, 250; OVG NW, U. v. 25. 4. 1980 – 5 A 2323/78 – (auch zur Form der Beurteilung des Sozialverhaltens); demgegenüber: *Ossenbühl*, Rechtliche Grundfragen der Erteilung von Schulzeugnissen, Schr. z. ÖR, Bd. 351.

[420] VG Braunschweig, Beschl. v. 19. 8. 2003 – 6 B 315/03 – NVwZ-RR 2004, 110 = NdsVBl. 2004, 81, auch zu den Folgen einer außerschulischen Sportverletzung, welche die Beurteilungsgrundlage vermindert.

verlässigen Vermittlung gleicher Startchancen für alle Prüflinge in der jeweiligen Prüfung. Ohne eine klare und angemessene Ausgestaltung des Prüfungsverfahrens durch die – ordnungsgemäß veröffentlichte – Prüfungsordnung ist eine hinreichende Chancengleichheit nicht zu gewährleisten. Form und Verlauf der Prüfung müssen sich daran messen lassen, ob sie diesen Zweck erfüllen (Rdn. 106, 107).

Die **Verletzung von Verfahrensvorschriften** führt zur Rechtswidrigkeit **339** der Prüfungsentscheidung, es sei denn, dass die Entscheidung nicht auf dem Mangel beruht (dazu im Einzelnen Rdn. 492 ff.). Außerdem können hierdurch **Schadensersatzansprüche** ausgelöst werden (dazu im Einzelnen Rdn. 518 ff.).

Mit der Zulassung zur Prüfung und dem damit begründeten **Prüfungs-** **340** **rechtsverhältnis** entstehen zwischen Prüfling und Prüfern/Prüfungsbehörden konkrete Rechte und Pflichten, sich an das Verfahren zu halten, das die verfassungskonform ausgestaltete Prüfungsordnung im Einzelnen vorsieht. Darüber hinaus – insbesondere soweit die Prüfungsordnung keine oder nur unvollkommene Regelungen enthält – können sich auch **verfassungsunmittelbar Verhaltensgebote** bzw. **Pflichten** ergeben, die von den Grundrechten und hier insbesondere von dem Grundsatz der Chancengleichheit ausgehen (wegen einzelner Beispiele s. Rdn. 101 ff. und 240 ff.). Allenthalben gilt der Grundsatz des **fairen Prüfungsverfahrens** (Rdn. 184 ff.). Schließlich ist in diesem Zusammenhang von besonderer Bedeutung, dass der Prüfling einen Anspruch auf **hinreichende** und **rechtzeitige Informationen** hat, um im Prüfungsrechtsverhältnis seine Rechte zu wahren und seine Pflichten erfüllen zu können (dazu im Einzelnen Rdn. 248 ff.).

Hingewiesen sei hier ferner auf die sich aus dem Prüfungsrechtsverhältnis **341** ergebenden **Mitwirkungspflichten** des Prüflings am Zustandekommen einer ordnungsgemäßen Prüfung (Rdn. 111 ff.). Diese sind besonders ausgeprägt, wenn es etwa für die Annahme einer Störung im Verlauf des Prüfungsgeschehens auf die persönliche Betroffenheit des Prüflings ankommt. Das gilt z.B. für seine Empfindlichkeit gegen Lärm (Rdn. 473 ff., 477), aber auch für gesundheitliche Störungen des Prüflings während der Prüfung (Rdn. 125 ff., 140). Er muss solche Mängel und Störungen **rechtzeitig rügen**; dazu können **Ausschlussfristen** in den Prüfungsordnungen festgelegt werden (im Einzelnen: Rdn. 112, 141 ff., 513 ff.).

Auf die Einzelheiten des Verfahrens wird in dieser Schrift unter verschie- **342** denen Aspekten an mehreren Stellen eingegangen: Wegen der **Zulassung zur Prüfung** und der **Fortsetzung des Prüfungsverfahrens** s. Rdn. 211 ff., 240 ff., wegen der **Zuständigkeiten** und der Besetzung des Prüfungsausschusses s. Rdn. 283 ff., wegen der **Wiederholung der Prüfung** und des sog. **Freiversuchs** s. Rdn. 731 ff., 742 ff. und wegen des **verwaltungsinternen Kontrollverfahrens** s. Rdn. 759 ff.

Im Folgenden geht es speziell um die **verfahrensmäßige Ausgestaltung** des **Prüfungsgeschehens im engeren Sinne**, insbesondere um die unterschiedlichen Formen der Leistungsermittlung und um den konkreten Verlauf der einzelnen Prüfung mit den dabei häufig auftretenden Problemen.

b) Unterschiedliche Formen der Leistungsermittlung

aa) Anforderungen an die Ausgestaltung von Prüfungen

343   Für die Ermittlung der Kenntnisse und Fähigkeiten des Prüflings kommen grundsätzlich unterschiedliche Formen in Betracht, insbesondere die schriftliche Darlegung seiner Kenntnisse in Aufsichts- oder Hausarbeiten, das Prüfungsgespräch oder die Vorführung einer bestimmten praktischen oder künstlerischen Befähigung. Welche dieser Formen sinnvoller ist, ist hier nicht zu erörtern. Aus rechtlicher Sicht kommt es allein darauf an, ob die jeweilige Form der Leistungsermittlung geeignet und ausreichend ist, um das Ziel der Leistungskontrolle zu erreichen. Das gilt auch für die üblichen **Kombinationen von mündlichen/praktischen** und **schriftlichen Prüfungen** mit Haus- und/oder Aufsichtsarbeiten. Dass Hausarbeiten generell anfällig sind für Täuschungen durch die Verwendung unerlaubter Hilfen, macht sie nicht von vornherein unzulässig. Die Grenze des rechtlich Zulässigen ist indes erreicht, wenn durchweg Aufgaben („Altfälle") ausgegeben werden, die den Prüflingen bekannt sind oder ohne weiteres (z.B. per Internet) bekannt sein können. Unter diesen Umständen wäre dieser Teil der Prüfung nur noch eine Farce und eine gleichheitswidrige Benachteiligung der Prüflinge, die sich ordnungsgemäß verhalten. Wenn die Prüfungsbehörden dies nicht vermeiden können – etwa weil nicht hinreichend neue Aufgaben zur Verfügung stehen –, muss wegen des Gebots der Chancengleichheit (Art. 3 Abs. 1 GG) **auf Hausarbeiten verzichtet** und die Prüfungsordnung entsprechend geändert werden.

344   Wird auf eine der üblichen Formen einer Prüfung, etwa auf eine mündliche Prüfung, gemäß der Prüfungsordnung generell verzichtet, ist auch dies im allgemeinen hinzunehmen, es sei denn, dass die **ausschließlich schriftliche Prüfung** mangels hinreichend großer Bandbreite an Themen nicht geeignet ist, dem Zweck der Prüfung entsprechende Aussagen über die Befähigung des Prüflings zu machen. So bildet z.B. eine thematisch auf spezielle Fragen begrenzte schriftliche Prüfung kaum eine geeignete Grundlage, um das Spektrum prüfungsrelevanter Leistungen und Befähigungen hinreichend zu erfassen.[421] Bei der Handwerks-, Fahrlehrer- oder Jägerprüfung ist ein praktischer Teil unverzichtbar.

345   In Studiengängen der Hochschulen mit einer Regelstudienzeit von mindestens vier Jahren findet eine **Zwischenprüfung** statt (§ 15 Abs. 1 Satz 2

---

[421] VGH Bad.-Wttbg., U. v. 16. 5. 2000 – 9 S 2537/99 – NVwZ 2001, 940 = DVBl. 2000, 1791: Bei Aufsichtsarbeiten aus dem Öffentlichen Recht sind mehrere Themen aus dem Stoffkatalog einzelner Fächer dieses Rechtgebietes, das Verwaltungsprozessrecht und das Europarecht als eine hinreichende Grundlage vorauszusetzen.

HRG). Der Übergang in das Hauptstudium und dessen Abschluss setzen in der Regel die erfolgreiche Ablegung einer Zwischenprüfung voraus (§ 15 Abs. 1 Satz 4 HRG). Ihre Bedeutung entspricht sodann einer **Zulassungsvoraussetzung** für den Fortgang und den Abschluss des Bildungsganges und muss sich daher an den dafür generell geltendenden rechtlichen Anforderungen messen lassen (Rdn. 240 ff.). Soweit eine erfolglose Zwischenprüfung den beruflichen Werdegang des Studenten versperrt, muss auch sie sich grundsätzlich den Anforderungen stellen, die gemäß Art. 12 Abs. 1 GG für berufsrelevante Prüfungen gelten und die hier im Einzelnen dargestellt sind. Dass solche Zwischenprüfungen zumeist studienbegleitende Prüfungen sind, entbindet sie nicht von diesen verfassungsrechtlichen Anforderungen.

Die Zwischenprüfung kann aber auch **Teil der Gesamtprüfung** sein, in- **346** dem etwa mehrere fachspezifische Prüfungen abgeschichtet werden. Auf diese Weise ergänzen sich mehrere (Zwischen-)Prüfungen bei der Ermittlung der für einen bestimmten Abschluss insgesamt erforderlichen beruflichen Qualifikation (so z.B. bei vielen naturwissenschaftlichen Prüfungen). Ist die Prüfung nach dem Regelungsgehalt der Prüfungsordnung so ausgestaltet, ist hinsichtlich der Geeignetheit der Prüfungsform nicht auf die einzelne Teil- oder Zwischenprüfung, sondern auf die gesamte Leistungs- und Befähigungskontrolle abzustellen.

Prüfungen können grundsätzlich auch **studienbegleitend** abgenommen **347** werden (vgl. § 15 Abs. 1 Satz 3 HRG).[422] Sie werden zumeist von einer einzelnen Person, nämlich von demjenigen abgenommen, der auch die betreffende Lehrveranstaltung eigenverantwortlich durchführt bzw. durchgeführt hat. Prüfungen dieser Art, die insbesondere bei modularisierten Studiengängen vorherrschen, werfen nicht selten spezielle rechtliche Probleme auf (dazu Rdn. 52, 242, 388 ff.): Auch die solche Hochschulveranstaltungen (Vorlesungen, Seminare, Übungen) leitende und zugleich studienbegleitend prüfende Person muss eine hinreichende **fachliche Qualifikation,** also mindestens die durch das Bestehen der Prüfung festzustellende oder eine gleichwertige Qualifikation (§ 15 Abs. 4 HRG), besitzen (dazu im Einzelnen Rdn. 158 ff., 389). Das sogen. **Zweiprüferprinzip** (Rdn. 554 ff.) ist auch hier nicht zu vernachlässigen. Die Lehr- und Prüfungsinhalte bedürfen gewisser normativer Vorgaben (Rdn. 47 ff., 305, 308). Da die Anmeldung zu einer solchen Lehrveranstaltung regelmäßig zugleich die Anmeldung zu einer studienbegleitenden Prüfung ist, kann der Student – wenn die Studien- und Prüfungsordnung dies nicht anders regelt – das damit entstandene Prüfungsrechtsverhältnis nicht ohne den Nachweis eines „wichtigen Grundes" einseitig lösen (Rdn. 241). Soweit die studienbegleitende Prüfung in einem einzelnen Fach bei einem Misserfolg zur Beendigung des Studiums führt, muss dies nach ihrem Inhalt und ihrer Bedeutung gerechtfertigt sein

---

[422] Wegen der Einzelheiten vgl. *Waldeyer,* in: Hailbronner/Geis, Hochschulrahmengesetz, § 15 Rdn. 21 ff.

(zur Kompensation schlechter Leistungen s. Rdn. 547). Außerdem sind gerade hier angemessene **Wiederholungsprüfungen** geboten (s. Rdn. 742 ff.).

348   Eine besondere Form der Prüfung ist das bereits mehrfach angesprochene **„Antwort-Wahl-Verfahren"** (Multiple-choice-Verfahren), das zum Beispiel in den medizinischen und pharmazeutischen Prüfungen vorgesehen ist (vgl. § 14 ÄAppO sowie Rdn. 371 ff., 595 ff.).[423] Es dient in besonderem Maße der Chancengleichheit, weil der Schwierigkeitsgrad der Prüfungsanforderungen auf diese Weise für alle Prüflinge gleich ist. Trotz gewisser Nachteile (betr. insbesondere die starke Ausrichtung auf lexikalisches Wissen, die schwierige Auswahl der Fragen und deren Eindeutigkeit) wird dieses Verfahren daher als grundsätzlich geeignet und rechtlich zulässig angesehen (wegen der Anforderungen an die Bestimmtheit und Klarheit der Fragen s. Rdn. 329, 330).[424]

bb) Juristische Prüfungen

349   Bislang waren juristische Prüfungen, mit denen die Befähigung zum Richteramt erlangt wird, durch zwei Staatsprüfungen geprägt, zwischen denen ein mehrjähriger, staatlich gelenkter Vorbereitungsdienst zu absolvieren war. Ausgestaltet waren diese Prüfungen gemäß § 5 d DRiG, den Justizausbildungsgesetzen und den Justizausbildungsordnungen der Bundesländer in klassischer Art durch schriftliche Arbeiten (zumeist Aufsichtsarbeiten, kaum noch Hausarbeiten) und mündliche Prüfungen einschließlich eines Aktenvortrags in der zweiten Staatsprüfung. Dies alles war und ist zwar rechtlich nicht zu beanstanden, steht jedoch wegen seiner zu einseitigen Ausrichtung auf die „Befähigung zum Richteramt" nicht mehr mit den auf andere berufliche Schwerpunkte ausgerichteten Anforderungen an eine sinnvolle Juristenausbildung in Einklang.

350   Durch das **Gesetz zur Reform der Juristenausbildung** vom 11. 7. 2002 (BGBl. I, S. 2592), insbesondere durch die in Art. 1 dieses Gesetzes erheblich geänderten §§ 5 a bis 5 d und 6 DRiG, wird dem Anliegen Rechnung getragen, die Juristenausbildung **praxisorientierter** zu gestalten und

---

[423] Zu dem Erfordernis einer gesetzlichen Regelung s. Rdn. 53 ff.; im Zusammenhang mit der Auswahl des Prüfungsstoffs s. Rdn. 313; wegen der relativen und absoluten Bestehensgrenzen s. Rdn. 539 ff., 595 ff. und wegen der gerichtlichen Kontrolldichte s. Rdn. 846 ff., 851.

[424] Dazu insgesamt: BVerfG, Beschl. v. 14. 3. 1989 – 1 BvR 1033/82 u. a. – BVerfGE 80, 1 = NVwZ 1989, 850; BVerwG, U. v. 20. 11. 1987 – 7 C 3.87 – BVerwGE 78, 280 = Buchholz 421.0 Prüfungswesen Nr. 246 = NVwZ 1988, 433; Beschl. v. 23. 3. 1984 – 7 B 32.84 – Buchholz a. a. O. Nr. 197; U. v. 7. 10. 1983 – 7 C 54.82 – BVerwGE 68, 69 = DVBl. 1984, 269, Beschl. v. 18. 5. 1982 – 7 C 24.81 – BVerwGE 65, 323 = NJW 1983, 354 = DVBl. 1982, 894; U. v. 30. 8. 1977 – 7 C 50.76 – Buchholz a. a. O. Nr. 85; U. v. 28. 1. 1977 – 7 C 14.76 – BVerwGE 52, 42 = NJW 1977, 1115. Kritisch dazu insbesondere: *Becker/Kuni*, Rechtsstaatliche Anforderungen an die Multiple-Choice-Prüfungen im ärztlichen Ausbildungsrecht, DVBl. 1981, 425.

zugleich eine **Schwerpunktbildung in der rechtswissenschaftlichen Aus-**
bildung nachhaltig zu fördern. Das wirkt sich auch auf die Struktur und die
inhaltliche Ausrichtung der juristischen Prüfungen aus, die nunmehr die
rechtsprechende, verwaltende und rechtsberatende Praxis einschließlich der
hierfür erforderlichen **Schlüsselqualifikationen** (Rdn. 358) zu berücksichtigen haben sowie **Fremdsprachenkompetenzen** berücksichtigen können
(vgl. § 5 d Abs. 1 Satz 1 i. V. m. § 5 a Abs. 3 Satz 1 DRiG).[425] Zu beachten ist,
dass das bezeichnete Bundesrecht trotz seiner weitreichenden Maßgaben –
wie bisher – nur den Rahmen für spezielle Regelungen der Länder markiert.
Deshalb sind die sich hieran anschließenden bundesrechtskonformen **Re-**
gelungen der Länder in den neuen Justizausbildungsgesetzen bzw. Justizausbildungsordnungen keineswegs aus dem Blick zu verlieren. Ferner
sind nun auch die den Regelungsauftrag des Reformgesetzes erfüllenden
Hochschulsatzungen (Ausbildungs- und Prüfungsordnungen der rechtswissenschaftlichen Fakultäten) jedenfalls insoweit zu beachten, als nunmehr
auch universitäre Prüfungen stattfinden.

Das Reformgesetz ist **gemäß Art. 4 am 1. 7. 2003 in Kraft getreten.** Für 351
Studierende, die vor dem Inkrafttreten des Gesetzes das Studium aufgenommen haben und sich bis zum 1. 7. 2006 zur ersten Staatsprüfung gemeldet haben, gilt hinsichtlich des Studiums und der ersten Staatsprüfung das
alte Recht weiter. Das Landesrecht kann den Studierenden freistellen, sich
nach neuem Recht prüfen zu lassen. Referendare, die bis zum 1. 7. 2005 den
Vorbereitungsdienst in der überkommenen Form aufgenommen haben, setzen diesen mit der sich daran anschließenden zweiten (Staats-)Prüfung fort
(vgl. § 5 d Abs. 3 DRiG a. F.); auch insofern kann das Landesrecht Abweichungen zulassen (s. Art. 3 Abs. 1 und 2 des Gesetzes vom 11. 7. 2002).

Im Einzelnen geht es vor allem um folgende wesentliche Neugestaltun- 352
gen: Zwar bleibt die Grundstruktur mit einer ersten Prüfung, dem sich anschließenden Vorbereitungsdienst und der zweiten Prüfung erhalten, aber
die **erste Prüfung** ist nicht mehr eine reine Staatsprüfung mit der Beteiligung von Hochschullehrern, sondern sie besteht nunmehr aus einer **uni-**
versitären Schwerpunktbereichsprüfung und einer **staatlichen Pflicht-**
fachprüfung (§ 5 Abs. 1 DRiG n. F.). Die Konzentration auf Schwerpunktbereiche vermag der einzelnen Universität und ihrer Juristischen Fakultät
ein charakteristisches Profil zu geben, indem das Studium in bestimmter
Weise ergänzt wird oder bestimmte Pflichtfächer vertieft oder interdiszipli-
näre und internationale Bezüge des Rechts in besonderer Weise vermittelt
werden (vgl. § 5 a Abs. 2 Satz 4 DRiG n. F.). Dadurch wird zugleich auch die
universitäre Schwerpunktbereichsprüfung geprägt.

Beide Teile der ersten juristischen Prüfung sind voneinander **unabhängig;** 353
sie stehen nach den bundesrechtlichen Maßgaben nicht in einem bestimmten

---

[425] Wegen der Einzelheiten und der Entstehungsgeschichte des Gesetzes s. die über-
sichtliche Darstellung von *Greßmann*, Die Reform der Juristenausbildung.

zeitlichen oder organisatorischen Zusammenhang, den somit das Landesjustizprüfungsrecht regeln kann. Allerdings stellen sie erst in ihrer Summe
die „erste Prüfung" dar, die den berufsqualifizierenden Abschluss des
Hochschulstudiums ausmacht. Das Zeugnis über die erste Prüfung, das von
dem Land (Landesjustizprüfungsamt) erteilt wird, in dem die staatliche
Pflichtfachprüfung bestanden wurde, weist die Ergebnisse der bestandenen
universitären und der staatlichen Prüfung sowie zusätzlich eine Gesamtnote
aus, in die das Ergebnis der universitären Prüfung mit 30% und das der
staatlichen Prüfung mit 70% einfließen (§ 5d Abs. 2 Satz 4 DRiG).[426]

354   Hinsichtlich der Ausgestaltung der jeweiligen Prüfung verlangt das Bundesrecht für die **universitäre Schwerpunktbereichsprüfung** mindestens eine **schriftliche** Leistung[427] und für die **staatliche Pflichtfachprüfung
schriftliche** und **mündliche Leistungen** (§ 5d Abs. 2 Satz 2 und Satz 3, 1.
Halbs. DRiG). Das Landesrecht kann bestimmen, dass Prüfungsleistungen
während des Studiums erbracht werden, jedoch nicht vor Ablauf von zwei-
einhalb Studienjahren (§ 5d Abs. 2 Satz 3, 2. Halbs. DRiG).[428] **Studienbegleitende Prüfungen** werfen indes häufig spezielle Rechtsprobleme auf, die
hier in anderem Zusammenhang erörtert werden (Rdn. 52, 242, 388 ff.). Ergänzend ist auf § 5d Abs. 2 Satz 1 DRiG n.F. hinzuweisen, wonach der
Stoff der universitären Schwerpunktbereichsprüfung und der staatlichen
Pflichtfachprüfung so zu bemessen ist, dass das Studium nach viereinhalb
Studienjahren[429] abgeschlossen werden kann (zum Prüfungsstoff Rdn.
305 ff., 323). Diese Mindestanforderungen lassen viel Regelungsspielraum
für das Landesjustizprüfungsrecht und die universitären Prüfungsordnungen bei der Ausgestaltung der Prüfungen.

355   Zu beachten ist indes, dass die universitäre Schwerpunktbereichsprüfung
eine **Hochschulprüfung** ist und somit außer dem Justizausbildungsrecht
auch den speziellen Anforderungen des Hochschulrahmengesetzes (vgl. insbesondere §§ 15, 16 HRG) und den einschlägigen Bestimmungen des jeweiligen Landeshochschulgesetzes unterliegt. Zu nennen sind insbesondere die
Gebote, bei Studiengängen mit einer Regelstudienzeit von mindestens vier

---

[426] Daraus folgt, dass die Gesamtnote allenfalls wegen einer Falschberechnung, nicht
aber wegen irgendwelcher Mängel in dem einen oder anderen Teil der ersten Prüfung
angefochten werden kann.

[427] Die landesrechtlichen Anforderungen gehen über dieses Minimum durchweg
weit hinaus. Verlangt werden regelmäßig eine schriftliche Studienarbeit (Hausarbeit),
eine Aufsichtsarbeit und eine mündliche Prüfung (vgl. z. B. § 31 Bad.-Wttbg. JAPrO
v. 8. 10. 2002, GBl. S. 391). Dies ist bundesrechtlich nicht zu beanstanden.

[428] Diese zeitliche Beschränkung gilt nur für die bundesrechtlich vorgeschriebenen
Prüfungsleistungen, insbesondere für die universitäre Schwerpunktbereichsprüfung.
Sonstige Prüfungen – etwa nach dem Hochschulrahmengesetz (vgl. § 15 Abs. 1 Satz 2
HRG) oder dem Landeshochschulrecht einschließlich der universitären Prüfungsord-
nungen vorgesehene Orientierungs- oder Zwischenprüfungen – sind an diese Frist
nicht gebunden.

[429] Nach § 5a Abs. 1 DRiG beträgt die Studienzeit ohne Prüfung nur vier Jahre.

Jahren eine **Zwischenprüfung** abzuhalten (§ 15 Abs. 1 Satz 2 HRG i. V. m.
§§ 5 a Abs. 1 Satz 1, 5 d Abs. 2 Satz 1 DRiG n. F.) und die besonderen fachlichen **Qualifikationsanforderungen** an die **Prüfer** zu beachten (§ 15 Abs. 4
HRG, s. dazu Rdn. 158 ff.).

Die Anwendung der bei Hochschulprüfungen üblichen Regelung, dass **356**
die Leistungen in sämtlichen Fachprüfungen mindestens ausreichend sein
müssen, um den Gesamterfolg der Prüfung zu gewährleisten, erscheint hier
bedenklich. Ein solcher **Ausschluss der Kompensation schlechter Noten
durch gute Noten** ist jedenfalls bei berufsrelevanten Prüfungen gemäß
Art. 12 Abs. 1 GG nur dann gerechtfertigt, wenn schon das Versagen des
Prüflings in einem einzelnen Fach die Annahme rechtfertigt, dass der Prüfling nicht hinreichend qualifiziert ist, um das Gesamtziel des Studiums und
den damit verbundenen berufsqualifizierenden Abschluss zu erreichen (vgl.
Rdn. 547 ff.).[430] Das ist bei Fehlleistungen in **einzelnen Fächern** der
Schwerpunktbereichsprüfung selbst für diesen Teil der ersten juristischen
Prüfung offensichtlich nicht der Fall. Das Gesamtziel des rechtswissenschaftlichen Studiums und der juristischen Prüfungen, das in § 5 Abs. 1
DRiG nach wie vor mit der „Befähigung zum Richteramt" umschrieben
wird, ist auch hier zu beachten. Die Annahme, dass ein Prüfling hierfür ungeeignet ist, lässt sich nicht schon dann rechtfertigen, wenn der Prüfling –
selbst bei anderweitig hervorragenden Leistungen – in einem einzelnen Fach
der Schwerpunktbereichsprüfung versagt hat. Außerdem wäre es systemwidrig, die bei den schriftlichen Arbeiten in der staatlichen Pflichtfachprüfung zugelassene Kompensationsmöglichkeit für den universitären Teil der
ersten juristischen Prüfung auszuschließen.

Der Abschluss des Vorbereitungsdienstes erfolgt wie bisher durch eine **357**
(zweite) Staatsprüfung, die in besonderem Maße praxisorientiert ist. Die
schriftlichen Leistungen beziehen sich mindestens auf die Ausbildung in den
Pflichtstationen des Vorbereitungsdienstes; sie sind frühestens im 18. und
spätestens im 21. Ausbildungsmonat zu erbringen. Die mündlichen Leistungen beziehen sich auf die gesamte Ausbildung (§ 5 d Abs. 3 DRiG Satz 2
n. F.). Im Übrigen besteht für die Bundesländer ein erheblicher Regelungsspielraum, z. B. hinsichtlich des Zeitpunkts der Prüfung, der Wahlstationen,
der Schwerpunktbildung für die mündliche Prüfung sowie der Aktenvorträge und etwa vorgesehener Hausarbeiten. Für die praktischen Aufgaben
(Aufsichtsarbeiten) kann bestimmt werden, dass sie in angemessenem Umfang Rechtsgestaltung und Rechtsberatung zum Gegenstand haben (vgl.

---

[430] So insbesondere: VGH Bad.-Wttbg., U. v. 16. 5. 2000 – 9 S 2537/99 – NVwZ
2001, 940 = DVBl. 2000, 1791: Eine solche Annahme ist z. B. auf der Grundlage von
lediglich zwei Aufsichtsarbeiten im Öffentlichen Recht nur dann gerechtfertigt, wenn
diese beiden Arbeiten je für sich eine hinreichend große Bandbreite an Themen zu
mehreren Fächern aus dem Stoffkatalog für die schriftliche Prüfung im Öffentlichen
Recht, im Verwaltungsprozessrecht und im Europarecht aufweisen; weitere Hinweise
s. Rdn. 244, 547 ff.

z. B. § 50 Abs. 3 Satz 2 der Juristenausbildungs- und Prüfungsordnung des Landes Bad.-Wttbg. vom 8. 10. 2002, GBl. 2002, S. 391).

358   Für sämtliche staatlichen und universitären Prüfungen dieser Art gilt das Gebot, die **rechtsprechende, verwaltende und rechtsberatende Praxis** einschließlich der hierfür erforderlichen **Schlüsselqualifikationen** zu berücksichtigen (§ 5d Abs. 1 Satz 1 DRiG). Als solche Schlüsselqualifikationen sind in § 5a Abs. 3 Satz 1 DRiG beispielhaft aufgezählt: Verhandlungsmanagement, Gesprächsführung, Rhetorik, Streitschlichtung, Mediation, Vernehmungslehre und Kommunikationsfähigkeit. § 5d Abs. 1 Satz 1, 2. Halbs. DRiG lässt es ferner zu, **Fremdsprachenkompetenzen** zu berücksichtigen.[431] Das Bundesrecht lässt es offen, wie dies im Einzelnen zu verwirklichen ist. Daher ist insofern von einem **Regelungsauftrag an die Länder** und **Hochschulen** auszugehen, entsprechende Studienangebote (konkrete Ausbildungskonzepte- und Methoden) zu entwickeln (§ 5a Abs. 2 Satz 2 und 3 Satz 1 DRiG) und zugleich daraufhin orientierte Prüfungen einzuführen (§ 5d Abs. 1 Satz 1 DRiG).[432]

359   An erster Stelle der prüfungsrechtlichen Erwägungen steht hier die Frage nach dem **rechtlich gebotenen Minimum an Praxisorientierung** in den staatlichen und universitären Prüfungen. Zwar lässt das bundesrechtliche „Berücksichtigungsgebot" den Adressaten des vorgenannten Regelungsauftrages einen nicht unbeträchtlichen Gestaltungsspielraum, jedoch muss dem mit dem Reformgesetz in zentraler Weise verfolgten Anliegen, die spezifischen Anforderungen der Rechtspraxis einschließlich der hierfür erforderlichen Schlüsselqualifikationen erweitert und vertieft zu vermitteln, hinreichend Rechnung getragen werden. Dazu reicht es jedenfalls nicht aus, wenn das Landesrecht die Umsetzung der bundesrechtlichen Anforderungen ohne nähere Vorgaben schlicht den Prüfungsorganen überlässt.[433] Dass Hochschullehrer ihre Lehrveranstaltungen verstärkt praxisorientiert gestalten und die Prüfer gleichermaßen rechtspraktische Akzente setzen und etwa eine rhetorische Glanzleistung des Prüflings bei ihrer Bewertung stärker als bisher berücksichtigen, ist ohne Zweifel im Sinne des Reformgesetzes. Das Gesetz verlangt aber offensichtlich mehr.[434] Das ergibt sich aus der ausdrücklichen Aufwertung der rechtsberatenden und verwaltenden Praxis (einschließlich des Katalogs von Schlüsselqualifikationen) zum **„Inhalt des Stu-**

---

[431] Die Fremdsprachenkompetenz ist gem. § 5a Abs. 2 Satz 2 DRiG allerdings schon im Studium nachzuweisen.

[432] Dazu insgesamt: *Römermann/Paulus,* Schlüsselqualifikationen für Jurastudium, Examen und Beruf; vgl. ferner: *Gilles/Fischer,* Juristenausbildung 2003, NJW 2003, 707 ff., 709/710.

[433] So aber § 2 BayJAPO v. 13. 10. 2003 (GVBl. S. 758) mit der Kommentierung von Schöbel, BayVBl. 2003, S. 641 ff., 642. Die Anforderungen des § 5d Abs. 1 Satz 1 DRiG vernachlässigt ferner das rheinland-pfälzische Landesgesetz über die juristische Ausbildung vom 23. 6. 2003 (GVBl. S. 116) nebst Ausbildungs- und Prüfungsordnung v. 1. 7. 2003 (GVBl. S. 131).

[434] So auch *Paulus,* in: *Römermann/Paulus,* a. a. O., § 4 Rdn. 72.

diums" (§ 5 a Abs. 3 DRiG) und zugleich zum **Prüfungsgegenstand** (§ 5 d Abs. 1 Satz 1 DRiG). Beide Regelungen stehen in einem engen inhaltlichen Zusammenhang, so dass die Leistungskontrolle in den staatlichen und universitären Prüfungen an das anzuknüpfen hat, was in diesem Bereich an universitären Veranstaltungen anzubieten ist und angeboten wird. Das ist nach den Intentionen des Reformgesetzes nicht das, was der einzelne Hochschullehrer – häufig auch bisher schon – etwa bei einer Strafprozessvorlesung zu den rechtlich zulässigen Möglichkeiten und Methoden der Vernehmung eines Zeugen gleichsam nebenbei noch mit unterrichtet und in die Prüfung am Rande einfließen lässt. Eine sinnvolle Vermittlung praktischer Fähigkeit und der hierfür erforderlichen Schlüsselqualifikationen erfordert in erster Linie ein sachkundig geleitetes „Training", und zwar regelmäßig in der Form von **Rollenspielen** auf der Grundlage **simulierter Situationen** in Kleingruppen (z. B. Moot Courts).[435] Die hierzu vorgeschriebene Leistungskontrolle hat daran anzuknüpfen,[436] indem auf ähnliche Weise ermittelt wird, ob der Studierende etwa zur Mediation befähigt ist, ein tatsächlich und rechtlich kontroverses Gespräch zu führen vermag oder eine Verhandlung sachgerecht und mit Geschick leiten kann.[437]

Daraus folgt nicht etwa, dass künftig in allen staatlichen und unversitären 360 juristischen Prüfungen wegen der Ermittlung von Schlüsselqualifikationen Rollenspiele der genannten Art durchzuführen sind, was praktisch kaum möglich sein dürfte. Zwar erweckt der Wortlaut des § 5 d Abs. 1 Satz 1 DRiG den Anschein, dass der Gesetzgeber beabsichtigt habe, die Kontrolle der dort genannten praktischen Befähigungen des Prüflings notwendig in die jeweilige staatliche und universitäre Prüfung zu integrieren. Dies ist jedoch nicht der Fall. Das bundesrechtliche **„Berücksichtigungsgebot"** verlangt weder, dass sämtliche in § 5 a Abs. 3 Satz 1 DRiG beispielhaft genannten „erforderlichen Qualifikationen" in alle Prüfungen Eingang finden,[438] noch dass dazu **eigene Prüfungsfächer** eingerichtet werden. Es ist vielmehr prinzipiell offen für unterschiedliche – gleichsam vermischte – Lösungen.

---

[435] Dazu im Einzelnen: *Paulus,* a. a. O. § 4 Rdn. 73 ff.

[436] Für die Integrierung der Prüfung in die jeweilige Lehrveranstaltung mit einleuchtenden Gründen: *Koch,* in Römermann/Paulus, § 41 Rdn. 74, 75.

[437] Diesen Zusammenhang zwischen Ausbildung und Prüfung betonen zu Recht auch *Gilles/Fischer,* a. a. O., S. 710. Das neue Justizprüfungsrecht der Länder berücksichtigt diese Zusammenhänge teilweise durchaus zutreffend, vgl. z. B. §§ 3 Abs. 5, 9 Abs. 2 Nr. 4 und Abs. 3 Satz 3 der bad.-wttbg. Juristenausbildungs- und Prüfungsordnung v. 8. 10. 2002 (GBl. S. 391) sowie § 3 Abs. 2 Satz 2, § 6 Abs. 1 Nr. 6 der Gesetze zur Modernisierung der Juristenausbildung im Land Berlin v. 23. 6. 2003 (GVBl. S. 232) und im Land Brandenburg v. 4. 6. 2003 (GVBl. S. 166). Andere Länder begnügen sich mit rechtspraktischen Bezügen des Prüfungsstoffs, vgl. z. B. §§ 14 Abs. 1 und 26 Abs. 1 und 2 der Ausbildungs- und Prüfungsordnung für Juristen des Freistaates Sachsen v. 9. 9. 2003 (GVBl. S. 501).

[438] So die Begründung des Gesetzentwurfs (Bundestagsdrucksache 14/7176 S. 12).

361   Schließt sich – wie vorstehend dargelegt – die Prüfung praktischer Befähigungen und Schlüsselqualifikationen gleichsam studienbegleitend an die dies auf typische Weise vermittelnden Lehrveranstaltungen („Rollenspiele") an,[439] so kann auch auf dieser Grundlage den Anforderungen des § 5d Abs. 1 Satz 1 DRiG entsprochen werden. Dies ist ohne weiteres der Fall, wenn auf diese Weise letztlich nur ein **Teil der Prüfung vorgezogen** („abgeschichtet") wird, dessen Ergebnis später in die Gesamtbewertung einfließt. Eine andere – allerdings erheblich schwächere – Form der inhaltlichen Verbindung des studienbegleitenden Leistungs- und Befähigungsnachweises mit der eigentlichen Prüfung ist auch dadurch möglich, dass die Prüfungsordnung den betreffenden Befähigungsnachweis als eine **Voraussetzung für die Zulassung zu der Prüfung** festlegt.[440] Wenn sodann bei der nachfolgenden Prüfung auf die eigenständige Ermittlung von Schlüsselqualifikationen etwa durch „Rollenspiele" verzichtet wird, liegt darin zwar eine gewisse Einschränkung des Umfangs und der Intensität der Prüfung. Den Anforderungen des § 5d Abs. 1 Satz 1 DRiG ist jedoch Genüge getan, wenn dieses Defizit durch **praxisbezogene Ausgestaltungen** der **mündlichen** und der **schriftlichen Prüfung** kompensiert wird. Dies ist durch die besondere Hinwendung auf die rechtsberatende Praxis in der Aufgabenstellung (speziell bei den in den Aufsichtsarbeiten zu lösenden Fällen oder durch einen mündlichen Aktenvortrag) zu bewirken, indem nicht – wie bislang üblich – eine Fallentscheidung aus richterlicher Perspektive verlangt, sondern die Frage nach der optimalen Beratung des Rechtsuchenden oder nach einer nicht nur rechtlich zulässigen, sondern auch zweckmäßigen Verwaltungsentscheidung gestellt wird. Auch die Erprobung einiger Schlüsselqualifikationen, wie etwa die rhetorischen Fähigkeiten des Prüflings, ist durch Aktenvorträge und Prüfungsgespräche in die Prüfung zu integrieren.

362   Letztlich entscheidend ist, ob in den juristischen **Prüfungen insgesamt** eine **hinreichende Berücksichtigung der Rechtspraxis** einschließlich der hierfür erforderlichen **Schlüsselqualifikationen** stattfindet, so dass damit den Zielen der gesetzlichen Neuregelung entsprochen wird. Danach ist mindestens geboten, aber auch ausreichend, wenn **erstens** rechtspraktische Befähigungen einschließlich der hierfür erforderlichen Schlüsselqualifikationen **im Studium** durch darauf ausgerichtete Lehrveranstaltungen vermittelt und durch sich daran anschließende **studienbegleitende Prüfun-**

---

[439] So z. B. die Regelung in § 17 der Studienordnung des Fachbereichs Rechtswissenschaft der Freien Universität Berlin vom 21. 5. 2003.

[440] Vgl. z. B. § 3 Abs. 5, § 9 Abs. 2 Nr. 4 und Abs. 3 Satz 3 der bad.-wttbg. Juristenausbildungs- und Prüfungsordnung v. 8. 10. 2002 (GBl. S. 391). Ähnliche Regelungen finden sich in den Gesetzen zur Modernisierung der Juristenausbildung in den Ländern Berlin und Brandenburg, a. a. O. Dementgegen ist dieser Zusammenhang in § 2 des Juristenausbildungsgesetzes Nordrhein-Westfalen v. 11. 3. 2003 (GVBl. S. 135) nicht hinreichend deutlich hergestellt worden.

gen[441] erfasst werden, **zweitens** die **Zulassung** zur universitären Schwerpunktbereichsprüfung und/oder zur staatlichen Pflichtfachprüfung entsprechende Nachweise in einer näher zu bezeichnenden Mindestzahl voraussetzt und **drittens** in den Prüfungen selbst die **Aufgabenstellungen** zu einem angemessenen Teil in der bezeichneten Weise **praxisorientiert** sind. Diese Anforderungen sind nicht erfüllt, wenn die Prüfungsordnung sich allein damit begnügt, einige rechtspraktische Prüfungsaufgaben (Klausuren, Aktenvorträge) verbindlich zu machen.[442]

In der **zweiten juristischen Staatsprüfung** folgt der **Praxisbezug** ferner 363 daraus, dass die schriftlichen Arbeiten sich mindestens auf die Ausbildung in den Pflichtstationen beziehen müssen, die ihrerseits praxisorientiert ist. Da sich die mündlich abzufragenden Leistungen auf die gesamte Ausbildung beziehen müssen (vgl. hierzu insgesamt § 5 d Abs. 3 Satz 4 DRiG), ist damit auch die praktische Ausbildung in der bezeichneten Weise erfasst. Das gilt besonders für den hier allenthalben üblichen Aktenvortrag, der es zugleich ermöglicht, die rhetorischen Fähigkeiten des Prüflings in die Bewertung einzubeziehen.

Eine staatliche oder universitäre Prüfungsordnung, die hinter den genannten Anforderungen zurückbleibt, vernachlässigt nicht nur den bundesrechtlichen Regelungsauftrag des § 5 d Abs. 1 Satz 1 DRiG (Rdn. 350 ff.), sondern läuft auch Gefahr, den **grundrechtlichen Anforderungen** der **Art. 3 Abs. 1 und 12 Abs. 1 GG** nicht zu entsprechen. Diese weitere rechtliche Perspektive aus der Sicht des betroffenen Prüflings gelangt vor allem dann in den Blickwinkel, wenn die (negative) Bewertung rechtspraktischer Befähigungen, insbesondere bestimmter Schlüsselqualifikationen, den Fortgang des Studiums blockiert, die Zulassung zur Prüfung verhindert oder gar den Misserfolg der Prüfung bewirkt.[443] Da der Berufszugang für Juristen – insbesondere im öffentlichen Dienst – auch bei bestandenen Prüfungen regelmäßig von der **Note (Punktzahl)** abhängig gemacht wird, vermag selbst schon eine negative Beeinflussung der Prüfungsnote, die durch einen **Misserfolg bei dem Nachweis rechtspraktischer Befähigungen** durchaus ent-

---

[441] Wegen der bei studienbegleitenden Prüfungen häufig auftretenden Probleme hinsichtlich der fachlichen Qualifikation des Prüfers s. Rdn. 173, 389, und des „Zweiprüferprinzips" Rdn. 560.

[442] So aber §§ 10 Abs. 2 und 3, 11 Abs. 3, 51 Abs. 2 bis 5 und 52 Abs. 1 Satz 2 des Juristenausbildungsgesetzes Nordrhein-Westfalen vom 11. 3. 2003 (GVBl. S. 135). In gleicher Weise bleibt die bayerische Ausbildungs- und Prüfungsordnung für Juristen vom 13. 10. 2003 (GVBl. S. 758) mit ihren Regelungen in den §§ 2, 28 Abs. 2 Satz 4 und 62 Abs. 2 Satz 3 hinter den Mindestanforderungen des § 5 d Abs. 1 Satz 1 DRiG zurück.

[443] Das ist anders, wenn an wiederkehrenden Lehrveranstaltungen zur Erlangung eines solchen Leistungsnachweises, die von mehreren Lehrkräften für unterschiedliche Qualifikationen abgehalten werden, beliebig oft teilgenommen werden kann. Zu den auch hier zu beachtenden Voraussetzungen des Ausschlusses der Kompensation schlechter Leistungen vgl. Rdn. 244, 547 ff.

stehen kann, die genannten **grundrechtlichen Gewährleistungen** zu berühren. Daraus können dem einzelnen Prüfling gegenüber Prüfungsmängeln verfassungsrechtliche Abwehrrechte erwachsen. In gleicher Weise können Rechtsmängel auftreten, wenn das Prüfungsergebnis (Punktzahl) dadurch negativ beeinflusst worden ist, dass der Prüfling seine nach neuer Rechtslage (§ 5d Abs. 1 Satz 1 DRiG) **prüfungsrelevanten praktischen Befähigungen** angesichts der diese nicht hinreichend berücksichtigenden Gestaltung der Prüfung **nicht** oder **offensichtlich zu wenig** hat **einbringen** können.

365   Die Bedeutung praktischer Befähigungen und deren Nachweis für den Prüfungserfolg haben mithin Auswirkungen auf die Verwirklichung des Grundrechts der freien Berufswahl (Art. 12 Abs. 1 GG) und unterliegen daher dem **rechtsstaatlichen Gesetzesvorbehalt** (Rdn. 47ff.). Der Prüfling hat zunächst einen Anspruch darauf, zu wissen, was seinen Prüfungserfolg ausmacht (Rdn. 305ff., 309). Deshalb ist jedenfalls die **Art und Weise des Befähigungsnachweises** normativ zu regeln, z.B. dass er durch die Simulation von Verhandlungs- und Entscheidungsprozessen[444] oder durch einen verbindlichen Vortrag in einer Lehrveranstaltung (§ 9 Abs. 2 Nr. 4 und Abs. 3 Satz 3 Bad.-Wttbg. JAPrO v. 8. 10. 2002, GBl. S. 391ff., 394) zu erbringen ist.

366   Aus dem Gesetzesvorbehalt und zudem aus dem prüfungsrechtlichen Gebot der Chancengleichheit bei berufsbezogenen Prüfungen (Art. 3 Abs. 1 i.V.m. Art. 12 Abs. 1 GG) folgt weiter, dass das **Anforderungsprofil** für den Nachweis praktischer Befähigungen, insbesondere der Schlüsselqualifikationen, zumindest in den Grundzügen beschrieben werden muss.[445] Würde die Einschätzung dieser Befähigungen ohne solche Vorgaben allein den subjektiven Vorstellungen der Prüfungsorgane überlassen,[446] wäre die Gefahr willkürlicher Bewertungen naheliegend. Denn was in der rechtberatenden oder verwaltenden Praxis zweckmäßig ist oder gerade nicht, ist besonders häufig „Ansichtssache". Es wäre danach zu befürchten, dass z.B. eine durchaus vertretbare Streitschlichtung des Prüflings von dem Prüfer aufgrund einseitig ausgeprägter subjektiver Anschauungen als unzulänglich abqualifiziert wird. Deshalb sind zumindest in den Grundzügen **inhaltliche Vorgaben** (Mindestanforderungen, Qualitätsstandards) zu benennen, die eine mögliche Objektivität der Beurteilung gewährleisten und diese wenigstens in den weitgefassten rechtlichen Grenzen prüfungsspezifischer Wertungen gemäß Art. 19 Abs. 4 GG gerichtlich kontrollierbar machen (Rdn. 305, 640ff., 846ff.).

367   Entsprechendes gilt für die **Fremdsprachenkompetenz,** die schon während des Studiums im allgemeinen durch den erfolgreichen Besuch einer

---

[444] So z.B. § 5 Abs. 11 der Ordnung des Fachbereichs Rechtswissenschaft der Freien Universität Berlin für das Studium im Studiengang Rechtswissenschaft mit dem Abschlussziel der ersten Prüfung.

[445] Dazu insbesondere: *Römermann/Paulus,* Schlüsselqualifikationen für Jurastudium, Examen und Beruf.

[446] So etwa *Schöbel,* Reform der Juristenausbildung, BayVBl. 2003, 641ff., 642.

fremdsprachigen rechtwissenschaftlichen Veranstaltung oder eines rechtswissenschaftlich ausgerichteten Sprachkurses nachzuweisen ist (§ 5a Abs. 2 Satz 2 DRiG). Darüber hinaus können Fremdsprachenkompetenzen auch in den staatlichen und universitären Prüfungen abgefragt werden (§ 5d Abs. 1 Satz 1, 2. Halbs. DRiG n.F.). Da die positive Bewertung der fremdsprachlichen Leistungen eine konstitutive Voraussetzung für den erfolgreichen Abschluss des rechtswissenschaftlichen Studiums ist, darf sie nicht in das Belieben einzelner Lehrkräfte gestellt sein, sondern es müssen die Mindestanforderungen mit hinreichender Steuerungskraft normativ vorgegeben sein. Das muss nicht ausdrücklich in der Studien- und Prüfungsordnung selbst geregelt sein, sondern kann auch durch die Verweisung auf anderweitig normierte Leistungsanforderungen geschehen (z.B. auf den Gemeinsamen Europäischen Referenzrahmen für Sprachen: Lernen, Lehren, Beurteilen, Stufe B1, Threshold).

cc) Die Ärztliche Prüfung

Die Ausbildung und Prüfung angehender Ärzte findet seit dem 1. 10. **368** 2003 nach der **neuen Approbationsordnung für Ärzte** vom 27. 6. 2002 (BGBl. I, S. 2405) statt.[447] Sie enthält wesentliche Neuerungen, insbesondere sind die Universitäten nunmehr stärker an der Leistungskontrolle beteiligt. Das seit längerem kritisierte Antwort-Wahl-Verfahren (multiple-choice-Verfahren) wird zwar nicht abgeschafft, aber doch in seiner Bedeutung für den Prüfungserfolg beschränkt. Die neue Approbationsordnung (§ 1 Abs. 1) nennt als **Ziel der ärztlichen Ausbildung** den wissenschaftlich und praktisch in der Medizin ausgebildeten Arzt, der zur eigenverantwortlichen und selbständigen ärztlichen Berufsausübung, zur Weiterbildung und zu ständiger Fortbildung befähigt ist. Die Ausbildung soll grundlegende Kenntnisse, Fähigkeiten und Fertigkeiten in allen Fächern vermitteln, die für eine umfassende Gesundheitsversorgung der Bevölkerung erforderlich sind, und zwar auf wissenschaftlicher Grundlage praxis- und patientenbezogen. Zu vermitteln sind nicht nur medizinisches Grundlagenwissen über die körperlichen und geistig-seelischen Funktionen und Eigenschaften des Menschen, sondern auch die geistigen, historischen und ethischen Grundlagen ärztlichen Verhaltens, Grundkenntnisse der Einflüsse von Familie, Gesellschaft und Umwelt auf die Gesundheit sowie die Fähigkeit zur Beachtung gesundheitsökonomischer Auswirkungen ärztlichen Handelns. Das Erreichen dieser Ziele muss von der **Universität regelmäßig** und **systematisch bewertet** werden (§ 1 Abs. 1 Satz 6 ÄAppO). Dazu reicht allein das Abfragen eines auswendig gelernten lexikalischen Wissens in keinem Fall aus.

---

[447] Für Studierende, die vor dem 1. 10. 2003 ihr Studium der Medizin aufgenommen haben, gelten die überkommenen Regelungen weiter (§ 42 ÄAppO 2002). Wegen der Sonderregelungen für Studierende, die am 1. 10. 2003 bereits im Prüfungsverfahren sind, s. § 43 ÄAppO 2002.

369   Dieser anspruchsvollen Zielsetzung entspricht ein straff organisiertes Prüfungssystem: Die **Ärztliche Prüfung** ist in **zwei Abschnitte** unterteilt. Sie bleibt eine staatliche Prüfung (vgl. § 8 ÄAppO 2002), wird aber durch **universitäre Leistungskontrollen** ergänzt, die zwar nicht Teil der Ärztlichen Prüfung sind, deren Erfolg indes eine Voraussetzung für die Zulassung zum Zweiten Abschnitt der Ärztlichen Prüfung ist (s. § 1 Abs. 3 Satz 2 und § 27 ÄAppO 2002). In den wesentlichen Einzelheiten ist dieser Ablauf wie folgt gekennzeichnet:

370   Nach dem Studium der Medizin von zwei Jahren wird der **Erste Abschnitt** der Ärztlichen Prüfung abgelegt (§ 1 Abs. 3 Nr. 1 ÄAppO). Die Studierenden müssen sich in dem letzten – hier also vierten – Studienhalbjahr der Studienzeit zu diesem Prüfungsabschnitt melden und den schriftlichen Zulassungsantrag bei der nach Landesrecht zuständigen Stelle bis zum 10. Januar oder bis zum 10. Juni stellen (§ 10 Abs. 2 und 3 ÄAppO). Bei Verzögerungen aus wichtigem Grund kann unter den in § 11 Nr. 1 ÄAppO genannten Voraussetzungen die Zulassung dennoch erfolgen. Nachzuweisen ist u. a. die erfolgreiche Teilnahme an den vorgeschriebenen Unterrichtsveranstaltungen (vgl. § 2 Abs. 7 ÄAppO). Der Erste Abschnitt der Ärztlichen Prüfung besteht aus einem schriftlichen und einem mündlich-praktischen Teil, für die jeweils bestimmte Stoffgebiete vorgeben sind (dazu im Einzelnen: §§ 22, 24 ÄAppO).

371   In der **schriftlichen Prüfung** hat der Prüfling unter Aufsicht schriftlich gestellte Aufgaben zu lösen; er hat dabei anzugeben, welche der mit den Aufgaben vorgelegten Antworten er für zutreffend hält (vgl. § 14 Abs. 1 ÄAppO: **Antwort-Wahl-Verfahren**). Eine besondere Schwäche dieses Verfahrens liegt darin, dass die Prüfungsaufgaben – bei deren Herstellung das Institut für Medizinische und Pharmazeutische Prüfungsfragen den nach Landesrecht zuständigen Stellen Hilfe leistet (vgl. § 14 Abs. 3 Satz 2 ÄAppO) – gelegentlich nicht nur eine einzig richtige, sondern mehrere vertretbare Lösungen erlauben, der Prüfling sich jedoch für eine bestimmte Lösung ohne jede Anmerkung entscheiden muss (dazu im Einzelnen Rdn. 329, 330, vgl. auch Rdn. 595 ff.; zu den gesetzlichen Grundlagen s. Rdn. 53 ff.). § 14 Abs. 2 ÄAppO bekräftigt die unverzichtbare Anforderung, dass in diesem Verfahren nur Prüfungsaufgaben zulässig sind, die **zuverlässige Prüfungsergebnisse** ermöglichen; dazu gehört nicht die Frage nach der „am ehesten zutreffenden" Antwort (sogen. Bestlösung, s. Rdn. 330).

372   Im Antwort-Wahl-Verfahren der Ärztlichen Prüfung darf eine Antwort nicht als falsch gewertet werden, wenn sie „gesicherten medizinischen Erkenntnissen" entspricht, die im Fachschrifttum bereits veröffentlicht worden sind. Zu diesem Fachschrifttum zählt nicht allein die Lehrbuch- und Ausbildungsliteratur, sondern auch die sogenannte Primärliteratur einschließlich des fremdsprachlichen Fachschrifttums unter der Voraussetzung, dass die dort veröffentlichten Erkenntnisse wenigstens von Teilen der medizinischen Lehrbuchliteratur aufgenommen und als zumindest vertretbar anerkannt worden sind.[448] Um dies zu gewährleisten und auch im einzelnen Prüfungsfall zweideutige oder mehrfach vertretbar zu beantwortende Fragen auszusondern, ist gemäß § 14 Abs. 4 ÄAppO ein besonderes **Kontrollverfahren** vorgeschrieben, das noch vor der Feststellung des Prüfungsergebnisses stattzufinden hat. Wird erst nach Bekanntgabe des Prüfungsergebnisses etwa aufgrund spezieller Einwendungen eines oder mehrerer Prüflinge festgestellt, dass eine Lösung nicht als falsch, sondern als richtig oder zumindest vertretbar bewertet werden muss, ist ihm diese Lösung anzurechnen und die absolute/relative Bestehensgrenze für die davon betroffenen Prüflinge neu zu bestimmen (dazu im Einzelnen Rdn. 602 ff.).

Der **mündlich-praktische Teil** des Ersten Abschnitts der Ärztlichen **373** Prüfung, deren Stoff in § 22 Abs. 2 und 3, 24 Abs. 2 ÄAppO näher umschrieben ist, dauert bei maximal vier Prüflingen mindestens 45, höchstens 60 Minuten je Prüfling. Hierzu sollen dem Prüfling schon vor dem Prüfungstermin praktische Aufgaben gestellt werden, die er in der Prüfung mündlich oder mittels eines schriftlichen Berichts darzulegen und zu begründen hat (§ 24 Abs. 1 und 3 ÄAppO). Eine Besonderheit der mündlichpraktischen Prüfung ist, dass die grundsätzlich auch hier gebotene **Anwesenheit aller Prüfer** während der gesamten Prüfung durch den Vorsitzenden im wohlverstandenen Patienteninteresse **eingeschränkt** werden kann; neben dem Vorsitzenden muss aber stets ein weiterer Prüfer anwesend sein (§ 15 Abs. 3 ÄAppO).

Nach dem Bestehen des Ersten Abschnitts der Ärztlichen Prüfung folgt **374** ein **weiteres Studium** von insgesamt vier Jahren, wobei das letzte Jahr eine zusammenhängende praktische Ausbildung (Praktisches Jahr) von 48 Wochen einschließt (§ 1 Abs. 2 Nr. 1 und Abs. 3 Satz 1 Nr. 2 ÄAppO). In dieser Zeit – vor dem Beginn des Praktischen Jahres – hat der Studierende in näher bezeichneten „klinischen" Fächern und Querschnittsbereichen (s. § 27 Abs. 1 ÄAppO) **Leistungsnachweise** zu erbringen, die von den **Universitäten** benotet und in ein Zeugnis aufgenommen werden (§ 27 Abs. 5 ÄAppO). Mit einer solchen ergänzenden Leistungskontrolle, die in § 1 Abs. 3 Satz 2 ÄAppO gleichermaßen als „Prüfung" qualifiziert wird, erfüllt die Universität ihre Aufgabe, das Erreichen des Ziels der ärztlichen Ausbildung „regelmäßig und systematisch zu bewerten" (§ 1 Abs. 1 Satz 6 ÄAppO). Der Zusammenhang mit der Ärztlichen Prüfung wird dadurch eng geknüpft, dass diese speziellen Leistungsnachweise eine wesentliche **Voraussetzung** für die **Zulassung** zum Zweiten Abschnitt der Ärztlichen Prüfung sind (§ 27 Abs. 1, § 10 Abs. 4 Satz 2 und § 11 Nr. 2 ÄAppO).

Auch diese **universitäre Leistungskontrolle** hat sich den allgemeinen **375** prüfungsrechtlichen Anforderungen zu stellen, die aus höherrangigem Recht, insbesondere dem Hochschulrahmengesetz (vgl. §§ 15, 16 HRG) und dem Grundgesetz (insbesondere Art. 3, 12 GG) folgen. Da Meldung und

---

[448] BVerwG, U. v. 26. 3. 1997 – 6 C 7.96 – BVerwGE 104, 203 = NJW 1997, 3104.

Antrag auf Zulassung auch zum Zweiten Abschnitt der Ärztlichen Prüfung in gleicher Weise fristgebunden sind (vgl. Rdn. 370), droht hier nicht selten die Versagung der Zulassung, wenn der Studierende mit einem der zahlreichen Leistungsnachweise in Verzug gerät und auch die mögliche Fristverlängerung nicht ausreicht (s. § 10 Abs. 2 und 3 sowie Abs. 4 Sätze 2 und 3 i.V.m. § 11 Nr. 2 ÄAppO). Dies bedeutet – wenn alle Wiederholungsmöglichkeiten erschöpft sind – das Ende des beruflichen Werdegangs. Das ist im Lichte des Art. 12 Abs. 1 GG nur dann gerechtfertigt, wenn § 27 ÄAppO und die **ergänzenden speziellen Regelungen der universitären Studien- und Prüfungsordnung** Anforderungen stellen, deren Nichterfüllung ein solches Scheitern der Sache nach rechtfertigt. Ob dies schon dann der Fall ist, wenn Leistungsnachweise in einem einzelnen Fach oder in wenigen Fächern (z.B. Rechtsmedizin, Naturheilverfahren oder Gesundheitsförderung) nicht oder nicht rechtzeitig erbracht werden, erscheint bedenklich (dazu im Einzelnen: Rdn. 244, 547 ff.).

376   In diesem Zusammenhang stellen sich auch Fragen nach der hinreichenden **Qualifikation** des einzelnen Prüfers (dazu Rdn. 158 ff.), der diese weitreichende Entscheidung zu verantworten hat; gleichermaßen können hier das „Zweiprüferprinzip" (s. 175 ff., 554 ff.) und die Frage von aktueller Bedeutung sein, ob auch in diesem Bereich hinreichend zeitnahe Wiederholungsmöglichkeiten bestehen, die es ausschließen, dass ein punktuelles Versagen oder eine verzögerte Erledigung in einem einzelnen Fach die Wahl des ärztlichen Berufes endgültig scheitern lässt (zur Notwendigkeit von Wiederholungen der Prüfung s. Rdn. 742 ff., 744).

377   In dem **Zweiten Abschnitt der Ärztlichen Prüfung,** der nach einem Studium von vier Jahren nach Bestehen des Ersten Abschnitts abgelegt wird (§ 1 Abs. 3 Nr. 2 ÄAppO), sind praktische Aufgaben aus den klinisch-praktischen Fächern zu stellen (wegen der Einzelheiten s. § 28 ÄAppO). Der schriftliche Teil der Prüfung, der fallbezogen zu gestalten ist, findet an drei aufeinander folgenden Tagen statt und dauert jeweils fünf Stunden. Auch hier wird im Antwort-Wahl-Verfahren geprüft, und zwar mit 320 zu bearbeitenden Fragen (§ 29 ÄAppO). Dafür gelten die zuvor genannten rechtlichen Anforderungen in gleicher Weise. Der mündlich-praktische Teil der Prüfung findet an zwei Tagen statt mit maximal vier Prüflingen jeweils mindestens 45, höchstens 60 Minuten je Prüfling. Am ersten Tag erfolgt die praktische Prüfung mit Patientenvorstellung. Ferner hat der Prüfling einen Bericht über die Anamneseerhebung und Untersuchung eines Patienten zu fertigen, der ebenfalls Gegenstand der Prüfung ist (§ 30 ÄAppO).

378   Der Erste und Zweite Abschnitt der ärztlichen Prüfung sind jeweils **bestanden,** wenn der schriftliche und mündlich-praktische Teil bestanden sind. Wenn ein Prüfungsteil nicht bestanden wird, so muss nur der nicht bestandene Teil wiederholt werden (§ 13 Abs. 3 ÄAppO). Die **Kompensation einzelner unzulänglicher Leistungen** durch besonders gute Leistungen ist

offensichtlich nicht zugelassen (vgl. Rdn. 244, 547 ff.). Das erscheint hier jedoch unbedenklich, weil die Beurteilung der Prüfungsleistungen im Antwort-Wahl-Verfahren der schriftlichen Prüfungen standardisiert ist (§ 14 Abs. 7 ÄAppO), bei den mündlich-praktischen Prüfungen mindestens zwei bzw. drei Prüfer verantwortlich entscheiden und weil ferner die einzelnen Teile des Ersten und Zweiten Abschnitts der Ärztlichen Prüfung **zweimal wiederholt** werden können (§ 20 Abs. 1 ÄAppO). Werden dennoch von einem Prüfling die Anforderungen an den schriftlichen oder an den mündlich-praktischen Teil der jeweiligen Prüfung nicht erreicht, so dürfte dies nach alledem die Annahme rechtfertigen, dass das Ziel der Ausbildung verfehlt worden ist.

Zeugnisse werden sowohl über das Bestehen jeweils der beiden Abschnitte der Prüfung als auch über das Bestehen der Ärztlichen Prüfung insgesamt ausgestellt (§§ 26, 32, 33 Abs. 2 ÄAppO). Die gebotene Bewertung nach Noten und Ziffern sowie die Zusammenführung der einzelnen Noten zu einer Gesamtnote sind in den §§ 13, 25 und 33 näher geregelt. **379**

dd) Prüfungen in den Bachelor-, Master- und den Diplomstudiengängen

Im Hochschulbereich ist grundsätzlich zu unterscheiden zwischen den **380** überkommenen Diplom- und Magisterprüfungen, mit denen ein Diplomgrad unter Angabe der Fachrichtung erlangt werden kann (§ 18 HRG), und den Abschlüssen in einem neuen Graduierungssystem mit Bachelor- oder Bakkalaureus- und Master- oder Magisterstudiengängen (§ 19 HRG). Während die Leistungskontrollen in den Diplomstudiengängen, die auf der Grundlage der §§ 15, 16 HRG und der Landeshochschulgesetze in den einschlägigen Diplomprüfungsordnungen der Hochschulen näher geregelt sind, im allgemeinen keine Besonderheiten enthalten, die zu speziellen prüfungsrechtlichen Anforderungen führen müssten,[449] ist dies bei den Bachelor- und Masterstudiengängen vielfach anders. Internationalisierungstrends und die beabsichtigte Stärkung deutscher Hochschulen im internationalen Wettbewerb haben hier zu Neuerungen geführt, die bislang schon vor allem im angelsächsischen Raum praktiziert werden. Wesentliche Elemente sind: die Einführung **gestufter Studiengänge, Modularisierung** der Studiengänge, **studienbegleitende Prüfungen** mit allseits anzuerkennenden Leistungsnachweisen sowie **Leistungspunkte** (Credit Points), die den absolvierten Studiengang und die damit für den einzelnen Studenten verbundenen Arbeitsaufwand quantitativ dokumentieren.[450] Ein besonderes **Akkreditierungsverfahren** soll die fachlichen Mindeststandards gewährleisten und

---

[449] Soweit sich auch hier eine Modularisierung der Studiengänge durchsetzen sollte, gelten die darauf bezogenen – nachfolgend dargestellten – Anforderungen entsprechend.

[450] Dazu als kompetente Einführung: *Wex*, Bachelor und Master – Prüfungsrecht und Prüfungsverfahren –, Sonderdruck aus Handbuch Hochschullehre.

Transparenz im nationalen und internationalen Wettbewerb schaffen (wegen der Anerkennung von Bachelor- und Masterabschlüssen im In- und Ausland s. auch Rdn. 22 ff.).[451] Zwar gelten die allgemeinen prüfungsrechtlichen Anforderungen hier grundsätzlich auch, jedoch erfordern die Eigenheiten dieser Studiengänge und der sich daran anschließenden Leistungskontrollen spezielle prüfungsrechtliche Konsequenzen. Um diese verständlich zu machen, bedarf es zunächst einer näheren Darstellung der wichtigsten Elemente dieses Systems:

381 Der **Bachelor** ist ein erster eigenständiger berufsqualifizierender Abschluss (§ 19 Abs. 2 HRG), der **Masterabschluss** ein weiterer berufsqualifizierender Abschluss (§ 19 Abs. 3 HRG). Konsekutive Bachelor-/Masterstudiengänge sind Studiengänge, die inhaltlich aufeinander aufbauen mit einer Gesamtregelstudienzeit von höchstens fünf Jahren (§ 19 Abs. 4 HRG).

382 Kennzeichnend für diese Studiengänge ist die **Einführung von Modulen,** die eine effektivere Strukturierung des Lehrangebots und der einzelnen Lehrveranstaltungen einschließlich der Organisation des Prüfungsverfahrens bewirken sollen. Modularisierung ist die Zusammenfassung von Stoffgebieten zu thematisch und zeitlich abgerundeten, in sich abgeschlossenen und mit Leistungspunkten versehenen abprüfbaren Einheiten.[452] Module können sich aus verschiedenen Lehr- und Lernformen (z. B. Vorlesungen, Übungen und Praktika) zusammensetzen. Ein Modul kann Inhalte eines einzelnen Semesters oder eines Studienjahres umfassen, sich aber auch über mehrere Semester erstrecken; Fachmodule können in Mikromodule untergliedert werden.[453] Das Modul ist insbesondere hinsichtlich seines Inhalts und der Qualifikationsziele in der jeweiligen Studien- und Prüfungsordnung zu beschreiben. Es wird grundsätzlich mit einer **studienbegleitenden Prüfung** (Rdn. 388) abgeschlossen, auf deren Grundlage Leistungspunkte vergeben werden, deren Voraussetzungen ebenfalls in der Beschreibung des Moduls enthalten sind. Ferner ist für jede studienbegleitende Prüfung festzulegen, ob es sich um eine mündliche oder schriftliche Prüfung, einen Vortrag oder eine Hausarbeit handelt. Etwaige Prüfungsvorleistungen (Semesterarbeiten, Exkursionsberichte, Hausarbeiten) müssen ebenfalls nach Art und Umfang beschrieben sein.

---

[451] Beschl. der KMK zur Einführung eines Akkreditierungsverfahrens für Bachelor-/Bakkalaureus- und Master-/Magisterstudiengänge vom 3. 12. 1998 mit Strukturvorgaben für diese Studiengänge sowie Beschlüsse des Akkreditierungsrats betr. Mindeststandards und Kriterien vom 30. 11. 1999, jeweils abgedruckt bei *Wex,* a. a. O. im Anhang der Schrift.

[452] Beschl. der KMK v. 15. 9. 2000, betr. Rahmenvorgaben für die Einführung von Leistungspunktsystemen und die Modularisierung von Studiengängen, s. *Wex,* a. a. O.

[453] So z. B. Prüfungsordnung für den LL. B.-Studiengang an der Rechts- und Staatswissenschaftlichen Fakultät der Ernst-Moritz-Arndt-Universität Greifswald vom 13. 6. 2000.

Bei modularisierten Studiengängen kommt besonders zur Geltung, dass **383** gemäß § 15 Abs. 3 HRG zum Nachweis von Studien- und Prüfungsleistungen ein **Leistungspunktsystem** geschaffen werden soll, das auch die Übertragung der erbrachten Leistungen auf andere Studiengänge derselben oder einer anderen Hochschule ermöglicht (dazu insgesamt Rdn. 570 ff.).[454] Hinsichtlich der Vergabe von Leistungspunkten ist zu unterscheiden: Einmal ist von „Leistungspunkten" die Rede, um damit ein **quantitatives Maß an Gesamtbelastung** des Studierenden auszudrücken. Umfasst werden damit sowohl die Teilnahme an Lehrveranstaltungen, die zum Modul gehören, als auch die Zeit für die Vor- und Nachbereitung des Lehrstoffes (Präsenz- und Selbststudium), der Prüfungsaufwand und die Prüfungsvorbereitungen einschließlich des Abschlusses und der Studienarbeiten sowie gegebenenfalls bestimmter Praktika. Dieses Leistungspunktsystem, das insbesondere die internationale Mobilität der Studierenden fördern soll, ist auf ein European Credit Transfer System (ECTS) ausgerichtet. Im allgemeinen entspricht ein Leistungspunkt dem studentischen Arbeitsaufwand von 30 Stunden. Für ein Semester sind in der Regel, entsprechend dem ECTS, 30 Leistungspunkte vorgesehen, für ein Studienjahr 60 Leistungspunkte. Die Studien- und Prüfungsordnungen bezeichnen die für die Teilnahme an den einzelnen Lehrveranstaltungen und für die dabei erfolgreich erbrachten Leistungen zu erlangenden ECTS-Punkte; für die Vergabe der letztgenannten Punkte genügt das Bestehen. Sowohl für die Zulassung zu einer etwa vorgesehenen Modulabschlussprüfung als auch für das Bestehen dieser Prüfung wird neben den fachlichen Voraussetzungen (wenigstens ausreichend – 4.0) verlangt, dass eine näher bezeichnete Zahl von ECTS-Punkten erreicht worden ist (dazu Rdn. 571, 572).

Von „**Leistungspunkten**" ist indes in diesem Zusammenhang auch die **384** Rede, wenn es um **inhaltliche Leistungsnachweise,** insbesondere um das Ergebnis studienbegleitender Prüfungen, Zwischen- oder Abschlussprüfungen geht (vgl. Rdn. 573 ff.). Leistungspunkte und Noten sind grundsätzlich getrennt auszuweisen. Für die Umrechnung deutscher Noten in die ECTS-Skala wird auf eine Tabelle verwiesen, die in dem bereits angeführten Beschluss der KMK vom 15. 9. 2000 enthalten ist.[455]

Dass diese Art der Strukturierung des Studiums und der Leistungsnach- **385** weise mannigfache prüfungsrechtliche Fragen aufwirft, liegt auf der Hand. Grundsätzlich gilt auch hier, dass die rechtliche Würdigung einzelner Streitfälle bei den **normativen Vorgaben** im Hochschulrahmengesetz, in dem jeweiligen Landeshochschulgesetz und in den hochschuleigenen Satzungen (allgemeine Satzungen für Prüfungsangelegenheiten und spezielle Studien- und Prüfungsordnungen) anzusetzen hat. Dabei sind die grund-

---

[454] Die Bedeutung von „Malus-Punkt-Systemen" liegt zumeist in der damit bewirkten Beschränkung von Wiederholungen der Prüfung (dazu Rdn. 744).

[455] Fundstelle: *Wex,* a. a. O., S. 3 des Anhangs.

rechtlichen Einflüsse des allgemeinen Persönlichkeitsrechts (Art. 2 Abs. 1 GG), der Chancengleichheit (Art. 3 Abs. 1 GG), der Wissenschaftsfreiheit (Art. 5 Abs. 3 GG)[456] sowie der Freiheit der Berufswahl und der Wahl der Ausbildungsstätte (Art. 12 Abs. 1 GG) zu beachten.

386   Die in § 19 Abs. 2 HRG ausgesprochene Ermächtigung der Hochschule, einen Bachelorgrad zu verleihen, setzt voraus, dass die bezeichneten **Elemente eines Bachelor-Studienganges** (Rdn. 381 ff.) **voll erfüllt** sind. Dafür reicht es nicht aus, etwa ein viersemestriges Grundstudium überkommener Art und erst danach ein zweisemestriges Hauptstudium in modularisierter Form einzurichten.

387   Die hierzu ergangenen **Beschlüsse der Kultusministerkonferenz,**[457] die gewisse Rahmenvorgaben für Bachelor- und Masterstudiengänge enthalten, sind keine unmittelbar geltenden Rechtsvorschriften. Sie entfalten dennoch starke inhaltliche Wirkungen, weil mit ihnen Standards definiert werden, die das durchweg sehr abstrakt gefasste Hochschulrecht näher umschreiben und auf diese Weise „amtlich" auslegen. Ihre sachliche Rechtfertigung erhalten die einzelnen Regelungen dadurch, dass sie an den Zielen der neuen Studiengänge ausgerichtet sind, allenthalben gleichwertige fachlich/inhaltliche Mindeststandards zu gewährleisten und damit auch die Berufsrelevanz der Abschlüsse zu fördern. Geschieht dies rechtsfehlerfrei, sind die KMK-Vorgaben wesentliche Voraussetzungen für die **Genehmigung** einer **Studien- und Prüfungsordnung** modularisierter Studiengänge durch die zuständige oberste staatliche Behörde sowie für die **Akkreditierung** durch eine vom Akkreditierungsrat eingesetzte Akkreditierungsagentur. Soweit KMK-Beschlüsse nicht in ein Gesetz oder eine Rechtsverordnung umgesetzt worden und daher nicht unmittelbar geltendes Rechts sind, sind eine **Genehmigung** der zuständigen Behörde und damit auch die genehmigte Studien- und Prüfungsordnung grundsätzlich auch dann **rechtswirksam,** wenn sie den Strukturvorgaben dieser Beschlüsse **nicht entsprechen.**[458] „Unerträgliche" oder „rücksichtslose" Verstöße einzelner Länder sind indes mit der verfassungsrechtlich begründeten Pflicht der Länder zu einem **„bundesfreundlichen Verhalten"** kaum zu vereinbaren und daher möglicherweise verfassungswidrig (dazu im Einzelnen Rdn. 14 ff., 16).

---

[456] Die Organisation des Lehrbetriebs sowie die Aufstellung von Studien- und Prüfungsordnungen durch die zuständigen Hochschulorgane sind grundsätzlich zulässig; sie dürfen aber die inhaltlichen und methodischen Gestaltungsspielräume des Hochschullehrers nicht beseitigen (vgl. § 4 Abs. 3 HRG).

[457] Insbesondere KMK-Beschl. v. 3. 12. 1998, betr. die Einführung eines Akkreditierungsverfahrens für Bachelor- und Masterstudiengänge einschließlich der dazu als Anlage angeführten Strukturvorgaben sowie die Beschlüsse des Akkreditierungsrats – Mindeststandards und Kriterien – vom 30. 11. 1999; Fundstelle: *Wex*, a.a.O., im Anhang der Schrift.

[458] Dazu insbesondere: *Wex*, a.a.O., S. 11.

Ein besonderes Merkmal der hier erörterten Studiengänge und Prüfungen **388** sind **studienbegleitende Leistungsnachweise**. Diese sind zwar grundsätzlich zulässig (§ 15 Abs. 1 Satz 3 HRG), werfen indes mehrere prüfungsrechtliche Probleme auf, die in dieser Schrift zum Teil schon in anderem Zusammenhang dargelegt worden sind (Rdn. 52, 242, 173). Zunächst ist zu beachten, dass der Studierende sich mit der **Anmeldung** zu einer **Lehrveranstaltung** zugleich dafür entscheidet, einen Leistungsnachweis zu erbringen, der sich auf die hier konkret vermittelten Fachkenntnisse und sonstigen Befähigungen bezieht (wegen der hier besonders engen Verbindung zwischen dem tatsächlich vermittelten Lehrstoff und dem Prüfungsgegenstand Rdn. 316 ff.). Die Anmeldung zu den studienbegleitenden mündlichen oder schriftlichen Prüfungen ersetzt das sonst bei Prüfungen übliche Zulassungsverfahren. Eine **spätere Abmeldung** ist nur dann unproblematisch, wenn die Prüfungsordnung sie – etwa bis spätestens eine Woche vor dem Prüfungstermin – zulässt. Ansonsten ist es rechtlich nicht zu beanstanden, wenn die Prüfungsordnung auch bei studienbegleitenden Prüfungen für die Abmeldung den **Nachweis** eines „**wichtigen Grundes**" verlangt (Rdn. 241), insbesondere bei krankheitsbedingter Prüfungsunfähigkeit die Vorlage eines amtsärztlichen Attestes (vgl. Rdn. 125 ff., 140 ff.)[459]

Da bei den studienbegleitenden Prüfungen in den Bachelor- und Master- **389** studiengängen die für die Lehrveranstaltung verantwortliche Lehrperson zugleich auch die – häufig alleinige (dazu Rdn. 390) – Prüfungsperson ist, stellen sich Fragen nach ihrer **allgemein-fachlichen Prüfungsberechtigung** hier in besonderem Maße. Auch hier gilt – wenn das Landeshochschulrecht keine strengeren Anforderungen stellt – § 15 Abs. 4 HRG, wonach Prüfungsleistungen nur von Personen bewertet werden dürfen, die selbst mindestens die durch die Prüfung festzustellende oder eine gleichwertige Qualifikation besitzen. Das mag insbesondere bei dem Einsatz von Lehrbeauftragten bedenklich sein, wenn diese nicht den betreffenden Bachelor- bzw. Masterabschluss aufzuweisen haben. Dabei ist jedoch zu berücksichtigen, dass eine „**gleichwertige Qualifikation**" ausreicht, die einerseits durch gleichwertige Graduierungen (z.B. Diplome, Magister) formell nachzuweisen, aber auch anderweitig durch wissenschaftliche und beruflich-praktische Leistungen zu erbringen ist. Hat ein fachlich kompetentes Gremium bei der Erteilung des Lehrauftrages eine solche Qualifikation hinreichend sorgfältig als „gleichwertig" festgestellt, spricht eine Vermutung für die Richtigkeit dieser Annahme (dazu im Einzelnen Rdn. 158 ff., 162).

Der Grundsatz, dass berufsqualifizierende Prüfungen grundsätzlich von **390** zwei Prüfern abzuhalten sind („**Zweiprüferprinzip**") gilt auch für studienbegleitende Prüfungen in den Bachelor- und Masterstudiengängen (Rdn. 554 ff., 560). Schwierigkeiten, diese Anforderungen voll zu erfüllen,

---

[459] Ebenso: *Wex*, a. a. O., S. 19.

können sich einmal aus Kapazitätsgründen und zum anderen daraus ergeben, dass der Prüfungsstoff eng an den konkreten Lehrstoff derjenigen
Lehrveranstaltung angelehnt ist, die speziell durch eine Person, nämlich den
verantwortlichen Leiter dieser Veranstaltung, den Studierenden vermittelt
worden ist. Deshalb erlauben landeshochschulrechtliche Regelungen zum
Teil ausdrücklich, dass **studienbegleitende Prüfungen** nur von **einem** Prüfer abgenommen werden (vgl. z. B. § 33 Abs. 1 Satz 3 BerlHSchG). Solche
Ausnahmen sind, wenn schon diese Prüfung aussondernd wirkt, bei Studiengängen mit berufsqualifizierenden Abschlüssen im Hinblick auf Art. 12
Abs. 1 GG bedenklich, da das endgültige Scheitern des von dem Studierenden gewählten beruflichen Werdegangs nicht ohne schwerwiegende Gründe
– z. B. wenn die Leistung faktisch nicht von anderen hinreichend zuverlässig
bewertet werden kann – von der subjektiven Einschätzung eines einzelnen
Prüfers abhängen darf.[460] Defizite dieser Art sind freilich dadurch zu mil-
dern, dass die Prüfungsordnung auch hier schriftliche – notfalls von anderen
kontrollierbare – Prüfungsaufgaben vorschreibt oder angemessene Aus-
weich- oder Wiederholungsmöglichkeiten einräumt, bei denen andere Prüfer zum Einsatz kommen (dazu im Einzelnen Rdn. 562).

391   Das **Bestehen der Bachelor- oder Masterprüfung** wird in den einschlägigen Prüfungsordnungen häufig davon abhängig gemacht, dass – neben
dem Erreichen einer gewissen Anzahl von ECTS-Punkten – sämtliche erforderlichen Mikromodulprüfungen und Modulabschlussprüfungen mit
mindestens „ausreichend (4.0)" bewertet worden sind.[461] Damit ist ausgeschlossen, dass **mangelhafte Leistungen** schon in einzelnen Mikromodulen
durch gute Leistungen in anderen Modulen **kompensiert** werden können.
Da die Freiheit der Berufswahl (Art. 12 Abs. 1 GG) auf diese Weise erheblich eingeschränkt wird, bedarf es hierzu schwerwiegender Gründe
(Rdn. 244, 547 ff.). Im Einzelnen muss die Fehlleistung des Studierenden
schon in einem einzigen Mikromodul/Modul die Annahme rechtfertigen,
dass er das Ziel der Ausbildung und der sich daran anschließenden Prüfung
insgesamt nicht erreicht hat. Das dürfte im allgemeinen schwer fallen, selbst
wenn die Prüfungsordnung allzu subjektive Bewertungen einzelner Prüfer
durch die strikte Beachtung des „Zweiprüferprinzips" zu vermeiden sucht
(Rdn. 554 ff.) und durch die Einräumung von Wiederholungsmöglichkeiten
den Aussagewert der Einzelfallbewertung hinsichtlich der Eignung des
Prüflings für den angestrebten Beruf erhöht. Denn es kommt hier entscheidend darauf an, ob schon der fachlich begrenzte Prüfungsgegenstand so viel
Gewicht hat, dass er die Annahme eines völligen Versagens auf dem gesamten Fachgebiet rechtfertigt.

---

[460] Vgl. *Waldeyer,* in: Hailbronner/Geis, Hochschulrahmengesetz, § 15 Rdn. 67, 68.
[461] So z. B. § 10 Abs. 1 der Prüfungsordnung für den LL. B.-Studiengang an der
Rechts- und Staatswissenschaftlichen Fakultät der Ernst-Moritz-Arndt-Universität
Greifswald vom 13. 6. 2000.

c) Einzelheiten des Prüfungsverlaufs

Vorab ist darauf hinzuweisen, dass einige wichtige Fragen des Prüfungs- **392** verfahrens in dieser Schrift an anderer Stelle gesondert dargelegt worden sind, insbesondere **Zuständigkeitsfragen** und Fragen der **Besetzung der Prüfungskommission** (Rdn. 283 ff.), die **Auswahl der Prüfer** nach Qualitätsanforderungen (Rdn. 158 ff.) sowie deren **Eigenverantwortlichkeit** (auch im Falle der Unterstützung durch Korrekturassistenten) und **Unabhängigkeit** (Rdn. 175 ff.), die Anforderungen an ein **faires Prüfungsverfahren** (Rdn. 184 ff.), das **Zusammenwirken der Prüfer** und das „**Zweiprüferprinzip**" (Rdn. 554 ff.). Die dabei erörterten Rechtsfragen haben durchweg auch Bezug zu der hier behandelten Thematik. Insofern wird auf die dortigen Ausführungen verwiesen. In Ergänzung dazu wird nachfolgend auf rechtliche Einzelfragen eingegangen, die bei der Gestaltung der einzelnen Prüfung und deren konkretem Verlauf regelmäßig von Bedeutung sind.

aa) Information/Mitwirkung des Prüflings

Es gehört zu den Aufgaben der Prüfungsbehörde, alle Prüflinge über die **393** Einzelheiten des Prüfungsverlaufs[462] – soweit diese nicht schon in der ordnungsgemäß veröffentlichten Prüfungsordnung geregelt sind – und des **Gegenstandes der Prüfung vollständig** und **gleichmäßig** zu **informieren** (Rdn. 248 ff.). Das subjektive Recht des einzelnen Prüflings auf Chancengleichheit (Art. 3 Abs. 1 GG) ist verletzt, wenn ihm durch unzulängliche oder einseitige Informationen oder durch Indiskretionen über wesentliche Fragen des Prüfungsverlaufs Nachteile entstehen. Das ist insbesondere dann anzunehmen, wenn durch **einseitige Informationen** über **Prüfungsthemen** bei anderen Prüflingen der Leistungsnachweis erleichtert wird und eine Benachteiligung des nicht oder nur unzulänglich informierten Prüflings dabei nicht auszuschließen ist (s. dazu Rdn. 108, 260, 510).[463] Dagegen kann eine solche Verletzung nicht ohne weiteres angenommen werden, wenn die **Ergebnisse der schriftlichen Prüfung** einem Teil der Prüflinge bei der **mündlichen Prüfung** bekannt waren, einem anderen Teil dagegen nicht.[464] Besteht für alle Prüflinge die Möglichkeit, sich über **Vorzensuren oder das Ergebnis des schriftlichen Teils der Prüfung** zu informieren, trägt jeder

---

[462] Z.B. des Ortes und des Zeitpunktes der Prüfung, der mitzubringenden Hilfsmittel sowie der prüfenden Personen.

[463] VG Berlin, U. v. 17. 12. 1997 – 12 A 1365.95 –, betr. die Ausgabe einer Prüfungsarbeit, deren wesentliche Probleme zuvor von Mitgliedern des Prüfungsamts in einem universitären Repititorium mit einem Teil der Prüfungskandidaten besprochen worden sind. Vgl. ferner: BFH, U. v. 4. 11. 1993 – VII R 14/93 – NVwZ 1995, 1295, und vom 20. 7. 1999 – VII R 111/98 – SPE 290 Nr. 23.

[464] BVerwG, U. v. 14. 12. 1990 – 7 C 17.90 – BVerwGE 87, 258 = NVwZ 1991, 1084 = Buchholz 421.0 Prüfungswesen Nr. 281.

selbst das Risiko der Ungewissheit bzw. der vorzeitigen Minderung des Selbstbewusstseins, wenn er schlechte Leistungen noch vor dem Abschluss der Prüfung erfährt.

394   Ein Nachteil kann freilich auch darin liegen, dass der Prüfling durch die einseitige Information anderer Prüflinge erheblich **verunsichert** worden ist. Dafür kommt es auf das Ausmaß und die inhaltliche Bedeutung der Informationen und ferner darauf an, ob das „Gerücht" über solche einseitigen Begünstigungen objektiv geeignet ist, den Prüfling über den normalen Prüfungsstress hinaus wesentlich zu belasten.

395   Ist eine Benachteiligung durch ungleiche oder falsche Informationen anzunehmen, ist der davon betroffene (selbständige) Teil der Prüfung rechtswidrig und bedarf der **Wiederholung unter rechtmäßigen Bedingungen** durch die davon begünstigten Prüflinge.[465] Der benachteiligte Prüfling kann nicht etwa beanspruchen, dass eine unzulässige Verfahrensweise in seinem Fall fortgesetzt oder gar ebenso rechtswidrig für ihn wiederholt wird.[466] Er kann aber die Wiederholung des betreffenden Prüfungsteils beanspruchen, wenn die Bewertung der Arbeiten der bevorteilten Prüflinge sich auf die Bewertung seiner eigenen Arbeit auswirken kann (dazu im Einzelnen Rdn. 261, 510, 511).

396   Nicht allein die Prüfer und Prüfungsbehörden, sondern auch der **einzelne Prüfling** ist gehalten, das Seine zu einem ordnungsgemäßen Prüfungsablauf beizutragen (Rdn. 111 ff., 513 ff.).[467] Dazu gehört insbesondere, dass er auf ihn belastende **Unregelmäßigkeiten** oder Verstöße gegen die Chancengleichheit **hinweist**, sobald ihm dies nach Lage der Dinge zumutbar ist.[468] Hat er es in der Hand, selbst noch rechtzeitig auf einen ordnungsgemäßen Ablauf des Prüfungsgeschehens hinzuwirken (z.B. um die Überlassung des fehlenden Textes oder eines zugelassenen Kommentars zu bitten), so kann er nicht nachträglich geltend machen, ihm seien durch eine unzureichende Ausstattung mit Hilfsmitteln geringere Chancen eingeräumt worden. Dagegen wird es dem Prüfling in aller Regel **nicht zumutbar** sein, noch während der **mündlichen Prüfung** zu rügen, dass diese Prüfung in bestimmten Einzelheiten unzulänglich organisiert sei, z.B. weil der Prüfungsraum zu wenig geheizt oder die vorgeschriebene Prüfungszeit erheblich verkürzt worden sei. Diese und ähnliche Rügen sind jedoch nach Be-

---

[465] Ebenso: BFH, U. v. 20. 7. 1999, a. a. O.

[466] BVerwG, Beschl. v. 7. 8. 1979 – 7 B 19.79 – Buchholz a. a. O. Nr. 119; BayVerfGH, Entsch. v. 25. 7. 1979 – Vf 6 – VII – 76 – BayVBl. 1978, 699; OVG NW, U. v. 24. 6. 1977 – V A 1185/74; VGH Bad.-Wttbg., U. v. 22. 12. 1976 – IX 782/74 – SPE III A II, S. 7.

[467] BVerwG, Beschl. v. 15. 1. 1993 – 6 B 45.92 – Buchholz a. a. O. Nr. 310.

[468] BVerwG, Beschl. v. 20. 1. 1981 – 7 B 284.80 –, und Beschl. v. 11. 11. 1975 – 7 B 72.74 – JZ 1976, 179 –, betr. die Grenzen der Mitwirkungspflicht, und U. v. 17. 1. 1969 – 7 C 77.67 – BVerwGE 31, 190; VGH Bad.-Wttbg., U. v. 15. 7. 1969 – IV 267/68 – SPE III F II, S. 21.

endigung der mündlichen Prüfung unverzüglich nachzuholen (zu den speziellen Rügepflichten des Prüflings bei Krankheit: Rdn. 125 ff.; Lärmstörungen und anderen äußeren Mängeln: Rdn. 473 ff., sowie zu etwaigen Ausschlussfristen: Rdn. 112, 141).

bb) Zeitvorgaben, Fristen, Ladungen

Zu den äußeren Vorbedingungen für den Prüfungserfolg gehört zunächst, **397** dass dem Prüfling eine **angemessene Zeit** sowohl für die **Vorbereitung** zur Prüfung als auch für die **Lösung** der **Prüfungsaufgaben** zur Verfügung gestellt wird.[469] Art. 6 Abs. 1 GG gebietet nicht, bei der Bearbeitungszeit zwischen Prüflingen mit und ohne Familie zu differenzieren.[470] Es gehört zwar zu den allgemeinen Leistungsanforderungen, dass der Prüfling sich diese Zeit **richtig einteilt** und am Ende eine Gesamtleistung erbringt, die nach der gebotenen Vorbereitung zum Beispiel durch ein hinreichendes und sorgfältiges Studium in der festgelegten Zeit zu erreichen ist. Er ist jedoch nicht gehalten, vorsorglich eine Zeitreserve für unvorhergesehene Ereignisse einzuplanen.[471]

Schreibzeitverlängerungen sind für sämtliche schriftlichen Prüfungsar- **398** beiten nur aus „wichtigem Grunde" gerechtfertigt, wenn das Prüfungsergebnis dadurch nicht verfälscht wird.[472] So können bei **außerplanmäßigen Zeitverlusten** etwa durch nachträgliche Ergänzungen der Aufgaben oder notwendige Rückfragen zum Ausgleich Zeitverlängerungen beansprucht werden, die im allgemeinen der Dauer der Störung entsprechen sollen.[473] Sie sind für Klausuren besonders dann geboten, wenn zeitweise erhebliche **Störungen durch äußere Einwirkungen** (z.B. Baulärm, Heizungs- oder Stromausfall) aufgetreten sind[474] (Rdn. 472) oder etwa ein nicht nur unerheblicher Zeitverlust dadurch entstanden ist, dass ein missverständlicher

---

[469] BVerwG, Beschl. v. 26. 4. 1978 – 7 B 32.78 – und U. v. 2. 7. 1965 – 7 C 171.64 – DVBl. 1966, 35; BFH, U. v. 11. 11. 1997 – VII R 66/97 – SPE 572 Nr. 5. OVG NW, U. v. 11. 3. 1982 – 15 A 10/81 –, und U. v. 26. 7. 1974 – 15 A 167/74 – und v. 12. 2. 1970 – 5 A 855.69 –, RiA 1970, 154.

[470] BVerwG, Beschl. v. 6. 4. 1984 – 7 B 62.84.

[471] BVerwG, U. v. 28. 11. 1980 – 7 C 54.78 – BVerwGE 61, 211 = Buchholz 421.0 Prüfungswesen Nr. 136 = DVBl. 1981, 581 = DÖV 1981, 578.

[472] OVG NW, Beschl. v. 26. 2. 1992 – 22 B 650/92 – NVwZ 1993, 93 = NWVBl. 1992, 170 (zur Berechnung der Schreibzeitverlängerung bei Hausarbeiten); VG Schwerin, Beschl. v. 17. 11. 2000 – 7 B 859/00 – SPE 214 Nr. 8, auch zur Erheblichkeit des Verfahrensfehlers, wenn trotz der Störungsrüge keine Schreibzeitverlängerung gewährt wird.

[473] BVerwG, U. v. 11. 8. 1993 – 6 C 2.93 – BVerwGE 94, 64 = NVwZ 1994, 486 = Buchholz a. a. O. Nr. 317 = JZ 1994, 460, m. Anm. v. *Püttner*. BFH, U. v. 23. 8. 2001 – VII R 96/00 – NVwZ 2002, 157.

[474] Diese Kompensationspflicht ist insbesondere durch den Beschl. des BVerfG v. 21. 12. 1992 – 1 BvR 1295/90 – NJW 1993, 917, bekräftigt worden.

Klausurtext nach Rückfrage beim Prüfungsamt klargestellt oder im Verlauf der Bearbeitung ergänzt wird.[475]

399   Schreibzeitverlängerungen angemessenen Umfangs sind auch bei schweren **körperlichen Behinderungen** zu gewähren. Dagegen sind Zeitverluste, mit denen von vornherein zu rechnen ist und die alle Prüflinge in der gegebenen Situation ähnlich belasten, grundsätzlich ohne Ausgleich hinzunehmen. Zum Beispiel muss der Prüfling sich im Normalfall darauf einrichten, dass er den Prüfungsraum während der Klausur nicht – etwa wegen der „notwendigen" Zigarette – zu jeder beliebigen Zeit verlassen kann und dass etwa für den Toilettenbesuch auch kleinere Wartezeiten entstehen können.[476]

400   Die in der Prüfungsordnung oder durch ständige Praxis festgelegte **zeitliche Dauer** der einzelnen Prüfung darf grundsätzlich nicht zum **Nachteil des Prüflings verkürzt** werden. Dies ist bei geringfügigen Abweichungen nicht der Fall und im Übrigen auch dann nicht zu beanstanden, wenn der Prüfling damit einverstanden ist.[477] Auch werden sachlich berechtigte Modifizierungen der Dauer einer mündlichen Prüfung, die laut Prüfungsordnung eine gewisse Zeit (z. B. 30 Minuten) dauern „soll", nicht von vornherein ausgeschlossen.[478] Insbesondere ist es zulässig, den Prüfling für kurze Zeit länger zu prüfen, um ein noch unsicheres Bild seiner Leistungen zu klären. Eine Abkürzung der mündlichen oder praktischen Prüfung wegen offensichtlich unzulänglicher Leistungen ist dagegen höchst bedenklich und kann nur ausnahmsweise hingenommen werden, wenn das Erreichen einer ausreichenden Leistung in der verbleibenden Zeit mit hinreichender Sicherheit auszuschließen ist. Steht in einer mündlichen Prüfung nach Ablauf der regulären Prüfungszeit fest, dass der Prüfling nicht bestanden hat, so ist eine Verlängerung der Prüfungszeit – auch wenn sie nicht zulässig ist – jedenfalls nicht kausal für den Misserfolg dieser Prüfung.[479]

401   Die **Verzögerung des Prüfungsbeginns** um 35 Minuten könnte sich allenfalls bei einem gegenüber psychischen Belastungen der Prüfung besonders anfälligen Prüfling leistungsmindernd auswirken. Da eine solche per-

---

[475] BVerwG, Beschl. v. 20. 1. 1981 – 7 B 4.81 – Buchholz a. a. O. Nr. 138; BFH, U. v. 23. 8. 2001, a. a. O.

[476] BVerwG, Beschl. v. 10. 7. 1979 – 7 B 152.79 – (Anders ist es bei echten gesundheitlichen Störungen, denen im Allgemeinen Rechnung zu tragen ist; dazu im Einzelnen Rdn. 115 ff.).

[477] BVerwG, Beschl. v. 23. 12. 1993 – 6 B 19.93 – Buchholz a. a. O. Nr. 326, betr. den um 30 Min. verzögerten Beginn der Prüfung; OVG NW, U. v. 17. 7. 1991 – 22 A 1533/89 – NVwZ-RR 1992, 246 = NWVBl. 1992, 66; VGH Bad.-Wttbg., U. v. 12. 7. 1991 – 9 S 1538/91 – VBlBW 1992, 149 = NVwZ 1992, 83 (nur Leits.). Ein „abschichtendes" Prüfungsverfahren belastet den einzelnen Prüfling nicht gleichheitswidrig: VGH Bad.-Wttbg., U. v. 25. 2. 1992 – 9 S 1818/90.

[478] BayVGH, Beschl. v. 29. 5. 2000 – 7 ZB 00.229 – BayVBl. 2001, 751.

[479] BayVGH, U. v. 15. 3. 1955 – 7 B 93.1159 – SPE 432 Nr. 31.

sönliche Indisposition zu Lasten des Prüflings geht (vgl. Rdn. 118), wird sein Recht auf ein die Chancengleichheit wahrendes Prüfungsverfahren dadurch nicht verletzt.[480]

Unterschiedliche Prüfungszeiten vermögen auch die Chancen der Prüflinge im Verhältnis untereinander zu beeinflussen. Der auf diese Weise wesentlich benachteiligte Prüfling kann deshalb einen **Verstoß gegen Art. 3 Abs. 1 GG** geltend machen, wenn nicht auszuschließen ist, dass diese Benachteiligung für seinen negativen Prüfungserfolg ursächlich ist.[481] Ein solcher Ursachenzusammenhang ist jedoch bei nur kleineren Unterschieden in der Zeitzuteilung im allgemeinen auszuschließen.[482] **402**

Schriftliche Prüfungsarbeiten sind stets **fristgerecht** abzugeben. **Nach der Abgabe** dieser Arbeit kann der Prüfling nicht beanspruchen, diese noch vor der abschließenden Bewertung zu **ändern** oder zu **ergänzen**.[483] **403**

Auch wenn für die Fertigung einer **Aufsichtsarbeit** eine **bestimmte Stundenzahl** angegeben ist, kommt es hierbei nicht exakt auf den Uhrzeiger, sondern auf die unverzügliche Erfüllung der Aufforderung der Aufsichtsperson an, nunmehr die Arbeit abzugeben. Wird die persönliche Aufforderung der einsammelnden Aufsichtsperson zunächst missachtet und die Abgabe bis zum Ende des Einsammelns hinausgeschoben, mag dies noch hinzunehmen sein. Wenn aber darüber hinaus der Prüfling die Abgabe weiter nicht unerheblich – etwa mehr als eine Minute – verzögert, ist die Abgabe verspätet und die für das Versäumnis von Prüfungsleistungen vorgesehene Sanktion gerechtfertigt.[484] **404**

Für die **Berechnung von Fristen** und für die Bestimmung von Terminen gelten mangels prüfungsrechtlicher Spezialregelungen die §§ 187 bis 193 BGB entsprechend und ferner die einschlägigen Bestimmungen des jeweiligen (Landes-)Verwaltungsverfahrensgesetzes (vgl. § 31 VwVfG).[485] Versäumt ein Prüfling einen Prüfungstermin ohne „wichtigen Grund" (s. Rdn. **405**

---

[480] BVerwG, Beschl. v. 26. 11. 1980 – 7 B 190.80. Vgl. dazu ferner: OVG Hamb., U. v. 16. 11. 1992 – OVG Bf III 10/91.

[481] OVG NW, U. v. 16. 12. 1977 – 16 A 933/76 – (Verfahrensfehler, wenn der Prüfer in der mündlichen Prüfung die Richtzeit unterschreitet oder die meiste Zeit nur monologisiert), und U. v. 3. 10. 1976 – 3 A 614/75 –, (Verfahrensfehler bei unterschiedlicher Bearbeitungszeit für mehrere Prüfungsgruppen). Hinsichtlich etwaiger Schadensersatzansprüche wegen einer Verkürzung der dem Prüfling zur Vorbereitung zur Verfügung zu stellenden Zeit: BGH, U. v. 11. 7. 1985 – III ZR 62/84 – BGHZ 95, 238; dazu insgesamt Rdn. 518 ff.

[482] BVerwG, U. v. 28. 11. 1980 – 7 C 54.78 – a. a. O., und Beschl. v. 20. 4. 1978 – 7 B 122.77 – Buchholz 421.0 Prüfungswesen Nr. 89 = BayVBl. 1978, 736.

[483] OVG NW, U. v. 13. 2. 1997 – 22 A 3309/93 – NWVBl. 1997, 377.

[484] VGH Bad.-Wttbg., U. v. 12. 5. 1992 – 9 S 1210/90 – SPE 538 Nr. 14: Keine rechtzeitige Abgabe, wenn die beim Einsammeln hinausgeschobene Abgabe um eine weitere halbe Minute verzögert wird.

[485] Wegen der Berechnung einer Wochenfrist gem. § 31 VwVfG: OVG NW, Beschl. v. 10. 8. 1993 – 22 E 403/93.

241) oder gibt er z.B. eine Hausarbeit **nicht rechtzeitig** ab,[486] etwa weil der Abgabetag in Orten ohne Nachtschalter der Post nicht voll bis 24.00 Uhr ausgenutzt werden kann,[487] so wird seine Leistung als „ungenügend" bewertet, was laut Prüfungsordnung die Folge haben kann, dass die Prüfung als „nicht bestanden" gilt (vgl. § 19 Abs. 1 Satz 1 ÄAppO).

406　　Geht es um das Erscheinen des Prüflings zu einem bestimmten **Prüfungtermin**, setzt eine solche Sanktion wegen angeblich nicht gerechtfertigter Versäumung dieses Termins eine **ordnungsgemäße Ladung** voraus, welche die Prüfungsbehörde nachzuweisen hat.[488] Anzugeben sind der **Zeitpunkt**, der **Ort** der Prüfung und die etwa mitzubringenden **Hilfsmittel**[489] sowie – wenn die Prüfungsordnung dies vorsieht – die Namen der Prüfer. Wegen der weiteren Einzelheiten, insbesondere der Form und der Fristen der Ladung zur schriftlichen oder mündlichen Prüfung, enthalten die jeweiligen Prüfungsordnungen in der Regel keine rechtlichen Maßgaben.[490] Soweit also Sonderregelungen für einzelne Prüfungen[491] nicht bestehen, können bei Hochschulprüfungen auch allgemeine Prüfungssatzungen und darüber hinaus die allgemeinen Verwaltungsverfahrens- und Zustellungsgesetze der Länder herangezogen werden.[492] Danach gilt ein maschinell ausgefertigtes prüfungsrechtliches Ladungsschreiben, das durch die Post mittels einfachen Briefs übermittelt wird, nur dann nicht mit dem dritten Tag nach der Postaufgabe als bekanntgegeben, wenn der Adressat ernstliche Zweifel am Zugang des Schriftstücks glaubhaft zu machen vermag.[493] Im Übrigen ist der

---

[486] VG Düsseldorf, Beschl. v. 10. 1. 1990 – 15 L 3/90 – NJW 1991, 940: Keine Fristwahrung durch Abgabe der Hausarbeit bei der (ehem.) Deutschen Bundesbahn als Expressgut.

[487] BVerwG, Beschl. v. 6. 7. 1979 – 7 B 147.79 – Buchholz a.a.O. Nr. 115 = SPE III A I, S. 71.

[488] BVerwG, Beschl. v. 29. 10. 1996 – 6 B 45.96 – Buchholz 421.0 a.a.O. Nr. 375; OVG Rh.-Pf., U. v. 10. 10. 1997 – 2 A =/96 – SPE 559 Nr. 7; VGH Bad.-Wttbg., U. v. 29. 11. 1988 – 9 S 748/88 – SPE 980 Nr. 36; OVG NW, Beschl. v. 10. 8. 1993 – 22 E 403/93 –, und v. 27. 11. 1987 – 22 B 3064/87 – DÖV 1988, 743: Keine Pflicht des Prüflings, zu einem Prüfungstermin zu erscheinen, wenn die Prüfung etwa wegen verspäteter Bekanntgabe des Prüfungstermins nicht rechtmäßig durchgeführt werden könnte. Zur Ladungsfrist s. Rdn. 256.

[489] Dazu sind konkrete Angaben zu machen: VG Mainz, U. v. 11. 12. 2002 – 7 K 502/02 – NJW 2003, 1545, auch zu der Frage, welche Markierungen die als Hilfsmittel zugelassenen Texte enthalten dürfen (vgl. Rdn. 449).

[490] Wegen der Ladung zu einer mündlichen Abiturprüfung durch Aushang: VG Berlin, Beschl. v. 31. 7. 1987 – VG 3 A 489.87.

[491] Vgl. z.B. § 17 ÄAppO, wonach die Ladung zur schriftlichen Prüfung dem Prüfling spätestens sieben, die Ladung zur mündlich-praktischen Prüfung spätestens fünf Kalendertage vor dem Prüfungstermin zuzustellen ist. Wegen der Zustellung der Ladung an den Prozessbevollmächtigten des Prüflings: VG Stuttgart, Beschl. v. 29. 8. 1990 – 10 K 2280/90 – (keine Heilung durch telefonische Information).

[492] Vgl. auch: OVG NW, U. v. 4. 12. 1991 – 22 A 962/91 – NVwZ 1992, 696 = DVBl. 1992, 1051.

[493] OVG Rh.-Pf., U. v. 10. 10. 1997 – 2 A 13 324/96 – SPE 559 Nr. 7.

allgemeine prüfungsrechtliche Grundsatz zu beachten, dass der Prüfling in **angemessener Zeit** vor dem Prüfungstermin von diesem zu benachrichtigen und zum Erscheinen aufzufordern ist. Die Gleichbehandlung aller Prüflinge etwa entsprechend der ständigen Praxis ist zu gewährleisten. Daraus folgt aber nicht die Pflicht, alle Prüflinge einer bestimmten Gruppe am selben Tag zur Prüfung zu laden.[494]

Ladungsfehler können unterschiedliche Folgen haben. Zu berücksichti- **407** gen ist auch in diesem Zusammenhang die sich aus dem Prüfungsrechtsverhältnis ergebende **Mitwirkungspflicht des Prüflings.**[495] Ist ihm bekannt, dass der Prüfungstermin zeitnah bevorsteht, so muss er Vorsorge treffen, dass er an seinem Wohnsitz oder anderweitig ordnungsgemäß und rechtzeitig geladen werden kann. Bleibt die zu erwartende Ladung aus oder ist ihr Inhalt erkennbar unvollständig, unklar oder missverständlich, so obliegt es ihm, die Prüfungsbehörde hierauf umgehend hinzuweisen. Findet die Prüfung in einem anderen Raum statt, als in der Ladung angegeben ist, und verspätet sich der Prüfling deshalb, hat diesen Ladungsfehler die Prüfungsbehörde zu vertreten und einen Zeitausgleich zu gewähren bzw. die Prüfung zu wiederholen.[496] Erscheint der Prüfling trotz eines Ladungsfehlers rechtzeitig zur Prüfung und nimmt er widerspruchslos an ihr teil, so kann er sich später etwa bei einem Misserfolg der Prüfung nicht mehr auf diesen Mangel berufen.[497]

Nicht selten legen Prüfungsordnungen bestimmte **Meldefristen** fest, die **408** entweder als gesetzliche Ausschlussfristen oder als behördlich festgesetzte Fristen mit **Verlängerungsmöglichkeit** ausgestaltet sind (vgl. § 31 Abs. 7 VwVfG).[498] Gesetzliche **Ausschlussfristen,** nach deren Ablauf Meldungen zur Prüfung nicht mehr angenommen werden und ferner **Mängel im Prüfungsverfahren** (z.B. wegen Lärmbelästigungen, Rdn. 473) nicht mehr gerügt werden können, sind angesichts der prüfungsrechtlichen Rechtsprechung des BVerfG (BVerfGE 84, 34ff und 59ff.) bundesrechtlich nicht zu beanstanden (zur Hinweispflicht der Prüfungsbehörde s. Rdn. 141).

Zwei Gründe rechtfertigen die strenge Fristbindung und den Ausschluss **409** der verspäteten Rüge: Zum einen soll verhindert werden, dass der betroffene Prüfling, indem er in Kenntnis des Verfahrensmangels zunächst die Prüfung

---

[494] BVerwG, Beschl. v. 29. 10. 1996, a.a.O.

[495] OVG Rh.-Pf., U. v. 10. 10. 1997, a.a.O.

[496] OVG NW, Beschl. v. 26. 9. 1995 – 22 B 2176/95 – NWVBl. 1996, 132 = SPE 558, Nr. 3.

[497] OVG NW, Beschl. v. 26. 9. 1995 – 22 B 2176/95 –, a.a.O., auch zum Umfang der Rügepflicht.

[498] Vgl. insbesondere: OVG Sachs., Beschl. v. 6. 3. 1997 – 4 S 135/97 – SPE 990 Nr. 23; OVG NW, Beschl. v. 10. 7. 1998 – 22 B 1452/98 – NWVBl. 1999, 193. Erlaubt eine Prüfungsbehörde den Prüflingen die Online-Anmeldung, so hat es ihnen dieselben Sicherungsmechanismen (Quittungssysteme) wie bei der schriftlichen Anmeldung zur Verfügung zu stellen; andernfalls gehen Übertragungsfehler zu ihren Lasten: VG Saarlouis, Beschl. v. 23. 7. 1998 – 1 F 73/98 – NJW 1998, 3221 = SPE 592 Nr. 6.

fortsetzt und das Prüfungsergebnis abwartet, sich eine ihm nicht zustehende **weitere Prüfungschance** verschafft, wodurch im Verhältnis zu den anderen Prüflingen die Chancengleichheit verletzt würde.[499] Zum anderen dient die Obliegenheit, den Verfahrensmangel unverzüglich geltend zu machen, dazu, der Prüfungsbehörde eine eigene, möglichst **zeitnahe Überprüfung** des gerügten Mangels mit dem Ziel einer schnellen – meist nur so möglichen – Aufklärung und rechtzeitigen Korrektur oder zumindest Kompensation des festgestellten Mangels zu ermöglichen, um auf diese Weise die Chancengleichheit auch gegenüber den anderen Prüflingen zu sichern.[500] Deshalb entfällt die Ausschlusswirkung auch dann nicht, wenn der Prüfling einen Mangel des Prüfungsverfahrens zumutbarerweise erst nach dem Ende der Ausschlussfrist und nach der sich anschließenden Bekanntgabe des Prüfungsergebnisses hat geltend machen können, jedoch nicht innerhalb der Monatfrist geltend gemacht hat.[501] Ferner reicht es aus diesem Grunde zur Fristwahrung nicht aus, **innerhalb der Monatsfrist** eine **Klage** zu erheben (§ 74 VwGO), die erst später begründet werden soll; denn damit würde der Zweck einer möglichst zeitnahen Aufklärung und Abhilfe ebenfalls verfehlt.[502]

410   Nur Mängel des **Verfahrens** im Prüfungsablauf, nicht dagegen **inhaltliche Bewertungsfehler** (dazu Rdn. 625 ff.) unterliegen der Ausschlusswirkung, wenn sie nicht rechtzeitig gerügt worden sind. Zum Beispiel bleibt die (materielle) Rüge, die Antwort auf eine Fachfrage sei zu Unrecht als falsch bewertet worden, auch nach dem Ablauf der Frist zulässig. Es ist jedoch stets zu untersuchen, ob das angeblich unzutreffende Ergebnis der Bewertung etwa seine **wesentliche Ursache** in einem Mangel des Prüfungsverfahrens hat, z. B. weil Lärmstörungen den Prüfling gehindert haben, eine seinen wahren Fähigkeiten entsprechende Leistung zu erbringen. In solchen Fällen kann auf eine rechtzeitige Rüge nicht verzichtet werden.[503]

411   Es verstößt nicht gegen Bundesverfassungsrecht (Art. 12 Abs. 1 GG), wenn eine landesrechtliche Prüfungsordnung eine **Unterbrechung der Prüfung** nicht vorsieht, sondern darauf abzielt, das Prüfungsverfahren in angemessener Zeit zu einem Abschluss durch eine – positive oder negative – Prüfungsentscheidung zu bringen.[504] Die zeitweise Unterbrechung der Prüfung durch den Vorsitzenden des Prüfungsausschusses kann aus sachli-

---

[499] BVerwG, U. v. 15. 12. 1993 – 6 C 28.92 – Buchholz a. a. O. Nr. 323, und v. 7. 10. 1988 – 7 C 8.88 – BVerwGE 80, 282 = Buchholz a. a. O. Nr. 259.

[500] BVerwG, Beschl. v. 9. 6. 1993 – 6 B 35.92 – Buchholz a. a. O. Nr. 315, und v. 27. 1. 1994 – 6 B 12.93.

[501] BVerwG, U. v. 22. 6. 1994 – 6 C 37.92 – Buchholz a. a. O. Nr. 333, betr. die Unterschreitung der vorgeschriebenen Prüfungsdauer.

[502] BVerwG, U. v. 22. 6. 1994 – 6 C 37.92 – a. a. O., wo ferner dargelegt wird, dass auf die Ausschlussfrist nicht durch eine besondere Rechtsmittelbelehrung hinzuweisen ist. Es genügt vielmehr, dass die einschlägige Vorschrift den Prüflingen hinreichend bekannt gemacht worden ist.

[503] BVerwG, U. v. 22. 6. 1994 – 6 C 37.92 –, a. a. O.

[504] BVerwG, U. v. 14. 6. 1982 – 7 C 74.78 – Buchholz a. a. O. Nr. 162 = DVBl. 1983, 89.

chen Gründen (z.B. um dem Prüfling Gelegenheit zu einer Beruhigung zu geben) ohne ausdrückliche Regelung in der Prüfungsordnung gerechtfertigt sein.[505]

cc) Ermessensgerechte Gestaltungen des Ablaufs der Prüfung

Trotz der durchweg hohen Regelungsdichte in den Prüfungsordnungen **412** bleibt den Prüfern und Prüfungsbehörden im Einzelfall ein hohes Maß an Gestaltungsmöglichkeiten für den Ablauf des Prüfungsgeschehens, insbesondere für die äußere Gestaltung der Prüfungsbedingungen (wegen der Auswahl des Prüfungsstoffs und der Anforderungen an die Prüfungsaufgaben s. Rdn. 305 ff.). Das ihnen kraft ihrer allgemeinen Organisationsbefugnis zukommende **Gestaltungsermessen** ist jedoch auch ohne ausdrückliche Einschränkungen in der Prüfungsordnung nicht unbegrenzt. Vielmehr muss sich jede einzelne, prüfungsrechtlich nicht speziell gebundene Maßnahme daran messen lassen, ob sie dem **Zweck** gerade dieser **Leistungskontrolle** entspricht und den betroffenen Prüflingen **gleiche Chancen** gewährt oder aber die verfassungsrechtlichen Gebote der Art. 3 Abs. 1 und Art. 12 Abs. 1 GG verletzt, etwa indem sie bei einem Teil der Prüflinge schon deren Startchancen vermindert oder deren Recht auf freie Berufswahl unverhältnismäßig beschränkt.

Auf solche allgemeinen Grundsätze des Prüfungsrechts ist bei der Ge- **413** staltung des Prüfungsverfahrens zurückzugreifen, wenn und soweit die Prüfungsordnung einzelne Abläufe der Prüfung nicht oder nur unvollständig regelt. Ist zum Beispiel die Prüfungsentscheidung wegen eines Rechtsfehlers aufgehoben worden und kann der Prüfling daher eine **nochmalige Prüfung** verlangen, so ist das erneute Prüfungsverfahren in Ermangelung einer normativen Regelung der Fehlerfolgen so zu gestalten, dass der Prüfling durch dieses Verfahren den **geringstmöglichen Nachteil** erleidet (Rdn. 508). Diesem Gesichtspunkt wird in der Regel dadurch entsprochen, dass der Prüfling lediglich denjenigen selbständig zu bewertenden Prüfungsteil wiederholt, dem der rechtswidrige Mangel anhaftet (z.B. eine Aufsichtsarbeit oder den Aktenvortrag in der mündlichen Prüfung).[506] Da auch in Fällen dieser Art eine **Begünstigung des Prüflings** vermieden werden muss, darf ihm anlässlich eines solchen Rechtsfehlers ohne zwingenden Grund nicht die Möglichkeit eingeräumt werden, auch andere – misslungene – Prüfungsleistungen zu wiederholen. Das wäre ein Verstoß gegen den Grundsatz der Chancengleichheit, der es verbietet, einzelnen Prüflingen die Möglichkeit zu eröffnen, Abschlüsse und Berechtigungen unter erleichterten Bedingungen (z.B. mit Hilfe zusätzlicher Prüfungsversuche) zu erwer-

---

[505] OVG NW, U. v. 26. 3. 1982 – 15 A 2536/80.
[506] BVerwG, U. v. 19. 12. 2001 – 6 C 14.01 – NVwZ 2002, 1375, mit Anm. v. *Brehm* a. a. O., S. 1334. Zu den Konsequenzen der Verletzung von Vorschriften des Prüfungsverfahrens vgl. Rdn. 502 ff., 518 ff.

ben.[507] Davon ist nur dann abzuweichen, wenn anders eine Reparatur des Rechtsfehlers nicht möglich ist, etwa weil die betreffenden Prüfungsleistungen nicht isoliert zu bewerten sind oder weil der Verfahrensfehler auf andere Teile dieser Prüfung ausstrahlt und hier erhebliche Verunsicherungen herbeigeführt hat.

414   Trifft ein den Prüfling belastender Verfahrensfehler **nur einen Teil der Prüflinge,** so sind grundsätzlich nur diejenigen Prüflinge zu einer Wiederholung dieses Prüfungsteils berechtigt, die hierdurch **benachteiligt** worden sind. Auf die einseitige – rechtswidrige – **Begünstigung anderer Prüflinge** kann sich der einzelne Prüfling nicht berufen, wenn er **selbst** dadurch **keine Nachteile** hat (Rdn. 106 ff., 109). Dies ist freilich oft nur schwer festzustellen. Einzelne Anwendungsfälle sind an anderer Stelle (s. Rdn. 108, 260, 393 betr. falsche oder ungleiche Informationen sowie Rdn. 511 betr. unzulässige Hilfsmittel) dargelegt. Solche Nachteile können sich aber auch daraus ergeben, dass die Prüfungsleistungen – wie in der Praxis durchweg üblich – nicht ohne einen gewissen Vergleich mit denen der anderen Prüflinge „relativ" bewertet werden (dazu im Einzelnen Rdn. 539 ff.).[508]

dd) Weitere Einzelheiten der Gestaltung von Prüfungen

415   Soweit es schließlich um weitere Einzelheiten bei der Anfertigung von Haus- oder Aufsichtsarbeiten oder der mündlichen Prüfung geht, ist der **Gestaltungsspielraum** der Prüfer, Ausschüsse und Prüfungsbehörden zwar groß, jedoch ebenfalls nicht unbegrenzt; er ermächtigt grundsätzlich nur zu **sachgerechten,** d. h. an den Zielen der jeweiligen Leistungskontrolle orientierten **Verfahrensregelungen** und **Organisationsmaßnahmen.** Das Gebot, die Chancengleichheit der Prüflinge zu beachten, hat in diesem zentralen Bereich der Prüfung besonderes Gewicht. Ist eine bestimmte Verfahrensweise in der Prüfungsordnung nicht zwingend, sondern nur „in der Regel" vorgeschrieben, rechtfertigen schon sachlich vertretbare und nicht erst zwingende Gründe ein Abweichen von der Regel, insbesondere wenn eine atypische Situation gegeben ist.[509]

416   Der **völlige Ausfall** eines in der Prüfungsordnung vorgeschriebenen Teils der Prüfung stellt einen Verfahrensfehler dar, der nicht schon deshalb als unwesentlich angesehen werden kann, weil dem Prüfer ein Ermessen bei der Auswahl des Prüfungsstoffes zusteht.[510]

---

[507] OVG NW, Beschl. v. 17. 2. 2000 – 19 A 3459/99 – NVwZ-RR 2000, 432 = NWVBl. 2000, 309 = SPE 162 Nr. 29.

[508] Der BFH, U. v. 20. 7. 1999 – VII R 111/98 – SPE 290 Nr. 23, versagt dem Prüfling fälschlich ein subjektives Recht auf Chancengleichheit (Verstoß gegen Art. 3 Abs. 1 GG) und gewährt ihm deshalb von vornherein keine Rügemöglichkeit, wenn andere Prüflinge bevorzugt worden sind.

[509] OVG NW, U. v. 12. 10. 1977 – 16 A 844/76 –, betr. die regelmäßige Zahl der Prüflinge in jeweils einer Prüfung.

[510] VGH Bad.Wttbg., Beschl. v. 13. 10. 1992 – 9 S 2332/92 – VBlBW 1993, 115.

Den **Prüfungsort** und den **Prüfungsraum** festzulegen, liegt – soweit dies **417** nicht anderweitig geregelt ist – im Organisationsermessen der Prüfungsbehörde; sie darf jedoch nicht willkürlich entscheiden und muss die Chancengleichheit der Prüflinge berücksichtigen.[511] Ob der Prüfling nah am Prüfungsort wohnt oder zeitaufwendig anreisen oder gar vorher in einem Hotel übernachten muss, sind Lebensumstände, die in seinem Verantwortungsbereich liegen. Auch starke – möglicherweise psychisch bedingte – Abneigungen gegenüber bestimmten Orten muss er beherrschen können, da sonst Zweifel an seiner allgemeinen und beruflichen Belastbarkeit angebracht wären.

Die Prüfungsbehörde muss für die Anfertigung der Aufsichtsarbeiten **418** **Räume zur Verfügung stellen,** die hierfür geeignet sind. Geboten sind nicht optimale, z. B. schallisolierte und klimatisierte, sondern solche Räumlichkeiten, die ein konzentriertes Arbeiten über mehrere Stunden gestatten. Erheblich beengte, dunkle, schlecht geheizte oder nur unvollkommen zu lüftende Räume sind ungeeignet. Generell geeignete Räume dürfen dennoch im Einzelfall nicht ausgewählt werden, wenn zur Zeit der Prüfung, z. B infolge von Straßenbauarbeiten, erhebliche Störungen zu erwarten sind (Rdn. 470). Dagegen muss nicht auch jeglichen individuellen Befindlichkeiten einzelner Prüflinge durch die Bereitstellung von Räumlichkeiten entsprochen werden. Prüflinge, die während der Aufsichtsarbeiten auf Nikotin oder Medikamente nicht verzichten können, müssen sich damit begnügen, dass sie den Prüfungsraum zu diesem Zweck kurzzeitig verlassen.[512]

Auch die **Einrichtungen** des **Prüfungsraums** müssen für den Prüfungs- **419** zweck geeignet sein. Ein Bürotisch mit den Maßen 78x78 cm ist grundsätzlich geeignet, um in einer schriftlichen juristischen Prüfung die erforderliche Leistung zu erbringen.[513] Freilich dürfen diese Tische nicht so eng aneinander gestellt werden, dass etwa ein anhaltendes „Tisch-Wackeln" eines unruhigen Prüflings sich auf den Nachbartisch überträgt und damit den anderen Prüfling übermäßig behindert.

Die vorstehend genannten Anforderungen gründen nicht nur in dem An- **420** spruch des Prüflings, seinen Leistungsnachweis unter geordneten äußeren Vorbedingungen erbringen zu können; sie stehen vielmehr auch in engem Zusammenhang mit dem Gebot der **Chancengleichheit** (Art. 3 Abs. 1 GG). Deshalb darf nicht die eine Gruppe von Prüflingen durch **optimale Einrich-**

---

[511] Dazu im Einzelnen, auch wegen der Annahme eines Härtefalls: OVG Sachs., Beschl. v. 22. 11. 2001 – 4 B S 262/01 – SächsVBl. 2002, 113.
[512] BVerwG, Beschl. v. 6. 5. 1988 – 7 B 71/88 – Buchholz 421.0 Prüfungswesen Nr. 251 = NJW 1988, 2813; OVG NW, U. v. 9. 2. 1988 – 22 A 1903/87 – SPE 610 Nr. 8 = NWVBl. 1988, 239. Anderer Auffassung: *Wegmann* BayVBl. 1990, 673, der meint, dass auch die Nichtraucher auf die Raucher „einwirken" und dass daher die gegenseitige Einwirkung im Sinne der Chancengleichheit auszubalancieren sei.
[513] VG Koblenz, U. v. 29. 10. 1998 – 7 K 859/98 – NVwZ-RR 1999, 747 = SPE 558 Nr. 4.

tungen **wesentlich bevorteilt** und die andere durch deutlich **schlechtere Arbeitsbedingungen** – selbst wenn diese nicht von vornherein ungeeignet sind – benachteiligt werden.[514] Andere Umstände, z. B. dass andere Prüflinge **wesentlich größere Tische** haben und ihre Unterlagen daher übersichtlicher ausbreiten können, verändern indes die Chancen einer guten Leistung nicht so erheblich, dass dies unter dem Gesichtspunkt der Chancengleichheit rechtlich relevant sein könnte.[515] Sind aber Prüflinge durch **erheblich schlechtere äußere Vorbedingungen** benachteiligt worden, können sie ihren Anspruch auf Wiederholung des davon betroffenen Prüfungsteils auch darauf stützen, dass es für die Bewertung ihrer Leistungen nachteilig sein kann, dass die anderen Prüflinge aufgrund optimaler Prüfungsbedingungen besonders gute Leistungen erbracht haben (zur relativen Bewertung Rdn. 539 ff.).

421   Es ist dem Prüfungsamt nicht grundsätzlich untersagt, die einzelne **Hausarbeit** nacheinander auch an **mehrere Prüflinge** auszugeben.[516] Freilich müssen hierbei Vorkehrungen getroffen werden, die geeignet sind, **Täuschungsversuchen** wirksam entgegenzuwirken. Dazu sind z. B. größere zeitliche Abstände und gewisse Veränderungen bei der Aufgabenstellung sowie ein Vergleich der Arbeit mit zuvor gefertigten Ausarbeitungen anderer Prüflinge geeignet. Ist die Lösung einer bestimmten Hausarbeit generell bekannt, etwa weil sie dem Internet zu entnehmen oder als Muster bei Repetitorien zu erlangen ist, darf diese Hausarbeit nicht mehr ausgeben werden.[517] Denn die Prüfung darf auch nicht in einzelnen Teilen zur Farce entarten;[518] auch darf die Chancengleichheit der Prüflinge nicht auf diese Weise verletzt werden. Allerdings ist der Prüfling, dem eine solche Hausarbeit dennoch zur Bearbeitung gegeben wird, nicht verpflichtet, sie zurückzugeben. Ein Täuschungsversuch ist ihm nur dann anzulasten, wenn er von der früheren Bearbeitung „verdeckten" Gebrauch macht und die Übernahme fremder Ausführungen fälschlich als seine eigene Leistung ausgibt (dazu Rdn. 447 ff., 450).

422   Diese Anforderungen gelten prinzipiell auch für die schriftlichen **Aufsichtsarbeiten.** Dem Ziel des Prüfungsverfahrens entsprechend, die wahren

---

[514] Anders: VGH Bad.-Wttbg., U. v. 7. 5. 1987 – 9 S 31/86 – SPE 290 Nr. 14. Wegen des Anspruchs der Prüflinge auf vorherige Besichtigung der Prüfungsräume allzu sehr zurückhaltend: BayVGH, U. v. 14. 1. 1987 – Nr. 3 B 86.01252 – BayVBl. 1987, 182; insofern sollte es darauf ankommen, ob ein sachlich vertretbarer Grund für das Verlangen des Prüflings nach Information vorgebracht wird.

[515] Ebenso: VG Koblenz, U. v. 29. 10. 1998, a. a. O.

[516] BVerwG, Beschl. v. 7. 9. 1990 – 7 B 116.90 – SPE 588 Nr. 13. Freilich ist der Prüfungsausschuss gegenüber dem Prüfer berechtigt, dies wegen der Täuschungsgefahr zu untersagen: OVG NW, Beschl. v. 19. 4. 1993 – 22 B 398/93 – NVwZ 1994, 806 = NWVBl. 1993, 391.

[517] Insoweit anders bei Aufsichtsarbeiten: OVG Berl., Beschl. v. 15. 5. 2003 – 4 S 23/03 – NJW 2003, 2256.

[518] Vgl. hierzu besonders: VG Berl., U. v. 17. 12. 1997 – 12 A 1365.95.

Leistungen und Befähigungen des Prüflings nachzuweisen, sind sämtliche Verfahrensweisen unstatthaft, die diesem Ziel entgegenwirken. Ferner ist dem Gebot der (äußeren) Chancengleichheit unter den Bearbeitern der Aufsichtsarbeit hier ein besonderes Augenmerk zu widmen. Dieses Gebot ist freilich nicht schon immer dann verletzt, wenn Aufgaben gestellt werden, deren Lösung im Fachschrifttum behandelt ist, oder wenn das Prüfungsamt von anderen Prüfungsämtern verwendete Aufsichtsarbeiten ausgibt, obwohl Hinweise zu Inhalt und Lösungen der Arbeit dem Internet zu entnehmen sind.[519] Denn wer das Fachschrifttum beachtet oder sich durch die Bearbeitung früherer Aufsichtsarbeiten auf seine Prüfung vorbereitet, verschafft sich keine unzulässigen Vorteile. Erst wenn Indiskretionen oder sonstige Informationen des Prüfungsamts oder der Prüfer die Themen der Aufsichtsarbeiten vorwegnehmen oder erkennen lassen, dass bestimmte frühere Aufgaben erneut zur Bearbeitung anstehen, sind der Sinn und Zweck der Prüfung in der Form einer „Klausur" verfehlt und die Chancengleichheit verletzt.[520] Solche Mängel sind nur dadurch zu beheben, dass die Aufsichtsarbeit nicht gewertet, sondern eine neue Arbeit angefertigt wird.

Das Prüfungsverfahren ist gerade auch bei den Aufsichtsarbeiten so zu **423** gestalten, dass Leistungen nicht bloß zum Schein erbracht werden. Dazu ist eine genaue **Aufsicht** erforderlich, durch welche ausgeschlossen wird, dass der selbständig arbeitende und unzulässige Hilfsmittel vermeidende Prüfling von vornherein gegenüber anderen – weniger ehrlichen – Prüflingen benachteiligt ist. Welche Folgen ein Verstoß gegen diese Aufsichtspflicht hat, hängt von seinen Auswirkungen ab. Im allgemeinen kann der „ehrliche" Prüfling für sich keine rechtlichen Ansprüche daraus herleiten, dass ein anderer Prüfling etwa die unzulängliche Aufsicht ausgenutzt und sich dadurch oder auf andere Weise einen Vorteil erschlichen hat.[521] Die Qualität seiner Leistungen ändert sich dadurch generell nicht. Dies ist jedoch anders, wenn die Leistungen der Prüflinge des betreffenden Prüfungstermins relativ nach dem Ausfall der Arbeiten bewertet werden, insbesondere wenn daraus üblicherweise Rückschlüsse auf den Schwierigkeitsgrad der Aufgabe gezogen werden (dazu im Einzelnen Rdn. 539 ff.; wegen der Täuschungen und deren Folgen vgl. 447 ff.).

Die Aufgabe des Prüfungsamts, hinsichtlich aller wesentlichen Umstände **424** eine zuverlässige und lückenlose **Aufsicht während der Klausurarbeiten** zu organisieren, unterliegt zwar grundsätzlich seinem gestalterischen Ermessen. Bei deren Gebrauch hat es sich aber ganz besonders an dem Grundsatz der Chancengleichheit (Art. 3 Abs. 1 GG) zu orientieren. Dagegen wird verstoßen, wenn während der Aufsicht ein Prüfer auch nur kurzfristig anwesend ist, der von dem – diese Klausur schreibenden – Prüfling in einem

---

[519] OVG Berl., Beschl. v. 15. 5. 2003, a. a. O.
[520] VG Berl., U. v. 17. 12. 1997 – 12 A 1365.95.
[521] BVerwG, Beschl. v. 6. 4. 1984 – 7 C 26.84 – KMK-HSchR 1984, 907.

früheren Prüfungsversuch erfolgreich als befangen abgelehnt worden ist. Dabei kommt es nicht darauf an, ob der Aufsichtsführende davon Kenntnis hat. Jedenfalls ist es dem Prüfling in dieser Situation nicht zuzumuten, der Prüfungsaufsicht den Sachverhalt offenzulegen und darum zu bitten, dass der befangene Prüfer den Raum verlässt.[522]

425   Bei der Zuteilung einer **schwierigen oder weniger schwierigen Hausarbeit** darf nach den ausgewiesenen Vorleistungen des Prüflings, z. B. nach der Ausbildungsnote, unterschieden werden, wenn der jeweilige Schwierigkeitsgrad bei der Leistungsbewertung berücksichtigt wird.[523] Die Verpflichtung, Klausuren oder Klassenarbeiten **gleichmäßig auf das Semester** oder das **Schuljahr zu verteilen,** lässt dem Prüfer/Lehrer einen Spielraum für die Gestaltung des Klausurenplans, den er nach pädagogischen Gesichtspunkten ohne starre Bindung an bestimmte Zeitabstände ausfüllen darf.[524] Von einer nachträglichen **Änderung des Prüfungsverlaufs** (z. B. von einer Änderung der Zahl der Klausuren oder Klassenarbeiten) sind im Rahmen der Übergangsregelungen solche Prüflinge auszunehmen, die sich auf den bisherigen Prüfungsmodus eingerichtet haben und sich nicht mehr in zumutbarer Weise umstellen können (dazu im Einzelnen Rdn. 81 ff.). Bei Vorliegen besonderer Gründe dürfen Schüler auch zu **schriftlichen Zusatzarbeiten,** die neben den vorgeschriebenen (Klassen-)Arbeiten anzufertigen sind, herangezogen werden; sodann müssen jedoch alle Schüler einer Klasse einbezogen werden.[525] Ebensowenig ist die Chancengleichheit dadurch verletzt, dass ein nach der schriftlichen Prüfung unklares Leistungsniveau durch eine zusätzliche mündliche Prüfung abgeklärt wird; freilich darf dies nicht in Widerspruch zu den Festlegungen der Prüfungsordnung stehen.[526]

426   Die Forderung, dass der Prüfling die Hausarbeit als ein Schriftstück im Original mit Unterschrift und nicht etwa per **Fax,** in Form einer **Diskette,** als **CD** oder gar über das Internet abliefert, überschreitet nicht die Befugnis der Prüfungsbehörde zur Gestaltung der äußeren Prüfungsbedingungen. Versagt indes die **häusliche Computeranlage** unvermittelt, so dass die vorhandene Arbeit nicht rechtzeitig ausgedruckt werden kann, so dürfte dies – wenn es hinreichend glaubhaft gemacht wird – ein „wichtiger Grund" für die Rechtfertigung der Verzögerung oder ein Grund für ein Wiederaufgreifen des Verfahrens (§ 51 Abs. 1 Nr. 3 i.V.m. § 580 ZPO) sein. Die Erfolgsaussichten für die Stattgabe eines solche Antrags können dadurch wesentlich vermehrt werden, dass der Prüfling die Diskette mit der fertigen,

[522] BVerwG, U. v. 11. 11. 1998 – 6 C 8.97 – BVerwGE 107, 363 = NVWZ 1999, 993 = NVwZ-RR 1999, 438 = DVBl. 1999, 790.

[523] BVerwG, Beschl. v. 18. 9. 1984 – 7 B 110.84 – Buchholz 421.0 Prüfungswesen Nr. 201. Wegen einzelner Bearbeitungshinweise: BVerwG, Beschl. v. 21. 12. 1993 – 6 B 65.92 – Buchholz a. a. O. Nr. 325.

[524] VGH Bad.-Wttbg., Beschl. v. 12. 10. 1992 – 9 S 2272/92.

[525] VGH Bad.-Wttbg., Beschl. v. 8. 2. 2000 – 9 S 3074/99 – SPE 400 Nr. 47.

[526] OVG Rh.-Pf., U. v. 21. 6. 1996 – A =/95 – SPE 290 Nr. 21.

aber noch nicht ausgedruckten Hausarbeit dem Prüfungsamt rechtzeitig zuleitet.[527]

Gruppenarbeiten kommen insbesondere bei Diplomarbeiten, bei künst- **427** lerischen oder handwerklichen Arbeiten oder auch bei studienbegleitenden Hausarbeiten, aber auch in der mündlichen-praktischen Prüfung (z.B. in der Form eines Planspiels) in Betracht. Voraussetzung ist allerdings, dass sich der **Einzelbeitrag des Prüflings** bei der gemeinsamen Bearbeitung eines Themas oder Themenbereichs **eindeutig abgrenzen** und **zuverlässig bewerten** lässt. Die Möglichkeit, dass weniger qualifizierte Prüflinge ohne selbständige Leistung „durchgeschleust" werden, muss ausgeschlossen sein.[528] Bei wissenschaftlichen Arbeiten genügt dazu nicht die äußerliche Aufteilung nach Abschnitten oder Seitenzahlen; vielmehr muss der sachliche Gehalt der selbständigen Leistung messbar sein, was wegen der gedanklichen Zusammenhänge und Wechselwirkungen nicht selten große Schwierigkeiten bereitet.[529]

Diese allgemeinen prüfungsrechtlichen Grundsätze für **Gruppenarbeiten** **428** sind bezüglich der **Hochschulprüfungen** durch einschlägige Bestimmungen der meisten Landeshochschulgesetze ausdrücklich bekräftigt worden.[530] Danach müssen auch bei Gruppenarbeiten die individuellen Leistungen deutlich abgrenzbar und bewertbar sein. Maßstab dafür ist, ob es trotz der gemeinsamen Leistung möglich ist, hinreichend sicher zu beurteilen, ob der einzelne Prüfling das Ziel des Studiums oder des Studienabschnitts erreicht hat. Werden diese Anforderungen eingehalten, so dass die Chancengleichheit auch im Verhältnis zu den anderen Prüflingen gewahrt bleibt, bestehen keine verfassungsrechtlichen Bedenken gegen Gruppenarbeiten.[531]

Auch andere Detailregelungen des äußeren Ablaufs der Prüfung (z.B. die **429** Sitzverteilung[532] oder die Wahrung der **Anonymität** durch ein **Kennziffernsystem**) unterliegen grundsätzlich dem gestalterischen Ermessen des Prüfungsamts. Das Bundesrecht enthält für landesrechtlich geregelte Prüfungen keine Vorgaben dazu, inwieweit und in welcher Weise bei schriftlichen Prüfungen die Anonymität des Prüflings zu gewährleisten ist.[533] Die

---

[527] Vgl. dazu auch: VG Frankfurt a.M., U. v. 5. 4. 1989 – V/3 E 2023/87 – NJW 1990, 340, das jedoch in dem dort entschiedenen Fall von einer nicht vollständigen Hausarbeit ausgegangen ist.

[528] BVerwG, Beschl. v. 29. 3. 1979 – 7 B 27.78 – Buchholz a.a.O. Nr. 106 = JZ 1979, 469, und v. 25. 5. 1978 – 7 B 124.77 – Buchholz a.a.O. Nr. 91; VGH Bad.-Wttbg., U. v. 15. 3. 1977 – IV 101/77 – NJW 1977, 1842. Wegen der Hinweispflicht des Gerichts, wenn es die Bewertungsfähigkeit einer Gemeinschaftsarbeit in Frage stellt: BVerwG, U. v. 9. 8. 1978 – 7 C 79–82.77.

[529] OVG NW, U. v. 25. 7. 1975 – XV A 1135/74.

[530] S. die Hinweise bei *Waldeyer*, in: Hailbronner/Geis, Hochschulrahmengesetz, Rdn. 65.

[531] So auch *Waldeyer*, a.a.O. Rdn. 65, 66.

[532] OVG NW, U. v. 28. 4. 1982 – 15 A 569/81.

[533] BVerwG, Beschl. v. 26. 5. 1999 – 6 B 65/98 – NVwZ-RR 1999, 745.

Maßnahmen müssen am Zweck der Prüfung orientiert sein. Sie sind rechtlich unzulässig, wenn sie zu Behinderungen des Prüflings führen, die danach nicht notwendig sind oder mit ihren Auswirkungen den Prüfling übermäßig belasten. Soweit prüfungsrechtliche Bestimmungen für schriftliche Arbeiten ein Kennziffernsystem vorsehen, sind Einschränkungen der Wahrung des Kennziffergeheimnisses zulässig, wenn sie ihrerseits der Gewährleistung der Chancengleichheit dienen.[534]

430　　Die äußere Chancengleichheit im Prüfungsverfahren ist ferner dann beeinträchtigt, wenn wichtige **Hilfsmittel** für die Anfertigung der Prüfungsarbeiten ungleichmäßig verteilt sind[535] oder auf unterschiedlich wirksame Weise dem Prüfling zur Anfertigung der (Aufsichts-)Arbeit verhelfen können.[536] Es verstößt insbesondere gegen das Gebot der Gleichbehandlung aller Prüflinge, wenn bei den Aufsichtsarbeiten in der zweiten juristischen Staatsprüfung ein Teil der Prüflinge die zu benutzenden Bücher aufgrund einer entsprechenden Aufforderung[537] selbst mitbringen darf, die anderen Prüflinge die vom Prüfungsamt zur Verfügung gestellten Bücher benutzen müssen und nicht sichergestellt ist, dass die mitgebrachten Bücher bezüglich Auflage, privaten Randbemerkungen u. ä. den zur Verfügung gestellten Büchern entsprechen.[538] Gleiches gilt, wenn an Prüflinge, die eine von ihnen selbst zu stellende Gesetzessammlung nicht zur Aufsichtsarbeit mitgebracht haben, Amtsexemplare nach der Reihenfolge der Anforderung durch die Prüflinge verteilt werden und ein Teil der Prüflinge leer ausgeht.[539] Die Chancengleichheit ist ferner verletzt, wenn in einer juristischen Prüfung bei der Festsetzung des Prüfungstermins nicht die Möglichkeit geboten wird,

---

[534] BVerwG, Beschl. v. 25. 7. 2000 – 6 B 38.00 – Buchholz a. a. O. Nr. 399 = SPE 568 Nr. 27.

[535] Dazu: BVerwG, Beschl. v. 19. 9. 1978 – 7 B 19.78 – Buchholz a. a. O. Nr. 97; VGH Bad.-Wttbg., U. v. 23. 3. 1982 – IV 605/79 – VBlBW 1983, 215; wegen der Rechtsfolgen des Besitzes unzulässiger Hilfsmittel: BayVGH, Beschl. v. 6. 4. 1981 – Nr. 3 B 80.1519 – BayVBl. 1981, 688. Vgl. ferner: *Guhl,* a. a. O., S. 120; *Pietzcker,* a. a. O., S. 185. Hinweise zur Fallbearbeitung sind keine Hilfsmittel für die Lösung eines Falles: BVerwG, Beschl. v. 21. 12. 1993 – 6 B 65.92 – Buchholz a. a. O. Nr. 325.

[536] VG Mainz. U. v. 11. 12. 2002 – 7 K 502/02 – NJW 2003, 1545, insbesondere zur Frage unzulässiger Markierungen in den zugelassenen Texten.

[537] BVerwG, U. v. 24. 2. 1993 - 6 C 35.92 – Buchholz a. a. O. Nr. 313 = NVwZ 1993, 681. Aus der Art der mitzubringenden Texte sind keine rechtsverbindlichen Folgerungen darauf statthaft, welcher Prüfungsstoff geprüft werden wird.

[538] BVerwG, U. v. 13. 10. 1972 – 7 C 17.71 – BVerwGE 41, 34 = DVBl. 1973, 150. VG Mainz, U. v. 11. 12. 2002, a. a. O.: Die stichprobenartige Kontrolle genügt.

[539] BVerwG, Beschl. v. 19. 9. 1978, a. a. O. Ein Verbot der Prüfungsaufsicht, als Hilfsmittel bei einer Aufsichtsarbeit Texte zu benutzen, die zum Prüfungstermin mitzubringen waren und die auch benötigt wurden, ist rechtswidrig: VGH Bad.-Wttbg., U. v. 25. 2. 1982 – 9 S 2532/81 – NVwZ 1983, 565. Der Prüfling genießt keinen rechtserheblichen Vertrauensschutz, wenn er annimmt, dass mit der Angabe der mitzubringenden Texte zugleich auch ein Hinweis auf den zu erwartenden Prüfungsstoff gegeben sei: BVerwG, U. v. 24. 2. 1993 – 6 C 35.92 – a. a. O.

auch am 2. Werktag vor der Prüfung zur Vorbereitung des Vortrages die Fachbibliothek zu benutzen.[540]

Nur die hierdurch benachteiligten Prüflinge sind zwecks Wahrung der **431** Chancengleichheit berechtigt, eine **erneute Prüfung** in dem betreffenden Prüfungsteil (der Aufsichtsarbeit) zu verlangen.[541] Von den anderen (begünstigten) Prüflingen darf eine erneute Prüfungsleistung nur dann verlangt werden, wenn sie nachweisbar unter Verletzung der Chancengleichheit Vorteile erlangt haben, die das Prüfungsergebnis verfälschen (Rdn. 106ff., 109; Hinweise auf Anwendungsfälle s. Rdn. 414).

Eine erhebliche Beeinträchtigung liegt dagegen nicht vor, wenn bei einer **432** (juristischen) Aufsichtsarbeit eine Seite in der zur Verfügung gestellten Gesetzessammlung fehlt und dem Prüfling auf seine Beanstandung hin sofort ein vollständiges Exemplar ausgegeben wird.[542] Ebensowenig ist die Chancengleichheit im Bereich der äußeren Prüfungsbedingungen verletzt, wenn allein **schreibbehinderten Prüflingen** – je nach Art und Schwere ihrer Behinderung – Arbeitszeitverlängerungen oder Schreibhilfen zur Verfügung gestellt werden (Rdn. 122), und zwar ohne Rücksicht darauf, ob der Prüfling als Schwerbehinderter anerkannt ist oder nicht.[543]

Einzelheiten der Organisation und äußeren Gestaltung der **mündlichen 433 Prüfung** sind dadurch zu rechtfertigen, dass mit ihnen dem Ziel gedient wird, die Kenntnisse und Befähigungen des Prüflings zuverlässig zu ermitteln. Für das Ausmaß der Zeit, mit der sich ein Prüfer einzelnen Prüflingen zuwendet, benennen manche Prüfungsordnungen eine **Höchst- oder Mindestdauer**, die freilich in den meisten Fällen nur beachtet werden „soll" und daher sachlich begründeten Ausnahmen zugänglich ist. Jedenfalls ist deren Überschreitung nur dann ein erheblicher Verfahrensfehler, wenn damit ein Einfluss auf das Prüfungsergebnis verbunden sein kann (dazu im Einzelnen Rdn. 400, 495).

Die verfassungsrechtlichen Grundsätze der Chancengleichheit und der **434** fairen Behandlung der Prüflinge gebieten es nicht, mit jedem Prüfling die **gleiche Anzahl von Fällen** zu erörtern. Sie erfordern es auch nicht, jedem Prüfling die Gelegenheit zu geben, einen von ihm angefangenen **Prüfungsfall zu Ende zu führen.** Vielmehr darf der Prüfer die Erörterung des Falles abbrechen, wenn er z.B. die Prüfungsdauer zu beachten hat und nicht abse-

---

[540] BVerwG, U. v. 23. 7. 1965 – 7 C 196.64 – DVBl. 1966, 860 = DÖV 1965, 771 = Buchholz a.a.O. Nr. 28.

[541] Steht fest, dass ungleiche Hilfsmittel verwendet worden sind, kann die Prüfungsbehörde indes nicht mehr aufklären, welche Prüflinge davon benachteiligt worden sind, bleibt nur übrig, allen Prüflingen, die eine Benachteiligung glaubhaft versichern, zu erlauben, diese Aufsichtsarbeit zu wiederholen.

[542] OVG NW, U. v. 25. 3. 1977 – 5 A 279/76.

[543] BVerwG, U. v. 30. 8. 1977 – 7 C 50.76 – Buchholz a.a.O. Nr. 85; BayVGH, Beschl. v. 2. 4. 1976 – Nr. 96 III 76 – BayVBl. 1976, 656; *Tiemann*, Zur Rechtsstellung Behinderter im Prüfungsverfahren, BayVBl. 1976, 650.

hen kann, wie lange der Prüfling noch zur Lösung des Falles benötigt, und er den Prüfling in der zur Verfügung stehenden Zeit noch auf einem anderen Gebiet befragen will. Etwas anderes würde nur dann gelten, wenn sich die Prüfungskommission wegen der nicht vollendeten Fallprüfung offensichtlich kein ausreichendes Bild über die Fähigkeiten und Leistungen des Prüflings hatte machen können.[544]

435   Es ist grundsätzlich Sache des Prüfers, wie er seine Fragen ordnet und welche **Reihenfolge** er dabei einhält. Geht es etwa um das Verständnis für Zusammenhänge, besteht kein Grund zu beanstanden, dass der Prüfer eine bereits richtig beantwortete Frage nach mehreren Zwischenfragen in gleicher oder ähnlicher Form neu stellt.[545] **Schweigt** der Prüfling **anhaltend** auf diese oder andere Fragen und will der Prüfungsausschuss dieses Verhalten wie eine „**Abwesenheit" von der Prüfung sanktionieren,** so muss er den Prüfling darüber zuvor informieren.[546]

436   Grundsätzlich gilt für alle mündlichen Prüfungen die **Anwesenheits- und Beteiligungspflicht** aller, die als Mitglieder der Prüfungskommission zur Bewertung dieser Prüfungsleistungen berufen sind (Rdn. 566).[547] Diese Pflicht ist nicht etwa schon durch die physische Anwesenheit des Prüfers im Prüfungsraum erfüllt; vorauszusetzen ist vielmehr, dass jeder Prüfer in der Lage ist, dem Prüfungsgespräch uneingeschränkt zu folgen. Der Prüfer hat auch tatsächlich dem Prüfungsgeschehen seine **ungeteilte Aufmerksamkeit** zu widmen und darf sich insbesondere nicht durch die Beschäftigung mit prüfungsfremder Literatur ablenken lassen.[548] Der Vorsitzende des Prüfungsausschusses verletzt seine Anwesenheitspflicht, wenn er sich von dem Prüfungsgeschehen – indem er sich z.B. einer anderen Prüfung zuwendet – so weit entfernt, dass er nicht mehr beurteilen kann, ob das Prüfungsgespräch korrekt verläuft.[549] Auch die **zehnminütige Abwesenheit** des Prüfungsvorsitzenden während einer „Unterrichtsbesichtigung" im Rahmen einer Lehramtsprüfung stellt einen Verfahrensfehler dar. Dieser Fehler kann unter besonderen Umständen unerheblich sein, wenn anzunehmen ist, dass

---

[544] BVerwG, Beschl. v. 1. 2. 1995 – 6 B 87.94.

[545] OVG NW, U. v. 14. 11. 1975 – 15 A 261/74.

[546] BVerfG, Beschl. v. 13. 11. 1979 – 1 BvR 1022/78 – BVerfGE 52, 380 = NJW 1980, 1153.

[547] BVerfG, Beschl. v. 16. 1. 1995 – 1 BvR 1505/94 – VBlBW 1995, 134; BVerwG, U. v. 6. 7. 1979 – 7 C 26.76 – Buchholz 421.0 Prüfungswesen Nr. 116 = DVBl. 1980, 482 = DÖV 1980, 140.

[548] OVG NW, U. v. 18. 9. 1991 – 22 A 1239/89 – NVwZ 1992, 397 = NWVBl. 1992, 63, m. Anm. v. *Krüger,* (bestätigt durch Beschl. des BVerwG v. 11. 5. 1992 – 6 B 10.92 – Buchholz a.a.O. Nr. 295), und U. v. 4. 4. 1986 – 15 A 2304/83 – NJW 1987, 972 = DÖV 1987, 401.

[549] BVerwG, U. v. 6. 7. 1979 – 7 C 26.76 – a.a. O; OVG NW, U. v. 21. 12. 1967 – V A 123/67 – OVGE 24, 1 = NJW 1968, 2312 ff., 2313. Verneint worden ist ein Verstoß im Falle eines Abstands von drei bis vier Metern vom Prüfungstisch trotz gewisser Sichtbehinderungen: OVG Hamb., U. v. 16. 11. 1992 – OVG Bf. III 10/91.

die Abwesenheit des Prüfers auf die Bewertung der Leistungen ohne Einfluss ist (z. B. wenn in dem vorbezeichneten Fall während der Abwesenheit des Vorsitzenden eine sogen. Stillarbeitsphase durchgeführt worden ist).[550]

Die **Abwesenheit eines Prüfers** stellt ausnahmsweise dann keinen Verfahrensverstoß dar, wenn der Prüfer – etwa wegen Krankheit – verhindert ist und eine Verschiebung der Prüfung nicht möglich, von noch größerem Nachteil oder wegen Geringfügigkeit unnötig ist.[551] Demgemäß ist in manchen Prüfungsordnungen die Anwesenheitspflicht der Prüfern eingeschränkt worden, „soweit dringende andere Verpflichtungen bestehen". In solchen Fällen sind an die „Dringlichkeit" der Verpflichtung strenge Anforderungen zu stellen. Ersatzlos verzichtet werden darf auf den verhinderten Prüfer jedenfalls nur dann, wenn angesichts der verbleibenden Zahl von Prüfern und deren fachlicher Befähigung auch ohne ihn eine wirksame und dem Gebot der Chancengleichheit entsprechende Leistungskontrolle stattfinden kann.[552] Ist dies nicht unbedenklich gewährleistet, muss die Prüfung im Falle der dringlichen Verhinderung eines Prüfers vertagt werden. **437**

Die als ein Verfahrensverstoß zu bewertende Abwesenheit eines Prüfers bei der Beratung des Prüfungsergebnisses kann ausnahmsweise durch seine **Anwesenheit bei der Beratung über den Widerspruch** des Klägers **geheilt** werden, wenn nicht besondere Gründe vorliegen, die zu der Annahme Anlass geben, dass für ihn eine Korrektur der ersten Entscheidung von vornherein ausscheidet.[553] **438**

Selbst wenn dies in der Prüfungsordnung nicht ausdrücklich hervorgehoben ist, muss der gesamte Verlauf der mündlichen Prüfung, insbesondere der Prüfungsstil, von **Sachlichkeit** und **Fairness** bestimmt sein (vgl. Rdn. 184). Verstöße gegen das Recht des Prüflings auf ein faires Verfahren machen eine Wiederholung der Prüfung erforderlich, wenn der Prüfling dies begehrt. Schließlich kann es sogar zur **Nichtigkeit** einer **Prüfung** führen, wenn aufgrund des verfahrensmäßigen Ablaufs eine echte Leistungskon- **439**

---

[550] OVG NW, U. v. 6. 5. 1977 – 5 A 562/75.

[551] OVG NW, U. v. 17. 7. 1961 – V A 315/61 – RWS 1962, 80; U. v. 9. 9. 1963 – V A 215/63 – SPE II C IX, S. 3, betr. den krankheitsbedingten Ausfall des Deutschlehrers in der Versetzungskonferenz; zur Anwesenheitspflicht des Ausschussvorsitzenden: OVG NW, U. v. 21. 12. 1967 – V A 123/67 – OVGE 24, 1 = NJW 1968, 2312, und HessVGH, U. v. 10. 12. 1969 – II OE 121/68 – SPE III F VII, S. 15; zur Frage der geringfügigen Abwesenheit: BVerwG, U. v. 14. 6. 1963 – 7 C 68.62 – BVerwGE 16, 154 = DVBl. 1964, 320 = Buchholz a.a.O. Nr. 23, betr. die zeitweise Abwesenheit des Musiklehrers; OVG NW, U. v. 15. 12. 1969 – V A 509/69 – SPE III D IX, S. 3, betr. die siebenminütige Abwesenheit eines Prüfers während der juristischen Prüfung.

[552] Dies ist von der Rechtsprechung in einem Fall bejaht worden, in dem von vier Prüfern jedenfalls drei ständig anwesend waren; der nicht ständig anwesende Prüfer darf nicht bei der Bildung der Gesamtnote mitbestimmen: BVerwG, Beschl. v. 27. 3. 1992 – 6 B 6.92 – NVwZ 1992, 1199 = DÖV 1992, 884.

[553] BVerwG, U. v. 24. 2. 1993 – 6 C 38.92 – Buchholz a.a.O. Nr. 314 = NVwZ 1993, 686.

trolle der einzelnen Prüflinge nicht angenommen werden kann, sondern die mündliche Prüfung zu einer Farce entartet ist.[554]

440 Auch die Durchführung der Prüfung als **Gruppen- oder Einzelprüfung** und die **Zahl der Prüfungskandidaten** in den jeweiligen Gruppen der mündlichen Prüfung[555] können auf die Chancengleichheit von Einfluss sein. „Soll" nach der Prüfungsordnung eine bestimmte Zahl von Prüflingen in einer mündlichen Prüfung geprüft werden, so darf von dieser Regel nur dann – nach oben oder unten – abgewichen werden, wenn nach den besonderen Umständen des Einzelfalls gewichtige Gründe diese Ausnahme rechtfertigen (z.B. wenn ein Prüfling wegen Krankheit ausscheidet). Bei einer nur geringfügigen Überschreitung (z.B. bei fünf statt der im Regelfall vier Prüflinge) ist jedoch nicht ohne weiteres anzunehmen, dass das Prüfungsergebnis hiervon beeinflusst worden ist (Rdn. 493, 495). Eine gemeinsame (mündliche) Prüfung von Prüflingen mit verschiedenen Wahlfachgruppen ist rechtlich zulässig, wenn der jeweilige Prüfungsgegenstand diesen Wahlfachgruppen gemeinsam zuzuordnen ist.[556]

441 Die vorher abschließend bewerteten **schriftlichen Arbeiten** müssen bei der **mündlichen Prüfung nicht ausliegen.** Dagegen bestehen ohnehin rechtliche Bedenken, weil die Gefahr besteht, dass die Prüfer der mündlichen Prüfung ihre Vorstellungen von den Fähigkeiten des Prüflings schon vorab an dessen guten oder schlechten schriftlichen Leistungen orientieren. Jedenfalls erzeugt eine anderweitige Praxis keine rechtsrelevante Selbstbindung des Prüfungsausschusses, von der er nicht ohne weiteres abweichen könnte. Der Prüfling hat keinen Anspruch darauf, dass seine gute schriftliche Leistung den Prüfern der mündlichen Prüfung vor Augen gehalten wird.[557]

2. Persönlich zu erbringende Leistungen/Täuschungsverbot

a) Die persönliche selbständige Leistung

442 Grundvoraussetzung einer zutreffenden Leistungsbewertung ist, dass der Prüfling oder der Schüler die für den Erfolg seiner Prüfung maßgeblichen

---

[554] OVG Berlin, U. v. 17. 8. 1978 – OVG III B 35.78 – DVBl. 1979, 355.

[555] Dazu: BVerwG, Beschl. v. 13. 4. 1983 – 7 B 25.82 – Buchholz a.a.O. Nr. 173; OVG NW, U. v. 12. 2. 1970 – V A 855/69 –, RiA 1970, 154, und v. 21. 12. 1967 – V A 123/67 – OVGE 24, 1 = NJW 1968, 2312; HessVGH, U. v. 24. 3. 1970 – I OE 22/69 – SPE III F VII, S. 31 –; VG Ansbach, U. v. 21. 1. 1975 – Nr. AN 3883 – II/74 – BayVBl. 1975, 455 (keine Verletzung der Chancengleichheit durch Simultanprüfung von Prüflingen mit unterschiedlichen Vorbereitungszeiten); VG Berlin, U. v. 30. 4. 1970 – XII A 126/70 – DVBl. 1970, 940; *Pietzcker*, Schr. z. ÖR, Bd. 260, S. 184.
   Wegen der Überschreitung der Regelzahl der Prüflinge: BVerwG, Beschl. v. 23. 12. 1993 – 6 B 19.93 – Buchholz a.a.O. Nr. 326.

[556] OVG NW, U. v. 18. 3. 1992 – 22 A 370/91 – NVwZ 1993, 94.

[557] VGH Bad.-Wttbg., Beschl. v. 24. 1. 1994 – 4 S 2875/93 – DÖD 1994, 211.

Leistungen **persönlich ohne fremde Hilfe** erbringt, soweit diese nicht im Einzelfall zugelassen ist. Nur so kann es gerechtfertigt sein, ihm diesen Erfolg in gleicher Weise persönlich zuzurechnen und ihn hinsichtlich der daran geknüpften Berechtigungen günstiger zu stellen als andere, weniger erfolgreiche Prüflinge.

Das Erfordernis der „persönlichen" Leistung zwingt nicht dazu, dass der **443** Prüfling dem Prüfer von Person bekannt ist. Ob in dem schriftlichen Prüfungsverfahren die Prüflinge dem Prüfer **von Person bekannt** sein dürfen oder **anonym** bleiben müssen, ergibt sich aus der Prüfungsordnung oder der ständigen Übung. Der verfassungsrechtliche Grundsatz der Chancengleichheit bietet Raum für unterschiedliche Ausgestaltungen des Prüfungsablaufs im allgemeinen, nicht aber innerhalb einzelner Prüfungen (s. auch Rdn. 106 ff., 338).[558]

Die schriftliche Prüfungsarbeit muss einen persönlichen Leistungsnach- **444** weis speziell des Bearbeiters erbringen. Auch bei **Gruppenarbeiten,** bei denen es nicht nur um den Nachweis geht, dass der Prüfling kooperativ arbeiten kann, müssen die individuellen Leistungen deutlich abgrenzbar und bewertbar sein. Daher kann ein Beitrag zu einer Gruppenarbeit nur dann als Prüfungsleistung einer einzelnen Person anerkannt werden, wenn er erkennbar ihr zuzurechnen ist.[559] Keine Gruppenarbeit liegt vor, wenn **Akten zu Prüfungszwecken** (Hausarbeiten, Prüfungsvorträge) **nacheinander an verschiedene Prüflinge** ausgegeben werden, ohne dass diese davon wissen sollen. Diese Praxis ist wegen des Mangels an geeigneten Prüfungsfällen durchaus verbreitet; sie verstößt zwar nicht automatisch gegen den Grundsatz der Chancengleichheit,[560] bringt jedoch die davon betroffenen Prüflinge in hohem Maße in die Versuchung, sich untereinander abzustimmen. Geschieht dies und wird dadurch die individuelle Leistung des einzelnen Prüflings erheblich verschleiert, liegt ebenfalls keine bewertungsfähige, sondern eine auf Täuschung beruhende „Leistung" vor (dazu Rdn. 447 ff.).

Die persönlich zu erbringende Leistung als Gegenstand der Bewertung **445** kann immer nur die **wirklich erbrachte Leistung** sein. Deshalb hat es für den Prüfling oft schmerzhafte Folgen, wenn seine schriftlichen Ausarbeitungen auf irgendeine Weise **verloren gegangen** und sodann seine Leistungen nicht mehr messbar sind.[561] Das gilt auch im Falle von Störungen des

---

[558] BVerwG, Beschl. v. 14. 9. 1981 – 7 B 33.81 – Buchholz a. a. O. Nr. 152; OVG NW, U. v. 31. 3. 1978 – 6 A 1805/76 – SPE III F IX, S. 101; VG Berlin, U. v. 17. 8. 1982 – 12 A 1844/81 –, betr. den Zeitpunkt der Aufhebung der Anonymität.

[559] *Waldeyer,* in: Hailbronner/Geis, Hochschulrahmengesetz § 15 Rdn. 65, 66, auch zu den landesrechtlichen Sonderregelungen.

[560] BVerwG, Beschl. v. 7. 9. 1990 – 7 B 116.90 – SPE 588 Nr. 13. Auch die Ausgabe von Aufsichtsarbeiten kann zulässig sein, obwohl Lösungshinweise über das Internet zu erfahren sind: OVG Berlin, Beschl. v. 15. 5. 2003 – 4 S 23/03 – NJW 2003, 2256.

[561] BayVGH, Beschl. v. 28. 2. 1984 – 7 B 82 A/2896 – NVwZ 1985, 598.

Heimcomputers.[562] Auf ein Verschulden oder Nichtverschulden kommt es dabei nicht an; entscheidend ist, dass objektiv ein Leistungsnachweis nicht zu erbringen ist. **Fiktive Leistungen** können selbst dann nicht Gegenstand der Bewertung sein, wenn der Ausfall auf einer Fehlinformation der Prüfungsbehörde beruht.[563] Hier ist dem Prüfling allenfalls die Möglichkeit gegeben, einen etwa durch schuldhaftes Verhalten der Behörde oder der Prüfer verursachten **Schaden ersetzt** zu verlangen (s. Rdn. 518 ff.).

446   Das **Verbot der Anerkennung fiktiver Leistungen** gilt auch dann, wenn der Prüfling für ihn verbindliche **Gewissensgründe** vorbringt. Wendet sich etwa ein Student aus Gewissensgründen gegen das Töten von Tieren, so kann er nicht verlangen, dass er einen Schein über die erfolgreiche Teilnahme an einem Praktikum, in dem Tierpräparationen gefordert werden, erhält, ohne an diesem Praktikum teilgenommen zu haben.[564]

b) Täuschungsversuch/zulässige Sanktionen

447   Aus dem Gebot der persönlich zu erbringenden Leistung und dem Zweck der Prüfung, die wahre Leistungsfähigkeit des Prüflings zu ermitteln, folgt ferner, dass vorgetäuschte oder sonstwie erschlichene Leistungen in keiner Weise dazu beitragen können, den Prüfungserfolg zu rechtfertigen. Regelmäßig enthalten daher die **Prüfungsordnungen** eine Vorschrift, nach der **Täuschungshandlungen** auf näher bezeichnete Weise zu ahnden sind. Eine solche normative Grundlage ist entsprechend den fortentwickelten rechtsstaatlichen Anforderungen erforderlich, um bestimmte, zumeist abgestufte Sanktionen darauf stützen zu können (Rdn. 43). Umstritten ist freilich – zumal die gesetzlichen Regelungen zumeist sehr abstrakt gehalten sind –, unter welchen Voraussetzungen beachtliche Täuschungshandlungen anzunehmen und welche Rechtsfolgen an sie zu knüpfen sind.

448   Auszugehen ist auch hier von dem Grundsatz der Chancengleichheit, der es verbietet, dass ein Prüfling sich durch die Verwendung nicht zugelassener **Hilfsmittel** gegenüber den anderen Prüflingen **nicht leistungsbedingte Vorteile** verschafft. Für die Annahme eines Täuschungsversuchs reicht es aus, das der Prüfling ein solches Hilfsmittel in den Prüfungsraum mitführt. Es kommt nicht auch darauf an, ob das mitgeführte unzulässige Hilfsmittel für die Lösung der konkreten Aufgabe förderlich ist; die generelle Geeig-

---

[562] VG Frankfurt a. M., U. v. 5. 4. 1989 – V/3 E 2023/87 – NJW 1990, 340.

[563] BVerwG, Beschl. v. 3. 1. 1992 – 6 B 20.91 – Buchholz 310 § 113 VwGO Nr. 240 = BayVBl. 1992, 442; VGH Bad.-Wttbg., Beschl. v. 30. 9. 1991 – 9 S 1529/91 – SPE 400 Nr. 36.

[564] BayVGH, Beschl. v. 18. 10. 1988 – Nr. 7 CE 88.2150 – DVBl. 1989, 110 = BayVBl. 1989, 114. Wegen der Pflicht zur Teilnahme an einem zoologischen Praktikum mit Tierversuchen: BVerfG, Beschl. v. 30. 3. 2000 – 1 BvR 1834/97 – SPE 539 Nr. 2, im Anschluss an BVerwG, U. v. 18. 6. 1997 – 6 C 5.96 – BVerwGE 105, 73.

netheit reicht insofern aus.[565] Werden in der Prüfungspraxis regelmäßig Hilfsmittel (z. B. Kommentare, handwerkliche Geräte usw.) zugelassen oder nach der Art der Aufgabenstellung selbstverständlich vorausgesetzt, so hat die Prüfungsbehörde diese z. B. mit der Ladung zur Prüfung konkret zu bezeichnen. Geschieht dies nicht oder bleibt die Art der zugelassenen Hilfsmittel unklar, darf es dem Prüfling nicht als ein Täuschungsversuch angelastet werden, wenn er Hilfsmittel verwendet, die nicht den Vorstellungen der Prüfungsbehörde entsprechen.[566] Allerdings kann auch die Verwendung konkret zugelassener Hilfsmittel dennoch eine Täuschung sein, wenn der Prüfling die von ihm verwertete **Literatur nicht angibt**[567] oder gar **fremde Texte wörtlich übernimmt,**[568] ohne kenntlich zu machen, dass es sich um ein Zitat handelt.[569]

Bei der Verwendung zugelassener – von dem Prüfling selbst mitgebrachter – **Hilfsmittel** kann ein Täuschungsversuch ferner dann vorliegen, wenn der Prüfling sich mit ihrer Hilfe einen unberechtigten Vorteil verschafft, weil diese z. B. **persönliche Aufzeichnungen** oder **ergänzende Bemerkungen** enthalten. Dazu gehören nicht nur ergänzende textliche Ausführungen, sondern etwa auch „sachlich-hilfreiche" **Markierungen** (z. B. Einkreisungen, farblich gekennzeichnete Zuordnungen) einzelner Textbestandteile, die in der Zusammenschau inhaltliche oder systematische Verbindungen dokumentieren. Dagegen sind etwa schlichte **Unterstreichungen** einzelner Worte, die keine inhaltliche Bedeutung haben, sondern nur als **Lesehilfe** nützlich sind, nicht als ein Täuschungsversuch zu bewerten.[570] **449**

Eine Täuschung ist ferner speziell bei Hausarbeiten anzunehmen, wenn der Prüfling eine von einem anderen Prüfling bereits erstellte **gleiche** oder **ähnliche Prüfungsarbeit in unzulässiger Weise benutzt.** Das setzt allerdings voraus, dass der Prüfling sich mit der vorherigen Bearbeitung eines anderen Prüflings lediglich „verdeckt" befasst hat, um hieraus Vorteile zu **450**

---

[565] VG Mainz, U. v. 11. 12. 2002 – 7 K 502/02 – NJW 2003, 1545, auch zur Kontrolle durch einzelne Stichproben (dazu auch Rdn. 453).

[566] Auch dazu: VG Mainz, U. v. 11. 12. 2002, a. a. O.

[567] OVG NW, Beschl. v. 12. 7. 1983 – 15 B 1097/83 – NJW 1983, 2278.

[568] OVG Rh.-Pf., U. v. 4. 12. 1998 – 2 A =/98 – SPE 546 Nr. 21.

[569] HessVGH, Beschl. v. 20. 6. 1989 – 6 UE 2779/88 –, nach dessen Meinung eine Täuschungshandlung in dem von ihm entschiedenen Fall anzunehmen war, obwohl die Quelle Aufnahme in das Literaturverzeichnis gefunden hatte und an anderer Stelle in einem anderen sachlichen Zusammenhang zitiert worden war. Das dürfte indes überzogen sein.

[570] Dazu insgesamt: VG Mainz, a. a. O.; BayVGH, Beschl. v. 6. 4. 1981 – Nr. 3 B 80 A 1519 – BayVBl. 1981, 688. Auch insofern gilt freilich der Grundsatz der Verhältnismäßigkeit, so dass nur geringfügige Zusätze nach Lage der Dinge auch als unerheblich zu bewerten sind; vgl. dazu: *Dolinski,* Zur zulässigen Gesetzes- und Kommentarkommentierung im Rahmen des Zweiten Juristischen Staatsexamens durch kurze handschriftliche Bemerkungen, BayVBl. 1995, 335.

ziehen und seine Prüfungschancen unberechtigt zu verbessern.[571] Sind solche Hausarbeiten etwa über das Internet allgemein zugänglich und werden sie trotzdem ausgegeben, so haben alle Prüflinge die Chance, sich mit der Bearbeitung eines Vorgängers auseinanderzusetzen.[572] In dieser Auseinandersetzung liegt noch keine Täuschung.[573] Diese wäre indes anzunehmen, wenn der Prüfling schlicht die Gedanken und Folgerungen des Vorbearbeiters unwahr als seine eigenen ausgibt.

451   Die unerlaubte Hilfe **ausschließlich zugunsten eines anderen Prüflings** oder eines schwächeren Mitschülers ist für den helfenden Prüfling/Schüler kein Täuschungsversuch im eigentlichen Sinne.[574] Es gibt keinen allgemeinen Grundsatz des Prüfungsrechts, nach dem bereits die Gestattung oder Duldung der Übernahme der eigenen Prüfungsleistung durch einen anderen Prüfungsteilnehmer (**„Abschreibenlassen"**) der auf eigene Vorteile abzielenden Täuschung gleichzusetzen ist.[575] Freilich ist diese unzulässige Hilfe ein ordnungswidriges Verhalten, das auf der Grundlage der – dafür vorauszusetzenden – Vorschriften der Prüfungsordnung oder der Schulordnung angemessen geahndet werden kann (vgl. Rdn. 111).

452   Es wird gemeinhin unterschieden zwischen der **schweren arglistigen Täuschung,** der gelungenen **Vorteilsverschaffung** und dem einfachen – zumeist schon vor der Bewertung der Leistung entdeckten – **Täuschungsversuch.**[576] Diese Abstufung hat keine Bedeutung für die Annahme einer Täuschungshandlung, die in allen drei Fällen gegeben ist, sondern sie leitet lediglich hin zu entsprechend **abgestuften Sanktionen** (dazu Rdn. 457 ff.). Der Tatbestand einer Täuschungshandlung, um den es hier zunächst geht, ist freilich dann von vornherein nicht erfüllt, wenn das Verhalten des Prüflings nur als eine **Vorbereitung zu einem Täuschungsversuch** zu bewerten ist. Wer sich unzulässige Hilfsmittel für eine Aufsichtsarbeit beschafft oder selbst herrichtet (z. B. „Spickzettel" anfertigt), hat die Täuschung erst versucht, wenn er damit den Prüfungsraum betritt. Als eine bloße Vorbereitung der Täuschung und noch nicht als ein Täuschungsversuch ist der Anruf bei einer – zu Täuschungszwecken geführten – **„Vorbearbeiterkartei" für Hausarbeiten** zu bewerten, der auf die Übermittlung der Rufnummer des

---

[571] Dazu insgesamt: *Wortmann,* Entwicklungen und Tendenzen in der Rechtsprechung zum Prüfungsrecht, NWVBl. 1992, 304 ff., 310, mit Hinweisen auf Entscheidungen des OVG NW.

[572] Vgl. auch: OVG Berl., Beschl. v. 15. 5. 2003 – 4 S 23/03 – NJW 2003, 2256, betr. die Verwendung eine Aufsichtsarbeit, deren Lösung über das Internet verbreitet ist.

[573] Dies ist ähnlich zu bewerten, wenn es dem Prüfling gelingt, die gerichtliche Entscheidung zu erfahren, die zur Grundlage seiner Hausarbeit gemacht worden ist.

[574] VGH Bad.-Wttbg., U. v. 21. 11. 1978 – IX 1112/78 – SPE III E II, S. 25.

[575] VGH Bad.-Wttbg., Beschl. v. 3. 7. 1986 – 9 S 1586/86 – NVwZ 1987, 1014 = VBlBW 1987, 302.

[576] Vgl. *Wortmann,* a. a. O., S. 310.

Vorbearbeiters abzielt.[577] Erst durch die Aufnahme des Kontakts mit dem Vorbearbeiter und die Empfangnahme der von diesem erstellten Prüfungsarbeit oder der darauf bezogenen Ausarbeitungen beginnt der Täuschungsversuch.

Es kommt für die Annahme einer Täuschungshandlung nicht darauf an, **453** ob die **Täuschung** wirklich **gelungen** oder nur **versucht** worden ist. Schon der Besitz oder das Mitführen eines zu Täuschungszwecken generell geeigneten Hilfsmittels im Prüfungsraum (Buch unter dem Tisch, „Spickzettel" in der Tasche) reicht aus.[578] Es wird insbesondere nicht vorausgesetzt, dass die mitgeführten Hilfsmittel für die Bearbeitung der Prüfungsaufgabe überhaupt förderlich sein konnten oder ob sich das Verhalten des Prüflings als ein **untauglicher Versuch** darstellt. Zwar ist der untaugliche oder fehlgeschlagene Täuschungsversuch im allgemeinen nicht geeignet, das Prüfungsergebnis zu beeinflussen. Die dem Prüfling möglicherweise schon durch den Besitz unzulässiger Hilfsmittel gegenüber den ehrlichen Mitprüflingen erwachsenen psychologischen Vorteile[579] dürften – wenn sie überhaupt vorliegen – durch die verständliche Angst vor der Entdeckung kompensiert werden. Die Rechtfertigung dafür, dass auch der untaugliche Täuschungsversuch für den Prüfling nachteilige Folgen hat, folgt vielmehr daraus, dass er einen schweren **Verstoß gegen die Prüfungsordnung** darstellt. Daneben ist die generalpräventive Wirkung der Sanktion von Täuschungsversuchen ein zulässiges Mittel, der durchaus verbreiteten Neigung zu unberechtigter Vorteilsverschaffung entgegenzuwirken und so die Chancengleichheit zu fördern. Der Feststellung und Sanktionierung einer Täuschungshandlung steht nicht entgegen, dass das Prüfungsverfahren anderweitig unter Fehlern leidet, die sich zugunsten des Prüflings auswirken können; allerdings hat die zuständige Prüfungsbehörde diese Umstände zu berücksichtigen, wenn sie im Rahmen ihres Ermessens darüber befindet, ob und welche Maßnahmen sie ergreifen will.[580]

Auch ein Täuschungsversuch ist nur dann zu ahnden, wenn der Prüfling **454** die hierfür **maßgeblichen Umstände kennt** und insbesondere weiß, dass er unzulässige Hilfsmittel mit sich führt, um davon bei Gelegenheit Gebrauch zu machen. In subjektiver Hinsicht vorausgesetzt ist nicht die unbedingte Täuschungsabsicht, sondern der **bedingte Vorsatz**, es unter Verwendung der unzulässigen Hilfsmittel zu einer Verfälschung seiner wahren Leistung kommen zu lassen.[581]

---

[577] Anderer Auffassung: OVG NW, Beschl. v. 12. 7. 1983 – 15 B 1097/83 – NJW 1983, 2278. Vgl. ferner: *Klenke,* NWVBl. 1988, 199 ff., 203, unter Hinweis auf die abweichende Meinung des OVG NW, U. v. 16. 1. 1987 – 22 A 810/85.

[578] *Wortmann,* a. a. O., S. 310.

[579] So *Klenke,* NWVBl. 1988, 199 ff., 202/203.

[580] HessVGH, U. v. 18. 7. 1996 – 6 UE 694/96 – DVBl. 1997, 619 = SPE 846 Nr. 22.

[581] HessVGH, Beschl. v. 20. 6. 1989 – 6 UE 2779/88; OVG Berl., Beschl. v. 14. 9. 1983 – OVG 7 S 315/83.

455 Die Prüfungsbehörde trägt die **materielle Beweislast** dafür, dass die von ihr angenommenen Voraussetzungen einer Täuschung vorliegen (Rdn. 841 ff.). Das bedeutet, dass von der Annahme einer Täuschung abgesehen werden muss und die Leistungen in der üblichen Form bewertet werden müssen, wenn die Beweismittel für die Feststellung der Umstände nicht ausreichen, die mit hinreichender Gewissheit eine Täuschung oder deren Versuch ergeben.

456 Die Beweislage verschiebt sich jedoch dann zugunsten der Prüfungsbehörde, wenn einzelne Tatsachen bei verständiger Würdigung den Anschein erwecken, dass der Prüfling getäuscht hat. Auf diese Weise kann ein Täuschungsversuch durch den **„Beweis des ersten Anscheins"** bewiesen werden, etwa wenn die Prüfungsarbeit mit denen anderer Prüflinge oder mit einem – an sich nur den Prüfern zur Verfügung stehenden – Lösungsmuster teilweise wörtlich und im Übrigen in der Gliederung und Gedankenführung übereinstimmt.[582] Auch wenn der Prüfling in der Prüfung ein unzulässiges Hilfsmittel mitführt, spricht schon der erste Anschein dafür, dass er sich damit unberechtigte Vorteile verschaffen will.[583] Die sich daran zu Lasten des Prüflings knüpfende Vermutung ist praktisch nur schwer durch Umstände zu entkräften, die für einen **atypischen Geschehensablauf** sprechen.[584] Nicht zulässig ist es jedoch, etwaigen Beweisschwierigkeiten mit der Annahme aus dem Wege zu gehen, der Prüfling habe jedenfalls fahrlässig gehandelt.[585] Denn der Täuschungsvorwurf setzt auf Seiten des Prüflings – wie bereits ausgeführt – immer die Kenntnis der dazu maßgeblichen Umstände voraus.

457 Welche **Sanktionen** aufgrund einer **festgestellten Täuschungshandlung** in Betracht kommen, ist in erster Linie der Prüfungsordnung zu entnehmen.

---

[582] BVerwG, Beschl. v. 20. 2. 1984 – 7 B 109.83 – NVwZ 1985, 191 = SPE 846 Nr. 14. Dagegen lässt eine weitgehende Übereinstimmung der standardisierten Antworten im Antwort-Wahl-Verfahren keinen nach der Lebenserfahrung typischen Geschehensablauf erkennen, der Voraussetzung für die Anwendung der Grundsätze über den Beweis des ersten Anscheins ist: HessVGH, U. v. 16. 2. 1989 – 6 UE 1654/87. Zur Feststellung eines umstrittenen Täuschungsversuchs können sich Prüfungsbehörden oder Schulen nicht etwa auf den ihnen bei der Bewertung von Prüfungsleistungen zukommenden pädagogischen bzw. wissenschaftlichen Bewertungsspielraum (Rdn. 642, 846 ff.) berufen: OVG NW, U. v. 30. 8. 1985 – 15 A 706/82 – NVwZ 1986, 851 = SPE 846 Nr. 11.

[583] VGH Bad.-Wttbg., Beschl. v. 11. 7. 1995 – 9 S 551/95 – VBlBW 1995, Beilage zu Heft 9 (nur Leits.). Bedenklich ist jedoch die Annahme des VGH Bad.-Wttbg. (U. v. 21. 11. 1978 – IX 1112/78 – SPE III E II, S. 25), dass im Falle von Bearbeitungsparallelen nebeneinander sitzender Prüflinge der Beweis des ersten Anscheins den Prüfling belaste, der die schwächere Arbeit abgeliefert hat.

[584] OVG NW, U. v. 15. 7. 1977 – V A 39/77; zum Mitführen unerlaubter Hilfsmittel ohne Täuschungsabsicht vgl. ferner: VGH Bad.-Wttbg., U. v. 9. 7. 1968 – IV 732/66 – SPE III E II, S. 11.

[585] So jedoch und zwar bezogen auf das Verbot, nicht zugelassene Hilfsmittel zu verwenden: BayVGH, Beschl. v. 6. 4. 1981 – Nr. 3 B 80 A 1519 – BayVBl. 1981, 688.

Da jedoch normative Regelungen die Rechtsfolgen der Täuschung meistens nur sehr abstrakt bezeichnen oder der Prüfungsbehörde letztlich eine Ermessensentscheidung auferlegen, ist in der Praxis zumeist nach dem Grundsatz der Verhältnismäßigkeit zu verfahren. Nennt die Prüfungsordnung etwa nur das „**Nichtbestehen der Prüfung**" als eine Sanktion im Falle eines Täuschungsversuchs, schließt das nicht aus, unter Beachtung des verfassungsrechtlichen Verhältnismäßigkeitsgrundsatzes zu weiterer Differenzierungen zu gelangen, die hinter diesem schweren Eingriff zurückbleiben.[586] Maßstäbe sind der Grad der Verletzung der „Spielregeln des Wettbewerbs" und das Maß der Beeinträchtigung der Chancengleichheit.[587] Für die danach **erforderliche Abstufung der Sanktionen** gibt es kein für alle erdenklichen Fälle brauchbares Schema. Bei leichteren Verstößen, z.B. wenn ein kaum brauchbarer „Spickzettel" schon vor dem eigentlichen Beginn der Aufsichtsarbeitarbeit „aus dem Verkehr gezogen" wird, muss eine Verwarnung genügen.[588] Das Gleiche gilt bei kürzeren mündlichen Wortwechseln zwischen einzelnen Prüflingen, es sei denn, sie werden wiederholt vorgenommen. Bei solchen und ähnlichen Verstößen leichterer Art kann als allein angemessene Sanktion je nach Lage der Dinge auch in Betracht kommen, dem Prüfling die Wiederholung der Arbeit aufzuerlegen (z.B. wenn der Gebrauch eines Hilfsmittels nur einen kleineren Teil der im Übrigen gelungenen Arbeit betrifft).

In den schwereren Fällen geht es darum, ob nur die betreffende Prüfungsarbeit nicht oder als „ungenügend" gewertet oder ob gar die **gesamte Prüfung** als nicht bestanden erklärt wird. Bei der festgestellten Verwendung unerlaubter Hilfsmittel während der Bearbeitung ist die Bewertung der Arbeit als „**ungenügend (0 Punkte)**" im allgemeinen nicht unverhältnismäßig.[589] Eine Wiederholung der Arbeit findet sodann nicht statt; sie geht mit dieser Teilnote in die Berechnung des Gesamtergebnisses ein. Die **Entlassung von der Schule** kann bei einem besonders schwerer Täuschungsversuch oder auch bei mehreren Täuschungsversuchen gerechtfertigt sein, sofern die schulgesetzliche Grundlage eine solche Sanktion vorsieht.[590] **458**

In besonders **schweren Fällen** der Erschleichung einer Prüfungsleistung durch **grobe Täuschungsmanöver** (z.B. bei organisiertem Zusammenwirken mehrerer Personen, dem aufwendigen **Einsatz technischer Hilfsmittel,** insbesondere von **Funkgeräten,** oder wenn ohne erkennbaren eigenen geis- **459**

---

[586] BVerwG, Beschl. v. 12. 1. 1981 – 7 B 300 und 301.80 – (auch zur Frage der hinreichenden Bestimmtheit der gesetzlichen Grundlagen).
[587] BVerwG, Beschl. v. 7. 12. 1976 – 7 B 157.76 – Buchholz 421.0 Prüfungswesen Nr. 78; BayVGH, Beschl. v. 6. 4. 1981, a.a.O.
[588] Vgl. BayVGH, U. v. 16. 3. 1988 – Nr. 3 B 87.02013 – BayVBl. 1988, 434.
[589] So im Wesentlichen übereinstimmend: OVG Rh.-Pf., U. v. 23. 3. 1988 – 2 A 63/87 – ZBR 1989, 19; OVG Hamb., Beschl. v. 4. 6. 1986 – Bs IV 321/86 – SPE 400 Nr. 31; VGH Bad.-Wttbg., Beschl. v. 3. 11. 1992 – 9 S 2489/92.
[590] OVG NW, Beschl. v. 28. 2. 2003 – 19 B 223/03 – SPE 223 Nr. 11.

tigen Aufwand schlicht die Arbeit eines anderen abgeschrieben oder kopiert als die eigene ausgegeben wird,) kann es gerechtfertigt sein, die **gesamte Prüfung** für nicht bestanden zu erklären, so dass sie – wenn die Prüfungsordnung weitere Wiederholungen zulässt – insgesamt zu wiederholen ist.[591] Bei der Bemessung der Sanktion darf mitberücksichtigt werden, dass nicht allein die Beseitigung der in dem Einzelfall erlangten unberechtigten Vorteile geboten ist, sondern dass die Maßnahme stets auch **generalpräventive Wirkung** hat. Zwar ist in erster Linie der Grundsatz der Verhältnismäßigkeit individuell in Bezug auf den betroffenen Prüfling zu beachten. Jedoch kann in dem Rahmen mehrerer zulässiger („verhältnismäßiger") Sanktionen durchaus berücksichtigt werden, dass die durch Täuschungen in Frage gestellte Chancengleichheit eine auch für andere erkennbare Abschreckung gebietet.[592]

460   Davon zu trennen ist die Frage, ob die Aufsichtsarbeit insgesamt von **allen Prüflingen zu wiederholen** ist, weil angenommen werden muss, dass auch die anderen Prüflinge von der Gelegenheit Gebrauch gemacht haben, die unerlaubten Hilfsmittel zu benutzen (z.B. wenn auf der Toilette eine Lösungsskizze vorgefunden worden ist). Eine solche Maßnahme ist jedoch nur zulässig, wenn die Täuschung auch der anderen nicht nur vermutet, sondern hinreichend nachzuweisen ist (etwa auch durch den Anscheinsbeweis, s. Rdn 456). Daran fehlt es zumeist in solchen Fällen.[593]

461   Grundsätzlich besteht kein Zusammenhang zwischen der (festgestellten) Täuschung eines Prüflings und den Bewertungen der Leistungen anderer Prüflinge. Das Prüfungsergebnis der anderen wird dadurch, dass ein Mitprüfling eine ihm nicht zustehende Note erschlichen hat, nicht unrichtig. Deshalb besteht auch kein Anspruch auf eine erneute Prüfung, weil **andere Prüflinge eine bessere Examensnote erschlichen** haben.[594] Dies ist jedoch anders, wenn die Leistungen einer größeren Anzahl von Prüfungsarbeiten nicht nur einzeln und jeweils nach einem absoluten Maßstab, sondern zumindest teilweise auch relativ etwa im Hinblick auf ein **durchschnittliches Leistungsprofil** bewertet werden. Sollte in diesen Fällen nicht auszuschließen sein, dass eine gewisse Anzahl unechter erschlichener Leistungen das Bild zuungunsten der ehrlichen Mitprüflinge verfälscht hat, muss die Arbeit

---

[591] Ähnlich auch *Klenke*, a.a.O., S. 203.

[592] BVerwG, Beschl. v. 7. 12. 1976 – 7 B 157.76 – Buchholz 421.0 Prüfungswesen Nr. 78, und Beschl. v. 12. 1. 1981 – 7 B 300 u. 301.80; a.A.: *Guhl*, Prüfungen im Rechtsstaat, S. 225, der mehr als die Note „ungenügend" für den täuschungsbehafteten Prüfungsteil für übermäßig hält. Diese Einschränkung trägt jedoch dem vom BVerwG hervorgehobenen weiteren Sanktionszweck der Maßnahme nicht hinreichend Rechnung.

[593] VG Köln, Beschl. v. 4. 12. 1987 – 6 L 2072/87 – NJW 1988, 2634.

[594] BVerwG, Beschl. v. 6. 4. 1984 – 7 C 26.84 – KMK HSchR 1984, 907, und v. 30. 10. 1984 – 7 B 111.84 – KMK HSchR 1985, 745. Die Prüfungsgerechtigkeit mag in solchen Fällen durch die Rücknahme des rechtswidrigen Prüfungsbescheides wiederhergestellt werden (vgl. § 48 VwVfG).

auf deren Wunsch für sie wiederholt werden (zu den Rechtsfolgen, wenn Prüflinge von Mängeln des Prüfungsverfahrens unterschiedlich betroffen sind, vgl. Rdn. 260, 393, 414, 511, 539 ff.).[595]

Ist vorerst ungeklärt, ob eine Täuschung hinreichend nachzuweisen ist, **462** muss das Prüfungsverfahren im Übrigen fortgesetzt werden.[596] Nach der sodann bestandenen Prüfung, die aber weiter unter dem Vorbehalt des Täuschungsverdachts steht, ist dem Prüfling anstelle des üblichen Prüfungszeugnisses eine **vorläufige Bescheinigung über das Ergebnis der Prüfung** auszustellen.[597]

Gelegentlich stellt sich erst nach abgeschlossener Prüfung heraus, dass die **463** für ihren Erfolg maßgeblichen Leistungen in Wahrheit nicht erbracht, sondern von dem Prüfling als eigene Leistungen vorgetäuscht worden sind. Dann kann die Prüfungsentscheidung **nachträglich zurückgenommen** werden (vgl. § 48 Abs. 1 und § 2 Abs. 3 Nr. 2 VwVfG).[598] Hierbei sind Sonderregelungen in den Prüfungsordnungen zu beachten, die z.B. eine Befristung der Widerrufsmöglichkeit vorsehen.[599]

3. Störungen durch äußere Einwirkungen/Rügepflicht

Jeder Prüfling kann verlangen, dass er bei dem Nachweis seiner Kenntnis- **464** se und Fähigkeiten nicht durch erhebliche äußere Einwirkungen gestört wird. Das folgt einmal aus dem Prüfungsrechtsverhältnis und dem Ziel der Prüfung, die „wahren" Leistungen zuverlässig zu ermitteln, und zum anderen aus dem Grundsatz der Chancengleichheit (Art. 3 Abs. 1 GG), wonach der Prüfling beanspruchen kann, nicht unter schlechteren äußeren Bedingungen geprüft zu werden als seine Mitprüflinge, die mit ihm bei der Berufseinstellung konkurrieren (Art. 12 Abs. 1 GG).[600] Daher sind äußere Einwirkungen, die geeignet sind, die Konzentration eines Prüflings nicht nur unerheblich zu erschweren und ihn dadurch abzuhalten, seine wahre

---

[595] Dazu im Einzelnen: *Wortmann,* Entwicklungen und Tendenzen in der Rechtsprechung zum Prüfungsrecht, NWVBl. 1992, 304 ff., 310; vgl. ferner: OVG NW, U. v. 29. 6. 1983 – 15 A 1696/82 – NJW 1983, 2278.

[596] OVG NW, Beschl. v. 27. 11. 1987 – 22 B 3064/87 – NVwZ 1988, 455 = DÖV 1988, 743. Vorläufiger Rechtschutz kann durch eine auf Fortsetzung der Prüfung gerichtete einstweilige Anordnung (§ 123 VwGO) erreicht werden: OVG NW, Beschl. v. 17. 12. 1984 – 15 B 2662/84 – NVwZ 1985, 593 = DÖV 1985, 493; s. Rdn. 873 ff.

[597] VG Koblenz, Beschl. v. 11. 7. 1986 – 7 L 51/86 – SPE 846 Nr. 13.

[598] OVG NW, U. v. 13. 10. 1987 – 22 A 699/87 – NVwZ 1988, 462 = SPE 846 Nr. 17.

[599] *Klenke,* a.a.O., unter Hinweis auf die Fünfjahresfrist nach dem Bestehen der mündlichen Prüfung gemäß § 17 Abs. 4 NWJAG a. F.

[600] Aus dem zuletzt genannten Grunde kommt es nicht allein auf einen Vergleich der in derselben Prüfung zusamengeführten Mitprüflinge an, sondern auch auf eine Benachteiligung gegenüber anderen Prüflingen desselben Ausbildungsganges, die in andern Gruppen und anderen Räumen geprüft werden.

Befähigung nachzuweisen, durch organisatorische Maßnahmen zu vermeiden und – wenn sie unvermittelt auftreten – sogleich zu beheben (vgl. Rdn. 471).[601]

465 Das bedeutet freilich nicht, dass sämtliche Prüfungen isoliert von ihrer Umgebung gleichsam in sterilen Räumen stattfinden müssen. Denn die beruflichen Befähigungen, deren Nachweis durch die Prüfung erbracht werden soll, setzen voraus, dass sie unter „**normalen**" Bedingungen vorhanden sind. Auch der berufliche Alltag ist nicht frei von störenden äußeren Einflüssen. Welche Einwirkungen von daher noch als „normal" gelten oder schon als erhebliche Störungen zu bewerten sind, lässt sich nicht abschließend definieren; es kommt vielmehr letztlich auf die gesamten Umstände des Einzelfalls an. Maßgeblich sind insbesondere die **Intensität der Einwirkungen** und deren **Dauer** sowie bei besonders sensiblen Prüfungen (z. B. bei einer musikalischen Vorführung oder einem freien Vortrag) möglicherweise auch, ob hier schon eine kurze Störung nachhaltige Folgen haben kann.[602] Für die danach notwendige Einschätzung geben zahlreiche Äußerungen und Abgrenzungen in der Rechtsprechung und im Schrifttum hilfreiche Anhaltspunkte:[603]

466 Quellen äußerer Einwirkungen sind insbesondere: **Lärm**[604] (Baulärm, Verkehrslärm, laute Musik, Handys), **Hitze/Kälte**,[605] beißender **Farbgeruch**,[606] **Unruhe im Prüfungsraum**,[607] ständig mit dem Schreibtisch wa-

---

[601] Das BVerfG (Beschl. v. 21. 12. 1992 – 1 BVR 1295/90 – NJW 1993, 917) zieht sogar eine verfassungsrechtliche Verpflichtung der Prüfungsbehörde in Betracht, ihre Möglichkeiten zur vorbeugenden Vermeidung von Prüfungsstörungen zu nutzen, wenn voraussehbar ist, dass eine Lärmquelle das Prüfungsgeschehen häufiger unterbrechen wird.

[602] VGH Bad.-Wttbg., U. v. 28. 11. 1989 – 9 S 2405/89 – VBlBW 1990, 268, und v. 7. 12. 1983 – 9 S 2082/83 – DÖV 1984, 814.

[603] Dazu insgesamt und jeweils mit Rechtsprechungshinweisen: *Wortmann*, Entwicklungen und Tendenzen in der Rechtsprechung zum Prüfungsrecht, NWVBl. 1992, 304 ff., 309; *Wagner*, Das Prüfungsrecht in der aktuellen Rechtsprechung, DVBl. 1990, 183, und *Klenke*, Rechtsfragen des Justizprüfungsrechts, NWVBl. 1988, 199 ff., 202.

[604] BVerwG, Beschlüsse v. 15. 1. 1993 – 6 B 11.92 und 6 B 45.92 – Buchholz 421.0 Prüfungswesen Nr. 309 und 310; U. v. 29. 8. 1990 – 7 C 9.90 – BVerwGE 85, 323 = NJW 1991, 442 (insoweit durch den Beschl. des BVerfG v. 21. 12. 1992, a. a. O., nicht beanstandet), Beschl. v. 8. 8. 1979 – 7 B 11.79 – Buchholz a. a. O. Nr. 120. Vgl. ferner: Schöbel, Die Geltendmachung lärmbedingter Prüfungsmängel nach Bekanntgabe des Prüfungsergebnisses, BayVBl. 1977, 172.

[605] BVerwG, U. v. 6. 9. 1995 – 6 C 16.93 – BVerwGE 99, 172 = NJW 1996, 2439 = Buchholz a. a. O. Nr. 355.

[606] OVG Rh.-Pf., U. v. 26. 2. 1986 – 2 A 71/85 – NVwZ 1988, 457.

[607] Etwa wegen fehlender Aufsicht bei den Klausuren: OVG NW, U. v. 15. 3. 1965 – V A 1206/64 – RdJ 1967, 275 = SPE II C IX, S. 11. Vgl. ferner: VG Koblenz, U. v. 29. 10. 1998 – 7 K 859/98 – NVwZ-RR 1999, 747 = SPE 558 Nr. 4, betr. die mobiliare Ausstattung des Prüfungsraums. Nicht zu den „äußeren" Einwirkungen zählen Beeinträchtigungen, die von den Prüfern oder von der Prüfungsaufsicht ausgehen, etwa

ckelnde, rauchende, anhaltend weinende oder gar kollabierende[608] **Mitprüflinge** oder störende **Zuhörer**[609] (wegen der Beeinträchtigung aus Gründen,
die wie etwa Krankheiten in der Person des Prüflings liegen, s. Rdn. 115 ff.).
Ob und wieweit solche Einwirkungen hinzunehmen sind oder das Prüfungsverfahren ohne erfolgreiche Abhilfe rechtwidrig machen, mag im Einzelfall mit Hilfe folgender Kriterien entschieden werden:

Die berufliche Qualifikation, die mit der Prüfung angestrebt wird, setzt in **467**
der Regel voraus, dass **kurze** – etwa weniger als eine Minute andauernde –
und **nicht wiederkehrende Einwirkungen** zu ertragen sind. Das gilt insbesondere für kurze Lärmeinwirkungen, selbst wenn diese eine unzumutbare
Lautstärke besitzen. Zum Beispiel sind **kurzzeitige Fluggeräusche**, die
Alarmsirene eines **Krankenwagens**, ein **Gewitterdonner**, ein gelegentliches
Hundebellen und ähnliche alltägliche Vorkommnisse grundsätzlich hinzunehmen, so dass die damit einhergehenden Belästigungen nicht besonders
auszugleichen sind. Ferner muss der Prüfling Belästigungen selbst verkraf-
ten, die etwa **witterungsmäßig bedingt** sind (z. B. Föhn) und sich in den
Grenzen der üblichen – für gesunde Menschen erträglichen – Witterungs-
verhältnisse halten. Das Gleiche gilt für die bei Prüfungen **üblichen** „be-
triebsbedingten" **Vorgänge**, etwa wenn Mitprüflinge kurze Zeit mit dem
Aufsichtführenden sprechen, zur Toilette gehen oder die Bearbeitung abbrechen.

Eine nicht nur geringfügige **Baustelle** in der Nähe des Prüfungsraums **468**
verbreitet in der Regel mannigfache Geräusche, die nicht nur meist sehr laut,
sondern auch besonders unangenehm sind und daher die Konzentration der
Prüflinge erheblich stören. Auch sind ständig **wiederkehrende Einzelgeräu-
sche**, verursacht z. B. durch in kurzen Abständen startende Flugzeuge oder
durch einen über dem Ort kreisenden Hubschrauber oder durch Autos mit
einer überlauten Musikanlage, die jeweils vor einer nahegelegenen Ampel
halten, durchaus geeignet, die Konzentration der Prüflinge erheblich und
nachhaltig zu stören. Das gilt in gleicher Weise, wenn im Prüfungsraum etwa nach Ausfall der Heizung nur noch **niedrige Temperaturen** unter 18° C
herrschen.[610] Dem ist nicht dadurch abzuhelfen, dass der Aufsichtführende
den Prüflingen anheimgibt, während der Prüfung ihre Mäntel anzubehalten.

Die Frage, ob eine bestimmte Beeinträchtigung erheblich ist, muss grund- **469**
sätzlich nach **objektiven Kriterien** aus der Sicht eines „normal empfindsa-
men" Prüflings beantwortet werden. Psychische Labilität, eine ausgeprägte
Nervenschwäche oder übergroße Reizbarkeit sind dagegen keine relevanten

---

wenn unklare Aufgaben erläutert oder berichtigt werden müssen: BFH, U. v. 23. 8.
2001 – VII R 96/00 – NVwZ-RR 2002, 157.
[608] Dazu: BVerwG, U. v. 10. 8. 1994 – 6 B 60.93 – Buchholz a. a. O. Nr. 336 = DVBl.
1994, 1364.
[609] VG Schleswig, U. v. 24. 10. 1973 – 9 A 78/73 – SPE III F XII, S. 1.
[610] BVerwG, U. v. 6. 9. 1995 – 6 C 16.93 –, a. a. O.; der dortige Wert(12° C) unterschreitet die zumutbaren Grenzwerte erheblich.

Kriterien. Bei Einwirkungen, deren störender Charakter nicht ohne weiteres zu Tage tritt, sondern im wesentlichen **subjektiv geprägt** ist, ohne dabei den Charakter einer erheblichen Störung zu verlieren – manche Prüflinge belästigt eine kräftige Sonneneinstrahlung, andere stört die Verschlechterung der Lichtverhältnisse bei Gebrauch der Sonnenblenden –, ist ohne einen entsprechenden **Hinweis des davon betroffenen Prüflings** eine erhebliche Störung nicht anzunehmen. Dies kommt auch in Betracht, wenn es darum geht, ob die **Beleuchtung** oder die **Belüftung** ausreichend oder umgekehrt gar störend ist (Zugluft, Geräusche einer Klimaanlage).[611]

470   Die Prüfungsbehörde ist aufgrund des verfassungsrechtlich verbürgten Anspruchs jedes Prüflings auf gleiche Prüfungschancen gehalten, **von vornherein organisatorische Maßnahmen** zu treffen, die ausreichen, um erhebliche Störungen zu vermeiden. Wenn voraussehbar ist, dass das Prüfungsgeschehen in einem Prüfungsraum durch solche Störungen (z. B. durch den von einer nahen Baustelle ausgehenden Lärm) beeinträchtigt sein wird, so hat die Prüfungsbehörde durch eine **generelle Änderung des Prüfungsverfahrens** (z. B. durch die Verwendung eines anderen Raumes)[612] schon vor dem Beginn der Prüfung für Abhilfe zu sorgen.[613] Einzelne Abhilfemaßnahmen für den Fall, dass Prüflinge sich beschweren, reichen unter diesen Umständen nicht aus. Es ist dann schon ein Verfahrensfehler darin zu sehen, dass das Prüfungsamt etwa einen ständig oder für längere Zeit lärmbelasteten Raum weiterhin zu Prüfungszwecken nutzt. Diesen Mangel kann der Prüfling nachträglich auch dann geltend machen, wenn er ihn nicht zuvor schon während der Prüfung gerügt hat.

471   Dasselbe gilt, wenn eine **unvermittelt auftretende Störung** nach Art und Ausmaß ohne Zweifel **offensichtlich** die Chancengleichheit der Prüflinge verletzt mit der Folge, dass die Prüfungsbehörde **von Amts wegen** die erforderlichen Maßnahmen der Abhilfe oder des Ausgleichs der Störung treffen muss.[614] Offensichtliche Störungen durch „äußere Einwirkungen" müssen ihre Quelle nicht zwingend – wie bei dem häufigen Fall des Baulärms – außerhalb des Prüfungsraums haben. Auch bei unverkennbar erheblichen Störungen durch andere Prüflinge (erzeugt z. B. durch ständiges nervöses

---

[611] VGH Bad.Wttbg., Beschl. v. 26. 8. 1985 – 9 S 1239/85 – SPE 538 Nr. 12.

[612] Ob schon das Schließen der Fenster dafür ausreicht, hängt von der Stärke des Lärms ab. Ferner ist dabei zu beachten, ob der Prüfungsraum bei einer mehrstündigen Aufsichtsarbeit noch hinreichend frische Luft erhält.

[613] BVerfG, Beschl. v. 21. 12. 1992 – 1 BvR 1295/90 – NJW 1993, 917 = VBlBW 1993, 216, unter Bezugnahme auf seine Rechtsprechung zum „Grundrechtsschutz durch Verfahren" und zur vorbeugenden Fehlervermeidung durch eine entsprechende Ausgestaltung des Verfahrens (dazu BVerfGE 84, 59 ff., 73). Vgl. dazu ferner: BVerwG, U. v. 11. 8. 1993 – 6 C 2.93 – BVerwGE 94, 64 = NVwZ 1994, 486 = JZ 1994, 460, m. Anm. v. *Püttner* = Buchholz a. a. O. Nr. 317.

[614] BVerwG, Beschl. v. 10. 8. 1994 – 6 B 60.93 – Buchholz a. a. O. Nr. 336 = DVBl. 1994, 1364, betr. den Kreislaufkollaps eines Mitprüflings; dazu ferner: U. v. 11. 8. 1993 – 6 C 2.93 – a. a. O.

Bewegen, „Wackeln" des Schreibtisches mit Auswirkungen auf den benachbarten Tisch des Mitprüflings oder durch anhaltendes starkes Husten eines Mitprüflings) ist die Aufsicht verpflichtet, von sich aus für angemessene Abhilfe zu sorgen.

Bei der Entscheidung darüber, welche **Abhilfemaßnahmen** zur Wieder- 472 herstellung der Chancengleichheit **geeignet** und **erforderlich** sind, steht der Prüfungsbehörde grundsätzlich kein Ermessensspielraum zu. Es kommt darauf an, ob der Ausgleich angesichts der tatsächlich festzustellenden Dauer und Intensität der Störungen gelungen ist. Dies ist gerichtlich voll zu kontrollieren.[615] Bei unvorhergesehenen zeitlich begrenzten, jedoch nicht nur unerheblichen Beeinträchtigungen, insbesondere durch Lärm, dürfte ein Ausgleich durch **Schreibzeitverlängerung** in aller Regel die geeignete Maßnahme sein (Rdn. 398). Ein starres Schema, nach welchem die Verlängerungszeit zu bemessen wäre, ist ungeeignet, um den unterschiedlichen Störungsfällen angemessen Rechnung zu tragen. Für eine kürzere Verlängerungszeit mag sprechen, dass die Bearbeitung während der Störung regelmäßig nicht vollends ausgeschlossen ist. Andererseits sollte auch berücksichtigt werden, dass nach einer Unterbrechung vielfach ein neuer Ansatz oder ein Übergang nötig wird, der zusätzliche Zeit beansprucht. Diese Vor- und Nachteile mögen sich in der Regel ausgleichen, so dass es gerechtfertigt erscheint, die Schreibzeitverlängerung **nach der Störungsdauer zu bemessen**. Abweichungen von dieser Regel sind zulässig, wenn dafür besondere Gründe vorliegen.[616]

Der durch äußere Einwirkungen der genannten Art gestörte Prüfling 473 kann sich auf die Störung grundsätzlich nur dann berufen, wenn er sie **rechtzeitig gerügt** hat (wegen der Pflicht der Behörde, bei Offenkundigkeit der Störung von Amts wegen einzuschreiten s. Rdn. 471).[617] Die Prüfungs-

---

[615] BVerfG, Beschl. v. 21. 12. 1992 – 1 BvR 1295/90 – NJW 1993, 917, das die entgegenstehende Auffassung des BVerwG als Verletzung des Art. 19 Abs. 4 GG erachtet und daher dessen U. v. 29. 8. 1990 (– 7 C 9.90 – a.a.O.) aufgehoben hat. Demgegenüber weist *Sendler* (DVBl. 1994, 1089) darauf hin, dass die bei einer gerichtlichen Ermessensüberprüfung vorzunehmende Plausibilitätskontrolle zu demselben Ergebnis führen würde. Dazu auch: *Scherzberg*, Behördliche Entscheidungsprärogativen im Prüfungsverfahren, NVwZ 1992, 31. Durch die Entscheidung des BVerfG ist auch das U. des BFH v. 10. 3. 1992 – VII R 87/90 – BayVBl. 1993, 315, überholt (dazu zutreffend *Rozek* BayVBl. 1993, 505). Jetzt auch im Sinne der herrschenden Meinung: BFH, U. v. 23. 8. 2001 – VII R 96/00 – NVwZ-RR 2002, 157, mit Ausnahme der Frage, welcher Zeitausgleich im Falle einer für notwendig gehaltenen Berichtigung des Sachverhalts einer Aufsichtsarbeit angemessen ist.

[616] BVerwG, U. v. 11. 8. 1993 – 6 C 2.93 – a.a.O. Abzulehnen ist dagegen eine starre Normierung der Schreibzeitverlängerung und deren automatische Halbierung im Hinblick auf die sog. Restnutzung, die der VGH Bad.-Wttbg.(U. v. 28. 11. 1989 – 9 S 2405/89 – VBlBW 1990, 268) befürwortet hatte. Zur Frage, ob ein erheblicher Verfahrensfehler vorliegt, wenn trotz der Störungsrüge keine Schreibzeitverlängerung gewährt wird: VG Schwerin, Beschl. v. 17. 11. 2000 – 7 B 859/00 – SPE 214 Nr. 8.

[617] BVerwG, U. v. 22. 6. 1994 – 6 C 37.92 – BVerwGE 96, 126 = NJW 1995, 265 = NVwZ 1995, 492 = Buchholz a.a.O. Nr. 333, Beschl. v. 15. 1. 1993 – 6 B 11.92 –

ordnung darf eine angemessene **Ausschlussfrist**, z.B. von einem Monat seit der Prüfung, festlegen (dazu im Einzelnen Rdn. 112, 141).[618] Soweit eine spezielle Regelung in der Prüfungsordnung nicht enthalten ist, sind die maßgeblichen Fristen, Formen und notwendigen Inhalte der Rüge häufig unklar und geben daher immer wieder Anlass zu zahlreichen Rechtsstreitigkeiten. Dazu ist zu bemerken:

474   Die Rüge ist „**rechtzeitig**", wenn sie zu dem nach Zumutbarkeitskriterien zu bestimmenden frühestmöglichen Zeitpunkt, jedenfalls vor der Bekanntgabe des Prüfungsergebnisses oder dem Ablauf einer rechtsverbindlichen Ausschlussfrist erhoben worden ist (Rdn. 514).[619] Ist die Abhilfe nach Meinung des Prüflings unzureichend, wird in der Regel eine weitere Rüge erforderlich sein, sofern die **Unzulänglichkeit** der **Abhilfe** nicht offensichtlich ist (Rdn. 471).[620] Wirkt die Abhilfe zwar zunächst, tritt aber die gleiche Störung während der Klausur gleichsam in Fortsetzungszusammenhang ein weiteres Mal auf, ist auch ohne erneute Rüge von der Aufsicht für Abhilfe zu sorgen.[621]

475   Auch wenn eine **mündliche Prüfung** durch äußere Einwirkungen (z.B. durch unzureichende Belüftung des Prüfungsraums) gestört wird, muss der Prüfling dies im allgemeinen **sogleich rügen**, damit etwa durch das Öffnen der Fenster Abhilfe geschaffen wird. Insofern ist jedoch zu berücksichtigen, dass der Prüfling sich in der mündlichen Prüfung in erster Linie auf das Prüfungsgespräch und auf einzelne Prüfungsfragen konzentrieren muss, so dass es ihm hier im allgemeinen nicht zugemutet werden kann, sich mit Fragen der Beeinträchtigung durch äußere Störungen auseinanderzusetzen.[622]

476   Die **Form** der **Störungsrüge** kann in der Prüfungsordnung vorgeschrieben sein (z.B. dass sie zu Protokoll des Aufsichtführenden zu geben ist); jedenfalls ist zu ihrer Wirksamkeit ein klarer Hinweis an die für dessen Ent-

---

Buchholz a.a.O. Nr. 309, U. v. 29. 8. 1990 – 7 C 9.90 – BVerwGE 85, 323 = NJW 1991, 442 (insoweit vom BVerfG, Beschl. v. 21. 12. 1992 – 1 BvR 1295/90 – NJW 1993, 917, nicht beanstandet), U. v. 17. 2. 1984 – 7 C 67.82 – BVerwGE 69, 46 = NJW 1985, 447; OVG Rh.-Pf., U. v. 26. 2. 1986 – 2 A 71/85 – NVwZ 1988, 457; OVG NW, U. v. 5. 12. 1986 – 22 A 2790/84 – SPE 568 Nr. 14.

[618] BVerwG, U. v. 22. 6. 1994 – 6 C 37.92 –, a.a.O.

[619] BVerwG, U. v. 6. 9. 1995 – 6 C 16.93 – BVerwGE 99, 172 = NJW 1996, 2439 = Buchholz a.a.O. Nr. 355 = SPE 654 Nr. 1, auch zu den Folgen einer unvollständigen oder missverständlichen Unterrichtung durch die Prüfungsbehörde. OVG Meckl.-Vorp., Beschl. v. 27. 10. 1997 – 12 M 127/97 – DVBl. 1998, 972 = SPE 654 Nr. 5.

[620] BVerwG, U. v. 10. 8. 1994 – 6 B 60.93 – DVBl. 1994, 1364, betr. Unverzüglichkeit der Rüge bei Störung im äußeren Prüfungsablauf durch den Kreislaufkollaps eines Mitprüflings; dazu ferner: Beschl. v. 15. 1. 1993 – 6 B 11.92 –, a.a.O.

[621] BVerwG, U. v. 11. 8. 1993 – 6 C 2.93 – a.a.O.

[622] BVerwG, U. v. 17. 2. 1984 – 7 C 67.82 –, a.a.O. Vgl. ferner: HessVGH, U. v. 6. 4. 1984 – 6 OE 29/83 – SPE III F VII, S. 71: Während einer 30-minütigen Vorbereitungszeit auf eine mündliche Abiturprüfung kann es dem Schüler zumutbar sein, rügend auf eine Beeinträchtigung durch den Betrieb eines Diaprojektors sowie durch das Hinein- und Hinausgehen von Personen hinzuweisen.

gegennahme zuständige, zur Abhilfe befähigte Person erforderlich, mit dem der Prüfling eindeutig zum Ausdruck bringt, dass seine Leistungsfähigkeit durch bestimmte äußere Einwirkungen erheblich gemindert wird bzw. gemindert worden ist.[623]

Inhaltlich geht es um die **Erfüllung der Mitwirkungspflicht** des Prüf- **477** lings in mehrfacher Hinsicht: Er muss seine **persönliche Beschwernis** offen legen, so dass dem Prüfer oder demjenigen, der die Aufsicht führt, erkennbar wird, dass die (Lärm-)Einwirkungen als erheblich empfunden werden. Ist der Sachverhalt unklar, muss durch eine unverzügliche Rüge die Möglichkeit geschaffen werden, dass die zuständige Stelle ihn zeitnah aufklärt. Ferner hat der Prüfling durch seine Störungsrüge den **Anstoß zu schnellstmöglichen Abhilfemaßnahmen** zu geben, die sonst möglicherweise unterbleiben würden, weil sie ihrerseits oft nicht ohne gewisse Störungen des Prüfungsablaufs – z.B. durch den Umzug in einen anderen Prüfungsraum – zu bewältigen sind.[624] Sind solche Gründe für eine Mitwirkung nicht gegeben, etwa weil andere Prüflinge dieselbe Störung bereits erfolgreich gerügt haben oder weil die Aufsicht bereits Abhilfemaßnahmen eingeleitet hat, kann die Mitwirkungspflicht des Prüflings nicht verletzt sein.

Zwar muss der Prüfling grundsätzlich individuell reagieren; es genügt **478** nicht, dass er sich dem von Unmut getragenen „Murmeln" zahlreicher Prüflinge anschließt.[625] Jedoch muss er eine **ausdrückliche (weitere) Rüge** dann nicht noch zusätzlich selbst erheben, wenn die Störung (auch nach erfolglos versuchter Abhilfe) von anderen Prüflingen bereits in der gehörigen Form gerügt worden ist oder wenn der Aufsichtführende die Störung erkannt und von sich aus Abhilfemaßnahmen eingeleitet hat[626] oder wenn seine Abhilfemaßnahmen nur vorübergehend gewirkt haben, weil die bereits (erfolgreich) gerügte Störung erneut auftritt. Ist in dem Fall einer erheblichen Störung eine **Schreibzeitverlängerung** gewährt worden, darf sie einem gleichermaßen betroffenen Prüfling nicht mit der Begründung verwehrt werden, er habe die Störung selbst nicht ausdrücklich gerügt. Hat der Prüfling auf einen äußeren Mangel der Prüfungsbedingungen in der rechten Weise hingewiesen, so kann er zunächst die Reaktion der Prüfungsbehörde abwarten und später einen Verfahrensfehler geltend machen, wenn eine ausreichende Abhilfe nicht erfolgt ist.[627]

Ist die Störung auch ohne ausdrückliche Rüge offensichtlich oder die Stö- **479** rungsrüge begründet und eine umgehende Abhilfe bzw. Kompensation des

---

[623] Vgl. dazu auch VGH Bad.-Wttbg., U. v. 19. 1. 1993 – 9 S 2590/92.

[624] Dazu im Einzelnen: OVG Rh.-Pf., U. v. 26. 2. 1986 – 2 A 71/85 – NVwZ 1988, 457.

[625] So zutreffend: *Klenke* NWVBl. 1988, 202.

[626] BVerwG, Beschl. v. 15. 1. 1993 – 6 B 11.92 – Buchholz a.a.O. Nr. 309; vgl. ferner: VGH Bad.-Wttbg., U. v. 19. 1. 1993 – 9 S 2590/92.

[627] OVG NW, U. v. 14. 4. 1987 – 22 A 908/86 – NVwZ 1988, 459; *Wortmann*, a.a.O., S. 309.

Mangels noch in der Prüfung nicht gelungen, ist der davon betroffene **Teil der Prüfung insgesamt zu wiederholen,** wenn davon auszugehen ist, dass wegen dieses Mangels das **wahre Leistungsbild** bei allen Prüflingen verfälscht worden ist, weil eine ordnungsgemäße Leistung allenthalben nicht zustande gekommen ist. Eine nach den Umständen allenfalls zufällig zu erbringende Leistung kann keine brauchbare Grundlage der Bewertung sein. Das verbietet insbesondere der Grundsatz der Chancengleichheit der hinsichtlich der besseren beruflichen Qualifikation konkurrierenden Prüflinge. Ist Letzteres nach Lage der Dinge nicht der Fall und kann die Bearbeitung **trotz der Störung** durchaus **gelungen** sein, kommt es darauf an, ob und welche Prüflinge die Wiederholung begehren. Einem Prüfling, der eine – trotz der widrigen Umstände mögliche – gute Leistung erbracht zu haben glaubt, muss es freigestellt sein, seine Bearbeitung gelten zu lassen. Es ist durchaus verständlich und rechtlich nicht zu beanstanden, dass manche Prüflinge eher die – vorsorglich gerügte – aber nicht hinreichend ausgeglichene Störung hinnehmen wollen, als an Stelle der ihnen leicht erscheinenden Prüfungsaufgabe in der Wiederholung möglicherweise eine schwierigere Aufgabe bewältigen zu müssen.

480   Das darf aber **nicht** zu einer **Wahlmöglichkeit** führen, die es dem Prüfling eröffnet, die gestörte Aufsichtsarbeit jeweils nach ihrem Ergebnis gelten zu lassen oder zu wiederholen. Während der Aufsichtsarbeit und in der mündlichen Prüfung muss er sich auf die Prüfungssituation und die ihm unmittelbar gestellten Leistungsanforderungen konzentrieren; er muss sich daher hier noch nicht entscheiden, ob und welche **Konsequenzen** er aus dem Mangel des Verfahrens ziehen will.[628] Ob er aber zumindest im Anschluss daran innerhalb einer bestimmten **Ausschlussfrist** (Rdn. 112, 141) oder jedenfalls vor der **Bekanntgabe des Prüfungsergebnisses** (ähnlich wie der zu einer ausdrücklichen Rücktrittserklärung verpflichtete kranke Prüfling, vgl. Rdn. 140 ff.) die **Ungültigkeit der Prüfungsarbeit** geltend machen und eine (teilweise) neue Prüfung verlangen muss, hängt in erster Linie davon ab, ob die Prüfungsordnung dies vorsieht.[629] Ist dies nicht der Fall, darf die Rüge eines Verfahrensfehlers (insbesondere wegen einer Störung des Prüfungsablaufs durch Lärm oder andere äußere Einwirkungen) nach der bisherigen Rechtsprechung auch **noch nach Bekanntgabe des Prüfungsergebnisses** geltend gemacht und die Wiederholung der Prüfung bzw. einzelner Prüfungsteile verlangt werden.[630] Diese Rechtsauffassung ist jedoch be

---

[628] BVerwG, U. v. 29. 8. 1990 – 7 C 9.90 – BVerwGE 85, 323 = NJW 1991, 442, und v. 17. 2. 1984 – 7 C 67.82 – BVerwGE 69, 46 = NJW 1985, 447 = Buchholz a.a.O. Nr. 195.

[629] Verfassungsrechtlich ist nach dem Gesetzesvorbehalt eine solche Regelung zur Wahrung der Chancengleichheit geboten (s. Rdn. 44). Wegen der Zulässigkeit einer solchen Regelung: BVerwG, U. v. 17. 2. 1984 – 7 C 67.82 –, a.a.O.

[630] BVerwG, U. v. 29. 8. 1990 – 7 C 9.90 – a.a.O., und v. 17. 2. 1984 – 7 C 67.82 – a.a.O., und Beschl. v. 11. 11. 1975 – 7 B 72.74 – NJW 1976, 905; OVG Rh.-Pf., U. v.

denklich. Sie nimmt in Kauf, dass der Prüfling sich durch sein Abwarten die Wahlmöglichkeit verschafft, etwa eine Aufsichtsarbeit je nach ihrer Bewertung durch den Prüfer gelten zu lassen oder nicht. Das verschafft ihm einen unberechtigten Vorteil gegenüber anderen Prüflingen, die im allgemeinen solche Wahlmöglichkeiten nicht haben. Daran ändert nichts, dass der gestörte Prüfling in der Prüfung auf den Mangel hingewiesen hat oder ausnahmsweise nicht einmal hinweisen musste (Rdn. 471). Die **Chancengleichheit unter allen Mitbewerbern**, insbesondere im Verhältnis zu den nicht an der gestörten Aufsichtsarbeit beteiligten,[631] kann nur dadurch gewährleistet werden, dass den etwa in einem bestimmten Raum lärmgestörten Prüflingen keine Wahlmöglichkeit gelassen, sondern auch ihnen abverlangt wird, etwaige Konsequenzen aus der Störung der Prüfung unverzüglich und jedenfalls noch vor der Bekanntgabe des Prüfungsergebnisses zu ziehen.

Hinzuweisen ist noch darauf, dass manche Prüfungsordnungen bei **481** Verfahrensmängeln – insbesondere auch bei äußeren Einwirkungen und Störungen des Prüfungsverlaufs[632] – verlangen, dass der Prüfling, der diese Prüfung nicht gelten lassen will, binnen einer näher bezeichneten Frist einen förmlichen **Antrag stellt**, den von ihm zu erklärenden **Rücktritt** von der Prüfung zu **genehmigen** (z.B. § 18 ÄAppO). Voraussetzung einer solchen Genehmigung ist in der Regel das Vorliegen eines „**wichtigen Grundes**", der bei erheblichen Verfahrensmängeln der dargelegten Art regelmäßig anzunehmen ist (dazu allgemein Rdn. 241, am Beispiel gesundheitlicher Beschwerden des Prüflings s. Rdn. 149 ff.). Wichtig ist, dass ein solches Genehmigungsverfahren selbständig ist, so dass hier eigene **Fristen versäumt** und ablehnende **Bescheide bestandskräftig** werden können.

4. Das Prüfungsprotokoll

Das Prüfungsprotokoll, gebräuchlich als eine Niederschrift über den **Gang** **482** und das **Ergebnis** der mündlichen Prüfung oder über den Verlauf einer Aufsichtsarbeit, soll vor allem **Beweiszwecken** dienen. Es ist eine **öffentliche Ur-**

---

26. 2. 1986 – 2 A 71/85 – NVwZ 1988, 457. Nach dem Beschl. des BVerwG v. 10. 8. 1994 – 6 B 60.94 – DVBl. 1994, 1364, ist nach Zumutbarkeitsgesichtspunkten auf eine „angemessene Überlegungszeit" abzustellen. Auf das Bewertungsergebnis zu warten, dürfte in aller Regel unangemessen sein.

[631] Es genügt zur Wahrung der Chancengleichheit nicht, dass innerhalb der einen Prüfungsgruppe alle Prüflinge die gleichen Bedingungen haben. Die Chancengleichheit muss vielmehr auch im Verhältnis zu den Prüflingen anderer, nicht durch Lärm gestörter Prüfungsgruppen bestehen, die im beruflichen Wettbewerb untereinander stehen: BVerwG, Beschl. v. 11. 11. 1975 – 7 B 72.74 – NJW 1976, 905.

[632] BVerwG, U. v. 6. 9. 1995 – 6 C 16.93 – BVerwGE 99, 172 = NJW 1996, 2439, betr. anhaltende Kälte im Prüfungsraum.

kunde im Sinne der §§ 415 Abs. 1, 417 ZPO.[633] Der Beweis der Unrichtigkeit der im Prüfungsprotokoll angegebenen Vorgänge ist zulässig.[634]

483   Ob ein Prüfungsprotokoll zu führen ist und welchen Mindestinhalt es haben muss, ergibt sich aus der jeweiligen **Prüfungsordnung**[635] und – soweit spezielle Regelungen fehlen – aus **allgemeinen prüfungsrechtlichen Grundsätzen.** Danach ist in aller Regel kein „Wortprotokoll" vorgesehen, sondern es sind lediglich anzugeben: Die teilnehmenden Personen, der Prüfungsstoff oder die Prüfungsaufgaben,[636] die Dauer und der wesentliche Verlauf der Prüfung. Die Angaben betreffen den **äußeren Ablauf** des Prüfungsgeschehens. Besondere Vorgänge wie etwa Unterbrechungen wegen Lärmstörungen, Täuschungsversuche oder das Auftreten gesundheitlicher Beschwernisse einzelner Prüflinge müssen protokollarisch festgehalten werden. Sollen **Inhalte des Prüfungsgesprächs** aufgezeichnet werden, muss die Prüfungsordnung dies ausdrücklich vorschreiben.[637]

484   Weitergehende verfassungsrechtliche Anforderungen sind in der Rechtsprechung des BVerwG[638] bisher verneint worden. Danach gebietet Art. 12 Abs. 1 GG nicht die ausführliche Protokollierung der mündlichen Prüfung; ebensowenig erfordert die Effektivität des gerichtlichen Rechtsschutzes (Art. 19 Abs. 4 GG) eine **Niederschrift mit Fragen und Antworten.** Gestützt worden ist diese Rechtsauffassung ehedem darauf, dass eine solche Protokollierung zu Beweiszwecken ins Leere ginge, weil sich die fachlich-pädagogischen Bewertungen der Antworten des Prüflings ohnehin der gerichtlichen Kontrolle entzögen.[639] Diese Begründung ist nicht mehr haltbar, nachdem das BVerfG den Verwaltungsgerichten aufgetragen hat, notfalls mit Hilfe von Sachverständigen zu kontrollieren, ob die als falsch bezeichnete Antwort des Prüflings auf eine Fachfrage etwa doch vertretbar ist (vgl. dazu im Einzelnen Rdn. 640 ff., 847).[640] Wenn der Prüfling nunmehr gezielt

---

[633] OVG NW, U. v. 14. 8. 1991 – 2 A 502/90 – DVBl. 1992, 1049 = NWVBl. 1992, 67. VGH Bad.-Wttbg., U. v. 27. 3. 1990 – 9 S 2059/89 – DVBl. 1990, 943 = SPE 580 Nr. 14.

[634] BVerwG, Beschl. v. 25. 3. 1981 – 7 B 143.80 –, und U. v. 28. 11. 1957 – 2 C 50.57 – Buchholz 421.0 Prüfungswesen Nr. 2.

[635] BayVGH, U. v. 8. 3. 1982 – Nr. 22 B 81 A.2570 – NJW 1982, 2685 = BayVBl. 1982, 404.

[636] Nicht in den Einzelheiten, sondern als kurzer Hinweis auf die Themen bzw. Aufgabenbereiche.

[637] VGH Bad.-Wttbg., U. v. 27. 3. 1990, a. a. O.

[638] Beschl. v. 31. 3. 1994 – 6 B 65.93 – NVwZ 1995, 494 = Buchholz a. a. O. Nr. 332 = DVBl. 1994, 641 = NWVBl. 1994, 330, bekräftigt durch Beschl. v. 10. 10. 1995 – 6 B 54.95; vgl. ferner: Beschl. v. 23. 12. 1993 – 6 B 19.93 – Buchholz a. a. O. Nr. 326, U. v. 7. 5. 1971 – 7 C 51.70 – BVerwGE 38, 105 ff., 117, und v. 1. 10. 1971 – 7 C 5.71 – BVerwGE 38, 322 ff., 325. Ebenso: *Herzog* NJW 1992, 2601 ff., 2602; a. A.: *Becker* NVwZ 1993, 1129 ff., 1134 m. w. Hinw.

[639] BVerwG, U. v. 7. 5. 1971, a. a. O., S. 325.; so auch VGH Bad.-Wttbg., U. v. 27. 3. 1990, a. a. O.

[640] Dazu auch: *Niehues,* Stärkere gerichtliche Kontrolle von Prüfungsentscheidungen, NJW 1991, 3001 ff., 3003.

auf konkrete Bewertungsfragen ein „Überdenken" der von ihm als falsch erachteten Entscheidung des Prüfers verlangen kann, muss er jedenfalls in den wesentlichen Punkten erfahren können, was dieser bei seiner Bewertung „gedacht" hat.

Diese speziellen verfassungsrechtlichen Anforderungen sind jedoch nicht **485** zwingend durch eine **Verschärfung der Protokollierungspflicht** im Sinne einer umfassenden – etwa durch Videogeräte vermittelten – Aufzeichnung sämtlicher Fragen, Antworten und der darauf bezogenen Bewertungen zu erfüllen;[641] dazu dienen vielmehr spezielle Begründungspflichten (Rdn. 710 ff.) und ein hierauf ausgerichtetes verwaltungsinternes Kontrollverfahren (Rdn. 759 ff.). Abgesehen von seltenen Fällen, in denen etwa die Annahme eines falschen Sachverhalts gerügt wird, geht es nicht um die perfekte Rekonstruktion des Prüfungsgeschehens, sondern zumeist darum, ob der Prüfer eine bestimmte Leistung (Antwort) des Prüflings rechtsfehlerhaft bewertet hat, d. h. um den Bewertungsvorgang. Angesprochen ist damit in erster Linie die **Begründung der Prüfungsentscheidung,** die mangels ausdrücklicher Regelung nicht im Protokoll erscheint. Demgemäß sind nunmehr an die Begründungen der Prüfer strengere Anforderungen zu stellen, damit die vom BVerfG geforderte Kontrolle von Prüfungsentscheidungen wirkungsvoll sein kann.[642]

Offensichtlich lassen sich **für und gegen eine Erweiterung des Proto-** **486** **kolls** in der dargelegten Weise jeweils gute Gründe ins Feld führen:[643]

Für die Erweiterung spricht das Interesse der Beteiligten an einer möglichst optimalen Beweislage im Falle unterschiedlicher Darstellungen des Sachverhalts oder nicht ohne weiteres nachvollziehbarer Bewertungen. Denn selbst durch die spätere Offenlegung der wesentlichen Begründungselemente des Bewertungsvorgangs wird nicht auch dokumentiert, welche **Fragen der Prüfer** gestellt und welche **Antworten der Prüfling** in der mündlichen Prüfung **tatsächlich** gegeben hat. Besteht nicht über die Vertretbarkeit einer bestimmten Antwort, sondern etwa darüber Streit, welche Frage gestellt worden ist oder wie die Antwort gelautet hat, könnte möglichen Beweisschwierigkeiten durch eine Niederschrift der einzelnen Fragen und Antworten, durch ein **Tonbandprotokoll** oder gar mit Hilfe eines **Videogeräts** vorgebeugt werden.[644]

---

[641] So auch: BVerfG, Beschl. v. 14. 2. 1996 – 1 BvR 961/94 – NVwZ 1997, 263 = NWVBl. 1996, 468 = BayVBl. 1996, 335 = SPE 580 Nr. 18. Dazu ferner: HessVGH, Beschl. v. 8. 8. 1995 – 6 TG 830/95 – DVBl. 1995, 1364 = SPE 580 Nr. 17.

[642] Dazu Rdn. 712 ff. und insbesondere: BVerwG, U. v. 9. 12. 1992 – 6 C 3.92 – Buchholz 421.0 Prüfungswesen Nr. 307 = NVwZ 1993, 677.

[643] Vgl. dazu die kritische Gegenüberstellung von: *Lampe,* Gerechtere Prüfungsentscheidungen, S. 141 ff. und S. 163.

[644] Dies fordern insbesondere: *Wimmer,* Prüfungsprotokollierung durch Videoaufnahmen, JuS 1997, 1146; *Becker* NVwZ 1993, 1129, und *Brehm,* Rechtsstaatliche Prüfungen?, RdJB 1992, 87 ff., 91.

487   Gegen die Erweiterung spricht indes, dass viele Elemente der Bewertung wie etwa das **schnelle Erfassen des Wesentlichen,** das „Mitgehen" im Prüfungsgespräch oder die **Sicherheit der Darlegungen** des Prüflings sich einer Protokollierung entziehen. Sie könnten auch mit technischen Hilfsmitteln (z. B. Tonband- oder Videoaufzeichnungen) nicht so zuverlässig erfasst werden, dass auf diese Weise alle maßgeblichen Grundlagen des Bewertungsvorgangs unverfälscht zu Tage träten.[645] Hinzu kommt, dass die strenge Protokollierung und insbesondere Videoaufzeichnungen geeignet sind, die Prüfungsatmosphäre ungünstig zu beeinflussen oder eine Erhöhung des Stressfaktors zu bewirken, und zwar nicht nur wegen des Verlustes einer gewissen Unbefangenheit und Flexibilität der Beteiligten, sondern vor allem wegen der Gefahr einer protokoll- bzw. videogerechten Anpassung des Prüfungsgeschehens in Richtung einer schematischen, reinen Wissensabfrage nach der Art eines „Frage- und Antwortspiels". Das würde die Validität einer mündlichen Prüfung erheblich mindern.[646]

488   Diese gegenläufigen Belange abzuwägen und eine verbindliche Regelung zu treffen, ist allein **Aufgabe** des **Gesetzgebers** bzw. des Normgebers der Prüfungsordnung. Wenn der Gesetzgeber die Protokollierungspflicht in dem bisher üblichen Umfang bestätigt, weil er die dafür sprechenden Gründe für schwerwiegender hält, macht er von seiner abwägenden Gestaltungsfreiheit Gebrauch, ohne damit gegen **verfassungsrechtliche Anforderungen** zu verstoßen.[647] Das gilt ebenso, wenn der Gesetzgeber keine ausdrückliche (neue) Regelung trifft und damit zu erkennen gibt, dass er keinen Anlass sieht, die bisherige Übung zu ändern.

489   Verfassungsrechtlich nach Art. 12 Abs. 1 und Art. 19 Abs. 4 GG geboten wäre eine Erweiterung der Protokollierungspflicht nur dann, wenn dies für den Prüfling die **einzig effektive Möglichkeit** wäre, wesentliche Vorgänge der Prüfung beweiskräftig nachzuweisen, z. B. dass der Prüfer diese und nicht eine andere Frage gestellt und dass er – der Prüfling – daraufhin eine bestimmte Antwort gegeben hat. Das ist jedoch nicht der Fall. Zum Nachweis tatsächlicher Vorgänge stehen dem Prüfling die im Prozess üblichen Beweismittel **(Zeugen und Parteivernehmung)** zur Verfügung. In Betracht kommen nicht nur die Mitprüfer oder Protokollführer; an vielen Prüfungen nehmen auch Zuhörer teil, die als Zeugen zur Verfügung stehen (wegen der Beteiligung eines zweiten Prüfers oder zumindest eines sachkundigen Beisitzers s. Rdn. 554). Der Anspruch des Prüflings auf effektiven Rechtsschutz lässt sich damit in aller Regel hinreichend erfüllen; er gewährleistet **nicht** darüber hinaus für alle Fälle die **Schaffung** möglichst **perfekter Beweislagen** durch eine Technisierung des Prüfungsablaufs.

---

[645] BVerwG, U. v. 1. 10. 1971, a. a. O., S. 325; OVG Schl.-H., U. v. 3. 9. 1992 – 3 L 380/91 – SPE 460 Nr. 10. So insbesondere auch *Herzog,* a. a. O.

[646] So auch: *Lampe,* a. a. O., S. 163.

[647] BVerfG, Beschl. v. 14. 2. 1996 – 1 BvR 961/94 – a. a. O.; BVerwG, Beschl. v. 31. 3. 1994 – 6 B 65.93 – a. a. O.

Daraus folgt zugleich, dass jedenfalls die „normale Beweislage" zu si- **490** chern ist. Deshalb ist bei berufsrelevanten Prüfungen (Art. 12 Abs. 1 i.V.m. Art. 19 Abs. 4 GG) für eine anderweitige hinreichende Beweisbarkeit des Prüfungsgeschehens zu sorgen, indem dazu geeignete verfahrensmäßige Vorkehrungen etwa dadurch geschaffen werden, dass dem Prüfling durch eine – wenn auch nur beschränkte – **Öffentlichkeit der mündlichen Prüfung** die Möglichkeit der Beweisführung eröffnet wird.[648] Soweit bei berufsrelevanten Prüfungen die Prüfungsordnung die Zulassung von Zuhörern (nur) in das Ermessen des Vorsitzenden stellt, ist dieses Ermessen daher im allgemeinen dahin reduziert, dass Zuhörer – wenn sie nicht im Einzelfall aus wichtigem Grunde auszuschließen sind – zugelassen werden müssen. Während der mündlichen Prüfung angefertigte **Aufzeichnungen,** die nicht nur persönliche Notizen der Prüfer enthalten, und von dem Prüfer **schriftlich verfasste Aufgaben** sind für eine angemessne Zeit aufzubewahren.[649]

Mängel des Prüfungsprotokolls haben keinen selbständigen **Einfluss auf 491 das Prüfungsergebnis,** weil die Bewertung der Prüfungsleistungen auf der Grundlage des tatsächlichen Prüfungsgeschehens und nicht anhand des Prüfungsprotokolls erfolgt. Sie machen daher das Ergebnis der Prüfung nicht fehlerhaft, sondern beeinträchtigen nur den Beweis des Prüfungshergangs.[650] Im Rahmen der Beweiswürdigung können sich indessen aus einem unvollständigen Prüfungsprotokoll erhebliche Konsequenzen ergeben: Ist der Prüfungsausschuss bei seiner Entscheidung von dem in der Prüfungsordnung genannten Regelfall abgewichen, so ist der **Nachweis, dass Ausnahmegründe vorlagen,** ohne Hinweise im Prüfungsprotokoll wesentlich erschwert.[651] Enthält das Protokoll einer mündlichen Prüfung deutlich **überwiegend positive Einzelnoten** über die Leistungen des Prüflings, so erscheint eine trotzdem erteilte **schlechte Gesamtnote** als nicht begründet und daher unzulässig.[652] Auch für den späteren Nachweis, dass die Prüfung wegen eines **Täuschungsversuchs** abgebrochen worden ist, besitzt das

---

[648] BVerwG, Beschl. v. 31. 3. 1994 – 6 B 65.93 – a.a.O.; HessVGH, U. v. 14. 10. 1996 – 6 UE 2777/93 – DVBl. 1997, 621 = SPE 580 Nr. 16.

[649] VG Karlsruhe, U. v. 25. 9. 1996 – 7 K 1905/95 – DVBl. 1997, 627 = SPE 432, 37, betr. schriftliche Aufzeichnungen des Prüflings, die der Prüfer entgegengenommen und benotet hat.

[650] BVerwG, U. v. 28. 11. 1957 – 2 C 50.57 – Buchholz a.a.O. Nr. 2, betr. das Fehlen der Unterschrift; OVG NW, U. v. 14. 8. 1991 – 22 A 502/90 – DVBl. 1992, 1049 = NWVBl. 1992, 67; VGH Bad.- Wttbg., U. v. 27. 3. 1990 – 9 S 2059/89 – DVBl. 1990, 943 = SPE 580 Nr. 14; HessVGH, U. v. 7. 1. 1988 – 3 UE 2283/84; anders: OVG Saarlouis, U. v. 26. 11. 1970 – I R 59/70 – DVBl. 1971, 557, und auch *Guhl,* Prüfungen im Rechtsstaat, S. 273, der entscheidend auf die Warn- und Garantiefunktion des Protokolls abstellt, jedoch nicht darlegt, inwiefern förmliche Mängel bei der Protokollierung auf das Prüfungsergebnis von Einfluss sein können.

[651] OVG NW, U. v. 21. 8. 1961 – 5 A 773/61 – JZ 1962, 322.

[652] Hess. VGH, U. v. 2. 10. 1973 – II OE 63/73 – SPE III F VII, S. 101.

Prüfungsprotokoll erhebliche Bedeutung. Insgesamt ist zur Vermeidung von Beweisnachteilen dringend anzuraten, jedenfalls alle **atypischen Vorfälle** und **Abweichungen von dem normalen Prüfungsverlauf** in das Protokoll aufzunehmen, da sonst die Vermutung gilt, dass von dem **Regelverlauf** nicht abgewichen worden ist.

IX. Die Verletzung von Verfahrensvorschriften/Erheblichkeit, Fehlerbeseitigung, Schadensersatz

1. Die Erheblichkeit von Verfahrensmängeln

492   Ist der Prüfungsverlauf unter Verletzung von Verfahrensvorschriften gestört worden, ist weiter zu fragen, ob der **Fehler** für die abschließende Entscheidung überhaupt **erheblich** ist. Ein Verfahrensfehler bei der Abnahme einer Prüfung hat nämlich grundsätzlich nur dann die Aufhebung der Prüfungsentscheidung zur Folge, wenn sein Einfluss auf das Prüfungsergebnis nicht ausgeschlossen werden kann.[653] Dieser seit langem in der Rechtsprechung anerkannte Grundsatz kommt nunmehr durch § 46 VwVfG und die entsprechenden Bestimmungen der Verwaltungsverfahrensgesetze der Länder zum Ausdruck.[654] Allerdings gilt diese Vorschrift nur bei Fehlern im **Prüfungsverfahren**, einschließlich des normierten Verfahrens zur Bewertung der Prüfungsleistung (s. Rdn. 527 ff.). Sie ist dagegen **nicht** anwendbar auf **materielle** Rechtsfehler, insbesondere **Bewertungsfehler,** die nicht auf formellen Bewertungsregeln, sondern auf einem inneren Bewertungsvorgang beruhen (wegen der insofern für die Erheblichkeit eines Fehlers geltenden Maßstäbe s. Rdn. 688 ff.).[655]

Die **Unerheblichkeit eines Verfahrensfehlers** kann sich in zweifacher Weise kundtun:

493   **Erstens** sind es Fälle, in denen die Prüfungsentscheidung von vornherein **nicht auf dem Fehler beruht,** etwa wenn der Prüfling trotz falscher Hinweise die richtigen Hilfsmittel mitbringt, einen offensichtlichen Schreibfeh-

---

[653] BayVGH, U. v. 8. 9. 1999 – 7 B 99.292 – BayVBl. 2000, 529, betr. den Verlust eines Blattes der Prüfungsarbeit nach abgeschlossener Korrektur. Die materielle Beweislast für die Tatsachen, aus denen sich die Unerheblichkeit des festgestellten Prüfungsfehlers ergeben soll, trifft die Prüfungsbehörde: BVerwG, Beschl. v. 25. 6. 1999 – 6 B 53.99 – m. w. Hinw.; zur Beweislast s. auch Rdn. 841 ff.

[654] Vgl. z. B.: BVerwG, Beschl. v. 4. 2. 1991 – 7 B 7.91 – Buchholz 421.0 Prüfungswesen Nr. 283, und U. v. 20. 11. 1987 – 7 C 3.87 – BVerwGE 78, 280 ff., 284 = Buchholz a. a. O. Nr. 246 = NVwZ 1988, 433 m. w. Hinw.; für schulische Prüfungen: HessVGH, U. v. 13. 12. 1991 – 7 UE 3113/88 – SPE 550 Nr. 7.

[655] Zu dieser notwendigen Unterscheidung und den damit zusammenhängenden Rechtsfragen: BVerwG, U. v. 22. 6. 1994 – 6 C 37.92 – BVerwGE 96, 126 = NJW 1995, 265 = Buchholz a. a. O. Nr. 333. *Rozek* NVwZ 1992, 33, mit Kritik an dem U. des BayVGH v. 12. 9. 1990 – 3 B 90.00061 – NVwZ 1991, 499.

ler im Text der Aufgabe als solchen erkennt[656] oder in der überzogenen Prüfungszeit ebensowenig eine Frage beantworten kann. Gleichermaßen beruht die Prüfungsentscheidung auch dann nicht auf dem Fehler, wenn im Antwort-Wahl-Verfahren fälschlich zwei richtige Antworten (B und C) vorgegeben sind, der Prüfling aber die unrichtige Antwort A für richtig hält.[657] Ein Prüfling kann sich auf eine dem Grundsatz der Chancengleichheit widersprechende **Begünstigung anderer Prüflinge** nicht berufen, wenn sein eigenes Prüfungsverfahren korrekt verlaufen ist und seine eigenen Prüfungsleistungen ordnungsgemäß bewertet worden sind (hinsichtlich der Rechtslage bei einer relativen Bewertung der Prüfungsleistungen s. Rdn. 539 ff., 603, 604).[658]

Zweitens kommen Fälle in Betracht, in denen eine Prüfungsentscheidung **494** zwar auf einem Verfahrensfehler beruht, jedoch feststeht, dass das Ergebnis der Prüfung **auch ohne diesen Fehler nicht anders ausfallen** würde. Dies ist z. B. anzunehmen, wenn der Fehler sich in seinen Auswirkungen auf einen Teil der Prüfung beschränkt und wegen der schlechten Leistungen in den anderen Prüfungsteilen ein Prüfungserfolg ausgeschlossen ist (dazu Rdn. 244, 547 ff.).

Die Frage, ob hinreichend sicher auszuschließen ist, dass ohne den Fehler **495** im Prüfungsverfahren ein besseres Prüfungsergebnis erzielt worden wäre, lässt sich nicht allgemein, sondern nur unter Würdigung aller Umstände des Einzelfalles beantworten. In der Rechtsprechung ist die Tendenz erkennbar, an einen solchen Ausschluss strenge Anforderungen zu stellen: So ist die **Auswahl eines** (teilweise) **unzulässigen Prüfungsstoffs** nicht etwa wegen der trotzdem ausreichenden Antworten des Prüflings als unerheblich erachtet worden; denn die Vielzahl der unzulässigen Fragen habe zu einer nachhaltigen Verunsicherung des Prüflings geführt, durch die sein – sonst wohl überdurchschnittliches – Leistungsvermögen beeinträchtigt worden sein könne.[659] Fehler bei der Zuteilung von Prüfungsaufgaben sind nicht schon deshalb unerheblich, weil die zugeteilte Prüfungsaufgabe generell geeignet ist, die Fähigkeiten und Kenntnisse des Prüflings zu ermitteln. Das gilt insbesondere, wenn die Aufgabe von einer dazu nicht berechtigten Person ausgewählt worden ist. Lässt sich nicht anhand objektiver Gesichtspunkte und Maßstäbe feststellen, ob der **zuständige Prüfer andere Prüfungsaufgaben** zugeteilt hätte als die, die wegen der Zuteilung durch einen unzuständigen Prüfer bearbeitet worden sind, kann nicht ausgeschlossen werden, dass dieser Verfahrensfehler sich auf das Prüfungsergebnis ausge-

---

[656] VGH Bad.-Wttbg., U. v. 6. 6. 1989 – 9 S 1039/89 – DVBl. 1989, 1202 = VBlBW 1990, 196.
[657] BVerwG, U. v. 20. 11. 1987, a. a. O., S. 285; OVG NW, U. v. 21. 2. 1986 – 15 A 2211/84 – SPE 436 Nr. 8.
[658] OVG Sachs.-Anh., Entsch. v. 28. 11. 1996 – 4 L 32/85 – SPE 290 Nr. 20.
[659] BVerwG, U. v. 17. 7. 1987 – 7 C 118.86 – BVerwGE 78, 55 ff., 58 = Buchholz 421.0 Prüfungswesen Nr. 242 = NVwZ 1987, 977.

wirkt hat.[660] Liegt ein Verfahrensfehler in der **Überschreitung der Prüfungsdauer,** so lässt sich dessen Ursächlichkeit für das Prüfungsergebnis nur dann ausschließen, wenn nach dem Ablauf der regulären Prüfungszeit unter den zur Entscheidung berufenen Prüfern Einigkeit über das bis dahin erzielte Ergebnis bestand und das nach rechtswidriger Fortsetzung der Prüfung festgestellte Ergebnis davon nicht abweicht.[661] Für das **Habilitationsverfahren** gilt, dass ein Fehler in der **vorbereitenden Begutachtung** nur dann zur Rechtswidrigkeit der Entscheidung des Habilitationsorgans führt, wenn sich nicht ausschließen lässt, dass sich der Fehler in der Entscheidung fortgesetzt hat, oder wenn die Entscheidung des Habilitationsorgans in den verbleibenden verwertbaren Gutachten eine zureichende Grundlage nicht mehr findet.[662]

496   Im Falle der Nichtbeteiligung berufener oder der Beteiligung nicht berufener Prüfer dürfte der Versuch, die Unerheblichkeit eines solchen Mangels nachzuweisen, in aller Regel scheitern; denn der Einfluss einer **versäumten** bzw. einer **unzulässigen Beteiligung an der Beratung** auf das Ergebnis der Prüfung lässt sich grundsätzlich nicht ausschließen.[663] Die nicht näher gerechtfertigte Annahme, die abwesenden Mitglieder des entscheidenden Gremiums hätten „wohl genauso entschieden" und/oder es bestehe kein Anlass, dass sie die „Stimmung umgerissen hätten", reicht dazu nicht aus.[664] Insofern könnte der Fehler allenfalls dann am Ende unerheblich sein, wenn er nur einen Teil der Prüfung (z.B. ein einzelnes Prüfungsfach) betrifft und schon die anderen schlechten – fehlerfrei bewerteten – Leistungen in den übrigen Fächern den Misserfolg der Prüfung ergeben (dazu Rdn. 244, 547 ff.).

497   Ist der Beteiligungsfehler nicht unerheblich, wird dies in der Regel eine **Neubewertung** erforderlich machen, kann jedoch im Einzelfall auch dazu führen, dass die Prüfung **bestanden** ist: Hat z.B. ein Schulleiter nicht wirksam den Vorsitz im Fachprüfungsausschuss übernommen, so ist seine für das Nichtbestehen der Abiturprüfung ausschlaggebende Stimme mit der Folge ungültig, dass die Prüfung bestanden ist.[665]

498   Auch ein Verfahrensfehler, der darin besteht, dass die Prüfungsbehörde den Prüflingen **unterschiedlich günstige Hilfsmittel** gestattet, ist erheblich.

---

[660] HessVGH, U. v. 4. 2. 1993 – 6 UE 1450/92 – SPE 588 Nr. 17.

[661] OVG NW, U. v. 17. 7. 1991 – 22 A 1533/89 – NVwZ-RR 1992, 246 = NWVBl. 1992, 66. Zur Erheblichkeit eines Verfahrensfehlers durch Nichtgewährung von Schreibzeitverlängerung bei Störung des Prüfungsablaufs: VG Schwerin, Beschl. v. 17. 11. 2000 – 7 B 859/00 – SPE 214 Nr. 8.

[662] VGH Bad.-Wttbg., U. v. 15. 11. 2000 – 9 S 2553/99 – NVwZ 2001, 937.

[663] VGH Bad.-Wttbg., U. v. 16. 1. 1990 – 9 S 3071/88 – SPE 470 Nr. 56.

[664] Anders: VG Frankfurt a.M., Beschl. v. 25. 11. 2002 – 5 G 3649/02 – NVwZ-RR 2003, 436, betr. die Entscheidung einer Zulassungskonferenz, mit der die Zulassung einer Schülerin zur Qualifikationsphase der gymnasialen Oberstufe abgelehnt worden ist.

[665] OVG Nds., U. v. 19. 10. 1994 – 13 L 3412/93 – SPE 550 Nr. 19.

Es kann nämlich nicht ausgeschlossen werden, dass der Misserfolg des Prüflings darauf beruht, dass er schlechtere Hilfsmittel besaß (zur Frage, wie dieser Mangel zu reparieren ist, s. Rdn. 510, 511).[666] Als unerheblich für das Prüfungsergebnis sind dagegen **formelle Mängel der Prüfungsniederschrift** zu bewerten. Diese Mängel haben dann nicht einmal auf die Beweislage einen erheblichen Einfluss, wenn der Prüfungshergang unstreitig ist.[667]

2. Offensichtliche Fehler/Heilung von Verfahrensmängeln

Offensichtliche Fehler in der Darstellung von Prüfungsaufgaben oder bei **499** sonstigen Äußerungen der am Prüfungsrechtsverhältnis Beteiligten (z.B. Schreibfehler, erkennbar falsche Daten und Bezeichnungen, offenbare Rechenfehler, erkennbare Verwechslungen usw.) sind umgehend zu **berichtigen**. Der verständige Prüfling, der solche Mängel erkennt, darf daraus keinen Vorteil ziehen. Allenfalls kann ihm zu gute gehalten werden, dass er trotz der Erkennbarkeit des Fehlers in der speziellen Prüfungssituation verunsichert worden ist. Ist dies in erheblicher Weise geschehen, muss das Verfahren insoweit wiederholt werden.

Es besteht auch bei Prüfungen die Möglichkeit, dass eine Verletzung von **500** Verfahrens- oder Formvorschriften nachträglich **geheilt** wird und sodann unbeachtlich ist (§ 45 i.V.m. § 2 Abs. 3 Nr. 2 VwVfG).[668] Nachzuholen sind nach dieser gesetzlichen Regelung: Anträge, Begründungen, Anhörungen sowie die Mitwirkung von Ausschüssen und anderen Behörden. Die **fehlerhafte Zuteilung** von **Prüfungsaufgaben** lässt sich nicht dadurch heilen, dass der zuständige Prüfer dieses Vorgehen vor Ergehen des Prüfungsbescheides genehmigt, sofern aufgrund der ursprünglichen Zuteilung bereits Prüfungsleistungen erbracht worden sind, die sich auf das Ergebnis der Prüfung haben auswirken können.[669]

Für die Pflicht zur **Begründung von Prüfungsentscheidungen** und deren **501** **Nachholung/Ergänzung** gelten spezielle Regelungen, auf die später im Einzelnen eingegangen wird (s. Rdn. 718, 723). Davon zu unterscheiden sind die in der Praxis mindestens ebenso gewichtigen Fälle, in denen der eigentliche Mangel nicht erst in der Begründung, sondern schon in der **gemeinsamen Beratung** und abschließenden **Bewertung der Leistungen** durch die Prüfer liegt. Sodann geht es nicht um die Ergänzung der Begründung, sondern um die „Reparatur" der Beratungs- oder Bewertungsmängel (dazu Rdn. 693 ff.), die nur folgeweise eine neue oder ergänzende Begründung erfordert.

---

[666] VGH Bad.-Wttbg., U. v. 25. 2. 1982 – 9 S 2532/81 – NVwZ 1983, 565.
[667] HessVGH, U. v. 7. 1. 1988 – 3 UE 2283/84.
[668] Oder aufgrund entsprechender Regelungen der jeweiligen Landesverwaltungsverfahrensgesetze.
[669] HessVGH, U. v. 4. 2. 1993 – 6 UE 1450/92 – SPE 588 Nr. 17.

3. Fehlerbeseitigung: Neubewertung oder Wiederholung der Prüfung

502   Nach dem in Art. 12 Abs. 1 GG i. V. m. Art. 3 Abs. 1 GG verankerten Gebot der Chancengleichheit im Prüfungswesen darf es einem Prüfling weder zum Vorteil noch zum Nachteil gereichen, dass ein Fehler der Prüfung – etwa nach einer von ihm erstrittenen gerichtlichen Entscheidung – zu korrigieren ist. Vielmehr müssen möglichst **vergleichbare Prüfungsbedingungen** und **Bewertungskriterien** gelten.[670] Das bedeutet freilich nicht, dass das weitere Verfahren durch den Grundsatz der Chancengleichheit in allen Einzelheiten vorgegeben wäre. Haftet einer Prüfung ein rechtserheblicher Mangel an, lässt sich das Gebot der Chancengleichheit zumeist nicht in derselben Weise wie bei einem fehlerfreien Prüfungsverlauf gewährleisten. Infolgedessen kommen in solchen Fällen durchweg mehrere Möglichkeiten der Fehlerbeseitigung in Betracht. Es gilt das **Prinzip des geringstmöglichen Nachteils** (Rdn. 413, 508).[671] Sonderregelungen des Prüfungsablaufs können sich zudem in ihrer Auswirkung als ambivalent erweisen. So mag z. B. die obligatorische Wiederholung von Prüfungsteilen von einigen Prüflingen als ein Vorteil und dementsprechend von den Mitprüflingen als bedenkliche Gewährung einer zusätzlichen Prüfungschance empfunden werden, während andere in ihr lediglich eine Belastung sehen, die den Nachteil, den sie durch den Prüfungsmangel erlitten haben, eher verstärkt als ausgleicht. Da somit in den Fällen eines Prüfungsmangels die Chancengleichheit regelmäßig nur annähernd wiederhergestellt werden kann, muss unter dem Blickwinkel der Art. 12 Abs. 1 GG und 3 Abs. 1 GG bei der Gestaltung der Prüfungsbedingungen, die dem Ausgleich des Mangels dienen, nicht auf jeden denkbaren Umstand Bedacht genommen werden, aus dem sich ein Vorteil oder Nachteil für den Prüfling ergeben kann. Es ist vielmehr ausreichend, aber auch erforderlich, dass die Prüfung für ihn insgesamt unter Bedingungen stattfindet, die mit denjenigen bei normalem Prüfungsverlauf vergleichbar sind.[672]

503   Es macht für die Art der nachträglichen Fehlerbeseitigung einen wesentlichen Unterschied aus, ob das **Verfahren** zum Zwecke der **Ermittlung** der Kenntnisse und Fähigkeiten des Prüflings fehlerhaft durchgeführt worden ist (z. B. weil der Prüfungsstoff nicht zulässig oder ungeeignet ist) oder ob später bei der **Bewertung** der Leistungen rechtserhebliche Mängel aufgetreten sind (z. B. ein Prüfer bei der Beratung nicht anwesend war oder eine vertretbare Lösung als falsch bewertet hat). Deshalb ist hierauf jeweils gesondert einzugehen:

---

[670] BVerfG, Beschl. v. 17. 4. 1991 – 1 BvR 419/81 – BVerfGE 84, 34 ff., 52 = NJW 1991, 2005.

[671] BVerwG, U. v. 19. 12. 2001 – 6 C 14.01 – NVwZ 2002, 1375, m. Anm. v. *Brehm*, a. a. O., S. 1334 = DVBl. 2002, 73 = Buchholz 421.0 Prüfungswesen Nr. 400.

[672] So ausdrücklich: BVerwG, U. v. 10. 10. 2002 – 6 C 7.02 – NJW 2003, 1063 = Buchholz 421.0 Prüfungswesen Nr. 402.

a) Fehler im Verfahren zur Ermittlung der Kenntnisse und Fähigkeiten des Prüflings

Im Falle des vorstehend dargestellten „Ermittlungsfehlers" scheidet eine **504** ordnungsgemäße **Bewertung** objektiv **aus,** wenn wegen des gestörten Prüfungsverlaufs einer zuverlässigen Bewertung die Grundlage fehlt und/ oder die **Chancengleichheit** aller Prüflinge verletzt würde. Das ist insbesondere dann der Fall, wenn die Prüfungsaufgabe ungeeignet ist, die wahren Kenntnisse und Fähigkeiten des Prüflings festzustellen (dazu Rdn. 309 ff.) oder wenn ein ausgeschlossener Prüfer (z. B. ein naher Angehöriger) in der mündlichen Prüfung mitgewirkt hat (Rdn. 194). Solche Fehler im Verfahren zur Ermittlung der Prüfungsleistungen dürfen nicht unbeachtlich bleiben. Der durch den Fehler belastete Prüfling hat auf der Grundlage seines prüfungsrechtlichen Rechtsverhältnisses einen gerichtlich durchsetzbaren **Anspruch auf Folgenbeseitigung,** der in diesen Fällen die **Wiederholung** der Prüfung **(Neuprüfung)** umfasst,[673] und zwar ohne die Anrechnung auf die nach der Prüfungsordnung allgemein zugelassenen Wiederholungsmöglichkeiten (vgl. Rdn. 734 ff.).[674]

Die **Prüfungsbehörde** darf bei erheblichen und offensichtlichen Mängeln **505** der vorgenannten Art nicht abwarten, ob der Prüfling eine neue Prüfung beantragt, sondern hat, sobald sie die Mängel erkennt, **von Amts wegen** entsprechend zu reagieren und die misslungene Prüfung durch eine sachgerechte Abhilfe, in der Regel durch eine Wiederholung der Prüfung, zu einem ordnungsgemäßen Abschluss zu bringen. Das gilt in den an dieser Stelle erörterten Fällen selbst dann, wenn der Prüfling durch den Fehler begünstigt worden ist (z. B. wenn versehentlich Hilfsmittel ausgeben worden sind, die die Lösung der Aufgabe zu einer bloßen „Abschreibleistung" machen). Sollte die aufgrund des Verfahrensfehlers rechtswidrige Prüfungsentscheidung bereits verkündet worden sein, kann sie unter den Voraussetzungen des § 48 VwVfG zurückgenommen werden.

Der einzelne Prüfling kann sich demgegenüber nicht darauf berufen, dass **506** der Verfahrensverstoß im **Verantwortungsbereich der Prüfungsbehörde** liegt, denn es geht darum, objektiv die Chancengleichheit der Prüflinge insgesamt zu wahren. Dabei ist jedenfalls bei berufsbezogenen Prüfungen nicht nur auf die Prüflinge einer einzelnen Prüfungsgruppe, sondern auf den ge-

---

[673] Anlässlich einer solchen Wiederholung einzelner Prüfungsteile darf nicht etwa die Bewertung anderer Prüfungsteile nachträglich nachgebessert werden: OVG Nds., U. v. 16. 3. 1999 – 10 L 337/97 – NdsVBl. 1999, 183 = SPE 980 Nr. 57. Die Wiederholung ohne Anrechnung auf die generellen Wiederholungsmöglichkeiten mag im Einzelfall abzulehnen sein, wenn der Nachweis gelingt, dass die Bearbeitung der Prüfungsaufgabe trotz der unzulässigen Vorteile (z. B. der besseren Hilfsmittel) offensichtlich misslungen ist.

[674] OVG Schl.-H., U. v. 3. 9. 1992 – 3 L 380/91 – SPE 460 Nr. 10, betr. Mängel bei der Aufgabenstellung.

samten Kreis der Prüflinge abzustellen, die mit dem Abschluss die Berechtigung für den Eingang in einen bestimmten Beruf anstreben.

507 Ist dagegen eine **sachgerechte Bewertung** trotz des gestörten Prüfungsverlaufs **objektiv möglich,** so kann es dem Prüfling nicht verwehrt werden, auf eine **Rüge** zu **verzichten,** so dass die Prüfung mit der Bewertung der erbrachten Leistungen seinen „normalen" Fortgang nimmt. Sein Interesse, die Bearbeitung einer bestimmten, nicht ungeeigneten Prüfungsarbeit trotz gewisser Beeinträchtigungen (z. B. bei nur zeitweisen Lärmstörungen, Rdn. 479, unsachlichen Bemerkungen eines Prüfers, Rdn. 196 ff., oder trotz einer leistungsmindernden, eine Bearbeitung der Prüfungsaufgabe jedoch nicht ausschließenden Erkrankung, Rdn. 138,) abzuschließen und sich nicht einer anderen – möglicherweise für ihn schwierigeren – Aufgabe unterziehen zu müssen, ist schutzwürdig, zumal die Prüfungschancen der anderen Prüflinge dadurch nicht beeinträchtigt werden.

508 Die danach etwa erforderliche Neuprüfung ist so zu gestalten, dass durch sie dem Prüfling nur die **geringstmöglichen Nachteile** entstehen, aber auch **keine besonderen Vorteile** (vgl. Rdn. 413).[675] Zu untersuchen ist zunächst, ob der Fehler zu isolieren ist, weil er (nur) einen hinreichend verselbständigten – nicht zwingend formell selbständigen – **Abschnitt des Prüfungsverfahrens** (z. B. nur eine einzelne Aufsichtarbeit, ein Fach in der mündlichen Prüfung oder nur den Aktenvortrag) betrifft. Ist dies der Fall, so ist, auch wenn das nicht im Interesse des Prüflings liegt – weil er gern auch andere missratene Leistungen wiederholen möchte –, nur dieser Abschnitt zu wiederholen (dazu und zu etwaigen Ausnahmen s. Rdn. 413, 511).[676]

509 Anders sind die Rechtsfolgen, wenn der Abbruch des Prüfungsverfahrens im **Verantwortungsbereich** des einzelnen Prüflings liegt: Konnten die wahren Kenntnisse und Fähigkeiten des Prüflings etwa deshalb nicht zuverlässig ermittelt werden, weil er selbst den ordnungsgemäßen Ablauf des Prüfungsverfahrens z. B. durch einen **Täuschungsversuch** oder durch **falsche Angaben** über eine angebliche Krankheit gestört hat, und wird deshalb die Prüfung für „nicht bestanden erklärt", ist er auf die Inanspruchnahme etwaiger weiterer (regulärer) Wiederholungsmöglichkeiten angewiesen, sofern die Prüfungsordnung sie zulässt (Rdn. 742 ff.).

510 Besondere Schwierigkeiten bereitet die „Reparatur" von Mängeln im Prüfungsverfahren, wenn eine Anzahl von Prüflingen **unterschiedlich betroffen** ist (z. B. durch eine einseitige Bekanntgabe des Prüfungsthemas oder

---

[675] BVerwG, U. v. 19. 12. 2001 – 6 C 14.01 –, a. a. O., und v. 10. 7. 1964 – 7 C 82.64 – NJW 1965, 112.

[676] Auch dazu: BVerwG, U. v. 19. 12. 2001, a. a. O. Leidet ein Prüfungsabschnitt der Arbeitsprobe in der Meisterprüfung im Elektromaschinenbauer-Handwerk an einem erheblichen Verfahrensmangel, so ist nicht nur der verfahrensfehlerhafte Prüfungsabschnitt, sondern die gesamte Arbeitsprobe zu wiederholen: VGH Bad.-Wttbg., U. v. 31. 1. 1995 – 14 S 2867/93.

durch die Ausgabe unterschiedlich vorteilhafter Hilfsmittel).[677] Grundsätzlich ist auch in diesem Fall davon auszugehen, dass die so erbrachten Leistungen nicht gelten, weil sie das **Leistungsbild verfälschen** und die **Chancengleichheit** der Prüflinge verletzt ist (zur relativen Bewertung der Prüfungsleistungen s. Rdn. 539 ff.). Dabei kommt es auch in dieser Situation nicht allein darauf an, dass den in einer bestimmten Prüfungsgruppe zusammengefassten Prüflingen gleiche Startchancen zu geben sind, sondern dass sie alle auch mit anderen Prüflingen als **Berufsbewerber** konkurrieren (Art. 3 Abs. 1 und Art. 12 Abs. 1 GG). Die Chancengleichheit ist in diesen Fällen im allgemeinen dadurch wiederherzustellen, dass **sämtliche** mit der Prüfungsaufgabe befassten – begünstigten oder benachteiligten – **Prüflinge** aufgrund einer neuen Prüfungsarbeit in einem ordnungsgemäßen Verfahren **neu geprüft** werden.

Ausnahmen hiervon kommen in Betracht, wenn der Mangel nach Lage 511 der Dinge zu isolieren und bei einem Teil der Prüflinge getrennt zu reparieren ist. Das setzt aber voraus, dass die **Prüfungsaufgabe** trotz der zu behebenden Mängel **geeignet** ist, die wahren Kenntnisse und Fähigkeiten des Prüflings zu ermitteln,[678] der Fehler sich auf nur einen **Teil der Prüflinge** beschränkt und **keine Auswirkung** auf die – selbst nicht zu beanstandende – **Bewertung** der Arbeiten der **anderen Prüflinge** hat. Es ist unter diesen Umständen zu prüfen, ob schon durch eine „Reparatur" der Benachteiligung einzelner Prüflinge die Chancengleichheit wiederhergestellt werden kann. Haben z. B. alle Prüflinge zwar zulässige, aber unterschiedlich wertvolle Hilfsmittel erhalten,[679] so kann die Chancengleichheit im Einzelfall auch dadurch wiederhergestellt werden, dass den benachteiligten Prüflingen die Möglichkeit gegeben wird, eine neue Prüfungsarbeit – nunmehr mit gleichwertigen – Hilfsmitteln anzufertigen. Auch sind Prüflinge, die bestimmte **Vorteile** bei der Lösung derselben Aufgabe **nicht besaßen**, trotzdem dann nicht benachteiligt, wenn sie ihre Kenntnisse und Fähigkeiten bei der Lösung dieser Aufgabe in der üblichen Weise auch ohne die besonderen Vorteile nachweisen konnten, die unterschiedlichen Bearbeitungsvoraussetzungen den Prüfern bekannt sind und die Bearbeitungen der anderen (bevorteilten) Prüflinge isoliert davon unter Anwendung strengerer Maßstäbe gewertet werden. Sind indes sämtliche Arbeiten aller unterschiedlich bevorteilten Prüflinge in Unkenntnis dieser Umstände bereits bewertet wor-

---

[677] Voraussetzung für die nachfolgenden Differenzierungen ist, dass die Prüfungsaufgabe überhaupt rechtlich zulässig und für die betr. Leistungskontrolle geeignet ist (vgl. dazu Rdn. 305 ff., 309).

[678] Das ist nicht der Fall, wenn z. B. aufgrund der beigefügten Hilfsmittel nur eine Abschreibleistung erbracht wird.

[679] Das mag der Fall sein, wenn etwa in einer juristischen Prüfung neuere und ältere Kommentare ausgegeben werden, nicht dagegen, wenn einzelnen Prüflingen erlaubt wird, eigene Texte und Kommentare mitzubringen, die mit persönlichen Anmerkungen versehen sein können.

den, ist davon auszugehen, dass die für die Notenbildung des Prüfers maßgebliche Einschätzung des Schwierigkeitsgrades der Aufgabe und der
„durchschnittlichen Leistung" von den – zu positiven – Ergebnissen der bevorteilten Prüflinge beeinflusst ist (zu den Elementen einer relativen Bewertung s. Rdn. 539 ff.) und dadurch für die anderen Prüflinge ungerechtfertigte Nachteile entstanden sind.[680] Daraus kann in diesem Fall der nicht
bevorteilte Prüfling einen **Anspruch** auf eine (teilweise) **neue Prüfung** herleiten.

b) Fehler im Verfahren der Bewertung der Leistungen des Prüflings

512   Mängel bei der Bewertung von Prüfungsleistungen sind grundsätzlich
durch eine **erneute Beratung** und **Bewertung** durch die zuständigen Prüfer
zu beheben.[681] Voraussetzung dafür ist freilich, dass die wahren Kenntnisse
und Fähigkeiten des Prüflings fehlerfrei ermittelt worden sind, um so eine
zutreffende Bewertung tragen zu können. Ist dies nicht der Fall und liegt
somit eine **bewertungsfähige Leistung** nicht vor, ist der sich etwa anschließende Bewertungsfehler in diesem Zusammenhang unerheblich; es bleibt
dann auch hier nur die Wiederholung der Prüfung (vgl. Rdn. 504 ff.). Die für
die „Reparatur von Bewertungsmängeln" geltenden prüfungsrechtlichen
Anforderungen betreffen in wesentlichen Teilen sowohl das **formalisierte
Bewertungsverfahren** (s. Rdn. 527 ff.) als auch den **inhaltlich** ausgerichteten **Bewertungsvorgang,** insbesondere die dort vorzunehmenden fachlichen und prüfungsspezifischen Wertungen (Rdn. 625 ff., 640, 642). Deshalb
werden die insofern maßgeblichen Rechtsgrundsätze im Anschluss an
die Darstellung der rechtlichen Anforderungen an die Bewertung von
Prüfungsleistungen (Rdn. 527 ff., 625 ff) zusammengefasst erörtert (s. Rdn.
693 ff.; zum sog. Verschlechterungsverbot s. Rdn. 700 ff.).[682]

4. Die Rügepflicht des Prüflings/Erklärung des Rücktritts

513   Der Prüfling kann sich auf Mängel des Prüfungsverfahrens grundsätzlich
nur dann berufen und Abhilfe verlangen, wenn er den Mangel **rechtzeitig
gerügt** hat.[683] Das folgt, soweit es nicht schon ausdrücklich in der Prüfungsordnung so geregelt ist, aus seiner Mitwirkungspflicht im Prüfungs-

---

[680] Eine Benachteiligung kann auch dadurch entstehen, dass ein Prüfling durch
glaubhafte Gerüchte über die Bevorteilung anderer Prüflinge verunsichert wird.

[681] BVerwG, Beschl. v. 11. 4. 1996 – 6 B 13.96 – NVwZ 1997, 502 = Buchholz
a. a. O. Nr. 363.

[682] Dazu insgesamt: BVerwG, U. v. 10. 10. 2002 – 6 C 7.02 – NJW 2003, 1063 =
Buchholz a. a. O. Nr. 402; und U. v. 30. 1. 1995 – 6 C 1.92 – NVwZ 1995, 788 = DÖV
1996, 300 = Buchholz a. a. O. Nr. 343.

[683] BVerwG, U. v. 22. 6. 1994 – 6 C 37.92 – BVerwGE 96, 126 = NJW 1995, 265 =
Buchholz a. a. O. Nr. 333.

rechtsverhältnis. Die Rüge muss **hinreichend konkret** sein und den **Grund der Beanstandung** nennen, z. b. dass der Prüfling bestimmte äußere Einwirkungen (Baulärm) als eine erhebliche Störung empfindet oder einen bestimmten Prüfer wegen dessen Äußerungen als befangen erachtet. Damit wird zugleich ein **Anstoß für Abhilfemaßnahmen** der dazu verpflichteten Prüfungsbehörde gegeben (im Einzelnen: Rdn. 112, 125 ff., 191, 202 ff., 473 ff.). Der Anspruch des Prüflings auf Beseitigung oder Kompensation des Mangels und dessen Folgen erlischt, wenn der Prüfling den Fehler kennt, die ihm zumutbare Rüge unterlässt und sich auf das fehlerhafte Verfahren (z. B. die falsche Besetzung des Prüfungsausschusses) einlässt.[684] Das gilt auch, wenn der Mangel schon im Prüfungszulassungsverfahren liegt.[685] Zuweilen mag er sich gar eine bessere Chance ausrechnen, wenn etwa der nicht zuständige Prüfer – möglicherweise nur scheinbar – ein milderer Prüfer ist. Hat er sich darin geirrt oder ist er aus anderen Gründen mit dem Prüfungsergebnis nicht einverstanden, kann er nicht später auf den Verfahrensfehler zurückgreifen.

Mängel im Prüfungsverfahren sind **„unverzüglich"**, d. h. ohne schuldhaftes Zögern zu rügen. Für die Entscheidung darüber, ob die Rüge unverzüglich erhoben worden ist, kommt es auch darauf an, ob und ab welchem Zeitpunkt es dem Prüfling in der Prüfungssituation **zugemutet** werden konnte, auf den ihm bekannten Verfahrensfehler hinzuweisen. Dies lässt sich nur unter Berücksichtigung aller erheblichen Umstände des Einzelfalles feststellen.[686] Insbesondere in der **mündlichen Prüfung,** während der er sich voll auf das Prüfungsgeschehen konzentrieren muss, wird von Prüfling nicht verlangt, dass er sich mit der Erheblichkeit eines möglichen Verfahrensmangels – etwa weil ein Prüfer unaufmerksam oder befangen ist – befasst und diesen Mangel stets schon hier geltend macht (vgl. Rdn. 204). Materiellrechtliche **Ausschlussfristen** (Präklusionsfristen),[687] die bei verspäteten Einwendungen den Verlust des Rechts auf eine (weitere) Prüfung zur Folge haben, können das Rügerecht zeitlich begrenzen.[688] Sie bedürfen einer gesetzlichen Grundlage (Rdn. 44). Freilich gelten sie nur bei Mängeln im Prüfungsverfahren selbst und nicht bei materiellen Fehlern der Bewertung von Prüfungsleistungen.[689] Auf solche Ausschlussfristen muss der einzelne Prüfling nicht durch eine besondere Rechtsbehelfsbelehrung hinge-

514

---

[684] BVerwG, U. v. 24. 2. 2003 – 6 C 22.02 – Buchholz a. a. O. Nr. 403 = DÖV 2003, 726; OVG Berlin, U. v. 2. 7. 2002 – OVG 4 B 11.00 –, betr. die Abweichung von einem gesetzlich vorgeschriebenen Prüfungsverfahren (Vorstellung eines Patienten in der zahnärztlichen Prüfung).

[685] BVerwG, Beschl. v. 28. 4. 1997 – 6 B 6.97 – Buchholz a. a. O. Nr. 380.

[686] OVG NW, Beschl. v. 26. 9. 1995 – 22 B 2176/95 – NWVBl. 1996, 132 = SPE 980 Nr. 45, betr. kurzfristige Änderung des Prüfungsortes/fehlerhafte Ladung.

[687] Dazu allgemein: *Stelkens/Kallerhoff,* in: Stelkens/Bonk/Sachs, Verwaltungsverfahrensgesetz, § 31 Rdn. 8.

[688] BVerwG, U. v. 22. 6. 1994, a. a. O.

[689] Auch dazu: BVerwG, U. v. 22. 6. 1994 – 6 C 37.92 –, a. a. O.

wiesen werden. Es genügt vielmehr, dass die eine Ausschlussfrist festsetzende Vorschrift (zumeist in der Prüfungsordnung) durch eine rechtsstaatlichen
Anforderungen entsprechende Veröffentlichung bei den Prüflingen allgemein bekannt gemacht worden ist; zweckmäßig ist es jedoch stets, mit der
Ladung zur Prüfung auf solche wichtigen Fristen hinzuweisen.[690]

515   Selbst wenn es dem Prüfling ausnahmsweise nicht oblag, einen (offen-
kundigen) Mangel im Prüfungsverfahren zu rügen, kann es unter besonderen Umständen – z. b. wenn der Prüfling sein Einverständnis mit einer
bestimmten Verfahrensweise erklärt hat – treuwidrig und damit eine **unzulässige Rechtsausübung** sein, wenn er später dennoch die fehlerhaft-
rechtswidrige Verfahrensweise beanstandet. Der aus dem Grundsatz von
Treu und Glauben herzuleitende Gesichtspunkt der **Verwirkung** ist nämlich auch im Prüfungsrecht zu beachten.[691] Die Einwilligung des Prüflings in
eine Änderung des Verfahrensablaufs ist allerdings nicht beachtlich, wenn
der Gang des Verfahrens (z.B. die Dauer der Prüfung) von der Prüfungsordnung zwingend vorgeschrieben ist.[692]

516   Zu unterscheiden ist zwischen dem **Hinweis** auf einen bestimmten Mangel im Prüfungsverfahren (hier im weiteren Sinne als „Rüge" bezeichnet)
und dem Geltendmachen der daraus folgenden Rechte auf Fehlerbeseitigung, insbesondere in Form des **Rücktritts** von der Prüfung.[693] In dem
zweiten Teil geht es um die **konkreten Folgen des gerügten Mangels**, z. B.
im Falle gesundheitlicher Behinderungen des Prüflings (Rdn. 125 ff., 140 ff.),
bei Lärmstörungen (Rdn. 473) oder im Falle der Befangenheit eines Prüfers
(Rdn. 203). Der Prüfling hat sich gleichermaßen „**unverzüglich**" zu entscheiden, ob und **welche Konsequenzen** er für sich daraus herleiten will,
dass er durch Mängel im Prüfungsverfahren benachteiligt worden ist. Es
darf ihm **nicht** die **Wahlmöglichkeit** offen stehen, zunächst das Prüfungsergebnis abzuwarten, um sich erst dann zu entscheiden, ob er sich durch die
Berufung auf den Mangel des Verfahrens einen zusätzlichen Prüfungsversuch verschaffen oder das Prüfungsergebnis trotz des Mangels akzeptieren
will. Dadurch würden ihm unter Verletzung der Chancengleichheit Vorteile
gegenüber anderen Prüflingen zukommen, denn die Mitbewerber in den frei
von Mängeln verlaufenen Prüfungen haben solche Wahlmöglichkeiten nicht.
Daher kann der Ausgleich eines Nachteils, der dem Prüfling durch einen er-

---

[690] Das BVerwG (U. v. 22. 6. 1994, a. a. O.) lässt „jedenfalls" den Hinweis in der Ladung genügen. Zu den Anforderungen an die Bekanntmachung von gesetzlichen Ausschlussfristen vgl. auch: *Stelkens/Kallerhoff,* a. a. O., m. w. Hinw.

[691] Vgl. dazu: BVerwG, Beschl. v. 18. 6. 1981 – 7 CB 22.81 – Buchholz 421.0 Prüfungswesen Nr. 149, und U. v. 18. 9. 1970 – 7 C 26.70 – Buchholz a. a. O. Nr. 42 =
DVBl. 1970, 928 = BayVBl. 1971, 24.

[692] OVG NW, U. v. 17. 7. 1991 – 22 A 1533/89 – NVwZ-RR 1992, 246 =
NWVBl. 1992, 66.

[693] BVerwG, U. v. 6. 9. 1995 – 6 C 16.93 – BVerwGE 99, 172 ff., 175 = NJW 1996,
2439.

heblichen Mangel des Prüfungsverfahrens entstanden ist, allein durch eine **Wiederholung der Prüfung** oder des davon betroffenen Prüfungsteils vollzogen werden; die auf den Erfolg der Prüfung abstellende Wahlmöglichkeit wäre eine **überschießende Kompensation.** Auszunehmen sind auch hier die bereits erwähnten Fälle, in denen es dem Prüfling nicht zuzumuten war, vor der Bekanntgabe des Prüfungsergebnisses zu reagieren. Das gilt speziell für den Fall, dass die mündliche Prüfung Mängel aufweist und das Prüfungsergebnis unmittelbar im Anschluss an sie verkündet wird. Unterrichtet die Prüfungsbehörde den Prüfling in fehlerhafter Weise über die Möglichkeit zum Rücktritt, so kann jedenfalls bei unklarer Rechtslage der Rücktritt zwar nach Bekanntgabe des Prüfungsergebnisses, aber spätestens innerhalb der Widerspruchsfrist (§ 70 VwG) erklärt werden.[694]

Manche **Prüfungsordnungen** sehen für den Fall, dass „**wichtige Grün-** **517** **de**" dies rechtfertigen, vor, dass der Prüfling – neben dem Nachweis eines solchen Grundes – unverzüglich einen **Antrag** auf **Genehmigung des Rücktritts** stellt (vgl. z.B. § 18 ÄAppO). Ein solches förmliches Verfahren gilt in der Praxis zumeist bei gesundheitlichen Beschwerden des Prüflings (vgl. Rdn. 149ff.), kann aber auch auf andere Gründe gestützt werden, die eine Fortsetzung des Prüfungsverfahrens für den Prüfling unzumutbar machen.[695] Genehmigt die Prüfungsbehörde den Rücktritt, gilt der von dem Mangel betroffene Prüfungsteil als nicht unternommen. Ein ablehnender Bescheid wird bestandskräftig, wenn er nicht rechtzeitig angefochten wird (dazu im Einzelnen Rdn. 815ff., 819ff.).

5. Der Anspruch auf Schadensersatz

Mängel im Prüfungsverfahren begründen nicht nur einen Anspruch auf **518** Aufhebung der Prüfungsentscheidung, sondern können auch **Schadensersatzforderungen** auslösen. In der Rechtsprechung behandelt worden sind z.B. Ansprüche auf Schadensersatz wegen ungeeigneter Prüfungsfragen in der Ärztlichen Prüfung (Antwort-Wahlverfahren),[696] wegen Fehlern bei der Korrektur (z.B. Nichtbeachtung von Teilen der Ausführungen des Prüflings),[697] wegen Rechenfehlern bei der Addition der Punkte,[698] wegen eines rechtswidrigen Widerrufs einer Prüfungsentscheidung,[699] wegen einer Änderung des Themas der Prüfungsaufgabe ohne Verlängerung der Bear-

---

[694] BVerwG, U. v. 6. 9. 1995 – 6 C 16.93 –, a.a.O.

[695] BVerwG, U. v. 6. 9. 1995, a.a.O., zu § 18 ÄAppO, betr. äußere Mängel des Prüfungsverfahrens und den Rücktritt nur von einem Teil der Prüfung.

[696] BGH, U. v. 9. 7. 1998 – III ZR 87/97 – BGHZ 139, 200 = NJW 1998, 2738; OLG Koblenz, U. v. 25. 4. 2001 – 1 U 843/99 – NVwZ 2002, 764 (jeweils gerichtet gegen das Institut für Medizinische und Pharmazeutische Prüfungsfragen).

[697] LG Münster, U. v. 7. 3. 2000 – 10 O 389/99 – NJW 2001, 1072.

[698] LG Münster, U. v. 7. 3. 2000, a.a.O.

[699] BGH, U. v. 27. 11. 1980 – III ZR 95/79 – DRiZ 1981, 147.

beitungszeit[700] und wegen schuldhafter Verzögerung des Prüfungsablaufs.[701]

519   Rechtsgrundlage eines **Amtshaftungsanspruchs** ist § 839 ff. BGB i. V. m. Art. 34 GG. Voraussetzung dafür ist, dass von den Prüfern oder Prüfungsbehörden schuldhaft Amtspflichten verletzt worden sind, die dem Prüfling gegenüber oblagen, und dass ihm dadurch der Schaden entstanden ist, den er ersetzt verlangt.[702] Ob prüfungsrechtliche **Amtspflichten** speziell **gegenüber** dem einen Schadensersatz beanspruchenden **Prüfling** bestehen, er also „Dritter" im Sinne des § 839 Abs. 1 Satz 1 BGB ist, hängt davon ab, ob die Pflichten in seinem – und nicht etwa nur im öffentlichen – Interesse wahrzunehmen sind. Das ist bei Regelungen des Prüfungsverfahrens, die – wie dargelegt – dem individuellen Grundrechtsschutz dienen und die Chancengleichheit aller Prüflinge sichern sollen, grundsätzlich der Fall.[703] Zur Annahme des **Verschuldens** genügt die Feststellung einer Fahrlässigkeit, d. h. einer Verletzung der Sorgfaltspflichten, die für die Führung des übernommenen Amtes im Durchschnitt erforderlich sind.[704]

520   Weitere – zumeist schwieriger nachzuweisende – Voraussetzung ist, dass das schuldhaft-pflichtwidrige Verhalten des Amtsträgers für den geltend gemachten Schaden des Prüflings **kausal** geworden ist. Der Schutzzweck der einer Behörde im Rahmen einer für die Aufnahme einer beruflichen Tätigkeit notwendigen Prüfung obliegenden Amtspflichten liegt vor allem darin, dem Prüfling die Ausübung eines angestrebten Berufes zu ermöglichen. Wird der Prüfling hieran durch eine rechtswidrige Prüfungsentscheidung gehindert, so ist ihm der entstandene **Verdienstausfallschaden** zu ersetzen. Ein solcher Schaden tritt aber nur dann ein, wenn der Prüfling – was eine sorgfältige Prognose voraussetzt – für die Ausübung des angestrebten Berufes hinreichend geeignet und befähigt ist. Daran fehlt es jedenfalls dann, wenn der Prüfling nach einer inzwischen erfolgten Wiederholung der fehlerhaften Prüfung am Ende die Prüfung endgültig nicht bestanden hat.[705]

---

[700] OLG Düsseldorf, U. v. 1. 10. 1991 – 18 U 124/91 – NVwZ 1992, 94.

[701] OLG Koblenz, U. v. 26. 4. 1989 – 1 U 905/88 – NJW 1989, 899.

[702] St. Rspr.: so z. B.: BGH, U. v. 9. 7. 1998 – III ZR 87/97 – a. a. O.; OLG Düsseldorf, U. v. 1. 10. 1991 – 18 U 124/91 – NVwZ 1992, 94, unter Hinweis auf BGH, NJW 1983, 2241. Keine Entschädigung ohne Verschuldensnachweis: BGH, Beschl. v. 27. 5. 1993 – III ZR 142/92 – BayVBl. 1994, 122; insbesondere kein verschuldensunabhängiger Entschädigungsanspruch wegen enteignungsgleichen Eingriffs, Aufopferung oder aufopferungsgleichen Eingriffs: BGH, Beschl. v. 21. 10. 1993 – III ZR 14/93 – NJW 1994, 2229; s. auch BGHZ 111, 349, 355 ff.

[703] BGH, U. v. 9. 7. 1998, a. a. O., betr. die Amtspflicht des Instituts für Medizinische und Pharmazeutische Prüfungsfragen, geeignete Prüfungsfragen auszuwählen.

[704] BGH, U. v. 9. 7. 1998, a. a. O.: Etwa wenn ein Bediensteter des IMPP die Mehrdeutigkeit einer Prüfungsfrage hätte erkennen und durch eine andere Formulierung vermeiden können. Kann die nach sorgfältiger Prüfung gewonnene Rechtsansicht des Amtsträgers als vertretbar angesehen werden, so kann aus der späteren Missbilligung dieser Auffassung durch ein Gericht ein Schuldvorwurf nicht hergeleitet werden.

[705] BGH, U. v. 9. 7. 1998, a. a. O.

Der durch eine Amtspflichtverletzung betroffene Prüfling hat grundsätz- 521
lich den **Beweis** zu führen, dass ihm hierdurch ein **konkreter Schaden entstanden** ist (Rdn. 841 ff.). Schlichte Hinweise auf Verzögerungen des
„beruflichen Fortkommens" reichen dazu nicht aus.[706] Eine Beweislastver-
schiebung kommt nur dann in Betracht, wenn nach der Lebenserfahrung
eine tatsächliche Vermutung oder eine tatsächliche Wahrscheinlichkeit dafür
besteht, dass ein bestimmter Schaden auf der Amtspflichtverletzung beruht.
Dafür kann ein enger zeitlicher Zusammenhang sprechen.[707] Auch kann
dem Geschädigten die Beweiserleichterung des § 287 ZPO zugute kommen,
wonach das Gericht über den Schaden und dessen Höhe unter Würdigung
aller Umstände nach freier Überzeugung entscheidet.[708] Kann die Berechtigung einer vom Prüfling unmittelbar nach der Prüfung substantiiert erhobenen Verfahrensrüge deshalb nicht mehr festgestellt werden, weil die Prüfungsbehörde es unter Verletzung ihrer prüfungsrechtlichen Fürsorgepflicht
versäumt hat, den gerügten Sachverhalt rechtzeitig aufzuklären, so trägt sie
die materielle Beweislast dafür, dass die Prüfung verfahrensfehlerfrei durchgeführt worden ist.[709]

Ein besonderes Hindernis für die Realisierung von Amtshaftungsansprü- 522
chen ist auch im Prüfungswesen § 839 Abs. 3 BGB, wonach die Ersatz-
pflicht nicht eintritt, wenn der Verletzte es vorsätzlich oder fahrlässig unterlassen hat, den **Schaden** durch den **Gebrauch eines Rechtsmittels
abzuwenden.** Fahrlässig handelt ein Prüfling, der die in seiner Situation üblichen Sorgfaltspflichten vernachlässigt. Zu diesen Sorgfaltspflichten gehört
jedenfalls nicht zwingend, dass der Prüfling ohne besonderen Anlass vor
Ablauf der Rechtsmittelfrist seine Möglichkeiten zur Einsicht in die Prüfungsakten (Rdn. 263) „vorsorglich" ausschöpft und ein Überdenken der
Prüfungsentscheidung verlangt (vgl. Rdn. 759 ff.). Insbesondere muss er von
seinen Informationsrechten keinen Gebrauch machen, wenn er nach Lage
der Dinge annehmen durfte, dass das Prüfungsverfahren einschließlich der
Bewertung seiner Leistung insgesamt korrekt verlaufen ist.[710] Wenn freilich
ein – auch nur geringer – Anlass besteht, sich über die Bewertung seiner
schriftlichen Arbeiten zu informieren,[711] so handelt ein Prüfling fahrlässig,
der von seinen Informationsrechten keinen Gebrauch macht. Das gilt auch,
wenn der Prüfling auf eine Begründung der Prüfungsentscheidung nach der

---

[706] BGH, U. v. 9. 7. 1998, a. a. O.

[707] OLG Düsseldorf, a. a. O.

[708] BGH, U. v. 9. 7. 1998, a. a. O., LG Münster, U. v. 7. 3. 2000, a. a. O., betr. Ver-
dienstausfall.

[709] OVG NW, U. v. 27. 2. 1997 – 22 A 7462/95 – SPE 432 Nr. 34.

[710] LG Münster, U. v. 7. 3. 2000 – 10 O 389/99 – NJW 2001, 1072.

[711] Dazu zählen insbesondere erkennbare Ungereimtheiten, etwa wenn die Bewertung einer schriftlichen Arbeit als „völlig unbrauchbar" angesichts der jedenfalls vertretbaren Einzelleistungen unstimmig ist oder wenn dem Prüfling bekannt ist, dass
dem Prüfer auch anderweitig Korrekturfehler unterlaufen sind.

abschließenden mündlichen Prüfung verzichtet und so in Unkenntnis gewisser Bewertungsmängel kein Rechtsmittel einlegt. Hierbei ist insgesamt zu beachten, dass das Prüfungsrechtsverhältnis auch dem Prüfling Pflichten auferlegt, insbesondere nach seinen Möglichkeiten daran mitzuwirken, dass die Prüfung verfahrensmäßig korrekt verläuft und letztlich zu einem richtigen Ergebnis gelangt. Wer diese Pflichten vernachlässigt, kann später nicht den Ersatz von Schäden (z. B. wegen Verdienstausfalls) verlangen, die durch sein Mitwirken auf einfache Weise hätten vermieden bzw. repariert werden können.

523   Der **Begriff des Rechtsmittels** ist weit zu fassen. Er umfasst nicht nur Widerspruch und Anfechtungsklage, sondern auch den vom Prüfling geltend zu machenden Anspruch auf Überdenken der Prüfungsentscheidung, der nach der Rechtsprechung des BVerfG[712] jedem Prüfling zusteht (Rdn. 759 ff.). Wenn nicht besondere Umstände im Einzelfall dagegen sprechen, ist dem Prüfling auch zuzumuten, gegenüber fehlerhaften Maßnahmen der Prüfer oder zu deren Abwendung in Eilfällen **vorläufigen Rechtsschutz** mit Hilfe einer einstweiligen Anordnung in Anspruch zu nehmen (vgl. Rdn. 873 ff.) und so z. B. die Verlängerung der Bearbeitungszeit einer Diplomarbeit[713] oder eine Neubewertung seiner Leistungen in der mündlichen Prüfung zu erstreiten, wenn zu befürchten ist, dass die Erinnerungen der Prüfer sich verflüchtigen.[714] Dazu muss er freilich insbesondere in zeitlicher Hinsicht in der Lage sein, ohne dass er dabei unzumutbare Risiken für den Gesamterfolg der Prüfung in Kauf zu nehmen hätte. Die mit einem solchen Verfahren regelmäßig verbundenen Belastungen und Unwägbarkeiten sind im Einzelfall zu würdigen; sie werden es häufig rechtfertigen, von dem vorläufigen Rechtsschutz keinen Gebrauch zu machen, ohne dass dadurch etwaige Schadensersatzansprüchen verloren gehen.[715]

524   Die Anfechtung der Prüfungsentscheidung durch die Inanspruchnahme verwaltungsgerichtlichen Rechtsschutzes unterbricht die **Verjährung** des Amtshaftungsanspruchs nach § 852 BGB.[716]

525   **Anspruchgegner** ist das Land oder die Körperschaft, in deren Diensten der Prüfer steht (Art. 34 Abs. 1 Satz 1 GG). Für die Amtspflichtverletzung von Prüfern einer Hochschule, die durch das Land in ihr Amt berufen worden sind, haftet das Land und nicht die Hochschule.[717] Das IMPP ist als eine

---

[712] BVerfGE 84, 34 ff. und 59 ff.

[713] *Brehm*, NVwZ 2002, 1334 mit Hinw. auf BGH, NJW 1995, 2918; OLG Düsseldorf, a. a. O., S. 95.

[714] BVerwG, Beschl. v. 11. 4. 1996 – 6 B 13.96 – NVwZ 1997, 502 = DVBl. 1996, 997.

[715] BVerwG, U. v. 19. 12. 2001 – 6 C 14.01 – NVwZ 2002, 1375 = Buchholz 421.0 Prüfungswesen Nr. 400, mit Anm. v. *Brehm* NVwZ 2002, 1334, und Beschl. v. 11. 4. 1996 – 6 B 13.96 – NVwZ 1997, 502 = Buchholz a. a. O. Nr. 363.

[716] BGH, NJW 1985, 2324; OLG Koblenz, U. v. 25. 4. 2001 – 1 U 843/99 – NVwZ 2002, 764. Vgl. dazu auch *Peters* NJW 1986, 1087.

[717] LG Münster, U. v. 7. 3. 2000 – 10 O 389/99 – NJW 2001, 1072.

rechtsfähige Anstalt Anspruchsgegner für Ansprüche auf Schadensersatz wegen Verletzung der Amtspflichten seiner Bediensteten.[718]

Zuständig sind die **Zivilgerichte** (Art. 34 Abs. 1 Satz 3 GG). Das Zivilge- **526** richt ist durch die **Bestandskraft** einer von dem Prüfling nicht oder zu spät angefochtenen (negativen) Prüfungsentscheidung nicht gehindert, deren Rechtmäßigkeit incidenter zu überprüfen. Freilich scheitert der Anspruch in solchen Fällen häufig gemäß § 839 Abs. 3 BGB daran, dass der Prüfling es fahrlässig unterlassen hat, ein Rechtsmittel einzulegen (vgl. Rdn. 522). Ist indes über die Rechtmäßigkeit der Prüfungsentscheidung durch ein **Verwaltungsgericht** rechtskräftig entschieden worden, sind die Zivilgerichte daran gebunden.[719]

---

[718] BGH, U. v. 9. 7. 1998, a. a. O.; OLG Koblenz, U. v. 25. 4. 2001, a. a. O.

[719] Dazu insgesamt: LG Münster, a. a. O. m. w. Hinw. Gegen eine Bindungswirkung verwaltungsgerichtlicher Eilentscheidungen (einstweilige Anordnungen): *Brehm* NVwZ 2002, 1334, unter Hinweis auf BGH, NVwZ 2001, 352.

D. Die Bewertung der Prüfungsleistungen

I. Das Verfahren bei der Bewertung der Prüfungsleistungen

527   Nicht nur die Ermittlung der Kenntnisse und Fähigkeiten des Prüflings, sondern auch die **Bewertung** des Leistungsbildes unterliegt gewissen **Verfahrensregeln,** die dazu dienen, eine richtige und ausgewogene, die Leistungen aller Prüflinge möglichst gleichmäßig erfassende Prüfungsentscheidung zu treffen. Mit diesen Verfahrensregeln werden die Modalitäten und formellen Grenzen des Bewertungsvorgangs abgesteckt, dem allerdings ferner noch **inhaltliche Bewertungsmängel** anhaften können (dazu im Einzelnen Rdn. 625 ff.).[1]

528   Werden **Mängel** im **Bewertungsverfahren festgestellt,** z.B. weil ein Prüfer sich der Stimme enthalten hat oder das Gesamtergebnis falsch errechnet worden ist, muss weiter geprüft werden, ob der Mangel für das **Prüfungsergebnis erheblich** ist (dazu Rdn. 492 ff.), ob und wie er schlicht **geheilt** werden kann (Rdn. 500) oder wie der Mangel auf andere Weise zu „reparieren" ist, nämlich durch eine **fehlerfreie Neubewertung** der vorhandenen – bewertungsfähigen – Leistungen oder durch eine (teilweise) **Wiederholung der Prüfung** ohne Anrechnung auf die regulären Wiederholungsmöglichkeiten (dazu Rdn. 512, 699). Ergänzend sei darauf hingewiesen, dass sich im Anschluss an eine Feststellung **inhaltlicher Bewertungsmängel,** z.B. wenn der Prüfer eine sachlich vertretbare Lösung als falsch bewertet hat, ähnliche Fragen stellen, etwa ob und wieweit bei der fälligen Neubewertung ein „Verschlechterungsverbot" gilt (dazu Rdn. 693 ff., 700).

529   Die jeweiligen Bewertungsverfahren können **stark formalisiert** sein, um eine möglichst **einheitliche Bewertung** zu erreichen (z.B. im Antwort-Wahl-Verfahren, Rdn. 595 ff.). Sie können aber auch mehr die **persönliche Einschätzungskraft** des Prüfenden zur Geltung bringen, so dass der Prüfer/Lehrer aufgrund seiner unmittelbaren Anschauung in der mündlichen Prüfung bzw. im Schulunterricht stärker differenzierend individuelle Leistungen zu bewerten hat. Die Regelungen des Bewertungsverfahrens können nicht zugleich die Einheitlichkeit und die individuelle Gerechtigkeit der einzelnen Bewertung umfassend gewährleisten, sondern es gilt, einen Weg zu finden, der – etwa durch unterschiedliche Vorgehensweisen im

---

[1] Hierzu insgesamt: *von Golitschek,* Bewertung der Prüfungsleistungen in juristischen Staatsprüfungen und deren gerichtliche Kontrolle, BayVBl. 1994, 257 ff. und 300 ff.

mündlichen und im schriftlichen Prüfungsteil – beide Maxime optimal verbindet.

Es ist dem **Gesetz-, Verordnungs- oder Satzungsgeber** überlassen, unter 530
Berücksichtigung des besonderen Charakters der jeweiligen Leistungskontrolle eine Gesamtlösung zu finden, bei der das Verfahren der Leistungsbewertung zu sachgerechten Ergebnissen führt. Dazu hat er einen weiten
Gestaltungsspielraum.[2] Zum Beispiel darf die Bewertung von Aufsichtsarbeiten sowohl nach dem sog. **Kampagnesystem,** bei dem einzelne Prüfer
sämtliche Klausuren zu bewerten haben, als auch nach dem sog. **Kommissionssystem,** bei dem der Prüfer nur einen Anteil der Arbeiten bewertet, in
verfassungsrechtlich zulässiger Weise ausgestaltet werden.[3] Sofern das Verfahren bei der Bewertung der Prüfungsleistungen durch die **Prüfungsordnung** näher geregelt ist, sind diese Regelungen vorrangig gegenüber allgemeinen Verfahrensgrundsätzen.[4] Ausdrückliche normative Regelungen der
wesentlichen Elemente des Bewertungsverfahrens sind umso mehr geboten,
als hiervon das Prüfungsergebnis in aller Regel maßgeblich abhängt (vgl.
Rdn. 47 ff.).[5]

In den Detailbereichen des Bewertungsverfahrens kann auch eine ständige 531
verfahrensmäßige **Bewertungspraxis** eine rechtliche Bindung erzeugen
(dazu Rdn. 94 ff.). Das gilt insbesondere, wenn durch sie die Chancengleichheit (Art. 3 Abs. 1 GG) gesichert wird oder wenn ein Abgehen von dieser
Praxis zu Ungleichheiten bei der Bewertung führen würde, z. B. wenn bislang **Konzept- und Gliederungsblätter** immer mitbewertet worden sind.[6]
Eine solche **rechtliche Selbstbindung** der Prüfer kommt allerdings nicht
zustande, wenn ihr Vorgehen unzulässig ist, z. B. wenn es den Prüflingen
Vorteile verschafft, die gegen die Prüfungsordnung verstoßen oder mit dem
Sinn und Zweck der Leistungskontrolle nicht zu vereinbaren sind.[7]

Die nachfolgend dargelegten allgemeinen Grundsätze des Bewertungs- 532
verfahrens können etwaige Lücken des normativen Regelungssystems aus-

---

[2] Zwingend geboten sind z. B. weder eine Musterlösung für schriftliche Prüfungsarbeiten noch ein nach Bewertungskriterien gegliedertes Bewertungsschema: BVerwG,
U. v. 20. 7. 1984 – 7 C 31.83 – DVBl. 1985, 60 = SPE 400 Nr. 26 und Beschl. v. 18. 5.
1982 – 1 WB 148.78 – BVerwGE 73, 376.
[3] HessVGH, U. v. 24. 2. 1994 – 6 UE 2123/91. Soweit indes relative Elemente in die
Bewertung der Prüfungsleistungen einfließen (dazu Rdn. 539 ff.), ist der Grundsatz
der Chancengleichheit hier besonders zu beachten.
[4] BayVGH, U. v. 3. 12. 2001 – VGH 7 B 01 774 –, bestätigt durch Beschl. des
BVerwG v. 14. 5. 2002 – 6 B 22.02.
[5] BVerwG, Beschl. v. 2. 5. 1995 – 6 B 26.95 – Buchholz 421.0 Nr. 117: Insbesondere
im schulischen Bereich muss die Vergabe von Teilnoten für einzelne Leistungen angesichts des unterschiedlichen Gewichts von schriftlichen, mündlichen und praktischen
Leistungen in den einzelnen Unterrichtsfächern nicht normativ festgelegt werden.
[6] Dazu im Einzelnen: von *Golitschek,* BayVBl. 1994, 257 ff., 262.
[7] VGH Bad.-Wttbg., Beschl. v. 24. 1. 1994 – 4 S 2875/93 – DÖD 1994, 211, betr. die
Vorlage gut bewerteter schriftlicher Arbeiten des Prüflings in der mündlichen Prüfung.

füllen und ferner, insbesondere wenn sie auf verfassungsrechtlichen Geboten gründen, eine dementsprechende verfassungskonforme Auslegung einzelner Bewertungsregelungen der Prüfungsordnung erforderlich machen
oder gar – wenn der festzustellende Verfassungsverstoß so nicht zu beheben
ist – die Ungültigkeit dieses Teils der Prüfungsordnung bewirken.

1. Grundanforderungen an das Bewertungsverfahren

533   Die Normierung des Bewertungsverfahrens schafft zwar mehr Rechtssicherheit. Dennoch gilt nach wie vor, dass gute Prüfungen und zuverlässige
Prüfungsergebnisse letztlich von der Güte der Prüfer abhängen. Grundvoraussetzungen dafür sind die persönliche und fachliche **Qualifikation** des
einzelnen **Prüfers** (Rdn. 158 ff.), seine **Eigenverantwortlichkeit** und **Unabhängigkeit** bei der Bewertung der **Leistungen** des Prüflings (Rdn. 175 ff.)
sowie seine Fähigkeit, dem Prüfling **sachlich, fair** und **unbefangen** zu begegnen (Rdn. 184 ff.). Davon ausgehend, gelten für das Bewertungsverfahren
allgemein noch folgende prüfungsrechtliche Anforderungen:

a) Richtige und vollständige Erfassung des Gegenstandes der Bewertung

534   Vorbedingung einer verfahrensfehlerfreien Bewertung ist, dass der Prüfer
sämtliche bewertungsrelevanten Leistungen richtig und vollständig **zur
Kenntnis nimmt.** Dazu gehören die nach der Prüfungsordnung vorgesehenen Einzelleistungen unterschiedlicher Art (insbesondere Hausarbeiten,[8]
Aufsichtsarbeiten, praktische Verrichtungen oder künstlerische Darbietun-
gen). Findet die **Auswahl der Bewerber** (Schüler) für eine bestimmte **Schule,** z.B. eine Oberschule mit begrenzter Aufnahmekapazität, nach Leis-
tungskriterien statt, müssen diese hinreichend gesichert sein und von der für
die Auswahlentscheidung zuständigen Stelle vollständig zur Kenntnis genommen werden. **Grundschulgutachten** sind dafür nur dann geeignet,
wenn sie diese Voraussetzungen erfüllen und die Maßstäbe normativ festgelegt sind, die eine einheitliche Bewertung durch die Grundschulen gewährleisten.[9]

535   Zweifel an der vollständigen Kenntnisnahme sind berechtigt, wenn ein
Prüfer eine **Vielzahl** von **schriftlichen Arbeiten** in einer Zeit durchgesehen
und eigenverantwortlich bewertet haben will, die dafür objektiv nicht ausreichen kann (zur Zulässigkeit von Bewertungshilfen s. Rdn. 176).

536   In der **mündlichen Prüfung** muss auch der Mitprüfer, der ein anderes
Fach prüft, jedoch über das Prüfungsergebnis mitentscheidet, in allen Prü-

---

[8] Schriftliche Hausarbeiten eines Schülers in der gymnasialen Oberstufe müssen von
dem Fachlehrer nicht in die Bildung der Kursabschlussnote einbezogen werden: OVG
NW, Beschl. v. 23. 7. 1998 – 19 A 2850/98 – SPE 470 Nr. 70.

[9] VG Berlin, Beschl. v. 23. 8. 2000 – 3 A 715.00 – NVwZ 2001, 948. Dazu im Einzelnen: Band 1 Schulrecht, Rdn. 368 ff.

fungsteilen – auch bei den anderen Fächern – die Leistungen des Prüflings zur Kenntnis nehmen; dies ist nicht hinreichend der Fall, wenn ein Prüfer währenddessen in Akten blättert oder Fachzeitschriften liest.

In der Regel gilt als Gegenstand der Bewertung **nur die Originalausfer-** 537 **tigung** der schriftlichen Arbeit, nicht jedoch auch deren **elektronisch gespeicherter Entwurf,** die **Gliederung** der Bearbeitung oder ein **stichwortartiges Konzept** des Prüflings. Das kann ausnahmsweise anders sein, wenn diese unfertigen Teile geeignet sind, die Bearbeitung zu ergänzen, indem sie brauchbare Hinweise dafür geben, dass der Prüfling – der die Bearbeitung nicht zeitgerecht hat vollenden können – auf einem guten Wege zur Lösung der Prüfungsaufgabe gewesen ist.[10] Voraussetzung dafür ist indes, dass der Prüfling sich eindeutig für die Bewertung dieser „Anlagen zur Prüfungsarbeit" entscheidet und diese Entscheidung nicht etwa dem Belieben des Prüfers überlässt.[11] Das kann durch einen ausdrücklichen Vermerk, aber auch dadurch geschehen, dass die Seitenzahlen der Arbeit fortgeführt oder die Teile zusammengeheftet werden. Darf der Prüfer annehmen, dass ihm auch solche Anlagen als ein Bestandteil der Bearbeitung zur Bewertung gestellt sind, können daraus auch nachteilige Folgen für den Prüfling hergeleitet werden. Eine ständige Praxis der Prüfer, auch Gliederungen und Konzepte zu bewerten, vermag die Prüfer gemäß Art. 3 Abs. 1 GG daran zu binden, solange nicht diese Praxis aus sachlichen Gründen und unter Beachtung eines etwa schutzwürdigen Vertrauens der Prüflinge aufgegeben wird.

Der Prüfer muss grundsätzlich auch diejenigen Ausführungen des Prüf- 538 lings zur Kenntnis nehmen, die dieser **nach „falscher Weichenstellung"** bei der Lösung der Prüfungsaufgabe weiter gemacht hat. Solche Ausführungen können insbesondere einen Anhalt dafür geben, dass der Prüfling immerhin gewisse Kenntnisse in dem geprüften Sachgebiet besitzt und dass seine weitere Gedankenführung folgerichtig ist.[12]

b) Absolute oder relative Bewertung

Grundsätzlich muss jede einzelne Prüfungsleistung nach einem **absoluten** 539 **Maßstab** ohne Rücksicht darauf bewertet werden, wie andere Prüflinge dieselbe schriftliche Prüfungsaufgabe gelöst haben oder in der mündlichen Prüfung mehr oder weniger erfolgreich beteiligt gewesen sind.[13] Es geht um die **Bewertung** einer **individuellen Leistung** und nicht um das, was eine

---

[10] OVG Sachs., Beschl. v. 11. 9. 2001 – 4 BS 156/01 – SächsVBl. 2002, 59 = LKV 2002, 523 = SPE 470 Nr. 75; VGH Bad.-Wttbg., U. v. 8. 10. 1996 – 9 S 2437/95 – SPE 528 Nr. 13 = VBlBW 1997, 70 .

[11] OVG Bremen, Beschl. v. 13. 11. 2001 – 1 S 355/01 – SPE 544 Nr. 8.

[12] BVerwG, Beschl. v. 8. 8. 1994 – 6 B 87.93 – Buchholz 421.0 Prüfungswesen Nr. 335 = NVwZ 1995, 146.

[13] BFH, U. v. 20. 7. 1999 – VII R 111/98 – SPE 290 Nr. 23, und v. 5. 5. 1999 – VII B 343/98 – SPE 470 Nr. 72.

Gruppe von Prüflingen unterschiedlich geleistet hat.[14] Da nicht nur die –
meist zufällig zusammentreffenden – Prüflinge einer bestimmten Gruppe,
sondern alle Prüflinge mit ihrem unterschiedlich erfolgreichen Abschluss
einer bestimmten fachlichen Ausbildung um den Eingang in einen Beruf
konkurrieren, verbietet es der Grundsatz der **Chancengleichheit** (Art. 3
Abs. 1 GG in Verbindung mit Art. 12 Abs. 1 GG), weniger gute Prüfungsleistungen nur deshalb besser zu beurteilen, weil unter den „Blinden der
Einäugige König ist". Umgekehrt dürfen auch nicht etwa (noch) ausreichende Leistungen im Lichte hervorragender Leistungen der Mitprüflinge
als unzureichend abqualifiziert werden.[15]

540   Von diesem Grundsatz macht § 14 Abs. 6 Satz 1 ÄAppO für das **Antwort-Wahl-Verfahren** im schriftlichen Teil des Ersten und Zweiten Abschnitts der **Ärztlichen Prüfung** eine Ausnahme. Danach ist dieser Teil der
Prüfung bestanden, wenn der Prüfling mindestens 60 Prozent der Prüfungsfragen zutreffend beantwortet hat oder wenn die Zahl der vom Prüfling zutreffend beantworteten Fragen um nicht mehr als 22 Prozent die
durchschnittlichen Prüfungsleistungen einer näher bezeichneten Gruppe
von Studenten (Referenzgruppe) unterschreitet. Diese Form der teilweise
relativen Bewertung bestimmter Prüfungsleistungen ist eine Reaktion auf
die vom Bundesverfassungsgericht beanstandete, allein an objektiven Faktoren ausgerichtete Bestehensgrenze nach älterem Recht. Die Lösung wird
zwar seit 1990 praktiziert. Sie ist aber immer noch umstritten, weil auf diese
Weise das für den Arztberuf notwendige Qualifikationsniveau gleichsam
automatisch an das aktuelle Leistungsniveau einer Anzahl von Medizinstu-
denten gekoppelt wird, und zwar auch dann, wenn dieses Niveau unter einen Mindeststand sinkt (dazu im Einzelnen Rdn. 595 ff., 603). Man mag dem
angesichts der Besonderheiten des Antwort-Wahl-Verfahrens mit Bedenken
zustimmen, wenn berücksichtigt wird, dass die Aussagekraft dieses Teils der
Ärztlichen Prüfung für die Befähigung zum Arztberuf ohnehin sehr begrenzt ist und dass ferner auf diese Weise ein Ausgleich dafür gesucht wird,
dass der Schwierigkeitsgrad der vielen zu beantwortenden Fragen in den
einzelnen Prüfungen kaum auf einem gleichen Niveau zu halten ist. Wenn
schlechte Prüfungsergebnisse für einen hohen Schwierigkeitsgrad sprechen,
kann die relative Bewertung dazu dienen, zumindest grobe Schwankungen
des Schwierigkeitsgrads der Aufgaben auszugleichen. Das sollte indes nur
in den Sonderfällen eines solchen Antwort-Wahl-Verfahrens geduldet werden.

---

[14] Auch bei sog. Gruppenarbeiten kommt es letztlich darauf an, dass individuelle
Leistungen erkennbar und bewertbar sind (dazu im Einzelnen Rdn. 427).
[15] Dazu im Einzelnen: *Wimmer,* Festschrift für Konrad Redeker, S. 532 ff., 536. Vgl.
ferner: HessVGH, U. v. 24. 2. 1994 – 6 UE 2123/91, betr. die Bewertung von Aufsichtsarbeiten nach dem Kampagne- oder nach dem Kommissionssystem bei gleichen
Anforderungen an die Bewertung der Leistungen unabhängig von der Zahl der von
dem jeweiligen Prüfer zu korrigierenden Arbeiten.

Von der ausdrücklichen normativen Festlegung einer relativen Bestehens- **541** grenze der genannten Art ist zu unterscheiden, dass auch ohne spezielle normative Vorgaben in fast jede **Bewertung** des einzelnen Prüfers **relative Elemente** einfließen. Der besonders gute oder schlechte Ausfall einer bestimmten schriftlichen oder mündlichen Prüfung beeinflusst nämlich in der Regel die Annahme des Prüfers, wo – als Basis für die abgestufte Notenbildung – die **durchschnittliche Leistung** liegt. Dieser Vorgang hängt damit zusammen, dass die notwendige „prüfungsspezifische Wertung" des einzelnen Prüfers (Rdn. 640ff., 642) von seiner sachkundigen Einschätzung „durchschnittlicher Anforderungen" auszugehen hat.[16]

Zudem lassen die konkreten Leistungen der Mitprüflinge durchaus ver- **542** wertbare Rückschlüsse auf den **Schwierigkeitsgrad** der Prüfungsaufgabe zu, der als ein Element der prüfungsspezifischen Wertung ebenfalls eine relativierende Wirkung erzeugt. Es lässt sich nicht leugnen, dass auf diese Weise wiederkehrende „durchschnittliche" Prüfungsergebnisse – aber auch besonders hohe Misserfolgsquoten – jedenfalls indizielle Bedeutung dafür haben, was die „durchschnittlichen" Anforderungen sind.[17] Mittelbar werden so die im Hinblick auf das objektiv vorgegebene Prüfungsziel scheinbar nur absolut zu messenden Anforderungen zumindest teilweise relativiert.[18]

Diese Einschätzung kann und darf nicht auf vorhandene Erkenntnisse fi- **543** xiert sein, sondern muss **neue Erfahrungen** einbeziehen. Dazu können auch Erfahrungen bei der Bewertung einzelner Prüfungsleistungen gehören, wenngleich deren Wirkung auf das vorhanden Anforderungsprofil begrenzt bleiben muss. Denn für die Einschätzung „durchschnittlicher Anforderungen" ist letztlich maßgeblich das Ziel der Prüfung, möglichst zuverlässig zu ermitteln, ob speziell dieser Prüfling den Nachweis dafür erbringen kann, dass er etwa zum Handwerksmeister, Arzt, Richter oder Steuerberater geeignet ist.[19] Um dies zu beurteilen, bringt der Prüfer in erster Linie seine durch Beruf und Prüfungstätigkeit über längere Zeit gewachsenen Erfahrungen ein, zu denen regelmäßig wiederkehrende **vergleichende Erwägungen** gehören. Daraus folgt, dass Erfahrungen des Prüfers bei der Bewertung der Arbeiten einer einzelnen Prüfung nur eine **spezielle (Fein-)Justierung**

---

[16] Gemeint sind die Anforderungen, die an den „durchschnittlich qualifizierten" Inhaber der angestrebten beruflichen Qualifikation (z.B. Arzt, Rechtsanwalt oder Steuerberater) zu stellen sind, nicht jedoch die Anforderungen, die von dem Durchschnitt der Prüfer gestellt werden: BFH, U. v. 21. 5. 1999 – VII R 34/98 – BFHE 188, 502 = SPE 400 Nr. 48.

[17] Ähnlich auch: BFH, U. v. 21. 5. 1999 – VII R 34/98 –, a.a.O.

[18] Das ist letztlich auch der Grund für die Anerkennung prüfungsspezifischer Bewertungsspielräume durch das BVerfG (s. Rdn. 642). *Wimmer* (a.a.O.) sieht indes diese Zusammenhänge nicht und anerkennt daher nur objektive Bestehensvoraussetzungen, die sich allen subjektiv-relativierenden Einflüssen entzögen oder jedenfalls entziehen müssten.

[19] BFH, U. v. 20. 7. 1999 – VII R 111/98 – SPE 290 Nr. 23.

seines allgemeinen Bewertungsmaßstabes gestatten, nicht aber die schlichte Relativierung der Bewertung von Leistungen in der einzelnen Prüfung. Weder darf eine nach normalen Maßstäben offensichtlich mangelhafte Leistung nur deshalb als ausreichend bewertet werden, weil viele andere Arbeiten noch schlechter sind.[20] Ebenso wenig darf die ausreichende Leistung als mangelhaft abgewertet werden, weil die anderen Prüflinge durchweg gute Leistungen erbracht haben.

544   Die Feststellung relativer Elemente bei der Bewertung von Prüfungsleistungen hat Bedeutung für die Frage nach den **Konsequenzen** rechtserheblicher Mängel des Prüfungsverfahrens, z. B. im Falle der **einseitigen Begünstigung** einzelner Prüflinge etwa durch unzulässige Vorabinformationen oder ungleiche Hilfsmittel. Der Prüfling, dem solche – die Chancengleichheit verletzenden – Vorteile entgangen sind, kann nicht etwa verlangen, dass die ihm daraus erwachsenen „Nachteile" bei der Bewertung seiner Leistungen angerechnet werden; denn es gibt auch im Prüfungsrecht keinen Anspruch auf **„Gleichheit im Unrecht"**.[21]

545   Seine verfahrensfehlerfrei erbrachte Leistung kann aber dennoch falsch bewertet worden sein, wenn die besseren Leistungen der bevorteilten Prüflinge die Bemessung der „durchschnittlichen Anforderungen" in der vorstehend dargestellten Weise beeinflusst haben. Kann dies nicht mit hinreichender Sicherheit ausgeschlossen werden, hat der davon betroffene Prüfling einen Anspruch auf Wiederholung dieses Teils der Prüfung ohne Anrechnung auf die allgemeinen Wiederholungsmöglichkeiten.

546   Ist nachträglich nicht mehr festzustellen, welche Prüflinge einer Prüfungsgruppe rechtswidrig Vorteile genossen haben und welche nicht, fehlt die Grundlage dafür, den Leistungen einseitig begünstigter Prüflinge die Anerkennung zu versagen bzw. die (positive) Prüfungsentscheidung gemäß § 48 VwVfG zurückzunehmen. Es muss sodann allen beteiligten Prüflingen die Möglichkeit geboten werden, diesen Teil der Prüfung zu wiederholen (wegen weiterer Einzelheiten der Fehlerbeseitigung im Prüfungsverfahren s. Rdn. 502 ff., 511, 693 ff.).

c) Kompensation schlechter Einzelnoten durch bessere Leistungen in anderen Fächern

547   Den Prüfling trifft es besonders schwer, wenn seine Ausbildung und damit seine „freie Berufswahl" bereits daran scheitert, dass er in einem **einzelnen Fach** oder wenigen einzelnen Fächern **versagt** hat, in anderen Fächern jedoch zu besseren Leistungen befähigt ist. Prüfungsordnungen, insbesondere im Hochschulbereich, sehen nicht selten vor, dass das Gesamtergebnis der Prüfung negativ zu bewerten oder das Studium nicht fortzusetzen ist,

---

[20] BVerwG, Beschl. v. 15. 6. 1979 – 7 B 123.79 – Buchholz 421.0 Prüfungswesen Nr. 112, und Beschl. v. 26. 2. 1979 – 7 B 15.79 – Buchholz a. a. O. Nr. 104.
[21] BFH, U. v. 20. 7. 1999 – VII R 111/98 – SPE 290 Nr. 23.

wenn einzelne Leistungsnachweise, z.B. bei studienbegleitenden Fachprüfungen, nicht erbracht worden sind. Gleiches gilt für das sog. **Blockversagen in einer Gruppe von Fächern.**[22] Der so bewirkte Ausschluss der Kompensation schlechter Einzelnoten durch bessere Leistungen in anderen Fächern stößt an **verfassungsrechtliche Grenzen,** wenn er sachlich nicht hinreichend zu rechtfertigen und daher willkürlich ist oder wenn auf diese Weise das Grundrecht auf freie Berufswahl (Art. 12 Abs. 1 GG) ohne hinreichend tragfähigen Grund eingeschränkt wird (wegen der Anforderungen des Gesetzesvorbehalts s. Rdn. 58).[23]

Auf diese Rechtsfragen ist bereits im Zusammenhang mit der Darstel- **548** lung der Ansprüche des Prüflings auf Durchführung und Abschluss des Prüfungsverfahrens eingegangen worden (vgl. Rdn. 244). Als Maßstab gilt, dass **einzelne schlechte Leistungen** nur dann ohne Ausgleichsmöglichkeit den Ausschlag geben dürfen, wenn sie die **Annahme rechtfertigen,** dass der Prüfling das **Ziel der Prüfung,** insbesondere die Qualifikation für einen bestimmten Beruf, **nicht erreicht,** weil er dafür **offensichtlich ungeeignet** ist. Voraussetzung dafür ist, dass das Prüfungsfach für die berufsspezifische Befähigung eine wichtige – nahezu unverzichtbare – Bedeutung hat, insbesondere dass nicht nur Spezialfragen, sondern zentrale Themen aus dem Fachgebiet geprüft worden sind und dass die Mängel des Prüflings gravierend sind, was auch durch mehrfach erfolglose Prüfungsversuche offenbar werden kann. Ob dies der Fall ist, lässt sich nur anhand einzelner – zumeist sehr unterschiedlicher – Regelungen in den Prüfungsordnungen beantworten, auf die hier nicht umfassend eingegangen werden kann. Bei der rechtlichen Würdigung des Einzelfalles ist insbesondere Folgendes zu beachten:

Die vorgenannten Rechtsprobleme stellen sich in verstärktem Maße, **549** wenn in einer Prüfung überhaupt **nur schriftlich** oder **nur mündlich** geprüft wird, jedoch die berufliche Qualifikation sowohl schriftliche als auch mündliche Befähigungen voraussetzt. In solchen Fällen werden einzelne schriftliche oder mündliche Prüfungen kaum die Bandbreite von Themen abdecken können, die erforderlich ist, um die Ungeeignetheit des Prüflings für den von ihm angestrebten Beruf festzustellen.[24]

Auf dem Prüfstand verfassungsrechtlicher Kontrolle nach den genannten **550** Maßstäben stehen ferner Regelungen einer Prüfungsordnung, die etwa bestimmen, dass die Leistungen in einer **bestimmten Anzahl von Fächern** oder gar **sämtlichen Fachprüfungen mindestens ausreichend** (4.0 Punkte)

---

[22] Zu alledem: VGH Bad.-Wttbg., U. v. 16. 5. 2000 – 9 S 2537/99 – NVwZ 2001, 904 = DVBl. 2000, 1791; vgl. ferner: BVerwG, Beschl. v. 9. 6. 1995 – 6 B 100.94 – Buchholz 421.0 Prüfungswesen Nr. 350, und U. v. 13. 12. 1979 – 7 C 43.78 – Buchholz a. a. O. Nr. 124.

[23] Dazu insbesondere: OVG Rh.-Pf., U. v. 30. 7. 2003 – 2 A 10770/03 – NJW 2003, 3073, bestätigt durch Beschl. des BVerwG v. 11. 12. 2003 – 6 B 64.03.

[24] VGH Bad.-Wttbg., U. v. 16. 5. 2000 – 9 S 2537/99 –, a. a. O.

sein müssen, um dem Misserfolg der Prüfung zu entgehen.[25] Das gilt insbesondere für Fehlleistungen in einzelnen Fächern der universitären Schwerpunktbereichsprüfung in der ersten juristischen Prüfung sowie in den dort gemäß § 5d Abs. 1 Satz 1 DRiG (n.F.) zu prüfenden Schlüsselqualifikationen (dazu im Einzelnen Rdn. 349ff., 356). Den dargelegten Maßstäben hält eine schulrechtliche Regelung nicht stand, nach der die **allgemeine Hochschulreife** schon dann versagt werden kann, wenn allein die Leistungen in der mündlichen Abiturprüfung mit 0 Punkten bewertet worden sind.[26]

551   Bei der **ärztlichen Prüfung** ist dies nicht anders. Insbesondere der reichhaltige Fachkatalog der erforderlichen universitären Leistungsnachweise (vgl. § 27 ÄAppO) wirft die Frage auf, ob ein Scheitern des beruflichen Werdegangs (Nichtzulassung zum 2. Abschnitt der Prüfung) schon bei einem **Misserfolg in einzelnen Fächern,** die teilweise keine gravierende Bedeutung haben, im Lichte des Art. 12 Abs. 1 GG zu rechtfertigen ist (dazu Rdn. 378). Ist dies nicht der Fall, können auch **mehrere Wiederholungsmöglichkeiten** diesen Mangel nicht ausgleichen; denn die erfolglosen Wiederholungen offenbaren nur die (partielle) Ungeeignetheit des Prüfling in diesem Einzelfach, ändern aber nicht die mindere Bedeutung des Faches für die Gesamtaussage über die Qualifikation des Prüflings für den angestrebten Beruf.

552   Mangelhafte Leistungen in einzelnen Modulen bei **Bachelor- und Masterstudiengängen** haben im allgemeinen ebenfalls keine durchschlagende Aussagekraft für die Beantwortung der Frage, ob der angestrebte berufsqualifizierende Abschluss erreichbar ist oder nicht. Das mag je nach dem besonderen Ziel und Inhalt des einzelnen Studienganges anders sein, bedarf dann aber einer darauf bezogenen sachlichen Rechtfertigung (vgl. Rdn. 391).

553   Aus alledem folgt **nicht,** dass alle **Einzelnoten** bei der Bildung der **Gesamtnote** (Rdn. 576) ein **gleiches Gewicht** haben müssen. Eine sach- und fachgerechte **Differenzierung nach prozentualen Anteilen,** bei der die Bedeutung einzelner Prüfungsleistungen in besonderer Weise aufgewertet wird, ist nicht nur rechtlich unbedenklich, sondern als eine Konkretisierung der in der Prüfungsordnung vorgegebenen Ziele der Leistungskontrolle besonders positiv zu bewerten. Schließlich bewirkt eine solche Gewichtung einzelner schriftlicher oder mündlicher Leistungen gleichsam automatisch, dass schlechtere Leistungen in weniger bedeutenden Fächern (mit niedriger

---

[25] OVG Sachs., Beschl. v. 11. 9. 2001 – 4 BS 156/01 – SächsVBl. 2002, 59 = LKV 2002, 523 = SPE 470 Nr. 75: Die Bestehensvoraussetzung von mindestens drei mit 4,00 Punkten benoteten schriftlichen Aufsichtsarbeiten in einer juristischen Prüfung ist mit Art. 12 Abs. 1 GG vereinbar.

[26] VG Dresden, Beschl. v. 8. 8. 2001 – 5 K 1571/01 – SächsVBl. 2001, 267, und v. 22. 7. 1998 – 5 K 1705/98 – LKV 1999, 383. VG Potsdam, Beschl. v. 19. 7. 2000 – 5 L 967/00 – LKV 2001, 572. OVG Meckl.-Vorp., U. v. 27. 2. 1997 – 2 L 52/96 – SPE 102 Nr. 25: Keine Versagung der allgemeinen Hochschulreife bei mangelhaften Leistungen in einem Fach bei mehr als zehn Fächern.

Quote) durch gute Leistungen in bedeutenderen Fächern (mit hoher Quote) ausgeglichen werden können. Das schafft mehr Prüfungsgerechtigkeit und vermeidet zugleich Verfassungsverstöße durch einen nach Lage der Dinge sachlich nicht zu rechtfertigenden Ausschluss der Kompensation schlechter Einzelnoten durch bessere Leistungen in anderen Fächern.

d) Zusammenwirken mehrerer Prüfer/Zweiprüferprinzip

Es gründet in der Unzulänglichkeit menschlichen Handelns, dass auch **554** qualifizierte (Rdn. 158), unabhängige (Rdn. 175) und sachlich-faire (Rdn. 184) Prüfer gelegentlich Fehler machen, indem sie z. b. Regelungen des Bewertungsverfahrens missachten, ihren Bewertungsspielraum überschreiten oder verkennen, dass eine bestimmte Lösung nicht als falsch, sondern als vertretbar zu bewerten ist. Solchen und ähnlichen Mängeln kann dadurch vorgebeugt werden, dass nicht ein einzelner, sondern mehrere – mindestens zwei – Prüfer die Leistungen des Prüflings bewerten. Das Verfahren der **Kollegialprüfung** kompensiert nicht nur typische Defizite an Prüfungsgerechtigkeit, sondern verhilft auch zur Realisierung der Chancengleichheit (Art. 3 Abs. 1 GG) der als künftige Berufsbewerber konkurrierenden Prüflinge (Art. 12 Abs. 1 GG). Das **Zweiprüferprinzip** ist daher aus gutem Grund ein wesentlicher Bestandteil prüfungsrechtlicher Verfahrensregelungen, insbesondere bei berufsqualifizierenden Abschlüssen.

Im Allgemeinen fordern die landesgesetzlichen Regelungen für Ab- **555** schlussprüfungen und (Zwischen-)Prüfungen, deren Bestehen Voraussetzung für die Fortsetzung des Studiums ist, dass die Leistungen des Prüflings **„in der Regel"** von mindestens **zwei Prüfern** bewertet werden. Häufig wird dies als eine Regel, die für sachlich begründete Ausnahmen offen ist, nur für die **schriftliche Prüfung** gefordert (vgl. z.B. § 33 Abs. 1 Satz 1 BerlHG). Für den **mündlichen Teil** der Prüfung und die Beratung über das Prüfungsergebnis gelten vielfach spezielle Vorschriften, die nicht selten auch in den Regelungen über die Besetzung der Prüfungskommission enthalten sind (vgl. dazu Rdn. 283 ff.). Entsprechend der inzwischen aufgehobenen bundesrahmenrechtlichen Regelung des § 15 Abs. 5 Satz 2 HRG bestimmen nunmehr insbesondere die **Landeshochschulgesetze**, dass mündliche Abschlussprüfungen und mündliche Prüfungen, deren Bestehen eine Voraussetzung für die Fortsetzung des Studiums ist, von **mehreren Prüfern** oder von **einem Prüfer in Gegenwart** eines **sachkundigen Beisitzers** abzunehmen sind (vgl. z.B. § 33 Abs. 1 Satz 2 BerlHG). Der sachkundige Beisitzer, der ausdrücklich nicht ein zweiter Prüfer ist, sondern etwa auch das Amt des Protokollführers wahrnimmt, darf zwar dem Prüfer Hinweise geben, aber das Ergebnis der Prüfung nicht beeinflussen.[27] Eine bemerkenswerte

---

[27] Dazu insbesondere: BVerwG, Beschl. v. 13. 5. 1996 – 6 B 48.95; VGH Bad.-Wttbg., Beschl. v. 21. 4. 1995 – 9 S 2535/93 – SPE 996 Nr. 11.

Regelung enthält insbesondere § 4 a Abs. 3 Satz 2 Nds. JAG (v. 18. 9. 2003, GVBl. S. 346 ff., 347). Darin werden die juristischen Fakultäten des Landes Niedersachsen ermächtigt, in der Prüfungsordnung für die Schwerpunktbereichsprüfung zu bestimmen, dass Prüfungsleistungen nur von einer Person allein bewertet werden, wenn sichergestellt ist, dass die von dieser Person allein bewerteten Prüfungsleistungen nicht mehr als 50% der Prüfungsgesamtnote ausmachen. Das wirft die Rechtsfrage auf, **wie verbindlich das Zweiprüferprinzip** ist und ob unter gewissen Voraussetzungen **Ausnahmen** gestattet sind:

556   Zunächst ist zu beachten, dass die landesrechtlichen Regelungssysteme üblicherweise **drei Ebenen** kennen, nämlich erstens die generellen formellgesetzlichen Vorgaben, insbesondere durch die **Landeshochschul- oder Justizausbildungsgesetze,** zweitens die diese konkretisierenden Vorgaben der speziellen Prüfungsordnungen, insbesondere durch **Rechtsverordnungen** und **Satzungen der Hochschulen,** und drittens **einzelfallbezogene Regelungen** der zuständigen Prüfungsausschüsse. Diese Reihenfolge drückt auch die Vorrangigkeit der jeweils höheren Stufe aus. Daraus folgt, dass **Einschränkungen** des **Zweiprüferprinzips** durch die Prüfungsordnung rechtsungültig sind, wenn sie die Vorgaben des einschlägigen Landesgesetzes missachten, etwa indem sie das gesetzlich verankerte Regel-Ausnahmeverhältnis in sein Gegenteil verkehren, und dass Maßnahmen der Prüfungsausschüsse rechtswidrig sind, wenn sie mit den Regelungen des Gesetzes oder der Prüfungsordnung nicht in Einklang stehen.[28]

557   Nachdem § 15 Abs. 5 HRG, der die Kollegialprüfung vorgesehen hatte (vgl. dazu 3. Aufl. Rdn. 199, 200), ersatzlos gestrichen worden ist, sind **bundesrechtliche Einflüsse** insofern allenfalls aus den **Grundrechten** (Art. 3 Abs. 1, 12 Abs. 1 und 19 Abs. 4 GG) herzuleiten. Für die aktuelle Frage, ob insbesondere **studienbegleitende Prüfungen** von nur **einem** Prüfer abgenommen werden dürfen, macht es einen Unterschied, ob das formelle (Landes-)Gesetz dies uneingeschränkt erlaubt (so z.B. § 33 Abs. 1 Satz 3 BerlHG) oder allenfalls als eine Ausnahme von der „in der Regel gebotenen Kollegialprüfung" zulässt. Soweit die noch zu erörternden verfassungsrechtlichen Bedenken durchgreifen, wäre in dem ersten Fall das Gesetz verfassungswidrig, in dem zweiten Fall eine verfassungsrechtliche Auslegung im Sinne des **strikten Festhaltens an der Regel** geboten.

558   Es gibt zwar keinen allgemeinen – etwa auf Verfassungsrecht beruhenden – **Rechtsgrundsatz** des **Bundesrechts,** dass Prüfungsleistungen stets kollegial von mindestens zwei Prüfern bewertet werden müssen.[29] Es ist jedoch

---

[28] OVG NW, U. v. 6. 7. 1998 – 22 A 194/98 – NJW 1999, 305 = SPE 526 Nr. 19: Der Prüfungsausschuss darf nicht als eine Ausnahme von der in der Prüfungsordnung festgelegten Regel des Kollegialsystems anordnen, dass wegen hoher Arbeitsbelastung bis auf weiteres generell nur jeweils ein Prüfer für die einzelne Prüfung zu bestellen sei.

[29] BVerwG, Beschl. v. 27. 3. 1992 – 6 B 6.92 – NVwZ 1992, 1199 = DÖV 1992, 884, und v. 24. 8. 1988 – 7 B 113.88 – Buchholz 421.0 Prüfungswesen Nr. 256 = NVwZ-

verfassungsrechtlich keineswegs irrelevant, unter welchen Voraussetzungen Leistungsbewertungen durch nur einen Prüfer stattfinden. Das endgültige Nichtbestehen auch der letztmöglichen Wiederholungsprüfung[30] bedeutet für den Prüfling eine **schwerwiegende Beschränkung** seiner – grundrechtlich geschützten – **Freiheit der Berufswahl** (Art. 12 Abs. 1 GG), die am Grundsatz der Verhältnismäßigkeit zu messen ist. Da in diesem Zusammenhang das Prinzip der Kollegialprüfung, das der Objektivierung von Prüfungsentscheidungen dient,[31] einen nicht unerheblichen verfassungsrechtlichen Stellenwert hat, stehen die davon abweichenden Ausnahmen unter **verfassungsrechtlichem Rechtfertigungszwang:**[32] Die Gründe, die die Ausnahme rechtfertigen sollen, müssen so schwerwiegend sein, dass demgegenüber der Vorteil einer Objektivierung des Prüfungsergebnisses unter den gegebenen Umständen als weniger bedeutsam erscheint.

Dies ist ohne weiteres anzunehmen, wenn die Leistungen mit Hilfe technischer Verfahren gemessen werden (z. B. beim **Antwort-Wahl-Verfahren**). Das Zusammenzählen vorgegebener richtiger Antworten ist dem Wesen nach keine Prüfung. Die eigentliche Prüfertätigkeit besteht hier – zeitlich vorverlagert – in der Auswahl der Fragen, der Ausarbeitung der richtigen Antworten und der Festlegung der Bewertungsmaßstäbe. Durch die Beteiligung mehrerer sachkundiger Prüfer an diesen Vorgängen wird dem Kollegialprinzip hinreichend Rechnung getragen.[33] **559**

Eine Ausnahme vom Kollegialprinzip ist ferner gerechtfertigt, wenn ein weiterer **qualifizierter Prüfer nicht zur Verfügung** steht, insbesondere wenn spezielle Lehrveranstaltungen besonders eng auf den einzelnen Dozenten und dessen – durch persönliche Anschauungen geprägten – Lehrstoff zugeschnitten sind.[34] Dies kann insbesondere bei den **studienbegleitenden Prüfungen** der Fall sein, da hier im allgemeinen nur die für die Lehrveranstaltung verantwortliche Person in der Lage ist, darüber zu befinden, ob der Teilnehmer dieser Veranstaltung das Lernziel erreicht hat. An die Annahme einer solchen Ausnahme sind indes strenge Anforderungen zu stellen. Ein Lehrstoff, der etwa in den Anfangssemestern im Wesentlichen Standardwissen vermittelt, kann auch von anderen fachkundigen Prüfern geprüft werden. Das dürfte bei schriftlichen Prüfungen eher der Fall sein als bei mündlichen Prüfungen, die indes eine geringere Bewertungsobjektivität aufweisen **560**

RR 1989, 81 = DVBl. 1989, 98; OVG NW, U. v. 13. 3. 1991 – 22 A 871/90 – NJW 1991, 2586 = NWVBl. 1991, 384.

[30] Zur Zulässigkeit der Beschränkung von Wiederholungsmöglichkeiten s. Rdn. 742 ff.

[31] Es geht um die wichtige Aufgabe sicherzustellen, dass die Verwirklichung des beruflichen Lebensplans eines Menschen nicht allein der Subjektivität der Beurteilung durch einen einzelnen Prüfer anheimgegeben wird: *Waldeyer,* in: Hailbronner/Geis, Hochschulrahmengesetz, § 15 Rdn. 67.

[32] Ebenso: *Waldeyer,* a. a. O., § 15 Rdn. 67 m. w. Hinw.

[33] *Waldeyer,* a. a. O., § 15 Rdn. 72.

[34] *Heckmann/Vogler,* Bewertungsgrundsätze für die „studienbegleitende Zwischenprüfung", JZ 1998, 637 ff., 643.

und auch deshalb nur in Fällen der tatsächlichen Unmöglichkeit nicht von zwei Prüfern durchgeführt werden müssen.[35] Freilich gelten diese strengen Anforderungen gemäß Art. 12 Abs. 1 GG nur bei berufsrelevanten Prüfungen, wenn dort der Misserfolg der Prüfung ohne weitere Möglichkeiten der Wiederholung oder eines anderweitigen Ausgleichs[36] zwingend zur **Beendigung des beruflichen Lebensplans** führt.[37] Denn diese schwerwiegende Entscheidung darf prinzipiell nicht allein von den höchstpersönlichen Anschauungen eines einzelnen Prüfers, z. B. des Leiters einer bestimmten Lehrveranstaltung, abhängen, wenn und soweit die Möglichkeit besteht, sie durch die Einschaltung mindestens eines weiteren Prüfers auf eine erheblich sicherere Grundlage zu stellen.

561   Wird unter diesen Umständen ein **Zweitprüfer** eingeschaltet, so kann von einer Verletzung der durch Art. 5 Abs. 3 GG geschützten **Lehrfreiheit** nicht die Rede sein.[38] Davon abgesehen, müsste die Güterabwägung in dem Spannungsfeld der Art. 5 Abs. 3 und 12 Abs. 1 GG hier zugunsten des um seine letzte Berufschance kämpfenden Prüflings ausfallen; denn es geht – wie vorstehend dargelegt – in diesem Zusammenhang um die hinreichende Objektivierung subjektiver Bewertungen und nicht etwa darum, dem Prüfling eine „ideale Prüfungsgestaltung" zu bieten.[39]

562   Zu bedenken sind ferner Gründe, die auf eine **unzumutbare Belastung** der **Prüfer** und auf eine damit einhergehende **Verlängerung** der **Prüfungszeit** abstellen. Wissenschaft, Forschung und Lehre, die einen hohen Rang haben (Art. 5 Abs. 3 GG), dürfen nicht durch eine übermäßige Prüfertätigkeit der Hochschullehrer minimalisiert werden. Das Gebot, die Funktionsfähigkeit der Hochschulen auch in der Forschung zu erhalten, ist hierbei besonders zu beachten. Freilich fällt es schwer, aus der allseits beklagten Überlastung der Professoren in diesem Zusammenhang rechtliche Schlussfolgerungen zu ziehen.[40] Für eine rechtlich verwertbare Aussage fehlen hinreichend gesicherte empirische Grundlagen.[41] Den sich hier auswirkenden grundrechtlichen Einflüssen auf das Prüfungsverfahren lässt sich in den meisten Fächern, die eine ausgeglichene Betreuungsrelation aufweisen, ohne

---

[35] *Becker* NJW 1990, 274; *Waldeyer*, a. a. O., Rdn. 74.

[36] Einschließlich eines zumutbaren „Umweges" etwa über die Auswahl eines anderen Studienfaches, das in eine ähnliche Richtung führt. Zu den gebotenen Kompensationsmöglichkeiten bei singulärem Versagen in einzelnen Fächern s. auch Rdn. 244.

[37] *Waldeyer*, a. a. O., Rdn. 67, 68, 74, orientiert sich hier nicht weiter am Verhältnismäßigkeitsprinzip, sondern schließt unter diesen Umständen eine Ausnahme vom Zweiprüferprinzip wegen eines massiven Eingriffs in das Grundrecht der Berufsfreiheit generell aus.

[38] Dazu: *Heckmann/Vogler*, a. a. O., S. 643.

[39] Dies verkennen *Heckmann/Vogler*, a. a. O., S. 643.

[40] Dazu auch: OVG NW, U. v. 6. 7. 1998 – 22 A 194/98 – NJW 1999, 304 = SPE 526 Nr. 19: Unzulässig ist es, mit dem schlichten Hinweis auf eine „hohe Arbeitsbelastung" generell nur einen Prüfer zu bestellen.

[41] Das müssen auch *Heckmann/Vogler*, a. a. O., S. 642 ff., 645, einräumen.

wesentliche negative Folgen für Forschung und Lehre Rechnung tragen.[42] In anderen Bereichen sind konkrete Feststellungen zur Belastung der Hochschullehrer erforderlich, um generell begründete Anforderungen als undurchführbar zu qualifizieren, obwohl **nur** die – angeblich negativen – Leistungen des Prüflings in der **letztmöglichen Wiederholungsprüfung** der zusätzlichen Bewertung eines Zweitprüfers unterzogen werden sollen. Feststellungen dieser Art sind nur dann nicht erforderlich, wenn die **Undurchführbarkeit** so **offensichtlich** ist, dass sie keinem vernünftigen Zweifel unterliegt. Dies mag bei den sogenannten Massenfächern, wie z.B. in den Rechtswissenschaften, an vielen deutschen Hochschulen der Fall sein, insbesondere soweit hier **studienbegleitende Prüfungen** vorgeschrieben sind (z.B. bei den Zwischenprüfungen, den universitären Schwerpunktbereichsprüfungen und etwa auch bei den Bachelor- und Masterstudiengängen).[43]

Die Beteiligung eines oder mehrerer Prüfer an der **mündlichen** Prüfung **563** ist auch noch in einem anderen Zusammenhang von Bedeutung: Die **Rechtsschutzgarantie des Art. 19 Abs. 4 GG** umfasst für mündliche Prüfungen das Gebot, deren Hergang hinreichend zu dokumentieren oder zumindest mit den üblichen Beweismitteln nachweisbar zu machen. Das verbietet die schlichte „Vier-Augen-Prüfung". Wird – aus guten Gründen – von einer vollinhaltlichen Protokollierung oder von Videoaufzeichnungen abgesehen, bleibt im Wesentlichen nur die Aussage beteiligter sachkundiger Personen; dazu ist in **erster Linie der Mitprüfer** – manchmal auch nur er – befähigt. Der Verzicht auf einen zweiten Prüfer in der mündlichen Prüfung ist daher auch insofern zumindest bedenklich. Das dadurch drohende Rechtsschutzdefizit kann dann wohl nur durch eine **vollinhaltliche Protokollierung** des Prüfungsgeschehens vermieden werden, die aber zu Recht als untunlich angesehen wird (dazu im Einzelnen Rdn. 482 ff., 490).

Rechtfertigen unter Abwägung aller Umstände schwerwiegende Gründe **564** ausnahmsweise eine Bewertung der Prüfungsleistung durch **nur einen Prüfer,** so ist bei berufsrelevanten – von dem Prüfling nicht (mehr) zu wiederholenden – Prüfungen dem eingangs dargelegten Risiko einer einseitigsubjektiven Bewertung zumindest auf folgende Weise Rechnung zu tragen:

– **Erstens** sind an die **normativen Vorgaben** für die Mindestanforderungen einer erfolgreichen Prüfung dann besonders hohe Anforderungen zu stellen (vgl. dazu Rdn. 47 ff., 52; 305).

---

[42] So auch: *Heckmann/Vogler,* a.a.O., S. 642.
[43] Soweit studienbegleitende Prüfungen nur fakultativ vorgesehen sind (vgl. § 5 d Abs. 2 Satz 3, 2. Halbs., DRiG), drängt sich freilich die Frage auf, ob die Universität von dieser Möglichkeit Gebrauch machen darf, obwohl offensichtlich ist, dass eine Kollegialprüfung wegen der Überlastung der Hochschullehrer nicht einmal in den Fällen durchführbar ist, in denen von der Bewertung einer einzelnen Prüfungsleistung der Zugang des Prüflings zu einem bestimmten Beruf, z.B. des Richters oder Rechtsanwalts, abhängt.

– **Zweitens** ist der Einfluss von **Korrekturassistenten** in diesen Fällen besonders streng auf bloße Korrekturhilfen zu begrenzen; aus den Randbemerkungen oder dem abschließenden Bewertungsvermerk muss erkennbar sein, dass der Prüfer die (angeblich unzureichende) Leistung des
Prüflings persönlich zur Kenntnis genommen und die (negative) Bewertung in den entscheidenden Punkten eigenverantwortlich trägt (vgl. dazu
ferner Rdn. 175 ff.).

– **Drittens** ergeben sich auch für das möglicherweise nachfolgende „**verwaltungsinterne Kontrollverfahren**" (s. Rdn. 759 ff.) unter diesen Umständen besondere Anforderungen: Trägt der Prüfling substantiiert vor,
der Prüfer habe allein seine einseitig-subjektiven oder erheblich verengten
Anschauungen gelten lassen, indem er z. B. eine vertretbare und von anderen Wissenschaftlern vertretene Lösung als falsch bezeichnet habe, so ist
der Prüfer im besonderen Maße gehalten, hierauf ebenso substantiiert einzugehen und dabei seine Maßstäbe selbstkritisch zu überdenken. Ist dies
aus der Stellungnahme des Prüfers nicht ersichtlich, ist die negative Prüfungsentscheidung aufzuheben, was im Falle einer bewertungsfähigen
(schriftlichen) Leistung zur Neubewertung durch einen anderen Prüfer
oder sonst zu einer Wiederholung des betreffenden Prüfungsteils führen
muss (vgl. Rdn. 504 ff., 693 ff.).

Für das **Zusammenwirken mehrerer Prüfer** bei der Bewertung der einzelnen Prüfungsleistung gelten speziell noch folgende **rechtliche Maßgaben**
(wegen weiterer Einzelheiten des Bewertungsverfahrens s. auch Rdn. 573 ff.,
610 ff.):

565   Jeder der beteiligten Prüfer muss die Leistungen des Prüflings jedenfalls
insoweit **selbst, unmittelbar und vollständig beurteilen,** wie er zu einer
eigenverantwortlichen Entscheidung berufen ist; dazu ist Vorbedingung die
eigene vollständige Kenntnisnahme der mündlichen und/oder schriftlichen
Prüfungsleistungen (vgl. Rdn. 534 ff., 625 ff.).[44] Das Zusammenwirken mehrerer Prüfer darf in keinem Fall dazu führen, dass die **Selbständigkeit** und
Eigenverantwortlichkeit der Entscheidungen des einzelnen Prüfers (dazu
Rdn. 175 ff.) beeinträchtigt werden oder gar verloren gehen, was der Fall ist,
wenn ein Prüfer bei der Beratung und Entscheidung schlicht den anderen
vertritt,[45] Wertungen anderer als verbindlich hinnimmt[46] oder die Entscheidung erst nach Rücksprache mit dem Vorsitzenden ergeht, obwohl sein
Stellvertreter die Prüfung – in Abwesenheit des Vorsitzenden – zulässiger-

---

[44] Dazu aber auch: BVerwG, U. v. 16. 3. 1994 – 6 C 1.93 – BVerwGE 95, 237 =
NVwZ 1994, 1209, am Beispiel einer Habilitationsschrift, wonach zwar die ausge-
wählten Gutachter, nicht aber auch alle Mitglieder des Fachbereichsrates von ihr vollständige Kenntnis nehmen müssen.

[45] OVG Hamb., U. v. 15. 1. 1968 – Bf I 43/66 – SPE III F VI, S. 1.

[46] OVG Sachs., Beschl. v. 14. 10. 2003 – 4 BS 221/03 – NVwZ-RR 2004, 188 =
SächsVBl. 2004, 18; anders bei der rechnerischen Ermittlung des Gesamtergebnisses, s.
Rdn. 576.

weise geleitet hat.[47] Das Ziel eines sinnvollen Zusammenwirkens der Prüfer wird ferner dann verfehlt, wenn der **Zweitgutachter** für eine schriftliche Prüfungsarbeit so **spät bestellt** wird, dass er nicht mehr in der Lage ist, die Leistungen aus seiner Sicht eigenverantwortlich zu bewerten.[48]

Alle Prüfer, die zu Mitgliedern der Prüfungskommission berufen worden   566 sind,[49] haben bei der Beratung über das Prüfungsergebnis **anwesend** zu sein und müssen sich an der abschließenden **Bewertung** der Prüfungsleistungen **beteiligen** (Rdn. 575 ff.). Lenkt ein durch lange Diskussionen ermüdeter Prüfer nur „um des lieben Friedens willen" ein, hat er sich in Wahrheit nicht eigenständig an der Bewertung beteiligt.[50] Weil jeder Prüfer verpflichtet ist, an der möglichst zutreffenden Meinungsbildung der Prüfungskommission nach Kräften mitzuwirken, darf er sich **nicht der Stimme enthalten.** Das gilt auch für schulische Versetzungskonferenzen.[51]

Der Fehler ist jedoch **unerheblich,** wenn das Ergebnis der Prüfung   567 von der Stimmenthaltung nicht beeinflusst wird (dazu im Einzelnen Rdn. 492 ff.). Ferner kann ein solcher Verfahrensmangel nachträglich repariert werden, etwa wenn nach einer zunächst nur fernmündlichen Abstimmung die Prüfungskommission erneut, nunmehr in Anwesenheit aller Mitglieder, über das Prüfungsergebnis berät und aufgrund dessen entscheidet (Rdn. 694).[52]

Die Teilnahme einer Person an der Beratung, die der **Prüfungskommis-**   568 **sion nicht angehört** oder die dabei zu berücksichtigenden Leistungen des Prüflings nicht oder nur teilweise kennt,[53] ist ein schwerer Verfahrensfehler. Es spricht eine Vermutung dafür, dass hierdurch das Prüfungsergebnis beeinflusst worden ist (dazu ferner Rdn. 496).[54]

Weitere Einzelheiten, die bestimmte Anforderungen an das **Verfahren**   569 bei der **Bewertung von Prüfungsleistungen,** speziell auch in dem Zusammenwirken mehrerer Prüfer, betreffen, sind nachfolgend schwerpunktmäßig

---

[47] VG Schleswig, U. v. 19. 11. 1973 – 9 A 51/72 – SPE III F XII, S. 11.

[48] OVG NW, U. v. 18. 10. 1974 – XV A 142/74.

[49] Wegen der notwendigen fachlichen Qualifikation der Prüfer s. Rdn. 158 ff.; wegen der Auswahl der Gutachter im Habilitationsverfahren: BVerwG, U. v. 16. 3. 1994 – 6 C 1.93 – BVerwGE 95, 237 = NVwZ 1994, 1209 (vgl. dazu auch Rdn. 174). Verfassungsrechtlich nicht ausgeschlossen ist eine Regelung, wonach nur die Fachprüfer ohne den Vorsitzenden der Prüfungskommission eine eigenverantwortliche Benotung treffen: BVerwG, Beschl. v. 6. 2. 1998 – 6 B 17.98 – Buchholz 421.0 Prüfungswesen Nr. 386.

[50] BVerfG, Beschl. v. 16. 1. 1995 – 1 BvR 1505/94 – NJW 1995, 2626 = NVwZ 1995, 469 = DVBl. 1995, 1349.

[51] BVerwG, U. v. 21. 10. 1960 – 7 C 52.60 – DVBl. 1961, 205 = Buchholz a. a. O. Nr. 10; OVG Berlin, U. v. 1. 11. 1979 – OVG III B 23.78 – OVGE 15, 87 = SPE 370 Nr. 16.

[52] OVG Bremen, U. v. 13. 10. 1998 – 1 BA 46/96 – SPE 980 Nr. 54.

[53] Vgl. OVG NW, U. v. 14. 10. 1992 – 22 A 205/91 – NWVBl. 1993, 256, m. Anm. von *Krüger.*

[54] Zur Beweislast s. BVerwG, Beschl. v. 31. 7. 1989 – 7 B 104.89 – NVwZ 1990, 65 = Buchholz a. a. O. 265.

dargestellt. Von besonderer Bedeutung für die rechtliche Würdigung einzelner Vorgänge sind vornehmlich Fragen der **Form** der Bewertungen (Rdn. 614, 620), der **offenen** oder **verdeckten Bewertung** durch den Zweitprüfer (Rdn. 616) sowie der **Notenbildung** bei unterschiedlichen Bewertungen der beteiligten Prüfer (Rdn. 573 ff.).

2. Leistungspunktsysteme/Notenbildung

a) Die Bemessung des Arbeitsaufwands

570   Die Bewertungsverfahren sind in letzter Zeit vielfach dadurch stärker reglementiert worden, dass bestimmte **Leistungspunktsysteme** eingeführt worden sind. Im Hochschulbereich wird damit der rahmenrechtlichen Aufforderung des § 15 Abs. 3 HRG entsprochen, wonach zum Nachweis von Studien und Prüfungsleistungen ein Leistungspunktsystem geschaffen werden soll, das auch die Übertragung erbrachter Leistungen auf andere Studiengänge derselben oder einer anderen Hochschule ermöglicht. Neben der nationalen sollen damit auch die internationale Mobilität der Studenten und Absolventen sowie die Konkurrenzfähigkeit deutscher Hochschulen mit ausländischen Hochschulen gefördert werden. Das setzt voraus, dass die Einzelsysteme bundesweit und international kompatibel sind.[55] Das gilt insbesondere für die Bachelor- und Masterstudiengänge (dazu Rdn. 380 ff., 383, 384).[56]

571   Hierbei geht es darum, **quantitativ das Maß der Gesamtbelastung** eines Studenten zu messen und die von ihm in dieser Zeit erfolgreich erbrachten Studienleistungen entsprechend zu dokumentieren. Davon zu unterscheiden sind **inhaltliche Leistungsnachweise**, speziell die Zuordnung von Noten und Leistungspunkten zu den erbrachten und entsprechend bewerteten Leistungen (dazu Rdn. 573 ff.). Soweit Leistungen quantitativ bemessen werden, kennzeichnen Leistungspunkte für eine Lehrveranstaltung oder für ein Modul den studentischen **Arbeitsaufwand,** der in der Regel notwendig ist, um die jeweiligen Anforderungen zu erfüllen und Lernziele zu erreichen. Er umfasst üblicherweise nicht nur die Teilnahme an den Lehrveranstaltungen, die zum Modul gehören, sondern auch die gesamte Vor- und Nachbereitung des Lehrstoffs, die Vorbereitung und Ausarbeitung von eigenen Beiträgen sowie die Vorbereitung auf

---

[55] Begründung des Regierungsentwurfs, BT-Drs. 13/8796, S. 19. Vgl. auch *Waldeyer,* in: Hailbronner/Geis, Hochschulrahmengesetz, § 15 Rdn. 36 ff.

[56] Die nachfolgend dargestellten Regelungen haben ihren normativen Niederschlag gefunden z. B. in § 13 der Satzung für Allgemeine Prüfungsangelegenheiten der Freien Universität Berlin vom 4. 7. 2001 und 17. 4. 2002 (Amtsblatt der Freien Universität Berlin vom 2. 7. 2002, 15/2002). Vgl. ferner die Rahmenvorgaben für die Einführung von Leistungspunktsystemen und die Modularisierung von Studiengängen (KMK-Beschl. vom 15. 9. 2000).

und die Teilnahme an den Leistungskontrollen. Ein Leistungspunkt entspricht in der Regel einem studentischen Arbeitsaufwand von 30 Stunden.
Für ein Semester sind in der Regel entsprechend dem European Credit
Transfer System (ECTS) 30 Leistungspunkte vorgesehen, für ein Studienjahr 60 Leistungspunkte.

Die vorgesehenen **Leistungspunkte** sind mit dem Lehrprogramm   572
(Studienordnung) zu **veröffentlichen.** Soweit auf der Grundlage von Leistungspunkten der Abschluss eines Moduls, eines Studienabschnitts oder eines (Teil-)Studienganges festgestellt werden soll, ist dies in der jeweiligen
Prüfungsordnung zu regeln. Die Leistungspunkte werden durch die für die
jeweilige Lehrveranstaltung oder für das Modul verantwortliche Lehrkraft
bescheinigt, wenn der Student die Veranstaltungen **regelmäßig** (mindestens
85% der angebotenen Stunden) **besucht** und mindestens **ausreichende Leistungen** erbracht hat.

b) Der Leistungsnachweis durch Punkte und Noten

Der inhaltliche Leistungsnachweis enthält neben Angaben über die Art   573
der Lehrveranstaltung und deren Inhalt sowie die Arten der Prüfungsleistungen insbesondere die Zahl der dafür vergebenen **Leistungspunkte**[57] sowie die **Einzel- und/oder Gesamtnoten.** Die Umrechnung der Zahlenwerte
in Notenbezeichnungen regeln die Prüfungsordnungen durch eine **Notenskala.**[58]

Es ist rechtlich zulässig, dass die oberhalb der Bestehensgrenze liegenden   574
Punktzahlen auf vier Noten und die unterhalb dieser Grenze liegenden
Punktzahlen auf nur zwei Noten verteilt werden. Sind Leistungspunkten
dieser Art Rangpunkte zugeordnet, so ist es nicht erforderlich, dass für jeden Rangpunkt die gleiche Zahl von Leistungspunkten angesetzt wird; für
jede **Notenstufe** braucht auch nicht die gleiche Zahl von Rangpunkten vorgesehen zu sein.[59]

Da die abschließende Bewertung berufsrelevanter Prüfungsleistungen   575
durch die Bildung einer Einzel- oder Gesamtnote regelmäßig durch **mehrere Prüfer** vorgenommen wird (Zweiprüferprinzip s. Rdn. 554 ff.), gelten für
das dazu erforderliche **Zusammenwirken der Prüfer** bestimmte rechtliche
Anforderungen, die durchweg in den Prüfungsordnungen geregelt sind und

---

[57] Dieser Begriff wird in mehrfacher Bedeutung verwendet: Einmal für die quanti-
tative Bemessung des Arbeitsaufwands, aber auch bei der zahlenmäßigen Beschreibung inhaltlicher Leistungsnachweise.
[58] Einzelheiten s. § 13 Abs. 6 der Satzung für Allgemeine Prüfungsangelegenheiten
der Freien Universität Berlin vom 4. 7. 2001 und 17. 4. 2002 (Amtsbl. v. 2. 7. 2002,
15/2002). Wegen der Umrechnung der deutschen Noten in die ECTS-Skala s. Beschl.
der KMK vom 15. 9. 2000 „Rahmenvorgaben für die Einführung von Leistungspunktsystemen und die Modularisierung von Studiengängen".
[59] OVG Bremen, U. v. 3. 6. 1986 – OVG 1 BA 7/85 – SPE 470 Nr. 44; dazu auch:
VGH Bad.-Wttbg., U. v. 24. 4. 1995 – 9 S 2226/93.

teilweise auch verfassungsrechtlichen Rang haben. Es geht dabei insbesondere um die **Beteiligungspflichten** aller zuständigen Prüfer, um das Verhältnis zwischen **Erst- und Zweitprüfer,** um Fragen der **offenen** oder **verdeckten Bewertung** sowie um weitere **Einzelheiten des Verfahrens.** Auf die Ausführungen zu den damit angesprochenen Rechtsfragen (vgl. Rdn. 565 ff., 616) wird bei der hier anstehenden Erörterung der rechtlichen Anforderungen an die Vergabe von Punkten und die Bildung von Noten Bezug genommen. Darüber hinaus sind folgende rechtliche Gesichtspunkte zu beachten:

576   Von erheblicher Bedeutung für das Prüfungsergebnis ist, wie die **Note/ Gesamtnote** zu bilden ist, wenn unterschiedliche Teilnoten/Fachnoten oder unterschiedliche Punktzahlen in **mehreren Prüfungsfächern** vorliegen oder wenn **mehrere Prüfer** in ihrer Bewertung einer bestimmten Leistung voneinander abweichen (wegen der Eigenverantwortlichkeit eines jeden Prüfers s. Rdn. 175 ff.). In Betracht kommen insbesondere einvernehmliche Festlegungen nach dem **Gesamteindruck,** ein Einigungsverfahren mit einem **Stichentscheid** oder auch **die rechnerische Ermittlung** und Festsetzung einer Punktzahl nach dem arithmetischen Mittel (sog. Mittelwertverfahren).[60] Üblich sind ferner Kombinationen etwa in der Weise, dass die Punktzahlen/Einzelnoten in den einzelnen Fächern nach dem Gesamteindruck der Prüfer festgelegt werden und sodann das Gesamtergebnis rechnerisch ermittelt wird. Allerdings kann das Prüfungsverfahren auch so ausgestaltet sein, dass Teilergebnisse gleichsam als „feststehende Größen" in die Abschlussbewertung einzugehen haben (Rdn. 178).[61] In diesem Fall sind die übrigen Mitglieder des Prüfungsausschusses an das betreffende **Teil- oder Zwischenergebnis gebunden,** so dass sie es in ihre Gesamtbewertung einstellen müssen. Sie sind damit nicht auch verpflichtet, sich diese Bewertungen anderer Prüfer persönlich zu Eigen zu machen.[62]

577   Die eine oder die andere Bewertungsform auszuwählen liegt nicht im Ermessen der Prüfer. Vielmehr hat die jeweilige **Prüfungsordnung** zu regeln, wie Teilnoten[63] zu Fachnoten und Fachnoten zu Gesamtnoten (einschließlich der maßgeblichen Punktzahlen) zusammenzuführen und wie Bewertungsdifferenzen zwischen mehreren Prüfern zu behandeln sind (Rdn. 47 ff.). Die Einzelheiten muss der Gesetzgeber nicht selbst festlegen, sondern kann sie dem Verordnungs- bzw. Satzungsgeber überlassen (Rdn. 48 bis 50). Schweigt die Prüfungsordnung hierzu oder sind ihre Regelungen in-

---

[60] Vgl. z. B. § 2 der Verordnung über eine Noten- und Punkteskala für die erste und zweite juristische Prüfung vom 3. 12. 1981 (BGBl. I, S. 1243).

[61] Z.B. bei der Bewertung der Aufsichtsarbeiten nach dem sog. Kommissionssystem: HessVGH, U. v. 24. 2. 1994 – 6 UE 2123/91.

[62] OVG NW, U. v. 14. 4. 1987 – 22 A 247/87 – NWVBl. 1987, 49.

[63] Nicht auch die Vergabe der Teilnoten für Leistungen in einzelnen schulischen Unterrichtsfächern: BVerwG, Beschl. v. 2. 5. 1995 – 6 B 26.95 – Buchholz 421.0 Prüfungswesen Nr. 117.

sofern unvollständig, fehlt die Rechtfertigung dafür, nach einem die Perspektive verengenden schematisierenden Bewertungssystem zu entscheiden; es muss sodann nach allgemeinen prüfungsrechtlichen Grundsätzen unter Beachtung der Chancengleichheit aller Prüflinge eine Lösung gesucht werden, bei der in aller Offenheit auf den „**Gesamteindruck**" abzustellen ist. Das gilt in besonderem Maße für schulische Leistungsbewertungen: Eine rein rechnerische Bildung etwa der Kursabschlussnote trägt nicht dem Grundsatz Rechnung, dass die Note den individuellen Leistungsstand und das individuelle Leistungsvermögen des Schülers wiedergeben muss.[64] Freilich ist die rechnerische Ermittlung dabei nicht immer völlig zu verbannen; sie darf nämlich auch in diesen Fällen ein untergeordnetes Hilfsmittel bei der Suche nach dem zutreffenden Gesamtergebnis sein.[65]

Bei den **juristischen Prüfungen** ist schon die Bildung der **Einzelnote** **578** durch normative Vorgaben, insbesondere Punktzahlen und Notenstufen, reglementiert; das gilt auch für die universitäre Schwerpunktbereichsprüfung (§ 5 d Abs. 1 DRiG): Der die einzelne Leistung bewertende Prüfer hat sein Ergebnis mit einer durch § 1 der **Bundesnotenverordnung**[66] vorgegebenen und einer bestimmten Notenstufe zugeordneten Punktzahl mit dem **vollen Zahlenwert** anzugeben. Erst die Endpunktzahl zwecks Bildung der **Gesamtnote** ist bis zu zwei Dezimalstellen rechnerisch zu ermitteln (wegen der Vergabe von Sonderpunkten aufgrund des Gesamteindrucks s. Rdn. 589 ff.). Die Bundesnotenverordnung enthält keine Vorgaben für die Behandlung von **Bewertungsdifferenzen zwischen mehreren Prüfern,** die bei der Bewertung einer schriftliche Arbeit zu unterschiedlichen (vollen) Punktzahlen gelangen, sondern überlässt es dem Justizausbildungsrecht der Länder, hierzu eine Regelung zu treffen.[67] Dazu ist grundsätzlich auch das **Mittelwertverfahren** geeignet und verfassungsrechtlich nicht zu beanstanden. Bewirkt die auf diese Weise rechnerisch ermittelte Einzelnote, dass die – durch die Prüfungsordnung vorgegebene – **Bestehensgrenze** nicht erreicht und das Prüfungsverfahren ohne die Zulassung zur mündlichen Prüfung erfolglos beendet wird, ist dies nicht wegen der speziellen Art der Ermittlung dieser Note, sondern allenfalls dann zu beanstanden, wenn die Bestehensgrenze im Hinblick auf diese Folgen zu eng gefasst ist (dazu Rdn. 244, 547 ff., 550). Dies ist aber nicht der Fall, wenn verlangt wird, dass

---

[64] OVG NW, Beschl. v. 17. 2. 2000 – 19 A 3459/99 – NVwZ-RR 2000, 432 = NWVBl. 2000, 309 = SPE 162 Nr. 29.

[65] VGH Bad.-Wttbg., U. v. 8. 7. 1997 – 9 S 11/96 – SPE 470 Nr. 65; Vgl. dazu ferner: BayVGH, U. v. 3. 12. 2001 – VGH 7 B 01.774 –, bestätigt durch Beschl. d. BVerwG v. 14. 5. 2002 – 6 B 22.02.

[66] Verordnung über eine Noten- und Punkteskala für die erste und zweite juristische Prüfung vom 3. 12. 1981 (BGBl. I, S. 1243).

[67] OVG Sachs., Beschl. v. 11. 9. 2001 – 4 BS 156/01 – SächsVBl. 2002, 59 = LKV 2002, 523 = SPE 470 Nr. 75; kritisch dazu: *Gohrke/Brehsan* LKV 2003, 361, denen *Pastor* LKV 2004, 66 ff., 67, überzeugend entgegentritt.

in mehr als der Hälfte der erbrachten Leistungen (Klausuren) ein Ergebnis erreicht wird, das hinter der niedrigsten Punktzahl der Note „ausreichend" (mindestens 4 volle Punkte) nicht zurückbleibt (vgl. auch Rdn. 586, 587).[68]

579   In anderen Fällen können besondere Gründe, insbesondere defizitäre Regelungen der Prüfungsordnung, bewirken, dass eine **offene Gesamtwürdigung** vorzunehmen ist. Das gilt z. B. dann, wenn die zugelassene arithmetische (Teil-)Notenbildung zu einer exakt **zwischen zwei ganzen Noten liegenden Zwischennote** führt und in der Prüfungsordnung nicht ausdrücklich geregelt ist, wie die notwendige Rundung auf eine ganze Note vorzunehmen ist.[69] Dafür ist allerdings nur dann Raum, wenn nach der Ausgestaltung des Bewertungsverfahrens nicht schon feststeht, dass die bessere Note nur dann erteilt werden darf, wenn die dafür vorgesehene Punktzahl voll erreicht worden ist.

580   Die eingangs genannten Bewertungsformen und so genannten **Kollisionsregelungen** im Falle unterschiedlicher Bewertung durch mehrere Prüfer sind **im Grunde zulässig** und stehen – wenn sie von der Prüfungsordnung in der einen oder anderen Form vorgesehen sind – nicht etwa von vornherein im Widerspruch zu höherrangigem Recht.[70] Es herrscht vielmehr weitgehende Gestaltungsfreiheit für den Normgeber der Prüfungsordnung. Rechtliche Probleme mannigfacher Art werfen jedoch einzelne konkrete Ausgestaltungen und Anwendungen auf, die nachfolgend zu erörtern sind:

581   Ist in der **Prüfungsordnung** von einer rechnerischen Ermittlung des Prüfungsergebnisses nicht nur nicht die Rede, sondern schreibt sie sogar ausdrücklich vor, dass die (Gesamt-)Note nach dem **Gesamteindruck der Prüfer,** insbesondere unter Berücksichtigung der Einzelnoten, etwaiger Leistungstendenzen oder der in der Ausbildung erbrachten Leistungen, zu bilden ist, so ist ein nur schematisches Verfahren unzulässig.[71] Die Bewertung hat in diesem Fall vielmehr offen zu sein für alle maßgeblichen Gesichtspunkte einschließlich der Frage, ob einzelne **schlechte Leistungen** durch bessere Leistungen **ausgeglichen** werden (dazu Rdn. 244, 547 ff.).[72] Auch wenn die Prüfungsordnung es nicht erlaubt, auf das arithmetische

---

[68] Ebenso: *Postor,* a. a. O., in Erwiderung auf *Gohrke/Brehsan,* a. a. O.; vgl. auch BVerwG, Beschl. v. 13. 5. 2004 – 6 B 25.04.

[69] VGH Bad.-Wttbg., Beschl. v. 10. 10. 1991 – 9 S 2336/91 – NVwZ-RR 1992, 189.

[70] BVerwG, Beschl. v. 15. 12. 1987 – 7 B 216.87 – NVwZ 1988, 437 = Buchholz a. a. O. Nr. 247; Beschl. v. 9. 1. 1978 – 7 B 91.76 – Buchholz a. a. O. Nr. 88; BayVGH, U. v. 10. 1. 1985 – Nr. 3 N 84 A.2456 – BayVBl. 1985, 240; OVG NW, U. v. 25. 1. 1985 – 15 A 2461/82 – NVwZ 1985, 595 = SPE 470 Nr. 45.

[71] OVG Berlin, Beschl. v. 18. 12. 1980 – OVG 3 S 145.80 –, und v. 6. 5. 1977 – III B 90.76 – SPE II C IV, S. 21; vgl. ferner: BVerwG, U. v. 7. 5. 1971 – 7 C 51.70 – NJW 1971, 1956; OVG Lbg., Beschl. v. 15. 5. 1974 – 7 OVG C 1/73 – NJW 1974, 2149.

[72] BVerwG, Beschl. v. 30. 5. 1979 – 7 B 47.79 – Buchholz a. a. O. Nr. 110 = DÖV 1979, 754.

Mittel abzustellen, darf es jedoch auch hier ein „Hilfsmittel" sein, um den Rahmen möglicher Bewertungen abzustecken und für einen Leistungsvergleich gewisse Anhaltspunkte zu gewinnen.[73]

Unzulässig ist indes der **Stichentscheid** einer an der **mündlichen** oder **praktischen Prüfung** nicht beteiligten Person (z. B. des Vorsitzenden des Prüfungsamts), selbst wenn die Prüfungsordnung dies für den Fall vorsieht, dass die Prüfer sich nicht auf ein Ergebnis einigen können.[74] Bei berufsbezogenen Prüfungen würde den Gewährleistungen des Art. 12 Abs. 1 GG nicht hinreichend Rechnung getragen, wenn eine Person über den beruflichen Werdegang eines Prüflings ausschlaggebend zu entscheiden hätte, die dessen Leistungen nicht unmittelbar zur Kenntnis genommen und aufgrund der dabei gewonnenen persönlichen Eindrücke eigenverantwortlich bewertet hat. Deshalb darf es auch nicht dem Ausschuss- oder Kommissionsvorsitzenden anheim gegeben werden, sich ohne eigene Anschauung der im mündlichen oder praktischen Teil der Prüfung erbrachten Leistungen der „ihn überzeugenden Begründung" eines der beiden in ihren Bewertungen divergierenden Prüfer anzuschließen.[75] **582**

Bei der Bewertung **schriftlicher Arbeiten** ist der – nach der Prüfungsordnung vorgesehene – **Stichentscheid eines Dritten,** insbesondere des Vorsitzenden der Prüfungskommission, jedenfalls dann verfassungsrechtlich nicht zu beanstanden, wenn diese Person die Arbeit des Prüflings selbst voll zur Kenntnis genommen hat. Ist der Stichentscheid auch hier nur als eine Alternative vorgesehen, kann es geboten sein, von dem damit eingeräumten Auswahlermessen zugunsten einer anderen Alternative Gebrauch zu machen, wenn diese auf breiterer Grundlage zu einem zuverlässigeren Ergebnis führen mag. So ist etwa ein Stichentscheid zu vermeiden, wenn die Prüfungsordnung dafür einen Ausweg anbietet, indem sie z. B. vorsieht, dass ein weiterer „neutraler" Gutachter bestellt werden kann, so dass eine ungerade Zahl von Prüfern erreicht wird.[76] **583**

Auch die – nach der **Prüfungsordnung zugelassene** und somit erlaubte – **rechnerische Ermittlung** von Einzelnoten und Prüfungsergebnissen wirft regelmäßig einzelne rechtliche Probleme auf:

Bei der rechnerischen Ermittlung der Abschlussnote darf die zweite Dezimalstelle nur dann durch ein **Aufrunden der dritten Dezimalstelle** gebildet werden, wenn die Befugnis hierzu rechtssatzmäßig in der Prüfungsord- **584**

---

[73] OVG NW, Beschl. v. 17. 2. 2000 – 19 A 3459/99 – NWVBl. 2000, 309, und v. 14. 12. 1999 – 14 A 2251/99 – SPE 470 Nr. 71.

[74] BVerfG, Beschl. v. 16. 1. 1995 – 1 BvR 1505/94 – NJW 1995, 2626 = NVwZ 1995, 469 = DVBl. 1995, 1349.

[75] Die dem widersprechenden, freilich nicht tragenden Ausführungen des BVerwG im Beschl. v. 6. 2. 1998 – 6 B 17.98 – Buchholz a. a. O. Nr. 386, sind daher mit dem Beschl. des BVerfG v. 16. 1. 1995 – 1 BvR 1505/94 – a. a. O. nicht zu vereinbaren.

[76] OVG NW, U. v. 30. 4. 2002 – 14 A 1946/98 – NJW 2002, 3346, betr. die Bewertung einer Dissertation.

nung geregelt ist.[77] Die dritte Dezimalstelle darf auch nicht ohne weiteres weggelassen werden, wenn dies zu einer schlechteren Note führen kann. Hierzu bedarf es vielmehr einer ausdrücklichen Ermächtigung in der Prüfungsordnung.[78]

585   Das zwecks Bildung einer Gesamtnote schematisierte Bewertungsverfahren setzt voraus, dass die zu einem bestimmten Anteil (rechnerisch) einzusetzende Teilnote oder Punktzahl zu diesem Zeitpunkt feststeht und nicht mehr geändert werden darf.[79] Wenn eine **Durchschnittspunktzahl** als Voraussetzung für eine bestimmte Note oder ein Prüfungsergebnis gefordert wird, muss sie voll erreicht werden; eine Aufrundung ist dann nicht zulässig.[80] Anders ist die Rechtslage, wenn die Prüfungsordnung eine Zwischenpunktzahl (z.B. 3,5) einer Note (z.B. ausreichend) ausdrücklich zuordnet; dagegen ist aus höherrangigem Recht nichts einzuwenden.[81] Legt eine Prüfungsordnung die Bildung des Gesamturteils aus dem arithmetischen Mittel der Einzelbewertungen ohne weitere Angaben über die zu berücksichtigenden **Dezimalstellen** durch die Darstellung nur einer Dezimalstelle nach dem Komma fest (z.B. „über 1,5 bis 2,5"), so ist es nicht zulässig, zur Feststellung, ob der Grenzwert zur nächsten Notenstufe überschritten ist, weitere Dezimalstellen zu berücksichtigen.[82] Die Einstellung des exakten Zahlenwertes in die Berechnung der Gesamtnote entspricht dem Grundsatz der Chancengleichheit und der materiellen Prüfungsgerechtigkeit. Wenn eine bestimmte Gesamtnote nur bis zu einem bestimmten Zahlenwert (z.B. bis 1,5 die Note sehr gut) zu erteilen ist, hindert jede weitere Dezimalstelle über Null (z.B. 1,51) die Erteilung dieser Note.[83]

---

[77] BVerwG, Beschl. v. 20. 11. 1979 – 7 B 236.79 – Buchholz a.a.O. Nr. 122 und U. v. 26. 6. 1975 – 7 C 38.74 – Buchholz a.a.O. Nr. 64.

[78] OVG Sachs., U. v. 25. 10. 2002 – 4 B 791/01 – SächsVBl. 2003, 193.

[79] Vgl. dazu auch OVG NW, Beschl. v. 23. 10. 1989 – 22 B 2390/88 – WissR 1990, 177.

[80] OVG Bremen, U. v. 3. 6. 1986 – OVG 1 BA 7/85 – SPE 470 Nr. 44; VGH Bad.-Wttbg., Beschl. v. 19. 5. 1980 – 9 S 12/80 – DÖV 1980, 612.

[81] BVerwG, Beschl. v. 25. 11. 1985 – 7 B 207.85 – Buchholz 421.0 Prüfungswesen Nr. 222. Vgl. ferner: VGH Bad.-Wttbg., Beschl. v. 30. 8. 1988 – 9 S 2646/88 – VBlBW 1989, 111.

[82] VG Weimar, U. v. 28. 12. 1999 – 2 K 2294/97 – ThürVBl. 2000, 139; BayVGH, U. v. 12. 2. 1977 – 27/28/326 VII 77 – SPE III F III, S. 31; wegen der „ausreichenden" Bewertung von Leistungen bis zur rechnerisch ermittelten Gesamtnote nach der Punktzahl 4,49 (nicht 4,0): OVG Berlin, Beschl. v. 20. 8. 1969 – I B 108/68 – JR 1970, 235. Die Umrechnung von Noten, die nach früherem Recht vorgesehen waren, in eine Bewertung nach einem Punktsystem darf nicht zu einer Herabstufung führen: BVerwG, Beschl. v. 9. 1. 1978 – 7 B 91.76 – a.a.O. Wegen der Bewertung nach einem Punktsystem (Umrechnungsschlüssel), das die erreichbaren Punkte den Bestehensnoten degressiv zuordnet: VGH Bad.-Wttbg., U. v. 11. 4. 1989 – 9 S 204/88 – DVBl. 1989, 1262, und OVG NW, U. v. 27. 6. 1984 – 16 A 1152/81 – NVwZ 1985, 596 = DVBl. 1985, 75.

[83] OVG NW, U. v. 20. 8. 1993 – 22 A 4261/92; BayVGH, U. v. 14. 10. 1992 – 7 B 91.3368 – NVwZ-RR 1993, 363.

Problematisch ist es, wenn eine Einzelnote durch **schlechte Teilnoten** auf　**586**
diese Weise selbst zu einer schlechten Note wird und als solche zudem noch
das **Gesamtergebnis** bei dessen Berechnung **negativ beeinflusst.** Das kann
z.B. der Fall sein, wenn eine Prüfungsarbeit von dem einen Prüfer als
„ausreichend (5 Punkte)" und von dem anderen als „mangelhaft (2 Punkte)"
bewertet wird. Ist nach der Prüfungsordnung auch in diesem Fall ein Mit-
telwert zu bilden (hier: 3,5 = „mangelhaft"), setzt sich in diesem Fall gleichsam automatisch der Prüfer durch, der die Arbeit als mangelhaft bewertet
hat. In Einzelfällen kann die danach als misslungen geltende Prüfungsarbeit
auch für das Gesamtergebnis ausschlaggebend sein.[84]

Eine Rechtfertigung für dieses unbillig erscheinende Ergebnis mag darin　**587**
zu sehen sein, dass die mit der Prüfung zu erlangende berufliche Qualifikation in gewissen Kernfächern mindestens **„glatte" ausreichende Leistungen** voraussetzt (vgl. auch Rdn. 578). Zu betonen ist, dass die rechnerische
Ermittlung der Note nicht zulässig ist, wenn die Prüfungsordnung sie nicht
vorsieht; dann ist stets eine Einigung aufgrund einer **„Gesamtwürdigung"**
zu suchen. Dadurch sind unbillige Rechenergebnisse, die auf „spitzen" zif-
fernmäßigen Abgrenzungen beruhen, zu vermeiden.

Das Bewertungsverfahren ist nicht selten **mehrstufig angelegt,** etwa　**588**
wenn unter der Beteiligung mehrerer Prüfer zunächst einzelne Teilbereiche
zu bewerten und sodann Fachnoten zu bilden sind und am Ende das Gesamtergebnis der Prüfung rechnerisch festzulegen ist. Wie bereits erwähnt
wurde, ist in den **Teilbereichen,** in denen die Prüfungsordnung nicht ausdrücklich etwas anderes regelt, eine **offene Gesamtwürdigung** der Leistungen des Prüflings vorzunehmen. Für andere Teilbereiche – insbesondere
hinsichtlich der Festlegung des Gesamtergebnisses – kann dies anders oder
insgesamt unterschiedlich geregelt sein. Diese Regelungen dürfen nicht ver-
mischt werden. Schreibt etwa eine Prüfungsordnung vor, dass jedes Mitglied
der Prüfungskommission sich nach Beratung ein Urteil über Erfolg oder
Misserfolg des Prüflings bilden muss und dass die Mehrheit der Prüfervoten
entscheidet, so ist eine Prüfungsentscheidung fehlerhaft, bei der jeder Prüfer
eine Anzahl von Punkten vergeben hat, ohne sich ein eigenes Gesamturteil
zu bilden, und über den Prüfungserfolg nach Maßgabe eines aus den Punkten rechnerisch gewonnenen Mittelwertes entschieden wird.[85]

Die **rein rechnerische Ermittlung** des Gesamtergebnisses kann nicht　**589**
hinreichend berücksichtigen, dass im Einzelfall Umstände vorliegen mögen,
die ein solches Ergebnis als **offensichtlich ungerechtfertigt** erscheinen lassen. Daher sehen Prüfungsordnungen gelegentlich die **Möglichkeit** vor, das

---

[84] Trotzdem keine Verletzung des Gleichheitssatzes: BVerwG, Beschl. v. 13. 5. 2004
– 6 B 25.2004. Kritisch dazu: *Riechelmann* NordÖR 1999, 95; vgl. ferner: OVG
Sachs., Beschl. v. 11. 9. 2001 – 4 BS 156/01 – SächsVBl. 2002, 59.
[85] OVG NW, U. v. 14. 12. 1999 – 14 A 2251/99 – SPE 470 Nr. 1 = WissR, 33.
Bd. 2000, 343, und U. v. 16. 5. 1997 – 19 A 2242/96 – SPE 432 Nr. 35.

errechnete Ergebnis in näher bezeichneten – meist nur sehr engen – Grenzen (z. B. ein Drittel des durchschnittlichen Umfangs einer Notenstufe) **zu verbessern**, manchmal auch **zu verschlechtern**.[86] Üblicherweise wird diese Möglichkeit dadurch eingeschränkt, dass das Bestehen oder Nichtbestehen der Prüfung hiervon nicht abhängen darf (so insbesondere § 5d Abs. 4 DRiG).

590   Gerechtfertigt werden darf indes eine solche „Handsteuerung" im konkreten Fall nur mit Gründen, die mit dem Leistungsbild des Prüflings und dessen Bewertung zusammenhängen.[87] Klassisches Beispiel dafür ist die Berücksichtigung eines **besonders positiven (Gesamt-)Eindrucks** in der mündlichen Prüfung (z. B. auffällig sicheres Auftreten, besonders überzeugende Argumente oder ungewöhnlich gute rhetorische Fähigkeiten).[88] Berücksichtigungsfähig sind nur Umstände oder Vorgänge, die nach dem Zweck der Leistungskontrolle bei der Bewertung an sich erfasst werden müssten, jedoch wegen der zu starren rechnerischen Bewertungsmethode gleichsam herausfallen oder unangemessen zurücktreten.[89]

591   Freilich reicht allein die Atypik des Leistungsbildes im **reinen Notenvergleich** einzelner Prüfungsarbeiten nicht aus. Wird etwa eine besonders gute schriftliche Einzelleistung (z. B. eine Hausarbeit) **schon durch ihren Anrechnungsfaktor** im Verhältnis zu anderen Leistungen **gewichtet**, darf dieses System nicht durch die Vergabe von Sonderpunkten für diese eine herausragende Einzelleistung verwässert werden. Zu den beachtlichen Umständen gehören ferner nicht auch gesundheitliche oder soziale Beschwernisse des Prüflings, derentwegen er in dem von ihm angestrebten Beruf ebenso wenig einen Bonus erfahren würde, wie er diesen in der Prüfung erfahren darf (vgl. dazu und wegen der Ausgleichsmaßnahmen für Behinderte Rdn. 121, 122).[90]

592   Eine rechnerisch ermittelte Anrechnung von im **juristischen Vorbereitungsdienst** erteilten Noten auf die Gesamtnote der zweiten Staatsprüfung ist gemäß § 5d Abs. 4 Satz 4 DRiG ausgeschlossen. Allerdings können bei der zweiten Staatsprüfung auch bestimmte hervorragende oder negative Leistungen im Vorbereitungsdienst „Sonderpunkte" in dem bezeichneten

---

[86] Keine verfassungsrechtlichen Bedenken: BVerwG, Beschl. v. 2. 11. 1994 – 6 B 62.94 – Buchholz a. a. O. Nr. 340.

[87] So im Ansatz richtig: OVG NW, U. v. 27. 2. 1997 – 22 A 1326/94 – NWVBl. 1997, 380 = SPE 526 Nr. 17.

[88] BVerwG, U. v. 12. 7. 1995 – 6 C 12.93 – BVerwGE 99, 74 = NJW 1996, 942, und Beschl. v. 9. 6. 1993 – 6 B 35.92 – Buchholz a. a. O. Nr. 315 = DVBl. 1993, 1310. Wer wegen zu schlechter schriftlicher Leistungen nicht zur mündlichen Prüfung zugelassen wird, hat diese Möglichkeit nicht: BVerwG, Beschl. v. 9. 6. 1993, a. a. O.; BayVGH, U. v. 22. 1. 1992 – 3 B 91.622.

[89] Vgl. auch: VG Weimar, U. v. 28. 12. 1999 – 2 K 2294/97 – ThürVBl. 2000, 139.

[90] Hierzu insgesamt: HessVGH, U. v. 20. 11. 1990 – 2 UE 3720/87 – DVBl. 1991, 771; OVG Lbg., U. v. 15. 9. 1988 – 10 A 31/88 – DVBl. 1989, 112; VGH Bad.-Wttbg., U. v. 11. 11. 1987 – 9 S 2538/87 – VBlBW 1988, 440; OVG NW, U. v. 18. 3. 1992 – 22 A 1342/90.

Rahmen rechtfertigen, wenn dadurch ein Gesamteindruck entsteht, der von dem rechnerisch ermittelten Ergebnis nicht unerheblich abweicht.

Die Prüfungskommission hat – wenn die Prüfungsordnung die Vergabe **593** von Sonderpunkten ermöglicht – dies alles zu berücksichtigen und darüber nach **pflichtgemäßem Ermessen** zu entscheiden. Bestehen zwar konkrete Anhaltpunkte für eine Vergabe von Sonderpunkten zugunsten des Prüflings, werden diese aber dennoch nicht gegeben, muss in der etwa gebotenen Begründung der Prüfungsentscheidung (dazu Rdn. 711 f.) auch dazu Stellung genommen werden, warum in diesem Fall dem Prüfling ein Sonderpunkt versagt worden ist.[91] Die **Abweichung nach unten** erfordert eine substantiierte Begründung.[92]

Wird das Ergebnis einer Prüfung erfolgreich angegriffen, so ist im Rah- **594** men der **Neubescheidung** die bisherige Vergabe von Zusatzpunkten daraufhin zu überprüfen, ob die Voraussetzungen für ihre Vergabe weiterhin bestehen.[93] Die erneute Entscheidung einer Prüfungskommission über eine Abweichung von dem rechnerisch ermittelten Wert der Gesamtnote im Anschluss an die Neubewertung einer schriftlichen Arbeit setzt **keine (neue) mündliche Prüfung** vor dieser Prüfungskommission voraus.[94]

3. Besonderheiten beim Antwort-Wahl-Verfahren

Beim **Antwort-Wahl-Verfahren** (auch „multiple-choice-Verfahren" ge- **595** nannt) hat der Prüfling darüber zu befinden, welche von mehreren angegebenen Varianten der Lösung einer Aufgabe oder Beantwortung einer Frage richtig ist. Dazu ist von ihm der nach seiner Meinung richtige Lösungsvorschlag anzukreuzen. Wegen der gewöhnlich hohen Anzahl von Einzelfragen ist dabei wenig Zeit für gründliche Überlegungen; auch besteht keine Möglichkeit, ergänzende Anmerkungen zu machen.

Die so zu erbringenden Prüfungsleistungen werden – anders als bei Prü- **596** fungen sonst üblich – nicht nachträglich individuell bewertet, sondern zumeist mit technischen Hilfsmitteln mechanisch ausgewertet. Die eigentliche Prüftätigkeit ist hier vorverlagert. Sie besteht in der Auswahl des Prüfungsstoffs, der Stellung der Fragen und der Festlegung der richtigen und falschen Antworten. Spezielle Anwendung findet ein solches Prüfungsverfahren vor allem bei den medizinischen und pharmazeutischen Prüfungen jeweils in ähnlicher Weise. Beispielgebend dafür sind die Regelungen der

---

[91] Dazu im Einzelnen: *Schnapp/Henkenkötter*, Muss die Vergabe sog. „Sozialpunkte" im Juristischen Examen begründet werden?, NWVBl. 1998, 41.
[92] BVerwG, U. v. 12. 7. 1995 – 6 C 12.93 –, a. a. O.
[93] BVerwG, Beschl. v. 11. 7. 1996 – 6 B 22.96 – NVwZ-RR 1997, 102 = DVBl. 1996, 1373 = DÖV 1997, 649.
[94] BVerwG, U. v. 10. 10. 2002 – 6 C 7.02 – NJW 2003, 1063 = Buchholz 421.0 Prüfungswesen Nr. 402.

Approbationsordnung für Ärzte in der Fassung vom 27. 6. 2002 (BGBl. I,
S. 2405) – ÄAppO –, die am 1. 10. 2003 in Kraft getreten ist.

597   Bei der Festlegung der Prüfungsaufgaben sollen sich die nach Landesrecht
zuständigen Stellen nach Maßgabe einer Vereinbarung der Länder einer
Einrichtung bedienen, die dazu berufen ist, solche Prüfungsaufgaben herzustellen (§ 14 Abs. 3 Satz 2 ÄAppO). Diese Hilfe leistet das **Institut für Medizinische und Pharmazeutische Prüfungsfragen**(IMPP).[95] Die Prüfungsfragen müssen auf die für den Arzt allgemein erforderlichen Kenntnisse
abgestellt sein und zuverlässige Prüfungsergebnisse ermöglichen (§ 14
Abs. 2 ÄAppO). Einzelheiten dazu sind bereits an anderer Stelle (Rdn.
329 ff., 368 ff., 371) erörtert worden; darauf wird verwiesen. Für das hier
thematisierte Verfahren zur Bewertung von Prüfungsleistungen ist Folgendes zu ergänzen:

598   Unverzichtbare Grundlage des mechanisierten Bewertungsverfahrens ist,
dass ausschließlich **Prüfungsaufgaben** gestellt werden, die hierfür **geeignet**
sind. Es ist jedoch eine Eigenart des Antwort-Wahl-Verfahrens, dass es unter der Schwierigkeit leidet, geeignete Prüfungsaufgaben in der erforderlichen Anzahl zu erstellen. Alle möglichen Lösungen müssen vorausgesehen
und die Aufgaben so formuliert werden, dass sie verständlich, widerspruchsfrei und eindeutig sind und jeweils nur eine richtige Lösung zulassen. Insbesondere darf neben derjenigen Lösung, die der Bewertung als
„richtig" vorgegeben worden ist, nicht auch noch eine andere Lösung
vertretbar sein.[96] Der offenbar erhöhten Fehleranfälligkeit des Systems ist
mit verfahrenrechtlichen Mitteln entgegenzuwirken, indem ungeeignete
Aufgaben, insbesondere mehrdeutig formulierte Fragen, von der **Bewertung ausgenommen** oder die – zwar nicht dem Lösungsmuster entsprechenden, aber dennoch vertretbaren – **Antworten** des Prüflings als **zutreffend anerkannt** werden.[97]

599   Dazu sieht § 14 Abs. 4 ÄAppO für die schriftlichen Prüfungen generell –
d.h. nicht erst bei konkreten Einwendungen des Prüflings – ein **Kontrollverfahren** vor. Danach sind die Prüfungsaufgaben vor der Feststellung des
Prüfungsergebnisses daraufhin zu überprüfen, ob sie, gemessen an den genannten Anforderungen, „fehlerhaft" sind. Verpflichtet dazu sind die nach
Landesrecht zuständigen Stellen (z.B. die Landesprüfungsämter), die sich
bei der Durchführung der Kontrolle des IMPP bedienen. Es geht hier ent-

[95] Wegen der damit zusammenhängenden Rechtsfragen: BVerfG, Beschl. v. 14. 3.
1989 – 1 BvR 1033/82 – BVerfGE 80, 1 = NVwZ 1989, 850; BVerwG, U. v. 18. 5.
1982 – 7 C 24.81 – BVerwGE 65, 323 ff., 333 = NJW 1983, 354.
[96] BVerwG, U. v. 26. 3. 1997 – 6 C 7.96 – BVerwGE 104, 203 = NJW 1997, 3104;
bekräftigt durch Beschl. v. 8. 8. 2000 – 6 B 33.00. Dazu insgesamt und insbesondere
zum Verbot von Lösungsvorgaben zwecks Auswahl einer „Bestlösung" s. Rdn.
327 ff., 330.
[97] BVerfG, Beschl. v. 17. 4. 1991 – 1 BvR 1529/84 und 138/87 – BVerfGE 84, 59 =
NJW 1991, 2008 ff., 2010.

sprechend den Maßgaben des BVerfG (a.a. O.) insbesondere darum, im Wege einer testtheoretischen Auswertung (Item-Analyse) auffällige Fehlerhäufungen festzustellen und noch **vor der Bewertung** etwa festzustellende Mängel der Aufgabenstellung in der nachfolgend dargestellten Weise zu **korrigieren.**[98]

Zu erfassen sind nach der Neufassung des § 14 Abs. 4 ÄAppO **nicht** mehr nur „**offensichtliche**" Fehler, sondern auch solche, die sich dem Prüfling möglicherweise erst auf den zweiten Blick erschließen. Der Prüfling hat nämlich wegen der Kürze der ihm zur Verfügung stehenden Zeit regelmäßig nicht die Gelegenheit, etwaige Lösungsvarianten zu erfassen; er kann gerade durch verdeckte, aber objektiv vorhandene Mehrdeutigkeiten in die Irre geführt werden. Letztlich kommt es daher bei dieser besonderen Kontrolle darauf an, ob Prüfungsaufgaben ungeeignet sind, weil sie bei den besonderen Strukturmerkmalen des Antwort-Wahl-Verfahrens ein zuverlässiges Prüfungsergebnis nicht ermöglichen.[99] Ob dies der Fall ist, unterliegt der vollen gerichtlichen Kontrolle (Rdn. 857).[100] **600**

Die Ungeeignetheit einer Prüfungsaufgabe kann sich hauptsächlich aus drei unterschiedlichen Gründen ergeben: Erstens ist das der Fall, wenn die Frage schon nach ihrem **Wortlaut unverständlich, widersprüchlich oder mehrdeutig** ist; zweitens ist eine Frage, die auf **mehrfache Weise vertretbar beantwortet** werden kann, ungeeignet; drittens ist eine Prüfungsaufgabe auch dann misslungen, wenn die nach dem Lösungsmuster als „richtig" anzukreuzende Antwort **in Wahrheit falsch** ist.[101] Schon die verwaltungsinterne Fehlerkontrolle muss darauf angelegt sein, diese und ähnliche Mängel etwa aufgrund der Häufigkeit der fehlgeleiteten Antworten zu erkennen und für Abhilfe zu sorgen. **601**

Eine solche Abhilfe ist generell möglich durch die Eliminierung der ungeeigneten Aufgabe oder auch durch eine Gutschrift, insbesondere wenn anstelle der angeblich allein „richtigen" eine andere, zumindest als vertretbar anzusehende Antwort angekreuzt worden ist.[102] Für die Ärztliche Prüfung regelt § 14 Abs. 4 Sätze 2 und 3 ÄAppO, dass **fehlerhafte Prüfungsaufgaben** bei der Feststellung des Prüfungsergebnisses **nicht** zu **berücksichtigen** (also zu „eliminieren") sind und dass die vorgeschriebene Zahl der Prüfungsaufgaben sich entsprechend mindert. **602**

---

[98] Beispiele dazu: *Zimmerling/Brehm,* Prüfungsrecht, Rdn. 1139ff., 1144, 1147.

[99] BayVGH, U. v. 29. 11. 1989 – Nr. 7 B 89.2143 – DVBl. 1990, 538.

[100] BVerfG, Beschl. v. 17. 4. 1991, a.a.O.; OVG NW, U. v. 21. 5. 1992 – 22 A 1650/87 – DVBl. 1993, 58 = NWVBl. 1992, 316; anders noch BayVGH, U. v. 29. 11. 1989, a.a.O.

[101] Dazu im Einzelnen: OVG NW, Beschl. v. 21. 5. 1992 – 22 A 1650/87 –, a.a.O.; vgl. ferner die vom BayVGH (U. v. 29. 11. 1989, a.a.O.) erörterten Prüfungsaufgaben.

[102] OVG NW, U. v. 21. 5. 1992, a.a.O.; BayVGH, U. v. 29. 11. 1989, a.a.O.; zu den möglichen Auswirkungen auf die Prüfung im Ganzen s. BayVGH, Beschl. v. 6. 6. 1986 – Nr. 7 CE 86.00729 – NJW 1987, 729 = DVBl. 1986, 1110.

603   Das hat Auswirkungen auf die in Abs. 6 und Abs. 7 definierten **Bestehensgrenzen** und **Abgrenzungen der Notenstufen**, die wie folgt festgelegt sind: Der schriftliche Teil des Ersten und Zweiten Abschnitts der Ärztlichen Prüfung ist bestanden, wenn der Prüfling **mindestens 60 Prozent der gestellten Prüfungsfragen** zutreffend beantwortet hat oder wenn die Zahl der vom Prüfling zutreffend beantworteten Fragen um **nicht mehr als 22 Prozent** die **durchschnittlichen Prüfungsleistungen** der Prüflinge **unterschreitet**, die einer näher bezeichneten **Referenzgruppe** angehören (erstmalige Teilnahme an der Prüfung nach einer Mindeststudienzeit von zwei Jahren beim Ersten Abschnitt und sechs Jahren beim zweiten Abschnitt der Ärztlichen Prüfung). Hat der Prüfling die demnach für das Bestehen der Prüfung erforderliche Mindestzahl zutreffend beantworteter Prüfungsfragen erreicht, so sind die **Leistungsnoten** gestaffelt nach näher bezeichneten Prozentsätzen bezogen auf die zutreffenden Beantwortungen der darüber hinaus gestellten Prüfungsfragen (§ 14 Abs. 7 ÄAppO).

604   Das Verbot, fehlerhafte Prüfungsaufgaben bei der Feststellung des Prüfungsergebnisses zu berücksichtigen, bedeutet, dass bei der vorstehend dargelegten Bewertung der schriftlichen Prüfungsleistungen von einer verminderten Zahl der Prüfungsaufgaben auszugehen ist (§ 14 Abs. 4 Satz 4 ÄAppO). Dadurch ändern sich die vom Prüfungsamt zuvor berechneten **absoluten** und **relativen Bestehensgrenzen** (Abs. 6) sowie die Abstufungen der **Noten** nach Prozentanteilen zutreffend beantworteter Prüfungsfragen (Abs. 7). Es ist daher eine Neuberechnung erforderlich.

605   Ergänzend dazu verbietet § 14 Abs. 4 Satz 5 ÄAppO, dass sich die **Verminderung der Zahl der Prüfungsfragen** zum **Nachteil eines Prüflings** auswirkt. Diese letztgenannte Regelung zielt darauf ab, gewisse Grobheiten und nicht gerechtfertigte Nachteile der pauschalen Eliminierung gleichsam durch eine handgesteuerte Anpassung individuell zu beseitigen. In Betracht kommen weniger Nachteile infolge einer Verschiebung der allgemeinen Bestehensgrenze; denn diese kann sich allein durch die Verringerung der Zahl der relevanten Aufgaben nicht erhöhen; insofern könnten allenfalls relative Einwirkungen zu Tage treten. Die **individuelle Anpassung** dürfte daher im Wesentlichen dann stattfinden müssen, wenn der Prüfling eine mehrdeutige Frage sachlich vertretbar beantwortet hat, etwa wenn er eine von mehreren als „richtig" anzuerkennenden Antworten oder die Antwort angekreuzt hat, die entgegen der Musterlösung die wahrhaft richtige ist.[103] Das Gleiche gilt, wenn die Aufgabe einen – durchaus erkennbaren – **Druckfehler** enthält, der Prüfling sich jedoch an den Originaltext hält und so die Aufgabe folgerichtig beantwortet. Das Risiko der möglicherweise unzutreffenden Korrektur des – vielleicht nur scheinbaren – Druckfehlers kann ihm nämlich schon wegen

---

[103] BayVGH, U. v. 29. 11. 1989, a. a. O; vgl. ferner: OVG NW, U. v. 24. 9. 1993 – 22 A 151/93.

der Kürze der ihm zur Verfügung stehenden Zeit nicht aufgebürdet werden.[104]

Die sodann gebotene individuelle Anrechnung der Antwort auf eine – generell zu eliminierende – Frage ist der Sache nach ein „individuelles Eliminierungsverbot" für fehlerhafte Prüfungsaufgaben, für die der Prüfling dennoch eine sachlich-richtige oder zumindest vertretbare Antwort gefunden hat (vgl. § 14 Abs. 4 Satz 5 ÄAppO).[105] Da eine solche Ausnahme jedoch nur zur Vermeidung von einzelnen Nachteilen gerechtfertigt ist, die das nach Lage der Dinge gebotene Eliminierungsverfahren ohne sachlichen Grund mit sich bringt, muss es **im Übrigen** bei den **allgemein gültigen Maßstäben** verbleiben. Deshalb kann der Prüfling nicht zugleich die Anrechnung seiner (richtigen) Antwort auf eine eliminierte Frage und ferner verlangen, dass die Bestehensgrenze nunmehr allein aufgrund der entsprechend verminderten Zahl der Fragen festgelegt wird. Denn wenn die fehlerhafte Aufgabe trotz des Mangels – wie das Beispiel dieses Prüflings zeigt – einzelne sachlich-richtige Lösungen zulässt, können ebenso andere Prüflinge diese Aufgabe „richtig" gelöst haben. Auch solchermaßen richtige Lösungen heben das Niveau der durchschnittlichen Prüfungsleistungen, das um nicht mehr als 22 Prozent unterschritten werden darf (vgl. aber auch Rdn. 540). Deshalb müssen in die Berechnung der für diesen Prüfling maßgebenden (relativen) Bestehensgrenze alle auf diese Aufgabe entfallenden vertretbaren Antwortanteile der Referenzgruppe (§ 14 Abs. 6, letzter Halbs. ÄAppO) eingehen.[106] Nicht einzubeziehen sind indes die richtigen Antwortanteile der Referenzgruppe auf andere fehlerhafte, aber vertretbar beantwortete Fragen, auf die dieser Prüfling keine vertretbare Antwort gegeben hat. Die sich danach ergebende Notwendigkeit, in Anwendung des § 14 Abs. 4 Satz 5 ÄAppO für einzelne Prüflinge unterschiedliche Bestehensgrenzen zu ermitteln, steht nicht in Widerspruch zur gebotenen Bundeseinheitlichkeit der Ärztlichen Prüfung.[107]

Anzumerken ist noch, dass das Bundesverfassungsgericht die ehedem durch § 14 Abs. 5 ÄAppO 1978 zeitweise eingeführte **absolute Bestehensgrenze,** wonach es **allein** darauf ankam, ob der Prüfling 60 Prozent der Prüfungsfragen zutreffend beantwortet hat, für verfassungswidrig erklärt hat.[108] Nunmehr gilt für den schriftlichen Teil des Ersten und Zeiten Abschnitts der Ärztlichen Prüfung nach § 14 Abs. 6 ÄAppO die vorstehend

606

607

---

[104] OVG NW, U. v. 21. 5. 1992, a. a. O.

[105] BVerwG, U. v. 17. 5. 1995 – 6 C 8.94 – BVerwGE 98, 210 = NVwZ-RR 1996, 31 = DVBl. 1995, 1350.

[106] BVerwG, U. v. 17. 5. 1995 – 6 C 8.94 –, a. a. O.; BayVGH, U. v. 29. 11. 1989, a. a. O.; schon das OVG NW (U. v. 21. 5. 1992, a. a. O.) hatte verlangt, die relative Bestehensgrenze unter Berücksichtigung des erhöhten Gesamtdurchschnitts neu zu ermitteln, der sich bei der Einbeziehung aller Prüflinge ergibt, die diese Frage wie der betreffende Prüfling beantwortet haben.

[107] BVerwG, U. v. 17. 5. 1995, a. a. O.

[108] BVerfG, Beschl. v. 14. 3. 1989 – 1 BvR 1033/82 – BVerfGE, 80, 1 = NVwZ 1989, 850; insoweit ist das U. des BVerwG v. 18. 5. 1982, a. a. O., korrigiert worden.

dargelegte Kombination einer **absoluten** und einer **relativen Bestehens-grenze.** Den verfassungsrechtlich geschützten Belangen der betroffenen Prüflinge ist damit entsprechend den Anforderungen des BVerfG (a. a. O.) hinreichend Rechnung getragen.[109]

608   Soweit die **Universitäten** an der Ärztlichen Prüfung beteiligt sind (s. § 1 Abs. 3 Satz 2 und § 27 ÄAppO) und für die dort vorgesehenen Leistungs-nachweise (§ 27 Abs. 3 ÄAppO) ebenfalls ein **Antwort-Wahl-Verfahren** in ihrer Prüfungsordnung vorgesehen haben, sind sie gleichermaßen an diese (verfassungs-)rechtlichen Vorgaben gebunden. Eine Studien- und Prüfungs-ordnung, die dies missachtet, ist insoweit ungültig.

609   Zweifel bleiben, ob andererseits die **Gesundheit der Bevölkerung,** die als ein besonders wichtiges Gemeinschaftsgut nach den Ausführungen des BVerfG bei Ärzten strenge fachliche Maßstäbe und sogar einen gewissen „Überschuss" an Ausbildungs- und Prüfungsanforderungen rechtfertigt, damit zu sehr vernachlässigt wird. Es darf nämlich nicht übersehen werden, dass mit der relativen Bestehensgrenze[110] gleichsam automatisch das für den Arztberuf notwendige Qualifikationsniveau an das **aktuelle Leistungsni-veau der Studenten** gekoppelt wird. Die Bewertung der Leistungen erfolgt auf diese Weise letztlich nicht nach inhaltlichen Kriterien durch den Prüfer, sondern schematisch nach dem Kenntnisstand des Kollektivs der Regelzeit-studenten. Das bedeutet für die Praxis: Prinzipiell brauchen Medizinstu-denten das nicht zu wissen, was sie nicht mehrheitlich wissen. Auf die sich damit stellenden Fragen, ob und wieweit in der Praxis eine solche nach der relativen Bestehensgrenze mögliche Verflachung der ärztlichen Ausbildung konkret zu befürchten und ob selbst das erforderliche Basiswissen nicht mehr gewährleistet ist,[111] kann hier nicht näher eingegangen werde. Dafür bedürfte es fachkundiger Untersuchungen. Sollten diese ergeben, dass die relative Bestehensgrenze in der Praxis eine solch erhebliche Bedeutung ge-winnt, dass der Zweck der Prüfung, **ungeeignete Bewerber** von dem ange-strebten **Arztberuf fernzuhalten,** auf diese Weise verfehlt wird, verlangt der auch vom BVerfG betonte Schutz der Gesundheit eine wirksame Ab-hilfe durch den Gesetz- oder Verordnungsgeber.

4. Sonstige Anforderungen an das Bewertungsverfahren

610   Bei der Bewertung der Prüfungsleistungen haben **alle zur Entscheidung berufenen Prüfer mitzuwirken,** soweit nicht ein Prüfer etwa als Angehöri-

---

[109] So auch BayVGH, U. v. 29. 11. 1989 – Nr. 7 B 89.2143 – DVBl. 1990, 538; eben-so hinsichtl. der 3. Änd.-VO v. 15. 7. 1981, BGBl. I, S. 660: OVG NW, Beschl. v. 21. 5. 1992 – 22 A 1650/87 – DVBl. 1993, 58 = NWVBl. 1992, 316.

[110] Diese ist dominant, so dass hier nicht nur von relativen Einflüssen bei der Be-wertung nach absoluten Maßstäben die Rede sein kann.

[111] Um die Sicherung eines solchen Mindeststandards geht es auch *Henschel* in sei-nem Sondervotum zum Beschl. des BVerfG v. 14. 3. 1989, a. a. O.

ger des Prüflings oder wegen eines Beschäftigungsverhältnisses mit ihm von vornherein ausgeschlossen (vgl. § 20 VwVfG) oder nach seinem persönlichen Verhalten als befangen anzusehen ist (Rdn. 196 ff.). Die **Anwesenheits- und Beteiligungspflicht der Prüfer** bei mündlichen Prüfungen gilt gleichermaßen auch für die anschließende gemeinsame **Beratung** und die **Bewertung** der von dem Prüfling erbrachten Leistungen; so darf sich ein Prüfer nicht etwa der **Stimme enthalten** oder nur „um des lieben Friedens willen" einlenken.[112] Der einzelne Prüfer hat sich eine persönliche Meinung über die Qualität der zu bewertenden Leistung unabhängig und eigenverantwortlich zu bilden (dazu Rdn. 175 ff.); er darf Lösungshinweise oder **Musterlösungen** nur als ein Hilfsmittel verwenden, nicht aber unkritisch seiner Bewertung zugrunde legen[113] (wegen der Besonderheiten bei der Begutachtung und Bewertung von **Habilitationsschriften** s. Rdn. 621).

Schließt der **Erstprüfer** die Durchsicht einer schriftlichen Prüfungsarbeit **611** mit einer Note ab, so liegt darin eine endgültige Bewertung unter der Voraussetzung, dass der **Zweitprüfer** sich anschließt. Andernfalls handelt es sich nur um einen Vorschlag für die gemeinsame Beratung beider Prüfer.[114]

Es genügt, wenn der Erstprüfer einer Hausarbeit seine Note mit den die- **612** ses Vorgehen rechtfertigenden Umständen, auch in kurzer Form,[115] schriftlich begründet[116] und der Zweitprüfer sich mit der Bemerkung „einverstanden" anschließt, ohne die vom Erstzensor gemachten Beurteilungsvermerke im Einzelnen zu wiederholen (zum Umfang der Begründungspflicht s. Rdn. 714 ff.).[117]

Seine **abweichende Meinung** muss der Zweitbeurteiler einer schriftlichen **613** Prüfungsarbeit in den Einzelheiten **schriftlich niederlegen**, wenn eine zweiseitige Einigung nicht zustande kommt und eine andere Stelle, z.B. der Vorsitzende des Prüfungsausschusses, letztlich zu entscheiden hat.[118] Das kann ausnahmsweise anders sein, wenn im Falle eines zu korrigierenden Bewertungsfehlers die bereits vorliegenden Stellungnahmen der Prüfer deren unterschiedliche Auffassungen eindeutig erkennen lassen.[119]

---

[112] BVerfG, Beschl. v. 16. 1. 1995 – 1 BvR 1505/94 – NJW 1995, 2626 = DVBl. 1995, 1349.

[113] BFH, U. v. 21. 5. 1999 – VII R 34/98 – BFHE 188, 502 = SPE 400 Nr. 48.

[114] OVG NW, U. v. 27. 9. 1974 – XV A 1336/73 – OVGE 30, 83; vgl. auch: BVerwG, Beschl. v. 23. 2. 1962 – 7 B 21.61 – NJW 1962, 1123 = DVBl. 1962, 379.

[115] BVerwG, Beschl. v. 29. 9. 1982 – 7 B 204.81.

[116] BVerwG, Beschl. v. 10. 6. 1983 – 7 B 48.82 – Buchholz a.a.O. Nr. 175 (Unleserlichkeit der Beurteilung).

[117] BVerwG, Beschl. v. 10. 6. 1983 – 7 B 48.82 –, a.a.O.

[118] BVerwG, Beschl. v. 7. 9. 1995 – 6 B 45.95 – Buchholz a.a.O. Nr. 358; VG Köln, U. v. 28. 6. 2001 – 6 K 7081/97 – NWVBl. 2002, 70; VG Schwerin, Beschl. v. 17. 11. 2000 – 7 B 859/00 – SPE 214 Nr. 8. Entsprechendes gilt für das Promotionsverfahren: OVG NW, U. v. 30. 4. 2002 – 14 A 1946/98 – NJW 2002, 3346.

[119] VGH Bad.-Wttbg., U. v. 14. 12. 1999 – 9 S 1725/99 –, bestätigt durch BVerwG, Beschl. v. 28. 4. 2000 – 6 B 6.00.

614 Die **Form** und **inhaltliche Ausgestaltung** der wertenden **Äußerungen** und schriftlichen **Randbemerkungen** des Prüfers sind im allgemeinen nicht an bestimmte Regelungen gebunden oder sonstwie standardisiert, es sei denn, dass bei einer bestimmten Art von Prüfungen spezielle Bewertungskataloge etwa in Form von Bewertungsbögen mit einzelnen Bewertungskriterien vorgesehen sind. Die Randbemerkungen und der abschließende Bewertungsvermerk sind grundsätzlich als eine einheitliche Begründung der Bewertung zu verstehen und insgesamt zu würdigen, wenn es darum geht, ob die Begründung Mängel aufweist (dazu im Einzelnen Rdn. 713 ff.). Jedenfalls müssen die Bekundungen des Prüfers hinreichend geeignet sein, den Gehalt seiner Bewertung erkennen zu lassen. Auch die schlichte Bezeichnung eines Lösungsansatzes als „**falsch**" kann nach den Umständen des Einzelfalls für die Nachvollziehbarkeit der Bewertung ausreichen, z. B. bei der Missachtung des Gesetzeswortlauts bei einer juristischen Prüfungsarbeit.[120] Bloße **Strichlinien**, **Häkchen** oder **Fragezeichen** erfüllen diese Voraussetzung nicht. Das allein macht die Bewertung freilich noch nicht fehlerhaft; es fehlt in diesen Fällen indes zumeist an einer die Bewertung tragenden Begründung, sofern nicht der **abschließende Bewertungsvermerk** so ausführlich ist, dass die Beanstandungen des Prüfers daraus insgesamt hinreichend erkennbar sind.[121] Darüber hinaus erwachsen rechtliche Bindungen hier auch aus den Geboten der **Sachlichkeit** und **Fairness** (Rdn. 184 ff., 187).

615 Ob der Prüfer bei der Bewertung der Leistungen eines bestimmten Prüflings diesen selbst namentlich oder persönlich kennen muss oder gerade umgekehrt nicht kennen darf (**Grundsatz der Anonymität**), richtet sich danach, ob und wie die Prüfungsordnung dies regelt. Besteht eine ausdrückliche normative Regelung nicht, kann auch schon eine ständige Bewertungspraxis rechtliche Bindungen erzeugen, da die Chancengleichheit der Prüflinge hierdurch berührt ist (vgl. Rdn. 94 ff.).

616 Umstritten ist, ob der **Zweit- oder Drittprüfer** einer schriftlichen Arbeit die **Randbemerkungen** und abschließenden Bewertungen des Erstprüfers **kennen darf.** Die Befürchtung, dass solche Bemerkungen nicht ohne Einfluss auf die nachfolgenden Prüfer sind, mögen nicht völlig unbegründet sein, zumal wenn die Praxis vorherrscht, dass Zweitprüfer lediglich durch den Vermerk „einverstanden" in Erscheinung treten. Die Gerichte haben aber bislang keine gesicherte Grundlage gefunden, die es rechtfertigen könnte, insofern einen Verstoß gegen den Grundsatz der Chancengleichheit (Art. 3 Abs. 1 GG) anzunehmen.[122] Verfassungsrechtlich sind sowohl die

---

[120] BVerwG, Beschl. v. 18. 12. 1997 – 6 B 72.97.

[121] Vgl. auch: *von Golitschek* BayVBl. 1994, 257 ff., 262.

[122] BVerwG, U. v. 30. 1. 1995 – 6 C 1.92 – NVwZ 1995, 788; ebenso für den Fall der Neukorrektur durch neue Prüfer: BVerwG, U. v. 10. 10. 2002 – 6 C 7.02 – NJW 2003, 1063 = Buchholz a. a. O. Nr. 402.

isolierte/verdeckte als auch die **offene Bewertung** zugelassen.[123] Denn es ist jeweils gleichermaßen sachlich zu rechtfertigen und für die Erhaltung der Chancengleichheit unerheblich, ob die Prüfung darauf angelegt ist, jede gegenseitige Beeinflussung der Prüfer von vornherein auszuschließen, oder ob sie vielmehr auf eine kritische gegenseitige Kontrolle der Prüfer abstellt und daher offene Bewertungen zulässt.

Es bleibt daher dem Normgeber der **Prüfungsordnung überlassen,** diese **617** Umstände sorgfältig zu prüfen und einzuschätzen, ob die Bewertungen der Zweit- und Drittprüfer ohne die Kenntnis der Randbemerkungen und des Bewertungsvermerks des Erstprüfers erfolgen müssen (dazu ferner Rdn. 180). Die verdeckte Bewertung muss nicht ausdrücklich, sondern kann auch sinngemäß angeordnet sein. Wenn die Prüfungsordnung z. B. eine „persönliche, von einander unabhängige Bewertung" durch mehrere Prüfer vorschreibt, sind Randbemerkungen und Bewertungsvermerke des Erstprüfers den anderen Prüfern nicht offen zu legen.[124] Schweigt die Prüfungsordnung dazu, kann auch eine ständige Bewertungspraxis der einen oder anderen Art unter dem Gesichtspunkt der Chancengleichheit (Art. 3 Abs. 1 GG) rechtliche Verbindlichkeit erlangen (vgl. Rdn. 94).

Allerdings ist die offene Bewertung durch zwei bestimmte Prüfer dann **618** nicht statthaft, wenn im Einzelfall gewichtige Anhaltspunkte dafür gegeben sind, dass diese Prüfer zu einer **sachgerechten Zusammenarbeit nicht** oder nur eingeschränkt **fähig** sind. Dies ist insbesondere anzunehmen, wenn Verstöße gegen das Fairnessgebot (Rdn. 184 ff.) oder Gründe der Befangenheit (Rdn. 196 ff.) zu erkennen sind. Unter diesen Umständen ist aber nicht die nach der Prüfungsordnung vorgesehene **offene** in eine **verdeckte Bewertung** dieser Prüfer umzuwandeln, sondern es sind die befangenen Prüfer abzuberufen und durch andere zu ersetzen.

Bei einer Kollegialprüfung hat der Erstprüfer (Fachprüfer) in der **ab-** **619** **schließenden Beratung** zunächst eine Note oder einen Punktwert vorzuschlagen, über den gemeinsam zu beraten ist.[125] Es muss nicht eine volle Einigung über die Notengebung erzielt werden; grundsätzlich sind auch hier **Mehrheitsentscheidungen** statthaft.[126] Im Einzelnen kennt das Prüfungsrecht zahlreiche „Konfliktregelungen" für den Fall, dass die Notengebung

---

[123] BVerwG, Beschl. v. 25. 4. 1996 – 6 B 49.95 – Buchholz a. a. O. Nr. 364.
[124] Dazu insgesamt: VGH Bad.-Wttbg., U. v. 29. 9. 1989 – 9 S 735/89 – DVBl. 1990, 533 = SPE 470 Nr. 56, und v. 20. 9. 1988 – 9 S 1929/88 – NJW 1989, 1379 = DVBl. 1988, 1124, und v. 19. 10. 1984 – 9 S 2282/84 – VBlBW 1985, 261; vgl. ferner: OVG Bremen, U. v. 3. 6. 1986 – OVG 1 BA 6/85 – SPE 530 Nr. 2.
[125] OVG Schl.-H., Beschl. v. 20. 8. 1992 – 3 M 36/92 – DVBl. 1993, 66 = SPE 432 Nr. 40. Zur Aufhebung der Prüfungsentscheidung wegen eines Verfahrensmangels kann die von einer entsprechenden Regelung in der Prüfungsordnung abweichende Praxis jedoch allenfalls dann führen, wenn Anhaltspunkte dafür bestehen, dass sich dies auf das Prüfungsergebnis ausgewirkt hat (vgl. Rdn. 492 ff.).
[126] BVerwG, U. v. 20. 6. 1978 – 7 C 38.78 – Buchholz a. a. O. Nr. 94.

mehrerer beteiligter Prüfer unterschiedlich ist und eine einheitliche (Gesamt-)Note gebildet werden muss (dazu Rdn. 576).

620 Hängt der Prüfungserfolg nicht nur von einer schematischen oder rechnerischen Zusammenfassung von Einzelleistungen ab, sondern kommt es nach der Prüfungsordnung auf ein Zusammenwirken mehrerer, sich in der Meinungsbildung gegenseitig beeinflussender Prüfer an, so darf auf eine **angemessene Abschlussberatung** nicht verzichtet werden. Sie darf nicht durch ein schlichtes **Umlaufverfahren** oder die schriftliche Abgabe von Bewertungsvorschlägen ersetzt werden, es sei denn, dass aufgrund offensichtlich eindeutiger Verhältnisse ein Meinungsaustausch ohne jeden Zweifel überflüssig ist.[127] Die Regelung einer Promotionsordnung, dass die Promotionskommission über die **Annahme einer Dissertation** „auf der Grundlage der Vorschläge der Gutachter" entscheidet, verlangt für eine von den Gutachten abweichende Bewertung durch die übrigen Kommissionsmitglieder, dass diese sich mit den Wertungen der Gutachter auseinandersetzen.[128]

621 Besonderheiten sind bei **Habilitationsverfahren** zu beachten.[129] Hier gilt eine prinzipielle inhaltliche Bindung der sonstigen Mitglieder des nach der Habilitationsordnung zur Entscheidung berufenen Fachbereichsrats an die vorbereitenden **fachwissenschaftlichen Gutachten** der dazu bestellten Gutachter. Diese müssen fachlich kompetent sein, das erforderliche Qualitätsurteil abzugeben, und ein hinreichend aussagekräftiges Gutachten erstellen.[130] Ist die fachwissenschaftliche Begutachtung auf diese Weise gesichert, müssen die **übrigen Mitglieder** des Fachbereichs die Habilitationsschrift **nicht selbst voll zur Kenntnis** nehmen. In Fachbereichen mit einem größeren Anteil sehr unterschiedlicher Fächer ist es ohnehin zumeist ausgeschlossen, dass die Vertreter einzelner Fächer die Habilitationsschriften anderer Fächer auf ihren wissenschaftlichen Gehalt und ihre Bedeutung für die Fortentwicklung der Wissenschaft beurteilen können. Es ist nicht zulässig, dass eine nicht hinreichend sachkundige oder anderweitig beeinflusste Mehrheit sich gegen die Gutachtermehrheit durchsetzt, ohne deren Bewertungen **nachweislich erschüttern** zu können. Ein solcher Nachweis ist nur möglich, wenn die Gründe für den Widerspruch offengelegt, d. h. **schriftlich**

---

[127] HessVGH, U. v. 13. 10. 1994 – 6 UE 2077/90; VGH Bad.-Wttbg., U. v. 7. 7. 1980 – IX 111/79 – DÖV 1981, 584, m. Anm. v. *Kirchhof.* § 90 Abs. 1 Satz 2 VwVfG, wonach Ausschüsse im Einvernehmen aller Mitglieder ihre Beschlüsse auch im schriftlichen Verfahren fassen dürfen, gilt nach § 2 Abs. 3 Nr. 2 VwVfG nicht für Prüfungen.

[128] OVG NW, U. v. 30. 4. 2002 – 14 A 1946/98 – NJW 2002, 3346.

[129] Dazu insgesamt: BVerwG, U. v. 16. 3. 1994 – 6 C 1.93 – BVerwGE 95, 237 = Buchholz 421.2 Hochschulrecht Nr. 140 = NVwZ 1994, 1209 = DVBl. 1994, 1351 = JZ 1995, 40, mit Anm. v. *Krüger;* dazu kritisch: *Löwer,* Forschung und Lehre 1994, 481.

[130] VGH Bad.-Wttbg., U. v. 15. 11. 2000 – 9 S 2553/99 – NVwZ 2001, 937, auch zu den Folgen eines unzureichenden Gutachtens.

dargelegt werden. Deshalb ist eine **geheime Abstimmung** hier nicht zulässig.[131]

Der Zusammenhang zwischen der mündlichen Prüfungsleistung und deren Bewertung darf nicht infolge zu langen **Zeitablaufs**[132] verloren gegangen sein. Ein Anspruch auf Neubewertung der mündlichen Prüfungsleistungen kann wegen „**nachträglicher Unmöglichkeit**" unerfüllbar werden, weil die Prüfer sich an wesentliche Vorgänge in der Prüfung nicht mehr erinnern können.[133] Droht dies, so sollte der Prüfling rechtzeitig von der Möglichkeit des vorläufigen Rechtsschutzes Gebrauch machen (s. Rdn. 873 ff.). Gelingt es dem Prüfling auch dadurch nicht, eine rechtzeitige (vorläufige) Neubewertung seiner Leistungen zu erreichen, muss er die Prüfungsleistung – auch wenn ein Bewertungsfehler nach längerer Zeit festgestellt worden ist – neu erbringen.[134]   **622**

Ist die – rechtzeitig abgegebene – schriftliche Prüfungsarbeit **abhanden gekommen** oder sonstwie **unauffindbar,** muss das (schriftliche) Prüfungsverfahren wiederholt werden, und zwar auch dann, wenn der Prüfling inzwischen exmatrikuliert worden ist. Die Prüfer und Prüfungsbehörden müssen alle erdenklichen Bemühungen unternehmen, um die Prüfungsarbeit aufzufinden oder zuverlässig zu rekonstruieren. Eine **fiktive Bewertung** der Leistungen scheidet in jedem Fall aus.[135]   **623**

Wenn einzelne Vorschriften oder allgemeine Rechtsgrundsätze des Verfahrens zur Bewertung von Prüfungsleistungen verletzt worden sind, ist weiter zu fragen, ob der Fehler für das Prüfungsergebnis **erheblich** ist (dazu Rdn. 492 ff.), **geheilt** werden kann (dazu Rdn. 500) oder durch eine **Neubewertung,** ausnahmsweise auch durch eine **Wiederholung** des betroffenen Prüfungsteils zu beheben ist (dazu Rdn. 504 ff.). Ferner ist in diesem Zusammenhang von Bedeutung, ob der Prüfling den Verfahrensverstoß rügen musste und gegebenenfalls **rechtzeitig gerügt** hat (dazu Rdn. 513 ff.). Schließlich vermag eine schuldhafte Verletzung der genannten Rechtspflichten unter näher bezeichneten Voraussetzungen auch **Schadensersatzansprüche** auszulösen (dazu Rdn. 518 ff.).   **624**

---

[131] BVerwG, U. v. 16. 3. 1994, a. a. O.; wegen weiterer Einzelheiten des Verfahrens, auch zu den Anforderungen an den Bericht der Habilitationskommission bei abweichender Stellungnahme vom Votum der Gutachter und zum Nachbesserungsverfahren: OVG NW, U. v. 16. 1. 1995 – 22 A 969/94.

[132] VGH Bad.-Wttbg., U. v. 21. 1. 1969 – IV 735/68 – SPE III F II, S. 13.

[133] BayVGH, Beschl. v. 29. 5. 2000 – 7 ZB 00.229 – BayVBl. 2001, 751; OVG Schl.-H., U. v. 3. 9. 1992 – 3 L 380/91 – SPE 460 Nr. 10 (In dem dortigen Fall: Unmöglichkeit der Neubewertung nach 2 Jahren; das ist jedoch keine generelle Mindestfrist für deren Eintritt).

[134] Wegen etwaiger Schadensersatzansprüche im Falle eines Verschuldens der Prüfer s. Rdn. 518 ff.

[135] Dazu insgesamt: OVG Sachs., Beschl. v. 11. 6. 2001 – 4 E 31/01 – SächsVBl. 2002, 90; VG Würzburg, U. v. 5. 11. 1982 – W 3 K 82 A 1274 – NVwZ 1982, 239 = BayVBl. 1983, 185.

II. Inhaltliche Anforderungen an die Bewertung von Prüfungsleistungen

1. Die Grundlagen und der Gegenstand der Bewertung

625   Das durch Gesetz und Prüfungsordnung vorgegebene Ziel der Leistungskontrolle kann nur erreicht werden, wenn für die abschließende Beurteilung eine **hinreichende Grundlage** vorhanden ist. Dazu dient als ein erster Schritt die an diesem Ziel zu orientierende **Auswahl des Prüfungsstoffes,** der dem Prüfling hinreichend Gelegenheit geben muss, in angemessener Weise darzustellen, dass seine Kenntnisse und Fähigkeiten den gesetzten Anforderungen entsprechen. Grundsätzlich müssen Prüfungsaufgaben geeignet sein, Prüflinge, die das Ausbildungsziel erreicht haben, von denen zu unterscheiden, die es nicht erreicht haben.[136]

626   In einem weiteren Schritt hat der Prüfer sich mit aller Sorgfalt darum zu bemühen, die **wahren Kenntnisse und Fähigkeiten** des Prüflings zuverlässig zu ermitteln und persönlich zu erfassen, um so die richtige Grundlage für den eigentlichen Bewertungsvorgang zu schaffen. Damit sind zwar in erster Linie **Fragen des Verfahrens** angesprochen (dazu Rdn. 534 ff.), indes entzieht die unzureichende Ermittlung der Fähigkeiten und Kenntnisse des Prüflings zugleich dem **inhaltlichen Bewertungsvorgang** eine wesentliche **Grundlage.** In diesem Fall macht daher der festzustellende Mangel die Bewertung aus doppeltem Grunde rechtsfehlerhaft.[137] Das hat nicht nur theoretischen Erkenntniswert, sondern erhebliche Konsequenzen etwa für die Rügepflicht des Prüflings (Rdn. 513 ff.) und insbesondere für materiell-rechtliche **Ausschlussfristen,** die **nicht** auch bei **materiellen** Bewertungsfehlern der Prüfer, insbesondere im Falle echter Defizite bei den Bewertungsgrundlagen, gelten (vgl. Rdn. 141, 514).

627   Ein solcher „**Sachverhaltsfehler**" oder „**Sachverhaltsirrtum**" ist insbesondere dann anzunehmen, wenn ein Prüfer in erheblicher Weise von **falschen tatsächlichen Umständen**[138] ausgeht,[139] indem er etwa die Prüfungs-

---

[136] BVerwG, U. v. 9. 8. 1996 – 6 C 3.95 – NVwZ-RR 1998, 176 = DVBl. 1996, 1381 = Buchholz 421.0 Prüfungswesen Nr. 372 = DÖV 1997, 649; OVG NW, Beschl. v. 2. 2. 2000 – 14 B 1905/99 – DVBl. 2000, 718 = NWVBl. 2000, 317 = SPE 980 Nr. 55 (auch zur Darlegungslast des Prüflings, der meint, seine Kenntnisse seien unzulänglich abgefragt worden). Zur Frage, ob Leistungen im Sportunterricht der Schule (hier: sieben Doppelstunden) eine ausreichende Beurteilungsgrundlage sind, wenn der Schüler danach wegen einer Sportverletzung nicht mehr an diesem Unterricht teilnehmen kann: VG Braunschweig, Beschl. v. 19. 8. 2003 – 6 B 315/03 – NVwZ-RR 2004, 110 = NdsVBl. 2004, 81.

[137] Diese doppelte Bedeutung wird in dem U. des BVerwG v. 22. 6. 1994 – 6 C 37.92 – BVerwGE 96, 126 = NJW 1995, 265, nicht beachtet.

[138] Die gebräuchliche Ausdrucksweise, der Prüfer sei von „falschen Tatsachen" ausgegangen, ist sprachlich und inhaltlich nicht korrekt und sollte daher vermieden werden.

aufgabe verkennt oder eine wesentliche Behinderung des Prüflings nicht kennt. Das gilt auch, wenn er die Autoren einzelner Darlegungen verwechselt.

Ebenso kann das Nichterkennen anderer wichtiger Umstände dazu füh- **628** ren, dass die Beurteilung einer hinreichenden Grundlage entbehrt, z. B. wenn eine Versetzungskonferenz übersehen hat, dass die **Leistungen** eines Schülers – entsprechend einem neueren Zeugnis – **inzwischen wesentlich verbessert** worden sind,[140] oder wenn der Prüfer falsche Vorstellungen darüber hat, mit welchen **Hilfsmitteln** die Prüfungsleistungen erbracht worden sind.[141] Das gilt insbesondere auch, wenn der Prüfer nicht weiß, dass die zugelassenen „Hilfsmittel" die Prüfungsaufgabe bei entsprechend geschickter Verwendung zu einer „Abschreibleistung" verunstalten oder dass die allseits geläufige Prüfungsaufgabe anstelle inhaltlicher Anforderungen im Wesentlichen nur eine Gedächtnisleistung abverlangt.[142] Auch die falsche Beurteilung rechtlicher Vorfragen und allgemeiner Prüfungsvoraussetzungen kann die Bewertungsgrundlage lückenhaft und die Prüfungsentscheidung rechtswidrig machen.[143] Das Gleiche gilt, wenn zu **Unrecht angenommen** wird, die Leistungen seien **erschlichen**[144] oder **unentschuldigt verweigert** worden.[145]

Von „falschen tatsächlichen Umständen" kann indessen nicht gesprochen **629** werden, wenn es nicht um die Grundlagen geht, auf denen die Leistungsbewertung aufbaut, sondern darum, ob im Rahmen der Leistungsbewertung selbst etwas **richtig oder falsch beurteilt** worden ist. Die falsche Auffassung des Prüfers zu einer wissenschaftlichen Fachfrage gehört nicht zu den tatsächlichen Grundlagen der Bewertung, sondern sie erzeugt einen **inhaltlichen Fehler beim Bewertungsvorgang,** der notfalls mit sachverständiger Hilfe festzustellen ist.

Da die zur Bewertung anstehenden Äußerungen und Antworten auf **630** Prüfungsfragen in der Regel aus zahlreichen – bedeutsamen und weniger bedeutsamen – Einzelheiten bestehen, können sie zumeist nicht sofort ab-

---

[139] BVerwG, U. v. 21. 10. 1993 – 6 C 12.92 – Buchholz a. a. O. Nr. 320 = DVBl. 1994, 651; BayVGH, U. v. 12. 9. 1990 – 3 B 90.00061 – NVwZ 1991, 499 = DVBl. 1991, 759.

[140] VGH Bad.-Wttbg., U. v. 26. 3. 1974 – IX 99/73 – Bad.-Wttbg. Verwaltungspraxis 1974, 229.

[141] BVerwG, U. v. 23. 7. 1965 – 7 C 196.64 – DÖV 1965, 771 = DVBl. 1966, 860. Vgl. ferner: BVerwG, Beschl. v. 18. 1. 1983 – 7 CB 55.78 – DVBl. 1983, 591, und U. v. 30. 8. 1977- 7 C 50.76 – Buchholz a. a. O. Nr. 85, betr. Ausgleichsmaßnahmen für Behinderte; BayVGH, Beschl. v. 6. 4. 1981 – Nr. 3 B 80 A 1519 – BayVBl. 1981, 688. Hinweise für die Fallbearbeitung sind keine „Hilfsmittel".

[142] Vgl. OVG Rh.-Pf., U. v. 4. 12. 1998 – 2 A 11233/98 – SPE 546 Nr. 21.

[143] BVerwG, Beschl. v. 2. 4. 1979 – 7 B 61.79 – Buchholz a. a. O. Nr. 107 = DÖV 1979, 753, betr. den Irrtum über den Schwierigkeitsgrad einer Prüfungsaufgabe.

[144] Dazu: OVG NW, U. v. 29. 6. 1983 – 15 A 1696/82 – NJW 1983, 2278.

[145] BayVGH, U. v. 27. 9. 1968 – Nr. 89 III 68 – SPE II C III, S. 11; OVG NW, U. v. 7. 1. 1976 – VI A 647/75.

schließend beurteilt werden. Zunächst sind vielmehr **sämtliche Darlegungen, Äußerungen** und **Verhaltensweisen** des **Prüflings**, die für die **Beurteilung relevant** sind, zu erfassen. Auf diese Weise ist sicherzustellen, dass in den Bewertungsvorgang alle Umstände einbezogen werden, die für die Qualifizierung der Leistung und Eignung des Prüflings wesentlich sind. Der Prüfer darf seine Bewertung nicht etwa allein deshalb abbrechen, weil die Bearbeitung nach seiner Meinung eine **falsche Weichenstellung** enthält und somit in eine andere Richtung verläuft. Ist nach einer Reifeprüfungsordnung für den Fall, dass statt der Note mangelhaft die Note ungenügend (0 Punkte) gegeben werden soll, eine **Prognoseentscheidung** hinsichtlich der Befähigungen des Abiturienten geboten, so ist die Prüfungsentscheidung ohne eine solche Prognose rechtswidrig (Bewertungsdefizit).[146]

631   Es dürfen nur solche **Äußerungen des Prüflings** der Bewertung zugrunde gelegt werden, die für ihn **erkennbar prüfungsrelevant** sind. Dazu gehören nicht auch Äußerungen in Vorstellungsgesprächen oder am Rande der Prüfung. Ist ein Prüfungsstoff (teilweise) nicht zulässig, dürfen die dazu abgegebenen Äußerungen des Prüflings der Bewertung seiner Leistungen nicht zugrunde gelegt werden.

632   Mitabgelieferte **Konzept-** oder **Gliederungsblätter** sowie auf **Disketten gespeicherte Entwürfe** müssen im allgemeinen nicht als eine verbindliche Äußerung des Prüflings angesehen und vollständig zur Kenntnis genommen werden, es sei denn, dass sie ausnahmsweise von dem Prüfling erkennbar zum Bestandteil der Prüfungsarbeit gemacht worden und dazu nach Form und Inhalt auch geeignet sind (dazu Rdn. 537).

633   Allgemeinwissen, Kenntnisse größerer Zusammenhänge, in die der eigentliche Prüfungsstoff eingebettet ist, **Hintergrundwissen, sprachliche Fähigkeiten,** aber auch **Rechtschreibmängel** müssen nicht unbeachtlich sein, sondern können je nach dem Zweck der Prüfung und im Hinblick auf das Prüfungsziel in die Bewertung einfließen (dazu im Einzelnen Rdn. 321, 325). Allerdings dürfen sie im allgemeinen keine zentrale Bedeutung erlangen, sondern nur zur Abrundung etwa bei der vorgesehenen Bildung des „Gesamteindrucks" verhelfen.[147] Im Einzelfall, etwa wenn die erstrebte berufliche Qualifikation ohne hinreichende Sprachkenntnisse nicht gegeben ist, können sprachliche Mängel (z. B. unzulängliche **Kenntnisse** der **deutschen Sprache)** einem Prüfungserfolg entgegenstehen.[148] In den juristischen Prüfungen soll der Prüfling nicht nur zeigen, dass er das Recht mit Verständnis erfassen und anwenden kann; zur Rechtsanwendung gehört auch die Fähigkeit, sich bei Falllösungen in den Rechtsausführungen grammati-

---

[146] VG Potsdam, Beschl. v. 19. 7. 2000 – 5 L 967/00 – LKV 2001, 572.

[147] Dazu insbesondere: BVerwG, U. v. 17. 7. 1987 – 7 C 118.86 – BVerwGE 78, 55 = Buchholz a. a. O. Nr. 242 = NVwZ 1987, 977; vgl. ferner BVerwG, U. v. 24. 4. 1991 – 7 C 24.90 – Buchholz a. a. O. Nr. 288, betr. die gesellschaftswissenschaftlichen Anteile einer Diplomhauptprüfung im Studiengang Elektronik.

[148] BVerwG, Beschl. v. 10. 12. 1993 – 6 B 40.92 – Buchholz a. a. O. Nr. 321.

kalisch korrekt, in verständlicher Sprache und in einem sachangemessenen Sprachstil auszudrücken (zu den entsprechenden Schlüsselqualifikationen vgl. Rdn. 358).[149]

Auf **persönliche Merkmale und Eigenschaften** ist abzustellen, wenn und 634
soweit es nach dem Ziel der Prüfung darauf ankommt. Beispiele dafür sind „Zuverlässigkeitsprüfungen" etwa im Bereich von Handwerk und Gewerbe. Die **„Unwürdigkeit" eines Bewerbers** kann für die Erteilung eines akademischen Grades auch nach bestandener Doktorprüfung dann ein Hinderungsgrund sein, wenn besonders schwerwiegende Verfehlungen vorliegen.[150]

Die vor der Prüfung gelegene **Ausbildung** ist nur dann für die Bewertung 635
der Prüfungsleistungen relevant, wenn dies in der Prüfungsordnung etwa in der Weise vorgesehen ist, dass dort erbrachte Leistungen anzurechnen sind.[151] Mängel oder Defizite in der Ausbildung führen im Falle einer engen Verzahnung von Ausbildung und Prüfung (z.B. beim Abitur) dazu, dass der etwa mangelhaft vorbereitete Prüfungsstoff für die Bewertung der Prüfungsleistung nicht relevant sein darf. In den übrigen Fällen hat der Prüfer die Leistungen nicht etwa deshalb besser zu bewerten, weil z.B. bei bestimmten wissenschaftlichen Studienfächern eine nur lückenhafte Ausbildung stattgefunden hat.[152]

Bei einer Habilitation, bei der die schriftliche Leistung durch eine **Habili-** 636
tationsschrift zu erbringen ist, darf nur diese selbst Grundlage der Bewertung sein (wegen der Besonderheiten bei der Begutachtung und Bewertung von Habilitationsschriften s. auch Rdn. 621). **Sonstige Veröffentlichungen** des Bewerbers sind nicht zusätzlich in die Bewertung einzubeziehen, und zwar auch dann nicht, wenn die Habilitationsordnung dies erlaubt, jedoch das Gesetz allein auf die Habilitationsschrift abstellt.[153] Ist die Habilitations-

---

[149] OVG NW, U. v. 13. 12. 1997 – 22 A 3309/93 – NWVBl. 1997, 377, und v. 23. 1. 1995 – 22 A 1834/90 – NWVBl. 1995, 225; BayVGH, U. v. 29. 12. 1992 – Az. 3 B 92.399; VGH Bad.-Wttbg., U. v. 27. 1. 1988 – 9 S 3018/87 – VBlBW 1988, 262. Dazu insgesamt: *Bostedt,* Europarecht im deutschen Verwaltungsprozess (7): Schul-, Hochschul- und Prüfungsrecht, Ausbildungsförderung, Anerkennung ausländischer Abschlüsse, VBlBW 2001, 201 ff., 299 ff., 303, 307; *von Golitschek* BayVBl. 1994, 300 ff., 304. Ein rechtserheblicher „Sachverhaltsfehler" des Prüfers liegt auch dann vor, wenn er Teile der Prüfungsarbeit wegen einer von ihm zu Unrecht angenommenen „Unlesbarkeit" nicht zur Kenntnis nimmt: BayVGH, Beschl. v. 8. 11. 1990 – Az 3 B 90.00331.

[150] BVerwG, Beschl. v. 25. 8. 1992 – 6 B 31.91 – NVwZ 1992, 1201; vgl. ferner: BVerwG, U. v. 15. 12. 1993 – 6 C 20.92 – BVerwGE 94, 352 = NJW 1994, 1601 = Buchholz a. a. O. Nr. 322.

[151] VGH Bad.-Wttbg., Beschl. v. 4. 2. 1991 – 9 S 3137/90 – VBlBW 1991, 310, betr. eine abstufende Bewertung der Leistungen in der Prüfung und im Vorbereitungsdienst bei der Bildung des „Gesamteindrucks".

[152] BVerwG, Beschl. v. 12. 11. 1992 – 6 B 36.92 – Buchholz a.a.O. Nr. 305 = BayVBl. 1993, 282, und v. 18. 5. 1982 – 1 WB 148.78 – BVerwGE 73, 376; BayVGH, U. v. 25. 9. 1985 – 7 B 82 A.2336 – DÖV 1986, 478.

[153] OVG NW, U. v. 16. 1. 1995 – 22 A 969/94 – auf der Grundlage des § 95 Abs. 3 Satz 2 nw Universitätsgesetz.

schrift im Hinblick auf bereits vorliegende kritische Gutachten überarbeitet und ergänzt worden, so sind die ursprünglich eingeholten Gutachten nur noch dann für die Entscheidung des Habilitationsausschusses verwertbar, wenn zu der geänderten Fassung der Arbeit eine ergänzende Stellungnahme der Gutachter eingeholt worden ist, die diese Gutachten der neuen Sachlage anpasst.[154]

637 Entscheidend ist allein, ob bestimmte Defizite der Bewertungsgrundlagen oder der Irrtum über den (zulässigen) Gegenstand der Prüfung **objektiv gegeben** sind und dazu führen, dass den inhaltlichen Wertungen des Prüfers eine tragfähige Grundlage fehlt. Auf ein **Verschulden** des **Prüfers** kommt es in diesem Zusammenhang nicht an (wegen der Erheblichkeit des Mangels und der etwa notwendigen Wiederholung bzw. Neubewertung der Leistungen s. Rdn. 688 ff., 693 ff.).

638 Eine verlässliche Entscheidungsgrundlage kann **nachträglich** wieder **verloren** gehen, wenn es etwa durch Zeitablauf oder andere Umstände **unmöglich** wird, die von dem Prüfling ehedem erbrachten Leistungen zuverlässig zu bewerten (dazu Rdn. 622).

639 Gegenstand der Bewertung sind **nur die tatsächlich und eigenverantwortlich erbrachten Leistungen,** nicht jedoch fiktive Leistungen, die der Prüfling normalerweise hätte bringen können, jedoch wegen außergewöhnlicher Umstände nicht erbracht hat. Das gilt auch dann, wenn etwa eine **schriftliche Arbeit** ohne Verschulden des Prüflings **abhanden** gekommen ist; er hat dann jedoch einen Anspruch auf eine erneute Prüfung ohne Anrechnung auf die Wiederholungsmöglichkeit (Rdn. 623).[155] Ferner dürfen nur die in der Prüfung selbst oder im Schulunterricht erbrachten Leistungen Gegenstand der Bewertung sein, **nicht** etwa auch **anderweitig erbrachte** künstlerische oder sportliche **Hochleistungen.**[156]

2. Materiell-rechtliche Vorgaben für die Leistungsbewertung

a) Bei fachspezifischen und bei prüfungsspezifischen Wertungen

640 Die Bewertung von Prüfungsleistungen unterliegt nicht nur wegen des dabei zu beachtenden Verfahrens (dazu Rdn. 527 ff.), sondern auch hinsichtlich der Vorgänge, die die Wertungen inhaltlich gestalten, gewissen rechtlichen Bindungen. Diese sind hier freilich unterschiedlich eng bzw.

---

[154] OVG NW, U. v. 16. 1. 1995 – 22 A 969/94 – (auch zu den Anforderungen an die Begründung).

[155] BVerwG, Beschl. v. 3. 1. 1992 – 6 B 20.91 – Buchholz 310 § 113 VwGO Nr. 240 = BayVBl. 1992, 442, und U. v. 18. 12. 1987 – 7 C 49.87 – BVerwGE 78, 367 = NVwZ 1988, 434 (auch zur Beweislast); VGH Bad.-Wttbg., U. v. 1. 4. 1987 – 9 S 1829/86 – NVwZ 1987, 1010 = DVBl. 1987, 951.

[156] VG Braunschweig, Beschl. v. 19. 8. 2003 – 6 B 315/03 – NVwZ-RR 2004, 110 = NdsVBl. 2004, 81, am Beispiel einer im Tennissport erfolgreichen Schülerin.

weit gefasst. Im strengen Sinne rechtlich gebunden ist der Prüfer durch die **Pflicht**, die ihm vorliegende Lösung der Prüfungsaufgabe **zutreffend** als fachlich **richtig, falsch** oder als zumindest **vertretbar** zu **bewerten**. Ob dies gelungen ist, unterliegt angesichts der insofern umfassenden rechtlichen Bindung des Prüfers der vollen gerichtlichen Kontrolle (vgl. Rdn. 846 ff.).

Wer im Rahmen einer solchen „**fachspezifischer Wertung**" eine vertret- **641** bare und mit gewichtigen Gründen folgerichtig begründete Lösung als falsch bewertet, handelt rechtsfehlerhaft, weil er den „**Antwortspielraum**" des Prüflings missachtet und gegen einen dies untersagenden allgemeinen Bewertungsgrundsatz verstößt, der bei berufsbezogenen Prüfungen aus Art. 12 Abs. 1 GG folgt.[157] Ob eine Prüfungsaufgabe richtig, falsch oder zumindest vertretbar gelöst worden ist, lässt sich in aller Regel zuverlässig beantworten, wenn es um die Beantwortung **einzelner Fachfragen** geht, die im Fachschrifttum erörtert worden oder jedenfalls fachwissenschaftlicher Erörterung ohne weiteres zugänglich sind.[158] Darüber hinaus sind, insbesondere wenn es um den Nachweis einer schwieriger zu beurteilenden beruflichen Qualifikation geht, die **normativen Vorgaben der Prüfungsordnung**, die das Ziel der Leistungskontrolle definieren, zu beachten. Dort sind häufig bestimmte **beruflich-fachliche Qualifikationen** dargestellt, die als – freilich oft nur grober – Maßstab für die fachliche Bewertung der Prüfungsleistung gelten.[159] In den meisten Prüfungsordnungen finden sich indes auch konkretere Maßgaben für die fachliche Beurteilung, z. B, wenn im Hochschulbereich bei modularisierten Studiengängen oder anderweitig durch studienbegleitende Prüfungen der Nachweis zu erbringen ist, dass das in der einzelnen Lehrveranstaltung gemäß den Vorgaben der Studienordnung **vermittelte Fachwissen** vorhanden ist.

Mit diesem ersten Schritt einer fachspezifischen Wertung ist indes der **642** Bewertungsvorgang noch nicht abgeschlossen. Es folgt vielmehr notwendig die **Zuordnung** der festgestellten **Leistungen** zu einem **standardisierten Leistungsbild**, etwa zu einem vorgegebenen Punkte- oder Notensystem, aufgrund von Kriterien, die der Prüfer durch persönliche Erfahrungen gewonnen hat.[160] Dieser zweite Teil des Bewertungsvorgangs, der als „**prü-**

---

[157] BVerfG, Beschl. v. 17. 4. 1991 – 1 BvR 419/81 – BVerfGE 84, 34 = NJW 1991, 2005. Die Entwicklung der Rechtsprechung wird kritisch dargestellt von: *Lampe*, Gerechtere Prüfungsentscheidungen, Schr. z. ÖR, Bd. 801 (1999), S. 93 ff., 120 ff.
[158] BVerwG, Beschl. v. 17. 12. 1997 – 6 B 55.97 – NVwZ 1998, 738 = Buchholz 421.0 Prüfungswesen Nr. 385 = DVBl. 1998, 404. Für einen solchen Nachweis geeignet sind bei juristischen Prüfungen insbesondere auch veröffentlichte Gerichtsentscheidungen (OVG Saarl., Beschl. v. 22. 11. 2000 – 3 V 26/00, 3 W 6/00 – NVwZ 2001, 942), nicht jedoch möglicherweise fehlerhafte „Musterlösungen" (OVG NW, U. v. 25. 4. 1997 – 22 A 4028/94 – NWVBl. 1997, 434 = SPE 526 Nr. 13).
[159] Vgl. dazu insbesondere: BFH, U. v. 21. 5. 1999 – VII R 34/99 – BFHE 188, 502.
[160] Grundlegend hierzu aus der Perspektive des Rechtsschutzes: BVerfG, Beschl. v. 17. 4. 1991 – 1 BvR 419/81 –, a. a. O.; dazu auch meine Ausführungen NJW 1991, 3001.

fungsspezifische Wertung" bezeichnet wird, erstreckt sich insbesondere auf den Schwierigkeitsgrad der Aufgabe,[161] auf das schnelle und genaue Erfassen der Probleme, auf die Geordnetheit der Darlegungen, auf die Überzeugungskraft der Argumente, auf die Gewichtung der Schwere einzelner Fehler,[162] auf die Bedeutung einzelner Teile der Prüfungsarbeit für das Gesamtergebnis,[163] auf den Gesamteindruck[164] von den Leistungen des Prüflings und nicht zuletzt auf die „durchschnittlichen" Anforderungen als Maßstab für Differenzierungen bei der Notenvergabe (vgl. auch Rdn. 573 ff.). Zu nennen sind hier ferner Prognoseentscheidungen einer Klassenkonferenz zur Frage, ob der Schüler in der nächsthöheren Klasse erfolgreich mitwirken kann,[165] und im Rahmen der Empfehlung durch ein Grundschulgutachten, für welche Art von weiterführenden Schulen der Schüler geeignet erscheint.[166] Diese – von persönlichen Einschätzungen und Erfahrungen des einzelnen Prüfers/Lehrers getragenen – Vorgänge rechtlich in näherer Weise zu steuern, ist weder möglich noch sinnvoll, da die individuelle Leistungskontrolle andernfalls ihr wesentliches Merkmal verlöre (zur Alternative durch ein Antwort-Wahl-Verfahren s. Rdn. 595; zur rechnerischen Ermittlung von Prüfungsnoten s. Rdn. 576 ff., 589). Deshalb überlässt die Rechtsordnung den Prüfern insoweit einen **prüfungsrechtlichen Bewertungsspielraum** (zur Begründung dieses Bewertungsspielraums in Bezug zur gerichtlichen Kontrolldichte s. Rdn. 846 ff.).[167]

643   Freilich herrscht auch hier **kein rechtsfreier Raum,** sondern es gelten allenthalben rechtsstaatliche Grundanforderungen, insbesondere das Willkürverbot und das Verbot sachfremder Erwägungen sowie die Gebote, allgemein gültige Bewertungsgrundsätze zu beachten und Gleiches gleich zu bewerten (dazu im Einzelnen Rdn. 646 ff., 654 ff., 673 ff.). Das dargestellte Defizit an rechtlicher Bindung in diesem Bereich ist durch ein besonderes verwaltungsinternes Kontrollverfahren (Anspruch des Prüflings auf „Überdenken" der Prüfungsentscheidung) zumindest teilweise zu kompensieren (s. Rdn. 759 ff.).

---

[161] BVerwG, Beschl. v. 13. 3. 1998 – 6 B 28.98.

[162] VGH Bad.-Wttbg., Beschl. v. 7. 4. 1997 – 9 S 1955/96 – SPE 460 Nr. 15.

[163] BVerwG, Beschl. v. 13. 3. 1998 – 6 B 28.98; BayVGH, U. v. 10. 7. 1997 – 7 B 96.4211.

[164] BVerwG, U. v. 12. 7. 1995 – 6 C 12.93 – BVerwGE 99, 74 = NJW 1996, 942 = DVBl. 1995, 1353, betr. die Abweichung von der rechnerisch zu ermittelnden Gesamtnote aufgrund des Gesamteindrucks bei juristischen Prüfungen (vgl. Rdn. 589 ff.).

[165] OVG Nds., Beschl. v. 23. 11. 1999 – 13 M 3944/99 – NVwZ-RR 2001, 241.

[166] VG Berlin, Beschl. v. 15. 8. 2003 – VG 3 A 1050.03 –, und v. 11. 8. 2003 – VG 3 A 876.03.

[167] BVerfG, Beschl. v. 17. 4. 1991, a. a. O. Nicht hierzu gehören die Bewertungen der Prüfer, ob eine Prüfungsarbeit hinreichend lesbar ist (BayVGH, U. v. 10. 12. 1997 – 7 B 97.362 – SPE 544 Nr. 7) und ob der Lösungsaufbau nach fachlichen Kriterien methodisch fehlerhaft ist (OVG NW, U. v. 27. 2. 1997 – 22 A 1326/94 – NWVBl. 1997, 380 = SPE 526 Nr. 17).

Sind **fachwissenschaftliche** Beurteilungen mit **prüfungsspezifischen** 644
Wertungen **verflochten**, sind sie gleichsam herauszufiltern. Erweist sich sodann, dass die Fachfrage entgegen der Meinung des Prüfers richtig oder zumindest vertretbar beantwortet worden ist, entfällt die Grundlage für die
rechtsfehlerfreie Zuordnung der festgestellten Leistung zu einem standardisierten Leistungsbild (Rdn. 642), so dass die Beurteilung schon deshalb
rechtswidrig ist.[168]

Die vorstehend erörterten Freiheiten und Bindungen des Prüfers bei dem 645
Bewertungsvorgang und der Entscheidung über das Bewertungsergebnis
haben besondere Bedeutung für den Umfang und die Intensität der **gerichtlichen Kontrolle von Prüfungsentscheidungen**. Aus dem dargelegten Bewertungsspielraum der Prüfer bei den „prüfungsspezifischen Wertungen"
folgt eine entsprechende Einschränkung der gerichtlichen Kontrolldichte.
Die Gerichte haben die Einhaltung der **Grenzen dieses Bewertungsspielraumes** und auch die **Richtigkeit/Vertretbarkeit** der **Antworten** auf
Fachfragen zu kontrollieren.[169] Darauf wird im prozessrechtlichen Teil näher eingegangen (s. Rdn. 846 ff.).

b) Das Willkürverbot/sachfremde Erwägungen

Wenngleich die prüfungsspezifischen Wertungen (Rdn. 642) sich in der 646
dargelegten Weise einer engeren rechtlichen Bindung entziehen, bleiben sie
indes – wie alle hoheitlichen Maßnahmen – grundsätzlich in die rechtsstaatliche Ordnung (Art. 20 Abs. 3 GG) eingebunden. Das bedeutet zunächst:
Auch solche von persönlichen Erfahrungen getragenen Einschätzungen und
Wertungen dürfen keinesfalls **willkürlich** sein. Ein Verstoß gegen das Willkürverbot, das auch durch Art. 3 GG bekräftigt wird, ist anzunehmen, wenn
Bewertungen des Prüfers aus keinem sachlichen Gesichtspunkt gerechtfertigt werden können. Zu nennen sind hier insbesondere **Verstöße gegen die
Denkgesetze** oder andere **offensichtliche Denkfehler** auch bei den prüfungsspezifischen Wertungen, z. B. ein dem Prüfer unterlaufener Widerspruch durch die unterschiedliche Bewertung ein- und desselben Merkmals
der Prüfungsleistung an verschiedenen Stellen der Bewertung.

Daraus, dass die normativen Bindungen für prüfungsspezifische Wertun- 647
gen regelmäßig „verdünnt" sind, folgt nicht die Freiheit der Prüfer, ihre
Bewertungen auf **irrationale Erwägungen oder bloße Intuitionen** zu
gründen. Den Zugang zu einem Beruf verfassungskonform zu reglementie-
ren und dabei die Chancengleichheit zu wahren, setzt **Rationalität** und
Sachgerechtigkeit voraus. Dies ist in den hier gegebenen Schutzbereichen
des Art. 12 Abs. 1 und des Art. 3 Abs. 1 GG eine Rechtspflicht. Die Locke-
rung der rechtlichen Bindungen bedeutet lediglich, dass der Prüfer nicht die

---

[168] BVerwG, Beschl. v. 17. 12. 1997, a. a. O.
[169] BVerfG, Beschl. v. 17. 4. 1991, a. a. O.

einzig richtige Zuordnung der festgestellten Leistungen zu einem bestimmten Leistungsbild finden muss – die es bei Leistungskontrollen dieser Art objektiv nicht gibt –, sondern dass er in der Ausrichtung auf das Prüfungsziel rational mit **sachlich vertretbaren Gründen** eine Entscheidung darüber zu treffen hat, ob und wieweit dieses Ziel erreicht oder aber verfehlt worden ist. Wer etwa von dem „dynamischen" Prüfling einen besseren Gesamteindruck hat als von dem „bedächtigen" oder umgekehrt, wertet rechtsfehlerfrei, wenn er dies aus vernünftigen und jedenfalls sachlich vertretbaren Gründen aus dem Zweck der Prüfung herleitet. Die persönliche Neigung des Prüfers zur Dynamik oder Bedächtigkeit ist kein sachlicher Grund.[170]

648　　Willkürlich ist eine Bewertung zumeist auch dann, wenn der Prüfer die Grundlagen und den eigentlichen Gegenstand der Leistungskontrolle verkennt (dazu Rdn. 625 ff.), etwa wenn er Lösungen oder Antworten vermisst, die nach der **Aufgabenstellung nicht verlangt** bzw. nicht erfragt worden sind.[171] Das Gleiche gilt, wenn ein Prüfer sich bei der Bewertung einer **künstlerischen Arbeit** von seiner Einschätzung der **Person des Prüflings** und dessen in der Ausbildung gezeigten Arbeitshaltung leiten lässt.[172] Die Nichtbeachtung einer sog. **Sollvorschrift** (z.B. dass die mündliche Prüfung 30 Minuten dauern „soll") ist willkürlich, wenn ohne sachlichen Grund von ihr abgewichen wird.[173] Gelegentlich erscheinen auch Bewertungen willkürlich, wenn schon aufgrund **schlechter Einzelleistungen** ein negatives Gesamtergebnis der Prüfung angenommen wird. Dabei ist aber zu berücksichtigen, dass nach dem Sinn und Zweck der Prüfung auch schlechte Einzelleistungen die Annahme rechtfertigen können, dass der Prüfling für den angestrebten Beruf nicht geeignet ist (dazu im Einzelnen Rdn. 244, 547 ff.). Um **mehrere Notenstufen abweichende Einzelbewertungen** der Prüfer erfordern ein Abstimmungsverfahren, das die Prüfungsordnung zu regeln hat (dazu Rdn. 580 ff.). Ein Verstoß gegen das Willkürverbot ist allein aus einer solchen Divergenz nicht herzuleiten.[174] Ebenso wenig lassen schon **einzelne positive Randbemerkungen** bei der Bewertung einer als „völlig unbrauchbar" eingestuften Prüfungsarbeit die Annahme zu, dieses Ergebnis

---

[170] Dieses Beispiel soll hier allein dazu dienen, bei einem Bewertungsvorgang die normativen Bindungen einerseits und die Bandbreite rechtlich zulässiger Wertungen andererseits zu veranschaulichen. Die davon zu trennende Nachweismöglichkeit hängt davon ab, in welcher Weise die Prüfer gehalten sind, ihre Bewertungen zu begründen (dazu Rdn. 714 ff., 719 ff.).

[171] BVerwG, U. v. 9. 12. 1983 – 7 C 99.82 – NJW 1984, 2650 = Buchholz 421.0 Prüfungswesen Nr. 187.

[172] OVG NW, U. v. 14. 12. 1999 – 14 A 2252/99 – NWVBl. 2000, 316 = SPE 528 Nr. 14.

[173] Die Folge ist nicht zwingend die Unwirksamkeit der Prüfung, wenn die Abweichung bei der Bewertung der Leistungen zu berücksichtigen ist oder auf sie keinen Einfluss hat: BVerwG, Beschl. v. 10. 10. 1995 – 6 B 54.95.

[174] OVG Nds., U. v. 21. 3. 1995 – 10 L 2139/93.

müsse willkürlich sein.[175] Bei den **fachwissenschaftlichen Annahmen** des Prüfers ist eine willkürliche Fehleinschätzung schon dann anzunehmen, wenn sie dem **Fachkundigen** als unhaltbar erscheinen muss, und nicht erst dann, wenn sie sich auch dem Laien als gänzlich unhaltbar aufdrängt.[176]

Sachfremde Erwägungen sind solche, die in keinem inhaltlichen Zusammenhang mit dem Sinn und Zweck der Leistungskontrolle in der betreffenden Prüfung stehen und daher gleichermaßen **willkürlich** sind. Es besteht ein engerer Zusammenhang mit dem „**Gebot der Sachlichkeit**", soweit dies nicht nur das äußere Verhalten des Prüfers betrifft, sondern einen allgemein gültigen Bewertungsgrundsatz darstellt (s. Rdn. 184 ff., 654 ff.). Dieses Gebot ist im Falle sachfremder Erwägungen stets verletzt, die freilich oft nur schwer nachzuweisen sind. Demgegenüber setzt die Feststellung mangelnder Sachlichkeit in der **Verfahrensweise des Prüfers**, etwa bei Randbemerkungen, die schon nach ihrem Wortlaut polemisch oder gar beleidigend sind, nicht etwa weiter noch voraus, dass dem Prüfer nachzuweisen ist, er habe seine Bewertung maßgeblich auf Gesichtspunkte gestützt, die mit dem Prüfungsgegenstand keinerlei inhaltlichen Bezug haben.[177] Die Übergänge sind jedoch fließend, so dass eine genaue Abgrenzung zumeist nicht möglich ist. **649**

Offensichtlich von sachfremden Erwägungen getragen ist eine Bewertung des Prüfers, die darauf beruht, dass er entgegen seiner Überzeugung nur „**um des lieben Friedens willen**" einlenkt. Das ist mit den aus Art. 12 Abs. 1 GG herzuleitenden Anforderungen an die Bewertung von Prüfungsleistungen in Berufszulassungsprüfungen in keinem Fall zu vereinbaren.[178] Ebenso wenig darf die Bewertung von Teilen einer Prüfung nachträglich mit der Erwägung geändert werden, das bereits verkündete Gesamtergebnis sei sonst nicht schlüssig zu begründen.[179] **650**

Eine Quelle sachfremder Erwägungen ist die **Voreingenommenheit** des Prüfers (dazu Rdn. 196 ff.). Emotional aufgeladene oder übertrieben abwertende **Randbemerkungen** bei schriftlichen Prüfungsarbeiten können anzeigen, dass anstelle der nötigen Ausgewogenheit und Distanz sachfremder Ärger und Maßlosigkeit die Bewertung beeinflusst haben.[180] Allein aus einer **651**

---

[175] BayVGH, U. v. 10. 7. 1997 – 7 B 96.4211.

[176] BVerfG, Beschl. v. 17. 4. 1991 – 1 BvR 419/81 – BVerfGE 84, 34 = NJW 1991, 2005 ff., 2008.

[177] Vgl. hierzu insgesamt: BVerwG, U. v. 20. 9. 1984 – 7 C 57.83 – BVerwGE 70, 143 ff., 153 = NVwZ 1985, 187.

[178] BVerfG, Beschl. v. 16. 1. 1995 – 1 BvR 1505/94 – NJW 1995, 2626 = DVBl. 1995, 1349 = VBlBW 1995, 134.

[179] VGH Bad.-Wttbg., Beschl. v. 26. 1. 1995 – 4 S 980/94 –, betr. den Fall, dass die Prüfer dem Prüfling unter Verkennung des Gesamtergebnisses bereits gratuliert haben.

[180] BVerwG, U. v. 20. 9. 1984 – 7 C 57.83 – BVerwGE 70, 143 ff., 151 ff. = NVwZ 1985, 187; VGH Bad.-Wttbg., U. v. 24. 4. 1990 – 9 S 3227/89 – SPE 528 Nr. 7. Eine besonders hohe Misserfolgsquote bei der Beteiligung eines bestimmten Prüfers ist für sich allein noch kein hinreichender Grund anzunehmen, dass die Erwägungen dieses

etwas herben oder auch **drastischen Ausdrucksweise** des Prüfers kann jedoch nicht ohne weiteres darauf geschlossen werden, dass die Bewertung der Prüfungsleistungen von Erwägungen getragen sei, die nicht in Zusammenhang mit dem Ziel der Leistungskontrolle stehen. Selbst gelegentliche „Ausrutscher" und „Entgleisungen" des Prüfers in der mündlichen Prüfung hat das BVerwG[181] bislang hinnehmen wollen. Daran wird aber wohl nur dann festzuhalten sein, wenn solche Vorfälle wegen Geringfügigkeit nicht ins Gewicht fallen. Der krasse Fall, dass der Prüfer seiner **Verärgerung „freien Lauf"** lässt (BVerwG, a.a.O.), ist als schwerwiegend einzustufen und kennzeichnet keineswegs nur die untere Grenze des noch hinzunehmenden Prüferverhaltens.

652   Nicht schon die Beachtung, jedoch die **Überbewertung äußerer Formen**[182] ist sachfremd; der Grundsatz der Verhältnismäßigkeit ist auch insofern maßgebend.[183] Offensichtlich rechtswidrig ist das Einfließenlassen **konfessioneller**[184] oder **parteipolitischer Gesichtspunkte** in die Bewertung schulischer oder wissenschaftlicher Leistungen. Wenn freilich sachliche Bezüge zwischen dem zu bewertenden Leistungsbild und den Grundwerten der Verfassung, insbesondere der freiheitlich-demokratischen Grundordnung, bestehen, ist es keineswegs sachfremd, sondern in der Regel sogar **geboten, grundgesetzwidrige Thesen, Argumente** oder **Verhaltensweisen** zu kritisieren und **negativ zu bewerten**. Es ist ferner nicht sachfremd, das Bestehen einer Prüfung, das als Voraussetzung z.B. für die Übernahme in den öffentlichen Dienst gilt, von einer ausreichenden **Beherrschung** der **deutschen Sprache** abhängig zu machen (s. Rdn. 633),[185] wozu – wenn eine schriftliche Betätigung eingeschlossen ist – auch die Kenntnisse der Grundregeln der Rechtschreibung und der Zeichensetzung gehören.[186]

Prüfers nicht am Ziel der Prüfung orientiert und daher sachfremd seien: BVerwG, Beschl. v. 6. 11. 1987 – 7 B 198.87 – NVwZ 1988, 439 = Buchholz a.a.O. Nr. 245. Ebenso wenig lässt allein die Tatsache, dass ein Prüfer/Lehrer seine Meinung hinsichtlich der Bewertung ändert, Rückschlüsse auf sachfremde Erwägungen zu: OVG Berlin, U. v. 10. 10. 1985 – 3 B 54.84 – SPE 400 Nr. 30.

[181] U. v. 20. 9. 1984, a.a.O., S. 152.

[182] BVerwG, Beschl. v. 19. 8. 1975 – 7 B 24.75 – SPE III E I, S. 51, betr. die Überbewertung der Schriftform; BayVGH, U. v. 25. 11. 1987 – 7 C 87.03235 – NJW 1988, 2632, betr. die Benutzung eines Bleistifts; OVG Berlin, U. v. 17. 8. 1978 – OVG III B 35.78 – DVBl. 1979, 355, betr. die wissenschaftliche Form einer Universitätsprüfung; VGH Bad.-Wttbg., Beschl. v. 28. 3. 1979 – IX 1277/78 – SPE III D II, S. 31, betr. Rechtschreib-, Grammatik- und Zeichenfehler in einer Diplomarbeit; OVG NW, U. v. 28. 4. 1982 – 15 A 969/81 – DÖV 1983, 299, betr. die äußere Form einer Diplomarbeit.

[183] In dem vom BayVGH (U. v. 25. 11. 1987, a.a.O.) entschiedenen Fall wurde die Verhältnismäßigkeit als gewahrt erachtet, weil die „äußere Form" dort nur mit 10 v. H. in die Gesamtbewertung eingeflossen war.

[184] Besonderheiten bei Schulen in freier Trägerschaft (s. Bd. 1 Schulrecht Rdn. 226).

[185] BVerwG, Beschl. v. 1. 8. 1983 – 7 B 97.83 – Buchholz a.a.O. Nr. 182.

[186] VGH Bad.-Wttbg., U. v. 27. 1. 1988 – 9 S 3018/87 – NJW 1988, 2633 = VBlBW 1988, 262.

Wenn die Bewertung von Prüfungsleistungen auf sachfremden Erwägun- 653
gen beruht, sind auch die **Grenzen des Bewertungsspielraums** des Prüfers
bei prüfungsspezifischen Wertungen **überschritten;** die Prüfungsentscheidung ist als rechtswidrig aufzuheben. Da sich die sachfremden Erwägungen
ausschließlich auf die Bewertung der Leistungen beziehen, jedoch die Leistungen als solche und deren Gültigkeit nicht beeinflussen, muss **nur die
Bewertung** und nicht auch die Prüfung **wiederholt** werden.[187]

c) Das Gebot, allgemein gültige Bewertungsgrundsätze zu beachten

Mit dem Willkürverbot und dem Verbot sachfremder Erwägungen sind 654
jedoch die rechtlichen Bindungen des Bewertungsvorgangs nur grob erfasst.
Selbst wenn man hinzunimmt, dass mit dem jeweiligen gesetzlich festgelegten Prüfungsziel gewisse inhaltliche Vorgaben für die Leistungsbewertung
gegeben sind, sind diese etwa als Beschreibung eines bestimmten Berufsbildes (z. B. „Befähigung zum Richteramt") in der Regel sehr abstrakt gehalten
und daher für eine individuelle Konkretisierung durch den einzelnen Prüfer
entsprechend offen.[188] Das letztlich unvermeidbare Defizit einer gesetzlichen Steuerung der **inhaltlichen Vorgänge**[189] bei der Bewertung von Prüfungsleistungen wird durch „allgemein gültige Bewertungsgrundsätze",
die auch in der Rechtsprechung anerkannt sind, zumindest teilweise kompensiert. Gemeint sind damit fachwissenschaftlich fundierte, allgemein anerkannte Regeln der Leistungsbewertung.[190] Der Prüfer muss sie beachten,
um einen Rechtsfehler zu vermeiden.

Es ist bisher nicht gelungen, den rechtlichen Charakter und wesentlichen 655
Gehalt solcher Bewertungsgrundsätze näher zu bestimmen. Die Sach- und
Rechtslage ist vielmehr durch eine schwer überschaubare Kasuistik geprägt,[191] auf die später noch einzugehen ist. Zuvor ist jedoch generell zu
bemerken, dass mit der neueren Rechtsprechung des BVerfG[192] auch der
„allgemein gültige Bewertungsgrundsatz" stärkere Konturen erhalten hat:
Erstens wurde das Verbot, eine vertretbare und mit gewichtigen Argumen-

---

[187] Vgl. BVerwG, U. v. 24. 2. 1993 – 6 C 38.92 – Buchholz a.a.O. Nr. 314 = NVwZ
1993, 686.
[188] Ebenso: *Lampe,* Gerechtere Prüfungsentscheidungen, Schr. z. ÖR, Bd. 801,
S. 122.
[189] Wegen der rechtlichen Anforderungen an das Bewertungsverfahren s. Rdn.
527 ff.
[190] Zur Definition dieses Begriffs und als kritische Bestandsaufnahme: *Wolfgang
Hofmeyer,* „Allgemein anerkannte Bewertungsgrundsätze" als schulrechtliche Beurteilungskriterien, Schr. z. ÖR, Bd. 530, S. 87 ff., 89, mit zahlreichen weiteren Beispie-
len auch über das Schulwesen hinaus.
[191] So auch *Lampe,* a.a.O., und *Hofmeyer,* a.a.O. Die Entwicklung wird ebenfalls
kritisch nachgezeichnet von *Berkemann,* Die „eingeschränkte" richterliche Kontrolle
schulischer Leistungen – Ursprünge und Ideologien, RdJB 1986, 258.
[192] Beschl. v. 17. 4. 1991 – 1 BvR 419/81 – BVerfGE 84, 34 = NJW 1991, 2005; vgl.
ferner: Beschl. v. 17. 4. 1991 – 1 BvR 1529/84 – BVerfGE 84, 59 = NJW 1991, 2008.

ten folgerichtig begründete Lösung als falsch zu bewerten, jedenfalls bei berufsbezogenen Prüfungen als ein aus Art. 12 GG folgender „allgemeiner Bewertungsgrundsatz" besonders hervorgehoben.[193] Zweitens führt die vom Bundesverfassungsgericht geforderte Ausdehnung der gerichtlichen Kontrolle auf die volle Überprüfung fachspezifischer Wertungen (Rdn. 847, vgl. auch Rdn. 640 ff.) dazu, dass auch **fachspezifische Standards der Bemessung** und **Bewertung von Leistungen,** etwa entsprechend dem zu ermittelnden Stand der pädagogischen Praxis oder der gesicherten wissenschaftlichen Erkenntnis, in gleicher Weise gerichtlich kontrollierbar sind. Das setzt materiell-rechtlich voraus, dass solche fachspezifischen Standards – soweit mit ihnen Bewertungsregeln zum Ausdruck kommen – **rechtsrelevant** und von den Prüfern zu beachten sind (allgemein gültiger Bewertungsgrundsatz).[194]

Die Rechtsprechung hat sich bislang in mannigfacher Weise mit „allgemein gültigen Bewertungsgrundsätzen" befasst und dazu insbesondere Folgendes dargelegt:

656   Hinsichtlich der Leistungsanforderungen in der Prüfung muss ein ausgewogenes Verhältnis zu den **Anforderungen** eingehalten werden, die in dem **angestrebten Beruf** im allgemeinen gestellt werden. Damit ist zwar keine exakte Angleichung verlangt, jedoch sind sachlich nicht gerechtfertigte Überforderungen untersagt.[195] Ausnahmsweise kann allerdings ein gewisser „Überschuss" an Anforderungen gerechtfertigt sein, um etwa bei den ärztlichen Prüfungen ein besonders wichtiges Gemeinschaftsgut (die Gesundheit der Bevölkerung) angemessen zu schützen.[196]

657   Grundsätzlich ist die Leistung des einzelnen Prüflings **isoliert** danach zu bewerten, ob sie **objektiv** den **Anforderungen** entspricht, die durch das Ziel der Prüfung vorgegeben sind (zur Frage der relativen Bewertung s. Rdn. 539 ff.). Es sind nämlich durchweg objektive Anforderungen, die von einem speziellen Berufsbild geprägt sind, es sei denn, dass die Prüfungsordnung auch **individuelle Fortschritte oder relative Gesichtspunkte** ergänzend berücksichtigt wissen will (zur relativen Bestehensgrenze bei ärztlichen Prüfungen s. § 14 Abs. 6 ÄAppO).[197]

---

[193] Bei anderen, insbesondere schulischen Prüfungen ist auf das allgemeine Persönlichkeitsrecht (Art. 2 Abs. 1 GG) abzustellen, so dass auch dort prinzipiell ähnliche Anforderungen gelten.

[194] Ähnliche Lösungsmodelle hatten schon *Hofmeyer,* a.a.O., und *Berkemann,* a.a.O., vorgeschlagen. Allerdings bedarf es weiterer Anstrengungen, solchermaßen in Praxis und Wissenschaft anerkannte Standards zu ermitteln.

[195] BVerwG, U. v. 17. 7. 1987 – 7 C 118.86 – BVerwGE 78, 55 = NVwZ 1987, 977 = Buchholz a.a.O. Nr. 242, und Beschl. v. 16. 10. 1985 – 7 B 189.85 – Buchholz a.a.O. Nr. 219 m. w. Hinw.

[196] BVerfG, Beschl. v. 14. 3. 1989 – 1 BvR 1033/82 – BVerfGE 80, 1 = NVwZ 1989, 850.

[197] Gegen eine relative Bewertung bei juristischen Prüfungen: *Wimmer,* Festschrift für Konrad Redeker, S. 531 ff., 535.

Aus den gleichen Gründen ist die Zurücknahme der inhaltlichen Anfor- **658** derungen oder die Relativierung der Bewertungsmaßstäbe wegen **persönlicher Umstände des Prüflings** nicht zulässig (vgl. Rdn. 116, 118). Nicht prüfungsrelevante Behinderungen oder Störungen der Prüfung (z.B. beim Schreiben einer Aufsichtsarbeit) sind nur **verfahrensmäßig** (z.B. durch individuelle Schreibhilfen oder durch Zeitzugaben) auszugleichen (Rdn. 122). Sollte dieser Ausgleich im Einzelfall misslungen sein, liegt ein rechtserheblicher Verfahrensfehler vor, der im Fall einer rechtzeitigen Rüge (Rdn. 125 ff., 513 ff.) zur Wiederholung der Prüfung führen muss. Keinesfalls darf versucht werden, die schlechteren persönlichen Startchancen einzelner Prüflinge durch eine „mildere Bewertung" auszugleichen. Das widerspräche nicht nur den mit dem Ziel der jeweiligen Leistungskontrolle objektiv festgeschriebenen Vorgaben, sondern würde auch die Chancengleichheit der Prüflinge verletzen, die objektiv eine bessere Leistung erbracht haben und den Eingang in denselben Beruf anstreben.

Persönliche Umstände, die den Prüfling (zufällig) begünstigen, etwa wenn **659** die praktische oder künstlerische Prüfungsaufgabe gerade seinen besonderen Fähigkeiten entgegenkommt oder wenn er das „Glück" hat, die **Prüfungsaufgabe zu kennen,** sind ihm nicht anzulasten (dazu Rdn. 310).[198] Solche persönlichen Vorteile - umgekehrt aber auch der „Nachteil, kein solches Glück zu haben," - sind Unwägbarkeiten des Prüfungsgeschehens, die damit zusammenhängen, dass der Prüfungserfolg zu einem gewissen Teil auch „Lebensschicksal" ist. Allerdings ist die **Chancengleichheit** dann verletzt, wenn Prüfer dem „Prüfungsglück" einzelner Prüflinge nachgeholfen haben, indem sie einem Teil der Prüflinge - bewusst oder unbewusst, versteckt oder offen - zu erkennen gegeben haben, welche Aufgaben zu erwarten sind. Eine solche Rechtsverletzung wird nicht etwa dadurch unerheblich, dass die einzelnen Arbeiten im allgemeinen isoliert nach objektiven Kriterien zu beurteilen sind (Rdn. 539 ff.).

Selbstverständlich ist jeder Prüfer gehalten, **Richtiges als richtig** und **Fal-** **660** **sches als falsch zu bewerten,** und es ist ihm zugleich verboten, das Gegenteil zu tun. Ob diese banalen Formeln es verdienen, als „allgemein gültige Bewertungsgrundsätze" bezeichnet zu werden, mag dahinstehen. Jedenfalls können sie nicht dazu herhalten, die „Richtigkeit" einer prüfungsspezifischen Wertung pauschal zu einer Rechtsfrage zu machen, um sie auf diese Weise einer uneingeschränkten gerichtlichen Kontrolle zuzuführen. Die Kritik an der Rechtsprechung des BVerwG,[199] das lediglich einen solchen Missbrauch ausschließen wollte, dessen Ausführungen dazu allerdings missverständlich sind, geht daher am Kern der Sache vorbei.

---

[198] BVerwG, Beschl. v. 23. 3. 1994 – 6 B 72.93 – Buchholz 421.0 a.a.O. Nr. 330 = NVwZ-RR 1994, 585.
[199] BVerwG, Beschl. v. 12. 11. 1979 – 7 B 228.79 – Buchholz a.a.O. Nr. 121. Dazu die kritischen Bemerkungen im Beschl. des BVerfG v. 17. 4. 1991 – 1 BvR 419/81 –, a.a.O.; vgl. ferner: *Seebass,* NVwZ 1985, 521 ff., 527.

661 Spezielle Grundrechte des Prüflings beeinflussen – abgesehen von dem Gleichheitssatz (Art 3 Abs. 1 GG) – nicht die fachliche Bewertung seiner Leistungen. Somit darf eine Prüfungsleistung rechtsfehlerfrei als „nicht wissenschaftlich" bemängelt werden, ohne dass der Prüfling demgegenüber sein **Grundrecht auf Wissenschaftsfreiheit** (Art. 5 Abs. 3 GG) mit Erfolg geltend machen könnte.[200] Ebenso wenig hindert die Freiheit des Gewissens (Art. 4 Abs. 1 GG) daran, aus **Gewissensgründen** nicht erbrachte Leistungen bei der Entscheidung über das Prüfungsergebnis als nachteilig zu bewerten.[201]

662 Der Bewertungsvorgang darf nicht ungeordnet sein oder bloßen Intuitionen nachgehen, sondern muss den Prinzipien der **Sachbezogenheit und Systemgerechtigkeit** folgen.[202] Jedoch muss der Prüfer sich bei seiner endgültigen Bewertung der einzelnen Prüfungsarbeit oder mündlichen Leistung in einem Prüfungsfach auch bei der Vergabe einer Punktzahl nicht in jeder Weise an ein starres Bewertungsschema halten; denn die Bewertung einer individuellen Leistung bleibt letztlich ein persönlicher Vorgang, bei dem auch die nicht zu vermeidenden Ungenauigkeiten eines Schemas auszugleichen sind. Bindungen solcher Art bestehen von vornherein nicht, wenn der Prüfer sich für den internen Gebrauch nur eine Übersicht über die von den Prüflingen in den schriftlichen Arbeiten erbrachten Leistungen zugelegt hat.[203]

663 Das **Gebot der Sachlichkeit**[204] verlangt als ein allgemein gültiger Bewertungsgrundsatz die unvoreingenommene Würdigung der einzelnen Prüfungsleistung ohne Ansehen der Person.[205] Der Prüfer muss die Leistung mit innerer Distanz frei von Emotionen zur Kenntnis nehmen, sich bemühen, die Darlegungen des Prüflings richtig zu verstehen, und auf dessen Gedankengänge eingehen.[206] Liegt z.B. ein offensichtliches **Schreibversehen** des Prüflings vor, so dass sich mit hinreichender Gewissheit feststellen lässt, was er wirklich äußern wollte, darf auf ein solches Versehen nicht abgestellt

---

[200] VGH Bad.-Wttbg., U. v. 10. 11. 1981 – 4 S 1988/80 – SPE III F II, S. 111; VG Berlin, U. v. 22. 6. 1982 – 12 A 1767/81.

[201] VGH Bad.-Wttbg., U. v. 10. 11. 1981, a. a. O. Vgl. ferner: BayVGH, Beschl. v. 18. 10. 1988 – Nr. 7 CE 88.21.50 – DVBl. 1989, 110 = BayVBl. 1989, 114, betr. die Bewertung im Falle der Nichtteilnahme an einem Praktikum mit Tierpräparationen aus Gewissensgründen.

[202] Vgl. VGH Bad.-Wttbg., U. v. 16. 1. 1990 – 9 S 3071/88 – SPE 470 Nr. 56.

[203] VGH Bad-Wttbg., U. v. 25. 1. 1983 – 9 S 984/82 – DÖV 1983, 860.

[204] Es geht hier um dessen inhaltliche Anforderungen an die Grundhaltung des Prüfers. Damit unterscheidet es sich von dem gleichlautenden Gebot einer sachlichen Verfahrensweise etwa bei Äußerungen des Prüfers, insbesondere seiner Ausdrucksweise (vgl. dazu Rdn. 184 ff.).

[205] Dazu insbesondere: BVerwG, U. v. 20. 9. 1984 – 7 C 57.83 – BVerwGE 70, 143 = NVwZ 1985, 187.

[206] *Seebass*, Die Prüfung – ein rechtsschutzloser Freiraum der Prüfer?, NVwZ 1985, 521 ff., 527.

werden, wenn dieses keinen Rückschluss auf die zu prüfenden Fähigkeiten gestattet.[207]

Zwar ist die Verletzung allgemein gültiger Bewertungsgrundsätze anzu- **664** nehmen, wenn trotz **ausschließlich positiver Beurteilungen** einzelner Leistungen die Prüfung insgesamt für nicht bestanden erklärt wird.[208] Es ist jedoch in der Rechtsprechung anerkannt, dass die Entscheidung über das Bestehen oder Nichtbestehen einer Prüfung **trotz ausreichender Durchschnittsleistungen** von besonders **wichtigen Einzelleistungen abhängig** gemacht werden darf (dazu Rdn. 244, 547).

Ein allgemein **schlechtes Prüfungsergebnis** lässt für sich allein nicht den **665** Schluss zu, dass die Prüfungsaufgabe falsch, irreführend oder ungeeignet sei oder dass die Prüfer die zulässigen Anforderungen überschritten hätten.[209] Eine ungewöhnlich hohe Durchfallquote mag indes ein Grund dafür sein, diesen Fragen nachzugehen und zu ermitteln, ob Prüfungsmängel erkennbar sind. Es ist jedenfalls nicht zulässig, objektiv fehlerhafte Leistungen nur deshalb milder zu bewerten, weil viele oder gar alle Prüflinge den betreffenden Fehler gemacht haben.[210] Denn für die Bewertung von Prüfungen, die den Zugang zu einem Beruf vermitteln, sind grundsätzlich die durchschnittlichen Anforderungen des jeweiligen Berufes, nicht die statistischen Durchschnittswerte der Prüfungsleistungen maßgeblich (Rdn. 539).[211]

Allgemein gültige Bewertungsgrundsätze verbieten es nicht, infolge un- **666** entschuldigten Fernbleibens **nicht erbrachte oder nachweislich erschlichene Leistungen** in einzelnen Fächern als „ungenügend" zu bewerten und entsprechend bei der Gesamtwürdigung zu berücksichtigen.[212]

Wird eine Prüfungsarbeit von dem Erstzensor mit „gut" bewertet, muss **667** die Note „mangelhaft" des Zweitzensors und des ihm folgenden Ausschussvorsitzenden nicht zwingend eine offensichtliche Fehlentscheidung sein. Es gibt nämlich keinen allgemein gültigen Bewertungsgrundsatz, dass die von einem Mitglied des Prüfungsausschusses mit „gut" bewertete Leistung mindestens „ausreichend" sein muss.[213] Freilich lässt ein solch großer **Bewer-**

---

[207] BVerwG, U. v. 28. 11. 1980 – 7 C 54.78 – BVerwGE 61, 211 ff., 214; wegen der Überbewertung äußerer Formen s. Rdn. 652.

[208] HessVGH, U. v. 2. 10. 1973 – II OE 63/73 – SPE III F VII, S. 101.

[209] BVerwG, Beschl. v. 18. 5. 1982 – 1 WB 148.78 – BVerwGE 73, 376; VGH Bad.-Wttbg., Beschl. v. 8. 11. 2002 – 9 S 2361/02 – NVwZ-RR 2003, 214 = SPE 133a Nr. 1, betr. Aufnahmeprüfung für weiterführende Schulen.

[210] HessVGH, U. v. 24. 2. 1994 – 6 UE 2123/91 –; in diesem Fall stellt sich freilich die Frage, ob der Prüfungsstoff geeignet war (s. Rdn. 305 ff.).

[211] BVerwG, Beschl. v. 11. 8. 1998 – 6 B 49.98 – NVwZ 1999, 74 = Buchholz a. a. O. Nr. 391 = BayVBl. 1999, 505, auch zur Frage der verwaltungsgerichtlichen Kontrollmöglichkeiten. Zur relativen Bestehensgrenze vgl. § 14 Abs. 6 ÄAppO.

[212] Im Einzelfall ist freilich gerade hier der Grundsatz der Verhältnismäßigkeit zu berücksichtigen. Vgl. dazu insgesamt: BVerwG, Beschl. v. 16. 6. 1980 – 7 B 108.80 –, und Beschl. v. 7. 12. 1976 – 7 B 157.76 – Buchholz a. a. O. Nr. 78.

[213] VG Berl., U. v. 10. 7. 1984 – VG 12 A 1766.83.

tungsunterschied einen Bewertungsfehler als möglich erscheinen, so dass das Gericht im Rahmen seiner Aufklärungspflicht dieser Frage nachzugehen hat (s. Rdn. 826 ff., 831). Dass ein Leistungssportler wegen seiner schlechten Leistungen in der Abitur-Sportprüfung nur eine niedrige Note erhält, lässt für sich allein noch keinen Bewertungsfehler vermuten; es kommt – wie auch bei allen anderen Prüflingen – auf den Nachweis der Befähigung in der Prüfung selbst an.

668   Es gilt – ohne ausdrückliche Regelung in der jeweils maßgeblichen Prüfungsordnung – nicht der allgemeine Bewertungsgrundsatz, dass **frühere Leistungen zu berücksichtigen,** insbesondere in näher bezeichneter Weise **anzurechnen** sind. Hinreichende Anhaltspunkte für einen Verstoß gegen allgemein gültige Bewertungsgrundsätze oder für eine offensichtliche Fehleinschätzung „mangelhafter" Gesamtleistungen lassen sich nicht schon daraus herleiten, dass der Prüfling zuvor über einen längeren Zeitraum etwa in Ausbildungsstationen, Seminaren oder Zwischenprüfungen **stets eine bessere Note** erzielt hat.[214]

669   Die etwa vorgeschriebene Berücksichtigung von **Ausbildungsnoten** bei der Festsetzung des Gesamtergebnisses kann nicht zum Bestehen der Prüfung führen, wenn der Prüfling in der Prüfung insgesamt keine ausreichenden Leistungen oder gar in keinem Prüfungsabschnitt eine bessere Note als „mangelhaft" erreicht hat.[215]

670   Sämtliche prüfungsrelevanten **Einzelleistungen** des Prüflings sind im Rahmen der anstehenden Leistungskontrolle nach ihrer Bedeutung zu **gewichten,** um auf diese Weise eine geeignete Grundlage für die abschließende Beurteilung der **Gesamtleistung** zu gewinnen. Leistungen von untergeordneter Bedeutung dürfen nicht in den Mittelpunkt gestellt werden.[216] Ebenso wenig dürfen Leistungen als irrelevant oder als weniger beachtlich vernachlässigt werden, die nach dem Ziel der Leistungskontrolle für das Prüfungsergebnis bedeutsam sind (zur Kompensation schlechter Einzelleistungen durch bessere Leistungen in anderen Fächern s. Rdn. 244, 547 ff.).

671   Die objektiven Leistungsanforderungen gelten für die Bewertung einzelner **Teilleistungen** unabhängig davon, wie das Gesamtergebnis davon berührt wird. Deshalb kann der Prüfling nicht etwa mit dem Einwand Gehör finden, der Prüfer sei sich bei der Bewertung der einzelnen Leistungen nicht bewusst gewesen, dass sich diese entscheidend auf das **Gesamtergebnis** oder (etwa im Fall einer letzten Wiederholungsprüfung) auf das endgültige Nichtbestehen der Prüfung auswirke.

672   Hat der Prüfer dies verkannt oder sonstwie ohne eine tragfähige Bewertungsgrundlage nur eine pauschale und oberflächliche Beurteilung abgege-

---

[214] BVerwG, U. v. 2. 7. 1965 – 7 C 171.64 – DVBl. 1966, 35 = Buchholz a.a.O. Nr. 27.
[215] OVG NW, Beschl. v. 13. 4. 1983 – 15 A 2169/81.
[216] Wegen der Überbewertung äußerer Formen s. Rdn. 652.

ben,[217] so kann diese keinen Bestand haben. Vielmehr ist dann über das Prüfungsergebnis erneut zu befinden, nachdem die für eine zutreffende Bewertung erforderlichen Grundlagen geschaffen worden sind (dazu Rdn. 693 ff.).

d) Das Gebot, Gleiches gleich zu bewerten.

Die Prüfer sind durch Art. 3 Abs. 1 GG gehalten, **gleiche Leistungen** **673** **gleich zu bewerten.** Die Chancengleichheit aller Prüflinge ist nur dann gewährleistet, wenn allenthalben die gleichen Maßstäbe für die Bewertung einer Prüfungsleistung eingehalten werden.[218] Eine sachlich nicht zu rechtfertigende Ungleichbehandlung verstößt zudem gegen das auch im Prüfungswesen geltende Willkürverbot (dazu Rdn. 646 ff.).

Schwierigkeiten macht indessen nicht selten die Feststellung, ob die vor- **674** liegenden Leistungen wirklich gleich sind. Dabei ist zu berücksichtigen, dass die für die abweichende Bewertung maßgeblichen atypischen Merkmale oder Fallgestaltungen und die damit verbundenen **unterschiedlichen Schwierigkeitsgrade** der Prüfungsaufgaben häufig nicht evident sind, sondern sich gerade erst aus persönlichen **Einschätzungen des Prüfers** ergeben, die als prüfungsspezifische Wertungen weitgehend hinzunehmen sind (s. Rdn. 640 ff., 642). Dadurch können die scheinbar gleichartigen Leistungen der Prüflinge unterschiedliches Gewicht erhalten. Bei anders ausgerichteten Zielen der Leistungskontrolle, z.B. **unterschiedlichen Laufbahnprüfungen,** können wegen der unterschiedlichen Leistungsanforderungen an die Bewertung selbst gleichlautender Prüfungsaufgaben unterschiedliche Maßstäbe angelegt werden.[219] Das gilt auch, wenn eine bestimmte Aufgabe einerseits dem Nachweis der Kenntnis nur der Grundzüge eines Prüfungsstoffs und andererseits dem Nachweis dienen soll, dass der Prüfling den Prüfungsstoff auch in den Einzelheiten voll beherrscht.

Aus dem Gleichheitssatz (Art. 3 Abs. 1 GG) erwächst dem Prüfling kein **675** Rechtsanspruch darauf, dass ihm eine sachlich nicht gerechtfertigte Bevorzugung bei der Bewertung einer Prüfungsleistung nur deshalb zuteil wird, weil diese anderen Prüflingen in einer ähnlichen Situation gewährt worden ist. Auch hier gilt, dass ein Anspruch auf „**Gleichheit im Unrecht**" nicht besteht. Der Prüfling kann sich auf eine dem Gleichheitssatz widersprechende Begünstigung anderer Prüfling so lange nicht berufen, wie seine eigenen Prüfungsleistungen unter Einhaltung des gebotenen Verfahrens feh-

---

[217] Dazu im Einzelnen: BVerwG, U. v. 16. 3. 1994 – 6 C 5.93 – NVwZ-RR 1994, 582 = DVBl. 1994, 1356 = DÖV 1995, 79; vgl. ferner: OVG Berl., Beschl. v. 18. 12. 1980 – OVG 3 S 145.80, betr. die Unzulässigkeit einer schematischen Beurteilung ohne Berücksichtigung einer deutlichen Leistungssteigerung.

[218] BVerwG, U. v. 9. 8. 1996 – 6 C 3.95 – NVwZ-RR, 1998, 176 = Buchholz 421.0 Prüfungswesen Nr. 372 = DVBl. 1996, 1381 (volle gerichtliche Nachprüfung).

[219] BVerwG, Beschl. v. 14. 9. 1989 – 2 CB 54.86 – Buchholz a. a. O. Nr. 270.

lerfrei bewertet werden. Der Gleichheitssatz vermag sich daher unter den vorgenannten Umständen nur etwa dann auszuwirken, wenn bei – ausnahmsweise zulässiger – relativer Bewertung die Leistungen des einen Prüflings in gewisser Abhängigkeit von den Leistungen anderer – ungerechtfertigt bevorzugter – Mitprüflinge zu bewerten sind (dazu im Einzelnen Rdn. 539 ff., 603 ff.).[220]

676   Über Leistungsmängel darf nicht wegen eines vertretbaren oder unvertretbaren Grundes in der Person des Prüflings hinweggesehen werden (vgl. Rdn. 658). **Ungleiche Startchancen** (z. B. durch akute gesundheitliche Beeinträchtigungen oder anhaltende körperliche Behinderungen des Prüflings) müssen vielmehr anderweitig, etwa durch eine **Wiederholung** der Prüfung (Rdn. 504 ff., 734 ff.) beseitigt oder durch eine Anpassung der äußeren Prüfungsbedingungen – z. B. durch **Vorlesehilfen** und **Zeitzugaben für einen Blinden** – ausgeglichen werden (vgl. Rdn. 122). Dagegen verstößt es gegen den Sinn und Zweck der Leistungskontrolle, die Gleichheit dadurch herstellen zu wollen, dass anstelle der unter ungünstigen Bedingungen erbrachten schlechten Leistungen des Prüflings **hypothetische (bessere) Leistungen** der Bewertung zugrunde gelegt werden. Aus diesem Grunde dürfen mangelhafte Leistungen nicht etwa deshalb „ausreichend" genannt werden, weil der Prüfling solche besseren Leistungen, die seine Mitprüflinge unter normalen Prüfungsbedingungen erbracht haben, ohne besondere Erschwernisse vermutlich ebenso erbracht hätte. Vielmehr ist dem Prüfling durch eine Wiederholung der Prüfung Gelegenheit zu geben, seine wahren Fähigkeiten unter Beweis zu stellen.

677   Die nur im Ergebnis vorliegende **Übereinstimmung mit anderen Prüfungsarbeiten**, die besser bewertet worden sind, macht eine abweichende Prüfungsentscheidung nicht gleichheitswidrig, soweit es im Einzelfall gerade darauf ankommt, **auf welchem Wege** das Ergebnis gefunden worden ist.[221] Ebenso wenig verstößt es gegen den Gleichheitssatz, Prüfungen schon nach dem **Versagen** des Prüflings in einzelnen Teilabschnitten **(vorzeitig) für nicht bestanden** zu erklären. Voraussetzung dafür ist freilich, dass der betreffende Prüfungsabschnitt soviel Gewicht besitzt, dass schon insoweit das Versagen ohne Verletzung des Übermaßverbotes die Feststellung rechtfertigt, dass der Prüfling insgesamt nicht in der Lage ist, die Mindestanforderungen zu erfüllen (dazu im Einzelnen Rdn. 244, 547 ff.).[222]

678   Es steht mit dem Gleichheitssatz in Einklang, wenn von der Möglichkeit der **Veränderung einer rechnerisch ermittelten Gesamtnote** aufgrund davon abweichenden Gesamteindrucks (vgl. § 5 d Abs. 4 DRiG) in dem Fall

---

[220] OVG Sachs.-Anh., Entsch. v. 28. 11. 1996 – 4 L 32/85 – SPE 290 Nr. 20; VGH Bad.-Wttbg., U. v. 22. 12. 1976 – IX 782/74 – SPE III A II, S. 7.

[221] BVerwG, Beschl. v. 30. 8. 1966 – 7 B 113.66 – DVBl. 1966, 860 = Buchholz 421.0 Prüfungswesen Nr. 30.

[222] Zum sog. Blockversagen: BVerwG, Beschl. v. 4. 11. 1980 – 7 B 227.80 – Buchholz a. a. O. Nr. 132; OVG NW, U. v. 27. 9. 1974 – XV A 1336/73 – OVGE 30, 83.

kein Gebrauch gemacht wird, dass dies das errechnete Prüfungsergebnis wesentlich verändern würde (zur Vergabe von Sonderpunkten vgl. Rdn. 589 ff.).[223] Der Zweck einer bloßen Präzisierung der rechnerischen Bewertung, welche ihrerseits eine gleichmäßige Handhabung gewährleisten soll, lässt dies nicht zu. Deshalb wird bei juristischen Prüfungen durch § 5 d Abs. 4 Satz 1 und 2 DRiG vorausgesetzt, dass die Abweichung auf das Bestehen der Prüfung keinen Einfluss haben und dass sie ein Drittel des durchschnittlichen Umfangs einer Notenstufe nicht übersteigen darf. Dies ist nach dem Ziel der Leistungskontrolle sachlich gerechtfertigt und kein Verstoß gegen den Gleichheitssatz.

Die genannten Grundsätze gelten entsprechend auch für den **schulischen** 679 **Bereich.** Die Nichtberücksichtigung der **vor** der **Abiturprüfung** erbrachten Leistungen von Schülern staatlich genehmigter Privatschulen bei der Abiturprüfung verstößt nicht gegen Art. 3 Abs. 1 GG.[224]

Wird **Religionsunterricht** auf der Grundlage religiöser Offenbarung und 680 unter Hinwendung auf ein bestimmtes Bekenntnis erteilt, entziehen sich die „Leistungen" in diesem Fach insoweit einer wirklichen Kontrolle. Es ist daher nicht sachwidrig und verletzt nicht den Gleichheitssatz, die Religionsnote unter diesen Umständen als für die **Versetzung unerheblich** anzusehen.[225] Anders ist die Rechtslage indes zu beurteilen, wenn der Schwerpunkt des Unterrichts in dem ordentlichen Lehrfach „Religion" (Art. 7 Abs. 3 GG) religionskundlich ausgerichtet, auf wissenschaftlicher Grundlage erteilt wird und daher durchaus „bewertungsfähig" ist. Schulische Maßnahmen (Nichtversetzungen, Prüfungen, Entlassungen), die bei der jeweils zugrunde zu legenden Bewertung der Kenntnisse und Fähigkeiten des Schülers diesen Bereich ausklammern, verstoßen gegen das Gebot, sämtliche Leistungen gleich zu bewerten (vgl. dazu Bd. 1 Schulrecht, 3. Aufl. (2000), Rdn. 544).

Bei **musischen oder sportlichen Prüfungen** kommt es nicht auf die all- 681 gemeine oder besondere Begabung des jeweiligen Prüflings/Schülers an. Der Gleichheitssatz verlangt vielmehr, einheitlich auf die bei der konkreten Leistungskontrolle erbrachten Leistungen abzustellen. Insofern ist allerdings vorauszusetzen, dass das Klassenziel in den Unterrichtsfächern Sport und Musik auch von den darin weniger begabten Schülern erreicht werden kann. Ist dies der Fall, kann die Versetzung auch daran scheitern, dass – neben anderen mangelhaften Leistungen – eine schlechte Note in einem solchen Fall den Ausschlag gibt.[226]

---

[223] BVerwG, Beschl. v. 6. 2. 1987 – 7 B 181.86 – NVwZ 1988, 438 = Buchholz a. a. O. Nr. 50.
[224] HessVGH, U. v. 28. 3. 1983 – VI OE 21/81.
[225] Vgl. BVerwG, U. v. 6. 7. 1973 – 7 C 36.71 – NJW 1973, 1815.
[226] OVG Bremen, U. v. 4. 11. 1975 – OVG I B A 22/74 – SPE II C IV, S. 11.

e) Sonstige rechtliche Bindungen (Zusagen, ständige Bewertungspraxis)

682   Ob ein Prüfer oder ein Fachlehrer sich rechtserheblich gebunden hat, bestimmte Bewertungen abzugeben oder näher bezeichnete Bewertungsregeln einzuhalten, ist zunächst eine **Auslegungsfrage.** Durch allgemein gehaltene Ausführungen verursachte Hoffnungen der Prüflinge, Eltern oder Schüler sind von vornherein dann nicht schutzwürdig, wenn diese aus den Gesamtumständen erkennen können, dass lediglich Erwartungen ausgedrückt, Leistungstrends angezeigt oder Chancen vermittelt werden sollten. Ebenso wenig sind Auskünfte über den aktuellen Leistungsstand oder die Äußerungen von Rechtsansichten als verbindliche Zusicherungen zu verstehen.[227]

683   Davon abgesehen ist eine **Zusage/Zusicherung** auch in Prüfungsangelegenheiten nur dann verbindlich, wenn sie von der **zuständigen,** mit der fachkundigen Bewertung beauftragten **Stelle** formgerecht abgegeben wird (vgl. § 38 VwVfG).[228] Nicht durch eine Willensbildung der Versetzungskonferenz abgedeckte Äußerungen eines Fachlehrers, der Schüler werde versetzt, können zwar als Amts- oder Dienstpflichtverletzungen anderweitige rechtliche Folgen haben, aber nicht den Prüfungsausschuss an die „Zusage" binden. Das gilt auch für irrtümliche Mitteilungen einer besseren als der vom Prüfungsausschuss für einzelne Prüfungsleistungen beschlossenen Note durch ein Mitglied des Prüfungsausschusses.[229]

684   Ist ein Verwaltungsakt (z. B. die Versetzung des Schülers oder das Bestehen der Prüfung, vgl. auch § 35 VwVfG) Gegenstand der Zusicherung, so ist diese auch in Prüfungsangelegenheiten nur dann wirksam, wenn sie in **schriftlicher Form** abgefasst worden ist (§ 2 Abs. 3 Nr. 2 und § 38 VwVfG).[230] Inhaltlich besteht kein sachlicher Grund, das Vertrauen der Eltern in die Verbindlichkeit von Zusagen – etwa nach Treu und Glauben – zu schützen, soweit sie wissen müssen, dass die Erfüllung der Zusage vom Eintritt gewisser Umstände – wie anhaltender Leistungen des Schülers oder einer umfassenden Würdigung durch mehrere Prüfer – abhängt, die auch ein Fachlehrer nicht mit Sicherheit vorhersehen kann.

685   Dass Prüfungs- und Versetzungsentscheidungen weitgehend das Ergebnis **prüfungsspezifischer Wertungen** sind (vgl. Rdn. 642), steht der **rechtlichen Verbindlichkeit** diesbezüglicher Zusagen freilich nicht von vornherein entgegen. Denn dass die rechtliche Bindung sich inhaltlich auf etwas bezieht, das dem Einschätzungs- und Bewertungsvorrecht des Prüfers untersteht, ist kein Grund, sie für rechtlich unmöglich zu halten.

---

[227] Zur Abgrenzung dieser Maßnahmen: *Stelkens,* in: Stelkens/Bonk/Sachs, Verwaltungsverfahrensgesetz, § 38 Rdn. 1a.

[228] OVG Berlin, U. v. 7. 11. 1974 – V B 7.73 – DVBl. 1975, 731 = DÖV 1975, 570.

[229] OVG NW, Beschl. v. 14. 7. 1975 – XV B 663/75.

[230] Auch hier ist aus Gründen der Vereinheitlichung auf das Verwaltungsverfahrensgesetz des Bundes abgestellt worden. Maßgeblich ist im Bereich der dem Landesrecht unterliegenden Prüfungen das jeweilige Landesverwaltungsverfahrensgesetz, das aber durchweg gleichlautende Vorschriften enthält.

Die Leistungsbewertung kann auch dann gegen rechtliche Bindungen ver- **686** stoßen, wenn ohne sachlichen Grund von einer ständigen, **gewohnheits- rechtlich bindenden Bewertungspraxis** abgewichen wird (vgl. auch Rdn. 94 ff.). Die gewohnheitsrechtliche Bindung setzt aber voraus, dass allseits Übereinstimmung darin besteht, dass die betreffende Praxis verbindlich ist und fortgelten soll. Ein internes Bewertungsschema mit einschlägigen Beurteilungskriterien dient grundsätzlich nur der persönlichen Meinungsbildung des Prüfers/Lehrers und ist daher für Änderungen und Fortentwicklungen offen.[231] Das Vorliegen der bewerteten schriftlichen Prüfungsarbeit bei der mündlichen Prüfung kann den Prüfern den Einstieg in die Prüfung erleichtern. Aus einer solchen zulässigen Praxis folgt aber nicht die Pflicht, die bewertete Arbeit in jedem Fall den Prüfern der mündlichen Prüfung zur Kenntnis zu geben; denn wesentliche Einflüsse für die Bewertung der mündlichen Leistungen gehen von der Kenntnis der schriftlichen Arbeit nicht aus und dürfen davon auch nicht ausgehen.[232]

Es besteht jedenfalls kein Anspruch auf **Beibehaltung** einer **rechtswidri-** **687** **gen Bewertungspraxis,** z.B. Schüler trotz schlechter Leistungen zu versetzen, sofern sie ankündigen, nach der nächsten Klasse die Schule zu verlassen.[233]

3. Die Erheblichkeit inhaltlicher Bewertungsfehler

Auch im Falle **inhaltlicher Bewertungsfehler** der vorbezeichneten Art[234] **688** ist die Prüfungsentscheidung nur dann aufzuheben, wenn der Mangel **erheblich** ist.[235] Im Blickfeld stehen hier Mängel in dem inneren Bereich des Bewertungsvorgangs mit seinen fachspezifischen und prüfungsspezifischen Wertungen (vgl. Rdn. 640 ff.), insbesondere willkürliche Fehleinschätzungen oder unsachliche Beweggründe, aber auch – im Vorfeld dazu – die unvollständige Kenntnisnahme der erbrachten Leistungen des Prüflings.[236] Soweit

---

[231] VGH Bad.-Wttbg., U. v. 25. 1. 1983 – 9 S 984/82 – DÖV 1983, 860.

[232] VGH Bad.-Wttbg., Beschl. v. 24. 1. 1994 – 4 S 2875/93.

[233] Dazu: BVerwG, Beschl. v. 12. 9. 1973 – 7 B 80.72 – SPE III E I, S. 11.

[234] Wegen der Erheblichkeit von Mängeln des Prüfungsverfahrens und des normierten Verfahrens zur Bewertung der Prüfungsleistungen s. Rdn. 492 ff., 512.

[235] Das gilt speziell auch für die gerichtliche Kontrolle von Prüfungsentscheidungen: BVerwG, U. v. 12. 11. 1997 – 6 C 11.96 – BVerwGE 105, 328 = NVwZ 1998, 636 = DVBl. 1998, 474, und im Anschluss daran: Beschl. v. 13. 3. 1998 – 6 B 28.98. Die notwendige Erheblichkeitsprüfung berechtigt das Gericht jedoch nicht dazu, eigenständige Bewertungen zu treffen und festzustellen, dass ein anderer Fehler gleich schwer wiege; dazu im Einzelnen Rdn. 859.

[236] Dazu gehört auch der „Sachverhaltsirrtum", etwa wenn die Prüfer das Fehlen bestimmter Ausführungen kritisieren, dabei jedoch übersehen, dass der Prüfling hierzu an anderer Stelle Ausführungen gemacht hat (Rdn. 627). Der BayVGH, U. v. 12. 9. 1990 – 3 B 90.00061 – NVwZ 1991, 499 = DVBl. 1991, 759, geht insofern nur von einem Verfahrensfehler aus.

der Prüfling durch Mängel im Prüfungsverfahren (z. B. bei Verkürzungen der vorgeschriebenen Prüfungszeit, Störungen durch Baulärm) gehindert wird, seine tatsächlichen Kenntnisse und Fähigkeiten in entsprechende Prüfungsleistungen umzusetzen, handelt es sich bei einer hierauf zurückzuführenden unzutreffenden Bewertung nicht um einen materiellen Fehler, sondern nur um eine mittelbare Folge des Mangels im **Prüfungsverfahren,** der – anders als der Bewertungsfehler – **rechtzeitig gerügt** werden muss (s. Rdn. 112, 513 ff.).[237]

689 Anders als bei Mängeln des Verfahrens ist die Unerheblichkeit **inhaltlicher Bewertungsfehler** nicht aus § 46 VwVfG herzuleiten, weil diese Vorschrift ausschließlich das **Verwaltungsverfahren** betrifft.[238] Daraus folgt indes nicht, dass eine solche Rechtsfolge von vornherein nicht in Betracht kommt, weil dafür eine gesetzliche Regelung fehlt. Der Rechtsgrundsatz, dass auch **inhaltliche Fehler ohne Sanktion** bleiben, sofern sie sich auf das Prüfungsergebnis nicht ausgewirkt haben, ist nämlich in der Rechtsprechung seit langem, und zwar schon vor Inkrafttreten des Verwaltungsverfahrensgesetzes, anerkannt.[239]

690 Der **Einfluss des Fehlers** auf das **Prüfungsergebnis** kann bei inhaltlichen Bewertungsmängeln seltener ausgeschlossen werden als bei bloßen Verfahrensfehlern, wie etwa bei der Berechnung der Gesamtnote nach einem vorgegebenen Modell. Offensichtlich ist indes eine so nicht berechtigte Kritik des Prüfers an der Antwort des Prüflings auf eine **Fachfrage** unerheblich, wenn die **Antwort aus anderen Gründen erkennbar falsch** ist. In den meisten Fällen wird freilich kaum abzusehen sein, wie die Prüfungsentscheidung ausgefallen wäre, wenn der Prüfer bei seiner Bewertung z. B. sachfremde Erwägungen unterlassen oder einschlägige allgemein gültige Bewertungsgrundsätze beachtet hätte. Unter diesen Umständen ist eine – sodann fehlerfreie – Neubewertung der vorhandenen Prüfungsleistungen unumgänglich, selbst wenn nach Lage der Dinge vieles dafür spricht, dass sich an dem Prüfungsergebnis nichts ändern wird.

691 Ausgeschlossen werden kann der Einfluss des Bewertungsfehlers auf das Prüfungsergebnis einmal dann, wenn er Ausführungen betrifft, die offensichtlich nicht tragend, sondern nur **beiläufige Anmerkungen** sind. Das

---

[237] BVerwG, U. v. 22. 6. 1994 – 6 C 37.92 – BVerwGE 96, 126 = NJW 1995, 265 = Buchholz a. a. O. Nr. 333 = DVBl. 1994, 1373 = BayVBl. 1994, 725.
[238] Zutreffend: *Rozek,* Neubewertung einer fehlerhaft bewerteten Prüfungsarbeit im Prüfungsrechtsstreit, NVwZ 1992, 33 ff., 35.
[239] BVerwG, Beschl. v. 4. 2. 1991 – 7 B 7.91 – Buchholz a. a. O. Nr. 283, und U. v. 20. 11. 1987 – 7 C 3.87 – BVerwGE 78, 280 ff., 284 = NVwZ 1988, 433 = DVBl. 1988, 402. In dem früheren U. v. 20. 9. 1984 (– 7 C 57.83 –, BVerwGE 70, 143 ff., 147 = NVwZ 1985, 187) hat das BVerwG eine ausdrückliche landesrechtliche Regelung nicht verlangt. Auch das BVerfG (Beschl. v. 17. 4. 1991 – 1 BvR 419/81 – BVerfGE 84, 34 = NJW 1991, 2005 ff., 2008) nimmt ohne weiteres an, dass die dort angefochtene Prüfungsentscheidung Bestand habe, weil die Möglichkeit auszuschließen sei, dass der materielle Bewertungsfehler die Prüfungsnote beeinflusst haben könnte.

mag z. B. im Falle einer übermäßigen, emotionalen Kritik etwa an der schlechten Schrift oder wegen der Rechtschreibfehler dann anzunehmen sein, wenn dies in einer Randbemerkung geschehen ist, die Bewertung aber gemäß dem abschließenden Vermerk eindeutig und umfassend nur auf sachliche Gesichtspunkte gestützt worden ist, die allein das Ergebnis tragen. Zum anderen kann sich die Unerheblichkeit des Fehlers auch in dem Bereich tragender Erwägungen daraus ergeben, dass das **Prüfungsergebnis anderweitig gehalten** wird. Hierzu gehören insbesondere Fälle, in denen der Bewertungsfehler nur eine – selbständig zu beurteilende – Teilleistung betrifft und die Prüfungsnote schon aufgrund anderer Teilleistungen feststeht.

Wird in anderen Fällen ein erheblicher Fehler eingeräumt und durch eine **692** Neubewertung, die fehlerfrei zu **demselben Ergebnis** kommt, bereinigt, so wird damit **nicht die Erheblichkeit** des Fehlers **ausgeschlossen,** sondern eine neue Entscheidung getroffen, auch wenn von einem neuen förmlichen Bescheid abgesehen wird. Für die Frage der Erheblichkeit des Bewertungsfehlers kommt es allein auf den **Zeitpunkt der abschließenden Erstbewertung** an. Die Neubewertung schafft eine neue Rechtslage.[240] Durch die Neubewertung der Prüfungsarbeiten aufgrund eines während des Rechtsstreits nachgeholten **verwaltungsinternen Kontrollverfahrens** (Rdn. 759ff., 773ff.), in dem prüfungsspezifischen Wertungen von dem Prüfer überdacht worden sind, wird der Anspruch des klagenden Prüflings auf eine **gerichtliche Überprüfung** seiner Einwendungen gegen **fachspezifische** Bewertungen nicht erfüllt.[241]

4. Neubewertung/Verschlechterungsverbot

Ist der Bewertungsfehler für die Prüfungsentscheidung erheblich, müssen **693** die – ordnungsgemäß erbrachten – Leistungen nicht wiederholt, sondern (nur) erneut bewertet werden, wobei auch darüber zu befinden ist, wie des Gesamtergebnis nunmehr lautet. Liegt der Mangel in der Nichtbeachtung von Normen, die die **Bewertung** der Prüfungsleistungen **verfahrensmäßig gestalten** (z. B. die Vergabe von Leistungspunkten oder die rechnerische Ermittlung des Gesamtergebnisses), erstreckt sich die Neubewertung auf die

---

[240] BVerwG, U. v. 9. 12. 1992 – 6 C 3.92 – BVerwGE 91, 262 = Buchholz a. a. O. Nr. 307 = NVwZ 1993, 677. Anders: BayVGH, U. v. 12. 9. 1990, a. a. O., dem *Rozek* (a. a. O.) mit berechtigter Kritik entgegentritt. In der Sache selbst bleibt es zwar jeweils bei dem erfolglos beanstandeten Prüfungsergebnis, der klagende Prüfling vermeidet jedoch Gerichtskosten, wenn er aufgrund der Neubewertung die Erledigung der Hauptsache erklärt und nicht etwa hinnehmen muss, dass die Prüfungsentscheidung nunmehr rechtmäßig ist und die Klage deshalb auf seine Kosten abgewiesen wird.
[241] BVerwG, U. v. 30. 1. 1995 – 6 C 1.92 – NVwZ 1995, 788 = Buchholz a. a. O. Nr. 343.

Einhaltung aller, auch der bisher verletzten Verfahrensgebote (vgl. dazu insgesamt Rdn. 527 ff.). Im Falle **inhaltlicher Bewertungsmängel** (vgl. Rdn. 625 ff.) müssen die Prüfer sich erneut mit dem Inhalt der Prüfungsarbeit oder den mündlichen Prüfungsleistungen befassen, über die Qualität der Leistungen beraten und diese – nunmehr fehlerfrei – bewerten. Ein bloßes **Nachschieben von Gründen** für die frühere, mit Mängeln behaftete Bewertung reicht dazu nicht aus. Durch die neue oder ergänzende Begründung des Prüfungsergebnisses muss erkennbar werden, dass die Prüfer sich erneut mit den Leistungen des Prüflings befasst und sich hinsichtlich ihrer Bewertung auseinandergesetzt haben. Für die Neubewertung gilt gleichermaßen wie für die Erstbewertung, dass der Prüfer die Leistungen persönlich unmittelbar zur Kenntnis nehmen und eine selbständige, eigenverantwortliche, nur seinem Wissen und Gewissen verpflichtete Entscheidung zu treffen hat (Rdn. 175 ff.).[242]

694   Die nicht nur geringfügige **Abwesenheit** eines **Mitglieds** der **Prüfungskommission** oder der Versetzungskonferenz während der Beratung kann nicht dadurch „repariert" werden, dass das betreffende Mitglied später erklärt, es sei mit dem Prüfungsergebnis oder der Nichtversetzung des Schülers einverstanden; denn der Schutzzweck des Beteiligungsgebotes verlangt die persönliche aktive Teilnahme des Prüfers an der Beratung und an der Abstimmung. Deshalb kann ein solcher Verfahrensfehler bei der Beratung und Beschlussfassung der Prüfungskommission auch nicht etwa dadurch behoben werden, dass das Prüfungsergebnis im **Umlaufverfahren** bestätigt wird.[243] Vielmehr hat nunmehr die vollständige und richtig besetzte Prüfungskommission **erneut zu beraten** und die Leistungen des Prüflings abschließend **zu bewerten**.

695   Wird das Ergebnis einer **juristischen Prüfung** wegen inhaltlicher Mängel der Bewertung erfolgreich angegriffen, so ist im Rahmen der sodann fälligen Neubewertung die bisherige Vergabe bzw. Nichtvergabe von **Sonderpunkten** gemäß § 5 d Abs. 4 DRiG ebenfalls zu überprüfen. Darüber kann die Prüfungskommission in der Regel auch ohne neue mündliche Prüfung befinden, es sei denn, dass die Beseitigung des Bewertungsmangels und damit auch die Entscheidung über die Vergabe von Zusatzpunkten anders sinnvoll nicht möglich sind (vgl. Rdn. 589 ff., 594).[244]

696   Bei der **Neubewertung** müssen die – von dem Prüfer fehlerfrei angenommenen – **Grundlagen der prüfungsspezifischen Wertung** (betr. insbesondere den Schwierigkeitsgrad der Aufgabe und die durchschnittlichen Anforderungen für den Prüfungserfolg, Rdn. 640 ff., 642) im Wesentlichen

---

[242] Zu den rechtlichen Anforderungen an die Neubewertung insgesamt: BVerwG, U. v. 10. 10. 2002 – 6 C 7.02 – NJW 2003, 1063 = Buchholz a.a.O. Nr. 402; vgl. ferner: U. v. 9. 12. 1992, a.a.O.

[243] HessVGH, U. v. 13. 10. 1994 – 6 UE 2077/90.

[244] Dazu insgesamt: BVerwG, U. v. 10. 10. 2002 – 6 C 7.02 –, a.a.O., und Beschl. v. 11. 7. 1996 – 6 B 22.96 – NVwZ-RR 1997, 102 = DVBl. 1996, 1373 = DÖV 1997, 649.

konstant bleiben; jedenfalls dürfen dem Prüfling daraus, dass seine Leistung neu zu bewerten ist, gegenüber den Mitprüflingen prinzipiell weder Vorteile noch Nachteile erwachsen (Art. 3 Abs. 1 GG). Da jedoch die Grundlagen prüfungsspezifischer Wertungen wesentlich auf den persönlichen Erfahrungen und Einschätzungen des jeweiligen Prüfers beruhen, ist der **ursprüngliche Prüfer** grundsätzlich auch mit der **Neubewertung** zu befassen. Dem steht indes entgegen, dass es manchem Prüfer erfahrungsgemäß schwer fällt, einen von dem Prüfling erfolgreich gerügten Bewertungsfehler unbefangen zu korrigieren. In Abwägung dieser Umstände ist es Aufgabe des Normgebers, in der Prüfungsordnung zu bestimmen, ob in diesem Fall ein neuer Prüfer zu bestellen ist. Es besteht jedenfalls **kein verfassungsrechtliches Verbot**, die Neubewertung einer Prüfungsleistung von den **ursprünglichen Prüfern** vornehmen zu lassen, welche die – erfolgreich beanstandete – frühere Bewertung vorgenommen haben.[245] Denn nicht jede bloße Möglichkeit eines Einflusses sachfremder Umstände auf die Entscheidung des Prüfers stellt schon eine hinreichend konkrete Gefahr für die ordnungsgemäße Erfüllung dieser Aufgabe dar, zu deren vorbeugender Abwehr der Normgeber Verfahrensregelungen erlassen müsste. Vielmehr darf der Normgeber grundsätzlich von dem Bild des Prüfers ausgehen, der auch bei der ihm aufgetragenen Neubewertung zu einer selbständigen, eigenverantwortlichen Beurteilung fähig und bereit ist. Der Umstand allein, dass ein Prüfer die Prüfungsleistung nicht fehlerfrei beurteilt hat und daher erneut beurteilen muss, zwingt nicht zu dem Schluss, er sei nunmehr befangen oder voreingenommen. Dies ist vielmehr erst dann anzunehmen, wenn weitere Umstände hinzutreten, etwa wenn ein Prüfer sich schon vor der Neubewertung durch entsprechende Äußerungen dahin festgelegt hat, dass für ihn eine Änderung der Note nicht in Betracht kommt (zu den Befangenheitsgründen Rdn. 196 ff.).[246]

Außer in den Fällen der Befangenheit sind für die Neubewertung – auch **697** ohne ausdrückliche Regelung in der Prüfungsordnung – dann **neue Prüfer** einzusetzen, wenn die Neubewertung durch die bisherigen Prüfer **tatsächlich** oder **rechtlich nicht möglich ist**.[247]

Dies mag insbesondere dann der Fall sein, wenn ein Prüfer sein Prüfungsamt beendet hat oder wenn ihm nach längerer Abstinenz von Beruf und Prüfung ein Vergleichsmaßstab fehlt, der für ein tragfähiges Bewertungs-

---

[245] So insbesondere: BVerwG, U. v. 10. 10. 2002 – 6 C 7.02 –, a. a. O. In der älteren Rechtsprechung des BVerwG war insofern aus dem Grundsatz der Chancengleichheit sogar ein verfassungsrechtlich gebotener Vorrang der Weiterverwendung des Erstprüfers hergeleitet worden (s. Vorauflage Rdn. 368 m. w. Hinw.).

[246] BVerwG, U. v. 10. 10. 2002 – 6 C 7.02 –, a. a. O.; Beschl. v. 11. 7. 1996 – 6 B 22.96 – NVwZ-RR 1997, 102 = DVBl. 1996, 1373; U. v. 24. 2. 1993 – 6 C 38.92 – NVwZ 1993, 686 = Buchholz a. a. O. Nr. 314.

[247] BFH, U. v. 28. 11. 2002 – VII R 27/02 – BFHE Bd. 201, 471 ff.; OVG NW, U. v. 6. 7. 1998 – 22 A 1566/96 – SPE 526 Nr. 21 = DÖD 1999, 160.

system vorauszusetzen ist.[248] Allein der Umstand, dass ein nebenamtlicher Prüfer vor dem Abschluss des „Überdenkensverfahrens" (Rdn. 759 ff.) in seinem Hauptamt in den Ruhestand getreten ist, rechtfertigt es nicht, ihn in diesem Verfahren nicht mitwirken zu lassen.[249]

698 Der **neue Prüfer** muss **nicht** seine Bewertung in **Unkenntnis** der Umstände durchführen, die zu der Neubewertung geführt haben. Auch insofern darf der Normgeber von dem Bild des Prüfers ausgehen, der zu einer selbständigen, eigenverantwortlichen Bewertung fähig und bereit ist. Aus dem in Art. 12 Abs. 1 i. V. m. Art. 3 Abs. 1 GG verankerten Gebot der Chancengleichheit folgt insbesondere **nicht,** dass bei der Neukorrektur einer Prüfungsarbeit durch neue Prüfer die überholten **Korrekturbemerkungen** der ausgeschiedenen Prüfer aus der Prüfungsarbeit zu **entfernen** sind.[250]

699 Schließlich kann auch der Fall eintreten, dass die an sich gebotene **Neubewertung vollends ausscheidet,** etwa wenn die schriftliche Prüfungsarbeit verloren gegangen ist oder wenn nach der mündlichen Prüfung aufgrund Zeitablaufs, Erinnerungslücken oder gar durch den Tod eines Prüfers eine geeignete Grundlage für die korrekte Bewertung nicht mehr vorhanden ist. Wird aus solchen Gründen eine Neubewertung unmöglich, darf – unabhängig davon, wen ein Verschulden dafür trifft, – nicht etwa auf den Leistungsnachweis verzichtet werden. Das wäre nämlich eine überschießende Kompensation und auch der Sache nach mit dem Sinn und Zweck einer jeden Berufseingangsprüfung nicht zu vereinbaren. Vielmehr ist dem Prüfling als geringst möglicher Nachteil[251] die Möglichkeit zu gewähren, eine Korrektur der Bewertungsfehler durch die **Wiederholung** des betreffenden Prüfungsteils – ohne Anrechung auf die regulären Wiederholungsmöglichkeiten – zu erreichen.[252]

700 Ist eine Prüfungsleistung zum Nachteil des Prüflings fehlerhaft bewertet worden und daher neu zu bewerten, wird das **Prüfungsergebnis** häufig zu

---

[248] BVerwG, U. v. 4. 5. 1999 – 6 C 13.98 – NVwZ 2000, 915; OVG NW, U. v. 6. 7. 1998, a. a. O.

[249] BFH, U. v. 28. 11. 2002, a. a. O.

[250] BVerwG, U. v. 10. 10. 2002 – 6 C 7.02 – NJW 2003, 1063 = Buchholz a. a. O. Nr. 402.

[251] Zur Beseitigung von Fehlerfolgen nach dem Prinzip des „geringst möglichen Nachteils": BVerwG, U. v. 19. 12. 2001 – 6 C 14.01 – NVwZ 2002, 1375, m. Anm. v. *Brehm* a. a. O., S. 1334 = Buchholz a. a. O. Nr. 400 = DVBl. 2002, 73 = BayVBl. 2002, 414.

[252] BVerwG, Beschl. v. 11. 4. 1996 – 6 B 13.96 – NVwZ 1997, 502 = DVBl. 1997, 997 = Buchholz a. a. O. Nr. 363 (auch zum vorläufigen Rechtsschutz zwecks Verhinderung dieser Situation); BayVGH, Beschl. v. 29. 5. 2000 – 7 ZB 00.229 – BayVBl. 2001, 751; OVG NW, Beschl. v. 17. 2. 2000 – 19 A 3459/99 – NVwZ-RR 2000, 432 = NWVBl. 2000, 309 = SPE 162 Nr. 29, betr. die Bewertung schulischer Leistungen, und Beschl. v. 31. 1. 2000 – 19 A 317/99 – SPE 528 Nr. 15 (Ausschluss der Neubewertung nach Ablauf von 3½ Jahren), und U. v. 14. 12. 1999 – 14 A 2251/99 – SPE 470 Nr. 71 (keine Neubewertung einer künstlerischen Prüfungsarbeit nach Rückgabe), und U. v. 16. 5. 1997 – 19 A 2242/96 – SPE 432 Nr. 35.

verbessern sein, möglicherweise – wenn der Bewertungsfehler letztlich nicht ins Gewicht fällt – auch gleich bleiben,[253] aber **nicht schlechter** sein **als bisher.** Der Prüfer muss nämlich bei der Neubewertung nur den ursprünglichen Fehler vermeiden, darf aber nicht seine allgemeinen Bewertungskriterien ändern, nach denen er im Rahmen des ihm zustehenden Bewertungsspielraums die Prüfungsleistung bewertet hat. Darunter sind diejenigen Kriterien zu verstehen, nach denen der Prüfer die festgestellten fachlichen Vorzüge und Mängel einer Prüfungsleistung einem vorgegebenen Notensystem zuordnet (dazu im Einzelnen Rdn. 640 ff., 642). Die Gesamtbewertung ist durch die Korrektur der als rechtsfehlerhaft beanstandeten Einzelbewertungen zu ergänzen, und die neu vorzunehmenden Wertungen sind in die komplexen Erwägungen, auf denen das Bewertungsergebnis beruht, einzupassen. Unzulässig ist das Nachschieben „beliebiger Gründe".[254] Dies schließt prinzipiell eine **Verschlechterung** aus, weil die als rechtsfehlerhaft beanstandeten Wertungen dem Prüfling zum Nachteil gereichen, so dass die gebotene Korrektur dieses Bewertungsfehlers grundsätzlich nur zu einer besseren oder mindestens gleichen Bewertung führen kann.[255]

Diese prüfungsrechtlichen Grundsätze gelten allerdings nur für den Fall, **701** dass schlicht ein den Prüfling belastender Bewertungsfehler zu korrigieren ist, ohne dass dies **Folgewirkungen** im Sinne nunmehr **notwendiger weiterer Bewertungen** hat. Solche Folgewirkungen können sich aber durch die Eigenart der Fehlerbeseitigung nach Lage der Dinge ergeben. Ist z.B. eine bestimmte „Weichenstellung" in der Lösung der Prüfungsaufgabe zunächst fälschlich als unzutreffend bewertet worden, können bei der Neubewertung auf der Grundlage des ursprünglichen Lösungsweges durchaus auch schwerwiegende Fehler erkannt werden, die bisher nicht im Blickfeld des Prüfers gestanden haben. Ebenso wenig ist es als ein unzulässiges Nachschieben „beliebiger Gründe" oder als eine Änderung des Bewertungssystems anzusehen, wenn der Prüfer eine früher als falsch bewertete, nunmehr jedoch als vertretbar anzusehende Lösung erstmals auf ihre sachgerechte Durchführung untersucht und wenn sich auf dieser Grundlage neue Mängel ergeben.[256] In der Konsequenz dieser Feststellungen liegt es, dass der Prüfer bei der Neubewertung unter Umständen zu einem **schlechteren Ergebnis** kommt.

---

[253] BVerwG, Beschl. v. 28. 4. 2000 – 6 B 6.00.
[254] BVerwG, U. v. 14. 7. 1999 – 6 C 20.98 – BVerwGE 109, 211 = NJW 2000, 1055 = Buchholz a.a.O. Nr. 396 = DVBl. 1999, 1594 = DÖV 2000, 78.
[255] BVerwG, U. v. 14. 7. 1999 – 6 C 20.98 –, a.a.O., und U. v. 24. 2. 1993 – 6 C 38.92 – NVwZ 1993, 686 = Buchholz a.a.O. Nr. 314. Dazu insbesondere: *Kingreen,* Zur Zulässigkeit der reformatio in peius im Prüfungsrecht, DÖV 2003, 1. Ein „Verschlechterungsverbot" gilt jedenfalls nicht, wenn die Prüfungsleistung neu zu erbringen und danach neu zu bewerten ist: BVerwG, U. v. 19. 12. 2001 – 6 C 14.01 – NVwZ 2002, 1375, m. Anm. v. *Brehm,* a.a.O., S. 1334 = DVBl. 2002, 73 = Buchholz a.a.O. Nr. 400.
[256] BVerwG, U. v. 14. 7. 1999 – 6 C 20.98 –, a.a.O.

702   Neue Fehler können nicht nur als eine unvermeidbare Folgewirkung der speziell vorzunehmenden Korrektur einer Bewertung, sondern auch **bei Gelegenheit der Neubewertung** auftauchen. Das ist insbesondere der Fall, wenn der Prüfer hier einen Mangel bei der Lösung der Prüfungsaufgabe erkennt, den er bei der ersten Bewertung übersehen hatte, oder wenn hierbei nachträglich ein Täuschungsversuch offenbar wird.[257] Auch in diesem Fall ist der Prüfer rechtlich nicht gebunden, den Fehler weiterhin zu übersehen. Vielmehr gebietet auch insofern der in den Art. 3 Abs. 1 i. V. m. Art. 12 Abs. 1 GG wurzelnde Grundsatz der Chancengleichheit, bei berufsrelevanten Prüfungen die Lösungen der Prüfungsaufgaben allenthalben leistungsgerecht zu beurteilen. Der Prüfer kann daher ohne weiteres eine Verbesserung der Gesamtnote ablehnen, wenn der neu erkannte Fehler die Nachteile aufwiegt, die der Prüfling durch den zu korrigierenden Bewertungsfehler erlitten hat. Eine **Verschlechterung** des Prüfungsergebnisses wäre hier als teilweise Rücknahme eines rechtswidrigen Verwaltungsaktes zu bewerten, die gemäß § 48 Abs. 1 i. V. m. § 2 Abs. 3 Nr. 2 VwVfG in das pflichtgemäße Ermessen der Prüfer und Prüfungsbehörden gestellt ist. Dazu sind alle erheblichen Umstände, insbesondere das Vertrauen des Prüflings auf den Bestand des Prüfungsergebnisses, zu beachten und mit dem Interesse der Allgemeinheit an einem in jeder Weise zutreffenden Prüfungsergebnis abzuwägen.[258]

703   Eine Verschlechterung des Prüfungsergebnisse ist **prozessrechtlich** dadurch zu **vermeiden,** dass der Prüfling speziell einen **Notenverbesserungsantrag** stellt, mit dem die Prüfungsbehörde zu einer Neubescheidung nur insoweit verpflichtet werden soll, als keine bessere Note erreicht worden ist. Das mit der Teilverpflichtungsklage verbundene Begehren auf Aufhebung der Prüfungsentscheidung ist entsprechend zu begrenzen. Daran ist das Gericht gebunden (§ 88 VwGO). Der Prüfling trägt sodann nur das Risiko der Klageabweisung, nicht aber das der Verschlechterung des Prüfungsergebnisses (dazu auch Rdn. 805).[259]

---

[257] *Kingreen* DÖV 2003, 1.

[258] Vgl. dazu: VG Gera, Beschl. v. 28. 11. 1996 – 2 E 1370/95 – LKV 1997, 297; HessVGH, U. v. 1. 12. 1994 – 11 UG 1887/90.

[259] Dazu insbesondere: *Schlette,* Prüfungsrechtliche Verbesserungsklage und reformatio in peius, DÖV 2002, 816.

E. Die Prüfungsentscheidung

I. Die Bekanntgabe des Prüfungsergebnisses

Die Prüfungsentscheidung ist ergangen, sobald das **Ergebnis der Leis- 704 tungsbewertung** von der zuständigen Stelle **nach außen hin kundgetan** ist. Sie beendet – sobald sie bestandskräftig ist und die Prüfung nicht mehr wiederholt werden kann – das durch die Zulassung zur Prüfung begründete Prüfungsrechtsverhältnis (Rdn. 240 ff.).[1] Da mit der Prüfungsentscheidung regelmäßig gewisse – zumeist berufsqualifizierende – Berechtigungen erteilt oder aber versagt werden, gilt sie als ein **Verwaltungsakt** im Sinne des § 35 VwVfG,[2] der gemäß § 41 Abs. 1 VwVfG demjenigen Beteiligten **bekannt- zugeben** ist, für den er bestimmt ist oder der von ihm betroffen wird, also dem Prüfling oder den Eltern des minderjährigen Schülers.[3] Wird der schriftliche Prüfungsbescheid durch die Post im Inland übermittelt, so gilt er mit dem dritten Tage nach der Aufgabe zur Post als bekannt gegeben, außer wenn er nicht oder zu einem späteren Zeitpunkt zugegangen ist; im Zweifel hat das Prüfungsamt den Zugang und den Zeitpunkt des Zugangs nachzu- weisen (§ 41 Abs. 2 VwVfG).[4]

Für die äußere Form der Bekanntgabe der Prüfungsentscheidung gelten 705 keine allgemein verbindlichen Regelungen, sondern die konkreten Anforde- rungen der jeweiligen Prüfungsordnung.[5] Danach kann schon die **mündli-**

---

[1] Vgl. ferner: BVerwG, Beschl. v. 13. 6. 1995 – 6 B 15.95 – Buchholz 421.0 Prü- fungswesen Nr. 351.

[2] Wegen der prozessualen Folgen s. Rdn. 804 ff., 815.

[3] Wegen der Rechtsbehelfsbelehrung s. § 58 VwGO. Die im Falle der Nichtverset- zung eines Schülers dem Zeugnis beigefügte Belehrung, dass der Widerspruch „bei der Schule" zu erheben sei, genügt den Anforderungen des § 58 Abs. 1 VwGO nicht: OVG NW, Beschl. v. 13. 10. 1999 – 19 B 1682/99 – SPE 620 Nr. 9.

[4] Vgl. dazu: BVerwG, U. v. 13. 6. 2001 – 6 A 1.01 – NVwZ 2002, 80 = DVBl. 2002, 339 = Buchholz 340 § 11 VwZG Nr. 1, betr. Ersatzzustellung an Lebensgefährten bzw. Niederlegung gem. § 11 Abs. 2 VwZG; OVG NW, U. v. 25. 2. 2000 – 14 A 49.99 – NWVBl. 2000, 350, betr. Zustellung und Rechtsmittelbelehrung; BayVGH, Beschl. v. 23. 8. 1999 – 7 ZB 99.1380 – BayVBl. 2000, 403, betr. Zustellung in der „Neben- wohnung".

[5] Nach der Auffassung des OVG Hamb., Beschl. v. 29. 7. 1999 – 3 Bf. 206/99 – SPE 559 Nr. 8, verstößt es nicht gegen Art. 12 Abs. 1 GG oder sonstiges höherrangiges Recht, wenn nach der maßgeblichen Prüfungsordnung das Prüfungszeugnis oder das Diplom das Datum trägt, an dem die letzte Prüfungsleistung (z. B. Abgabe der Diplomarbeit) erbracht worden ist, und nicht das Datum, an dem das Bestehen der Diplomprüfung festgestellt oder das Zeugnis/Diplom ausgestellt worden ist. Das gilt

che **Eröffnung des Prüfungsergebnisses** (nicht nur einzelner Noten oder Punktzahlen) durch den **Vorsitzenden der Prüfungskommission,** wenn dieser zur Abgabe einer solchen Erklärung befugt ist, die Prüfungsentscheidung rechtsverbindlich zum Ausdruck bringen.[6] Die spätere Ausstellung und Übersendung des Prüfungszeugnisses hat dann nur bestätigenden Charakter.[7] Freilich können nicht schon der persönliche Glückwunsch des Vorsitzenden oder sonstige Äußerungen einzelner Mitglieder der Prüfungskommission als eine solche Erklärung gewertet werden.

706   Die **öffentliche Bekanntgabe** der Ergebnisse einzelner Prüfungsarbeiten, die insbesondere bei Studienveranstaltungen mit Beteiligung zahlreicher Studenten und den sich daran anschließenden studienbegleitenden Prüfungen üblich ist, kann das Persönlichkeitsrecht des einzelnen Prüflings (Art. 2 Abs. 1 GG) und den **Datenschutz** verletzen. Deshalb muss insofern etwa durch ein geheimes Kennziffersystem die **Anonymität** zuverlässig gewahrt sein. Sofern die jeweils maßgebliche Prüfungsordnung dies nicht anders regelt, steht der öffentlichen Bekanntgabe des Ergebnisses einzelner Prüfungsarbeiten darüber hinaus rechtlich nichts entgegen. Da solche Bewertungen einzelner Leistungen im allgemeinen keine unmittelbaren Rechtswirkungen entfalten, sind sie keine Verwaltungsakte im Sinne des § 35 VwGO und unterliegen damit auch nicht den Anforderungen des § 41 Abs. 3 und 4 VwVfG hinsichtlich der öffentlichen Bekanntgabe. Bewirkt jedoch das Versagen des Prüflings in einzelnen Teilen der Prüfung oder bei studienbegleitenden Prüfungen, dass die **Prüfung insgesamt nicht bestanden ist** (vgl. dazu Rdn. 244, 547 ff.) und/oder dass das von ihm gewählte Studium nicht mehr fortgesetzt werden kann, muss an ihn persönlich ein entsprechender Bescheid ergehen (§ 41 Abs. 1 VwVfG).

707   Inhaltlich hat die Entscheidung über das Prüfungsergebnis **klar** und **eindeutig** zu sein. Sie kann auf unterschiedliche Weise durch Noten, Leistungspunkte oder schlicht durch die Mitteilung ausgedrückt werden, dass die Prüfung „bestanden" oder „nicht bestanden" sei (wegen der Anforderungen an die Begründung der Prüfungsentscheidung s. Rdn. 713 ff.). Eine stärkere Differenzierung der Leistungsbewertung ist verfassungsrechtlich weder geboten noch ausgeschlossen.[8] Die speziellen rechtlichen Anforderungen an das Bewertungsverfahren, insbesondere durch die Vergabe von **Punkten** und **Noten,** sind bereits dargelegt worden (s. Rdn. 527 ff., 573 ff.). Darauf wird hier Bezug genommen.

708   In der Regel ist für das **Gesamtergebnis der Prüfung** eine **Endnote** festzusetzen. Zwischennoten sind unzulässig, wenn sie nicht in der Prüfungs-

---

auch dann, wenn die Begutachtung der Diplomarbeit außergewöhnlich lange gedauert hat.
[6] VG Gera, Beschl. v. 28. 11. 1996 – 2 E 1370/95 – LKV 1997, 297.
[7] HessVGH, U. v. 1. 12. 1994 – 11 UG 1887/90.
[8] Für ein Verfassungsgebot zur Reduzierung der Bewertungskomplexität: *Peter Becker,* Prüfungsrecht, S. 137.

ordnung ausdrücklich zugelassen sind.[9] Die Verwendung einer falschen
Notenbezeichnung (z. B. „nicht ausreichend" anstelle „mangelhaft") ist unschädlich und ohne weiteres zu berichtigen, wenn offensichtlich ist, dass der
Prüfer sich lediglich im Ausdruck vergriffen hat (§ 2 Abs. 3 Nr. 2 und § 42
VwVfG).[10] Nicht hinzunehmen ist jedoch eine Bewertung der Prüfungsleistung, die in der Weise von der Notendefinition abweicht, dass eine Ein-
stufung in die Notenskala nicht nachvollziehbar ist.[11] Es begegnet grundsätzlich keinen Bedenken, eine **nicht erbrachte Leistung** des Schülers, die
auf mangelnder Leistungsbereitschaft (z. B. unentschuldigtem Fehlen im
Unterricht) beruht, im Zeugnis ebenso negativ zum Ausdruck zu bringen
wie ein auf mangelnder Leistungsfähigkeit beruhendes Versagen.[12] Prüfungsleistungen, die für das **Bestehen** der Prüfung **nicht kausal** geworden
sind, z. B. weil sie in einer früheren Prüfung zum Nichtbestehen geführt haben, dürfen nach dem Sinn und Zweck des die einzelne Prüfung betreffenden
Leistungsnachweises in dem Prüfungszeugnis keine Erwähnung finden.[13]

Es steht im Ermessen des Prüfers, ob und wieweit er schon **während der** 709
Prüfung erkennen lässt, was er von einzelnen Antworten des Prüflings hält.
Insbesondere bei verfehlten Antworten ist in der Regel eine größere Zurückhaltung des Prüfers angebracht, um den Prüfling nicht weiter zu verunsichern. Umgekehrt kann aber auch das völlig reaktionslose Verhalten des
Prüfers in unangemessener Weise den Prüfling „hängen lassen". Es kommt
insofern weitgehend auf die Umstände des Einzelfalls, insbesondere auf das
Gewicht vielfacher einseitiger (Nicht-)Reaktionen des Prüfers an. Das Fairnessgebot (Rdn. 184 ff.) ist auch hier maßgebend.

II. Die Begründung der Prüfungsentscheidung

Die Bewertung berufsrelevanter[14] Prüfungsleistungen ist zu **begründen.** 710
Dies hat das BVerwG mit Urteil vom 9. 12. 1992[15] zunächst hinsichtlich der
Bewertung einer schriftlichen Aufsichtsarbeit und später auch hinsichtlich

---

[9] OVG Schl.-H., U. v. 2. 4. 1992 – 3 L 318/91 – SPE 470 Nr. 58 (ohne Zulassung in
der Prüfungsordnung auch nicht für Prüfungsteile); VGH Bad.-Wttbg., U. v. 31. 5.
1978 – IX 477/78 – SPE III F II, S. 41, und v. 28. 6. 1965 – I C 77/62 – DVBl. 1966, 37.
[10] BVerwG, Beschl. v. 7. 2. 1983 – 7 CB 96.81; OVG NW, U. v. 15. 4. 1977 – 5 A
278/76.
[11] HessVGH, U. v. 28. 3. 1983 – VI OE 21/81.
[12] VGH Bad.-Wttbg., U. v. 23. 1. 1980 – XI 1881/79 – SPE II C II, S. 31.
[13] OVG NW, U. v. 6. 5. 1977 – 5 A 1851/75.
[14] Dazu gehören nicht auch allgemeine schulische Leistungen mit Ausnahme der
Abschlussprüfungen und einzelner Fachnoten, wenn diese für die Zulassung zu einem
bestimmten Studium vorausgesetzt werden: BayVGH, U. v. 18. 3. 1998 – 7 B 97.2673
– SPE 400 Nr. 49.
[15] – 6 C 3.92 – BVerwGE 91, 262 = NVwZ 1993, 677 = Buchholz 421.0 Prüfungswesen Nr. 307.

der Bewertung mündlicher Prüfungsleistungen mit Urteil vom 6. 9. 1995[16] grundsätzlich entschieden und daran in ständiger Rechtsprechung festgehalten.[17] Heute ist dies im Grunde nicht mehr umstritten.[18] Hinsichtlich der Rechtsgrundlagen des prüfungsrechtlichen Begründungsanspruchs sowie der Einzelheiten seiner Konkretisierung und Erfüllung ist Folgendes zu beachten:

1. Einfachgesetzliche Grundlagen

711   Die Pflicht der Prüfer, ihre Bewertung berufsrelevanter Leistungen zu begründen, folgt zwar hier nicht schon aus dem (Bundes-)Verwaltungsverfahrensgesetz, denn § 2 Abs. 3 Nr. 2 VwVfG lässt die Begründungspflicht für schriftliche Verwaltungsakte (§ 39 VwVfG) nicht auch für Prüfungen gelten. Das schließt aber nicht aus, dass andere einfachgesetzliche Spezialregelungen, insbesondere in den **einschlägigen Prüfungsordnungen,** eine solche Begründungspflicht vorsehen (vgl. z.B. § 15 Abs. 9 Satz 3 ÄAppO). Ist dies der Fall, kommt es ferner darauf an, ob die Prüfungsordnung auch die Art und den Umfang der Begründung – insbesondere nicht nur hinsichtlich des Gesamtergebnisses der Prüfung, sondern auch hinsichtlich der einzelnen schriftlichen Arbeiten und mündlichen Prüfungen – hinreichend erfasst. Soweit einfachgesetzliche Spezialregelungen fehlen, unvollständig oder unklar sind, tragen nachfolgend dargestellte verfassungsrechtliche Gewährleistungen den prüfungsrechtlichen Begründungsanspruch.[19]

2. Verfassungsrechtliche Gewährleistungen

a) Anspruchsgrundlagen

712   Das **Grundrecht auf freie Berufswahl** (Art. 12 Abs. 1 GG) und das Recht auf **effektiven Rechtsschutz** (Art. 19 Abs. 4 GG) erfordern es, dass der Prüfer die Bewertung einer berufsrelevanten Prüfungsleistung begründet. Die effektive Wahrnehmung des zum Schutz der Grundrechte gewährleisteten Rechtsschutzes gegen Prüfungsentscheidungen (BVerfGE 84,

---

[16] U. v. 6. 9. 1995 – 6 C 18.93 – BVerwGE 99, 185 = NJW 1996, 2670 = Buchholz a.a.O. Nr. 356 = DVBl. 1996, 496.

[17] Zuletzt: U. v. 24. 2. 2003 – 6 C 22.02 – Buchholz a.a.O. Nr. 403 = DÖV 2003, 726.

[18] Aus dem Schrifttum insbesondere: *Müller-Franken,* Die Begründung von Prüfungsentscheidungen bei Berufszugangsprüfungen, VerwArch Bd. 92, S. 507 ff. mit zahlreichen weiteren Hinweisen.

[19] Vgl. dazu insbesondere: BVerwG, U. v. 24. 2. 2003 – 6 C 22.02, a.a.O., betr. die Ergänzung einer nicht abschließenden einfachgesetzlichen Begründungsregelung (§ 13 Abs. 2 ZAppO) durch einschlägige verfassungrechtliche Informationsansprüche. Zu den Einzelheiten: *Müller-Franken,* a.a.O., S. 516.

34 ff.: „tatsächlich wirksamer Schutz") setzt voraus, dass der Prüfer die tragenden Erwägungen darlegt, die zu seiner Bewertung der Prüfungsleistungen geführt haben. Nur so wird der Prüfling in die Lage versetzt, seine Rechte sachgemäß zu verfolgen und den eingeschlagenen beruflichen Lebensweg fortzusetzen.[20] Der Grundrechtsschutz umfasst daher einen **Informationsanspruch** des Prüflings, der sich auf eine angemessene Begründung der Prüfungsentscheidung richtet, d. h. auf die Bekanntgabe der wesentlichen Gründe, mit denen der Prüfer zu einer bestimmten Bewertung der schriftlichen und mündlichen Prüfungsleistungen gelangt ist.[21]

b) Art und Umfang der Gewährleistungen

Die Begründung muss ihrem Inhalt nach so beschaffen sein, dass das **713** Recht des Prüflings, Einwände gegen die Bewertung wirksam vorzubringen, ebenso gewährleistet ist wie die Möglichkeit einer sich daran anschließenden gerichtlichen Kontrolle. Daher müssen die maßgeblichen Gründe, die den Prüfer zu der abschließenden Bewertung veranlasst haben, zwar nicht in den Einzelheiten, aber doch in den für das Ergebnis ausschlaggebenden Punkten erkennbar sein.[22] Dazu gehört erstens die Angabe von Gründen, aus denen sich ergibt, ob der Prüfling bestimmte **Fachfragen** richtig, falsch oder zumindest vertretbar beantwortet hat. Soweit es zweitens um die Einordnung der Leistungen in ein Bewertungssystem aufgrund persönlicher Erfahrungen, subjektiver Einschätzungen und Vorstellungen des Prüfers geht (sog. **prüfungsspezifische Wertungen**), lässt sich dies häufig nur unvollkommen darlegen. Immerhin können folgende Gesichtspunkte dazu verhelfen, auch solche Elemente des Bewertungsvorgangs zumindest teilweise zu objektivieren: Angaben des Prüfers über den Schwierigkeitsgrad der Aufgabe, zur Überzeugungskraft der Argumente, über die Kreativität, die praktische Brauchbarkeit der angebotenen Lösungen sowie über Kriterien einer „durchschnittlichen Leistung", an der die konkret vorliegende Leistung gemessen worden ist.[23]

---

[20] BVerwG, U. v. 9. 12. 1992, a. a. O.

[21] BVerwG, U. v. 6. 9. 1995, a. a. O., im Anschluss an BVerfGE 84, 34 ff., 46/47.

[22] BVerwG, U. v. 9. 12. 1992 – 6 C 3.92 – a. a. O. Begründungspflicht auch bei allgemeinen Themenklausuren (Aufsätzen): BVerwG, U. v. 16. 3. 1994 – 6 C 5.93 – Buchholz a. a. O. Nr. 329 = DVBl. 1994,1356.
Wegen der Schriftform schulischer Versetzungsentscheidungen: VGH Bad.-Wttbg., Beschl. v. 28. 9. 1992 – 9 S 2187/92 – DVBl. 1993, 53 = VBlBW 1993, 113.

[23] So auch BVerwG, U. v. 6. 9. 1995 – 6 C 18.93 –, a. a. O. Da wegen der insofern nicht auszuschließenden Defizite dem Prüfling ein verfassungsunmittelbarer Anspruch auf „Überdenken der Prüfungsentscheidung" zusteht (dazu im Einzelnen Rdn. 759 ff.), empfiehlt es sich, durch eine möglichst weitgehende Begründung das ansonsten zu erwartende verwaltungsinterne Kontrollverfahren inhaltlich gegenstandslos zu machen und damit zu vermeiden.

Diese Anforderungen sind im Einzelnen an dem Ziel eines effektiven Grundrechtsschutzes auszurichten und **situationsabhängig** zu **konkretisieren**. Daraus ergeben sich folgende Differenzierungen:

aa) Schriftliche Prüfungen

714   Die **Bewertung schriftlicher Prüfungsarbeiten** (Diplomarbeiten, Hausarbeiten, Aufsichtsarbeiten), deren Misslingen den beruflichen Werdegang des Prüflings beeinträchtigen kann, ist stets **schriftlich zu begründen**.[24] Der Prüfling kann auf vermeintliche Irrtümer oder Rechtsfehler nur dann wirkungsvoll hinweisen, wenn er die die Bewertung der Prüfer tragenden Gründe nachvollziehen kann. Das ist allein aufgrund der Note nicht möglich, sondern erst dann, wenn er die Kriterien kennt, die für die Benotung seiner Leistung maßgeblich waren, und ferner weiß, wie die Anwendung dieser Kriterien in wesentlichen Punkten zu dem Bewertungsergebnis geführt hat. Dazu gelten – wie vorstehend dargelegt – unterschiedlich strenge Begründungsanforderungen hinsichtlich der Beantwortung von Fachfragen und prüfungsspezifischen Wertungen.

715   Zu realisieren ist dies durch **schriftliche Bewertungsvermerke** der Prüfer oder Korrekturanmerkungen (Randbemerkungen), die wesentliche Bestandteile der Begründung sind. Mündliche Erklärungen reichen dazu nicht aus, da die Bewertung einer schriftlichen Prüfungsarbeit durchweg aus mehreren Gründen von unterschiedlichem Gewicht zusammengesetzt ist, so dass sich im Einzelfall ohne schriftliche Festlegungen nicht eindeutig und beweiskräftig erkennen lässt, worauf die abschließende Bewertung im Wesentlichen gestützt ist. Demgegenüber dient die Schriftform der Klarstellung der wesentlichen Gründe und garantiert zugleich den Erhalt der Begründung in dem weiteren Zeitablauf, der durch nachfolgende Aufsichtsarbeiten und mündliche Prüfungen entsteht, um so für eine Gesamtbewertung eine zuverlässige Grundlage zu schaffen. Auf die ohne schriftliche Fixierung durch Zeitablauf drohende „Verflüssigung" der Begründung hätte der Prüfling keinen Einfluss. Der ihm verfassungsrechtlich gewährleistete effektive Rechtsschutz setzt daher eine schriftliche „Konservierung" der Bewertungen grundsätzlich voraus. Die verwaltungsinterne und die gerichtliche Kontrolle sind nur dann „tatsächlich wirksam" (BVerfG 84, 34), wenn die

---

[24] So ausdrücklich: BVerwG, U. v. 9. 12. 1992, a. a. O. Zur erforderlichen Begründung der Bewertung schriftlicher Aufsichtsarbeiten in der Laufbahnprüfung von Beamtenanwärtern: BVerwG, U. v. 1. 6. 1995 – 2 C 16.94 – BVerwGE 98, 324 = NVwZ 1997, 73. Lehnt der Fachbereichsrat oder ein anderes dafür zuständiges Hochschulgremium die Annahme einer Habilitationsschrift ab, so ist dies gegenüber dem Bewerber schriftlich zu begründen: BVerwG, U. v. 16. 3. 1994 – 6 C 1.93 – BVerwGE 95, 237 = NVwZ 1994, 1209 = JZ 1995, 40, m. Anm. v. *Krüger*. Weniger strenge Anforderungen gelten im schulischen Bereich: Das Ergebnis einer dort im lfd. Schuljahr geschriebenen und korrigierten Klausur kann auch durch die Besprechung im Unterricht begründet werden: OVG Sachs., U. v. 20. 5. 1998 – 2 S 134/97 – SPE 102 Nr. 27.

wesentlichen Gründe der Prüfungsentscheidung auf diese Weise hinreichend dokumentiert sind.

Diese verfassungsrechtlichen Gewährleistungen sind auch für die Beant- **716** wortung der weiteren Frage maßgeblich, wie genau die Begründung der Bewertung **schriftlicher Prüfungsleistungen** sein muss. Entscheidend für die Bestimmung der Anforderungen, die an **Inhalt** und **Umfang** einer solchen Begründung zu stellen sind, ist es, dass sie es dem Prüfling und auch den Gerichten ermöglichen muss, die grundlegenden Gedankengänge des Prüfers nachzuvollziehen, die ihn zu der abschließenden Bewertung veranlasst haben. Es muss daraus zwar nicht in den Einzelheiten, aber doch in den für das Ergebnis ausschlaggebenden Punkten erkennbar sein, wie der Prüfer die von ihm beanstandeten Ausführungen des Prüflings interpretiert hat, auf welcher fachlich-wissenschaftlichen Annahme seine Bewertung beruht und welche allgemeinen oder besonderen Bewertungsmaßstäbe er zugrunde gelegt hat. Ohne entsprechende Angaben hierzu wäre im Falle der Beanstandung der Prüfung dem Gericht die – verfassungsrechtlich gebotene – Kontrolle versagt, ob der Prüfer einen rechtserheblichen Bewertungsfehler begangen hat, der sich auf die Notengebung ausgewirkt haben kann.[25]

Bei alledem ist nicht etwa der **Umfang der Begründung** maßgeblich, **717** sondern es kommt darauf an, ob sie **inhaltlich** die (negative) Bewertung rechtfertigen kann oder aber ein **Bewertungsdefizit** erkennen lässt. Kurze und verständliche Begründungen sind oft besser geeignet als umfangreiche ausufernde Darlegungen. Selbst die schlichte Bezeichnung eines Lösungsansatzes als „falsch" kann nach den Umständen des Einzelfalles (z. B. wenn ein klarer Gesetzeswortlaut missachtet worden ist,) ausreichen.[26] Der Prüfer darf in seinem abschließenden Votum auf seine Randbemerkungen Bezug nehmen. Dies gilt insgesamt auch für den Umfang der **Begründungspflicht** eines **Zweitgutachters**.[27] Schließt er sich der Begründung des Erstgutachters an, so muss er diese nicht mit anderen Worten wiederholen, sondern es reicht die kurze Bemerkung, dass er „einverstanden" sei. Letzteres gilt freilich nicht, wenn der Bewertungsvermerk des Erstprüfers dürftig oder widersprüchlich ist. Weicht der Zweitprüfer in wesentlichen Punkten von dem Erstprüfer ab, muss er dies besonders deutlich darstellen und die Folgen für die Notenvergabe begründen.[28] Die nach gemeinsamer Beratung zur Beseitigung einer solchen Divergenz getroffene **einvernehmliche Bewertung** bedarf einer weiteren Begründung, die in der Lage sein muss, die nun festgelegte Note zu rechtfertigen.[29]

---

[25] BVerwG, U. v. 9. 12. 1992 – 6 C 3. 92 –, a.a.O.

[26] BVerwG, Beschl. v. 18. 12. 1997 – 6 B 72.97 –.

[27] BVerwG, U. v. 9. 12. 1992, a.a.O.; OVG NW, U. v. 25. 4. 1997 – 22 A 4028/94 – NWVBl. 1997, 434 = SPE 526 Nr. 13.

[28] VG Schwerin, Beschl. v. 17. 11. 2000 – 7 B 859/00 – SPE 214 Nr. 48.

[29] BVerwG, Beschl. v. 7. 9. 1995 – 6 B 45.95 – Buchholz 421.0 Prüfungswesen Nr. 358; VG Köln, U. v. 28. 6. 2001 – 6 K 7081/97 – NWVBl. 2002, 70.

718   Eine fehlende oder unvollständige Begründung kann **nachgeholt** bzw. **nachgebessert** werden, so dass der Rechtsfehler – wenn die nachgeholte Begründung fehlerfrei ist und die Benotung trägt – damit behoben ist (vgl. § 45 Abs. 1 Nr. 2 VwVfG). Dies kann während des verwaltungsinternen Kontrollverfahrens, des Widerspruchverfahrens und des verwaltungsgerichtlichen Verfahrens bis zum Abschluss der letzten Tatsacheninstanz geschehen (§ 45 Abs. 2 VwVfG). Bundesrecht verbietet es nicht, dass der Prüfer eine objektiv mehrdeutige Einzelbewertung im gerichtlichen Verfahren erläutert und die Bewertung mit der neuen Begründung sodann Gegenstand der gerichtlichen Überprüfung wird.[30]

bb) Mündliche Prüfungen/Begründung des Gesamtergebnisses

719   Das aus dem Grundrechtsschutz der Art. 12 Abs. 1 und 19 Abs. 4 GG herzuleitende Informationsrecht des Prüflings richtet sich grundsätzlich auch auf die Bekanntgabe der wesentlichen Gründe, mit denen die Prüfer zu einer bestimmten Bewertung der **mündlichen Prüfungsleistungen** und – zumeist im Anschluss daran – zu ihrer **Gesamtbewertung**[31] gelangt sind.[32] Die vorstehend dargelegten verfassungsrechtlichen Gewährleistungen gelten **„dem Grunde nach"** auch für diesen Teil berufsrelevanter Prüfungen. Anders als bei der Bewertung von schriftlichen Prüfungsarbeiten müssen die Prüfer hier jedoch ihre **Gründe nicht in jedem Fall darlegen**. Vielmehr ist den besonderen Bedingungen, die mündliche Prüfungen von schriftlichen Prüfungen wesentlich unterscheiden, angemessen Rechnung zu tragen. Dazu gehört es, den Aufwand, der für die Prüfer mit der Begründung ihrer Bewertung regelmäßig verbunden ist, auf dasjenige Maß zu beschränken, das nach den im Einzelfall gegebenen Umständen **notwendig** ist, weil der Anspruch des betroffenen Prüflings auf wirksamen Schutz seiner Grundrechte aus Art. 12 Abs. 1 und 19 Abs. 4 GG dies konkret erfordert. Danach

---

[30] BVerwG, Beschl. v. 30. 3. 2000 – 6 B 8.00 – NVWZ-RR 2000, 503 = DVBl. 2000, 1006 = Buchholz a. a. O. Nr. 398, m. Anm. v. *Brehm* NVwZ 2001, 880; fortgeführt durch Beschl. v. 1. 3. 2001 – 6 B 6.01 – NVwZ 2001, 922. Vgl. ferner: BayVGH, U. v. 14. 9. 2000 – 7 B 99.3753 – BayVBl. 2001, 244, m. Anm. v. *Klinger*, a. a. O, S. 631.

[31] Wird die Gesamtnote rechnerisch ermittelt, genügen die Angabe der Einzelnote und der Hinweis auf die Berechnung der Gesamtnote. Wird ein möglicher Notenausgleich nicht gewährt, ist dies zu begründen: BayVGH, U. v. 18. 3. 1998 – 7 B 97.2673 – SPE 400 Nr. 49. Weicht die Prüfungskommission aufgrund des von dem Prüfling gewonnenen Gesamteindrucks von der rechnerisch ermittelten Gesamtnote nach unten ab (vgl. § 5 d Abs. 4 DRiG), so erfordert dies eine substantiierte Begründung: BVerwG, U. v. 12. 7. 1995 – 6 C 12.93 – BVerwGE 99, 74 = NJW 1996, 942 = Buchholz a. a. O. Nr. 354.

[32] Grundlegend: BVerwG, U. v. 6. 9. 1995 – 6 C 18.93 – BVerwGE 99, 185 = NJW 1996, 2670 = Buchholz a. a. O. Nr. 356. Vgl. ferner: BVerwG, U. v. 24. 2. 2003 – 6 C 22.02 – Buchholz a. a. O. Nr. 403 = DÖV 2003, 726. *Müller-Franken*, Die Begründung von Prüfungsentscheidungen bei Berufszugangsprüfungen, VerwArch. Bd. 92, S. 507 ff., 519.

ist es zur Wahrung des individuellen Rechtsschutzes unnötig und folglich nicht geboten, bei mündlichen Prüfungen in jedem Falle eine schriftliche oder auch nur mündliche Begründung der Bewertung sämtlicher Prüfungsleistungen ohne Rücksicht darauf zu verlangen, ob der einzelne Prüfling überhaupt erwägt, Einwände gegen die Bewertung seiner Prüfungsleistungen vorzubringen. Der an der mündlichen Prüfung unmittelbar beteiligte und durch die Reaktionen der Prüfer auf seine Antworten hinreichend aufgeklärte Prüfling mag verständlicherweise wenig Interesse daran haben, dass ihm die Mängel seiner Prüfungsleistungen ein weiteres Mal vor Augen geführt und formell bestätigt werden. Deshalb hängt der konkrete Inhalt des Anspruchs des Prüflings auf eine Begründung und damit korrespondierend die Pflicht der Prüfer, ihre Bewertungen mündlicher Prüfungsleistungen zu begründen, davon ab, ob der einzelne Prüfling eine Begründung verlangt, wann er dies tut und mit welchem konkreten Begehren und mit welcher Begründung.[33] Erst durch eine solche **Spezifizierung durch den Prüfling** wird aus seinem verfassungsrechtlich nur dem Grunde nach gewährten allgemeinen Informationsanspruch ein **konkreter Anspruch,** der auf die Begründung näher bezeichneter, für den Prüfling nicht ohne weiteres durchschaubarer Bewertungen in einem bestimmten Fach oder bei der Gesamtbewertung gerichtet ist.[34]

Daraus folgt, dass die **Begründung der Bewertung mündlicher Prü-** 720 **fungsleistungen** nach Form, Zeitpunkt, Umfang und Inhalt – soweit eine spezielle normative Regelung fehlt – auf unterschiedliche Weise geschehen kann. Anders als bei der Bewertung schriftlicher Prüfungsarbeiten müssen die Prüfer ihre Gründe **nicht** in jedem Fall, sondern nur dann **schriftlich darlegen,** wenn der Prüfling dies mit der gebotenen Spezifizierung verlangt und zu diesem Zeitpunkt eine schriftliche Zusammenfassung unter zumutbaren Bedingungen noch möglich ist.[35]

Hinsichtlich der notwendigen **Spezifizierung** des **Begründungsverlangens** gelten im Einzelnen folgende Anforderungen:

Ein inhaltlich nicht verständliches, offensichtlich abwegiges oder von un- 721 sachlichen Vorwürfen getragenes Vorbringen lässt den Begründungsanspruch leer laufen. Darauf müssen die Prüfer nicht reagieren. Das gilt auch, wenn der Prüfling gewisse Beanstandungen schlicht wiederholt, obwohl sie bereits mit einer Begründung abgelehnt worden sind, die er nicht mit sachlich-konkreten Einwendungen anzugreifen vermag.

Sind die Einwendungen des Prüflings von sachlicher Art, so beeinflusst 722 der **Grad** ihrer **Bestimmtheit** die **Ausführlichkeit** der von dem Prüfer ab-

---

[33] Erklärt ein Prüfling seinen Rücktritt aus gesundheitlichen Gründen, kann angenommen werden, dass er nicht die Begründung der Bewertung seiner bisherigen Prüfungsleistungen verlangt: BVerwG, Beschl. v. 29. 11. 1996 – 6 B 93.96 – Buchholz a. a. O. Nr. 376.
[34] BVerwG, U. v. 6. 9. 1995 – 6 C 18.93 –, a. a. O.
[35] BVerwG, U. v. 24. 2. 2003 – 6 C 22.02 –, a. a. O.

zugebenden **Begründung.** Ein pauschales oder gleichsam ins Blaue hinein gestelltes Begründungsverlangen darf gleichermaßen inhaltsarm zurückgewiesen werden. Im Übrigen wird unterschieden zwischen den Anforderungen an die Spezifizierung des Verlangens nach einer „ersten" sowie nach einer „weiteren" Begründung:[36]

723 Der Anspruch des Prüflings auf eine **erste Begründung** der Bewertung seiner mündlichen Leistungen setzt ein spezifiziertes Verlangen voraus, das die **Mindestanforderungen** an eine **kritische Auseinandersetzung** mit dem Prüfungsergebnis erfüllt. Der Prüfling muss insofern zumindest allgemeine Anhaltspunkte dafür angeben, weshalb er vermutet, dass eine bestimmte Benotung auf in fachlicher und/oder prüfungsspezifischer Hinsicht angreifbaren Erwägungen der Prüfer beruht. Ferner muss ein solches erstes Begründungsverlangen erkennen lassen, dass der Prüfling sich mit der Benotung seiner Leistungen durch die Prüfer selbstkritisch auseinander gesetzt und die von ihm erbrachten Leistungen, soweit ihm das möglich ist, überprüft und an den von den Prüfern gegebenen Noten gemessen hat.[37] Sind die Prüfer auf solchermaßen sachlich vertretbare Gründe nur unvollständig, nicht hinreichend verständlich oder gar mit widersprüchlichen Argumenten eingegangen, kann der Prüfling auf der Grundlage seines berechtigten Verlangens nach einer Erstbegründung deren Vervollständigung verlangen. Nach dem Erhalt einer gemessen an der Spezifizierung seines Verlangens ausreichenden (Erst-)Begründung kann der Prüfling zusätzlich eine **weitere, konkrete Begründung** nur dann verlangen, wenn er seine Einwände, bezogen auf einzelne fach- oder prüfungsspezifische Bewertungen, entsprechend weiter substantiiert hat.[38]

724 Hat der Prüfling verkannt, dass er sein Begründungsverlangen spezifizieren muss, und ist sodann wegen des **Zeitablaufs** das Prüfungsgeschehen **nicht mehr aufklärbar,** stellt sich die Frage, ob die Prüfungsbehörde aufgrund ihrer Fürsorgepflicht aus dem Prüfungsrechtsverhältnis gehalten ist, etwa mit der Ladung zur mündlichen Prüfung oder in den teilweise üblichen Prüfungsvorgesprächen einen entsprechenden Hinweis zu geben. Unstreitig ist die „situationsabhängige" Hinweispflicht, welche eintritt, wenn besondere Umstände einen solchen Hinweis gebieten, etwa wenn der Prüfling für die Prüfungsbehörde oder Prüfer erkennbar Gefahr läuft, seinen Informationsanspruch aufgrund besonderer Umstände zu verlieren. Befindet sich der Prüfling bei seinen Verfahrenshandlungen (z. B. bei einem untauglichen Antrag auf Akteneinsicht) erkennbar in einem Irrtum und drohen ihm hieraus Nachteile, so ist die Prüfungsbehörde verpflichtet, ihn hierauf hinzuweisen, um die drohenden Nachteile abzuwenden.[39] Verletzt sie diese

---

[36] Dazu im Einzelnen: *Müller-Franken*, a. a. O., S. 521.

[37] BFH, U. v. 21. 1. 1999 – VII R 35/98 – BFHE 187, 373 = SPE 460 Nr. 16.

[38] BVerwG, Beschl. v. 20. 5. 1998 – 6 B 50.97 – NJW 1998, 3657 = Buchholz a. a. O. Nr. 389 = DVBl. 1998, 971.

[39] BVerwG, U. v. 6. 9. 1995 – 6 C 18.93 – BVerwGE 99, 185 ff. = NJW 1996, 2670.

Pflicht und ist später eine Begründung der Bewertung der mündlichen Prüfungsleistungen infolge Zeitablaufs nicht mehr möglich, ist die angefochtene Prüfungsentscheidung aufzuheben und der Prüfling erneut zu prüfen (zu den Folgen der Verletzung von Verfahrensvorschriften s. Rdn. 504 ff., 518 ff.).

Eine **weitergehende generelle Hinweispflicht** der Prüfer und Prüfungs- **725** behörden besteht indes nicht. Die zuvor dargelegten Anforderungen an das Entstehen eines Anspruchs auf Begründung der Bewertung mündlicher Prüfungsleistungen müssen nämlich den am Prüfungsgeschehen Beteiligten in den Grundzügen auch ohne die spezielle rechtliche Ausformung ohne weiteres einsichtig sein. Insbesondere muss es sich einem Prüfling aufdrängen, dass er zur Vermeidung von Rechtsnachteilen, die durch den Zeitverlust und das Nachlassen des Erinnerungsvermögens der Prüfer zu erwarten sind, unverzüglich nach der mündlichen Prüfung darauf hinzuweisen hat, dass und aus welchen Gründen er sich ungerecht behandelt fühlt.[40] Wie vorstehend (Rdn. 723) dargelegt worden ist, genügt es für einen Anspruch auf eine „erste" Begründung, dass der Prüfling allgemeine Anhaltspunkte dafür angibt, weshalb er vermutet, dass die Benotung auf Erwägungen der Prüfer beruht, die fachlich oder prüfungsspezifisch zweifelhaft sind. Ein Prüfling, der dies unterlässt, muss die Folgen seines Verhaltens auf sich nehmen und kann sich nicht mit Erfolg darauf berufen, das die Prüfungsbehörde ihn über diese Folgen hätte aufklären müssen.

III. Möglichkeiten der Korrektur des Prüfungsergebnisses

Das einzelne Prüfungsergebnis ist nicht zwingend „das letzte Wort" in **726** dieser für alle Beteiligten wichtigen und schwierig zu bewältigenden Angelegenheit. Der Prüfling kann mit konkreten Einwendungen verlangen, dass die Prüfer **einzelne Bewertungen überdenken** (dazu Rdn. 759 ff.), und/oder – wenn er Rechtsfehler zu erkennen meint – förmlich **Widerspruch** und **Klage** erheben (vgl. Rdn. 777 ff., 815 ff.). Sind seine Einwendungen berechtigt, ist je nach Art des Mangels das Prüfungsverfahren zu wiederholen, oder

---

[40] So insbesondere BVerwG, U. v. 24. 2. 2003 – 6 C 22.02 –, a. a. O., und U. v. 16. 4. 1997 – 6 C 9.95 – NJW 1998, 323 = Buchholz a. a. O. Nr. 382 = DVBl. 1987, 1235. Ebenso: BFH, U. v. 21. 1. 1999 – VII R 35/98 – BFHE 187, 373; a. A.: *Müller-Franken*, a. a. O., S. 523, der sich dabei auf das U. des BVerwG v. 6. 9. 1995, a. a. O., beruft. Zwar trifft es zu, dass dort eingangs der Ausführungen (BVerwGE 99, S. 192) die Prüfungsbehörde schon aufgrund ihrer Fürsorgepflicht als verpflichtet angesehen wird, die Prüflinge auf das Erfordernis eines spezifizierten Begründungsverlangens hinzuweisen. In den sich daran „im Einzelnen" anschließenden Ausführungen wird jedoch nicht auf eine generelle Hinweispflicht abgestellt, sondern dafür das Vorliegen besonderer Umstände vorausgesetzt und in dem dort zu entscheidenden Fall festgestellt (a. a. O., S. 198 ff.). Daran hat das BVerwG in der Folgezeit in den vorst. zitierten Entscheidungen in Übereinstimmung mit dem BFH (a. a. O.) festgehalten.

die vorhandenen Leistungen sind neu zu bewerten (dazu im Einzelnen Rdn. 502 ff., 693 ff.). Manche Prüfungsordnungen sehen für schriftliche Ausarbeitungen (z. B. Diplomarbeiten), die zwar nicht ausreichend, aber auch nicht völlig misslungen sind, ein „**Recht auf Nachbesserung**" vor. Ist dieses Recht daran geknüpft, dass die Prüfungsarbeit von einem Gutachter mit nicht ausreichend bewertet worden ist, folgt daraus, dass ein Nachbesserungsrecht nicht gegeben ist, wenn beide Gutachter zu diesem Ergebnis gelangen; daran ändert sich auch nichts, wenn der erste Gutachter im Anschluss an seine Bewertung eine mögliche Nachbesserung zugesagt hatte.[41] Schließlich kann der Prüfling auch die nach der Prüfungsordnung vorgesehenen **Wiederholungsmöglichkeiten** ausschöpfen (vgl. Rdn. 742 ff.).

727 Des Weiteren stellt sich die Frage, ob und welche rechtlichen Möglichkeiten bestehen, dass die Prüfer ihre Bewertungen und damit das Ergebnis der Prüfung zum **Nachteil** des **Prüflings ändern**. Dazu ist im Einzelnen zu bemerken: Bis zur rechtserheblichen **Bekanntgabe** des **Prüfungsergebnisses** (dazu Rdn. 704 ff.) kann der Prüfungsausschuss etwa aufgrund neuer Erkenntnisse oder wegen erheblicher Zweifel an der Richtigkeit seiner Bewertung über die endgültige Entscheidung erneut beraten und seine früheren Absichten ändern. **Klassenarbeiten** stehen nach Rückgabe nicht mehr zur Disposition des Fachlehrers und dürfen von ihm nicht aus anderer fachlich-pädagogischer Einschätzung nachträglich schlechter bewertet werden.[42]

728 **Korrekturen** des schon bekannt gegebenen Prüfungsergebnisses **durch die Prüfer** kommen vor allem dann in Betracht, wenn nachträglich erhebliche Mängel erkannt werden, so dass die Prüfungsentscheidung rechtswidrig und eine Neubewertung der Prüfungsleistungen geboten ist. Anlass dazu ist zumeist eine erfolgreiche Anfechtung der Prüfungsentscheidung durch den Prüfling. Eine rechtswidrige Prüfungsentscheidung kann aber auch, selbst wenn sie unanfechtbar geworden ist, von der Prüfungsbehörde unter den Voraussetzungen des § 48 VwVfG, der auch für Prüfungen gilt (§ 2 Abs. 3 Nr. 2 VwVfG), zurückgenommen werden. Aus der Sicht des Prüflings stellt sich sodann die Frage, ob dies auch zu seinem Nachteil geschehen darf oder ob etwa ein sogenanntes „**Verschlechterungsverbot**" gilt. Zwar wird allein die Beseitigung eines den Prüfling belastenden Bewertungsfehlers nicht zu einer Verschlechterung des Prüfungsergebnisses führen; jedoch können anlässlich der Neubewertung andere Mängel der Prüfungsleistung erkannt werden, die eine Verbesserung des Prüfungsergebnisses verhindern. Auch eine **Verschlechterung des Prüfungsergebnisses** wäre unter diesen Umständen, selbst nach Unanfechtbarkeit der Prüfungsentscheidung, jedenfalls nicht ausgeschlossen (dazu im Einzelnen Rdn. 700 ff.; zur Vermeidung eines solchen Nachteils durch prozessuale Maßnahmen s. Rdn. 703).

---

[41] OVG Bremen, Beschl. v. 10. 7. 2002 – 2 B 180/02 – SPE 599 Nr. 4.
[42] Dazu: OVG NW, U. v. 17. 4. 1967 – 5 A 976/65 – NJW 1967, 1773, m. Anm. v. *Stephany*.

Mit der Bekanntgabe des Prüfungsergebnisses und der damit in Lauf **729** gesetzten Anfechtungsfrist droht dem Prüfling die **Bestandskraft** der Prüfungsentscheidung, so dass diese unanfechtbar wird (Rdn. 819 ff.). Ein **Wiederaufgreifen des Verfahrens** nach § 51 Abs. 1 Nr 1 VwVfG käme allenfalls dann in Betracht, wenn sich die Rechtslage nachträglich zugunsten des Prüflings geändert hat, etwa wenn ein Gesetz **rückwirkend** günstigere Prüfungsbedingungen geschaffen hat.[43] Änderungen der Rechtsprechung zu prüfungsrechtlichen Grundsätzen sind kein hinreichender Grund, bestandskräftig abgeschlossene Prüfungsverfahren wieder aufzugreifen.[44]

---

[43] Das ist nicht der Fall, wenn die Prüfungsordnung für künftige Prüfungen einen günstigeren Bestehensmaßstab festlegt: BVerwG, Beschl. v. 13. 6. 1995 – 6 B 15.95 – Buchholz a.a.O. Nr. 351.

[44] BVerwG, Beschl. v. 3. 5. 1996 – 6 B 82.95 – Buchholz a.a.O. Nr. 366, und Beschl. v. 13. 6. 1995 – 6 B 15.95 – Buchholz a.a.O. Nr. 351, betr. die Rechtsprechung des BVerfG (BVerfGE 84, 34) zur stärkeren gerichtlichen Kontrolle von Prüfungsentscheidungen.

F. Die Wiederholung der Prüfung

730 Von einer „Wiederholung" der Prüfung wird zumeist unspezifisch dann gesprochen, wenn die Prüfung oder ein Teil von ihr – aus welchem Grunde auch immer – ein weiteres Mal durchgeführt wird. Für die damit zusammenhängenden Rechtsfragen macht es jedoch einen großen Unterschied, ob die Prüfung etwa nach dem berechtigten Rücktritt des Prüflings als nicht unternommen gilt und daher (teilweise) von vorn zu beginnen ist, ob die bei einer Prüfung von der Prüfungsbehörde oder den Prüfern gemachten Fehler durch eine (teilweise) Wiederholung der Prüfung zu korrigieren sind oder ob es sich um einen weiteren – von der Prüfungsordnung zugelassenen – Prüfungsversuch handelt, nachdem die Prüfung im ersten Versuch nicht bestanden worden ist.[1] Auf diese drei Arten der Wiederholung einer Prüfung wird hier jeweils gesondert eingegangen.

I. Rücktritt mit Wiederholungsrecht

731 Tritt der Prüfling von der Prüfung rechtswirksam zurück,[2] so gilt die Prüfung oder ein Teil von ihr als nicht unternommen (vgl. z.B. § 18 Abs. 1 Satz 2 ÄAppO, dazu auch Rdn. 149ff., 517). Der persönliche Anspruch des Prüflings auf Zulassung und Durchführung der Prüfung mit dem Ziel eines entsprechenden Abschlusses bleibt daher zunächst unerfüllt. Da dieser Anspruch jedoch angesichts der als **„nicht unternommen"** geltenden Prüfung fortbesteht, ist das Prüfungsverfahren neu zu beginnen oder aber mit dem Teil fortzusetzen, der infolge des Rücktritts abgebrochen worden ist. Wie das im Einzelnen zu geschehen hat, ist situationsabhängig und ferner im Hinblick auf die Gründe zu entscheiden, die den Rücktritt tragen. Wegen der auch hier zu beachtenden Chancengleichheit sind allein diese objektiven Kriterien maßgeblich; es kommt dagegen nicht darauf an, dass der Prüfling ein persönliches Interesse daran hat, gelungene Teilleistungen zu erhalten und Fehlleistungen durch eine bessere Leistung zu ersetzen.

732 Die notwendige Wiederholung der Prüfung ist auf bestimmte **Abschnitte** oder **Teile** zu begrenzen, wenn diese verfahrensmäßig getrennt und inhaltlich von selbständiger Bedeutung sind, so dass sie isoliert bewertet werden

---

[1] Zu der letzteren Gruppe gehören auch Prüfungen im Anschluss an einen nicht oder nicht hinreichend qualifiziert gelungenen Freiversuch.

[2] Hauptanwendungsfall ist die krankheitsbedingte Prüfungsunfähigkeit, s. Rdn. 115ff., 125ff.

können. Das ist bei Aufsichtsarbeiten dann nicht der Fall, wenn ein bestimmter Klausurensatz inhaltlich und/oder hinsichtlich des Schwierigkeitsgrades der einzelnen Aufgaben abgestimmt und ausgewogen ist. Das gilt ferner, wenn mit der Ausgestaltung der Prüfung bezweckt wird, dass bestimmte Prüfer aufgrund ihrer konkreten Kenntnis der Lösungen speziell dieses Klausurensatzes zu einer möglichst gerechten Bewertung kommen sollen. Für die einzelnen Prüfungsfächer in der mündlichen Prüfung sind ähnliche Maßstäbe anzulegen.[3] Die damit etwa einhergehenden Erschwernisse sind von dem Prüfling hinzunehmen, wenn es darum geht, in einem sog. Kampagne-System durch gleichzeitige, nicht abgeschichtete Leistungskontrollen der Chancengleichheit Rechnung zu tragen.[4]

Weitere Voraussetzung ist, dass der **„wichtige Grund"**, der den Rücktritt **733** rechtfertigt (vgl. § 18 Abs. 1 Satz 3 ÄAppO, s. auch Rdn. 241), sich allein auf den verfahrensmäßig und inhaltlich zu verselbständigenden Prüfungsteil bezieht und nicht etwa – wie z.B. eine längere Krankheit – übergreifend mehrere Prüfungsteile oder die gesamte Prüfung erfasst hat. Es wäre mit dem Grundsatz der Chancengleichheit nicht zu vereinbaren, wenn der erkrankte Prüfling durch inhaltlich nicht gerechtfertigte Modifizierungen seiner Rücktrittserklärung auswählen könnte, welche Prüfungsleistungen trotz seiner Prüfungsunfähigkeit gelten sollen und welche nicht.

II. Wiederholung zur Korrektur von Prüfungsmängeln

Die Wiederholung der Prüfung oder eines Teils der Prüfung kommt fer- **734** ner als eine Maßnahme zur **Korrektur von Mängeln im Prüfungsverfahren** in Betracht (dazu im Einzelnen Rdn. 502 ff.). Zu solchen Mängeln zählen z.B. die Ausgabe unterschiedlich brauchbarer Hilfsmittel oder äußere Störungen des Prüfungsverlaufs (z.B. durch erheblichen **Baulärm** oder **Unruhe im Prüfungsraum**), die nicht schon während der Prüfung hinreichend beseitigt worden sind. Ist die Anfertigung von Aufsichtsarbeiten nur zeitweise gestört, muss eine entsprechende Nachschreibzeit gewährt werden, die geeignet und geboten ist, die durch die Störung entstandenen Nachteile auszugleichen. Die Wiederholung der Prüfung ist demgegenüber stets nur das letzte Mittel, die Chancengleichheit wiederherzustellen (vgl. Rdn. 470 ff., 479).[5]

---

[3] Wegen der Trennbarkeit von mündlicher juristischer Prüfung und Aktenvortrag: BVerwG, U. v. 19. 12. 2001 – 6 C 14.01 – NVwZ 2002, 1375, m. Anm. v. *Brehm* NVwZ 2002, 1334 = Buchholz 421.0 Prüfungswesen Nr. 400.

[4] BVerwG, Beschl. v. 8. 5. 1991 – 7 B 43.91 – DVBl. 1991, 759 = SPE 980 Nr. 40.

[5] BVerfG, Beschl. v. 21. 12. 1992 – 1 BvR 1295/90 – NJW 1993, 917 = VBlBW 1993, 216, wonach die Gerichte uneingeschränkt zu überprüfen haben, ob durch die Kompensationsmaßnahmen ein Ausgleich gelungen ist.

735   Für die Art der Beseitigung des Mangels kommt es wesentlich darauf an, ob er im Verfahren zur **Ermittlung der Leistungen** oder erst bei deren **Bewertung** entstanden ist. In dem Fall eines fehlerhaften „Ermittlungsverfahrens" ist regelmäßig das Leistungsbild verfälscht, so dass die Grundlage einer korrekten Leistungsbewertung fehlt. **Fiktive Leistungen,** die der Prüfling bei ordnungsgemäßer Verfahrensweise vermutlich erbracht hätte, sind auch nicht ersatzweise der Prüfungsentscheidung zugrunde zu legen. Die Prüfung kann demnach in diesem Fall nicht etwa wegen des Verfahrensfehlers für bestanden erklärt, sondern sie muss **wiederholt** werden.[6] Dagegen ist der Bewertungsfehler grundsätzlich durch eine **fehlerfreie Neuwertung** zu beheben, es sei denn, dass dies etwa wegen Zeitablaufs und Wegfalls des Erinnerungsvermögens der Prüfer nicht mehr möglich ist und somit nur noch die Wiederholung der Prüfung in Betracht kommt (vgl. Rdn. 699).[7] Die Wiederholung der (schriftlichen) Prüfung ist ferner nicht zu vermeiden, wenn eine – nicht rekonstruierbare – Prüfungsarbeit **abhanden** gekommen ist, und zwar ohne Rücksicht darauf, wer den Verlust zu vertreten hat.[8]

736   Die Prüfer und Prüfungsbehörden müssen auf Mängel der vorliegenden Art **von Amts wegen reagieren.** Sie müssen die der jeweiligen Störung des Prüfungsverlaufs entsprechenden Abhilfemaßnahmen, einschließlich der etwa erforderlichen Neuprüfung, so gestalten, dass dem Prüfling nur die geringstmöglichen Nachteile entstehen, aber auch keine besonderen Vorteile (vgl. Rdn. 505, 508 ff.).[9] Geschieht dies nicht, kann der Prüfling seinen **Anspruch auf Folgenbeseitigung** notfalls auch gerichtlich durchsetzen und eine (teilweise) Neuprüfung verlangen (Rdn. 504).

737   Wirkt sich der Mangel im Prüfungsverfahren nicht auf die gesamte Prüfung aus,[10] sind nach dem **Gebot** der möglichst **„schonenden Fehlerbeseitigung"** nur diejenigen Abschnitte zu wiederholen, die von diesem Fehler beeinflusst sein können.[11] Voraussetzung ist allerdings, dass die **fehlerhaften**

---

[6] BVerwG, Beschl. v. 16. 4. 1982 – 7 B 58.80 – NJW 1980, 2208 = DÖV 1981, 62 = Buchholz a. a. O. Nr. 127.

[7] Dazu insbesondere: BVerwG, Beschl. v. 11. 4. 1996 – 6 B 13.96 – NVwZ 1997, 502 = DVBl. 1996, 997; OVG NW, U. v. 27. 10. 1995 – 19 A 4947/94 – SPE 432 Nr. 36.

[8] VGH Bad.-Wttbg., U. v. 1. 4. 1987 – 9 S 1829/86 – NVwZ 1987, 1010 = DVBl. 1987, 951; VG Würzburg, U. v. 5. 11. 1982 – W 3 K 82 A 1274 – NVwZ 1982, 239 = BayVBl. 1983, 185. Bei Verschulden des Prüfers oder der Prüfungsbehörde kommen allenfalls Schadensersatzansprüche in Betracht (s. Rdn. 518 ff.). Ein Prüfling, der die von ihm abgegebene Prüfungsarbeit vernichtet, kann von der weiteren Teilnahme an der Prüfung ausgeschlossen werden.

[9] Dazu insbesondere: BVerwG, U. v. 19. 12. 2001 – 6 C 14.01 – NVwZ 2002, 1375, m. Anm. v. *Brehm,* NVwZ 2002, 1334 = Buchholz 421.0 Prüfungswesen Nr. 400 = DVBl. 2002, 73.

[10] Prozessrechtlich ist es grundsätzlich geboten, die Prüfungsentscheidung insgesamt anzufechten (Rdn. 794 ff.). Wegen etwaiger Teilanfechtungen s. Rdn. 795, 801.

[11] BVerwG, Beschl. v. 24. 6. 1983 – 7 CB 60.82; VGH Bad.Wttbg., U. v. 7. 12. 1983 – 9 S 2082/83 – DÖV 1984, 814. Wegen zulässiger Sonderregelungen in der Prüfungs-

Prüfungsteile von anderen Teilen **abtrennbar** sind, ohne dass die Gesamtbewertung verfälscht wird (vgl. Rdn. 508 ff.).[12] Ist dies der Fall, verstieße es gegen das **Übermaßverbot**, von dem Prüfling den völligen Neubeginn der Prüfung zu verlangen.[13] Ebenso wenig steht es dem Prüfling zu, auch die **fehlerfreien Prüfungsabschnitte** neu zu beginnen. Das verstieße gegen den Grundsatz der Chancengleichheit aller Prüflinge.[14] Sind Prüflinge von dem Mangel im Prüfungsverfahren **unterschiedlich betroffen** (z. B. bei der Ausgabe verschieden nützlicher Hilfsmittel), wird dieser Mangel in der Regel nur durch eine Wiederholung des fehlerhaften Prüfungsteils zu beheben sein, es sei denn, dass nach Lage der Dinge schon durch die „Reparatur" der Benachteiligung einzelner Prüflinge die Chancengleichheit wiederherzustellen ist (dazu im Einzelnen Rdn. 510, 511).

Auch im Übrigen ist bei der Korrektur des Verfahrensfehlers durch ein **738** (teilweise) neues Prüfungsverfahren das Interesse des durch den Fehler benachteiligten Prüflings weitestgehend zu schonen und so zu verfahren, dass auch dem Grundsatz der **Chancengleichheit** möglichst ungeschmälert Geltung verschafft wird.[15] Wird bei der Auswertung der (z. B. in einer ärztlichen Prüfung) nach dem **Antwort-Wahl-Verfahren** erbrachten Prüfungsleistung die Unbeantwortbarkeit einzelner Prüfungsfragen festgestellt, so kann der Prüfling eine erneute Prüfung verlangen oder sogar – wenn die Berechnung nach der Eliminierung der fehlerhaften Fragen dies ergibt – beanspruchen, dass die Prüfung für bestanden erklärt wird.[16]

Dem Prüfling ist zwecks Wahrung der Chancengleichheit vor dem Beginn der Wiederholungsprüfung eine angemessene **Zeit zur Wiedereinarbeitung** zu gewähren. Ist wegen der Dauer des Rechtsstreits zu befürchten, **739**

---

ordnung vgl. BVerwG, Beschl. v. 6. 10. 1982 – 7 B 206, 207.81 – Buchholz a. a. O. Nr. 163.

[12] BVerwG, U. v. 19. 12. 2001 – 6 C 14.01 –, a. a. O., betr. die Wiederholung eines Aktenvortrags; OVG Schl.-H., Beschl. v. 18. 5. 1993 – 3 M 19/93 – NVwZ 1994, 805 (Fehler im schriftlichen Teil der Ärztlichen Prüfung). Ist die mündliche Prüfung indes nur eine Ergänzungsprüfung zur schriftlichen Prüfung, muss bei einem Fehler im Verfahren der mündlichen Prüfung die gesamte Prüfung wiederholt werden: OVG NW, U. v. 17. 7. 1991 – 22 A 1533/89 – NVwZ-RR 1992, 246 = NWVBl. 1992, 66.

[13] Dazu steht nicht in Widerspruch, dass für den Fall des Rücktritts wegen Prüfungsunfähigkeit unter Umständen das Neuschreiben aller Klausuren bzw. die Teilnahme an einer gesamten mündlichen Prüfung verlangt werden darf (s. Rdn. 153). Während dort die Chancengleichheit z. B. bei der Beteiligung an einem Klausurensatz oder einer mündlichen Prüfung im Vordergrund steht, geht es hier vor allem darum, Rechtsfehler der Behörde möglichst schonend zu korrigieren.

[14] Hierzu insgesamt: BVerwG, Beschl. v. 4. 12. 1980 – 7 B 68.79 –, und v. 25. 7. 1979 – 7 CB 68.69 – Buchholz a. a. O. Nr. 118, und U. v. 10. 7. 1964 – 7 C 82.64 – NJW 1965, 122.

[15] BVerwG, U. v. 9. 7. 1982 – 7 C 51.79 – Buchholz a. a. O. Nr. 161 = DVBl. 1983, 90.

[16] OVG NW, Beschl. v. 28. 5. 1984 – 15 B 679/84 – SPE 436 Nr. 9. Die Einzelheiten dazu sind nunmehr in einem besonderen Eliminierungsverfahren geregelt (s. Rdn. 599).

dass er seinen Leistungsstand nicht auf eine für ihn zumutbare Weise bewahren kann, ist er noch vor dem Ende des gerichtlichen Verfahrens vorsorglich erneut zu prüfen. Dies kann er – wenn die genannten Voraussetzungen vorliegen – im Wege der einstweiligen Anordnung erzwingen (s. dazu Rdn. 873 ff.).[17]

740 Die **Zusammensetzung der Prüfungskommission,** vor dem der mit einem Verfahrensfehler behaftete Prüfungsabschnitt zu wiederholen ist, unterliegt – mangels spezieller Regelung in der Prüfungsordnung – grundsätzlich keiner besonderen Voraussetzung.[18] Es kommt daher für die Wiederholbarkeit des betreffenden Prüfungsabschnittes – anders als bei der Neubewertung zur Beseitigung eines Bewertungsfehlers (Rdn. 512, 693 ff.) – nicht darauf an, ob die Prüfungskommission in alter Zusammensetzung überhaupt noch zusammentreten kann.[19]

741 Nach dem Ablauf der Rechtsmittelfrist (dazu Rdn. 819 ff.) wird die **Prüfungsentscheidung bestandskräftig.** Der Anspruch auf Wiederholung der fehlerhaften Prüfung kann dann allenfalls noch im Wege des Wiederaufgreifens des Verfahrens unter den in § 51 Abs. 1 VwVfG genannten Voraussetzungen weiterverfolgt werden, etwa wenn die der Prüfungsentscheidung zugrunde liegende Sach- oder Rechtslage sich nachträglich zugunsten des Prüflings geändert hat.[20] Dies ist nicht der Fall, wenn die Prüfungsordnung für künftige Prüfungen einen günstigeren Bestehensmaßstab festlegt.[21] Im Übrigen entscheidet die Behörde gemäß § 48 Abs. 1 Satz 1 VwVfG nach pflichtgemäßem Ermessen darüber, ob sie den **rechtswidrigen, aber unanfechtbaren Prüfungsbescheid** ändert und den Prüfling erneut prüft bzw. dessen Leistungen erneut bewertet.[22] Dieses Ermessen ist trotz der Grundrechtsbetroffenheit des Prüflings nicht etwa im Sinne einer für ihn positiven Entscheidung generell reduziert; die Rechtssicherheit, der die fortwährende Bestandskraft dient, kann ein Festhalten an der nicht rechtzeitig angefochtenen Entscheidung rechtfertigen. Eine ausnahmsweise **Reduzierung des Ermessens** in der Art, dass nur die Wiederholung des Prüfungsverfahrens in Frage kommt, ist z. B. dann anzunehmen, wenn eine gesamte bundesweit abgenommene Prüfung – wie etwa die Ärztliche Vorprüfung im März 1985 – grob fehlerhaft war.[23]

---

[17] OVG Bremen, Beschl. v. 4. 7. 1991 – OVG 1 B 35/91 – SPE 214 Nr. 7.

[18] OVG NW, U. v. 24. 10. 1975 – XV A 1305/74.

[19] OVG Bremen, U. v. 21. 11. 1967 – II A 391/66 – RdJB 1970, 24.

[20] Eine Änderung der Rechtsprechung ist grundsätzlich keine Änderung der Rechtslage im Sinne des § 51 Abs. 1 VwVfG: BVerwG, Beschl. v. 3. 5. 1996 – 6 B 82.95 – Buchholz 421.0 Prüfungswesen Nr. 366. BayVGH, U. v. 20. 9. 1995 – 7 B 94.11898 – BayVBl. 1996, 147.

[21] BVerwG, Beschl. v. 13. 6. 1995 – 6 B 15.95 – Buchholz a. a. O. Nr. 351.

[22] HessVGH, U. v. 14. 8. 1995 – 6 UE 2020/94.

[23] Dazu insgesamt: BVerwG, Beschl. v. 16. 8. 1989 – 7 B 57.89 – Buchholz a. a. O. Nr. 268 = DVBl. 1989, 1196; VGH Bad.-Wttbg., U. v. 31. 1. 1989 – S 1141/88 – NVwZ 1989, 882.

III. Reguläre Wiederholungsmöglichkeiten

Die **einmalige Wiederholung** nicht bestandener Prüfungen ist in nahezu 742
allen Prüfungsordnungen zugelassen. Darüber hinaus räumen sie nicht selten zumindest die Möglichkeit ein, den Prüfling unter bestimmten Voraussetzungen (z. B. bei besonderen persönlichen Belastungen[24] oder günstigen
Prognosen[25] oder wenn bestimmte Mindestleistungen erbracht worden
sind,)[26] zu einer **zweiten Wiederholungsprüfung** zuzulassen.[27] Mit Rücksicht auf das föderalistische Prinzip verstößt es nicht gegen Art. 3 Abs. 1
GG, wenn das für den Prüfling maßgebliche Landesrecht die Zulassung zur
zweiten Wiederholung von strengeren Voraussetzungen abhängig macht als
das Recht anderer Bundesländer.[28] Auch hinsichtlich der Anerkennung bestimmter Ausnahmegründe ist der Normgeber nur durch das Willkürverbot
beschränkt. Danach ist es ihm nicht versagt, Erschwernisse während der
Ausbildung des Prüflings (z. B. die Qualität des Studienangebots, das soziale
Umfeld oder die Beschaffenheit der Wohnverhältnisse) unberücksichtigt zu
lassen.[29]

Die Anzahl der zugelassenen Prüfungsversuche wird in der Praxis auch 743
durch sogenannte **Freiversuche** nicht unwesentlich vermehrt. Denn die einem fehlgeschlagenen Freiversuch nachfolgende Prüfung gilt als Erstprüfung und nicht als Wiederholungsprüfung.[30] Insbesondere im Hochschulbereich findet sich die Regelung, dass eine innerhalb der Regelstudienzeit

---

[24] Dazu gehört in der Regel nicht auch eine berufliche Tätigkeit, die den Prüfling an
der Vorbereitung der Prüfung gehindert hat: VGH Bad.-Wttbg., U. v. 20. 1. 1988 – 9
S 1047/87 – SPE 980 Nr. 34.

[25] BVerwG, Beschl. v. 6. 7. 1995 – 6 B 7.95 – Buchholz a. a. O. Nr. 353.

[26] Diese Einschränkungen widersprechen nicht höherrangigem Recht: BayVGH,
Beschl. v. 12. 1. 1989 – Nr. 7 CE 88.3403 – BayVBl. 1989, 660.

[27] Wegen der besonderen Voraussetzungen für die Annahme eines „Ausnahmefalls"
vgl. OVG NW, U. v. 26. 11. 1993 – 22 A 3246/92 –, und OVG Rh.-Pf., Beschl. v.
20. 11. 1992 – 2 A 10 863/92. Wenn diese Voraussetzungen, die regelmäßig auch prog-
nostische Einschätzungen der Prüfungsbehörde erfordern, vorliegen, bleibt kein weiterer Ermessensspielraum, der eine Ablehnung rechtfertigen könnte; denn Art. 12
Abs. 1 GG lässt auch hier solche Spielräume nicht zu; a. A.: OVG Bremen, U. v. 6. 5.
1986 – OVG 1 BA 5/85 – SPE 980 Nr. 28. Macht ein Prüfling von der Erlaubnis, eine
Prüfung ein zweites Mal zu wiederholen, über mehrere Jahre keinen Gebrauch, so hat
er dieses Recht verwirkt: OVG Berl., U. v. 4. 3. 1981 – OVG VII B 4.79 – SPE III G
IV, S. 11.

[28] BVerwG, Beschl. v. 30. 3. 2000 – 6 B 8.00 – NVwZ-RR 2000, 503 = DVBl. 2000,
1006 = Buchholz a. a. O. Nr. 398.

[29] BVerwG, Beschl. v. 12. 11. 1998 – 6 PKH 11.98 – NVwZ-RR 1999, 245 =
DVBl. 1999, 561 = SPE 980 Nr. 52; OVG Bremen, U. v. 13. 10. 1998 – 1 BA 46/96 –
SPE 980 Nr. 54.

[30] VG Braunschweig, Beschl. v. 11. 7. 1997 – 6 B 61 131/97 – NdsVBl. 1997, 266:
Einzelne im Freiversuch absolvierte Prüfungsleistungen, insbesondere eine Hausarbeit, können daher in der nachfolgenden Erstprüfung nicht angerechnet werden.

abgelegte Abschlussprüfung[31] im Falle des Nichtbestehens als nicht unternommen gilt und dass – wenn das Landesrecht dies vorsieht – eine im Freiversuch bestandene Prüfung zur **Notenverbesserung** wiederholt werden kann (vgl. § 15 Abs. 2 HRG). Entsprechende Regelungen kennen auch andere, z.B. die juristischen Prüfungsordnungen. Da von diesen Möglichkeiten häufig Gebrauch gemacht wird, ist anzuerkennen, dass die auf diese Weise verbreitete Leistungskontrolle insgesamt an Zuverlässigkeit gewonnen hat.

744   Zumindest die **einmalige Wiederholung** zu gewähren, ist bei berufsrelevanten Prüfungen grundsätzlich auch **verfassungsrechtlich geboten,** damit das Grundrecht auf freie Berufswahl (Art. 12 Abs. 1 GG) nicht übermäßig eingeschränkt wird.[32] Da Prüfungen immer nur begrenzte Ausschnitte aus dem Leistungsvermögen des Prüflings erfassen können, dürfen Prüfungsordnungen sich nicht darauf beschränken, den einmaligen Nachweis von Mindestkenntnissen zu fordern. Allerdings zwingt das Verfassungsrecht nicht dazu, die „Nachkontrolle" des Misserfolgs in der Form einer verselbständigten Wiederholungsprüfung anzuordnen. Auch ein System von wiederholbaren **Zwischenprüfungen** sowie die Möglichkeit, die Prüfung in **einzelnen Fächern studienbegleitend** zu wiederholen, können den genannten Anforderungen gerecht werden.[33] Ferner ist eine Regelung zulässig, wonach der zunächst erfolglos absolvierte, dann aber fristgerecht erfolgreich wiederholte Prüfungsteil mit einem anderen, schon in der Erstprüfung erfolgreich absolvierten Prüfungsteil zusammengefasst wird, so dass die Prüfung insgesamt bestanden ist.[34] Gelegentlich wird die Wiederholbarkeit von Prüfungen durch ein **„Malus-Punkte-System"** geregelt, wonach bestimmte Wiederholungen mit einem Maluspunkt gezählt werden und bei dem Erreichen einer in der Prüfungsordnung festgelegten Gesamtzahl von Maluspunkten die Prüfung insgesamt endgültig nicht bestanden ist.[35] Alle diese Wege sind grundsätzlich gangbar, müssen sich aber mit Blick auf ihre konkreten Ausgestaltungen und Rechtswirkungen daran messen lassen, ob der Prüfling in die Lage versetzt ist, seinen Misserfolg in der ersten Prüfung

---

[31] Solche Abschlussprüfungen sind nicht auch einzelne studienbegleitende Prüfungen („Orientierungsprüfungen") oder Zwischenprüfungen.

[32] So jedenfalls in der Tendenz auch: BVerfG, Beschl. v. 14. 3. 1989 – 1 BvR 1033/82 – BVerfGE 80, 1 = NVwZ 1989, 850.

[33] Wegen der Zulässigkeit von Fristen zur Wiederholung von Teilprüfungen: BVerwG, U. v. 6. 9. 1995 – 6 C 2.94 – BVerwGE 99, 208 = NVwZ 1997, 181 = SPE 980 Nr. 48; VGH Bad.-Wttbg., Beschl. v. 12. 9. 2001 – 9 S 1549/01 – NVwZ-RR 2002, 354 = DVBl. 2002, 207 = SPE 980 Nr. 59. Zur Wiederholbarkeit von Tests für medizinische Studiengänge: OVG NW, Beschl. v. 10. 12. 1986 – 11 B 2628/86 – NJW 1987, 1505 = SPE 980 Nr. 31.

[34] OVG NW, Beschl. v. 2. 2. 2000 – 14 B 1905/99 – NWVBl. 2000, 317 = SPE 980 Nr. 55, betr. eine ärztliche Prüfung.

[35] So z.B. § 13 Abs. 8 der Satzung für Allgemeine Studienangelegenheiten v. 4. 7. 2001 und 17. 4. 2002 der Freien Universität Berlin, Amtsbl. 15/2002, S. 5.

durch einen erneuten Versuch wirksam zu korrigieren. Aus rechtsstaatlichen Gründen bedürfen die jeweiligen Lösungsmodelle einer **normativen Grundlage,** die dies generell und rechtsverbindlich regelt (vgl. Rdn. 33 ff., 45).[36] Ohne sie ist die Wiederholung der Prüfung nicht begrenzt, solange der Prüfling die sonstigen Voraussetzungen der Zulassung für die Prüfung erfüllt.

Die Beschränkung der Wiederholungsmöglichkeiten auf **nur eine Wiederholung** verstößt nicht gegen Art. 12 Abs. 1 GG.[37] Ebenso wenig ist die **unbeschränkte Wiederholbarkeit** verfassungsrechtlich geboten.[38] Regelungen, die den Zugang zu einem Beruf von dem Bestehen einer Prüfung abhängig machen, begründen subjektive Zulassungsvoraussetzungen im Sinne der vom BVerfG im „Apotheken-Urteil" (BVerfGE 7, 377, 405 ff.) entwickelten Stufentheorie.[39] Danach ist es zulässig, auch hinsichtlich der Zahl der Wiederholungsmöglichkeiten an die Qualifikation des Prüflings anzuknüpfen. Die Zahl der Prüfungsversuche gibt Aufschluss über die Qualifikation des Bewerbers für einen Beruf. So ist es insbesondere nicht ohne Aussagewert, nach wie vielen vergeblichen Versuchen erstmals das erforderliche Mindestwissen nachgewiesen werden kann. Deshalb erlaubt die Zahl der Prüfungsmisserfolge Rückschlüsse auf die individuellen Fähigkeiten des Prüflings.[40] Dieser Einsicht darf die Prüfungsordnung Rechnung tragen, indem sie die Wiederholungsmöglichkeiten in der dargelegten Weise beschränkt. Demgegenüber ist es nicht ausschlaggebend, dass die die Prüfung beliebig oft wiederholenden Prüflinge auf ihrem langen Weg zur beruflichen Qualifikation zwar die Prüfungskapazitäten erschöpfen, aber in dem Beruf selbst (noch) keinen Schaden anrichten können.[41] Allerdings steht dem individuellen Interesse des Prüflings an einer unbeschränkten Zahl von Prüfungsmöglichkeiten, die angesichts seiner fortgesetzt unzurei-

745

---

[36] Zur Beschränkung der Wiederholbarkeit durch eine Studienordnung mit Ausschlusswirkungen für das betr. Studium im Bundesgebiet: BayVGH, U. v. 9. 4. 1986 – Nr. 7 B 85 A.1910 – BayVBl. 1987, 178.

[37] Vgl. BVerfG, Beschl. v. 14. 3. 1989, a. a. O.; BVerwG, Beschl. v. 7. 3. 1991 – 7 B 178.90 – Buchholz 421.0 Prüfungswesen Nr. 285; vgl. ferner: Beschl. v. 18. 11. 1985 – 7 B 11.85 – Buchholz a. a. O. Nr. 221 = DÖV 1986, 476, und U. v. 27. 11. 1981 – 7 C 66.78 – NJW 1982, 1339 = Buchholz a. a. O. Nr. 156 m. w. Hinw. Ebenfalls kein Verstoß gegen die Bayerische Verfassung: BayVerfGH, Entsch. v. 27. 1. 1994 – Vf.14-VII-92- BayVBl. 1994, 526, und v. 24. 2. 1988 – Vf 16-VII-86 – SPE 980 Nr. 33 = BayVBl. 1988, 300, und v. 28. 1. 1988 – Vf 13-VII-86 – NVwZ 1988, 911 = DVBl. 1988, 576; vgl. ferner: OVG Nds., U. v. 21. 12. 1993 – 10 K 1043/92 – DÖV 1994, 394 (zu § 22 Abs. 1 NdsJAO 1985).

[38] BVerfG, Beschl. v. 14. 3. 1989, a. a. O.; a. A.: *Peter Becker,* Prüfungsrecht, S. 142 ff., sowie NJW 1990, 273 ff., 282; *Lampe,* Gerechtere Prüfungsentscheidungen, Schr. z. ÖR, Bd. 801 (1999), S. 175; Zweifelnd auch: *Zimmerling/Brehm,* Prüfungsrecht, Rdn. 27.

[39] Dazu im Einzelnen BVerwG, Beschl. v. 7. 3. 1991, a. a. O.

[40] BVerfG, Beschl. v. 14. 3. 1989, a. a. O.

[41] In diesem Sinne *Peter Becker,* a. a. O.

chenden Leistungen weitere Studien/Ausbildungen voraussetzen, ein gewichtiges, letztlich höher zu bewertendes Allgemeininteresse gegenüber, die beschränkten **Ausbildungskapazitäten** für solche Bewerber zu nutzen, die ihre Qualifikation spätestens in der Wiederholungsprüfung nachweisen können. Nach alledem ist es ferner nicht ausgeschlossen, dass ein wiederholter Misserfolg bei **studienbegleitenden Prüfungen schon in den ersten Semestern** bewirkt, dass das Studium beendet ist. Allerdings müssen die fehlenden Leistungsnachweise nach Art und Bedeutung schon in diesem frühen Stadium der beruflichen Ausbildung den Schluss zulassen, dass die Eignung für den gewählten Beruf fehlt.[42] Eine solche Prognose wird zwar im Einzelfall kaum sicher zu stellen sein, muss aber generell auf einer tragfähigen Grundlage beruhen. Es liegt übrigens nicht nur im wohlverstandenen Interesse der in diesem Fach nach wiederholtem Misserfolg offensichtlich überforderten Prüflinge, sondern auch im Interesse der Allgemeinheit, dass diese sich nicht allzu spät auf ein Berufsziel umstellen, das ihren Fähigkeiten entspricht.

746   Nach dem erfolglosen Abschluss aller zugelassenen Prüfungsversuche kann ein weiterer Versuch nicht etwa durch den **Neubeginn** des betreffenden **Studiums** erreicht werden.[43] Gelingt es dem Bewerber, einen entsprechenden **Abschluss im Ausland** zu erreichen, der im Inland anerkannt wird und somit die Berufszulassung ermöglicht, mag er auf diesem Umweg sein berufliches Ziel dennoch erreichen können. Daraus folgt aber nicht das Recht, durch den Neubeginn des betreffenden Studiums im Inland oder durch die Zulassung unbeschränkter Prüfungsmöglichkeiten das Gleiche zu erreichen.[44]

747   Ob nach bestandener Prüfung ein Anspruch auf erneute Prüfung zur **Verbesserung der Prüfungsnote** besteht, richtet sich allein danach, ob die Prüfungsordnung eine solche Möglichkeit einräumt.[45] Bundesverfassungsrecht gewährleistet ein solches Recht nicht; es verbietet indes auch nicht etwa sachdienliche Beschränkungen einer solchen Begünstigung durch zeitliche Grenzen oder den Ausschluss von Wiederholungsmöglichkeiten.[46]

---

[42] So auch: *Peter Wex*, Bachelor und Master – Prüfungsrecht und Prüfungsverfahren –, Sonderdruck aus „Handbuch Hochschullehre", Juli 2002, S. 37.

[43] BVerwG, Beschl. v. 12. 2. 1985 – 7 B 12.85 – und U. v. 27. 11. 1981 – 7 C 66.78 – NJW 1982, 1339 = Buchholz a. a. O. Nr. 156.

[44] Dazu insbesondere: *Lampe*, a. a. O., S. 176.

[45] Das ist häufig der Fall, wenn die Prüfungsordnung einen sog. Freiversuch einräumt. Dazu insbesondere: *Eggensperger* VBlBW 1991, 314.

[46] Hierzu auch wegen weiterer Einzelheiten: BVerwG, Beschl. v. 30. 10. 1984 – 7 B 111.84 – KMK-HSchR 1985, 745; VGH Bad.-Wttbg., Beschl. v. 22. 12. 1992 – 9 S 2623/92 – VBlBW 1993, 263; BayVGH, Beschl. v. 5. 3. 1986 – Nr. 3 N 85 A.2347 – BayVBl. 1986, 530, und v. 12. 9. 1984 – Nr. 3 B 84 A.1231 – BayVBl. 1985, 21. Kein Anspruch auf Wiederholung der 4. Schulklasse, um damit eine bessere Empfehlung für das Gymnasium zu erlangen: OVG RhPf., Beschl. v. 16. 9. 1985 – 2 B 26/85 – SPE 978 Nr. 2.

Grundsätzlich gelten die prüfungsrechtlichen Vorschriften und allgemei- **748** nen Rechtsgrundsätze für die Wiederholungsprüfung in gleichem Maße wie für die Erstprüfung.[47] Es gibt jedoch keinen prüfungsrechtlichen Grundsatz, dass Wiederholungsprüfungen stets nach denselben, inhaltlich unveränderten Prüfungsvorschriften durchzuführen sind wie die vorausgegangenen Prüfungsversuche. Auch **Verschärfungen der Bestehensvoraussetzungen** zwischen Erstprüfung und Wiederholungsprüfung sind nicht unzulässig.[48] Sie müssen aber insgesamt noch zumutbar sein[49] (wegen des Vertrauensschutzes bei Änderung der Prüfungsbestimmungen s. Rdn. 81 ff.).

Im Verhältnis zu den Erstprüflingen sind die Chancen der Wiederholer **749** nicht selten dadurch verbessert, dass sie mit anderen Voraussetzungen und von einem günstigeren Ausgang her den Weg in die (zweite) Prüfung gehen. Insbesondere die **Anrechnung von ausreichenden Leistungen** der Erstprüfung, die in den Prüfungsordnungen unterschiedlich geregelt ist,[50] kann den Wiederholer nicht unwesentlich entlasten. Dies ist ebenso wie die unterschiedliche Behandlung der Gesamtwiederholer und der Teilwiederholer mit dem Gleichheitssatz vereinbar.[51] Es würde aber gegen den Grundsatz der Chancengleichheit aller Prüflinge verstoßen, wenn bei Gelegenheit einer Wiederholung einzelner Prüfungsteile die Bewertung älterer, nur angerechneter anderer Prüfungsteile nachträglich nachgebessert werden könnte.[52]

Andererseits hat der Wiederholer aber auch Nachteile hinzunehmen, die **750** sich aus den besonderen Umständen dieser Prüfungssituation ergeben. Die in der Wiederholungsprüfung durchweg **verstärkte prüfungstypische Stresssituation** ist dem Risikobereich des Prüflings zuzurechnen, so dass

---

[47] Zur Chancengleichheit im Verhältnis Erstprüfling – Wiederholer: BVerwG, Beschl. v. 9. 6. 1993 – 6 B 35.92 – Buchholz a.a.O. Nr. 315. Zur Ausgestaltung des Prüfungsrechtsverhältnisses im Hinblick auf „Aussteiger" und „Wiederholer" sowie Bewerber für erneute Prüfungen an anderer Stelle: OVG NW, U. v. 27. 1. 1993 – 22 A 992/91.

[48] BVerwG, Beschl. v. 15. 10. 1984 – 7 CB 70.84 – KMK-HSchR 1985, 444.

[49] Dazu insgesamt: BVerwG, Beschl. v. 29. 12. 1992 – 6 B 56.92 – Buchholz a.a.O. Nr. 308; U. v. 18. 5. 1982 – 7 C 24.81 – BVerwGE 65, 323 = NJW 1983, 354 = Buchholz a.a.O. Nr. 159; wegen weiterer Einzelheiten vgl. ferner BVerfG, Beschl. v. 6. 12. 1988 – 1 BvL 5 und 6/85 – BVerfGE 79, 212 = NVwZ 1989, 645, betr. Änderung der Notenskala in der Prüfungsordnung. BVerwG, U. v. 14. 12. 1990 – 7 C 16.90 – Buchholz a.a.O. Nr. 280, betr. einen zusätzlichen Prüfungsversuch; OVG NW, U. v. 14. 4. 1987 – 22 A 247/87 – NWVBl. 1987, 49, betr. eine Stichtagsregelung.

[50] Ist die Anrechnung nach dem eindeutigen Wortlaut der Prüfungsordnung ausgeschlossen, führt eine dem widersprechende Prüfungspraxis nicht etwa zur Entstehung von Gewohnheitsrecht: OVG NW, U. v. 20. 8. 1993 – 22 A 2085/91 – NWVBl. 1994, 59.

[51] BVerwG, Beschl. v. 15. 10. 1984 – 7 CB 70.84 – KMK-HSchR 1985, 444. Gegen die Anrechnung von Klausuren und Kurzhausarbeiten bei der Wiederholung der zweiten juristischen Prüfung: HessVGH, Beschl. v. 9. 10. 1995 – 6 TG 1938/95 – SPE 980 Nr. 50.

[52] OVG Nds., U. v. 16. 3. 1999 – 10 L 377/97 – NdsVBl. 1999, 183 = SPE 980 Nr. 57.

ein Bonus für höhere nervliche Belastung rechtlich nicht zulässig ist.[53] Ebensowenig besteht eine allgemeine rechtliche Pflicht, die Prüfer davon in Kenntnis zu setzen, dass ein Prüfling die Prüfung wiederholt.[54]

751   Besonderheiten der Wiederholungsprüfung können es rechtfertigen, dass die **Reihenfolge der Aufsichtsarbeiten** oder die zeitlichen Abstände zwischen ihnen nicht mit denen der Erstprüfungen übereinstimmen.[55] Die Aufforderung, an einer Wiederholungsprüfung teilzunehmen, ist nicht allein deshalb rechtswidrig, weil der Prüfling inzwischen eine andere **Ausbildung begonnen** hat und diese unterbrechen oder gar abbrechen müsste, wenn er sich der Wiederholungsprüfung stellt; denn auch das Verfahren zur Wiederholung der Prüfung ist – selbst wenn die Prüfungsordnung insoweit nicht ausdrücklich Fristen festlegt – in angemessener Zeit zu einem Abschluss zu bringen.[56]

752   Ein Prüfer, der den Prüfling bereits in der Erstprüfung geprüft hat, ist nicht grundsätzlich, sondern nur wenn die Prüfungsordnung dies vorsieht, von der **Mitwirkung in der Wiederholungsprüfung** ausgeschlossen.[57] Im Übrigen ist er allenfalls – wie in der Erstprüfung – dann nicht zu beteiligen, wenn er gemäß § 20 VwVfG ausgeschlossen oder wenn er aus konkretem Anlass befangen ist (vgl. Rdn. 194 ff.).

753   Auch eine in den Lauf eines Verwaltungsprozesses gegen eine früher versuchte Erstprüfung fallende **(erfolglose) Wiederholungsprüfung** zählt als ein Prüfungsversuch im Sinne der Prüfungsvorschriften, die die Anzahl möglicher Prüfungswiederholungen beschränken.[58] Wird der Bescheid über das Nichtbestehen einer Prüfung im ersten Versuch zeitlich nach der erfolglosen Wiederholungsprüfung – z.B. wegen eines Verfahrensfehlers – aufgehoben und besteht der Prüfling die demzufolge nachzuholende Erstprüfung erneut nicht, so kann er einen **weiteren Prüfungsversuch** nicht mit der Begründung verlangen, die Wiederholungsprüfung sei rechtswidrig, weil die Erfolglosigkeit des ersten Prüfungsversuches, die Voraussetzung der Wiederholungsprüfung sei, im Zeitpunkt der Wiederholung noch nicht festgestanden habe.[59]

754   Die verwaltungsgerichtliche Klage nach erfolgloser Erstprüfung hindert nicht die **Durchführung der Wiederholungsprüfung.** Ebenso wenig ist dem Antrag des Prüflings auf Zulassung zur Wiederholungsprüfung ein Verzicht auf die Korrektur des Bescheides über die erste Prüfung zu entnehmen.[60] Für den Fall, dass die Wiederholungsprüfung bestanden und die

---

[53] BVerwG, Beschl. v. 26. 11. 1980 – 7 B 190.80.

[54] BVerwG, Beschl. v. 6. 3. 1995 – 6 B 96.94 – Buchholz a.a.O. Nr. 346.

[55] BVerwG, Beschl. v. 8. 7. 1992 – 6 B 7.92 – DVBl. 1993, 49.

[56] BVerwG, U. v. 14. 6. 1982 – 7 C 74.78 – Buchholz a.a.O. Nr. 162 = DVBl. 1983, 89.

[57] OVG NW, U. v. 4. 12. 1980 – 17 A 2507/79 – DÖV 1981, 587.

[58] BVerwG, Beschl. v. 15. 6. 1979 – 7 B 232.78 – Buchholz a.a.O. Nr. 113.

[59] BVerwG, Beschl. v. 23. 3. 1981 – 7 B 39,41.81 – Buchholz a.a.O. Nr. 143.

[60] BVerwG, U. v. 28. 4. 1978 – 7 C 50.75 – BVerwGE 55, 355 ff., 357.

Erstprüfung (später) als rechtsfehlerhaft aufgehoben wird, gilt die **Prüfung als im ersten Versuch bestanden.**[61] Wird der Bescheid über die erste Prüfung aufgehoben, bevor die Wiederholungsprüfung abgeschlossen ist, ist diese – soweit dies ohne Benachteiligung des Prüflings möglich ist – als „Erstprüfung" **fortzusetzen** oder abzubrechen, um die Prüfung **insgesamt neu** zu beginnen.[62]

Die Regelung, nach der ein **Schüler** dieselbe Klasse oder Jahrgangsstufe **755 nur einmal wiederholen** kann, ist nicht anwendbar, wenn der Schüler die vorhergegangene Klasse freiwillig wiederholt hat.[63]

---

[61] OVG NW, Beschl. v. 29. 7. 1981 – 15 B 757/81; vgl. ferner: BVerwG, U. v. 21. 10. 1993 – 6 C 12.92 – Buchholz a. a. O. Nr. 320.

[62] OVG NW, Beschl. v. 29. 7. 1981 – 15 B 757/81; vgl. dazu auch BVerwG, U. v. 28. 4. 1978, a. a. O.

[63] OVG NW, U. v. 18. 5. 1984 – 16 A 67/83 – SPE 976 Nr. 6.

G. Einwendungen gegen die Prüfungsentscheidung/ verwaltungsinternes Kontrollverfahren

I. Vorprozessuale Verfahren bei Einwendungen des Prüflings gegen die Prüfungsentscheidung

756 Es mag für Prüflinge, die das negative Prüfungsergebnis für rechtsfehlerhaft halten, nahe liegen, sich sogleich um einen Rechtsschutz der unabhängigen Verwaltungsgerichte zu bemühen. Der direkte Weg zum Verwaltungsgericht ist indes in der Regel versperrt, weil vor der Erhebung der Anfechtungs- oder der Verpflichtungsklage die Rechtmäßigkeit der Prüfungsentscheidung gemäß §§ 68 ff. VwGO in einem **Vorverfahren** nachzuprüfen ist (dazu im Einzelnen, auch wegen der Ausnahmen s. Rdn. 815 ff.). Zudem wäre ein solches Vorgehen von vornherein ungeeignet, wenn und soweit die Einwendungen des Prüflings sich auf **prüfungsspezifische Wertungen** der Prüfer beziehen (vgl. Rdn. 640 ff.), indem er etwa rügt, der Prüfer habe den Schwierigkeitsgrad der Aufgabe unterschätzt oder die Überzeugungskraft seiner Argumente zu gering bewertet (Rdn. 642). Da die gerichtliche Kontrolle insofern lückenhaft ist (s. Rdn. 846 ff.), geht der Weg hier in eine andere Richtung, nämlich in das Verfahren der **verwaltungsinternen Kontrolle** und des „Überdenkens" der prüfungsspezifischen Wertungen durch die jeweiligen Prüfer (dazu im Einzelnen Rdn. 759 ff.).

757 Das Verfahren der verwaltungsinternen Kontrolle ist bei den einzelnen Prüfungen unterschiedlich konzipiert: Wenn gesetzlich nichts anderes geregelt ist, sind Bewertungsrügen der genannten Art einfache **Gegenvorstellungen,** die nicht an Formen oder Fristen gebunden sind.[1] Das ist freilich heute nicht mehr die Regel. Denn die Bundesländer haben durchweg dem verfassungsrechtlichen Auftrag zu einer normativen Gestaltung des verwaltungsinternen Kontrollverfahrens bei Einwendungen des Prüflings gegen die prüfungsspezifischen Bewertungen seiner Leistungen – wenngleich in

---

[1] Soweit es an einer normativen Regelung des verwaltungsinternen Kontrollverfahrens (noch) fehlt, ist die Handhabung des Verfahrens im Einzelfall lediglich daraufhin zu überprüfen, ob die durch Art. 12 Abs. 1 i. V. m. Art. 19 Abs. 4 GG vorgegebenen Ziele auf dem eingeschlagenen Verfahrensweg erreicht werden: BVerwG, U. v. 16. 4. 1997 – 6 C 9.95 – NJW 1998, 323 = Buchholz 421.0 Prüfungswesen Nr. 382; vgl. dazu ferner: BVerwG, Beschl. v. 15. 4. 1994 – 6 B 42.94 – Buchholz a. a. O. Nr. 337. Zu beachten ist jedoch, dass die Prüfungsentscheidung nach Ablauf der Widerspruchs- bzw. Klagefrist unanfechtbar wird und damit Bestandskraft erlangt (vgl. Rdn. 819 ff.). Eine spätere Rücknahme wegen festgestellter Prüfungsmängel steht sodann im Ermessen der Prüfungsbehörde (§ 48 Abs. 1 Satz 1 VwVfG).

unterschiedlicher Art und Weise – Rechnung getragen.[2] Die Gesetzeslage ist allerdings sehr uneinheitlich und unübersichtlich, so dass hier auf die speziellen Regelungen in den einzelnen Prüfungsordnungen verwiesen werden muss. Neben eigenständigen „**Nachprüfungsverfahren**"[3] oder dem **Widerspruchsverfahren** nach §§ 68 ff. VwGO gibt es – insbesondere im Bereich der juristischen Prüfungen – **Mischformen**, etwa wenn das Überdenken der prüfungsspezifischen Wertungen zwar in das „normale" Widerspruchverfahren integriert wird, jedoch insoweit die jeweils zuständigen Prüfer förmlich einzuschalten sind.[4] Deren persönliche, von ihnen „überprüfte" Wertungen gehen, soweit sie nicht offenbar Rechtsfehler enthalten, in die Widerspruchsentscheidung der Prüfungsbehörde mit eigenständiger Bedeutung ein (vgl. z. B. § 27 Abs. 1 NWJAG).

In all den Fällen, in denen der Weg zu einer verwaltungsinternen Kontrolle – übrigens auch wegen der Fristwahrung (§ 70 VwGO) – in das **Widerspruchsverfahren** führt, stellt sich die Frage, ob dieser Weg der allein zulässige ist oder ob der Prüfling daneben oder unabhängig davon berechtigt ist, seine Einwände gegen prüfungsspezifische Wertungen **gesondert vorzubringen** und von dem Prüfer **direkt zu verlangen**, dass er seine Bewertungen überdenkt. Die Antwort auf diese Fragen muss bei der Rechtsschutzgarantie des Art. 19 Abs. 4 GG ansetzen, die bei berufsrelevanten Prüfungen ein verwaltungsinternes Kontrollverfahren hinsichtlich der prüfungsspezifischen Wertungen verlangt (dazu Rdn. 759). Diese verfassungsrechtliche Gewährleistung ist nur dann in der gebotenen Weise „wirkungsvoll", wenn das „Überdenken" der einzelnen Wertung so zeitnah erfolgt, dass die Fragen und Antworten noch gegenwärtig sind. Die Erinnerung daran verblasst aber speziell bei den mündlichen Prüfungen, wenn deren Hergang nicht im Einzelnen protokolliert wird, recht schnell. Der Prüfling muss sich daher mit **Bewertungsrügen** der bezeichneten Art in **engem zeitlichen Zusammenhang** mit der mündlichen Prüfung an den Prüfer wenden können. Der Prüfer darf sich seiner Pflicht zum „Überdenken" seiner – hinreichend spezifiziert gerügten – Wertungen (s. Rdn. 762) nicht dadurch entziehen, dass er die Erfüllung dieser Pflicht solange hinauszögert, bis sie nicht mehr erfüllbar ist. Ein solchermaßen verfassungswidriges Verhalten ist auch dann keineswegs gerechtfertigt, wenn es mit der Prüfungsordnung förmlich in Einklang steht, weil diese (auch) für Bewertungsrügen das **förmliche Widerspruchsverfahren** vorsieht. Denn die Schwerfälligkeit und Zeitdauer eines solchen Verfahrens (schriftliche Eingabe bei der Prüfungsbehörde,

758

---

[2] Zum Gestaltungsermessen des Gesetzgebers und dessen Grenzen: BVerwG, U. v. 24. 2. 1993 – 6 C 35.92 – BVerwGE 92, 132 = NVwZ 1993, 681.
[3] Dazu insbesondere: BayVGH, U. v. 4. 6. 2002 – 7 B 01.499 – NVwZ-RR 2003, 257, auch zur Frage der Erstattung von Gebühren und Auslagen des in einem solchen Verfahren auftretenden Rechtsanwalts.
[4] Zur Durchführung des Prüferbeteiligungsverfahrens: OVG Rh.-Pf., U. v. 30. 7. 2003 – 2 A 10770/03 – NJW 2003, 3073.

förmliche Anhörung der Prüfer, vgl. § 70 VwGO) ist häufig nicht geeignet, eine wirkungsvolle Kontrolle der prüfungsspezifischen Wertungen zu erreichen, sofern diese nicht im Einzelnen schriftlich niedergelegt worden sind.[5]

II. Der Anspruch des Prüflings auf ein „Überdenken" der Bewertung seiner Leistungen

1. Verfassungsrechtliche Grundlagen

759   Das BVerfG[6] hat bei berufsbezogenen Prüfungen unmittelbar aus Art. 12 Abs. 1 GG einen Anspruch des Prüflings auf effektiven Schutz seines Grundrechts der Berufsfreiheit durch eine entsprechende Ausgestaltung des Prüfungsverfahrens hergeleitet. Danach muss der Prüfling die Möglichkeit haben, **Einwände** nicht etwa nur wegen rechtlicher Mängel des Prüfungsverfahrens, sondern speziell **auch** gegen die **Bewertungen** seiner Prüfungsleistungen bei der Prüfungsbehörde „**rechtzeitig** und **wirkungsvoll**" vorzubringen, um auf diese Weise ein „Überdenken" dieser Bewertungen unter Berücksichtigung seiner Einwände zu erreichen. Begehrt der Prüfling mit substantiierten Einwendungen ein „Überdenken" der prüfungsspezifischen Bewertungen, so ist ein **eigenständiges verwaltungsinternes Kontrollverfahren** durchzuführen.[7] Die gerichtliche Kontrolle allein trägt dem Grundrechtsschutz nicht hinreichend Rechnung, weil sie nach wie vor an Grenzen stößt (dazu Rdn. 846 ff., 852 ff.). Denn der Bewertungsvorgang ist von zahlreichen Unwägbarkeiten bestimmt, und den Prüfern bleibt jedenfalls bei ihren prüfungsspezifischen Wertungen – etwa hinsichtlich der Frage, wie die einzelne Prüfungsleistung sich zu den durchschnittlichen Anforderungen verhält (s. Rdn. 642), – ein Bewertungsspielraum. Der Anspruch des Prüf-

---

[5] Können angebliche Bewertungsmängel wegen des Zeitablaufs nicht mehr spezifiziert gerügt und von den Prüfern „überdacht" werden, geht dies zu Lasten des Prüflings: HessVGH, U. v. 15. 10. 1997 – 1 UE 1205/96 – SPE 526 Nr. 15. Die tatsächliche Unmöglichkeit einer nachträglichen Kontrolle des Prüfungsgeschehens begründet nicht etwa einen Verfahrensmangel, der zur Aufhebung der Prüfungsentscheidung führen müsste (anders: VG Karlsruhe, U. v. 25. 9. 1996 – 7 K 1905/95).

[6] Beschlüsse v. 17. 4. 1991 – 1 BvR 419/81 u. a. – BVerfGE 84, 34 = NJW 1991, 2005, und – 1 BvR 1529/84 – BVerfGE 84, 59 = NJW 1991, 2008.

[7] BVerwG, Urteile v. 30. 6. 1994 – 6 C 4.93 – NVwZ 1995, 168 = Buchholz 421.0 Prüfungswesen Nr. 334, und v. 24. 2. 1993 – 6 C 35.92 – BVerwGE 92, 132 = NVwZ 1993, 681 = Buchholz a. a. O. Nr. 313, und – 6 C 38.92 – NVwZ 1993, 686 = Buchholz a. a. O. Nr. 314. Die im Beschl. v. 14. 3. 1988 – 7 B 31.88 – Buchholz a. a. O. Nr. 249 zum Ausdruck gebrachte gegenteilige Auffassung ist damit korrigiert worden. Die dargestellten Anforderungen gelten auch für Laufbahnprüfungen von Beamtenanwärtern: BVerwG, U. v. 1. 6. 1995 – 2 C 16.94 – BVerwGE 98, 324 = NVwZ 1997, 73. Wegen der Besonderheiten bei militärischen Laufbahnprüfungen: BVerwG, Beschl. v. 24. 1. 1995 – 1 WB 68.94 – NZWehr 1995, 249.

lings auf „Überdenken" der Prüfungsentscheidung stellt daher einen **unerlässlichen Ausgleich** für die nach Art. 19 Abs. 4 gebotene, aber nur eingeschränkt mögliche Kontrolle von Prüfungsentscheidungen durch die Verwaltungsgerichte dar.[8]

Ein weiterer Grund für ein besonderes nachträgliches Verwaltungskon-   760 trollverfahren liegt darin, dass die Prüfer – anders als sonst Behörden im Verwaltungsverfahren – nicht gehalten sind, dem Prüfling die von ihnen beabsichtigte Bewertung seiner Leistungen **vor der Bekanntgabe der Prüfungsentscheidung zu eröffnen** und ihm **Gelegenheit** zu geben, sich dazu **zu äußern** (Rdn. 250); denn § 28 VwVfG gilt hier ausdrücklich nicht (§ 2 Abs. 3 Nr. 2 VwVfG).[9] Der Prüfling erfährt daher – abgesehen von der zum Teil üblichen Bekanntgabe des Ergebnisses von Aufsichtsarbeiten – regelmäßig erst **nach dem Erlass des Prüfungsbescheides,** wie seine Leistungen insgesamt bewertet worden und welche Gründe dafür maßgeblich gewesen sind.[10] Zwar ist diese gesetzlich so geregelte Rechtslage hinzunehmen, sie macht es aber erforderlich, dafür Sorge zu tragen, dass auch unter diesen Umständen eine rechtzeitige und wirkungsvolle Überprüfung von substantiierten Einwendungen des Prüflings noch in der Verwaltungsinstanz nachgeholt wird.[11]

Besondere Anforderungen an das verwaltungsinterne Kontrollverfahren   761 sind dann zu stellen, wenn die Struktur des behördlichen Verfahrens oder die Art der zu treffenden Entscheidungen die Gefahr typischer und absehbarer Fehler mit sich bringt. In diesem Fall verlangt der Grundrechtsschutz bei berufsbezogenen Prüfungen (Art. 12 Abs. 1 GG), dass verfahrensrechtliche Möglichkeiten zur **vorbeugenden Fehlerkontrolle** genutzt werden. Dies gilt besonders, wenn die typischen Fehler sich von der entscheidenden Verwaltungsbehörde früher und besser erkennen lassen als von den in ihren Grundrechten betroffenen Bürgern. Demgemäß erfordern die zentralen Prüfungen für Studierende der Medizin in der Form des **Antwort-Wahl-Verfahrens** solche besonderen verfahrensrechtlichen Vorkehrungen mit dem Ziel, die Folgen fehlerhaft gestellter Aufgaben auszugleichen und auf diese Weise das Grundrecht der Berufsfreiheit wirksam zu schützen.[12] Dem entspricht das durch § 14 Abs. 4 ÄAppO 1986 eingeführte **Eliminierungsverfahren** (dazu Rdn. 599).

---

[8] Dazu im Einzelnen: BVerwG, U. v. 24. 2. 1993 – 6 C 35.92 –, a. a. O.; vgl. ferner: BayVGH, U. v. 4. 6. 2002 – 7 B 01.499 – NVwZ-RR 2003, 257.
[9] Klarzustellen ist, dass diese Vorschriften eine solche Praxis keineswegs verbieten, vgl. BVerwG, Beschl. v. 24. 2. 1993 – 6 C 35.92 – a. a. O.
[10] S. auch dazu die genannten Grundsatzentscheidungen des BVerfG vom 17. 4. 1991, a. a. O., S. 47.
[11] Dazu insgesamt: *Niehues,* Der Anspruch auf Überdenken hoheitlicher Entscheidungen, Festschrift für Ernst Gottfried Mahrenholz, S. 593 ff.
[12] BVerfG, Beschl. v. 17. 4. 1991 – 1 BvR 1529/84 – BVerfGE 84, 59 = NJW 1991, 2008 ff., 2010.

2. Voraussetzung: Substantiierte Einwendungen

762   Der Anspruch des Prüflings auf ein eigenständiges verwaltungsinternes Kontrollverfahren zum Zwecke des Überdenkens der prüfungsspezifischen Wertungen besteht indes nicht voraussetzungslos. Dem Recht des Prüflings, auf vermeintliche Irrtümer und Rechtsfehler wirkungsvoll hinzuweisen (BVerfGE 84, 34 ff., 48), entspricht vielmehr nur dann eine Pflicht der Prüfer zum Überdenken ihrer Bewertungen, wenn ihnen **„wirkungsvolle Hinweise"** gegeben, d. h. die Einwände **konkret und nachvollziehbar begründet** werden. Würde schon eine pauschale Kritik an der Bewertungspraxis des Prüfers ausreichen, um eine Neubewertung zu erreichen, könnte der Prüfling beliebig seine Chancen auf eine bessere Bewertung vermehren; dies wäre aber mit dem Grundsatz der Chancengleichheit aller Prüfling nicht zu vereinbaren. Daher genügt es nicht, dass der Prüfling sich generell gegen eine bestimmte Bewertung seiner Leistungen wendet, indem er sie etwa schlicht als „zu streng" oder „nicht überzeugend" bemängelt. Vielmehr muss er konkret darlegen, in welchen Punkten die Einschätzung bestimmter Prüfungsleistungen nach seiner Auffassung Bewertungsfehler aufweist, indem er **substantiierte Einwände** gegen sie erhebt.[13] Dazu gehören insbesondere konkrete Darlegungen, dass der an die „durchschnittlichen Anforderungen" anknüpfende generelle Bewertungsmaßstab des Prüfers mit den realen Gegebenheiten nicht in Einklang zu bringen und daher ungeeignet sei oder dass der Prüfer den besonderen Schwierigkeitsgrad der Prüfungsaufgabe unterschätzt habe; dazu gehören ferner Gründe, die die Schlüssigkeit der Lösung oder die Überzeugungskraft der Argumente des Prüflings bekräftigen oder mit denen ausgeführt wird, dass die Bewertung einzelner Teile der Prüfungsarbeit unausgewogen sei (Rdn. 642). Dabei genügt es freilich nicht, diesen oder jenen Grund aufzugreifen und insofern eine generelle Kritik zu äußern.[14] Es ist vielmehr ein konkreter Ansatz für die einzelne Bewertungsrüge zu ermitteln, der etwa in Widersprüchlichkeiten oder sonstigen Ungereimtheiten bei den Randbemerkungen oder den abschließenden Bewertungsvermerken sowie in den Begründungen für die Bewertung der mündlichen Leistungen zu finden ist. Auch ein konkreter Vergleich mit Bewertungen des Prüfers in anderen Fällen kann unter Umständen Widersprüche erkennbar machen. Daran anknüpfend ist die Fehleinschätzung des Prüfers zu begründen, so dass hieraus ein berechtigter Anlass herzuleiten ist, die Einschätzung zu überdenken. Sind die Einwände des Prüflings gegen die Bewertung seiner Prüfungsleistung nicht substantiiert oder gar unschlüssig, so ist eine fehlerhafte

---

[13] BVerwG, U. v. 24. 2. 1993 – 6 C 35.92 – BVerwGE 92, 132 ff., 138 = NVwZ 1993, 681.
[14] Ebenso: OVG Rh.-Pf., U. v. 30. 7. 2003 – 2 A 10770/03 – NJW 2003, 3073, bestätigt durch BVerwG, Beschl. 11. 12. 2003 – 6 B 64.03.

Durchführung des verwaltungsinternen Kontrollverfahrens rechtlich unerheblich.[15]

Wenngleich der **„Anspruch auf Überdenken"** sich speziell auf die – nach   **763**
Meinung des Prüflings misslungene – **Einordnung** seiner vorliegenden
Leistungen in ein **Bewertungssystem** richtet und nur insoweit durch ein besonderes verwaltungsinternes Kontrollverfahren die defizitäre gerichtliche
Kontrolle zu kompensieren ist, ist es nicht unzulässig, mit einer solchen
Bewertungsrüge auch Einwendungen gegen die **Richtigkeit** der Auffassung
des Prüfers zu verbinden, die dargebotenen Lösung sei **fachlich falsch** oder
nur **vertretbar.** Nicht selten betreffen die Einwendungen des Prüflings beide Ebenen, die insbesondere dann kaum zu trennen sind, wenn die Kritik an
der einschätzenden Bewertung des Prüfers sich zugleich auf das – streng
rechtliche – Verbot sachfremder Erwägungen und die Missachtung allgemeiner Bewertungsgrundsätze stützt (dazu Rdn. 646 ff., 654 ff.). Macht der
Prüfling indes **allein Rechtsfehler** geltend, indem er z. B. Verfahrensfehler
rügt oder – gleichermaßen substantiiert – darlegt, dass eine als falsch bewertete Antwort in Wahrheit richtig oder zumindest vertretbar sei und so
auch vertreten werde,[16] geht es nicht darum, dass der Prüfer seine persönlichen Einschätzungen „noch einmal überdenkt", sondern dass er seinen etwaigen Rechtsfehler korrigiert. Dazu dienen die förmlichen Rechtsbehelfe
einschließlich des verwaltungsgerichtlichen Verfahrens, das insofern eine
volle Überprüfung eröffnet (s. Rdn. 777 ff., 846 ff.).[17]

3. Zuständigkeiten und Ablauf des Verfahrens

Damit das Verfahren des „Überdenkens" der Prüfungsentscheidung sei-   **764**
nen Zweck, das Grundrecht der Berufsfreiheit des Prüflings effektiv zu
schützen, konkret erfüllen kann, muss gewährleistet sein, dass die Prüfer ihre **Bewertungen hinreichend begründen** (s. Rdn. 713 ff.), dass der Prüfling
seine **Prüfungsakten** mit den Protokollen der mündlichen Prüfung und den
Korrekturbemerkungen zu den schriftlichen Arbeiten **einsehen** kann (Rdn.
249 ff.), dass die daraufhin von ihm erhobenen **substantiierten Einwendungen** denjenigen Prüfern, gegen deren Bewertung sich die Einwendungen
richten, zugeleitet werden, dass diese Prüfer sich mit den Einwendungen
entsprechend deren Spezifizierungsgrad umfassend **auseinandersetzen** und
dass die Prüfer, soweit die Einwendungen berechtigt sind, ihre Bewertungen

---

[15] OVG NW, U. v. 25. 4. 1997 – 22 A 4028/94 – NWVBl. 1997, 434 = SPE 526
Nr. 13.

[16] Dazu und wegen der weiteren Einzelheiten einer ordnungsgemäßen Sachrüge:
BVerwG, U. v. 24. 2. 1993, a. a. O., und Beschl. v. 23. 12. 1993 – 6 B 19.93 – Buchholz
a. a. O. Nr. 326.

[17] Zum Verhältnis von Rechtmäßigkeitskontrolle und Nachprüfung der „Zweckmäßigkeit" im Widerspruchsverfahren gegen Prüfungsentscheidungen: OVG Bremen,
U. v. 24. 11. 1999 – 1 A 185/99 – NordÖR 2000, 156.

korrigieren. Erhebt der Prüfling Einwände gegen die Bewertung durch **einen von mehreren Prüfern,** die ihre Bewertung unabhängig voneinander vorgenommen haben, hat nur dieser eine Prüfer seine Bewertung zu überdenken.[18] Dass er dabei die – nicht beanstandeten – Stellungnahmen (Bewertungsvermerke) anderer Prüfers erfährt, ist rechtlich nicht erheblich.[19]

765   Das „Überdenken" der Bewertungen und deren etwa notwendige Korrekturen sind nicht von anderen, sondern grundsätzlich von den **ursprünglich** mit der **Bewertung befassten Prüfern** vorzunehmen (vgl. Rdn. 696).[20] Das folgt insbesondere aus dem Gebot, die Chancengleichheit der Prüflinge zu wahren. Würde ein Prüfling es allein mit dem Begehren auf Überdenken der Prüfungsentscheidung – durch förmlichen Widerspruch oder Gegenvorstellungen – erreichen können, dass seine Leistungen nunmehr durch **andere Personen nochmals bewertet** werden, würde er damit gegenüber anderen Prüflingen einen unberechtigten Vorteil erlangen. Das gilt auch dann, wenn in dem verwaltungsinternen Kontrollverfahren, ebenso wie in einem gerichtlichen Verfahren, ein Bewertungsfehler erkannt worden ist, der eine Neubewertung erforderlich macht. Ein **neuer Prüfer** ist dagegen – soweit dies überhaupt sinnvoll möglich ist – dann mit diesen Vorgängen zu befassen, wenn der ursprüngliche Prüfer sich als **befangen** gezeigt hat, etwa weil er sich festgelegt hat, dass eine Änderung der Note nicht in Betracht komme (Rdn. 196 ff., 198). Das gilt auch, wenn der ursprüngliche Prüfer nicht mehr zur Verfügung steht.[21]

766   Nachdem die Prüfungsbehörde die **substantiierten Einwendungen** des Prüflings gegen die Bewertung seiner Leistungen unverzüglich dem davon betroffenen **Prüfer**[22] zum Zwecke des „Überdenkens" seiner Bewertungen sowie einer etwa gebotenen **Nachkorrektur** zugeleitet hat, muss dieser gleichermaßen **unverzüglich** die gerügten Bewertungen „überdenken", damit Erinnerungslücken, die durch längeren Zeitablauf entstehen können, möglichst vermieden werden. Ist die Bewertung in der ursprünglichen Art unzureichend, jedenfalls so nicht richtig oder auf andere Weise mit Mängeln behaftet, müssen die Prüfer darüber befinden, ob eine **Änderung einzelner Bewertungen** auf das **Gesamtergebnis** von Einfluss ist, wozu die Prüfungskommission – wenn dies nicht ausnahmsweise anders sachgerecht zu entscheiden ist – nochmals zusammentreten muss.[23] Bei einer solchen

---

[18] OVG Bremen, U. v. 24. 11. 1999 – 1 A 254/99 – NVwZ 2000, 944 = SPE 526 Nr. 27; OVG NW, U. v. 13. 2. 1997 – 22 A 3309/93 – NWVBl. 1997, 377.

[19] BVerwG, Beschl. v. 18. 12. 1997 – 6 B 69/97.

[20] BVerwG, U. v. 30. 6. 1994 – 6 C 4.93 –, a. a. O., und v. 9. 12. 1992 – 6 C 3.92 – BVerwGE 91, 262 = NVwZ 1993, 677 = Buchholz a. a. O. Nr. 307.

[21] BayVGH, U. v. 22. 10. 1997 – 7 B 97.1139 – SPE 599 Nr. 3.

[22] Zu den Voraussetzungen, nach denen bei Verhinderung des bisherigen Prüfers ein neuer Prüfer einzusetzen ist: BFH, U. v. 28. 11. 2002 – VII R 27/02 – BFHE Bd. 201, 471 ff.; dazu auch Rdn. 697.

[23] BVerwG, U. v. 30. 6. 1994 – 6 C 4.93 –, a. a. O., und v. 24. 2. 1993 – 6 C 35.92 –, a. a. O., und v. 9. 12. 1992 – 6 C 3.92 –, a. a. O. OVG NW, U. v. 14. 3. 1994 – 22 A

Nachberatung geht es um eine **Neubewertung** der vorliegenden Prüfungsleistung, nicht um das schlichte Nachschieben von Gründen für die unzulänglich begründete Prüfungsentscheidung.[24]

Eine spezialgesetzliche Bekräftigung der **Freiheit und Unabhängigkeit** **767** des Prüfers schränkt zugleich die dem entgegenstehenden Eingriffsbefugnisse der Prüfungsämter und Aufsichtsbehörden ein. Allerdings bezieht sich die **Unabhängigkeit des Prüfers** grundsätzlich nur auf den engeren Bereich seiner prüfungsspezifischen Wertungen, die wesentlich von seinen persönlichen Eindrücken und Erfahrungen her bestimmt werden und daher durch Dritte nicht ersetzt werden können (s. dazu Rdn. 642). Dagegen ist die – nicht durch prüfungsspezifische Wertungen berührte – **Rechtmäßigkeit der Prüfungsentscheidung**, insbesondere die Einhaltung der Prüfungsordnung und sonstiger einschlägiger Rechtsvorschriften, **nicht** der Kontrolle der Behörden, insbesondere der **Prüfungsämter**, entzogen.[25] Da nach der neueren Rechtsprechung des BVerfG (a. a. O.) ferner kein Anlass besteht, Antworten des Prüflings auf Fachfragen einer nur begrenzt kontrollierten Einschätzung der Prüfer zu überlassen, ist die Aufsichtsbehörde (Widerspruchsbehörde) auch insofern zu einer **vollen Kontrolle** berechtigt und sogar verpflichtet. Deshalb ist es nicht zu beanstanden, wenn die Prüfungsordnung regelt, dass das Prüfungsamt den einzelnen Prüfer nur dann mit den Einwänden des Prüflings befassen muss, wenn sich daraus zumindest die **Möglichkeit** einer **verfehlten Bewertung** ergibt. Ist dies nicht der Fall oder macht der Prüfling allein „reine" Rechtsverstöße geltend, ist nichts dagegen einzuwenden, dass das **Prüfungsamt** ohne weiteres über die Berechtigung solcher Einwendungen selbst entscheidet.[26]

Auch **Hochschullehrer** sind als Prüfer nicht gegen Aufsichtsmaßnahmen **768** und Korrekturen ihrer Bewertungen im Widerspruchsverfahren absolut geschützt. Dass sie der **allgemeinen Rechtsaufsicht** unterliegen, steht außer Frage.[27] Hinsichtlich der prüfungsspezifischen Wertungen kommt es für Hochschulprüfungen gleichermaßen darauf an, dass sie von der Fachaufsicht nicht in der gebotenen Weise „überdacht" werden können und nur darauf zu kontrollieren sind, ob sie frei von Willkür und anderen rechtserheblichen Mängeln sind (Rdn. 640 ff., 643, vgl. auch Rdn. 850 ff., 854). Dem entspricht

---

201/93 – NVwZ-RR 1994, 585; OVG Schl.-H., U. v. 8. 10. 1993 – 3 L 47/93 – DÖV 1994, 394.

[24] Vgl. BVerwG, U. v. 9. 12. 1992 – 6 C 3.92 –, a. a. O.

[25] Vgl. dazu auch: HessVGH, U. v. 9. 3. 1988 – 1 UE 831/84 – DVBl. 1988, 1126.

[26] OVG Rh.-Pf., U. v. 30. 7. 2003 – 2 A 10770/03 – NJW 2003, 3073, bestätigt durch BVerwG, Beschl. v. 11. 12. 2003 – 6 B 64.03.

[27] VGH Bad.-Wttbg., U. v. 28. 10. 1986 – 9 S 1189/85 – SPE 526 Nr. 1, betr. die Pflicht des Prüfungsamts, dem Prüfer seine Rechtsbedenken mitzuteilen und ihm Gelegenheit zu geben, seine Bewertungen zu ergänzen oder zu korrigieren.

die Bekräftigung der Unabhängigkeit prüfender Hochschullehrer, wie dies in mehreren (Landes-)Hochschulgesetzen geschehen ist.[28]

769   Eine solche spezialgesetzliche Begrenzung der Fachaufsicht ist freilich nicht schon daraus herzuleiten, dass **Wissenschaft, Forschung und Lehre** gemäß Art. 5 Abs. 3 GG **frei** sind. Aus § 15 Abs. 1 Satz 1 HRG ist zu entnehmen, dass Hochschulprüfungen der Feststellung dienen, ob der Student bei Beurteilung seiner individuellen Leistung das Ziel des Studienabschnitts oder Studiums erreicht hat. Die damit geforderte individuelle Leistungsbeurteilung unterscheidet sich in keiner Weise danach, ob sie von einem Hochschullehrer oder von einem anderen Prüfer, z. B. von einem Richter oder Rechtsanwalt, vorgenommen wird, der unter Umständen derselben Prüfungskommission angehört. Dass die Gestaltung der Hochschulprüfungsordnungen mit ihren Vorgaben für den zulässigen Prüfungsstoff „wissenschaftsrelevante Angelegenheiten" sind (BVerfGE 35, 123), ändert nichts daran, dass die im Einzelfall vorzunehmende Bewertung der individuellen Leistungen und Fähigkeiten des einzelnen Prüflings ein „**normaler Prüfungsvorgang**" ist, der nicht durch Freiheiten modifiziert ist, die durch Art. 5 Abs. 3 GG der Wissenschaft, Forschung und Lehre gewährleistet sind.[29] Entscheidungen der zuständigen Hochschulorgane, die sich auf die Aufstellung und Einhaltung von Studien- und Prüfungsordnungen beziehen, hindern den Hochschullehrer nicht daran, seine Lehrveranstaltungen inhaltlich und methodisch eigenverantwortlich zu gestalten und dabei seine wissenschaftlichen und künstlerischen Lehrmeinungen zu äußern (dies bekräftigt § 4 Abs. 3 HRG). In der Prüfung darf aber eine vertretbare Antwort des Prüflings nicht etwa deshalb von dem prüfenden Hochschullehrer als falsch bewertet werden, weil sie seiner persönlichen – und von ihm in seinen Lehrveranstaltungen vertretenen – Auffassung nicht entspricht.

770   Sind Prüfungsleistungen im verwaltungsinternen Kontrollverfahren neu zu bewerten, weil die Einwände des Prüflings gegen bestimmte **prüfungsspezifische Wertungen** der Prüfer berechtigt sind,[30] darf das Prüfungser-

---

[28] Nachweise bei *Waldeyer*, in: Hailbronner/Geis, Hochschulrahmengesetz § 15 Rdn. 52. Das Gleiche gilt, wenn die Diplom-Prüfungsordnung der Fakultät einer Hochschule die Bewertung der Prüfungsleistungen ausschließlich einem bestimmten Kreis von Prüfern zuweist: OVG NW, Beschl. v. 23. 10. 1989 – 22 B 2390/88 – WissR 1990, 177.

[29] OVG Berl., U. v. 13. 9. 1984 – 3 B 60.82 – DVBl. 1985, 1088. Das BVerwG hat in seinem Beschl. v. 16. 12. 1985 – 7 B 233, 234.84 – NVwZ 1986, 376, diese Frage offen gelassen, weil der prüfende Hochschullehrer jedenfalls eine bestandskräftige Anordnung der Aufsichtsbehörde (betr. die Herabsetzung einer Examensnote) hinnehmen müsse; a. A.: *Waldeyer*, a. a. O., Rdn. 52, m. w. Hinw. auf die im Schrifttum vorherrschende Meinung der Anwendbarkeit des Art. 5 Abs. 3 GG auf Prüfungen der Hochschullehrer. Die Auffassung des BayVGH (DÖV 1985, 496), auf die Waldeyer sich stützt, steht der hier vertretenen Auffassung nicht entgegen, weil dort von einer spezialgesetzlichen Regelung (Art. 5 Abs. 2 BayHSchG) ausgegangen wird.

[30] Dass unberechtigte Einwände nicht etwa missbraucht werden dürfen, um prüfungsspezifische Wertungen zum Nachteil des Prüflings zu verändern und das Prüfungsergebnis damit zu verschlechtern, ist offensichtlich.

gebnis grundsätzlich **nicht zum Nachteil des Prüflings geändert** werden.
Um die Chancengleichheit zu wahren, dürfen die Prüfer ihr Bewertungssystem, mit dessen Hilfe sie die einzelnen Prüfungsleistungen mit all ihren
Vorzügen und Mängeln auf der Grundlage ihrer persönlichen Einschätzung
einem vorgegebenen Notensystem zuordnen, bei Neubewertungen prinzipiell nicht verändern (Rdn. 696). Im Falle eines Bewertungsfehlers ist indes
eine Änderung zwingend geboten. Allerdings kann und darf allein die nach
dem „Überdenken" durch den Prüfer vollzogene **Beseitigung** eines für den
Prüfling **nachteiligen** und von ihm erfolgreich gerügten **Bewertungsfehlers**
nicht zu einer **Verschlechterung des Prüfungsergebnisses** führen. Rechtlich ausgeschlossen ist es dagegen nicht, dass der Prüfer auch nach der Beseitigung eines Bewertungsfehlers an der von ihm gegebenen Note festhält,
etwa wenn seine Fehleinschätzung des Schwierigkeitsgrades der Prüfungsarbeit nicht so schwerwiegend ist, dass ohne sie eine Verbesserung der Note
angemessen erscheint.[31] Ob und unter welchen Voraussetzungen anlässlich
der „Reparatur" von **Rechtsfehlern** bei der **fachspezifischen Bewertung** –
z. B., wenn eine vertretbare Lösung als falsch bewertet worden ist, – **neue,
erst später erkannte fachliche Mängel** der Prüfungsarbeit eine Verschlechterung der Bewertung rechtfertigen können, wurde bereits in anderem Zusammenhang dargelegt (vgl. Rdn. 700 ff.).[32]

Den **Bescheid** erlässt – nach außen hin – die **Prüfungsbehörde** (das Prü-   771
fungsamt), und zwar nicht nur dann, wenn sie die Einwendungen des Prüflings als nicht hinreichend substantiiert zurückweist, sondern auch dann,
wenn die **Prüfungskommission** mit den (substantiierten) Einwendungen
befasst worden ist und das Ergebnis ihres „Überdenkens" dem Prüfling
mitgeteilt wird.[33]

Der **Abschluss** des verwaltungsinternen Kontrollverfahrens muss nicht   772
zwingend **vor Klageerhebung** – wenngleich dies sinnvoll ist – gewährleistet
sein.[34] Das Grundrecht der Berufsfreiheit (Art. 12 Abs. 1 GG) ist nämlich

---

[31] BVerwG, Beschl. v. 28. 4. 2000 – 6 B 6.00.
[32] Dazu insgesamt: BVerwG, U. v. 19. 12. 2001 – 6 C 14.01 – NVwZ 2002, 1375,
und v. 14. 7. 1999 – 6 C 20.98 – BVerwGE 109, 211 = NJW 2000, 1055; Beschl. v.
11. 6. 1996 – 6 B 88.95 – Buchholz a. a. O. Nr. 368; U. v. 24. 2. 1993 – 6 C 38.92 –
NVwZ 1993, 686. *Kingreen* (DÖV 2003, 1) leitet das nach seiner Meinung nur insoweit geltende Verschlechterungsverbot aus der Funktion des verwaltungsinternen
Kontrollverfahrens her, Defizite des gerichtlichen Rechtsschutzes bei prüfungsspezifischen Wertungen zu kompensieren.
[33] BVerwG, Beschl. v. 23. 3. 1994 – 6 B 84.93 – NVwZ 1995, 168; Buchholz a. a. O.
Nr. 331; vgl. ferner: Beschl. v. 17. 1. 1995 – 6 B 39.94 –, a. a. O.
[34] BVerwG, U. v. 30. 6. 1994 – 6 C 4.93 – NVwZ 1995, 168; Buchholz a. a. O.
Nr. 334 = DVBl. 1994, 1362. Der gegenteiligen Rechtsauffassung des OVG NW (U. v.
18. 3. 1992 – 22 A 1342/90 – und v. 18. 9. 1991 – 22 A 1239/89 – NVwZ 1992, 397 =
NWVBl. 1992, 63, m. Anm. v. *Krüger*) hat sich das BVerwG (s. Urteile v. 24. 2. 1993 –
6 C 32.92 – NVwZ 1993, 689 und – 6 C 35.92 a. a. O. – und – 6 C 38.92 – NVwZ 1993,
686) nicht angeschlossen. Das OVG NW (U. v. 17. 9. 1993 – 22 A 1931/91 –
DVBl. 1994, 644 = DÖV 1994, 392) hält an seiner Auffassung nicht mehr fest. Das U.

nicht verletzt, wenn einem Prüfling zugemutet wird, **vorsorglich zur Fristwahrung Klage zu erheben** und die **Aussetzung des gerichtlichen Verfahrens** bis zum Abschluss des eigenständigen Verwaltungskontrollverfahrens zu
beantragen.[35] Es ist daher nicht angezeigt und schon gar nicht etwa verfassungsrechtlich geboten, den Prüfungsbescheid entgegen den einschlägigen
Rechtsvorschriften (vgl. § 59 VwGO i.V.m. § 79 VwVfG) nicht mit einer
Rechtsmittelbelehrung zu versehen, um dadurch dem Prüfling die Möglichkeit zu verschaffen, seinen Widerspruch nicht innerhalb eines Monats (§ 70
VwGO), sondern noch innerhalb eines Jahres nach Zustellung oder Verkündung des Prüfungsergebnisses fristgerecht einzulegen (§ 58 Abs. 2 VwGO).[36]

773   Ist zu dem Zeitpunkt, in dem der Prüfling das Verfahren auf „Überdenken" der Prüfungsentscheidung durch die Prüfer wirksam in Gang setzt,
bereits ein **gerichtliches Verfahren anhängig** oder wird es später – etwa
zur Fristwahrung – anhängig gemacht, so ist dieses auf **Antrag des Prüflings** bis zum Abschluss des verwaltungsinternen Kontrollverfahrens **auszusetzen** (§ 94 VwGO).[37] Dadurch wird vermieden, dass das gerichtliche
Verfahren und das verwaltungsinterne Kontrollverfahren **gleichzeitig** betrieben werden, und zugleich gewährleistet, dass die verwaltungsinterne
Kontrolle **eigenständig, unabhängig** und **vor Beendigung des Gerichtsverfahrens** abgeschlossen ist.[38] Auf diese Möglichkeit hat das **Gericht** den
klagenden Prüfling **hinzuweisen**.[39] Es ist allein Sache des Prüflings, abzu-

---

des OVG Rh.-Pf. v. 13. 11. 1991 – 2 A 10 800/91 – NVwZ 1992, 399, ist vom BVerwG
(U. v. 24. 2. 1993 – 6 C 35.92 –, a. a. O.) ebenso aufgehoben worden, weil es kein eigenständiges Verwaltungskontrollverfahren für erforderlich, sondern die schriftsätzli-
chen Äußerungen des Prüfungsamts im Klageverfahren als ausreichend erachtet hatte.
Auch die Auffassung des BayVGH (U. v. 4. 12. 1992 – 3 B 91.975 – BayVBl. 1992,
345), die gerichtliche Kontrolle der Prüfungsentscheidung reiche aus, steht mit der
Rechtsprechung des BVerwG (a. a. O.) nicht in Einklang.

[35] Dieser Weg ist ähnlich auch für den Fall der Verzögerung der Widerspruchsentscheidung in § 75 VwGO vorgesehen.

[36] Das OVG NW hatte in zahlreichen Entscheidungen (z. B. U. v. 18. 9. 1991 – 22 A
1239/89 – NVwZ 1992, 397, und U. v. 25. 11. 1992 – 22 A 2595/92 – DVBl. 1993, 509)
diesen Weg aufgezeigt, damit auf diese Weise der von ihm gestellten Anforderung
eines dem Klageverfahren zwingend vorgeschalteten „Vorverfahrens" entsprochen
werden könne. Da diese Anforderung nach der Rechtsprechung des BVerwG (a. a. O.)
nicht aufrechtzuerhalten ist, erübrigt sich dieser – mit dem geltenden Recht nicht in
Einklang zu bringende – Lösungsvorschlag. Das OVG NW (U. v. 14. 3. 1994 – 22 A
201/93 – NVwZ-RR 1994, 585) hat sich inzwischen von dieser Rechtsprechung gelöst.

[37] BVerwG, Beschl. v. 2. 5. 1996 – 6 B 75.95 – Buchholz a. a. O. Nr. 421. Mangels
ausdrücklicher gesetzlicher Regelung ist der Anspruch auf Überdenken nicht nur
während des Widerspruchsverfahrens geltend zu machen, so dass spätere Einwendungen nicht etwa von vornherein ausgeschlossen sind. Eine Präklusion von Einwendungen setzt grundsätzlich eine entsprechende gesetzliche Regelung voraus. Anders:
OVG Rh.-Pf., U. v. 7. 1. 1994 – 2 A 11 593/93 – NVwZ 1994, 805.

[38] BVerwG, U. v. 30. 6. 1994 – 6 C 4.93 –, a. a. O.

[39] Ausnahme, wenn das Gericht die verwaltungsinterne Überprüfung als bereits erfüllt erachtet, s. BVerwG, Beschl. v. 10. 10. 1994 – 6 B 73.94 – NJW 1995, 977 =
Buchholz a. a. O. Nr. 338.

wägen und darüber zu befinden, ob er zunächst das verwaltungsinterne Kontrollverfahren in der Form des „Überdenkens" prüfungsspezifischer Wertungen durch die Prüfer abgeschlossen haben will oder vorrangig eine gerichtliche Aufhebung der Prüfungsentscheidung wegen der von ihm ebenfalls geltend gemachten – von dem Gericht kontrollierbaren – Rechtsverstöße anstrebt.[40]

Von einer Aussetzung des gerichtlichen Verfahrens darf abgesehen werden, d.h. ein Antrag auf Aussetzung darf abgelehnt werden, wenn der Prüfling **nur rechtliche Mängel,** insbesondere Verfahrensfehler, rügt, die uneingeschränkt der gerichtlichen Kontrolle unterliegen.[41] Das gilt auch, wenn sich die **Aussetzung** als eine **bloße Formalität** darstellt, die auf das Ergebnis der Prüferbewertung mit an Sicherheit grenzender Wahrscheinlichkeit keinen Einfluss haben kann. Dies ist anzunehmen, wenn zum Zeitpunkt der Antragstellung bereits eine verwaltungsinterne Kontrolle vorgenommen worden ist, die den beschriebenen verfassungsrechtlichen Anforderungen Rechnung getragen hat. Dadurch kann der Anspruch des Prüflings auf Überdenken der Leistungsbewertungen bereits erfüllt sein, so dass für eine Aussetzung des gerichtlichen Verfahrens kein Grund mehr vorhanden ist.[42] Die Erfüllung dieses Anspruchs kann ausnahmsweise auch dadurch eingetreten sein, dass die Prüfungsbehörde in der ihr vom Gericht auferlegten Stellungnahme darlegt, wie und mit welchem Ergebnis die Prüfer die substantiierten Einwendungen des Prüflings überdacht haben.[43] Demgegenüber kann der Prüfling die Aussetzung des Verfahrens und ein weiteres „Überdenken" der Prüfer nur dann erreichen, wenn er **neue** oder **nicht behandelte Einwendungen** gleichermaßen substantiiert vorbringt. Bloße Kritik daran, dass die Prüfer seinen Einwendungen nicht gefolgt seien, genügt dazu nicht. Auch insofern gilt, dass der Anspruch des Prüflings nur darauf gerichtet ist, dass die Prüfer ihre Bewertungen im Hinblick auf konkret gefasste und inhaltlich hinreichend substantiierte Einwendungen nach der Prüfungsentscheidung ein weiteres Mal überdenken. Er gewährt nicht das Recht, dass die Prüfer sich mit den (mehrfach) wiederholten Gegenvorstellungen des Prüflings solange befassen, bis sie sich seiner Auffassung angenähert haben.

Die **Erfüllung** des **Anspruchs auf Überdenken** einzelner Bewertungen der Prüfer während des Gerichtsverfahrens beseitigt das **Rechtsschutzinteresse** nur dann, wenn der von dem Prüfling angestrebte **Prüfungserfolg** infolgedessen umfassend **erreicht** worden ist. Andernfalls bleibt Raum für das auf eine **gerichtliche Kontrolle** der gesamten Prüfung gerichtete **Klagebe-**

774

775

[40] BVerwG, U. v. 24. 2. 1993 – 6 C 35.92 –, a.a.O.

[41] BFH, Beschl. v. 31. 5. 1994 – VII B 42/94 – NVwZ-RR 1995, 577, betr. einen Verstoß gegen das Fairnessgebot.

[42] BVerwG, U. v. 30. 6. 1994 – 6 C 4.93 –, a.a.O., und Beschl. v. 10. 10. 1994 – 6 B 73.94 –, a.a.O.

[43] BVerwG, Beschl. v. 15. 9. 1994 – 6 B 42.94 – Buchholz a.a.O. Nr. 337.

gehren, und zwar selbst dann, wenn es der Sache nach ebenfalls (nur) darauf gerichtet ist, den Beklagten zu verpflichten, die vorliegenden Prüfungsleistungen neu zu bewerten.[44] Denn das Recht auf eine gerichtliche Kontrolle der angefochtenen Maßnahme (Art. 19 Abs. 4 GG) ist durch das „Überdenken" der Prüfer nicht erloschen, zumal die **Einhaltung der rechtlichen Grenzen des Bewertungsspielraums** der Prüfer (etwa die Beachtung allgemeiner Bewertungsgrundsätze, s. Rdn. 654 ff.) stets ein Gegenstand der gerichtlichen Kontrolle bleibt. Außerdem können mit dem begehrten Bescheidungsurteil (Rdn. 812) **gerichtliche Maßgaben** erstritten werden, die zugunsten des Prüflings bei der Neubewertung zu beachten sind.

776   Trifft die Prüfungsbehörde nach dem „Überdenken" der Prüfer und deren Neubewertung der Prüfungsleistungen (ausdrücklich oder sinngemäß) eine **neue** oder eine **geänderte Prüfungsentscheidung** (s. Rdn. 693 ff., 771), kann und sollte diese als eine **sachdienliche Klageänderung** (§ 91 VwGO) zum Gegenstand des Verfahrens gemacht werden.[45] Vermag der Prüfling indes nach der Neubewertung seiner Leistungen das Prüfungsergebnis nicht weiter substantiiert anzufechten, sollte er die **Erledigung der Hauptsache** erklären, um so sein Kostenrisiko zu vermindern (vgl. § 161 Abs. 2 VwGO).

---

[44] BVerwG, U. v. 30. 1. 1995 – 6 C 1.92 – NVwZ 1995, 788 = Buchholz a. a. O. Nr. 343.
[45] BVerwG, U. v. 30. 1. 1995 – 6 C 1.92 –, a. a. O.

H. Prozessrechtliche Fragen

I. Verwaltungsrechtsschutz im Prüfungswesen/Rechtsschutzinteresse

Nicht wenige Prüflinge sehen in der Anrufung der Gerichte eine letzte 777
Chance, ihre langjährige Ausbildung erfolgreich abzuschließen, um den begehrten Beruf ausüben zu können, so dass nicht selten Richter über die
Rechtmäßigkeit von Prüfungsentscheidungen befinden müssen. Freilich
sollten Kläger, die glauben, ihre Leistungen seien falsch bewertet worden,
die **Kontrollmöglichkeiten der Gerichte** in Prüfungsangelegenheiten nicht
überschätzen. Denn die Kammern und Senate der Gerichte sind keine
„Superprüfungsausschüsse" und nicht dazu berufen, angeblich zu strenge
oder von dem Prüfling als ungerecht empfundene Beurteilungen nach eigenen Bewertungsmaßstäben zu korrigieren. Insbesondere darf das Gerichtsverfahren nicht dazu missbraucht werden, dass der klagende Prüfling auf
diese Weise praktisch einen weiteren – ansonsten nicht zugelassenen – Prüfungsversuch unternehmen kann, während die anderen diese Chance nicht
haben. Die gerichtliche Kontrolle ist **allein** an **rechtlichen Maßstäben** orientiert; sie betrifft im Wesentlichen die Einhaltung des vorgeschriebenen
Verfahrens und die Beachtung der Grenzen des den Prüfern zukommenden
Bewertungsspielraumes.

Das erforderliche allgemeine **Rechtsschutzinteresse**[1] ist gegeben, wenn 778
der klagende Prüfling durch die nach seiner Meinung rechtswidrige Prüfungsentscheidung reale Nachteile hat. Dies ist offensichtlich, wenn er die
Prüfung nicht bestanden hat und mit rechtlichen Einwänden eine Korrektur
dieser ihn[2] belastenden Entscheidung anstrebt.[3] Kein Rechtsschutzinteresse

---

[1] Zu der bei Anfechtungs- und Verpflichtungsklagen gemäß § 42 Abs. 2 VwGO
erforderlichen Klagebefugnis s. Rdn. 788 ff.

[2] D. h. nur den Prüfling selbst, nicht etwa seine Eltern oder seine Erben, die meinen,
dass die Ehre oder das Persönlichkeitsrecht des Prüflings angetastet worden sei; vgl.
BVerwG, Beschl. v. 6. 6. 1995 – 6 B 37.95.

[3] Wird zwischenzeitlich die Wiederholungsprüfung bestanden oder auch nicht bestanden, entfällt nicht ohne weiteres das Rechtsschutzinteresse für die anhängige Klage gegen die erste (negative) Prüfungsentscheidung (s. Rdn. 754). Dies gilt auch dann,
wenn das Prüfungsamt eine nach der Prüfungsordnung nicht vorgesehene weitere
Wiederholungsprüfung gestattet, da in der Anmeldung zu dieser zusätzlichen Prüfung
nicht ohne weiteres ein Verzicht des Prüflings auf Rechtsschutz gegen die bisherigen
Prüfungsentscheidungen zu sehen ist: BVerwG, Beschl. v. 10. 6. 1996 – 6 B 81.95 –
SPE 980 Nr. 49 = BayVBl. 1997, 600 = Buchholz 421.0 Prüfungswesen Nr. 367.
Ebenso wenig führt dies zu einer Verwirkung des Klagerechts; vgl. Rdn. 783. Für den
Fall der Nichtversetzung eines Schülers: BVerwG, U. v. 6. 12. 1983 – 7 C 39.83 –
NVwZ 1984, 794 = DVBl. 1984, 272.

besteht indes, wenn der Prüfling die Verurteilung des Prüfungsamtes begehrt, an einer Prüfungspraxis festzuhalten, die offensichtlich rechtswidrig ist.[4]

779   Soweit es dem Prüfling nach bestandener Erstprüfung allein darum geht, das Prüfungsergebnis zu verbessern (sog. **Verbesserungsklage**), oder wenn lediglich um eine **Einzelnote** gestritten wird (zur Zulässigkeit s. Rdn. 797), ist das Rechtsschutzinteresse nur dann gegeben, wenn die im Einzelnen angestrebte Verbesserung reale positive Folgen hat, z. B. wenn davon die Zulassung zum Studium oder der Erfolg einer beruflichen Bewerbung abhängt.[5] Dies ist im allgemeinen der Fall, wenn die Prüfung nur mit der Note „ausreichend" bestanden worden ist.[6] Insbesondere die Einstellung in den öffentlichen Dienst ist bei einem solchen Prüfungsergebnis erheblich erschwert oder gar in manchen Bereichen nahezu ausgeschlossen.

780   Weniger strenge Anforderungen werden in der Rechtsprechung in Fällen gestellt, in denen der Prüfling zwischenzeitlich zwar die **Wiederholungsprüfung** bestanden hat, trotzdem aber weiterhin gegen die – nicht bestandene – **Erstprüfung** vorgeht, um so den „Makel des Durchgefallenseins" als ein generelles Hemmnis für das berufliche Fortkommen zu beseitigen.[7] Hinsichtlich des Nichtbestehens der Prüfung im **Freiversuch** ergibt sich dabei jedoch eine Besonderheit: Da die einschlägigen landesrechtlichen Regelungen (Landeshochschulgesetze, Juristenausbildungsordnungen) zumeist ausdrücklich vorsehen, dass eine nicht bestandene Prüfung im Freiversuch als „nicht unternommen" gilt (dazu Rdn. 743), ist der insofern erfolglose Prüfling nicht mit dem Makel des Wiederholers behaftet, so dass kein Rechtsschutzinteresse für eine Aufhebung des nicht bestandenen Freiversuchs gegeben ist, wenn der Prüfling in der Folgezeit die Prüfung be-

---

[4] OVG NW, U. v. 20. 8. 1993 – 22 A 22 085/91 – NWVBl. 1994, 59.

[5] Zur Abgrenzung vgl. BVerwG, Beschl. v. 9. 1. 1984 – 7 B 170.83 –, und VGH Bad.-Wttbg., U. v. 29. 9. 1989 – 9 S 735/89 – DVBl. 1990, 533.
Im Fall eines ehemaligen Rechtsreferendars, der gegen das Zeugnis aus einer bestandenen Ausbildungsstation vorgehen wollte, verneinte der BayVGH (U. v. 27. 9. 1995 – 3 B 95.491 – BayVBl. 1996, 27) das Rechtsschutzinteresse, da sich nach dem erfolgreichen Abschluss der Ausbildung dieses Zeugnis nicht auf das berufliche Fortkommen auswirke.
Das OVG Nds. (U. v. 21. 3. 1995 – 10 L 2139/93) sieht zutreffend ein Rechtsschutzbedürfnis auch bei einer Klage auf Verbesserung einer Hausarbeitsnote im Prüfungsverfahren gegeben, obgleich die Verbesserung der Note zwar nicht zum Bestehen der Prüfung führt, die Note aber in der Wiederholungsprüfung angerechnet werden kann.

[6] Zur Zulässigkeit der sog. Verbesserungsklage: OVG Schl.-H., U. v. 3. 9. 1992 – 3 L 380/91 – SPE 460 Nr. 10, und v. 2. 4. 1992 – 3 L 318/91 – SPE 470 Nr. 58.

[7] BVerwG, U. v. 12. 4. 1991 – 7 C 36.90 – BVerwGE 88, 111 ff., 114 = NVwZ 1992, 56. Dies gilt auch nach einer zusätzlichen Wiederholungsprüfung: BVerwG, Beschl. v. 10. 6. 1996 – 6 B 81.95 – SPE 980 Nr. 49 = BayVBl. 1997, 600 = Buchholz 421.0 Prüfungswesen Nr. 367.

steht.[8] Rechtsschutz gegen die Bewertung des Freiversuchs lässt sich dann nur noch im Wege der Fortsetzungsfeststellungsklage erreichen, wenn hierfür im Einzelfall ein berechtigtes Feststellungsinteresse besteht (vgl. § 113 Abs. 1 Satz 4 VwGO).

Für eine Verpflichtungsklage auf Zulassung zu einem Ausbildungs- oder **781** Aufstiegslehrgang entfällt das Rechtsschutzinteresse, wenn dem Bewerber die Zulassung aus Gründen **beschränkter Ausbildungskapazitäten** versagt worden war, er aber auf Grund einer einstweiligen Anordnung an der Abschlussprüfung teilgenommen und diese bestanden hat (vgl. Rdn. 881).[9]

Das Rechtsschutzinteresse entfällt nicht ohne weiteres, wenn eine **Neu-** **782** **bewertung der Prüfungsarbeiten** aufgrund eines während des Rechtsstreits nachgeholten verwaltungsinternen Kontrollverfahrens stattgefunden hat (dazu Rdn. 775). Der Kläger hat dann freilich darzulegen, in welcher Weise er trotz des „Überdenkens der Prüfungsentscheidung" (Rdn. 759 ff.) weiterhin in seinen Rechten verletzt sein kann.[10]

Unter engen Voraussetzungen ist auch im Prüfungswesen eine **Verwir-** **783** **kung** des Klagerechts denkbar, etwa wenn der Prüfling durch sein Verhalten ein schützenswertes Vertrauen des Beklagten veranlasst hat, das die Erhebung einer Klage gegen die Prüfung als treuwidrig erscheinen lässt. Ein solches Vertrauen ist bei der Anfechtung der Prüfungsentscheidung aber nicht bereits deshalb gerechtfertigt, weil sich der beim ersten Prüfungsversuch erfolglos gebliebene Prüfling vor der Anfechtung der (ersten) Prüfungsentscheidung einer Wiederholungsprüfung unterzogen hat.[11] Ebenso wenig verwirkt der Prüfling das Recht, im weiteren Verfahren andere Teilleistungen betreffende Bewertungen wegen eines angeblichen Rechtsfehlers zur Überprüfung zu stellen, wenn er seinen Widerspruch gegen eine Prüfungsentscheidung zunächst nur mit Einwänden gegen die Bewertung einer bestimmten Teilleistung begründet hat.[12]

---

[8] OVG Bremen, Beschl. v. 29. 6. 2000 – 1 A 104/00 – NordÖR 2001, 19 = SPE 344 Nr. 12; VG Weimar, U. v. 28. 12. 1999 – 2 K 2294/97 – ThürVBl. 2000, 139.
[9] BVerwG, U. v. 12. 4. 2001 – 2 C 10.00 – NVwZ 2001, 1288.
Eingehend zur Prüfungsteilnahme im Wege einstweiliger Anordnung: BVerwG, U. v. 12. 4. 2001 – 2 C 16.00 – BVerwGE 114, 149 = NVwZ 2001, 1286.
[10] BVerwG, U. v. 30. 1. 1995 – 6 C 1.92 – SPE 460 Nr. 12 = Buchholz a.a.O. Nr. 343 = NVwZ 1995, 788.
[11] OVG NW, U. v. 14. 12. 1999 – 14 A 2251/99 – SPE 470 Nr. 71 = WissR Bd. 33 (2000), S. 343.
[12] OVG NW, U. v. 27. 8. 2001 – 14 A 4813/96 – NVwZ-RR 2002, 193 = DÖV 2002, 534. Zur Anfechtung von Teilleistungen vgl. auch Rdn. 795 ff.

II. Der Verwaltungsrechtsweg

784   Streitigkeiten um Prüfungsentscheidungen öffentlicher Institutionen sind grundsätzlich „öffentlich-rechtliche Streitigkeiten", für die der Verwaltungsrechtsweg eröffnet ist (§ 40 Abs. 1 VwGO).[13] Das gilt insbesondere für Prüfungen der öffentlichen Hochschulen und staatlichen Prüfungsämter sowie für Laufbahnprüfungen im öffentlichen Dienst. Werden von anderen öffentlichen Einrichtungen (z.B. Ortskrankenkassen) Prüfungen abgehalten, ist maßgebend für die Zuordnung zum öffentlichen oder bürgerlichen Recht allein der Charakter der Rechtsnorm, in der die prüfungsrechtlichen Beziehungen der am Prüfungsverhältnis beteiligten Parteien wurzeln; der Rechtscharakter der die Prüfung veranstaltenden Einrichtung oder der ihrer Aufgaben ist ein Indiz für den Charakter ihrer Rechtsbeziehungen zu den Prüflingen.[14] Ist das Prüfungsrechtsverhältnis etwa durch einen Tarifvertrag geregelt, so ist nicht der Verwaltungsrechtsweg gegeben, sondern die Prüfungsentscheidung ist vor dem **Arbeitsgericht** anzufechten.[15]

785   Der Rechtsweg vor das **Arbeitsgericht** gilt auch für **Angestellte des öffentlichen Dienstes,** wenn die Aufstiegsfortbildung und Abschlussprüfung zwar durch einen Runderlass geregelt sind, für den jedoch eine öffentlich-rechtliche Rechtsgrundlage weder zu Grunde gelegt wurde noch erkennbar ist, da dann kein Unterschied zu Fortbildungsmaßnahmen von Privatunternehmen besteht.[16] Lediglich falls die Beklagte sich für die Mitteilung des Prüfungsergebnisses fälschlicherweise der **Form eines Verwaltungsaktes** bedient, ist für eine Anfechtung mit dem Ziel der Aufhebung dieser Maßnahme der Verwaltungsrechtsweg eröffnet; auch dann kann jedoch die Verpflichtung der Beklagten zur Neubewertung nur vor dem Arbeitsgericht erreicht werden.[17]

---

[13] Eine Verfassungsbeschwerde ist auch hier erst nach Erschöpfung des Rechtsweges vor den Verwaltungsgerichten zulässig: BVerfG, Beschl. v. 14.3.1989 – 1 BvR 1308/82 – BVerfGE 80, 40 = NVwZ 1989, 854.

[14] BVerwG, U. v. 25.3.1981 – 7 C 79.79 – Buchholz 310 § 40 VwGO Nr. 188 = DÖV 1981, 678, betr. eine Verwaltungsprüfung für Krankenkassenangestellte. Wegen der Anfechtung des Nichtbestehens einer theologischen Aufnahmeprüfung der Evangelisch-lutherischen Landeskirche in Bayern s. VG Ansbach, U. v. 11.10.1983 – AN 2 K 82 A.2111 – BayVBl. 1984, 120, m. Anm. v. *Gramlich,* a.a.O., S. 282.

[15] BVerwG, Beschl. v. 18.1.1993 – 6 B 5.92 – Buchholz 421.0 Prüfungswesen Nr. 311 = NVwZ-RR 1993, 251; OVG Rh.-Pf., U. v. 17.7.1991 – 2 A 10173/91 –, betr. eine Angestelltenprüfung mit dem Ziel einer Höhergruppierung im kommunalen Verwaltungs- und Kassendienst.

[16] BayVGH, Beschl. v. 14.6.2002 – 7 B 01.2030 – NVwZ 2002, 1392 (Abschlussprüfung im Rahmen einer Aufstiegsfortbildung eines Angestellten der Bundesanstalt für Arbeit).

[17] BayVGH, Beschl. v. 14.6.2002 – 7 B 01.2030 –, a.a.O.

Leistungsbewertungen **öffentlicher Schulen,** die unmittelbar der Erfül- 786
lung des hoheitlichen Erziehungs- und Bildungsauftrages dienen (Art. 7
Abs. 1 GG), tragen stets öffentlich-rechtlichen Charakter. Obwohl das
Rechtsverhältnis zwischen dem Schüler und dem Träger einer **Privatschule**
in seiner Grundstruktur privatrechtlich ausgestaltet ist, können jedenfalls
Prüfungs- und Versetzungsentscheidungen staatlich anerkannter Ersatzschulen, die insoweit als Beliehene öffentliche Aufgaben wahrnehmen und
bei der Erfüllung des allgemeinen Bildungsanspruchs mitwirken,[18] vor den
Verwaltungsgerichten angefochten werden.[19] Dagegen kann die Abschlussprüfung staatlich nicht anerkannter **Ergänzungsschulen** nur vor den ordentlichen Gerichten angefochten werden.[20] Vorschriften über die Abiturprüfung für Schulfremde betreffen die Rechtssphäre der Prüfungsbewerber.
Rechte und Pflichten des Trägers einer Privatschule (Ergänzungsschule), die
solche Schüler auf die Schulfremdenprüfung vorbereitet, werden durch sie
nicht berührt.[21]

III. Zuständigkeit

Örtlich zuständig ist gemäß § 52 Nr. 3 Satz 1 VwGO regelmäßig das 787
Verwaltungsgericht, in dessen **Bezirk** die umstrittene Prüfungsentscheidung
getroffen worden ist. Der **Wohnsitz des Klägers** ist nur dann maßgebend,
wenn eine Behörde entschieden hat, deren Zuständigkeit sich auf mehrere
Verwaltungsgerichtsbezirke erstreckt.[22] Ist die Prüfungsentscheidung von
einer Stelle getroffen worden, die keine örtlich begrenzten Zuständigkeiten
hat (z.B. von einer Hochschule), so bestimmt sich die örtliche Zuständigkeit
des Verwaltungsgerichts gemäß § 52 Nr. 5 VwGO nach dem Sitz der Behörde oder sonstigen öffentlichen Einrichtung.

---

[18] Dazu Bd. 1 Schulrecht, 3. Aufl. (2000) Rdn. 221, 237, 277, 627.
[19] BayVGH, Beschl. v. 28. 1. 1982 – 7 CE 81 A/2144 – NVwZ 1982, 562; VGH
Bad.-Wttbg., U. v. 24. 3. 1976 – IX 490/73 – RdJB 1977, 386.
[20] BVerwG, Beschl. v. 27. 3. 1974 – 7 C 3.73 – BVerwGE 45, 117 = BayVBl. 1974,
476. Es gelten aber auch hier die für staatliche Prüfungen entwickelten Grundsätze:
OLG Dresden, Beschl. v. 15. 5. 1999 – 8 W 851/98 – SPE 224 Nr. 5.
[21] VGH Bad.-Wttbg., U. v. 17. 12. 2002 – 9 S 913/02 – SPE 102 Nr. 26.
[22] Dazu: BVerwG, U. v. 30. 6. 1972 – 7 C 22.71 – DVBl. 1973, 149 = MDR 1972,
978, betr. die Entscheidungen des (ehemaligen) Gemeinsamen Prüfungsamtes, einer
Mehrländerbehörde der Länder Bremen, Hamburg und Schleswig-Holstein für die
2. Juristische Staatsprüfung.

IV. Verfahrensbeteiligte/Klagebefugnis

788   Die Klage, mit der eine Prüfungsentscheidung angefochten wird oder eine bessere Entscheidung erstritten werden soll, ist grundsätzlich nur dann zulässig, wenn der Prüfling/Schüler geltend macht, durch die umstrittene Maßnahme **in seinen Rechten verletzt** zu sein (§ 42 Abs. 2 VwGO). Ist er minderjährig und daher beschränkt geschäftsfähig, wird er durch seine Eltern[23] vertreten. Darüber hinaus haben auch die **Eltern** des minderjährigen Schülers eine **selbständige Klagebefugnis**, soweit ihr gemeinsames Recht auf Erziehung des Kindes (Art. 6 Abs. 2 GG) betroffen ist; jedoch haben Eltern, deren **Kind verstorben** ist, keine Klagebefugnis für eine Anfechtung des dem Kind erteilten Prüfungsbescheids.[24]

789   Ein **Lehrer** ist nicht schon dann klagebefugt, wenn die **Schulaufsicht** eine von ihm festgesetzte Note geändert[25] oder eine schriftliche Aufgabe für ungültig erklärt hat.[26] Er ist nämlich durch eine solche dienstliche Maßnahme nicht in seinen persönlichen Rechten beeinträchtigt, es sei denn, dass ein Eingriff in sein grundrechtlich geschütztes allgemeines Persönlichkeitsrecht (Art. 2 Abs. 1 GG) anzunehmen ist. Soweit indes spezielle gesetzliche Regelungen dem Lehrer gegenüber der Fachaufsicht eigene Rechte einräumen, ist er freilich auch befugt, diese gerichtlich durchzusetzen.[27]

790   Die Klage ist gemäß § 78 Abs. 1 Nr. 1 VwGO **gegen die Körperschaft** (z. B. das Land Hessen) zu richten, deren Behörde den umstrittenen Prüfungsbescheid erlassen hat. In einigen Ländern (z. B. in Brandenburg, Nordrhein-Westfalen, in Niedersachsen und in Schleswig-Holstein) ist die Klage gemäß § 78 Abs. 1 Nr. 2 VwGO i. V. m. den einschlägigen Ausführungsgesetzen dieser Länder **gegen die Behörde selbst** zu richten, die den Prüfungsbescheid erlassen hat. Behörden im Sinne dieser Vorschriften sind nur Organe mit selbständigen, nach außen gerichteten Wahrnehmungszuständigkeiten, also nicht Prüfungsausschüsse, sondern die **Prüfungsämter** oder **Schulen**, denen die betr. Ausschüsse bzw. Lehrerkonferenzen intern zugeordnet sind.[28] Bei Justizprüfungen ist zu unterscheiden, ob das Landesjus-

---

[23] Und zwar notwendig durch beide Eltern gemeinsam: OVG Lbg., Beschl. v. 29. 6. 1981 – 13 OVG B 27/81 – NVwZ 1982, 321.

[24] BVerwG, Beschl. v. 6. 6. 1995 – 6 B 37.95. Die Eltern oder die Erben eines volljährigen Prüflings besitzen nicht die Klagebefugnis gegen die negative Prüfungsentscheidung, um auf diese Weise angeblich die Ehre oder das Persönlichkeitsrecht des Prüflings verteidigen zu wollen.

[25] OVG Berl., Beschl. v. 30. 1. 1987 – 4 B 8.86 – SPE 470 Nr. 55; VG Berl., U. v. 20. 9. 1985, – VG 5 A 203.83 – SPE 470 Nr. 53.

[26] BayVGH, Beschl. v. 6. 3. 1986 – Nr. 3 B 84 A.1062 – SPE 196 Nr. 1

[27] Dazu im Einzelnen: Band 1 Schulrecht, 3. Aufl. (2000), Rdn. 518 und 643.

[28] Dazu insgesamt: BVerwG, U. v. 20. 7. 1984 – 7 C 28.83 – BVerwGE 70, 4 = NVwZ 1985, 577, und v. 2. 7. 1965 – 7 C 171.64 – DVBl. 1966, 35 = Buchholz 421.0 Prüfungswesen Nr. 27; OVG NW, U. v. 13. 3. 1991 – 22 A 871/90 – NJW 1991, 2586

tizprüfungsamt eine Behörde mit eigenen Entscheidungsbefugnissen oder nur eine Abteilung des Justizministeriums ist.[29] Eine Klage wegen des Nichtbestehens der Reifeprüfung, die an einer staatlich anerkannten **Privatschule** (Ersatzschule) abgelegt worden ist, ist gegen den Träger der Privatschule und nicht gegen das Land zu richten.[30]

Auch in Prüfungsangelegenheiten können ausnahmsweise **Dritte** an dem **791** streitigen Rechtsverhältnis derart beteiligt sein, dass die Entscheidung ihnen gegenüber nur einheitlich ergehen kann; sie sind in diesem Fall von dem Gericht **beizuladen** und nehmen sodann als Beteiligte an dem Verwaltungsrechtsstreit teil (§ 65 Abs. 2, § 63 Nr. 3 VwGO). Dieses trifft freilich nicht schon dann zu, wenn die gerichtliche Entscheidung der Sache nach auch andere Prüflinge angeht, weil sie z. B. in derselben Gruppe ebenfalls unsachlich geprüft oder gleichermaßen durch Baulärm gestört worden sind oder die gleichen unzulässigen Hilfsmittel benutzt haben. Insofern ist maßgeblich, dass die einzelnen Prüfungsrechtsverhältnisse selbständig sind, so dass **jeder Prüfling selbst ein Rechtsmittel** einlegen muss, um für sich die Rechtskraft der Prüfungsentscheidung zu vermeiden. Auch der **Widerruf** einer erschlichenen Examensnote kann nur individuell erfolgen und ist daher **nur individuell anfechtbar.**

Dem Verfahren beizuladen sind Behörden oder sonstige öffentliche Einrichtungen, die – ohne selbst Beklagte zu sein – durch das Urteil unmittelbar **792** verpflichtet werden sollen, bestimmte Maßnahmen zu treffen. Dies gilt insbesondere für Streitigkeiten um das Ergebnis medizinischer oder pharmazeutischer Prüfungen im **Antwort-Wahl-Verfahren.** Hier ist das Institut für Medizinische und Pharmazeutische Prüfungsfragen (IMPP) in Mainz notwendig beizuladen und damit am gerichtlichen Verfahren zu beteiligen.[31] Das IMPP ist jedoch am Prüfungsrechtsverhältnis nicht mit eigenen Rechten beteiligt, so dass das Rechtsmittel der Berufung des IMPP gegen die Streichung einer Prüfungsfrage durch das erstinstanzliche Verwaltungsgericht unzulässig ist.[32]

= DVBl. 1991, 774; VGH Bad.-Wttbg., U. v. 31. 1. 1989 – 9 S 961/88 – SPE 596 Nr. 35; *Müller,* Die Rechtsstellung der Justizprüfungsämter, DRiZ 1978, 198.

[29] So etwa in Meckl.-Vorp.; vgl. OVG Meckl.-Vorp., Beschl. v. 20. 12. 2002 – 2 L 8/01 – LKV 2003, 565. Dies hat übrigens auch Bedeutung für die Notwendigkeit eines Vorverfahrens gem. § 68 Abs. 1 Nr. 1 VwGO (vgl. Rdn. 815 ff).

[30] HessVGH, U. v. 2. 12. 1974 – VI OE 107/73 – SPE III F VII, S. 45.

[31] VGH Bad.-Wttbg., Beschl. v. 28. 12. 1992 – 9 S 2520/92; BayVGH, Beschl. v. 20. 12. 1990 – 7 C 90.3490 – DVBl. 1991, 761. Vgl. hierzu ferner: BVerwG, U. v. 26. 3. 1997 – 6 C 7.96 – BVerwGE 104, 203 = NJW 1997, 3104.

[32] OVG NW, Beschl. v. 1. 8. 1994 – 22 B 976/94 = DVBl. 1994, 1371.

V. Der Gegenstand der gerichtlichen Kontrolle

793 Streitgegenstand des Prüfungsrechtsstreits ist in aller Regel der **allgemeine Prüfungsanspruch** des Prüflings auf eine vollständige Durchführung des Prüfungsverfahrens mit dem Ziel eines **rechtsfehlerfreien**, den von ihm erbrachten Leistungen entsprechenden **Abschlusses**.[33] Die Prozessordnung hat zu gewährleisten, dass die in den vorherigen Abschnitten dargelegten Rechte des Prüflings gerichtlich durchsetzbar sind. Letztlich begehrt jeder Prüfling eine **positive**, möglichst gut benotete **Prüfungsentscheidung** und damit einen ihn **begünstigenden Verwaltungsakt** (§ 35 VwVfG).[34] Wird ein solcher Verwaltungsakt rechtswidrig abgelehnt, so kann der Betroffene zwar grundsätzlich von dem Gericht verlangen, dass es die Verpflichtung der Behörde ausspricht, die beantragte Amtshandlung vorzunehmen (§ 113 Abs. 5 Satz 1 VwGO). Mit Klagen in Prüfungsangelegenheiten lässt sich dieses Ziel jedoch nur selten unmittelbar ansteuern.[35] Häufig fehlt es gerade wegen des gerügten Verfahrensmangels (z.B. der Befangenheit des Prüfers oder wegen erheblicher Lärmbeeinträchtigungen) an einer ordnungsgemäß zu bewertenden Leistung; oder eine bewertungsfähige Leistung ist zwar vorhanden, aber die Bewertung selbst ist zunächst von den Prüfern fehlerfrei nachzuholen, bevor das Prüfungsergebnis festgestellt werden kann. In anderen Fällen geht es darum, vorab gewisse Hindernisse auf dem Weg zum Prüfungserfolg zu beseitigen, z.B. die Nichtzulassung zur mündlichen Prüfung. Wird etwa die erforderliche **Genehmigung des Rücktritts** wegen Krankheit versagt, muss auch diese zunächst erstritten werden.[36] Das Verwaltungsprozessrecht (§§ 42 ff., 113, 114 VwGO) gibt hinreichende Möglichkeiten, diesen unterschiedlichen Ausgangslagen und dem jeweils daraus herzuleitenden Klagebegehren angemessen Rechnung zu tragen (dazu im Einzelnen Rdn. 804 ff.).

794 Gegenstand der richterlichen Kontrolle sind freilich nur **Sachentscheidungen, nicht** dagegen **unselbständige**, nicht vollstreckbare **Verfahrenshandlungen**, die dazu dienen, die Sachentscheidung vorzubereiten (z.B. Ladungen zur Prüfung, Zusammensetzung der Prüfungskommission); sie können gemäß § 44 a VwGO grundsätzlich nur gleichzeitig mit Rechtsbe-

---

[33] Vgl. VGH Bad.-Wttbg., Beschl. v. 19. 9. 2000 – 9 S 1607/00 – SPE 183 Nr. 1.

[34] Bei berufsrelevanten Prüfungen auch mit dem Ziel der Verbesserung der Prüfungsnote nach bestandener Prüfung („Verbesserungsklage"); dazu insbesondere: *Schlette* DÖV 2002, 816 sowie Rdn. 779.

[35] Es kommen praktisch nur Fälle in Betracht, in denen sich das Prüfungsergebnis aus exakten Vorgaben ableiten, insbesondere errechnen lässt, so dass den Prüfern für die Feststellung des Gesamtergebnisses keinerlei Bewertungsspielraum verbleibt.

[36] Vgl. hierzu Rdn. 149 ff.

helfen gegen die eigentliche Sachentscheidung angegriffen werden.[37] Dabei ist jedoch stets die Gewährleistung effektiven Rechtsschutzes gem. Art. 19 Abs. 4 GG zu berücksichtigen. So darf ein Ausschluss gerichtlicher Überprüfungen von Verfahrenshandlungen nach § 44 a VwGO auch bei Prüfungen nicht zu unzumutbaren Nachteilen führen, die in einem späteren Prozess nicht mehr zu beseitigen sind.[38]

Nicht unmittelbar Gegenstand der richterlichen Kontrolle sind ferner **795** einzelne **Teile der Prüfung** oder **Teilleistungen** des Prüflings etwa in der mündlichen Prüfung und deren Ergebnis.[39] Soweit das Ergebnis eines Prüfungsteils oder Abschnitts der Prüfung nicht ausnahmsweise etwa aufgrund besonderer Regelungen der Prüfungsordnung verselbständigt ist oder sonstwie unmittelbar eigene rechtliche Wirkung hat, fehlt ihm das für einen anfechtbaren Verwaltungsakt wesentliche Merkmal der **Regelung** eines Einzelfalls mit **unmittelbarer Rechtswirkung nach außen** (§ 35 VwVfG). Freilich sind in die gerichtliche Kontrolle der abschließenden (Gesamt-)Prüfungsentscheidung sämtliche Prüfungsteile oder Teilleistungen durch speziell darauf abzielende rechtliche Beanstandungen des Prüflings einzubeziehen.

Ob der Bewertung der Leistungen schon in einem **Teil** oder **Abschnitt 796** der **Prüfung** ausnahmsweise **eigene Rechtswirkung** zukommt und sie daher selbständig gerichtlich kontrollierbar ist, hängt insbesondere von der Ausgestaltung des Prüfungsverfahrens durch die Prüfungsordnung ab. Wenn die Prüfungsordnung lediglich vorsieht, dass zuvor festgelegte Prüfungsnoten oder Ergebnisse von Teilen der Prüfung bei der Gesamtbewertung zu berücksichtigen sind, begründet dies keine eigene Rechtswirkung der Teilbewertungen. Anders ist es, wenn die Prüfungsteile sachlich und zeitlich abgegrenzt sind und ihr Ergebnis – mit Folgen für den Fortgang der Prüfung – gesondert beschieden wird.[40] Eine Ausgestaltung der Prüfung als sogenannte **„abgeschichtete Fachprüfung"**, bei der die Prü-

---

[37] Wegen der Ladung zur Prüfung: BayVGH, U. v. 11. 1. 1989 – Nr. 3 B 88.01381 – BayVBl. 1989, 343. Ebenso für die Aufforderung an den angeblich erkrankten Prüfling, ein amtsärztliches Attest vorzulegen: BVerwG, Beschl. v. 27. 8. 1992 – 6 B 33.92 – DVBl. 1993, 51 = BayVBl. 1992, 762.

[38] Nach BVerfG, Beschl. v. 24. 10. 1990 – 1 BvR 1028/90 – NJW 1991, 415 (Versagung vorläufigen Rechtsschutzes gegen die Verwehrung von Akteneinsicht), muss das Gericht zur effektiven Rechtsschutzgewährung (Art. 19 Abs. 4 GG) stets die praktischen Folgen eines Verweises auf § 44 a VwGO berücksichtigen; zur Konsequenz für die gerichtliche Durchsetzung der Akteneinsicht s. Rdn. 273; dazu auch *Steike*, Akteneinsicht bei der Prüfungsanfechtung, NVwZ 2001, 868.

[39] BVerwG, U. v. 22. 6. 1994 – 6 C 37.92 – BVerwGE 96, 126 = NJW 1995, 265 = NVwZ 1995, 492 = Buchholz a. a. O. Nr. 333, und v. 16. 3. 1994 – 6 C 5.93 – NVwZ-RR 1994, 585 = Buchholz a. a. O. Nr. 329 = DVBl. 1994, 1356; ebenso: VGH Bad.-Wttbg., Beschl. v. 19. 9. 2000, a. a. O.; früher anders: BVerwG, Beschl. des 7. Senats v. 25. 7. 1979 – 7 CB 68.79 – Buchholz a. a. O. Nr. 118 und des 1. Wehrdienstsenats v. 11. 1. 1977 – I WB 32/76 – ZBR 1978, 72.

[40] VGH Bad.-Wttbg., Beschl. v. 17. 4. 2002 – 4 S 2796/00 – SPE 559 Nr. 9.

fung nur bei Bestehen bestimmter Teilprüfungen fortgesetzt wird, genügt allerdings für sich genommen noch nicht, die einzelnen **Teilergebnisse** als **Verwaltungsakte** zu qualifizieren, sofern nicht über jedes Teilergebnis ein – das Prüfungsverfahren insoweit abschließender – Bescheid ergeht.[41] Die rechtliche Regelung, die ihn zu einem **gerichtlich anfechtbaren Verwaltungsakt** macht, erhält dieser Bescheid dadurch, dass er auf eine konkrete Gestaltung des individuellen Prüfungsrechtsverhältnisses ausgerichtet ist, indem z. B. erklärt wird, dass angesichts der schlechten Teilleistung der Prüfungsversuch insgesamt gescheitert sei. Ist ein solcher förmlicher Bescheid nicht vorgesehen, kann der Fortgang des Prüfungsverfahrens jedenfalls mit der allgemeinen **Leistungsklage** (Rdn. 804) – wegen der Eilbedürftigkeit hier zumeist im Wege des vorläufigen Rechtsschutzes (dazu im Einzelnen Rdn. 873 ff.) – erstritten werden. Besonderheiten ergeben sich für die juristischen Prüfungen neuer Art (dazu Rdn. 349 ff.). Die beiden **Teile der ersten juristischen Prüfung,** nämlich die universitäre Schwerpunktbereichsprüfung und die staatliche Pflichtfachprüfung, sind voneinander unabhängige Prüfungen, die jeweils getrennt anzufechten sind, um die Bestandskraft der einzelnen Prüfungsergebnisse zu vermeiden (vgl. Rdn. 821). Das anschließend erteilte Zeugnis über das Ergebnis der ersten juristischen Prüfung beruht lediglich auf einer rechnerischen Ermittlung der Gesamtnote (vgl. § 5 d Abs. 2 Satz 4 DRiG). Daher kann dieses Ergebnis allenfalls wegen einer Falschberechnung, nicht aber wegen irgendwelcher Mängel in dem einen oder anderen Teil der ersten Prüfung angefochten werden.

797 Ebenso wie Teilleistungen müssen auch **Einzelnoten** in Klausuren, einzelnen Fächern oder Modulen selbständige Sachentscheidungen (rechtserhebliche Regelungen) sein, um anfechtbare Verwaltungsakte sein zu können. Dies kann etwa in der gleichen Weise geschehen, wie dies vorstehend hinsichtlich möglicher Rechtsfolgen unzulänglicher Teilleistungen dargestellt worden ist. Für die Praxis eher relevant sind indes Fälle, in denen eine bestimmte Einzelnote **unmittelbar Rechte des Betroffenen** begründet, z. B. hinsichtlich der Verteilung von Studienplätzen oder des Zugangs zu einem bestimmten Beruf (Art. 12 Abs. 1 GG).[42] Die Note einer Hausarbeit im Prüfungsverfahren kann auch bereits dann Gegenstand der Klage sein, wenn die Verbesserung der Note zwar nicht zum Bestehen der Prüfung führen, die Note aber in einer Wiederholungsprüfung „stehen gelassen" werden kann.[43] Sind solche konkreten rechtlichen Wirkungen nicht gegeben, ist die

---

[41] BVerwG, Beschl. v. 25. 3. 2003 – 6 B 8/03 – Buchholz 421.0 Prüfungswesen Nr. 404 = DVBl. 2003, 871 = DÖV 2003, 727, betr. Dipl.-Vorprüfung im Fach BWL.

[42] OVG NW, Beschl. v. 22. 1. 2001 – 19 A 1901/00 – NVwZ-RR 2001, 384 = SPE 470 Nr. 74 = DVBl. 2001, 823, betr. eine nicht versetzungserhebliche Note im Fach Englisch, die gesondert im Abschlusszeugnis aufzuführen war.

[43] OVG Nds., U. v. 21. 3. 1995 – 10 L 2139/93.

Einzelnote ein **rechtlich unselbständiges Bewertungselement** für die Gesamtnote und für die Entscheidung über das Prüfungsergebnis, welche als der maßgebliche Verwaltungsakt allein Gegenstand der Klage sein kann.[44] Der Prüfling hat in einem solchen Fall zunächst keine andere Wahl, als den abschließenden Prüfungsbescheid abzuwarten. Dies hat für ihn auch Vorteile; denn wären Einzelnoten gerichtlich anfechtbare Verwaltungsakte, müsste jede von ihnen fristgerecht angefochten werden, da sie sonst bestandskräftig würde.

Die dargelegten Rechtsgrundsätze gelten auch für **studienbegleitende** **798** **Prüfungen,** von deren Ergebnis der Fortgang des Studiums abhängig gemacht und damit über den weiteren beruflichen Werdegang des Studierenden entschieden wird (vgl. Rdn. 242, 388). Der Gegenstand der gerichtlichen Kontrolle ist auch hier in aller Regel nicht die schlechte Einzelnote in einem Studienfach, sondern der **Bescheid der Hochschule,** dass aufgrund des Misserfolgs das **Studium beendet** sei. Zu beachten sind indes hochschulrechtliche Sonderregelungen, in denen die unmittelbaren Rechtsfolgen erfolgloser studienbegleitender Prüfungen speziell geregelt sind, etwa wenn das Ergebnis der studienbegleitenden Prüfung die Bedeutung einer **Zulassungsvoraussetzung** für weitere (Teil-)Prüfungen besitzt (z. B. bei dem Nachweis von Schlüsselqualifikationen im Rahmen der ersten Juristen Prüfung, s. Rdn. 358 ff., 362, oder bei den universitären Leistungsnachweisen für den Zugang zum Zweiten Abschnitt der Ärztlichen Prüfung, s. Rdn. 369, 375). In solchen Fällen hat der dem Prüfling bescheinigte **Misserfolg der studienbegleitenden Prüfung** unmittelbare rechtliche Auswirkungen, weil damit eine wesentliche Zulassungsvoraussetzung nicht erreicht worden ist. Schon dieser Misserfolg ist daher Gegenstand des Rechtsschutzbegehrens. Ein Rechtsmittel gegen die Ablehnung der Zulassung wäre in solchen Fällen häufig verspätet und von vornherein erfolglos, weil die fehlende Zulassungsvoraussetzung erst – möglicherweise mit gerichtlicher Hilfe – erbracht werden muss, bevor der Zulassungsanspruch Erfolg haben kann.

Im schulischen Bereich zählen zu den **rechtlich unselbständigen** Einzel- **799** bewertungen insbesondere **Klassenarbeiten,**[45] **Vorzensuren** oder sonstige die eigentliche (Versetzungs-)Entscheidung vorbereitende Maßnahmen.[46] Im Gegensatz dazu ist die Mitteilung, der Schüler sei nach mehrfacher Nichtversetzung mangels Eignung von der weiterführenden Schule entlassen, kein die Nichtversetzung ergänzender bloßer Hinweis, sondern ein

---

[44] BVerwG, U. v. 16. 3. 1994 – 6 C 5.93 – NVwZ-RR 1994, 585 = DVBl. 1994, 1356; VGH Bad.-Wttbg., Beschl. v. 17. 4. 2002 – 4 S 2796/00 – Juris: Einzelnoten der Prüfungslehrproben in der Zweiten Staatsprüfung für das Lehramt sind keine Verwaltungsakte; vgl. ferner: *Löwer,* Die Zeugnisnote – ein Verwaltungsakt?, DVBl. 1980, 952.
[45] OVG NW, U. v. 17. 4. 1967 – V A 976/65 – NJW 1967, 1773, mit Anm. v. *Stephany.*
[46] OVG NW, U. v. 22. 9. 1981 – 18 A 2160/80 – SPE III A IX, S. 15.

selbständig belastender Verwaltungsakt. Er ist demgemäß auch selbständig anzufechten, wenn vermieden werden soll, dass die **Entlassung** bestandskräftig wird.[47]

VI. Das Klageziel

800　Das mit dem gerichtlichen Verfahren verfolgte Klageziel hat sich der materiellen Rechtslage anzupassen und muss deshalb davon abhängig gemacht werden, welchen konkreten Anspruch der Prüfling in der gegebenen Situation geltend machen will und kann. Der **allgemeine Prüfungsanspruch,** der auf die volle Durchführung der Prüfung in einzelnen rechtlich unselbständigen Abschnitten einschließlich der Bescheidung über das Prüfungsergebnis ausgerichtet ist, gewährt hierfür eine allerdings nur sehr abstrakte Grundlage. Die konkrete Situation des bisherigen Prüfungsverlaufs und die dabei aufgetretenen Hindernisse auf dem Weg zu einem positiven rechtsfehlerfreien Abschluss erfordern vielmehr eine entsprechende **Konkretisierung.** Dieser Weg führt nicht etwa in die Richtung einer unzulässigen Aufspaltung des allgemeinen Prüfungsanspruchs in mehrere selbständige Teilansprüche, die sich getrennt voneinander gerichtlich verfolgen ließen, so dass die übrigen in Bestandskraft erwüchsen.[48] Geboten ist vielmehr eine inhaltliche Modifizierung und Spezifizierung dieses Anspruchs **je nach der Art des gerügten Fehlers und der Beseitigung seiner Folgen** entsprechend der jeweiligen Sach- und Rechtslage. Dies geschieht dadurch, dass der Prüfling z.B. die Aufhebung der nach seiner Meinung rechtswidrigen Prüfungsentscheidung, eine erneute Bewertung durch die Prüfer, eine nochmalige – nunmehr verfahrensfehlerfreie – Prüfung oder schlicht die Fortsetzung des Prüfungsverfahrens verlangt, weil er die dazu erforderlichen Voraussetzungen (Zwischenleistungen) erbracht habe.

801　Für **Teilanfechtungen** ist kein Raum, es sei denn, dass die Prüfung aus mehreren rechtlich selbständigen Teilen besteht oder ausnahmsweise einzelne Teile, Abschnitte oder sogar Einzelnoten unmittelbare rechtliche Folgen haben (vgl. Rdn. 795 ff.). Für den klagenden Prüfling hat dies andererseits den Vorteil, dass er nicht zu Teilanfechtungen verpflichtet ist, um die Bestandskraft einzelner Bewertungen zu vermeiden (sog. „Anfechtungslast"), und dass er im Verlauf des verwaltungsgerichtlichen Streitverfahrens weitere Rügen vorbringen kann, die sich auf andere Abschnitte der Prüfung beziehen. Erfährt er z.B. erst später aufgrund nachfolgender Äußerungen eines Prüfers, dass dieser befangen war, so ist er auch dann nicht gehindert, damit die Bewertung seiner mündlichen Leistungen zu rügen, wenn er mit seiner

---

[47] VGH Bad.-Wttbg., Beschl. v. 13. 6. 1985 – 9 S 758/85 – NVwZ 1985, 593 = DVBl. 1985, 1070.

[48] So auch VGH Bad.-Wttbg., Beschl. v. 19. 9. 2000 – 9 S 1607/00 – SPE 183 Nr. 1.

Klage bislang nur das Verfahren bei den Aufsichtsarbeiten (etwa wegen Unruhe im Prüfungssaal) beanstandet hat.

Auch wenn eine (einmalige) **Wiederholung der Prüfung** nach der Prüfungsordnung zugelassen ist, sollte der Prüfling nicht abwarten, ob er diese besteht, sondern gegen die nach seiner Meinung rechtswidrige Entscheidung in der **Erstprüfung** innerhalb der Rechtsmittelfrist vorgehen. Besteht er die Wiederholungsprüfung zwischenzeitlich, so bedeutet dies nicht zugleich den Wegfall der Beschwer, denn das Bestehen einer Erstprüfung ist für den beruflichen Werdegang nicht identisch mit dem Bestehen einer Wiederholungsprüfung.[49] Erweist sich die Erstprüfung später wegen eines inhaltlichen Bewertungsfehlers als rechtswidrig, müssen die sie betreffende Prüfungsentscheidung aufgehoben und die Bewertung fehlerfrei nachgeholt werden. Der Prüfling kann in diesem Fall aber auch die Anerkennung der Wiederholungsprüfung – etwa weil er mit ihrem Ergebnis zufrieden ist – als Erstprüfung beanspruchen. Wird die Erstprüfung wegen eines Verfahrensfehlers insgesamt aufgehoben, so dass insofern gar keine korrekte, bewertungsfähige Leistung vorliegt, gilt sie als nicht unternommen; die Wiederholungsprüfung gilt dann ohne weiteres als Erstprüfung.[50] Ficht der Prüfling das Ergebnis der Wiederholungsprüfung an, so können auf diesem Wege keine aus der Erstprüfung angerechneten und nicht wiederholten Prüfungsbestandteile zur gerichtlichen Kontrolle gestellt werden.[51]

802

Anders ist die Rechtslage indes zu bewerten, soweit landesgesetzliche Regelungen einen „**Freiversuch**" (z. B. in der ersten juristischen Prüfung) zulassen. Mit solchen Sonderregelungen verbunden ist im allgemeinen die Fiktion, dass eine nicht bestandene Prüfung im Freiversuch als „nicht unternommen" gilt. Der im Freiversuch durchgefallene Prüfling ist daher für seinen weiteren beruflichen Werdegang nicht benachteiligt, wenn er in der Folgezeit die Prüfung im ersten „regulären" Versuch besteht.[52] Eine Klage auf Aufhebung der den Freiversuch betreffenden Prüfungsentschei-

803

---

[49] BVerwG, Beschl. v. 10. 6. 1996 – 6 B 81.95 – NVwZ-RR 1997, 101 = BayVBl. 1997, 600: Dasselbe gilt, wenn es sich bei der vorangegangenen Prüfung bereits um eine Wiederholungsprüfung handelt und das Prüfungsamt anstelle der Fortsetzung der Wiederholungsprüfung eine weitere Wiederholungsmöglichkeit gewährt hat.

[50] Dazu insgesamt: BVerwG, U. v. 12. 4. 1991 – 7 C 36.90 – NVwZ 1992, 56 = DVBl. 1991, 756, unter Aufhebung des davon abweichenden U. des VGH Bad.-Wttbg., U. v. 17. 7. 1990 – 9 S 707/89 – VBlBW 1991, 148; vgl. ferner: BVerwG, U. v. 28. 4. 1978 – 7 C 50.75 – BVerwGE 55, 355 ff., 357, und v. 30. 6. 1972 – 7 C 22.71 – BVerwGE 40, 205. Zur (anhaltenden) Zulässigkeit der Anfechtungsklage gegen die erste Prüfungsentscheidung nach bestandener Wiederholungsprüfung: BVerwG, U. v. 21. 10. 1993 – 6 C 12.92 – Buchholz a.a.O. Nr. 320.

[51] OVG Nds., U. v. 16. 3. 1999 – 10 L 377/97 – NdsVBl. 1999, 183 = SPE 980 Nr. 57; OVG NW, U. v. 30. 3. 1998 – 22 A 4551/95 – NWVBl. 1998, 403 = DÖV 1999, 310: Die gerichtliche Kontrolle der angerechneten Prüfungsteile ist auf die Überprüfung der Art und Weise der Anrechnung beschränkt.

[52] OVG Bremen, Beschl. v. 29. 6. 2000 – 1 A 104/00 – NordÖR 2001, 19 = SPE 344 Nr. 12; VG Weimar, U. v. 28. 12. 1999 – 2 K 2294/97 – ThürVBl. 2000, 139.

dung erledigt sich dann durch den Wegfall der Beschwer.[53] Der begehrte Rechtsschutz gegen die Bewertung lässt sich dann allenfalls durch einen Übergang von der Anfechtungsklage (oder Verpflichtungsklage) zur **Fortsetzungsfeststellungsklage** weiterverfolgen.[54]

VII. Die Klagearten

804   Die Aufhebung einer Prüfungsentscheidung oder einer prüfungsrechtlichen Maßnahme, die als Einzelfallregelung auf unmittelbare Rechtswirkung nach außen gerichtet ist (dazu im Einzelnen Rdn. 793 ff.) und daher als „Verwaltungsakt" gilt (§ 35 VwVfG), ist mit der **Anfechtungsklage** zu erstreiten; der Erlass einer solchen Maßnahme ist mit der **Verpflichtungsklage** zu begehren (§ 42 Abs. 1 VwGO). Die Zulässigkeit der Klage hängt freilich nicht davon ab, ob es gelingt, das Begehren des Klägers einer der in den §§ 42, 43 VwGO genannten Klagearten zuzuordnen. Die Rechtsschutzgewährleistung des Art. 19 Abs. 4 GG ist demgegenüber vorrangig. Sind weder Anfechtungs- noch Verpflichtungs- oder Feststellungsklage einschlägig, hilft jedenfalls die **allgemeine Leistungs-** oder **Unterlassungsklage.** Wichtig ist aber, dass für einzelne Klagearten bestimmte prozessuale Voraussetzungen gelten, z.B. das Geltendmachen einer persönlichen Rechtsbeeinträchtigung (Klagebefugnis, Rdn. 788), die Notwendigkeit eines Vorverfahrens (Rdn. 815 ff.) und die Einhaltung bestimmter Fristen (Rdn. 819 ff.) speziell für die Anfechtungs- und die Verpflichtungsklage (vgl. §§ 42 Abs. 2, 68 ff. VwGO).

805   Eröffnet eine spezielle Klageart die gerichtliche Überprüfung des klägerischen Begehrens (dazu Rdn. 800 ff.), so ist dieses der betreffenden Klageart zuzuordnen und die Zulässigkeit der Klage an den Voraussetzungen zu messen, die nach der VwGO für eine solche Klage gelten. Ist das Ziel des Prüflings, die Prüfung zu bestehen oder eine bessere Prüfungsnote zu erlangen, nach Lage der Dinge erreichbar, da die Sache in diesem Sinne spruchreif ist oder im Verlauf des Prozesses spruchreif gemacht werden kann, ist die **Verpflichtungsklage** darauf zu richten, die **Prüfung** mit dem begehrten Ergebnis **für bestanden zu erklären** (vgl. §§ 42 Abs. 1, 113 Abs. 5 Satz 1 VwGO). Sie ist bei berufsrelevanten Prüfungen auch als sogenannte „**Verbesserungsklage**" statthaft, wenn es dem Prüfling darum geht, nach

---

[53] Eine Erledigung (Wegfall der Beschwer) tritt grundsätzlich dann ein, wenn zwischen dem gerichtlich Erstrebten und dem inzwischen außergerichtlich Erreichten Identität besteht; vgl. auch OVG NW, Beschl. v. 30. 01. 2002 – 19 A 2524/01 – NWVBl. 2002, 355 = SPE 980 Nr. 62/63, betr. die Erledigung einer Verpflichtungsklage durch das Bestehen einer schulischen Nachprüfung.

[54] Das besondere Feststellungsinteresse kann sich durch eine beabsichtigte Schadensersatzklage des Prüflings vor dem Zivilgericht ergeben, VG Weimar, U. v. 28. 12. 1999 – 2 K 2294/97 – a. a. O.; vgl. Rdn. 518 ff.

bestandener Prüfung eine bessere Gesamtnote zu erreichen, um auf diese Weise seine Chancen für einen bestimmten Berufseingang zu vergrößern.[55] Die – möglicherweise nur teilweise – Aufhebung der negativen Prüfungsentscheidung ist darin einzubeziehen, hat aber keine selbständige Bedeutung.

In vielen Fällen ergibt sich jedoch schon aus dem unstreitigen Sachverhalt **806** und dem Vorbringen des Prüflings, dass er einen **perfekten Bestehensanspruch** bzw. **Verbesserungsanspruch** bei der gegenwärtigen Rechtslage nicht hat und vor dem ungewissen Eintreten zusätzlicher Ereignisse (z. B. einer nachzuholenden Neubewertung oder wegen der noch ausstehenden mündlichen Prüfung) noch nicht haben kann. Macht er in solchen Fällen einen Bestehensanspruch geltend, muss er mit einer Teilabweisung seiner Verpflichtungsklage und entsprechender Kostenbeteiligung auch dann rechnen, wenn er im Übrigen Erfolg hat. Die Umstände, die einen Bestehensanspruch nach der gegebenen Sach- und Rechtslage begrenzen oder sogar ausschließen, sind von unterschiedlicher Art und Wirkung auf das Recht des Prüflings, ordnungsgemäß geprüft und über das Ergebnis einer solchen Prüfung fehlerfrei beschieden zu werden. Dem sind die Klageart und die ihr entsprechenden Klageanträge wie folgt anzupassen:

1. Bei Bewertungsmängeln

Werden Bewertungsmängel geltend gemacht, ist wie folgt zu unterschei- **807** den: Geht es allein um Rechen- oder sonstige Verfahrensfehler bei der **Berechnung der Prüfungsnote**, z. B. wenn bei medizinischen Prüfungen die relative Bestehensgrenze falsch ermittelt worden ist, so vermag das Gericht die Bewertung ohne weiteres zu korrigieren und auf den entsprechenden Antrag des Klägers – wenn die Neuberechnung dies ergibt – den Beklagten zu verpflichten, die Prüfung für bestanden zu erklären (§§ 42, 113 Abs. 5 Satz 1 VwGO).

Macht der Prüfling indes **inhaltliche Mängel der Bewertung** geltend, **808** z. B. dass seine Lösung nicht falsch, sondern zumindest vertretbar sei, so kann er in aller Regel[56] mit Hilfe der **Anfechtungsklage** (§§ 42 Abs. 1, 113 Abs. 1 Satz 1 VwGO) die Aufhebung der Prüfungsentscheidung erreichen, so dass die Prüfer ihre Bewertung erneut und nunmehr fehlerfrei vornehmen müssen. Hinsichtlich der Frage, ob der Prüfling die Voraussetzungen

---

[55] Um eine Verschlechterung des bisherigen Prüfungsergebnisses zu vermeiden, ist das Verpflichtungsbegehren auf einen Notenverbesserungsantrag zu beschränken und auch das Aufhebungsbegehren entsprechend zu begrenzen (vgl. Rdn. 703); Dazu im Einzelnen: *Schlette*, Prüfungsrechtliche Verbesserungsklage und reformatio in peius, DÖV 2002, 816.

[56] Ausnahmen sind etwa dann gegeben, wenn auch nach dem Vortrag des Beklagten offensichtlich ist, dass im Falle der Eliminierung eines bestimmten Bewertungsfehlers die Prüfung als bestanden erklärt werden muss.

für das **Bestehen der Prüfung** erfüllt hat, ist die Sache nach Lage der Dinge **nicht spruchreif.** Unter diesen Umständen hat die **Bescheidungsklage** (vgl. § 113 Abs. 5 Satz 2 VwGO) in der Praxis erhebliche Bedeutung. Sie dient dazu, den Anspruch des Prüflings auf **fehlerfreie Neubewertung** und **Neubescheidung** seiner Prüfungsleistungen durchzusetzen, der daraus folgt, dass gewisse Leistungen zuvor rechtsfehlerhaft bewertet worden sind. Dieser Anspruch ist eine materiell-rechtliche Modifizierung des Bestehensanspruchs; er ist auf eine andere selbständige Bewertung und Bescheidung des **Prüfungsergebnisses**[57] gerichtet, welche die gerügten Bewertungsfehler zu vermeiden hat.

809   In den Gründen seiner (stattgebenden) Entscheidung hat das Gericht darzulegen, dass es einen rechtserheblichen Bewertungsfehler erkannt hat und dass dieser bei der **Neubewertung** und **erneuten Entscheidung** über das Prüfungsergebnis zu vermeiden ist. Diese Rechtsauffassung des Gerichts haben die Prüfer gemäß § 113 Abs. 5 Satz 2 VwGO zu beachten. Die Bescheidungsklage erfasst dieses Begehren mit dem auf **Neubescheidung unter Beachtung der Rechtsauffassung des Gerichts** ausgerichteten Antrag. Freilich kann es im Einzelfall sachdienlich sein, zur Klarstellung im Klageantrag und im Tenor der Entscheidung diejenigen Teile der Prüfung (z. B. eine bestimmte Aufsichtsarbeit) ausdrücklich zu nennen, um deren Bewertung gestritten wird. Ebenso ist die Aufhebung der angegriffenen (Gesamt-)Prüfungsentscheidung zu beantragen, soweit sie nach der angestrebten Neubewertung durch die dann folgende neue Prüfungsentscheidung ersetzt werden soll.[58]

810   Betrifft der angebliche **Bewertungsfehler** (nur) einen **ersten Teil** oder **Abschnitt** der aus mehreren Teilen bestehenden Prüfung (z. B. die Klausuren) und ist die Prüfung schon danach für nicht bestanden erklärt und abgebrochen worden, so ist grundsätzlich allein gegen diese negative **(Gesamt-)Prüfungsentscheidung** die **Anfechtungsklage** statthaft. Im Falle einer solchen Prüfungsentscheidung kommt eine Bescheidungsklage schon deshalb nicht in Betracht, weil der Prüfungserfolg nicht ohne weiteren Fortgang des Verfahrens festgestellt werden kann. Allenfalls eine Verpflichtungsklage auf Zulassung zur mündlichen Prüfung – nach einer Neubewertung der Klausuren – wäre dann statthaft, wenn die Prüfungsordnung einen förmlichen Zulassungsakt vorsieht und nicht das Prüfungsverfahren im Falle ausreichender Klausuren durch eine Ladung zur mündlichen Prüfung schlicht fortgesetzt wird. Bestehen Zweifel, ob die Prüfungsbehörde das Prüfungsverfahren nach einer erfolgreichen Anfechtungsklage fortsetzen wird, sollte – neben dem Antrag auf Aufhebung der negativen Prüfungsentscheidung – zusätzlich im Wege der **allgemeinen Leistungsklage** die **Fortsetzung dieses Verfahrens** beantragt werden.

---

[57] Nicht einzelner Prüfungsnoten, s. Rdn. 795 ff., 797.
[58] *Redeker/von Oertzen* Verwaltungsgerichtsordnung, § 113 Rdn. 38.

2. Bei Verfahrensfehlern

Geht es indes um einen Fehler in dem **Verfahren zur Ermittlung der** 811
Prüfungsleistungen (z.B. im Falle der Verwendung unzulässigen Prüfungsstoffes oder bei unerträglichem Baulärm im Prüfungsraum), so konkretisiert sich der Prüfungsanspruch auf das Recht auf fehlerfreie **Wiederholung** des betreffenden **Verfahrens.** Für den Bestehensanspruch
fehlen unter diesen Umständen schon die materiell-rechtlichen Voraussetzungen. Das ist auch hier dafür bestimmend, wie bei dieser Sach- und
Rechtslage der geltend gemachte Anspruch prozessual durchzusetzen ist:
Da der negative Prüfungsbescheid[59] den Fortgang der Prüfung hindert,
muss in erster Linie dessen **Aufhebung** begehrt werden, wofür die **Anfechtungsklage** gegeben ist (§§ 42, 113 Abs. 1 Satz 1 VwGO). In Ergänzung dazu sollte in aller Regel beantragt werden, welche **Verfahrensteile**
der Prüfling zu wiederholen begehrt oder wie sonstwie das Verfahren
fehlerfrei zu Ende zu führen ist.[60] Der Prüfling hat in Ermangelung einer
normativen Regelung der Fehlerfolgen nur denjenigen selbständig zu bewertenden Prüfungsteil erneut abzulegen, dem der rechtserhebliche Mangel anhaftet; insoweit ist er auch vor Verschlechterungen der Bewertung
der anderen Prüfungsteile geschützt.[61] Verzichtet werden kann auf diesen
Zusatzantrag, wenn außer Frage steht, dass die Behörde nach Aufhebung
ihrer Prüfungsentscheidung das Verfahren pflichtgemäß fortsetzen bzw.
wiederholen wird.

Die **Fortsetzung** oder **Wiederholung** von Teilen des Prüfungsverfahrens 812
– beginnend etwa mit einer Ladung zur mündlichen Prüfung – ist auch in
dieser Situation kein mit der Verpflichtungsklage zu erstreitender Verwaltungsakt. Das Begehren richtet sich vielmehr auf ein schlichtes Verwal-
tungshandeln und ist daher mit der **allgemeinen Leistungsklage** geltend zu
machen. Anders kann es sein, wenn dem Fortgang des Verfahrens nach der
Prüfungsordnung eine ausdrückliche **Zulassung vorgeschaltet** ist; diese ist
grundsätzlich ein selbständiger Verwaltungsakt, der mit der **Verpflich-
tungs-** oder, wenn auch neue Bewertungen vorzunehmen sind, mit der **Bescheidungsklage** zu erstreiten ist.

Besonderheiten sind für den Fall zu beachten, dass die **Genehmigung** des 813
Rücktritts von der Prüfung (z.B. wegen Erkrankung) versagt worden ist

---

[59] Oder an dessen Stelle ein Exmatrikulationsbescheid; OVG Sachs., Beschl. v. 11. 6.
2001 – 4 E 31/01 – SächsVBl. 2002, 90.
[60] Vgl. auch *Brehm*, Aktuelles zum juristischen Prüfungsrecht, NVwZ 2002,
1334.
[61] BVerwG, U. v. 19. 12. 2001 – 6 C 14/01 – NVwZ 2002, 1375, betr. eine fehlerhafte mündliche Prüfung im Zweiten Juristischen Staatsexamen. Der Prüfling musste
lediglich den Aktenvortrag wiederholen, dem die fehlerhafte Bewertung anhaftete,
nicht jedoch die gesamte mündliche Prüfung. Dazu auch *Brehm*, a. a. O.

(s. Rdn. 149 ff.). Eine solche Genehmigung ist als ein selbständiger Verwaltungsakt mit der Verpflichtungsklage zu erstreiten (§§ 42, 113 Abs. 5 Satz 1 VwGO). Daneben ist gegen die etwa aus dem Versäumnis hergeleitete negative Prüfungsentscheidung die Anfechtungsklage zu erheben, da sonst der Misserfolg bestandskräftig feststünde.[62]

814   Prozessrechtlich steht nichts im Wege, dass der Kläger mit dem **Hauptantrag** ein positives Prüfungsergebnis erstreiten möchte und **hilfsweise** seine **Prüfungsunfähigkeit** geltend macht. Er kann insofern seinen Hauptantrag auch dann noch in der Rechtsmittelinstanz weiterverfolgen, wenn er in der Vorinstanz mit dem Hilfsantrag rechtskräftig obsiegt hat.[63] Materiellrechtlich setzt der Kläger sich jedoch dem Vorwurf eines widerspruchsvollen und treuwidrigen Verhaltens aus, wenn er einen positiven Prüfungsbescheid beansprucht, obwohl er mit seinem Vorbringen die Zuverlässigkeit der umstrittenen Leistungskontrolle selbst in Abrede stellt. Der Hauptantrag kann daher in der Sache keinen Erfolg haben, wenn die vom Prüfling geltend gemachte und vom Gericht aufzuklärende Prüfungsunfähigkeit wirklich gegeben war.

VIII. Das Vorverfahren

815   Vor Erhebung der **Anfechtungs-** oder der **Verpflichtungsklage** sind die Rechtmäßigkeit und Zweckmäßigkeit des Verwaltungsaktes gemäß § 68 VwGO grundsätzlich in einem Vorverfahren **(Widerspruchsverfahren)** nachzuprüfen. Nur wenn über den Widerspruch oder über einen Antrag auf Vornahme eines Verwaltungsaktes ohne zureichenden Grund in angemessener Frist sachlich nicht entschieden ist, kann die Klage nach Ablauf von drei Monaten seit Einlegung des Widerspruchs erhoben werden (§ 75 VwGO). Das gilt grundsätzlich auch, wenn über Prüfungsentscheidungen gestritten wird. Ein förmlicher Widerspruch kann freilich auch hier erst eingelegt werden, wenn die Prüfungsbehörde einen Verwaltungsakt (Prüfungsbescheid) erlassen hat, und zwar selbst dann, wenn sich dieser Verwaltungsakt nur als rechnerisches Ergebnis von vorher abgelegten unselbständigen

---

[62] Die denkbare Lösung über ein Wiederaufgreifen des Verfahrens (vgl. § 51 Abs. 1 Nr. 1 VwVfG) im Falle der nachträglichen Genehmigung des Rücktritts dürfte für den Prüfling der beschwerlichere Weg sein. Grundsätzlich sollte die Prüfungsordnung nicht nur regeln, dass der Rücktritt aus wichtigem Grund zum Misserfolg der Prüfung führt, sondern auch, dass die Prüfung ohne Rücksicht auf die formelle Bestandskraft der Prüfungsentscheidung fortzusetzen ist, wenn ein solcher Grund (nachträglich) anerkannt wird. Ob Letzteres im Wege des Umkehrschlusses aus der erstgenannten Regelung herzuleiten ist (so VGH Bad.-Wttbg., U. v. 12. 7. 1994 – 14 S 1032/94 – GewArch 1994, 429), erscheint zweifelhaft.

[63] BVerwG, U. v. 13. 12. 1979 – 7 C 43.78 – Buchholz 421.0 Prüfungswesen Nr. 124 = DVBl. 1980, 597.

Teilprüfungen darstellt; ein vorab im Hinblick auf das zu erwartende Prüfungsergebnis eingelegter Widerspruch geht ins Leere.[64]

§ 68 Abs. 1 Satz 2 VwGO lässt es zu, dass eine solche Nachprüfung un- **816** terbleibt, wenn ein Gesetz dies für besondere Fälle bestimmt oder der Verwaltungsakt von einer obersten Bundesbehörde oder von einer obersten Landesbehörde erlassen worden ist. Dies ist oder war jedenfalls in der Vergangenheit bei Justizprüfungen häufig der Fall.[65] Nachdem aufgrund der Rechtsprechung des BVerfG ein **verwaltungsinternes Kontrollverfahren** jedenfalls bei berufsbezogenen Prüfungen verfassungsrechtlich gewährleistet ist (dazu im Einzelnen Rdn. 759 ff.), haben die meisten Bundesländer zur Umsetzung dieser Rechtsprechung das Widerspruchsverfahren nun auch in solchen Prüfungsangelegenheiten ausdrücklich gesetzlich vorgesehen, so beispielsweise in § 22 Berl. JAG. Das Widerspruchsverfahren nimmt sodann zum einen die Aufgaben des verwaltungsinternen Kontrollverfahrens wahr, das die Einschränkungen der gerichtlichen Kontrolle bei prüfungsspezifischen Wertungen ausgleichen soll, und bezweckt zum anderen, dass unnötige Verwaltungsprozesse vermieden werden (zu den Zusammenhängen zwischen dem verwaltungsinternen Kontrollverfahren und dem förmlichen Widerspruchsverfahren s. auch Rdn. 757, 758).

Ein **gesondertes Vorverfahren** kann schließlich im Einzelfall **überflüssig** **817** sein, wenn in dem bereits anhängigen Verwaltungsstreitverfahren inhaltliche Erklärungen der Parteien (einschließlich der für die Ablehnung des Widerspruchs zuständigen Behörde) abgegeben werden, die eine weitere behördliche (Vor-)Kontrolle als eine bloße Formalität erscheinen lassen. Das gilt auch, wenn das Prüfungsamt den Widerspruch gegen die (negative) Prüfungsentscheidung zurückweist und dabei zugleich den Antrag auf Genehmigung des Rücktritts von der Prüfung (z.B. wegen angeblicher Prüfungsunfähigkeit, s. Rdn. 149 ff.) ablehnt.[66]

Die **Widerspruchsbehörde** muss die Prüfungsleistungen **nicht losgelöst** **818** von der **Widerspruchsbegründung umfassend neu bewerten.**[67] Prüfungsspezifische Wertungen kann und darf sie nicht selbst ersetzen, sondern ist – soweit der Prüfling diese substantiiert beanstandet – gehalten, die **Prüfer einzuschalten,** die diese Wertungen getroffen haben. Selbständig befinden muss sie über Einwendungen, mit denen **Rechtsverstöße** geltend gemacht werden, einschließlich der Missachtung des nach der Prüfungsordnung vorgeschriebenen Bewertungsverfahrens und der rechtlichen Grenzen prüfungsspezifischer Wertungen (dazu im Einzelnen Rdn. 642 ff.; zur Eigenverantwortlichkeit und Unabhängigkeit des Prüfers s. Rdn. 175 ff.). Darüber

---

[64] VGH Bad.-Wttbg., Beschl. v. 17. 4. 2002 – 4 S 2796/00 – Juris.

[65] Insbesondere wenn das Landesjustizprüfungsamt nur eine Abteilung des Landesjustizministeriums ist: OVG Meckl.-Vorp., Beschl v. 20. 12. 2002 – 2 L 8/01 – LKV 2003, 565.

[66] OVG NW, U. v. 6. 12. 1994 – 22 A 518/94 – Juris.

[67] OVG Meckl.-Vorp., Beschl. v. 20. 12. 2002, a. a. O.

hinaus ist für die gemäß § 68 Abs. 1 Satz 1 VwGO gebotene **„Zweckmäßig-keitskontrolle"** im Prüfungswesen praktisch kein Raum, da Prüfungsent-scheidungen mit dem Kriterium der Zweckmäßigkeit nicht zu erfassen sind.[68]

IX. Fristen

819   Der **Widerspruch** ist **innerhalb eines Monats,** nachdem die Prüfungsent-scheidung dem Prüfling bekannt gegeben[69] worden ist (zur Form der Be-kanntgabe von Prüfungsentscheidungen s. Rdn. 704 ff.), schriftlich oder zur Niederschrift des Prüfungsamts zu erheben (§ 70 VwGO). Mit der Begrün-dung des Widerspruchs hat der Prüfling seine Einwände gegen die Prü-fungsentscheidung substantiiert vorzutragen (dazu im Einzelnen Rdn. 758, 815 ff.).[70]

820   Die **Anfechtungsklage** muss **innerhalb eines Monats** nach Zustellung des Widerspruchsbescheids erhoben werden (§ 74 Abs. 1 Satz 1 VwGO). Ist nach § 68 VwGO ein Widerspruchsbescheid nicht erforderlich, so muss die Klage gemäß § 74 Abs. 1 Satz 2 VwGO innerhalb **eines Monats nach der Bekanntgabe der Prüfungsentscheidung** erhoben werden (wegen der An-forderungen an die Bekanntgabe s. Rdn. 704 ff.). Für die **Verpflichtungs-klage** einschließlich der **Bescheidungsklage** gilt dies entsprechend, wenn der Antrag auf Verbesserung des Prüfungsergebnisses abgelehnt worden ist.

821   Wird die Frist versäumt, ist der **Prüfungsbescheid bestandskräftig** und gilt somit ohne Rücksicht auf ihm anhaftende Rechtsmängel, es sei denn, dass diese so schwerwiegend sind, dass der Verwaltungsakt als nichtig an-zusehen ist.[71] Allerdings beginnt die Frist auch hier nur zu laufen, wenn der Beteiligte über den Rechtsbehelf, die Verwaltungsbehörde oder das Gericht, bei denen der Rechtsbehelf anzubringen ist, den Sitz und die einzuhaltende Frist schriftlich belehrt worden ist. Ist die **Rechtsmittelbelehrung** unter-blieben oder unrichtig, gilt eine Jahresfrist (§ 58 Abs. 1 und 2 VwGO).[72]

---

[68] Anders etwa, wenn schlechte Schüler wegen der günstigen Prognose oder aus pä-dagogischen Gründen in die nächsthöhere Klasse versetzt werden.

[69] Zur Ersatzzustellung an einen „Lebensgefährten" gem. § 11 Abs. 1 VwZG: BVerwG, U. v. 13. 6. 2001 – 6 A 1.01 – NVwZ 2002, 80 = Buchholz 340 § 11 VwZG Nr. 1.

[70] OVG Rh.-Pf., U. v. 7. 1. 1994 – 2 A 11 593/93 – NVwZ 1994, 805.

[71] Etwa wenn er in wesentlichen Teilen einen unverständlichen Text enthält oder von einer offensichtlich unzuständigen Person (z.B. von der Sekretärin des Amtslei-ters) verfasst worden ist.

[72] Die Rechtsbehelfsbelehrung ist unrichtig erteilt, wenn in ihr als Zeitpunkt des Fristbeginns der Zugang und nicht die Zustellung des nach dem maßgeblichen Verfah-rensrecht zuzustellenden Verwaltungsaktes angegeben ist: OVG NW, U. v. 25. 2. 2000 – 14 A 4921/99 – NWVBl. 2000, 350 = SPE 559 Nr. 10. Ebenso unrichtig ist die Rechtsbehelfsbelehrung, wenn sie dahin erteilt wurde, dass der Widerspruch gegen

Die Rechtsmittelbelehrung ist bei Widerspruchsbescheiden zwingend vorgeschrieben (vgl. § 73 Abs. 3 VwGO sowie einschlägige Vorschriften der jeweiligen Prüfungsordnung). Sie darf nicht etwa deshalb unterbleiben, um dem Prüfling innerhalb der dann eintretenden Jahresfrist die Möglichkeit zu erleichtern, ein verwaltungsinternes Kontrollverfahren durchzuführen.[73]

Neben den prozessrechtlichen Fristen ist weiter zu beachten, dass der **822** Prüfling die ihm bekannt gewordenen **Prüfungsmängel rechtzeitig,** d. h. „unverzüglich" **rügen** muss, um seine Rechte zu wahren (Rdn. 112, 514); die Prüfungsordnung kann hierfür **Ausschlussfristen** setzen (Rdn. 141), nach deren Ablauf ein Verfahrensmangel nicht mehr geltend gemacht werden kann (hinsichtlich gesundheitlicher Beschwerden s. Rdn. 125 ff., 145; wegen Störungen durch Lärm s. Rdn. 473 ff.). Für **Rügen,** die der Prüfling **erstmalig** nach Durchführung des Widerspruchsverfahrens oder eines sonstigen verwaltungsinternen Kontrollverfahrens **im Verwaltungsprozess** vorträgt, gilt Folgendes:

Da der Prüfling **Mängel im Prüfungsverfahren** schon während dieses **823** Verfahrens **unverzüglich** zu rügen hat, damit die Chancengleichheit gewahrt bleibt und der Prüfungsbehörde eine zeitnahe Aufklärung und Korrektur der Mängel ermöglicht wird (dazu im Einzelnen Rdn. 513, 514), dürften solche Rügen, wenn sie erst im Verwaltungsstreitverfahren erhoben werden, in der Regel verspätet sein. Anders ist die Rechtslage zu beurteilen, wenn der Prüfling von dem Mangel erst spater Kenntnis erlangt hat, etwa indem er erst durch spätere Äußerungen eines Prüfers von dessen Befangenheit erfahren hat oder wenn eine bislang nicht erkennbare Erkrankung seine Prüfungsunfähigkeit zum Zeitpunkt der Prüfung offenbart (Rdn. 145). Allerdings ist auch in diesen Fällen die Hürde einer gesetzlichen **Ausschlussfrist** für die Geltendmachung solcher Mängel (zumeist von einem Monat nach Bekanntgabe der Prüfungsentscheidung) schwerlich zu überwinden (zur Pflicht der Prüfungsbehörde, auf die Ausschlussfrist hinzuweisen s. Rdn. 141, 514).[74]

Bewertungsmängel kann der Prüfling, der rechtzeitig Klage erhoben hat, **824** dagegen bis zum Schluss der letzten mündlichen Verhandlung vor dem Tatsachengericht geltend machen.[75] Aufklärungsschwierigkeiten, die sich durch

---

den zugestellten schriftlichen „Prüfungsbescheid" zu richten ist, obwohl die Prüfungsentscheidung (in der ersten juristischen Prüfung) bereits vorher mündlich bekannt gegeben wurde: OVG NW, U. v. 25. 2. 2000, a. a. O.

[73] Das OVG NW hatte dies in ständiger Rechtsprechung nicht beachtet (vgl. z. B. U. v. 16. 7. 1992 – 22 A 2549/91 – NVwZ 1993, 95 = DVBl. 1993, 63). Dem ist das BVerwG nicht gefolgt: U. v. 24. 2. 1993 – 6 C 35.92 – BVerwGE 92, 132 = NVwZ 1993, 681.

[74] BVerwG, U. v. 22. 6. 1994 – 6 C 37.92 – BVerwGE 96, 126 = NJW 1995, 265 = NVwZ 1995, 492.

[75] BVerwG, U. v. 27. 4. 1999 – 2 C 30.98 – Buchholz 237.5 § 22 HeLBG Nr. 1 = NVwZ 2000, 921.

Zeitablauf vergrößern, rechtfertigen nicht den Verlust des Rügerechts.[76] Jedoch trägt der Prüfling, der zu spät rügt, das Risiko, dass die wahren Gründe der Bewertung seiner Leistungen nicht mehr erfassbar sind.[77]

825   Werden Bewertungsmängel durch den Prüfling erstmals substantiiert mit der Klageerhebung vorgetragen, so ist zu beachten, dass **prüfungsspezifische Wertungen** nicht oder nur sehr begrenzt gerichtlich überprüft werden können (Rdn. 850 ff.), so dass insoweit das **verwaltungsinterne Kontrollverfahren** auch noch während des Gerichtsverfahrens nachzuholen und das gerichtliche **Verfahren** in der Zwischenzeit auf Antrag des Klägers **auszusetzen** ist (dazu im Einzelnen Rdn. 773, 774).[78]

X. Das gerichtliche Verfahren im Einzelnen

1. Die Aufklärung des Sachverhalts

826   Gemäß § 86 Abs. 1 VwGO erfasst das Gericht den Sachverhalt von Amts wegen; es ist an das Vorbringen und an die Beweisanträge der Beteiligten nicht gebunden. Die **Untersuchungsmaxime** verpflichtet das Verwaltungsgericht freilich nicht dazu, das gesamte Prüfungsgeschehen anhand der Prüfungsakten und Niederschriften sowie durch Vernehmung der Prüfer zu rekonstruieren und auf **verborgene Fehler** abzutasten.[79] Das **Ausmaß der gerichtlichen Ermittlungen** wird vielmehr einmal dadurch bestimmt, welche **konkreten substantiierten Einwendungen** der klagende Prüfling vorbringt, und zum anderen auch dadurch, welche **Anhaltspunkte** für **Verfahrensfehler** oder **Bewertungsmängel** sich dem Gericht objektiv aufdrängen.

827   Einzelheiten des **Prüfungsverfahrens** sind vom Gericht näher aufzuklären, wenn der vom Kläger substantiiert geltend zu machende Verfahrensmangel in tatsächlicher Hinsicht umstritten ist (wegen der Aufklärungspflicht des Gerichts bei offensichtlichen „Ungereimtheiten im Prüfungsverlauf" s. Rdn. 831), z.B. wenn darüber gestritten wird, ob und welche angeblich **unterschiedlichen Hilfsmittel** von der Prüfungsbehörde ausgegeben worden sind oder mit welcher Intensität und Dauer eine **Lärmbeeinträchtigung** vorhanden gewesen ist. Auch Sachverhalte, aus denen sich die **Voreingenommenheit** des Prüfers ergeben kann, sind – wenn dafür kon-

---

[76] BVerwG, U. v. 27. 4. 1999 – 2 C 30.98 –, a. a. O.

[77] Dies ist keine Frage der materiellen Beweislast, sondern der materiell-rechtlichen Risikoverteilung im Prüfungsrechtsverhältnis: BVerwG, Beschl. v. 26. 7. 1996 – 6 B 25.96 – Buchholz 421.0 Prüfungswesen Nr. 370.

[78] OVG Berl., Beschl. v. 15. 8. 2002 – 4 N 58.01 – NVwZ-RR 2003, 120.

[79] Zur Frage, unter welchen Voraussetzungen sich die gerichtliche Aufklärungspflicht auf „Musterlösungen" der Prüfer erstreckt, s. BVerwG, Beschl. v. 3. 4. 1997 – 6 B 4.97 – Buchholz 421.0 Prüfungswesen Nr. 379.

krete Anhaltspunkte vorgetragen sind – durch das Gericht aufzuklären.[80] Unklarheiten über das Ausmaß und die Erheblichkeit **gesundheitlicher Beeinträchtigungen** des Prüflings in der Prüfung sind zwar grundsätzlich aufzuklären, aber nicht gegen seinen Willen, etwa wenn er genauere Angaben über seine körperlichen oder psychischen Beschwerden anhaltend verweigert.[81] Wenn der Nachweis der Prüfungsunfähigkeit laut Prüfungsordnung nur durch ein **amtsärztliches Zeugnis** erbracht werden kann, sind andere Beweismittel (z.B. privatärztlichen Gutachten) grundsätzlich nicht zugelassen; dennoch sind zuverlässige Erkenntnisquellen (z.B der Notarzt als sachverständiger Zeuge) nach den besonderen Umständen des Einzelfalls ergänzend oder klarstellend verwertbar, insbesondere wenn ein amtsärztliches Zeugnis aus Gründen nicht oder erst später zu beschaffen war, die der Prüfling nicht zu vertreten hat (dazu im Einzelnen Rdn. 137).[82]

Ein Prüfling, der die **Bewertung seiner Leistungen** vor Gericht bean-   **828** standet, darf sich nicht damit begnügen, dass er diese als „falsch" oder „ungerecht" empfindet; er muss vielmehr **konkrete** und **substantiierte Einwendungen** gegen bestimmte Wertungen vorbringen. Er kann sich nicht darauf verlassen, dass das Gericht ohne einen konkreten Anlass die Bewertungen der Prüfer auf Fehler untersucht.[83] Die Einwendungen haben sich in erster Linie mit den **Begründungen der Bewertungen** zu befassen, die von den Prüfern bei schriftlichen Prüfungsarbeiten generell und hinsichtlich der sonstigen Bewertungen – insbesondere der mündlichen Leistungen – entsprechend dem substantiierten Verlangen des Pruflings abzugeben sind (wegen der Einzelheiten zum Begründungsanspruch des Prüflings s. Rdn. 710, 713 ff.).

Der Behauptung des Klägers, seine als **falsch bewertete Lösung** oder   **829** Antwort auf eine **Fachfrage** sei in Wahrheit richtig oder zumindest **vertretbar**, muss das Gericht nachgehen, wenn sie hinreichend substantiiert ist. Dazu gehört, dass der Kläger mit konkreten Hinweisen plausibel darlegt, die fachwissenschaftliche Beurteilung des Prüfers müsse einem Fachkundi-

---

[80] Zu Anhaltspunkten für eine Befangenheit der Prüfer: BVerwG, U. v. 4. 5. 1999 – 6 C 13/98 – SPE 162 Nr. 28 = Buchholz a.a.O. Nr. 395. Eine Vernehmung der Prüfer zur Frage ihrer Befangenheit ist nicht geboten, soweit dafür hinreichende Anhaltspunkte fehlen: BVerwG, Beschl. v. 28. 2. 1996 – 6 B 65.95 – SPE 162 Nr. 25; vgl. ferner BVerwG, U. v. 20. 6. 1978 – 7 C 38.78 – Buchholz a.a.O. Nr. 94.

[81] OVG Saarl., U. v. 23. 6. 1998 – 8 R 14/95.

[82] Ist der Prüfling mit einem amtsärztlichen Gutachten, das seine Prüfungsunfähigkeit nicht bestätigt, nicht einverstanden, so hat er dies sofort zu rügen und auf anderem Wege den unverzüglichen Nachweis seiner Prüfungsunfähigkeit zu ermöglichen: OVG NW, U. v. 6. 9. 1995 – 22 A 3878/93 – n.v.

[83] BVerwG, U. v. 24. 2. 1993 – 6 C 35.92 – BVerwGE 92, 132 = NVwZ 1993, 681, und v. 24. 2. 1993 – 6 C 32.92 – Buchholz 421.0 Prüfungswesen Nr. 312 = NVwZ 1993, 689, und Beschl. v. 23. 12. 1993 – 6 B 19.93 – Buchholz a.a.O. Nr. 326, betr. Bewertungen der mündlichen Prüfung, und v. 1. 9. 1992 – 6 B 22.92 – Buchholz a.a.O. Nr. 302.

gen als unhaltbar erscheinen, oder in gleicher Weise erläutert, dass von ihm eine vertretbare, mit gewichtigen Argumenten folgerichtig begründete Lösung erbracht worden sei. Der **Darlegungslast** ist nicht etwa schon dann Genüge getan, wenn der klagende Prüfling dem Gericht die Vorzüge seiner Auffassung nahezubringen versucht. Die fachwissenschaftliche Richtigkeit oder Vertretbarkeit einer Lösung muss vielmehr mit Hilfe objektiver Kriterien einsichtig gemacht werden. Dies erreicht der Prüfling in erster Linie durch Bezug auf qualifizierte fachwissenschaftliche Äußerungen im Schrifttum einschließlich des fremdsprachigen Fachschrifttums (zu der sich daran anschließenden gerichtlichen Aufklärung s. Rdn. 832 ff.).[84]

830   Rügt der Prüfling den von den Prüfern angewandten **Bewertungsmaßstab,** so genügt er seiner Darlegungslast, wenn er konkrete Fakten und Umstände darlegt, nach denen die Bewertung der Prüfer trotz des ihnen verbleibenden Bewertungsspielraums (Rdn. 846 ff.) rechtsfehlerhaft erscheint.[85] Er muss das Geschehen einer mündliche Prüfung freilich nicht in vollem Umfang dokumentieren.[86] Soweit der Kläger dabei **prüfungsspezifische Wertungen der Prüfer** angreift (Rdn. 642), die das Gericht nur im Hinblick auf Rechtsverstöße und damit nur sehr begrenzt überprüfen kann (Rdn. 853 ff.), stellt sich die Frage, ob das **gerichtliche Verfahren auszusetzen** ist, damit die Prüfer ihre Wertungen angesichts der Einwendungen des Klägers überdenken (dazu Rdn. 773, 774).

831   Soweit der Prüfungshergang – insbesondere der Bewertungsvorgang – dem Kläger verschlossen ist, sind dessen Möglichkeiten, die von ihm angenommenen Prüfungsmängel spezifiziert darzulegen, jedoch beschränkt. Dem hat das Gericht im Einzelfall Rechnung zu tragen, ohne sich angesichts bloßer vager Vermutungen auf Sachverhaltsausforschungen einzulassen. Auf den schlichten Einwand, die Prüfungsaufgabe sei „zu schwer", muss das Gericht nicht etwa diese Aufgabe mit Hilfe eines Sachverständigen dahin überprüfen, ob sie die zulässigen Anforderungen nach Qualität oder Quantität überschreitet.[87] Drängen sich dem Gericht indes **bei objektiver Betrachtung Anhaltspunkte** dafür auf, dass das Prüfungsverfahren fehlerhaft verlaufen ist oder dass gewisse Bewertungen der Leistungen des klagenden Prüflings **so nicht haltbar** sind, muss es den dies anzeigenden Umständen weiter nachgehen. Das gilt auch, wenn es bei verständiger Würdigung

---

[84] BVerwG, Urteile v. 24. 2. 1993 – 6 C 35.92 – a. a. O. und – 6 C 38.92 – Buchholz a. a. O. Nr. 314 = NVwZ 1993, 686. Zur Beurteilung einer Antwort im Antwort-Wahl-Verfahren der Ärztlichen Prüfung auf der Grundlage „gesicherter medizinischer Erkenntnisse" und zu den Anforderungen an fremdsprachiges Fachschrifttum: BVerwG, U. v. 26. 3. 1997 – 6 C 7.96 – und – 6 C 8.96 – BVerwGE 104, 203 = Buchholz a. a. O. Nr. 378 = NJW 1997, 3104 = DVBl. 1997, 1237 = SPE 446 Nr. 25.

[85] OVG NW, U. v. 6. 9. 1995 – 22 A 1844/94 – SPE 432 Nr. 30.

[86] HessVGH, Beschl. v. 8. 8. 1995 – 6 TG 830/95 – SPE 580 Nr. 17 = DVBl. 1995, 1364.

[87] VGH Bad.-Wttbg., Beschl. v. 8. 11. 2002 – 9 S 2361/02 – NVwZ-RR 2003, 214 = SPE 133 a Nr. 1.

zweifelhaft ist, ob die Prüfungsaufgabe verständlich, widerspruchsfrei und lösbar ist.[88] Ferner geben **Ungereimtheiten** im **Prüfungsverlauf, Widersprüchlichkeiten** bei der **Begründung** der Prüfungsentscheidung, aber auch eine ungewöhnlich **hohe Misserfolgsquote** einen besonderen Anlass für eine nähere Aufklärung.[89] Das Gericht darf Ungereimtheiten infolge objektiv mehrdeutiger Einzelbewertungen nicht selbst ergänzen, ersetzen oder sonstwie nach eigener Anschauung „konkretisieren". Es hat vielmehr unklare oder widersprüchliche Angaben **durch den Prüfer** als sachverständigen Zeugen **erläutern** zu lassen und kann die Bewertung in der klargestellten Fassung dann zum Gegenstand der Überprüfung machen.[90] Die Erläuterung einer bis dahin nicht nachvollziehbaren Beurteilung durch die Prüfer ist auch noch im Berufungsverfahren möglich.[91] Der Prüfling muss dann freilich Gelegenheit zur erneuten Stellungnahme erhalten; ist er aber anwaltlich vertreten, so begründet § 86 Abs. 3 VwGO keine Hinweispflicht des Gerichts auf die Möglichkeit, eine Vertagung oder einen Schriftsatznachlass zu beantragen.[92]

Soweit im gerichtlichen Verfahren (weitere) **Aufklärungen des Sachverhalts geboten** sind, stellt sich die Frage, **wie** dies im Einzelnen **sinnvoll zu geschehen** hat. In Prüfungsangelegenheiten sind situationsbedingt unterschiedliche Wege zu gehen, die freilich in der Praxis inzwischen als hinreichend gesichert gelten. Besonderheiten beruhen vor allem auf den unterschiedlichen Anforderungen, die sich einerseits bei der Aufklärung angeblicher Bewertungsmängel und andererseits bei der Ermittlung von Tatsachen stellen, aus denen sich möglicherweise ein Verfahrensfehler herleitet: 832

---

[88] BVerwG, U. v. 9. 8. 1996 – 6 C 3.95 – NVwZ-RR 1998, 176 = DVBl. 1996, 1381.

[89] Der Ursache einer hohen Misserfolgsquote muss das Gericht insbesondere dann nachgehen, wenn der Kläger die Ungeeignetheit der Prüfungsaufgabe substantiiert rügt: BVerwG, U. v. 9. 8. 1996 – 6 C 3.95 –, a.a.O.; BFH, U. v. 21. 5. 1999 – VII R 34/98 – BFHE 188, 502 = SPE 400 Nr. 48. Zur Rüge ungewöhnlicher Strenge einzelner Prüfer einer Prüfungskommission durch Bezugnahme auf statistische Durchschnittswerte: BVerwG, Beschl. v. 11. 8. 1998 – 6 B 49/98 – Buchholz a.a.O. Nr. 391 = NVwZ 1999, 74 = BayVBl. 1999, 505. Zur Ermittlung überhöhter Prüfungsanforderungen anhand statistischer Durchschnittswerte: *Zimmerling/Brehm*, Die Entwicklung des Prüfungsrechts seit 1996, NVwZ 2000, 875 ff., 880.

[90] Bundesrecht verbietet dieses Vorgehen nicht: BVerwG, Beschl. v. 30. 3. 2000 – 6 B 8.00 – Buchholz a.a.O. Nr. 398 = DVBl. 2000, 1006 = SPE 526 Nr. 25 = NVwZ-RR 2000, 503. Dies gilt auch für eine nur im Ergebnis eindeutige Bewertung: BVerwG, Beschl. v. 1. 3. 2001 – 6 B 6.01 – NVwZ 2001, 922. Zur im Verwaltungsprozess zulässigen nachträglichen Änderung einer unzulässigen Durchschnittsnote in eine Note nach dem Gesamteindruck: BayVGH, U. v. 3. 12. 2001 – 7 B 01.774 – Juris. Zu den Konsequenzen dieser Rechtsprechung für die Prozesspraxis, vgl. auch *Brehm*, Nachbesserung der Bewertungsbegründung durch die Prüfer und Pflichten des Anwalts, NVwZ 2001, 880.

[91] BayVGH, U. v. 14. 9. 2000 – 7 B 99.3753 – BayVBl. 2001, 244.

[92] BVerwG, Beschl. v. 1. 3. 2001, a.a.O.: Das Gericht muss ebenso wenig darauf hinweisen, dass nach Anhörung des Prüfers die Sache entscheidungsreif ist.

833   Geht es um die **Aufklärung** von **fachspezifischen Bewertungsmängeln,** muss das Gericht darüber befinden, ob es die hinreichende **Sachkunde** besitzt, aufgrund eines substantiierten Sachvortrags selbst zu entscheiden, ob die Lösung des Klägers in Wahrheit richtig oder zumindest vertretbar ist. Dazu wird es bei juristischen Fragen im allgemeinen in der Lage sein, auch wenn die Fachfrage ein Rechtsgebiet betrifft, für das die Verwaltungsgerichte nicht zuständig sind. Ausnahmsweise kann und muss das Gericht aber auch bei der Kontrolle juristischer Prüfungen einen Sachverständigen hinzuziehen, wenn es sich nicht für ausreichend sachkundig hält.[93] Ist ein **Sachverständigenbeweis** erforderlich, so ist der dazu beauftragte Experte nicht nach seiner eigenen Meinung zu der umstrittenen Fachfrage zu fragen, sondern er hat ein Gutachten über den hinreichend **gesicherten Stand der fachwissenschaftlichen Meinungen** (Literaturgutachten) anzufertigen. Darin ist auch zu bekunden, ob die betreffenden Äußerungen im Fachschrifttum auf einem Niveau liegen, das es rechtfertigt, die andere Meinung des Prüfers als unhaltbar erscheinen zu lassen. Wenn ein durch wissenschaftliche Leistungen qualifizierter Prüfer eine fachliche Lösung oder Antwort auf eine Fachfrage für nicht vertretbar hält, darf das Gericht die darauf gestützte Prüfungsentscheidung nur dann wegen nachgewiesener „Vertretbarkeit" der Antwort aufheben, wenn die von ihm verwandte Erkenntnisquelle deutlich mehr Qualität besitzt.[94]

834   Das Gericht muss den Beteiligten auf Antrag die Gelegenheit geben, den **Sachverständigen** im Verfahren persönlich zu seinem Gutachten zu **befragen,** wenn dadurch eine weitere Aufklärung herbeigeführt werden soll und möglich erscheint.[95] Das Gutachten eines Sachverständigen unterliegt auch in Prüfungsangelegenheiten nach § 108 Abs. 1 VwGO der **freien Beweiswürdigung** des Gerichts. Es kann von ihm abweichen, wenn es von seiner Richtigkeit nicht überzeugt ist. Sodann muss es aber seine Abweichung begründen und dabei erkennen lassen, dass seine Sachkunde hierzu ausreicht.[96]

835   Mittel der Aufklärung des Prüfungshergangs und aller äußeren Begleitumstände ist insbesondere die **Vernehmung der Mitglieder des Prüfungs-**

---

[93] Vgl. hierzu insgesamt: BVerwG, U. v. 24. 2. 1993 – 6 C 38.92 – Buchholz a. a. O. Nr. 314 = NVwZ 1993, 686. Zur Einholung eines Gutachtens bei der gerichtlichen Kontrolle der Bewertungen juristischer Prüfungen: BVerwG, Beschl. v. 21. 7. 1998 – 6 B 44.98 – Buchholz a. a. O. Nr. 390 = SPE 662 Nr. 3 = NVwZ 1999, 187 = DVBl. 1998, 1350.

[94] Weitere Einzelheiten: *Niehues,* Stärkere gerichtliche Kontrolle von Prüfungsentscheidungen, NJW 1991, 3001 ff., 3005.

[95] Zu den Voraussetzungen: BVerwG, Beschl. v. 13. 9. 1999 – 6 B 61.99 – Buchholz 310 § 98 Nr. 57.

[96] BVerwG, Beschl. v. 19. 11. 1992 – 6 B 41.92 – n. v. Zur Nachholung der „Bewertung nach dem Gesamteindruck" im Prozess, s. BVerwG, Beschl. v. 14. 5. 2002 – 6 B 22.02 – n. v.

ausschusses, der **Mitprüflinge** und etwaiger **Zuhörer** als **Zeugen.**[97] Die
Befragung des Prüfers als sachverständigen Zeugen kann auch der Erläute-
rung und Klarstellung des Inhalts einzelner Bewertungsvermerke oder
Randbemerkungen dienen (dazu Rdn. 831).[98]

Ferner kann die **Prüfungsniederschrift** (Prüfungsprotokoll) hierüber   **836**
Auskunft geben, soweit sie ordnungsgemäß zustande gekommen[99] und hinreichend vollständig ist.[100] Dennoch bestehen vor allem bei mündlichen
Prüfungen durch die fehlende oder unzulängliche Dokumentation der Prüfungsfragen und Antworten häufig Schwierigkeiten, das Prüfungsgeschehen
nachträglich noch hinreichend genau aufzuklären. Die Herstellung eines exakten **Wortprotokolls** über das Prüfungsgespräch ist verfassungsrechtlich
nicht zwingend geboten (dazu Rdn. 488, 489).[101] Der Nachteil, den der
Prüfling dadurch hat, ist durch den Normgeber aber durch verfahrensmäßige Vorkehrungen auszugleichen.[102] Insbesondere bietet es sich an, dem
Prüfling durch eine – wenn auch nur beschränkte – Öffentlichkeit in der
Prüfung die entsprechenden Beweise zu ermöglichen (s. Rdn. 490). Aus Be-
weissicherungsgründen kann sich auch eine behördliche Aufbewahrungs-
pflicht von **während der Vorbereitungszeit erstellten Notizen** ergeben,
soweit der Inhalt des Prüfungsvortrages strittig ist.[103]

Auch eine **Tonband- oder Videoaufzeichnung** kann insbesondere bei   **837**
der Beteiligung mehrerer Prüfer und Prüflinge nur unvollständig Beweis
über den Hergang der mündlichen Prüfung geben, weil sie die Prüfungssituation nur ausschnittsweise erfasst und nicht alle persönlichen Eindrücke offenbart, die der Prüfer von dem Verhalten des Prüflings gewonnen hat. Ge-

---

[97] Auch die Mitglieder des Prüfungsausschusses als Zeugen und nicht als Partei, s.
OVG NW, U. v. 18. 10. 1974 – XV A 47/74 – OVGE 30, 123.

[98] Ergeben sich dadurch neue Erkenntnisse, empfiehlt sich ein Antrag auf Vertagung
oder zumindest auf Schriftsatznachlass. Haben sich die Einwendungen des Prüflings
durch die Klarstellung des Prüfers erledigt, ist es angebracht, die „Erledigung der
Hauptsache" zu erklären, um Kostennachteile abzuwenden.

[99] Das Fehlen der vorgeschriebenen Unterschrift beeinträchtigt den Beweis des
Prüfungshergangs: BVerwG, U. v. 28. 11. 1957 – 2 C 50.57 – Buchholz 421.0 Prüfungswesen Nr. 2.

[100] Zu den Anforderungen an das Prüfungsprotokoll und den sich aus Mängeln des
Protokolls ergebenden Konsequenzen vgl. Rdn. 482 ff.

[101] BVerfG, Beschl. v. 14. 2. 1996 – 1 BvR 961/94 – SPE 580 Nr. 16 = NVwZ 1997,
263 = NWVBl. 1996, 468 = BayVBl. 1996, 335; ebenso bereits BVerwG, Beschl. v.
31. 3. 1994 – 6 B 65.93 – Buchholz a.a.O. Nr. 332 = DVBl. 1994, 641 = NVwZ 1995,
494 = VBlBW 1994, 309 = NWVBl. 1994, 330. Zum Erfordernis einer vollständigen
Dokumentation einer mündl. Prüfung s. auch: HessVGH, Beschl. v. 8. 8. 1995 – 6 TG
830/95 – SPE 580 Nr. 17 = DVBl. 1995, 1364.

[102] BVerwG, Beschl. v. 31. 3. 1994 – 6 B 65.93 –, a.a.O.

[103] BVerwG, Beschl. v. 10. 10. 1995 – 6 B 54.95 – n.v.; ebenso kann eine Aufbewah-
rungspflicht bestehen, wenn die Notizen in die Bewertung einfließen.
Einem nachträglich eingereichten Konzept kommt kein Beweiswert zu: BVerwG,
Beschl. v. 26. 7. 1996 – 6 B 25.96 – Buchholz a.a.O. Nr. 370.

boten sind solche technischen Dokumentationen nur, wenn die Prüfungsordnung dies ausdrücklich vorsieht (vgl. Rdn. 488).[104]

838   **Fragebögen,** mit denen vom Prüfungsamt allgemein nach dem Schwierigkeitsgrad der Prüfungsaufgabe gefragt worden ist, müssen nicht vom Gericht angefordert werden; denn es kommt entscheidend nur darauf an, wie
der einzelne Prüfer bei seiner Bewertung den Schwierigkeitsgrad der Aufgabe angenommen hat.

839   Die Prüfungsunterlagen – insbesondere die schriftlichen Prüfungsarbeiten
– als Quelle näherer Aufklärung zu erschließen, bereitet gelegentlich
Schwierigkeiten. Die zuständigen Behörden (Prüfungsämter, Schulleitun-
gen) sind nach § 99 Abs. 1 Satz 1 VwGO grundsätzlich zur **Vorlage ihrer
Akten an das Gericht** verpflichtet.[105] Verweigert jedoch die oberste Aufsichtsbehörde aus **Geheimhaltungsgründen**[106] die Vorlage der Prüfungsakten – wovon allerdings in der Praxis des Prüfungswesens kaum noch
Gebrauch gemacht wird – so werden gem. § 99 Abs. 2 VwGO auf Antrag
eines Beteiligten, also in der Regel des Klägers, die Hauptsacheakten und die
von der Behörde verweigerten Akten dem Gericht vorgelegt, das für die
Überprüfung des Geheimhaltungsbedürfnisses zuständig ist, also entweder
dem nach § 189 VwGO zuständigen Fachsenat des OVG oder dem
BVerwG („in-camera"-Verfahren).[107] Dieses Gericht überprüft dann die
Rechtmäßigkeit der behördlichen Verweigerung.[108] Besteht die Gefahr, dass
Prüfungsarbeiten bei der **Akteneinsicht** durch den Kläger verfälscht wer-

---

[104] BVerwG, Beschl. v. 31. 3. 1994 – 6 B 65.93 – NVwZ 1995, 494 = Buchholz
a. a. O. Nr. 332 = DVBl. 1994, 641. Vgl. insbesondere auch *Herzog* NJW 1992, 2601.

[105] Keine Verwaltungsvorgänge i. S. d. § 99 Abs. 1 S. 1 VwGO und damit durch
Akteneinsicht nicht zugänglich sind Musterlösungen und allgemeine Lösungsskizzen:
BVerwG, Beschl. v. 11. 6. 1996 – 6 B 88.95 – Buchholz a. a. O. Nr. 368; vgl. auch
Rdn. 269, 270. Zur Akteneinsicht insgesamt: *Steike,* Akteneinsicht bei der Prüfungs-
anfechtung, NVwZ 2001, 868.

[106] Die ältere Rechtsauffassung, dass Prüfungsunterlagen grundsätzlich ihrem We-
sen nach geheim seien, hatte sich in der Praxis der Verwaltungsgerichte nie voll
durchgesetzt und ist inzwischen überholt; *Bonk/Kallerhoff,* in: Stelkens/Bonk/Sachs,
Verwaltungsverfahrensgesetz, § 29 Rdn. 70 m. w. Hinw.
Die im Feststellungsverfahren nach den §§ 35 ff VergabeVO-ZVS verwendeten
Testaufgaben können grundsätzlich als ihrem Wesen nach geheimhaltungsbedürftig
angesehen werden: BayVGH, Beschl. v. 13. 5. 1985 – 7 C 85 A.634 – NVwZ 85, 599 =
BayVBl. 86, 150.

[107] Diese Vorschrift wurde vom Gesetzgeber durch Gesetz v. 20. 12. 2001 neu gefasst, nachdem das BVerfG den § 99 Abs. 1 S. 2 i. V. m. § 99 Abs. 2 S. 1 VwGO in der
alten Fassung für teilweise verfassungswidrig erklärt hatte, soweit durch diese Regelung auch die Vorlage von Akten in den Fällen ausgeschlossen wurde, in denen die
Gewährung effektiven Rechtsschutzes von der Kenntnis der Verwaltungsvorgänge
abhing; BVerfG, Beschl. v. 27. 10. 1999 – 1 BvR 385/90 – NJW 2000, 1375 = NVwZ
2000, 174.

[108] Wegen der Einzelheiten s. Geiger, in: Eyermann, Verwaltungsgerichtsordnung,
Nachtrag zur 11. Aufl. § 99 N1 ff., und *Kopp/Schenke* Verwaltungsgerichtsordnung,
§ 99 Rdn. 2 ff.

den, kann die Akteneinsicht nur unter Aufsicht in der Geschäftsstelle des Gerichts zugelassen werden (vgl. § 100 Abs. 2 VwGO);[109] zu den Einzelheiten der **Akteneinsicht im Verwaltungsverfahren** vgl. Rdn. 263 ff.

Ist ein Fehler im Prüfungsverfahren oder bei der Bewertung der Prü- **840** fungsleistungen festgestellt worden, so muss sich das Gericht die Gewissheit verschaffen, ob der Fehler für die abschließende Prüfungsentscheidung **erheblich** ist, weil er sie möglicherweise beeinflusst hat. Die Möglichkeit einer solchen Beeinflussung ist nur dadurch auszuschließen, dass aufgrund gesicherter Annahmen festgestellt wird, es werde sich auch ohne den Fehler am Prüfungsergebnis nichts ändern (vgl. Rdn. 492 ff., 688 ff., 690, 691, 859). Dies darf freilich nicht auf die Weise geschehen, dass **das Gericht** anstelle der von ihm als fehlerhaft erkannten Bewertung der Prüfungsleistung eine **eigene Bewertung** vornimmt und die Erheblichkeit des Fehlers verneint, weil es letztlich zu dem gleichen Ergebnis gekommen ist wie die Prüfer.[110] Hinsichtlich der **Erheblichkeit von Verfahrensfehlern** enthält § 46 VwVfG keine gesetzliche Vermutung,[111] sondern bringt zum Ausdruck, dass die Aufhebung eines in förmlicher Hinsicht fehlerhaften Verwaltungsakts ausscheidet, wenn **offensichtlich** ist, dass die Verletzung die Entscheidung in der Sache nicht beeinflusst hat. Damit steht nicht in Einklang, die Unerheblichkeit eines vorliegenden Verfahrensfehlers damit zu begründen, dass für seine Erheblichkeit „keine Anhaltspunkte" zu finden seien. Bei nur geringfügigen Abweichungen von einer im allgemeinen geltenden Regel kann es aber auf der Hand liegen, dass das Prüfungsergebnis durch den Fehler nicht beeinflusst worden ist (wegen der Einzelheiten s. Rdn. 495 ff.). Die Prüfungsbehörde kann den (Gegen-)Beweis der Unerheblichkeit des Fehlers führen.[112]

2. Beweislast

Ist ein entscheidungserheblicher Vorgang trotz Ausschöpfung aller zur **841** Verfügung stehenden Beweismittel nicht hinreichend aufzuklären, kommt es darauf an, zu wessen Lasten dies geht **(materielle Beweislast).** Im All-

---

[109] Zur Akteneinsicht im Habilitationsverfahren: BVerwG, U. v. 16. 3. 1994 – 6 C 1.93 – BVerwGE 95, 237 = SPE 182 Nr. 26. Kein genereller bundesrechtlicher Anspruch auf Akteneinsicht in die Musterlösungen der Prüfer: BVerwG, Beschl. v. 3. 4. 1997 – 6 B 4.97 – Buchholz 421.0 Prüfungswesen Nr. 379.

[110] BVerwG, U. v. 12. 11. 1997 – 6 C 11.96 – BVerwGE 105, 328 = NVwZ 1998, 636, und v. 25. 3. 1981 – 7 C 8.79 – Buchholz a. a. O. Nr. 144 = DVBl. 1981, 1149 = DÖV 1981, 679, und U. v. 6. 7. 1979 – 7 C 26.76 – Buchholz a. a. O. Nr. 116 = DVBl. 1980, 482 = DÖV 1980, 140.

[111] BVerwG, Beschl. v. 25. 6. 1999 – 6 B 53.99.

[112] Zum Umfang der behördlichen Nachweispflicht, einen Prüfling „gerecht" bewertet zu haben, wenn es in demselben Prüfungsverfahren bei einigen anderen Prüflingen zu Verfahrensfehlern gekommen ist: BFH, U. v. 20. 7. 1999 – VII R 111/98 – SPE 290 Nr. 23.

gemeinen geht die Unerweislichkeit einer Tatsache zu Lasten des Beteiligten, der aus ihr für sich günstige Rechtsfolgen herleitet.[113] Das Prüfungsrechtsverhältnis wird inhaltlich geprägt durch den allgemeinen Prüfungsanspruch, der auf Zulassung zur Prüfung und Durchführung des Prüfungsverfahrens einschließlich der Bewertung der Leistungen und Bescheidung über das Prüfungsergebnis gerichtet ist. Wer die **Erfüllung dieses Anspruchs** verlangt, ist **beweispflichtig** für das Vorhandensein der Anspruchsvoraussetzungen (z.B., dass die Antwort auf eine Fachfrage richtig oder zumindest vertretbar ist). Können die dazu maßgeblichen Tatsachen trotz hinreichender Aufklärungsbemühungen des Gerichts nicht festgestellt werden, geht dies grundsätzlich zu Lasten des Prüflings. Eine **Beweislastumkehr** ergibt sich ausnahmsweise, wenn es die Prüfungsbehörde trotz einer unverzüglich erhobenen substantiierten Verfahrensrüge des Prüflings versäumt hat, etwa Vorgänge in der mündlichen Prüfung rechtzeitig aufzuklären. Die Behörde trägt dann die Beweislast dafür, dass die mündliche Prüfung verfahrensfehlerfrei war.[114] Ebenso geht die Unaufklärbarkeit möglicher Mängel der Bewertung einer mündlichen Prüfung grundsätzlich zu Lasten der Prüfungsbehörde, wenn der Prüfling rechtzeitig und spezifiziert eine schriftliche Bewertungsbegründung beantragt hat und die Behörde diesem Verlangen nicht oder wesentlich zu spät – und damit unergiebig – nachgekommen ist.[115] Führt die Prüfungsbehörde **anspruchsvernichtende Gründe** an (z.B., dass die Arbeit erschlichen oder gefälscht sei), so trägt sie dafür die materielle Beweislast. Diese allgemeine Aufteilung der Beweislasten bereitet indes in der Anwendung auf den Einzelfall nicht unbeträchtliche Schwierigkeiten und hat daher in der Rechtsprechung zu einer schwer überschaubaren Kasuistik geführt.[116]

---

[113] Dazu mit weiteren Hinweisen: *Redeker/von Oertzen* Verwaltungsgerichtsordnung, § 108 Rdn. 12 ff.

[114] OVG NW, U. v. 27. 2. 1997 – 22 A 7462/95 – SPE 432 Nr. 34.

[115] Dazu im Einzelnen: BVerwG, U. v. 10. 10. 2002 – 6 C 7.02 – Buchholz a.a.O. Nr. 402 = NJW 2003, 1063; OVG NW, U. v. 27. 8. 2001 – 14 A 4813/96 – NVwZ-RR 2002, 193 = DÖV 2002, 534. Zum Verlangen nach einer schriftlichen Begründung der Bewertung einer mündlichen Prüfung s. Rdn. 720.

[116] Zum Nachweis der Prüfungsunfähigkeit wegen einer Erkrankung: BVerwG, U. v. 22. 10. 1982 – 7 C 119.81 – BVerwGE 66, 213 ff., 215; OVG Schl.-H., U. v. 17. 12. 1992 – 3 L 139/92; BayVGH, U. v. 18. 9. 1985 – Nr. 7 B 84 A.3179 – SPE 596 Nr. 23 = BayVBl. 1986, 118.
Zur Begünstigung der Mitprüflinge: VGH Bad.-Wttbg., U. v. 8. 12. 1989 – 9 S 1937/89 – DVBl. 1990, 535 = NVwZ 1990, 1002 (nur Leitsatz).
Für den Fall des Abhandenkommens von Prüfungsarbeiten: BVerwG, U. v. 18. 12. 1987 – 7 C 49.87 – BVerwGE 78, 367 = NVwZ 1988, 434; OVG NW, U. v. 19. 5. 1987 – 22 A 177/87 – NVwZ 1987, 1012 = DVBl. 1987, 1225; OVG Rh.-Pf., U. v. 9. 1. 1985 – 2 A 61/84 – NVwZ 1987, 619. Zum Beweis der Abgabe einer Prüfungsarbeit: *Brehm/Zimmerling*, Die Entwicklung des Prüfungsrechts seit 1996, NVwZ 2000, 875 ff., 876, m. w. Hinw.

Für die Praxis ist von erheblicher Bedeutung, dass auch im Prüfungswe- **842** sen der **Beweis des ersten Anscheins** gilt. Er bedeutet, dass nach Lage der Dinge auf erste Sicht ein bestimmter Sachablauf zu unterstellen ist, solange sich nicht Tatsachen ergeben, welche ein von dem typischen Ablauf abweichendes Geschehen als möglich erscheinen lassen.[117] Nach diesem Grundsatz trägt die Prüfungsbehörde die Beweislast dafür, dass ein vom Prüfling bewiesener Bewertungs- oder Verfahrensfehler nicht ursächlich für das (negative) Prüfungsergebnis und den angefochtenen Prüfungsbescheid ist.[118] Einschränkungen des Anscheinsbeweises können sich nach den Grundsätzen der **Beweisvereitelung** dann ergeben, wenn der Prüfling das rechtzeitige Korrigieren des Verfahrensfehlers durch die Behörde schuldhaft verhindert hat.[119]

Ein **Täuschungsversuch** ist durch den Beweis des ersten Anscheins **843** nachzuweisen, wenn die Prüfungsarbeit und das vom Prüfer erarbeitete, allein zur Verwendung durch die Prüfungskommission bestimmte Lösungsmuster teilweise wörtlich und im Übrigen in Gliederung und Gedankenführung übereinstimmen.[120] Ebenso spricht der Beweis des ersten Anscheins für einen Täuschungsversuch, wenn der Prüfling zusammen mit seiner Lösung eng beschriebene Stichwortzettel abgibt, deren Inhalt nur zu einem geringen Teil zu den Klausurfragen passt.[121]

Zum Beweis einer Befangenheitsrüge: OVG Rh.-Pf., U. v. 15. 1. 1999 – 2 A 10 946/98 – DVBl. 1999, 1597.

Zum Zugang einer Rücktrittserklärung des Prüflings: VG Hannover, U. v. 14. 12. 2000 – 6 A 3015/99 – NdsVBl. 2002, 77.

Zum Nachweis im Zeugnis eingetragener unentschuldigter Fehlstunden: VG Aachen, U. v. 14. 2. 1998 – 9 K 1564/98 – SPE 254 Nr. 1.

[117] *Redeker/von Oertzen*, a. a. O., § 108 Rdn. 14 m. w. Hinw. Allein eine hohe Misserfolgsquote gestattet keinen zuverlässigen Rückschluss auf überhöhte Prüfungsanforderungen; sie gibt aber Anlass zu näherer Sachaufklärung: BFH, U. v. 21. 5. 1999 – VII R 34/98 – BFHE 188, 502 = SPE 400 Nr. 48, und BVerwG, U. v. 9. 8. 1996 – 6 C 3.95 – NVwZ-RR 1998, 176 = Buchholz a. a. O. Nr. 372 = DVBl. 1996, 1381 = SPE 545 Nr. 3 = DÖV 1997, 649. Zur Ermittlung überhöhter Prüfungsanforderungen anhand statistischer Durchschnittswerte: *Zimmerling/Brehm* NVwZ 2000, 875 ff., 880.

[118] BVerwG, U. v. 20. 9. 1984 – 7 C 57.83 – BVerwGE 70, 143 ff., 147; VGH Bad.-Wttbg., U. v. 20. 9. 1988 – 9 S 1929/88 – NJW 1989, 1379 = DVBl. 1988, 1124. VGH Bad.-Wttbg., U. v. 8. 10. 1996 – 9 S 2437/95 – VBlBW 1997, 70 = SPE 528 Nr. 13. Zum Umfang der behördlichen Nachweispflicht, einen Prüfling „gerecht" bewertet zu haben, wenn es in demselben Prüfungsverfahren bei einigen anderen Prüflingen zu Verfahrensfehlern gekommen ist: BFH, U. v. 20. 07. 1999 – VII R 111/98 – SPE 290 Nr. 23.

[119] VGH Bad.-Wttbg., U. v. 8. 10. 1996 – 9 S 2437/95 – a. a. O.

[120] BVerwG, Beschl. v. 20. 2. 1984 – 7 B 109.83 – NVwZ 1985, 191 = SPE 846 Nr. 14. Zum Nachweis des Täuschungsvorsatzes durch den Anscheinsbeweis: OVG Sachs., Beschl. v. 30. 4. 2003 – 4 BS 40/03 – Juris.

[121] VGH Bad.-Wttbg., Beschl. v. 11. 7. 1995 – 9 S 551/95 – VGHBW-Ls 1995 Beilage 9 B3.

3. Sachdienliche Anträge

844   Der Vorsitzende hat darauf hinzuwirken, dass unklare Anträge erläutert, sachdienliche Anträge gestellt, ungenügende tatsächliche Angaben ergänzt, ferner alle für die Feststellung und Beurteilung des Sachverhalts wesentlichen Erklärungen abgegeben werden (§ 86 Abs. 3 VwGO). Er hat die Streitsache mit den Beteiligten tatsächlich und rechtlich zu erörtern (§ 104 Abs. 1 VwGO). Untersagt sind deshalb „**Überraschungsentscheidungen**". Will das Gericht seine Entscheidung auf Gesichtspunkte stützen, die nach dem bisherigen Prozessverlauf nicht als entscheidungserheblich in Betracht gezogen worden sind, muss es die Beteiligten zuvor auf diese Möglichkeit hinweisen und ihnen Gelegenheit zur Stellungnahme geben.[122]

845   Die Verpflichtung des Vorsitzenden, auf sachdienliche Anträge hinzuwirken, umfasst in Prüfungsangelegenheiten insbesondere die Erörterung darüber, wie bei fehlender Spruchreife ein **Bescheidungsbegehren** oder in anderen Fällen die Aufhebung der Prüfungsentscheidung und der **Fortgang des Prüfungsverfahrens** durch darauf abzielende Anträge zur Geltung gebracht werden können (s. Rdn. 808, 812). Gegenstand der Erörterung sollte auch sein, ob und wieweit die **Bewertungsrügen** des Klägers eine gerichtliche Kontrolle ermöglichen (Rdn. 807 ff.) oder ob der Bewertungsspielraum der Prüfer diese einschränkt (dazu Rdn. 642, 846 ff.). In dem letzteren Fall ist – wenn die Bewertungsrüge hinreichend substantiiert ist – der Kläger auf die Möglichkeit hinzuweisen, dass er von den Prüfern verlangen kann, ihre Bewertung zu überdenken, und zwar nach einer vom Kläger zu beantragenden Aussetzung des gerichtlichen Verfahrens in einem eigenständigen verwaltungsinternen Kontrollverfahren (dazu Rdn. 773, 774).[123]

XI. Die gerichtliche Kontrolldichte/Bewertungsspielraum des Prüfers

846   Nach der früheren ständigen Rechtsprechung des BVerwG,[124] der sich die übrigen Verwaltungsgerichte und auch das Schrifttum durchweg angeschlossen hatten,[125] war die gerichtliche Kontrolle der Bewertung von Prüfungsleistungen stark eingeschränkt. Den Prüfern wurde **generell ein**

---

[122] BVerwG, U. v. 14. 3. 1991 – 10 C 10.91 – Buchholz 310 § 86 Abs. 3 Nr. 43 m. w. Hinw.; wegen des Umfangs der Hinweispflicht im Prüfungswesen vgl. auch: BVerfG, Beschl. v. 13. 11. 1979 – 1 BvR 1022/78 – BVerfGE 52, 380 = NJW 1980, 1153.

[123] Vgl. dazu insbesondere: BVerwG, U. v. 24. 2. 1993 – 6 C 35.92 – BVerwGE 92, 132, und Beschl. v. 10. 10. 1994 – 6 B 73.94 – Buchholz 421.0 Prüfungswesen Nr. 338. Keine Aussetzung des Klageverfahrens, wenn nur Verfahrensfehler gerügt werden: BFH, Beschl. v. 31. 5. 1994 – VII B 42/94 – NVwZ-RR 1995, 577.

[124] Seit dem U. v. 24. 4. 1959 – 7 C 104.58 – BVerwGE 8, 272 = NJW 1959, 1842.

[125] Kritisch dagegen: *Peter Becker* Prüfungsrecht, S. 203.

Beurteilungsspielraum eingeräumt. Die Gerichte hatten nur zu kontrollieren,

- ob das **Verfahren** ordnungsgemäß durchgeführt worden ist,
- ob die Prüfer von „falschen Tatsachen" ausgegangen sind,
- ob sie **allgemein anerkannte Bewertungsmaßstäbe** nicht beachtet haben,
- ob sie sich von **sachfremden Erwägungen** haben leiten lassen,
- ob die Bewertung unter keinem erdenklichen wissenschaftlichen oder pädagogischen Gesichtspunkt gerechtfertigt sein kann und daher **willkürlich** ist.

Diese weitgehende Zurücknahme der gerichtlichen Kontrolle hat das **847** BVerfG nicht gebilligt. Es hat durch zwei Beschlüsse vom 17. 4. 1991[126] bei berufsbezogenen[127] Prüfungen hierin eine Verletzung der Grundrechte des Prüflings (Art. 12 Abs. 1 und Art. 19 Abs. 4 GG) erkannt und den Verwaltungsgerichten aufgegeben, Prüfungen und Prüfungsentscheidungen deutlich stärker als bisher zu kontrollieren. Die bisherige Rechtsprechung hat es nur insoweit unbeanstandet gelassen, als es um **prüfungsspezifische Wertungen** geht.[128] Gemeint ist damit die Zuordnung der festgestellten Leistun-

---

[126] – 1 BvR 419/81 u. 213/83 – BVerfGE 84, 34 = NJW 1991, 2005, (Jura) und – 1 BvR 1529/84 u. 138.87 – BVerfGE 84, 59 = NJW 1991, 2008 (Ärztliche Prüfung).

[127] Die vom BVerfG entwickelten Grundsätze zur verwaltungsgerichtlichen Kontrolle berufsbezogener Prüfungen gelten z. B. auch für beamtenrechtliche Laufbahnprüfungen: BVerwG, Beschl. v. 13. 3. 1992 – 2 B 96.91 – Buchholz 232 § 15a Nr. 1; HessVGH, U. v. 15. 10. 1997 – 1 UE 1205/96 – SPE 526 Nr. 15, Fahrlehrerprüfungen: BVerwG, Beschl. v. 23. 3. 1994 – 6 B 84.93 – Buchholz 421.0 Prüfungswesen Nr. 331, und Steuerberaterprüfungen: BFH, Beschl. v. 31. 5. 1994 – VII B 42/94 – NVwZ-RR 1995, 577. Die Grundsätze gelten nicht für die nicht berufsrelevante Jägerprüfung (VGH Bad.-Wttbg., Beschl. v. 2. 10. 1998 – 9 S 1830/97 – NVwZ-RR 1999, 291). Auch für schulische Prüfungen und Versetzungen sind die vom BVerfG entwickelten Grundsätze nicht unbeachtlich, da es letztlich um die gerichtliche Kontrolldichte (Art. 19 Abs. 4 GG) in grundrechtsrelevanten Bereichen geht. Anstelle des Art 12 Abs. 1 GG vermittelt hier Art. 2 Abs. 1 GG mit dem Grundrecht auf persönliche Handlungsfreiheit und dem allgemeinen Persönlichkeitsrecht die Grundrechtsrelevanz. Allerdings sind insbesondere bei Versetzungsentscheidungen oder Überweisungen in eine Sonderschule pädagogische Erwägungen von zentraler Bedeutung. Ferner dürfte hier die individuelle Wertung, die an die persönlichen Fortschritte des Schülers anknüpft, nicht selten den Ausschlag geben. Die Beurteilung der Antworten auf einzelne Fachfragen als richtig oder falsch tritt demgegenüber vielfach in den Hintergrund oder ist mit den gerichtlich nur sehr begrenzt kontrollierbaren pädagogischen Abwägungen und prüfungsspezifischen Wertungen untrennbar verflochten. Dazu insgesamt: OVG Nds., Beschl. v. 15. 11. 1999 – 13 M 3932/99 – NdsVBl. 2001, 120, und Beschl. v. 23. 11. 1999 – 13 M 3944/99 u. 13 M 4473/99 – NVwZ-RR 2001, 241; OVG NW, Beschl. v. 13. 10. 1999 – 19 B 1682/99 – SPE 620 Nr. 9, und U. v. 23. 2. 1993 – 15 A 1163/91; OVG Sachs., U. v. 20. 5. 1998 – 2 S 134/37 – SPE 102 Nr. 27; *Wißmann*, Pädagogische Freiheit als Rechtsbegriff, S. 194 ff.; *Kopp* DVBl. 1991, 989 ff., 990.

[128] Der Bewertungsspielraum der Prüfer bei prüfungsspezifischen Wertungen schließt nicht jegliche gerichtliche Kontrolle der Einhaltung der rechtlichen Grenzen

gen zu einem standardisierten Leistungsbild, etwa zu einem vorgegebenen Punkte- oder Notensystem, aufgrund von Kriterien, die der Prüfer durch persönlichen Erfahrungen gewonnen hat, die weder rechtlich zu steuern noch von dem Gericht zu ersetzen sind (dazu im Einzelnen Rdn. 642). Hingegen seien **fachliche Meinungsverschiedenheiten** zwischen Prüfer und Prüfling der gerichtlichen Kontrolle nicht generell entzogen. Eine **vertretbare**, mit gewichtigen Argumenten folgerichtig begründete **Lösung** dürfe nicht als falsch bewertet werden. Die Vertretbarkeit der Lösung wie auch die Frage, ob die darauf bezogene Einschätzung des Prüfers dem Fachkundigen als unhaltbar erscheinen müsse, habe das **Gericht notfalls mit sachverständiger Hilfe zu ermitteln.**[129] Soweit hinsichtlich der prüfungsspezifischen Wertungen ein Spielraum der Prüfer verbleibe, verlange der Grundrechtsschutz einen Ausgleich durch ein besonderes verwaltungsinternes Kontrollverfahren (dazu Rdn. 759 ff.).

848   Die Entscheidungen des BVerfG sind im Schrifttum vielfältig kommentiert worden.[130] Sie haben insbesondere Anlass gegeben, den offenbar unendlichen Streit darüber neu zu beleben, ob es letztlich dem Gericht oder der Verwaltung zusteht, **unbestimmte Gesetzesbegriffe** auszufüllen und auf diese Weise abstrakte Vorgaben des Gesetzgebers in konkretes Recht umzusetzen.[131] Darauf kann hier nicht im Einzelnen eingegangen werden. Es soll jedoch nicht unerwähnt bleiben, dass die Verwaltungsgerichte in dieser Frage zugleich von zwei Seiten bedrängt werden: Der von der einen Seite, insbesondere von Politik und Wissenschaft, immer wieder betonten Aufforderung an die Gerichte, nur zu „kontrollieren" und nicht zu „agieren", steht auf der anderen Seite der verfassungsgerichtliche Abbau nahezu aller bisher anerkannten Beurteilungsspielräume der Verwaltung gegenüber.[132]

849   Art. 19 Abs. 4 GG schließt nach Meinung des BVerfG[133] eine Bindung der Gerichte an die im Verwaltungsverfahren – entsprechend auch bei hoheitlichen Prüfungen – getroffenen Feststellungen und Wertungen im Grundsatz aus. Aus dem Anspruch des Bürgers auf eine tatsächlich wirksame gerichtliche Kontrolle folge die grundsätzliche **Pflicht der Gerichte,** die

---

dieser Wertungen aus; diese Kontrolle hat in der bisher üblichen Weise (vgl. Rdn. 625 ff.) stattzufinden: BVerwG, Beschl. v. 10. 10. 1994 – 6 B 73.94 – Buchholz 421.0 Prüfungswesen Nr. 338 = BayVBl. 1995, 86; OVG NW, U. v. 14. 3. 1994 – 22 A 201/93 – NVWZ-RR 1994, 585.

[129] Kritisch hinsichtlich der Brauchbarkeit dieses Beweismittels: *Sendler,* Die neue Rechtsprechung des BVerfG zu den Anforderungen an die verwaltungsgerichtliche Kontrolle, DVBl. 1994, 1089 ff., 1091.

[130] Vgl. hierzu die Hinweise in der 3. Auflage dieser Schrift, Rdn. 400, Fn. 898.

[131] Dazu die zahlreichen Hinweise bei *Stelkens/Bonk/Sachs* Verwaltungsverfahrensgesetz, § 40 Rdn. 161 ff.

[132] *Redeker* (NVwZ 1992, 305) hat dies anschaulich zusammengestellt und mit gewichtigen Gründen kritisiert.

[133] A. a. O., hier insbesondere NJW 1991, 2006, 2007.

angefochtenen Verwaltungsakte in tatsächlicher und rechtlicher Hinsicht **vollständig nachzuprüfen.** Dass auch dieser Grundsatz **einzelne Ausnahmen** zulässt, verschweigt das BVerfG (a. a. O.) nicht. Jedoch ist die in einem gewaltenteilenden Rechtsstaat der Exekutive zukommende Aufgabe des Gesetzesvollzugs nach seiner Meinung kein Grund für eine entsprechende Beschränkung der gerichtlichen Einflüsse auf eine bloße Kontrolle im Rahmen einer Bandbreite fachlicher Vertretbarkeit. Obwohl die im Prüfungsrecht nur sehr allgemein gehaltenen gesetzlichen Vorgaben durchweg mehrere sachlich vertretbare Bewertungen zulassen, wird zur Wahrung des überkommenen Rechtsschutzsystems der Grundsatz der „einen richtigen Entscheidung" auch hier als ein Axiom unterstellt.[134] Nach der Rechtsauffassung des BVerfG kann das nur ganz ausnahmsweise anders sein, nämlich wenn unbestimmte Rechtsbegriffe – so das BVerfG weiter – wegen hoher Komplexität oder besonderer Dynamik der geregelten Materie so vage und die Konkretisierung im Nachvollzug der Verwaltungsentscheidung so schwierig seien, dass die gerichtliche Kontrolle an die **Funktionsgrenzen der Rechtsprechung** stoße. Für die Bewertung von Berufszugangsprüfungen komme das jedoch nicht in Betracht, weil insofern Sonderregelungen gelten würden.

Grund für eine **Ausnahme von der Vollkontrolle** und damit für die 850 Annahme eines **begrenzten Bewertungsspielraums der Prüfer** ist für das BVerfG[135] letztlich, dass Prüfungsnoten nicht isoliert gesehen werden dürfen, sondern in einem Bezugssystem zu finden sind, das durch persönliche Erfahrungen und Vorstellungen der Prüfer beeinflusst wird. Die Prüfer müssten bei ihrem wertenden Urteil von Einschätzungen und Erfahrungen ausgehen, die sie im Laufe ihrer Examenspraxis bei vergleichbaren Prüfungen entwickelt hätten und allgemein anwendeten. Das Gericht könne diese Vorgänge auch mit sachverständiger Hilfe weder aufdecken noch auf die nur in Umrissen rekonstruierbare Prüfungssituation anwenden. Wenn es demzufolge **eigene Bewertungskriterien** entwickele, würden die **Maßstäbe verzerrt.** Mit dieser Begründung hat das BVerfG den von ihm besonders betonten Rechtsschutzanforderungen (Art. 19 Abs. 4

---

[134] Kritisch dazu, aber scheinbar resignierend: *Redeker* NVwZ 1992, 305 ff., 306. Dazu insbesondere *Franßen*, Festschrift für Zeidler(1987), S. 429. Die Parallele zu anderen unbestimmten Gesetzesbegriffen, z. B. im Polizei- und Ordnungsrecht („Gefahr für die öffentliche Sicherheit oder Ordnung") oder im Technik- und Umweltrecht („Stand der Wissenschaft und Forschung"), die ebenfalls von den Gerichten üblicherweise letztentscheidend ausgefüllt werden, ist zwar nicht zu übersehen. Daraus folgt indes keine inhaltliche Rechtfertigung des vielfach zu beobachtenden Übermaßes an gerichtlichen Einwirkungen auf so, aber auch anders vertretbare Sachentscheidungen der Verwaltung. Dagegen akzeptiert das Gesetz, indem es sich bei der Verwendung unbestimmter Rechtsbegriffe bewusst einer engeren Steuerung enthält, die Entscheidungen der Verwaltung, sofern sie in der Bandbreite seiner weit gefassten Vorgaben liegen und daher inhaltlich vertretbar sind.

[135] A. a. O., hier insbesondere NJW 1991, 2007.

GG) die ebenfalls verfassungsrechtlich legitimierte **Gegenposition der Chancengleichheit** (Art. 3 Abs. 1 GG) gegenübergestellt und einen Ausgleich gesucht.[136]

851   Insgesamt liegt die zentrale Bedeutung der Erweiterung der gerichtlichen Kontrolle darin, dass die Bewertung der Antworten des Prüflings auf **fachwissenschaftliche Fragen** nicht mehr dem Beurteilungsspielraum der Prüfer unterliegt, sondern dass die Antworten von den Gerichten auf ihre Richtigkeit oder Vertretbarkeit zu überprüfen sind.[137] Der vom BVerfG[138] neu eingeführte Begriff „Antwortspielraum" soll ausdrücken, dass es einen Rahmen oder eine Bandbreite fachlich vertretbarer Antworten geben kann, die nicht als falsch beurteilt werden dürfen. Insofern ist nunmehr für einen Bewertungsspielraum der Prüfer von vornherein kein Platz.

852   Innerhalb des **von den Gerichten zu respektierenden Bewertungsspielraumes** liegt eine Bewertung jedoch dann, wenn der Prüfer die Vertretbarkeit der Lösung nicht ausschließt, jedoch die Argumente der **Minder- oder Außenseitermeinung,** denen sich der Prüfling allzu leichtfertig angeschlossen hat, für wenig überzeugend hält oder die **Qualität der Darstellung** bemängelt.[139] Ebenso wenig ist eine volle gerichtliche Überprüfung möglich,

---

[136] Zum Grundsatz der Chancengleichheit im Prüfungsverfahren s. a.: BVerwG, U. v. 9. 8. 1996 – 6 C 3.95 – Buchholz 421.0 Prüfungswesen Nr. 372 = DVBl. 1996, 1381 = SPE 545 Nr. 3 = NVwZ-RR 1998, 176.
Trotz unterschiedlicher Begründungen hält der ganz überwiegende Teil des Schrifttums mit der Rechtsprechung, die ohnehin an die vom BVerfG aufgestellten Grundsätze gebunden ist (§ 31 BVerfGG), daran fest, dass grundsätzlich ein – wenngleich reduzierter – Bewertungsspielraum der Prüfer anzuerkennen ist. Dagegen verlangt Raimund *Wimmer,* Festschrift für Konrad Redeker (1993), S. 531, eine uneingeschränkte Vollkontrolle nach Maßgabe eingehenderer Gesetzesbestimmungen mit entsprechend vermehrter Steuerungskraft. Er rügt, dass das Kernargument des BVerfG nicht tragfähig sei, weil die Leistungen eines Prüflings nicht relativ im Vergleich zu denen der anderen, sondern (absolut) allein daran zu messen seien, ob sie den durch das Prüfungsziel vorgegebenen Anforderungen entsprächen. Soweit Wimmer damit die relative Bewertung nach dem zufälligen Niveau einer Gruppe von Prüflingen beanstandet, ist ihm zuzustimmen. Das hat das BVerfG aber wohl nicht gemeint, wenn es auf die Erfahrungen abgestellt hat, die Prüfer im Laufe ihrer Examenspraxis entwickelt haben und mit deren Hilfe sie sich generelle Maßstäbe dafür bilden, was z. B. eine durchschnittliche Leistung ist oder wie sich der Schwierigkeitsgrad einer Aufgabe bemisst. Es kommt nicht darauf an, dass sich das Gericht hierzu etwa mit sachverständiger Hilfe auch selbst eine vertretbare, jedoch keinesfalls einzig richtige Meinung bilden könnte. Das Gebot der Chancengleichheit verbietet vielmehr die dabei eintretende Modifizierung der Maßstäbe.
[137] Zu den Folgen der Rechtsprechung des BVerfG, s. auch *Michaelis,* Kontrolldichte im Prüfungsrecht, VBlBW 1997, 441.
[138] A. a. O., insbesondere NJW 1991, 2008.
[139] OVG Nds., U. v. 21. 9. 1999 – 10 L 1165/97. Zur Gewichtung der Vorzüge und Mängel einer Prüfungsarbeit: BVerwG, Beschl. v. 13. 3. 1998 – 6 B 28/98 – Juris, und Beschl. v. 2. 6. 1998 – 6 B 78/97 – Juris. Zum Antwortspielraum eines Prüflings in der juristischen Prüfung: OVG Saarl., Beschl. v. 22. 11. 2000 – 3 V 26/00 u. 3 W 6/00 – NVwZ 2001, 942.

wenn der Prüfer aufgrund des **Gesamteindrucks** des **Prüflings** von einer **rechnerisch ermittelten Gesamtnote** abweicht.[140] Dies hat sich zwar im Grundsatz allenthalben durchgesetzt. Dennoch war **853** und ist die Frage, was im Einzelfall noch zum Bewertungsspielraum der Prüfer gehört, Gegenstand zahlreicher Rechtsstreitigkeiten geworden.[141] Im Mittelpunkt der umfangreichen Rechtsprechung steht die schwierige Abgrenzung zwischen dem gerichtlich überprüfbaren fachwissenschaftlichen Bereich einer Prüfungsleistung und dem Bereich der prüfungsspezifischen Wertungen einschließlich der Kriterien, mit deren Hilfe die Einordnung der festgestellten fachlichen Leistung in ein vorgegebenes Notensystem zu vollziehen ist. Zu dem letzteren Bereich zählen insbesondere der „**Vergleichs-**

---

[140] BVerwG, U. v. 12. 7. 1995 – 6 C 12.93 – BVerwGE 99, 74 = Buchholz 421.0 Prüfungswesen Nr. 354 = SPE 470 Nr. 64 = NJW 1996, 942 = DVBl. 1995, 1353; OVG NW, U. v. 27. 2. 1997 – 22 A 1326/94 – SPE 526 Nr. 17 = NWVBl. 1997, 380. Davon abgesehen ist das Gericht aber befugt, das Prüfungsergebnis und gegebenenfalls die Anrechnung von Vornoten auf rechnerische Richtigkeit zu überprüfen: OVG NW, U. v. 30. 3. 1998 – 22 A 4551/95 – NWVBl. 1998, 403 = DÖV 99, 310. Zu dem speziellen Problem der sog. Hebungspunkte (Sozialpunkte) in den juristischen Prüfungen: BVerwG, Beschl. v. 11. 7. 1996 – 6 B 22.96 – NVwZ-RR 1997, 102 = DVBl. 1996, 1373.

[141] BVerwG, U. v. 21. 12. 1995 – 3 C 24.94 – BVerwGE 100, 221: Kein Beurteilungsspielraum des Amtsarztes bei der Überprüfung der Kenntnisse und Fähigkeiten eines Heilpraktikeranwärters.
BVerwG, Beschl. v. 9. 7. 1997 – 6 B 80.96 – LKV 1998, 20 = ThürVBl. 1998, 37: Bei dem Begriff der „Gleichwertigkeit der Bildungsabschlüsse" i. S. d. Art. 37 Abs. 1 S. 2 des Einigungsvertrags handelt es sich um einen gerichtlich in vollem Umfang nachprüfbaren unbestimmten Rechtsbegriff.
BVerwG, Beschl. v. 13. 3. 1998 – 6 B 28.98 – Juris; BayVGH, U. v. 10. 7. 1997 – 7 B 96.4211 – n.v.; FG des Landes Brandenburg, U. v. 19. 2. 2003 – 2 K 316/02 – EFG 2003, 731: Bewertungsspielraum hinsichtlich der Gewichtung einzelner Prüfungs- oder Aufgabenteile; BFH, U. v. 23. 8. 2001 – VII R 96/00 – NVwZ-RR 2002, 157: Der Ausgleich, den die Prüfungsbehörde während einer Prüfung für eine Störung durch äußere Einflüsse (Lärm) gewährt, ist gerichtlich in vollem Umfang auf Angemessenheit überprüfbar; jedoch nimmt der BFH, a. a. O., bei der Frage, welchen Zeitausgleich die Behörde für eine während der Prüfung vorgenommene Sachverhaltsberichtigung zu gewähren habe, einen weiten Bewertungsspielraum der Behörde an.
BayVGH, U. v. 10. 12. 1997 – 7 B 97.362 – SPE 544 Nr. 7: Die Lesbarkeit einer Prüfungsarbeit ist im Streitfall durch das Gericht ohne Zuhilfenahme von Sachverständigen zu beurteilen; insofern besteht kein Bewertungsspielraum des Prüfers.
VGH Bad.-Wttbg., Beschl. v. 7. 4. 1997 – 9 S 1955/96 – SPE 460 Nr. 15: Bewertungsspielraum bei der Gewichtung von Folgefehlern.
OVG NW, U. v. 27. 9. 1999 – 22 A 3745/98 – WissR 2001, 82: Gerichtlich in vollem Umfang überprüfbar sind die „Gleichwertigkeit" und Anrechenbarkeit von Prüfungsarbeiten an verschiedenen Hochschulen.
OVG NW, U. v. 27. 2. 1997 – 22 A 1326/94 – SPE 526 Nr. 17 = NWVBl. 1997, 380: Zur gerichtlichen Überprüfbarkeit der Fehlerhaftigkeit eines Lösungsaufbaus; dazu auch OVG Nds., U. v. 21. 9. 1999 – 10 L 1165/97 – n.v.
FG Hamburg, U. v. 14. 11. 2002 – V 32/01 – EFG 2003, 726: Bewertungsgrundlagen des Vortrags in der mündlichen Steuerberaterprüfung sind nicht gerichtlich nachprüfbar. Dazu auch: FG München, U. v. 11. 12. 2002 – 4 K 1277/02 – EFG 2003, 958.

rahmen" des Prüfers und seine darauf gestützte Wertung, ob der Prüfling seine Begründungen sorgfältig aufbereitet und überzeugend dargelegt hat. Wo die jeweilige Bestehensgrenze anzusetzen und welche Leistung noch als „**durchschnittlich**" **zu bewerten** ist, kann und darf das Gericht dem Prüfer auch nicht mit Hilfe eines Sachverständigen vorschreiben und auf dieser Grundlage die Prüfungsbehörde verpflichten, die Prüfung für bestanden zu erklären.[142] Das gilt ferner, soweit der Prüfer den **Schwierigkeitsgrad der Aufgabe** in seine Erwägungen einzubeziehen und auf dieser Grundlage zu entscheiden hat, wie das schnelle und genaue oder umgekehrt langsame und ungenaue **Erfassen der Probleme** durch den Prüfling und die **Überzeugungskraft seiner Argumente** zu bewerten sind (vgl. Rdn. 642ff.).

854   Im Rahmen eines solchen Bewertungsspielraumes der Prüfer verbleibt dem Gericht nur die Prüfung, ob die **Grenzen des Bewertungsspielraumes** eingehalten wurden oder ob der Prüfer bei seiner Wertung von „**falschen Tatsachen**" ausgegangen ist oder ihr **sachfremde Erwägungen** zugrunde gelegt hat (Rdn. 847).[143] Es ist auch befugt zu überprüfen, ob bei allen Prüflingen im Wesentlichen die gleichen Bewertungsmaßstäbe eingehalten wurden.[144] Die Klage des Prüflings hat demnach deutlich weniger Erfolgsaussichten, wenn er nicht eine fachwissenschaftliche Fehlbeurteilung rügen kann, sondern seine Einwendungen lediglich darauf abzielen, die prüfungsspezifischen Wertungen des Prüfers in Frage zu stellen.

855   Die Bewertung von Prüfungsleistungen durch die Prüfer enthält im allgemeinen **sowohl fachwissenschaftliche Beurteilungen als auch prüfungsspezifische Wertungen,** so dass sich auch daraus Abgrenzungsschwierigkeiten ergeben können. Die hinsichtlich der fachwissenschaftlichen Beurteilungen den Gerichten aufgegebene Kontrolle, ob der Prüfling die Fachfrage entgegen der Meinung des Prüfers richtig oder jedenfalls vertretbar beantwortet hat, setzt primär voraus, dass sich ein **fachwissenschaftlicher Bereich der Leistung** und deren Beurteilung **klar erfassen lassen.** Dies dürfte im Antwort-Wahl-Verfahren, soweit dort bestimmte Antworten auf bestimmte Fragen vom Prüfling als richtig oder falsch zu deklarieren sind,

---

[142] OVG NW, U. v. 30. 3. 1998 – 22 A 4551/95 – a. a. O. Dies gilt auch sinngemäß für die fachlich-pädagogische Beurteilung im schulischen Bereich, die einer Versetzung zugrunde liegt.
[143] BVerwG, Beschl. v. 10. 10. 1994 – 6 B 73.94 – Buchholz a. a. O Nr. 338 = BayVBl. 1995, 86; BVerwG, U. v. 21. 10. 1993 – 6 C 12.92 – Buchholz a. a. O. Nr. 320. Auch bei Entscheidungen der Lehrerkonferenz über die Befreiung vom Verbot des nochmaligen Wiederholens einer Jahrgangsstufe gelten diese Maßstäbe: BayVGH, Beschl. v. 22. 12. 1992 – 7 CE 92.3380 – BayVBl. 1993, 310.
BVerwG, U. v. 19. 12. 2001 – 6 C 14/01 – NVwZ 2002, 1375: Prüferbemerkung über einen bisherigen Beruf des Prüflings als sachfremde Erwägung; OVG NW, U. v. 14. 12. 1999 – 14 A 2251/99 – SPE 470 Nr. 71: Zur willkürlichen Bewertung künstlerischer Prüfungsarbeiten.
[144] BVerwG, U. v. 9. 8. 1996 – 6 C 3.95 – Buchholz a. a. O. Nr. 372 = DVBl. 1996, 1381 = SPE 545 Nr. 3 = DÖV 1997, 649.

regelmäßig der Fall sein. Bei den anderen Prüfungen, bei denen etwa die Gründlichkeit der Untersuchungen oder die Überzeugungskraft der Argumente wichtige Bewertungskriterien sind, muss zunächst die damit möglicherweise **verflochtene fachwissenschaftliche Beurteilung** gleichsam ausgefiltert und sodann ihre Bedeutung für die Prüfungsentscheidung erfasst werden.[145] Erst nachdem dies gelungen ist, ist der Weg frei für die genannten unterschiedlichen Vorgehensweisen des Gerichts.

Ein solches **Ausfiltern** bereitet besondere Schwierigkeiten, wenn fachliche Beurteilungen mit prüfungsspezifischen Wertungen inhaltlich verknüpft sind,[146] z. B. wenn der Prüfer die Frage der Vertretbarkeit der Lösung im Zusammenhang mit dem Schwierigkeitsgrad der Aufgabe bewertet hat.[147] Erweist sich in diesem Fall eine für die Prüfungsentscheidung erhebliche **fachwissenschaftliche Beurteilung als falsch**, etwa weil die Antwort des Prüflings auf eine Fachfrage entgegen der Meinung des Prüfers objektiv vertretbar ist, ist den sich daran anschließenden **prüfungsspezifischen Wertungen die Grundlage entzogen**. Einen solchen Beurteilungsfehler kann das Gericht ohne weiteres feststellen, ohne in davon nicht trennbare Bewertungsspielräume der Prüfer einzudringen. Die Prüfungsentscheidung kann dann insgesamt keinen Bestand haben, weil unter diesen Umständen keine Veranlassung besteht, die ihrer Grundlage enthobenen prüfungsspezifischen Wertungen zu respektieren.

Auch im **Antwort-Wahl-Verfahren** müssen prüfungsspezifische Wertungen vorgenommen werden; sie sind hier nur zeitlich vorverlagert und nicht einzelfallbezogen. Aus den Prüfungsfragen und Antwortalternativen ergibt sich, welche Kenntnisse von einem Medizinstudenten in dem entsprechenden Ausbildungsabschnitt gefordert werden und welches Gewicht insofern Wissenslücken und Fehler haben. Dieses zu bewerten, ist die Aufgabe spezieller **Sachverständigenkommissionen, nicht** dagegen des Gerichts.[148] Soweit indes um die Eignung oder Fehlerhaftigkeit einer Prüfungsaufgabe gestritten wird und dabei **fachwissenschaftliche Beurteilungen** einfließen, ist – sofern substantiierte Einwendungen erhoben wer-

856

857

---

[145] BVerwG, Beschl. v. 17. 12. 1997 – 6 B 55.97 – SPE 446 Nr. 26 = Buchholz a. a. O. Nr. 385 = DVBl. 1998, 404 = NVwZ 1998, 738.
[146] BVerfG, Beschlüsse v. 17. 4. 1991 a. a. O. (s. Rdn. 847), insbesondere NJW 1991, 2007. Vgl. dazu auch: BVerwG, U. v. 21. 10. 1993 – 6 C 12.92 – Buchholz a. a. O. Nr. 320.
[147] Anders: *Seebass,* Eine Wende im Prüfungsrecht? NVwZ 1992, 610 ff., 614, für eine untrennbare Verknüpfung schon dann annimmt, wenn fachliche Beurteilungen „im Rahmen des Bewertungsspielraumes" gefällt werden. Da das sehr häufig der Fall ist, wären fachliche Beurteilungen – was Seebass nicht verkennt – in aller Regel weiterhin nur einer stark eingeschränkten Kontrolle zugänglich. Diese Auslegung würde also im Ergebnis zu einer Praxis führen, die die Maßgaben des BVerfG größtenteils wirkungslos macht. Aus den hier genannten Gründen ist sie indes auch nicht sachlich gerechtfertigt.
[148] BVerfG, a. a. O., insbesondere NJW 1991, 2010.

den – die **gerichtliche „Richtigkeitskontrolle"** in der Regel mit Hilfe eines Sachverständigen geboten.[149] Sind die Einwendungen des klagenden Prüflings berechtigt, etwa weil eine Frage missverständlich oder auch eine andere Antwort richtig ist, ist eine Berichtigung erforderlich, wie sie in § 14 Abs. 4 ÄAppO in der Form eines **Eliminierungsverfahrens** geregelt ist (vgl. Rdn. 599). Dieses Verfahren sollte auch für die nachträgliche Berichtigung der in einem Gerichtsverfahren ermittelten Fehler sinngemäß angewendet werden, da der Zeitpunkt der Erkenntnis des Fehlers keine unterschiedliche Behandlung gebietet. Auf diese Weise könnte auch darüber befunden werden, ob sich der Fehler auf das Prüfungsergebnis auswirkt, so dass die Sache damit spruchreif wird.

858   Bei alledem kommt es auch für das **Ausmaß der gerichtlichen Kontrolle** darauf an, ob und wieweit nach den Umständen des Einzelfalls dafür **hinreichende Veranlassung** besteht. Zwar hat das Gericht den Sachverhalt von Amts wegen zu erforschen (Rdn. 826 ff.), jedoch muss es die Vertretbarkeit der Lösungen und Antworten des Prüflings auf Fachfragen nicht gleichsam automatisch kontrollieren. Den klagenden **Prüfling** trifft auch insoweit eine **Mitwirkungspflicht,** nach der es ihm obliegt, einen solchen Fehler darzulegen und **substantiiert vorzubringen,** dass seine Lösung entgegen der Meinung des Prüfers richtig oder zumindest vertretbar sei (zu den Anforderungen an die Vertretbarkeitsrüge im Einzelnen s. Rdn. 829).[150]

859   Den fachlichen Fragen und den dazu vorliegenden Antworten muss das Gericht nicht nachgehen, wenn die Möglichkeit auszuschließen ist, dass deren Bewertung, die der Prüfling beanstandet, auf das Prüfungsergebnis einschließlich der Prüfungsnote einen Einfluss hat (**Kausalität des Bewertungsfehlers**).[151] Dies bedeutet ferner, dass auch nach der Feststellung eines Bewertungsfehlers das Gericht weiter zu prüfen hat, ob Auswirkungen dieses Fehlers auf das Prüfungsergebnis ausgeschlossen werden können (vgl. Rdn. 688 ff., 840). Zum Ausschluss der Kausalität darf es freilich keine eigenen fachwissenschaftlichen Überlegungen anführen.[152] Nur ausnahmsweise kann das Gericht feststellen, dass ein Korrekturfehler **evident unerheblich**

---

[149] BVerfG, a. a. O., insbesondere NJW 1991, 2011. Zur Beurteilung der Richtigkeit einer Antwort im Antwort-Wahl-Verfahren der Ärztlichen Prüfung auf der Grundlage „gesicherter medizinischer Erkenntnisse": BVerwG, U. v. 26. 3. 1997 – 6 C 7.96/6 C 8.96 – BVerwGE 104, 203 = Buchholz a. a. O. Nr. 378 = NJW 1997, 3104 = DVBl. 1997, 1237 = SPE 446 Nr. 25.
Zur Rüge der Missverständlichkeit einer Prüfungsfrage im medizinischen Antwort-Wahl-Verfahren mittels Expertisen aus anderen naturwissenschaftlichen Disziplinen: BVerwG, Beschl. v. 2. 5. 1996 – 6 B 75.95 – Buchholz a. a. O. Nr. 365.
[150] BVerwG, U. v. 24. 2. 1993 – 6 C 38.92 – Buchholz a. a. O. Nr. 314 = NVwZ 1993, 686, und v. 21. 10. 1993 – 6 C 12.92 – Buchholz a. a. O. Nr. 320. *Niehues,* Stärkere gerichtliche Kontrolle von Prüfungsentscheidungen, NJW 1991, 3001 ff., 3004.
[151] BVerfG, a. a. O., insbesondere NJW 1991, 2008.
[152] BVerwG, Beschl. v. 13. 3. 1998 – 6 B 28.98 – Juris.

für die Bewertung war.[153] Dazu ist es aber nur berechtigt, wenn verständlicherweise kein Zweifel daran bestehen kann, dass es auf diesen Fehler im Ergebnis nicht ankommt. Hilfreich für eine solche Feststellung können **substantiierte Bewertungsvermerke der Prüfer** sein, in denen die wirklich tragenden Gründe von ihnen bezeichnet worden sind. Nach Meinung des BVerfG (a. a. O.) liegt es auf der Hand, dass sich der ursprüngliche Korrekturfehler nicht auf die Note ausgewirkt hat, wenn die Prüfer **nachträglich bekunden**, dass sie auch **ohnedem an der Gesamtbewertung festhalten**, weil die Prüfungsarbeit insgesamt an zahlreichen Oberflächlichkeiten leide und an vielen Stellen Begründungen vermissen lasse. Wenn in diesem Fall entgegenstehende Gesichtspunkte nicht ersichtlich seien, lasse sich ausschließen, dass eine nochmalige Erörterung dieses Punktes zu einem für den Kläger günstigeren Ergebnis führen könnte.[154] Diese nicht unbedenklichen Erwägungen dürften jedoch nur in Extremfällen zum Tragen kommen. Es ist dem Gericht nämlich grundsätzlich verwehrt, inhaltliche Bewertungsmängel seinerseits zu korrigieren, indem es diese mit Hilfe der Prüfer gewichtet, um so die Kausalität für das Prüfungsergebnis zu verneinen.[155] Das Gericht darf auch bei der Kausalitätsprüfung nicht in den prüfungsspezifischen Bewertungsspielraum der Prüfer eindringen.[156]

Ist die Ursächlichkeit des Bewertungsfehlers nicht auszuschließen, kann **860** und darf das Gericht die **Leistungsbewertung** grundsätzlich **nicht ersetzen**, sondern nur den Prüfungsbescheid aufheben und die zuständigen Prüfer zu einer **neuen, fehlerfreien Beurteilung verpflichten**.[157] Das ist ausnahmsweise anders, wenn das Prüfungsergebnis rechnerisch zu ermitteln ist und nach der Eliminierung des Beurteilungsfehlers auch von dem Gericht ohne weiteres festgestellt werden kann.[158]

Fragen der **gerichtlichen Kontrolldichte** stellen sich nicht nur im Zu- **861** sammenhang mit der Bewertung der Prüfungsleistungen, sondern **auch bei anderen Vorgängen im Verlauf der Prüfung**. Auch insofern ist von dem Grundsatz der vollen, „tatsächlich wirksamen" Kontrolle sämtlicher Maßnahmen der Prüfer und Prüfungsbehörden auszugehen, soweit durch diese

---

[153] Zu den engen Ausnahmen, unter denen Gerichte die Kausalität eines Bewertungsfehlers verneinen können: BVerwG, U. v. 4. 5. 1999 – 6 C 13/98 – NVwZ 2000, 915 = SPE 162 Nr. 28 = Buchholz a. a. O. Nr. 395.

[154] Genau genommen handelt es sich hierbei nicht um Kausalitätsfragen im Rahmen der ursprünglichen Bewertung, sondern um die Herstellung der Rechtmäßigkeit durch eine Neubewertung. Im Ergebnis macht das jedoch keinen Unterschied, wenn die Neubewertung ordnungsgemäß erfolgt ist (vgl. dazu Rdn. 693 ff.).

[155] BVerwG, U. v. 12. 11. 1997 – 6 C 11.96 – BVerwGE 105, 328 = NVwZ 1998, 636 = SPE 526 Nr. 14 = DVBl. 1998, 474 = DÖV 1998, 422.

[156] Dazu insbesondere BVerwG, U. v. 27. 4. 1999 – 2 C 30/98 – Buchholz 237.5 § 22 HeLBG Nr. 1 = NVwZ 2000, 921.

[157] BVerwG, U. v. 27. 4. 1999 – 2 C 30/98 –, a. a. O.

[158] OVG NW, U. v. 30. 3. 1998 – 22 A 4551/95 – NWVBl. 1998, 403 = DÖV 1999, 310.

Rechte des Prüflings etwa auf Einhaltung der Chancengleichheit betroffen sind (Art. 19 Abs. 4 GG). Zu nennen sind beispielsweise die Ablehnung der Zulassung zur Prüfung, der Genehmigung des Rücktritts wegen einer Erkrankung oder die Annahme eines Täuschungsversuchs. Insofern ist die **gerichtliche Vollkontrolle** durchweg unproblematisch. Freilich gibt es auch im Prüfungswesen Bereiche, in denen die Prüfer und Prüfungsbehörden ermächtigt sind, das Verfahren oder Einzelheiten des Ablaufs der Prüfung nach ihrem **Ermessen zu gestalten** (dazu Rdn. 412 ff.). Sodann prüft das Gericht nur, ob die umstrittene Maßnahme etwa die durch die Prüfungsordnung umschriebenen **Grenzen des Ermessens überschreitet** oder ob von dem Ermessen in einer dem **Zweck der Ermächtigung** nicht entsprechenden Weise – **sachwidrig** oder gar **willkürlich** – Gebrauch gemacht worden ist (vgl. § 114 VwGO). Rechtlich umstrittene Fragen sind hier insbesondere in folgenden Bereichen zu Tage getreten:

862   Soweit um die **Zulässigkeit** eines bestimmten **Prüfungsstoffs** gestritten wird, kann und muss das Gericht uneingeschränkt prüfen, ob die Vorgaben der Prüfungsordnung eingehalten sind, insbesondere ob die Aufgaben und Prüfungsfragen einem dort genannten Prüfungsgebiet (Stoffkatalog) zuzuordnen sind. Dies ist eine Fachfrage, die – notfalls mit Hilfe eines Sachverständigen – zu beantworten ist.[159] Innerhalb des zugelassenen Prüfungsstoffes verbleibt dem Prüfer jedoch ein die gerichtliche Kontrolldichte verringernder **Spielraum bei der Auswahl der konkreten Prüfungsinhalte** (Aufgaben und Fragen) und damit auch bei der Auswahl des Schwierigkeitsgrades. Insofern erstreckt sich die gerichtliche Kontrolle allein darauf, ob der Prüfer von seinem **Auswahlermessen** in dem vorstehend dargelegten Sinne rechtsfehlerhaft Gebrauch gemacht hat.[160] Soweit Fragen außerhalb des eigentlichen Prüfungsstoffs zur Erkundung von **Hintergrundwissen** oder **Allgemeinwissen** gestellt worden und insofern auch statthaft sind (Rdn. 321), ist von vornherein kein Raum für die gerichtliche Überprüfung, ob sie von den fachspezifischen Vorgaben der Prüfungsordnung gedeckt sind.

863   Soweit die Prüfungsbehörde gehalten ist, bei **Lärmstörungen** während der Prüfung die geeigneten und erforderlichen **Abhilfemaßnahmen** zu treffen, steht ihr **kein Ermessensspielraum** zu. Das Gericht hat – notfalls mit sachverständiger Hilfe – voll zu klären, ob der Ausgleich der Störung (z. B. durch eine bestimmte Schreibzeitverlängerung) angesichts der tatsächlich festzustellenden Dauer und Intensität des Lärms gelungen ist (dazu

---

[159] BVerwG, U. v. 16. 4. 1997 – 6 C 9.95 – NJW 1998, 323 = Buchholz 421.0 Prüfungswesen Nr. 382; VGH Bad.-Wttbg., U. v. 9. 5. 1995 – 9 S 2341/93 – DVBl. 1995, 1356 = SPE 588 Nr. 14.

[160] VGH Bad.-Wttbg., Beschl. v. 22. 2. 1999 – 9 S 176/99 – SPE 446 Nr. 32. Zur gerichtlichen Überprüfung des Schwierigkeitsgrades und zur Unverbindlichkeit von Musterlösungen: BFH, U. v. 21. 5. 1999 – VII R 34/98 – BFHE 188, 502 = SPE 400 Nr. 48.

Rdn. 472).[161] Dagegen liegt es in dem – in der genannten Weise rechtlich ge-
bundenen – **Gestaltungsermessen** der Prüfungsbehörde, welchen angemessenen Zeitausgleich sie gewährt, wenn bei einer Aufsichtsarbeit die **Prüfungsaufgabe** während der Bearbeitung – etwa wegen falscher Daten –
korrigiert werden muss. Denn das Maß des notwendigen Ausgleichs hängt
hier von dem **Schwierigkeitsgrad der Aufgabe** ab, der sich als ein Element
der prüfungsspezifischen Wertung einer vollen gerichtlichen Kontrolle entzieht.[162]

XII. Der Inhalt der gerichtlichen Entscheidung/Bindungswirkung

Der Inhalt der gerichtlichen Entscheidung, insbesondere die Entschei-   **864**
dungsformel, hängt von dem zulässigerweise verfolgten **Klageziel** ab (dazu
Rdn. 800 ff., 804 ff.). Zum Ausdruck gebracht werden muss, ob dieses Ziel
vollständig oder teilweise erreicht worden ist oder ob der geltend gemachte
Anspruch nicht besteht, so dass die Klage (teilweise) abzuweisen ist. Da das
Gericht nicht in den prüfungsspezifischen Bewertungsspielraum des Prüfers
eingreifen darf, indem es eine eigene Bewertung der Prüfungsleistung vornimmt, ist es auch bei sachlich berechtigten Einwendungen des Klägers nur
selten in der Lage, das Bestehen der Prüfung festzustellen. Es muss aber den
Beklagten verpflichten, seinerseits den Rechtsfehler zu beseitigen. Dazu gehören möglichst konkrete Anweisungen oder Maßgaben, etwa dass die **Bewertung der Prüfer unter Vermeidung eines bestimmten Fehlers zu wiederholen** sei oder dass das **Prüfungsverfahren** (z. B. die ehedem durch
Lärm gestörte Aufsichtsarbeit) erneut und diesmal **ungestört durchzuführen** oder dass das Prüfungsverfahren in bestimmter Weise etwa durch die
Zulassung zur mündlichen Prüfung fortzusetzen sei (vgl. § 113 Abs. 5
und § 114 VwGO). Die jeweils auszusprechenden Rechtsfolgen sind auf
diese Weise an der Art und der Bedeutung des Rechtsfehlers orientiert. Sie
müssen nicht im Tenor des Urteils, sondern können auch in seinen Gründen
bezeichnet werden, insbesondere wenn der Beklagte gemäß § 113 Abs. 5
Satz 2 VwGO verpflichtet wird, den Kläger **nach der Rechtsauffassung des
Gerichts erneut zu bescheiden.**

Das Gericht darf über die von ihm erkannten **Verfahrensfehler**, die ein   **865**
bewertungsfähiges Leistungsbild ausschließen,[163] auch dann **nicht schlicht
hinwegsehen**, wenn der Kläger den Fehler nicht gerügt hat. In diesem Fall
ist die Klage trotz etwaiger Bewertungsmängel abzuweisen oder – wenn das

---

[161] BVerfG, Beschl. v. 21. 12. 1992 – 1 BvR 1295/90 – NJW 1993, 917.

[162] BFH, U. v. 23. 8. 2001 – VII R 96/00 – NVwZ-RR 2002, 157.

[163] Z.B., wenn der Prüfling angesichts der ihm überlassenen Hilfsmittel nur eine
Abschreibleistung erbracht hat oder wenn ihm ohne hinreichenden Grund eine wesentliche Schreibzeitverlängerung gewährt worden ist.

Klagebegehren einschließlich der Anträge dies zulässt – auf eine Wiederholung der Prüfung zu erkennen. Ist das Klagebegehren indes ausschließlich auf eine bessere Bewertung der erbrachten Leistungen angelegt,[164] etwa wenn die Prüfung bestanden ist, die Bewertung der Leistungen dem Kläger jedoch zu niedrig erscheint (sogen. **Verbesserungsklage,** vgl. Rdn. 805, 806), so darf das Gericht nur diesem Klagebegehren entweder stattgeben (eventuell durch Bescheidungsurteil), oder es muss, etwa wenn wegen eines von ihm erkannten Verfahrensfehlers eine bewertungsfähige Leistung nicht vorliegt, die Klage abweisen. Die Aufhebung der gesamten Prüfungsentscheidung mit der Folge des Neubeginns der Prüfung ist ihm in diesen Fällen untersagt (§§ 88, 129 VwGO).

866   Im Falle einer einheitlichen Prüfungsentscheidung umfasst der Verpflichtungsausspruch des Gerichts (gerichtet z. B. auf Neubewertung der Leistungen oder Fortsetzung des Prüfungsverfahrens) notwendig immer auch die (teilweise) **Aufhebung der als rechtswidrig erachteten Prüfungsentscheidung** in dem Umfang, in dem sie der Erfüllung des Verpflichtungsausspruchs entgegensteht (zu dem jeweiligen Klageziel des Prüflings s. Rdn. 800 ff.). Eine solche Beschränkung folgt prozessrechtlich aus der Bindung des Gerichts an das Klagebegehren (§ 88 VwGO). Materiellrechtlich darf die Neubewertung **nicht schlechter** als die (fehlerhafte) Erstbewertung ausfallen, soweit die Prüfer inhaltlich verpflichtet sind, eine den Prüfling rechtswidrig benachteiligende Bewertung zu korrigieren.[165]

867   Die **Aufhebung der angefochtenen Prüfungsentscheidung** durch das Gericht hat in aller Regel gegenüber dem Verpflichtungs-, Leistungs- oder Bescheidungsausspruch nur **unselbständige Bedeutung.** Aus der besonderen Situation des Prüfungsverfahrens kann es sich indes ergeben, dass auf eine **isolierte Anfechtungsklage** hin nur die Prüfungsentscheidung aufgehoben wird, insbesondere wenn über die daraus resultierenden Rechtsfolgen (z. B. die Fortsetzung der Prüfung) von vornherein Übereinstimmung herrscht (vgl. auch Rdn. 811, 812). Zu einer Aufhebung der Prüfungsentscheidung können auch Mängel im verwaltungsinternen Kontrollverfahren führen, wenn sie während des gerichtlichen Verfahrens nicht mehr behoben werden können.[166]

---

[164] Eingeschlossen ist darin die Einschränkung des Begehrens auf Aufhebung der Prüfungsentscheidung betreffend nur die angeblich zu schlechte Benotung.

[165] BVerwG U. v. 24. 2. 1993 – 6 C 38.92 – Buchholz 421.0 Prüfungswesen Nr. 314 = NVwZ 1993, 686. Zum sog. „Verschlechterungsverbot" und dessen Grenzen s. Rdn. 700 ff.; vgl. dazu auch *Schlette,* Prüfungsrechtliche Verbesserungsklage und reformatio in peius, DÖV 2002, 816. Zu dem speziellen Problem der Verrechnung von Hebungspunkten in den juristischen Staatsexamen mit den erstrittenen verbesserten Bewertungspunkten vgl. BVerwG, Beschl. v. 11. 7. 1996 – 6 B 22/96 – NVwZ-RR 1997, 102 = DVBl. 1996, 1373.

[166] OVG NW, U. v. 6. 9. 1995 – 22 A 1844/94 – SPE 432 Nr. 30, betr. die Nichtbeachtung von Einwendungen des Klägers im Widerspruchsverfahren; VG Karlsruhe, U. v. 25. 9. 1996 – 7 K 1905/95 – DVBl. 1997, 627 = SPE 432 Nr. 37. Nach zutreffen-

Ist während des Rechtsstreits die **Erledigung der Hauptsache** eingetre- 868
ten, so führt dies mangels (weiterer) Beschwer grundsätzlich zu einer Klageabweisung. Um einer Klageabweisung zu entgehen, bleibt dem Kläger
die einseitige Erledigungserklärung, sofern der Beklagte seinen Antrag, die
Klage abzuweisen, aufrecht erhält. Durch diese prozessuale Erklärung
wandelt sich sein ursprünglicher Klageantrag zum Erledigungsfeststel-
lungsantrag.[167] Der Kläger kann dadurch erreichen, dass die erworbene
Rechtsposition (bestandene Prüfung), auf die sich die Erledigungserklärung stützt, durch das Gericht festgestellt wird und in materieller Rechtskraft erwächst, so dass weiterer Streit der Beteiligten darüber ausgeschlossen ist.[168]

Die **inhaltlichen Bindungen** an das nach Ablauf der Rechtsmittelfrist 869
nach einem Monat seit seiner Zustellung (§ 124a Abs. 2 VwGO) **rechtskräf-
tige Urteil** ergeben sich aus den vorbezeichneten unterschiedlichen Aus-
sprüchen des Gerichts einschließlich der dazu angegebenen tragenden
Gründe. Hat das Gericht den Beklagten verpflichtet, den Kläger „unter Beachtung der Rechtsauffassung des Gerichts" erneut zu bescheiden, sollten
die Urteilsbegründungen auch von dem obsiegenden Kläger besonders
sorgfältig daraufhin untersucht werden, ob die dargelegte Rechtsauffassung
des Gerichts für ihn etwa teilweise auch nachteilig ist und daher negative
Auswirkungen hat.[169] Ohne ein **Rechtsmittel** – wofür auch noch die Anschlussberufung in Frage kommt[170] – würde das Bescheidungsurteil auch
soweit rechtskräftig, wie es in einzelnen Fragen hinter dem Klagebegehren
zurückbleibt.

Im Rahmen eines Bescheidungsurteils, das auf die Verbesserung einer 870
dienstlichen Beurteilung gerichtet ist, die zwingend mit einem Gesamturteil abschließt, ist die Verurteilung zur Neubescheidung jedoch ein einheitlicher Streitgegenstand, der im **Berufungsverfahren** durch das Gericht umfassend zu überprüfen ist, so dass trotz des Verbots der reformatio in peius

---

der Auffassung des FG Hamburg, U. v. 24. 4. 2003 – V 26/02 – Juris, kommt eine
Aufhebung der Prüfungsentscheidung dann nicht in Betracht, wenn sich ein Mangel
nur im Kontrollverfahren ausgewirkt hat, die Prüfungsentscheidung im Übrigen aber
rechtmäßig ist.

[167] Zum Ausnahmefall der Fortsetzungsfeststellungsklage beim sog. Freiversuch vgl.
Rdn. 803.

[168] BVerwG, U. v. 12. 4. 2001 – 2 C 16.00 – BVerwGE 114, 149 = NVwZ 2001, 1286
= DVBl. 2001, 1680.

[169] So kann es zu einer Teilung der Prozesskosten kommen, obwohl der klagestatt-
gebende Bescheidungstenor der Antragsfassung entspricht, wenn der Kläger bezüglich eines Teils seiner Rechtsauffassung, in deren Umfang er eine Bindung des Beklagten bei der Neubescheidung erreichen wollte, unterliegt: BVerwG, U. v. 12. 11.
1997 – 6 C 11.96 – BVerwGE 105, 328 = NVwZ 1998, 636, und U. v. 24. 2. 1993 – 6 C
38.92 – NVwZ 1993, 686 = Buchholz 421.0 Prüfungswesen Nr. 314; OVG NW, U. v.
16. 1. 1998 – 22 A 4677/95 – n.v.

[170] Zur Anschlussberufung bei unteilbarem Streitgegenstand, s. VGH Bad.-Wttbg.,
Beschl. v. 19. 9. 2000 – 9 S 1607/00 – SPE 183 Nr. 1.

(vgl. § 129 VwGO) die Überprüfung nicht auf die Beschwer des Berufungsklägers beschränkt bleibt.[171]

871   Die gerichtliche Kontrolle und damit auch die Entscheidung des Gerichts beziehen sich grundsätzlich auf den **Zeitpunkt** des Prüfungsverfahrens, insbesondere der angefochtenen **Prüfungsentscheidung.**[172] Leistungsverbesserungen des Prüflings nach Abschluss des Prüfungsverfahrens sind für die Rechtmäßigkeit der Prüfungsentscheidung grundsätzlich irrelevant. Anders ist es z.B., wenn über die Rechtmäßigkeit der **Überweisung in eine Sonderschule** gestritten wird. Da insoweit die Prognose künftiger Entwicklungen eine wesentliche Rolle spielt, sind Verbesserungen der Lernbehinderung zu berücksichtigen.[173]

872   Nach § 153 Abs. 1 VwGO kann ein rechtskräftig beendetes Verfahren nach den Vorschriften des Vierten Buchs der Zivilprozessordnung wieder aufgenommen werden. **Nichtigkeitsklage** und **Restitutionsklage** sind demnach auch in Prüfungsangelegenheiten statthaft. Für die Zulässigkeit der Restitutionsklage ist neben der Einhaltung der Monatsfrist seit Kenntnis des Wiederaufnahmegrundes (§ 586 Abs. 1 und 2 ZPO), der Einhaltung der Fünfjahresfrist ab Rechtskraft (§ 586 Abs. 2 Satz 2 ZPO) und des schuldlosen Versäumnisses ordentlicher Rechtsmittel (§ 582 ZPO) unabdingbare Voraussetzung, dass ein nach § 580 ZPO beachtlicher Restitutionsgrund dargelegt wird. Dazu gehört nicht eine Änderung der materiellen oder prozessualen Rechtslage durch den Gesetzgeber oder durch rechtsfortbildende richterliche Erkenntnisse. Deshalb ist nicht etwa darin ein Restitutionsgrund zu sehen, dass das BVerfG durch seine Beschlüsse vom 17. 4. 1991 (s. Rdn. 847) nunmehr eine stärkere gerichtliche Kontrolle von Prüfungsentscheidungen verlangt, als sie ehedem von dem Verwaltungsgericht im Falle des Klägers – entsprechend der damals vorherrschenden Rechtsauffassung – zugrunde gelegt worden ist.[174]

XIII. Vorläufiger Rechtsschutz

873   Da verwaltungsgerichtliche Verfahren je nach der Zahl der Instanzen, die sie durchlaufen, oft erst nach Jahren abgeschlossen sind, besitzt der vorläufige Rechtsschutz im Prüfungswesen große praktische Bedeutung.[175] Ein

---

[171] BVerwG, U. v. 13. 7. 2000 – 2 C 34.99 – BVerwGE 111, 318.

[172] Zur Möglichkeit der Nachbesserung der Bewertungsbegründung durch die Prüfer auch noch im Berufungsverfahren vgl. Rdn. 831.

[173] VGH Bad.-Wttbg., U. v. 26. 3. 1974 – IX 99/73 – Bad.-Wttbg. Verwaltungspraxis 1974, 229.

[174] BVerwG, Beschl. v. 24. 6. 1994 – 6 B 29.93 – Buchholz 303 § 580 ZPO Nr. 4.

[175] Zum vorläufigen Rechtsschutz im Prüfungsrecht vgl. auch: *Zimmerling/Brehm* DVBl. 2001, 27 ff.; *Finkelnburg/Jank,* Der vorläufige Rechtsschutz im Verwaltungsstreitverfahren, Rdn. 1206 – 1233; *Jakobs,* Der vorläufige Rechtsschutz im Prüfungs-

rechtzeitiger und wirkungsvoller Grundrechtsschutz, der bei berufsbezogenen Prüfungen durch Art. 12 Abs. 1 in Verbindung mit Art. 19 Abs. 4 GG verbürgt ist, setzt voraus, dass auch bei zeitlichen Verzögerungen die Durchsetzung der Grundrechte gewährleistet ist.[176]

Der vorläufige Rechtsschutz findet in Prüfungsangelegenheiten vornehm- **874** lich im Verfahren auf Erlass einer **einstweiligen Anordnung** nach Maßgabe des § **123 VwGO** und **nicht** im **Aussetzungsverfahren nach** § **80 VwGO** statt.[177] Denn der Prüfling begehrt in der Regel die Sicherung eines Anspruchs, der auf eine fehlerfreie Durchführung der Prüfung und auf eine sachgerechte Bewertung seiner Leistungen gerichtet ist.[178]

Anders ist die Situation, wenn den Prüfling selbständige, belastende **875** Sanktionen der Prüfungsbehörde treffen, wie etwa der Bescheid, dass die Prüfung wegen eines Täuschungsversuchs beendet sei und als nicht bestanden gelte. Das Gleiche gilt auch dann, wenn die Zulassung zur Prüfung nachträglich widerrufen wird. Der **Widerspruch gegen solche selbständigen Eingriffsakte** hat aufschiebende Wirkung, solange nicht erfolgreich die sofortige Vollziehung angeordnet worden ist, was dann zur Folge hat, dass der Prüfling im Wege des Aussetzungsverfahrens dagegen vorgehen kann (§ 80 Abs. 1, Abs. 2 Nr. 4 und Abs. 5 VwGO).[179] Gegen **unselbständige Verfahrenshandlungen** ist gem. § 44a Satz 1 VwGO eine selbständige Rechtsschutzgewährung ausgeschlossen, soweit dieser Ausschluss nicht zu unzumutbaren Nachteilen führt, die in einem späteren Prozess nicht mehr zu beseitigen sind (vgl. Rdn. 794 ff.). Unterlässt die Prüfungsbehörde trotz der aufschiebenden Wirkung von Widerspruch und Anfechtungsklage die nächstfälligen Einzelmaßnahmen (z. B. die Ladung zur mündlichen Prüfung), so sind diese schon wegen der Missachtung der aufschiebenden Wirkung durch einstweilige Anordnung (§ 123 VwGO) durchzusetzen.[180]

Der Prüfling muss zur Begründung seines Antrags nicht nur darlegen, **876** dass ihm näher bezeichnete Ansprüche zustehen; er muss außerdem einen **Anordnungsgrund glaubhaft machen** (§ 123 Abs. 1 Satz 2, Abs. 3 VwGO

---

recht, VBlBW 1984, 129 ff. Zur möglichen Verpflichtung des Prüflings, vorläufigen Rechtsschutz in Anspruch zu nehmen, vgl. *Brehm,* Aktuelles zum juristischen Prüfungsrecht, NVwZ 2002, 1334.

[176] Dazu grundsätzlich: BVerfG, Beschl. v. 25. 10. 1988 – 2 BvR 745/88 – BVerfGE 79, 69 ff., 74 = NJW 1989, 827.

[177] Zur Bindungswirkung eines Beschlusses im einstweiligen Rechtsschutzverfahren nach § 123 VwGO: VG Gera, Beschl. v. 28. 11. 1996 – 2 E 1370/95 GE – LKV 1997, 297.

[178] Eine einstweilige Anordnung ist auch statthaft, um unverzüglich Maßnahmen zum Ausgleich von körperlichen Behinderungen zu erreichen: VGH Bad.-Wttbg., Beschl. v. 26. 8. 1993 – 9 S 2023/93 – DVBl. 1993, 1315 = VBlBW 1994, 31.

[179] OVG NW, Beschl. v. 9. 3. 1989 – 22 B 813/89 – NWVBl. 1989, 413; *Jakobs,* a. a. O., S. 131. Wegen weiterer Maßnahmen der Prüfungsbehörde, gegen die vorläufiger Rechtsschutz im Aussetzungsverfahren zu gewähren ist, s. *Finkelnburg/Jank,* a. a. O., Rdn. 1217.

[180] Ebenso: *Jakobs,* a. a. O., S. 131.

i. V. m. § 920 Abs. 2 ZPO). Danach ist Voraussetzung für den Erlass einer einstweiligen Anordnung das Bestehen der Gefahr, dass durch eine Veränderung des bestehenden Zustands die Verwirklichung seiner Rechte vereitelt oder wesentlich erschwert werden könnte.[181] Insbesondere kann ein Anspruch auf Neubewertung der Leistungen in der mündlichen Prüfung durch Zeitablauf unerfüllbar werden, wenn die Prüfer sich an den Ablauf der Prüfung nicht mehr erinnern können, so dass eine Neubewertung der Leistungen tatsächlich unmöglich wird und allein eine Wiederholung der Prüfung in Betracht kommt. Daran kann sich ferner der schwere Nachteil knüpfen, dass eine vorläufige Zulassung zum nachfolgenden Prüfungs- oder Ausbildungsabschnitt letztlich nicht den erhofften Erfolg bringen würde.[182] Dies ist in der Regel nur durch eine **zeitnahe Neubewertung** zu verhindern, die der Prüfling im Wege der einstweiligen Anordnung erstreiten kann, wenn er einen rechtserheblichen Bewertungsfehler glaubhaft darlegt.[183] Obsiegt der Prüfling später im Hauptsacheverfahren, so folgt freilich nicht noch eine Neubewertung durch den Prüfer; vielmehr wird die Neubewertung, die durch das vorläufige Rechtsschutzverfahren erstritten wurde, aufrecht erhalten.

877   Schwierigkeiten treten regelmäßig dadurch auf, dass der vorläufige Rechtsschutz im Prüfungswesen, soll er wirklich effektiv sein, weitgehend schon ein **Vorgriff auf die Entscheidung im Hauptverfahren** ist. Ein solcher Vorgriff ist grundsätzlich unzulässig[184] und darf ausnahmsweise nur dann vorgenommen werden, wenn sonst der **Rechtsschutz leerzulaufen drohte;** das ist freilich im Prüfungswesen, insbesondere wenn es um Einzelheiten des Verlaufs der mündlichen Prüfung und um Fragen der Bewertung von Prüfungsleistungen geht, regelmäßig der Fall. Weitere Voraussetzung ist in diesem Fall, dass die Würdigung der Rechtslage **hohe Erfolgsaussichten**[185] **der Klage** erkennen lässt.[186] Drohen dem Antragsteller durch die Ver-

---

[181] OVG NW, Beschl. v. 8. 7. 1997 – 22 B 1513/97 – WissR 1998, 192: Kein Anordnungsgrund für das Begehren nach Aushändigung der Item-Analyse zwecks Anfechtung des schriftlichen Teils der Ärztlichen Prüfung.

[182] Dazu *Finkelnburg/Jank*, a. a. O., Rdn. 1211 ff.

[183] OVG NW, Beschl. v. 31. 8. 2000 – 14 B 634/00 – SPE 980 Nr. 56 = DVBl. 2001, 820 = NWVBl. 2001, 66; HessVGH, Beschl. v. 30. 3. 1995 – 6 TG 3364/94 – ZBR 1996, 118 = SPE 214 Nr. 9; OVG Schl.-H., U. v. 3. 9. 1992 – 3 L 380/91 – SPE 460 Nr. 10. Vgl. dazu auch: BVerfG, Beschl. v. 14. 3. 1989 – 1 BvR 1308/82 – BVerfGE 80, 40 ff., 47, und v. 25. 10. 1988 – 2 BvR 745/88 – BVerfGE 79, 69 = NJW 1989, 827.

[184] BVerfG, Beschl. v. 25. 10. 1988 – 2 BvR 745/88 – a. a. O. Dazu allgemein: *Redeker/von Oertzen*, Verwaltungsgerichtsordnung, § 123 Rdn. 11 ff., 14 a. Vgl. ferner: OVG NW, Beschl. v. 19. 11. 1993 – 22 B 1651/93 – NWVBl. 1994, 137, betr. die Fortsetzung eines Habilitationsverfahrens. Ablehnend gegenüber dem Verbot der Vorwegnahme der Hauptsache: *Zimmerling/Brehm*, a. a. O.

[185] Zu den unterschiedlichen Anforderungen, die Rechtsprechung und Literatur an die Wahrscheinlichkeit eines Erfolgs im Hauptverfahren stellen, vgl. die Zusammenfassung bei *Zimmerling/Brehm*, a. a. O., S. 30. Durchgreifende Zweifel an der Rechtmäßigkeit der Notengebung können den vorläufigen Besuch der gymnasialen Ober-

sagung des Rechtsschutzes im Eilverfahren **schwere und unzumutbare Nachteile,** beispielsweise durch eine erhebliche Ausbildungsverzögerung,[187] so darf die Versagung erst nach einer eingehenden, nicht nur summarischen Prüfung der Sach- und Rechtslage im Hinblick auf die Erfolgsaussichten in der Hauptsache erfolgen.[188] Dabei ist zu beachten, dass das Gericht auch im Verfahren des vorläufigen Rechtsschutzes nicht in den **Bewertungsspielraum der Prüfer** eindringen darf; es darf daher beispielsweise eine fachlichpädagogische Prognose der Prüfer nicht durch seine eigene ersetzen.[189] Ist in der Kürze der Zeit eine umfassende Prüfung nicht möglich oder bleibt die Sach- oder Rechtslage trotz aller Bemühungen ungeklärt, so kann das Verwaltungsgericht seine Entscheidung, wenn **nur so „einzig möglich wirksamer Rechtsschutz"** zu gewähren ist, ausnahmsweise **allein** auf eine **Folgenabwägung** stützen ohne Berücksichtigung der Erfolgsaussichten in der Hauptsache.[190] Der Nachteil, der dem Prüfling dadurch droht, dass er seine spezielle Prüfungsvorbereitung nicht während der Dauer eines mehrjährigen Gerichtsverfahrens konservieren kann, dürfte in der Regel dadurch größtenteils auszugleichen sein, dass die nächstmögliche Gelegenheit zu einer **Wiederholungsprüfung** ergriffen oder diese notfalls – wenn die sonstigen Voraussetzungen dafür vorliegen – durch einstweilige Anordnung ermöglicht wird.[191] Vor diesem Hintergrund ist auch eine vorläufige Zulassung zur

---

stufe rechtfertigen: VG Oldenburg, Beschl. v. 17. 2. 2003 – 5 B 4847/02 – SPE 470 Nr. 76.

[186] Wegen weiterer Einzelheiten s. die ausführlichen Darlegungen von *Jakobs* VBlBW 1984, 130 ff.; vgl. ferner *Franzke,* Grundstrukturen des Anordnungsverfahrens, NWVBl. 1993, 321, und *Finkelnburg/Jank,* a. a. O., Rdn. 1207 ff.

[187] BVerfG, Beschl. v. 12. 3. 1999 – 1 BvR 355/99 – NVwZ 1999, 866, betr. Verzögerung einer Berufszugangsprüfung um ein Jahr als hinreichend schwerer Nachteil. Zur Dimension der „erheblichen Ausbildungsverzögerung": *Zimmerling/Brehm,* a. a. O., S. 31.

[188] BVerfG, Beschl. v. 25. 7. 1996 – 1 BvR 638/96 – NVwZ 1997, 479 = NJW 1997, 1694, und Beschl. v. 25. 7. 1996 – 1 BvR 640/96 – BayVBl. 1997, 629.

[189] OVG Nds., Beschl. v. 15. 11. 1999 – 13 M 3932/99 – NdsVBl. 2001, 120, und Beschl. v. 23. 11. 1999 – 13 M 3944 u. 13 M 4473/99 – NVwZ-RR 2001, 241.

[190] BVerfG, Beschl. v. 25. 7. 1996, a. a. O.; OVG Nds., Beschl. v. 17. 1. 2003 – 2 ME 16/03 – NdsVBl. 2003, 132, und v. 15. 11. 1999 – 13 M 3932/99 – NdsVBl. 2001, 120, und Beschl. v. 23. 11. 1999 – 13 M 3944 u. 13 M 4473/99 – NVwZ-RR 2001, 241; VG Oldenburg, Beschl. v. 17. 2. 2003 – 5 B 4847/02 – SPE 470 Nr. 76, betr. den vorläufigen Besuch der gymnasialen Oberstufe.

[191] Dazu insgesamt: OVG NW, Beschl. v. 31. 8. 2000 – 14 B 634/00 – SPE 980 Nr. 56 = DVBl. 2001, 820 = NWVBl. 2001, 66; HessVGH, Beschl. v. 29. 9. 1992 – 6 TG 1517/92 – DVBl. 1993, 57; OVG Bremen, Beschl. v. 4. 7. 1991 – OVG 1 B 35/91 – SPE 214 Nr. 7; BayVGH, Beschl. v. 12. 1. 1989 – Nr. 7 CE 88.3403 – BayVBl.1989, 660; VGH Bad.-Wttbg., Beschl. v. 28. 12. 1992 – 9 S 2520/92 – DVBl. 1993, 508, und v. 10. 3. 1989 – 9 S 615/89 – DVBl. 1989, 1197, und v. 27. 1. 1984 – 9 S 3066/83 – DÖV 1984, 816 = VBlBW 1984, 384, und v. 3. 11. 1982 – 11 S 1743/82 – ESVGH 33, 45, betr. die Zulassung zur Reifeprüfung; OVG Rh.-Pf. Beschl. v. 25. 2. 1982 – 2 B 13/82 – DÖV 1983, 299, betr. das Nichtbestehen der ärztlichen Vorprüfung; VGH Bad.-Wttbg., Beschl. v. 11. 7. 1995 – 9 S 551/95 – VGHBW-Ls 1995 Beilage 9 B3, betr.

mündlichen Prüfung möglich, ohne das Ergebnis einer nochmaligen Korrektur der schriftlichen Prüfungen abzuwarten.[192]

878 Jedenfalls sind, soweit die Durchsetzbarkeit eines späteren obsiegenden Urteils dadurch hinreichend gesichert werden kann, stets nur **vorläufige Maßnahmen** statthaft.[193] So kann im Wege der einstweiligen Anordnung nicht die endgültige, sondern nur die vorläufige Zulassung zur Prüfung begehrt werden. Wird in einem solchen Fall die Prüfung bestanden, kann nicht allein daraus (rückschließend) die Rechtswidrigkeit der Nichtzulassung hergeleitet werden.[194] Die Behörde behält das **Prüfungszeugnis** bis zur Entscheidung im Hauptverfahren zurück,[195] es sei denn, die Eilbedürftigkeit des klägerischen Anliegens und die Erfolgsaussichten der Klage rechtfertigen im Einzelfall die vorläufige Aushändigung eines (vorläufigen) Prüfungszeugnisses.[196] Das bedeutet, dass die Prüfungszulassung und Prüfungsteilnahme aufgrund einer einstweiligen Anordnung **grundsätzlich auf „eigenes Risiko"** des Prüflings erfolgen; seine vorläufige Rechtsposition ist ungesichert und kann durch Unterliegen im Hauptsacheverfahren trotz zwischenzeitlichen Bestehens der Prüfung rückwirkend wieder entfallen.[197] Jedoch kann dem erfolgreichen Prüfling später nicht mehr entgegengehalten werden, dass er (allein) aufgrund **beschränkter Ausbildungskapazitäten** von der Prüfung und der vorangehenden Ausbildung ausgeschlossen sein sollte.[198] Denn die Kapazitätsgrenzen sind nach dem Ende der Ausbildung und dem Erfolg der Abschlussprüfung gegenstandslos; es stünde in keinem angemessenen Verhältnis zu der Risikoverteilung im einstweiligen Anordnungsverfahren, wenn unter diesen Umständen der Prüfungserfolg nicht akzeptiert würde, weil sich etwa aufgrund genauerer Berechnungen im Hauptverfahren ergibt, dass die Ausbildungskapazität tatsächlich überschritten worden ist. Prozessual erledigt sich bei dieser Sachlage der Rechtsstreit um die Zulassung zur Ausbildung und zu der sie abschließenden Prüfung in der Hauptsache.[199]

Zulassung zur Diplomprüfung im Studiengang Forstwissenschaft nach Nichtbestehen der Vorprüfung; HessVGH, Beschl. v. 30. 3. 1995 – 6 TG 3364/94 – SPE 214 Nr. 9, betr. vorläufige Wiederholung der jur. Staatsprüfung.
Zur Durchführung einer Wiederholungsprüfung oder vorläufigen Zulassung zur Prüfung, s. auch *Finkelnburg/Jank*, a. a. O., Rdn. 1212.

[192] OVG Saarl., Beschl. v. 22. 11. 2000 – 3 V 26/00 und 3 W 6/00 – NVwZ 2001, 942; OVG Nds., Beschl. v. 17. 1. 2003 – 2 ME 16/03 – NdsVBl. 2003, 132.

[193] S. auch dazu *Jakobs*, a. a. O.

[194] BVerwG, Beschl. v. 22. 1. 1981 – 7 B 156.80 – Buchholz 421.0 Prüfungswesen Nr. 139.

[195] OVG NW, Beschl. v. 27. 11. 1974 – XV B 1194/74 – EzB VwGO § 123 Nr. 7.

[196] OVG NW, U. v. 13. 12. 1974 – XV A 1455/74 – n.v.

[197] BVerwG, U. v. 12. 4. 2001 – 2 C 16.00 – BVerwGE 114, 149 = DVBl. 2001, 1680 = NVwZ 2001, 1286, und U. v. 15. 12. 1993 – 6 C 20.92 – BVerwGE 94, 352.

[198] BVerfG, Beschl. v. 25. 7. 1996 – 1 BvR 638/96 – DVBl. 1996, 1367; BVerwG, U. v. 12. 4. 2001 – 2 C 16.00 –, a. a. O., betr. Aufstiegslehrgang und Prüfung im öffentlichen Dienst.

[199] BVerwG, U. v. 12. 4. 2001 – 2 C 10.00 – NVwZ 2001, 1288.

Auch wenn es nicht nur um eine ordnungsgemäße Wiederholung der **879**
Prüfung, sondern um die **Neubewertung der Prüfungsleistungen** und damit unmittelbar um das Bestehen der Prüfung geht, kommt – soweit der Anspruch glaubhaft gemacht worden ist – in der Regel nicht eine (vorläufige)
Prüfungsentscheidung im positiven Sinne, sondern nur die Aushändigung
eines **vorläufigen Prüfungszeugnisses** in Betracht.[200] Dadurch kann auf
diese oder andere Weise dem Prüfling die Möglichkeit verschafft werden,
die Berechtigungen und Chancen, die sich aus der bestandenen Prüfung ergeben, vorläufig zu nutzen, damit ihm der – in hohem Maße wahrscheinli-
che – Erfolg des Hauptverfahrens nicht zwischenzeitlich abgeschnitten
wird.[201] Bei zeitnaher Möglichkeit einer Wiederholungsprüfung besteht in
der Regel aber kein Anordnungsgrund für eine einstweilige Anordnung auf
Erteilung eines vorläufigen Zeugnisses.[202]

Geht es um die **Versetzung in die nächsthöhere Schulklasse**, richtet sich **880**
der vorläufige Rechtsschutz, der auch hier aufgrund des § 123 VwGO zu
gewähren ist,[203] auf Teilnahme am Unterricht dieser Klasse in der Art und
Weise, als sei eine Versetzung endgültig erfolgt.[204] Die Eilbedürftigkeit ergibt sich hier regelmäßig daraus, dass der nicht versetzte Schüler den Anschluss an seine bisherige Klasse schnell verliert. Das Rechtsschutzinteresse
für eine einstweilige Anordnung entfällt indessen nicht, wenn das Schuljahr
bereits fortgeschritten ist. Freilich kann der Anordnungsantrag nicht schon
dann Erfolg haben, wenn die Versetzung bei richtiger Anwendung von
Formvorschriften möglich ist, sondern erst wenn der Schüler bereits einen
Versetzungsanspruch hat oder die Versetzung bei beurteilungsfehlerfreier
Bewertung seiner Leistungen im Rahmen einer erneuten Entscheidung der
Lehrerkonferenz überwiegend wahrscheinlich ist.[205] Ferner ist in die Erwä-

---

[200] Im Rahmen des Anordnungsanspruchs muss der Antragsteller glaubhaft machen,
die Prüfung bestanden zu haben: OVG NW, Beschl. v. 2. 2. 2000 – 14 B 1905/99 –
NWVBl. 2000, 317 = SPE 980 Nr. 55.

[201] Wegen der Wiedereinsetzung in den vorigen Stand (§ 60 VwGO): BVerwG,
Beschl. v. 7. 9. 1976 – 7 B 104/76 – NJW 1977, 262.

[202] OVG NW, Beschl. v. 31. 8. 2000 – 14 B 634/00 – SPE 980 Nr. 56 = DVBl. 2001,
820 = NWVBl. 2001, 66, betr. ein vorläufiges Zeugnis bei Wiederholungsmöglichkeit
im nachfolgenden Semester.

[203] OVG Nds., Beschl. v. 26. 11. 1984 – 13 B 10/84 – SPE 904 Nr. 5. Für den Fall,
dass der mehrfach nicht versetzte Schüler kraft gesetzlicher Regelung die Schule verlassen muss: OVG Rh.-Pf. Beschl. v. 19. 1. 1983 – 2 B 4/83 – SPE 976 Nr. 10.

[204] OVG NW, Beschl. v. 30. 11. 1981 – 15 B 1846/81 –, betr. die vorläufige Teilnahme am Unterricht der Klasse 6 der Realschule nach Anfechtung der schulischen Anordnung, die zur Erprobungsstufe gehörende Klasse 5 zu wiederholen; OVG Berl.,
Beschl. v. 18. 8. 1981 – OVG 3 S 153.81 – (Anordnung abgelehnt, weil die durch Verwaltungsvorschriften festgelegten Versetzungsvoraussetzungen nicht erfüllt seien);
OVG Berl., Beschl. v. 18. 12. 1980 – OVG 3 S 145.80 –, betr. vorläufigen Schulbesuch
in der gymnasialen Oberstufe. Vgl. dazu *Finkelnburg/Jank*, a. a. O., Rdn. 1189 ff.

[205] OVG Nds., Beschl. v. 15. 11. 1999 – 13 M 3932/99 – NdsVBl. 2001, 120 und
Beschl. v. 23. 11. 1999 – 13 M 3944 u. 13 M 4473/99 – NVwZ-RR 2001, 241.

gungen einzubeziehen, ob der Schüler nach seinen Kenntnissen dem Unterricht der nächsthöheren Klasse hinreichend wird folgen können. Sollte dies mit hoher Wahrscheinlichkeit auszuschließen sein, kann er auch nicht vorläufig in diese Klasse versetzt werden. Bleibt die Sach- oder Rechtslage ungeklärt, so kann das Gericht ausnahmsweise eine erfolgsunabhängige Folgenabwägung zur Grundlage der vorläufigen Entscheidung machen.[206]

881   Erreicht ein nicht versetzter Schüler, der im Wege einer einstweiligen Anordnung zum Unterricht der nächsthöheren Klasse zugelassen worden ist, noch vor dem Abschluss des gerichtlichen Verfahrens das Ziel dieser Klasse, so ist er **weiter zu versetzen.** Denn diese Weiterversetzung ist ein selbständiger – von der früheren Nichtversetzung unabhängiger – Verwaltungsakt, der wegen des von dem Schüler nachgewiesenen gegenwärtigen Leistungsstandes und der sich daran anschließenden Prognose einer erfolgreichen Mitarbeit in der nächsthöheren Klasse geboten ist. Aufgrund dessen wird der Schüler uneingeschränkt und ohne Vorbehalt Schüler dieser höheren Klasse. Die umstrittene Nichtversetzung in die untere Klasse wird dann für die Frage, welcher Klasse der Schüler angehört, inhaltlich gegenstandslos.[207] Der Schüler kann allerdings gemäß § 113 Abs. 1 Satz 4 VwGO die Feststellung beantragen, dass die frühere Nichtversetzung rechtswidrig gewesen ist, sofern er ein berechtigtes Interesse an einer solchen Feststellung darzulegen vermag.

XIV. Vergleichsmöglichkeiten

882   Bei Streitigkeiten um Prüfungs- oder Versetzungsentscheidungen ist es nicht nur besonders wichtig, dass möglichst bald eine abschließende Klärung herbeigeführt wird; es ist meist gleichermaßen von erheblicher Bedeutung, dass eine Atmosphäre erhalten oder geschaffen wird, in der sachlich weiter gearbeitet und die Prüfung unter Umständen ohne persönliche Ressentiments wiederholt werden kann. Beides wird durch eine vergleichsweise Beendigung des Rechtsstreits erreicht oder zumindest gefördert. So drängt sich eine etwa auch teilweise Wiederholung der Prüfung oder Wiederholung der Beratung und Entscheidung über das Prüfungsergebnis insbesondere dann auf, wenn der äußere Ablauf des Prüfungsverfahrens den rechtlichen Anforderungen möglicherweise nicht voll entsprochen hat, aber Einzelheiten, wie die Frage des **Einflusses etwaiger Verfahrensmängel auf die Prüfungsentscheidung,** allenfalls durch **langwierige Aufklärung** ermittelt werden können.

---

[206] OVG Nds., Beschl. v. 15. 11. 1999, und vom 23. 11. 1999, a. a. O.; vgl. Rdn. 877.
[207] Anderer Ansicht: *Finkelnburg/Jank,* a. a. O., Rdn. 1194. Danach wäre der Schüler bei Unterliegen in der Hauptsache trotz des zwischenzeitlich erreichten Klassenziels in die Klasse zurückzustufen, aus der er nicht versetzt wurde.

Rechtliche Gründe stehen einem gerichtlichen Vergleich im Prüfungs- **883**
und Versetzungswesen nicht oder jedenfalls nicht mehr als anderswo entgegen. Solange um die Rechtmäßigkeit einer Prüfungsentscheidung vor Gericht gestritten wird, ist die vergleichsweise zugestandene Wiederholung **keine zusätzliche (Zweit-)Prüfung,** die aus Gründen der Chancengleichheit unzulässig sein könnte, sondern eine Fortsetzung der noch nicht abgeschlossenen Erstprüfung.

Zwar dürfen die Beteiligten einen Vergleich nur soweit schließen, wie sie **884**
über den Gegenstand der Klage verfügen können (§ 106 VwGO). Damit ist der **Vergleichsspielraum** jedoch nicht auf solche Fälle beschränkt, die im Rahmen eines behördlichen Handlungsermessens variabel zu gestalten sind. Vielmehr ist ein Vergleich auch dann zulässig, wenn entweder über die tatbestandlichen Voraussetzungen der behördlichen Entscheidung oder aber über die Auslegung des Gesetzes oder von Verwaltungsvorschriften Zweifel bestehen, es sei denn, ein Vergleich bestimmten Inhalts wird durch – nicht weiter interpretationsfähige – zwingende gesetzliche Bestimmungen untersagt oder widerspricht überwiegendem öffentlichen Interesse.[208]

§ 2 Abs. 3 Nr. 2 i. V. m. § 55 VwVfG enthält nicht eine solche entgegen- **885**
stehende gesetzliche Regelung. Danach gilt zwar die gesetzliche Ermächtigung, öffentlich-rechtliche Vergleichsverträge abzuschließen, wenn die Behörde dies für „zweckmäßig" hält, nicht auch für Prüfungen. Das bedeutet, dass das Ergebnis der Leistungskontrolle einschließlich der dazu erforderlichen Bewertungen **nicht nach Zweckmäßigkeitserwägungen durch Vergleichsvertrag** festgelegt werden darf. Dies würde zudem das Gebot der Chancengleichheit verletzen, auf deren Beachtung diese gesetzliche Regelung abzielt. Modalitäten des Prüfungsverfahrens, einschließlich der Neubewertung der Leistungen und der Wiederholung einer Prüfung, die mit einem Verfahrensfehler behaftet zu sein scheint, dürfen indes vergleichsweise geregelt werden.[209] Die **inhaltliche Bewertung** der Leistungen wird auf diese Weise nicht etwa „vergleichsweise" vorgenommen.

---

[208] Dazu (auch zur Frage des Fortfalls der Geschäftsgrundlage eines Vergleichsvertrags): OVG NW, Beschl. v. 21. 3. 1994 – 19 A 497/90. Vgl. ferner: *Redeker/von Oertzen,* a. a. O., § 106 Rdn. 3 ff. m. w. Hinw. insbesondere auf die Rechtsprechung des BVerwG und abweichende Meinungen im Schrifttum.
[209] So auch OVG NW, Beschl. v. 21. 3. 1994 – 19 A 497/90. Zur Frage, ob eine Fehlvorstellung der Beteiligten eines Prozessvergleichs hinsichtlich der ordnungsgemäßen Bekanntmachung einer Prüfungsordnung einen Irrtum über wesentliche Umstände des Vertragsschlusses darstellt: VG Leipzig, U. v. 15. 8. 1997 – 4 K 1819/96 = NVwZ-RR 1999, 755 = SPE 568 Nr. 22.

Sachverzeichnis

Die Zahlen verweisen auf die Randnummern